千葉日本大学第[illegible]校

〈収録内容〉

2024 年度 ……………………… 自己推薦 （算・理・社・国）
第１期 （算・理・社・国）

2023 年度 ……………………… 自己推薦 （算・理・社・国）
第１期 （算・理・社・国）

※第１期国語の大問三は、問題に使用された作品の著作権者が二次使用の許可を出していないため、問題を掲載しておりません。

2022 年度 ……………………… 自己推薦 （算・理・社・国）
第１期 （算・理・社・国）

※自己推薦国語の大問二の一部と大問三は、問題に使用された作品の著作権者が二次使用の許可を出していないため、問題を掲載しておりません。

2021 年度 ……………………… 第一志望 （算・理・社・国）
第１期 （算・理・社・国）

2020 年度 ……………………… 第一志望 （算・理・社・国）
第１期 （算・理・社・国）

※第 1 期国語の大問三は、問題に使用された作品の著作権者が二次使用の許可を出していないため、問題を掲載しておりません。

DL 2019 年度 ……………………… 第一志望 （算・理・社・国）
第１期 （算・理・社・国）

※第一志望国語の大問二は、問題に使用された作品の著作権者が二次使用の許可を出していないため、問題を掲載しておりません。

DL 平成 30 年度 ……………………… 第一志望 （算・理・社・国）
第１期 （算・理・社・国）

DL 平成 29 年度 ……………………… 第１期 （算・理・社・国）

DL 平成 28 年度 ……………………… 第１期 （算・理・社・国）

DL 平成 27 年度 ……………………… 第１期 （算・理・社・国）

便利な DL コンテンツは右の QR コードから

解答用紙　DL 過去年度　国語の問題は紙面に掲載 ⇒

※データのダウンロードは 2025 年３月末日まで。
※データへのアクセスには、右記のパスワードの入力が必要となります。 ⇒ 335552

〈合格最低点〉

2024年度	209点／209点	2020年度	190点／216点
2023年度	194点／216点	2019年度	200点／197点
2022年度	201点／220点	2018年度	197点／220点
2021年度	208点／201点		

※2021～2018年度は第一志望／第1期
2022～2024年度は自己推薦／第1期

本書の特長

実戦力がつく入試過去問題集

- ▶ 問題 …………… 実際の入試問題を見やすく再編集。
- ▶ 解答用紙 …… 実戦対応仕様で収録。
- ▶ 解答解説 …… 詳しくわかりやすい解説には、難易度の目安がわかる「基本・重要・やや難」の分類マークつき（下記参照）。各科末尾には合格へと導く「ワンポイントアドバイス」を配置。採点に便利な配点つき。

入試に役立つ分類マーク

基本 確実な得点源！
受験生の 90％以上が正解できるような基礎的、かつ平易な問題。
何度もくり返して学習し、ケアレスミスも防げるようにしておこう。

重要 受験生なら何としても正解したい！
入試では典型的な問題で、長年にわたり、多くの学校でよく出題される問題。
各単元の内容理解を深めるのにも役立てよう。

やや難 これが解ければ合格に近づく！
受験生にとっては、かなり手ごたえのある問題。
合格者の正解率が低い場合もあるので、あきらめずにじっくりと取り組んでみよう。

合格への対策、実力錬成のための内容が充実

- ▶ 各科目の出題傾向の分析、合否を分けた問題の確認で、入試対策を強化！
- ▶ その他、学校紹介、過去問の効果的な使い方など、学習意欲を高める要素が満載！

解答用紙ダウンロード 解答用紙はプリントアウトしてご利用いただけます。弊社ＨＰの商品詳細ページよりダウンロードしてください。トビラのＱＲコードからアクセス可。

UD FONT 見やすく読みまちがえにくいユニバーサルデザインフォントを採用しています。

千葉日本大学第一中学校

生徒数　698名
〒274-0063
千葉県船橋市習志野台 8-34-1
☎047-466-5155
東葉高速鉄道船橋日大前駅西口
徒歩12分
総武線津田沼駅　直通バス20分

中高の共有スペースの充実により深まる連携教育

URL	https://www.chibanichi.ed.jp

プロフィール　日大付属校の第1号

新しい時代に対応した中高一貫教育で、優れた実績を上げている日本大学の付属校。「真・健・和」の精神を基本に、一人ひとりの可能性を開発し、健全で、世界に役立つ日本人の育成をめざしている。日大の付属校としては最も古い日本大学中学校を前身にしているため、名称を第一とし、現在の高校は1968年、中学は1970年に開校。1998年より女子生徒の受け入れを始め、2003年度より男女共学化が完成した。

環境　広大なキャンパスに静かな環境

習志野台の8万㎡という広大な校地で、生徒たちは日々、勉強にクラブ活動にと、思い切り取り組んでいる。

2017年度には中学高校の新校舎が完成した。2階は理系科目の実験室が4教室配置された「サイエンスプラザ」、3階はCPルームと書道室が配置された「クリエイティブプラザ」の「ラーニングコモンズ」となっていて、アクティブラーニングなど支援するスペースが設けられている。また、1階は自習室（100席）・図書室（7万冊の蔵書）・進路指導室があり「学びの場」となっている。その他、第一グラウンドはミスト付（夏場の暑さ対策）全面人工芝。芸術棟や多目的ホールなど各種設備が充実している。

サイエンスプラザ

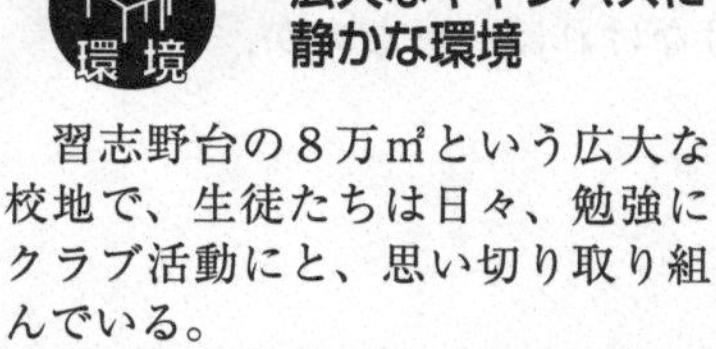

カリキュラム　個々の進路に合わせた多様なコース

本校では中高6年間一貫教育の特色を生かし、その効果を最大限に発揮できるよう、中学・高校で重複する内容を整理・統合し、内容の深い合理的な学習指導を実践している。

中学では1・2年で基礎学力をつけさせることを目標に、主要教科の時間数を増やし、中3・高1で無理のない先取り授業を行っている。

高1は内進生、高入生の別クラスで、それぞれに1クラス特進クラスがある。2年次から文系・理系に分かれ、それぞれに特進クラスを編成。生徒一人ひとりの個性や将来の志望に合わせた、多様なコース、科目を設定した選択幅の広い独自のカリキュラムを実現している。さらに放課後の補講、春期・夏期の講習、2日間に渡って行われる日本大学説明会などきめ細かい指導にも努めている。

また、授業のほかに芸術・音楽鑑賞会を開講するなど、高い文化に触れる機会も多く設けている。

学校生活　エネルギー全開の学校行事

11月に開催される文化祭はクラス参加や文化系クラブ参加により毎年大にぎわいとなる。

6月の体育祭は中高同日で行われ、広大な人工芝グラウンドで学年毎にクラス対抗で盛り上がる。

中1では移動教室（水上高原）、中2ではスキー教室、中3では修学旅行（京都・奈良）の他、岩手県の農家にお世話になりながら農作業を手伝う自然体験学習やシンガポール語学研修などのプログラムも希望者には用意されている。

中学単独のクラブ活動ばかりでなく中高共通のクラブ（体育系・文化系）も多く、自分の好きなことに6カ年打ち込め高校生からのアドバイスを受けることで興味関心が一層深まるというメリットもある。

進路　6割弱が日本大学に進学

日本大学進学を目標としているが、他大学への進学者も多く、4年制大学の現役進学率は約93%。日大への推薦は、高校3年間の成績、日大全付属高校「基礎学力到達度テスト」の結果などで決まる。また、国公立大をはじめ、早稲田、上智、東京理科などの有名私立大への合格実績も上昇している。

2025年度入試要項

試験日　12/1（自己推薦）　1/21（第1期）
1/26（第2期）

試験科目　国・算・理・社（自己推薦・第1期）
国・算（第2期）

2024年度	募集定員	受験者数	合格者数	競争率
自己推薦	70	216	84	2.6
第1期	150	739	238	3.1
第2期	20	288	92	3.1

過去問の効果的な使い方

① **はじめに**　ここでは，受験生のみなさんが，ご家庭で過去問を利用される場合の，一般的な活用法を説明していきます。もし，塾に通われていたり，家庭教師の指導のもとで学習されていたりする場合は，その先生方の指示にしたがって，過去問を活用してください。その理由は，通常，塾のカリキュラムや家庭教師の指導計画の中に過去問学習が含まれており，どの時期から，どのように過去問を活用するのか，という具体的な方法がそれぞれの場合で異なるからです。

② **目的**　言うまでもなく，志望校の入学試験に合格することが，過去問学習の第一の目的です。そのためには，それぞれの志望校の入試問題について，どのようなレベルのどのような分野の問題が何問，出題されているのかを確認し，近年の出題傾向を探り，合格点を得るための試行錯誤をして，各校の入学試験について自分なりの感触を得ることが必要になります。過去問学習は，このための重要な過程であり，合格に向けて，新たに実力を養成していく機会なのです。

③ **開始時期**　過去問との取り組みは，通常，全分野の学習が一通り終了した時期，すなわち6年生の7月から8月にかけて始まります。しかし，各分野の基本が身についていない場合や，反対に短期間で過去問学習をこなせるだけの実力がある場合は，9月以降が過去問学習の開始時期になります。

④ **活用法**　各年度の入試問題を全問マスターしよう，と思う必要はありません。完璧を目標にすると挫折しやすいものです。できるかぎり多くの問題を解けるにこしたことはありませんが，それよりも重要なのは，現実に各志望校に合格するために，どの問題が解けなければいけないか，どの問題は解けなくてもよいか，という眼力を養うことです。

算数

どの問題を解き，どの問題は解けなくてもよいのかを見極めるには相当の実力が必要になりますし，この段階にいきなり到達するのは容易ではないので，この前段階の一般的な過去問学習法，活用法を2つの場合に分けて説明します。

☆偏差値がほぼ55以上ある場合

掲載順の通り，新しい年度から順に年度ごとに3年度分以上，解いていきます。

ポイント1…問題集に直接書き込んで解くのではなく，各問題の計算法や解き方を，明快にわかるように意識してノートに書き記す。

ポイント2…答えの正誤を点検し，解けなかった問題に印をつける。特に，解説の 基本 重要 がついている問題で解けなかった問題をよく復習する。

ポイント3…1回目にできなかった問題を解き直す。同様に，2回目，3回目，…と解けなければいけない問題を解き直す。

ポイント4…難問を解く必要はなく，基本をおろそかにしないこと。

☆偏差値が50前後かそれ以下の場合

ポイント1～4以外に，志望校の出題内容で「計算問題・一行問題」の比重が大きい場合，これらの問題をまず優先してマスターするとか，例えば，大問2までをマスターしてしまうとよいでしょう。

理科

理科は1から順番に解くことにほとんど意味はありません。理科は，性格の違う4つの分野が合わさった科目です。また，同じ分野でも単なる知識問題なのか，あるいは実験や観察の考察問題なのかによってもかかる時間がずいぶんちがいます。記述，計算，描図など，出題形式もさまざまです。ですから，解く順番の上手，下手で，10点以上の差がつくこともあります。

過去問を解き始める時も，はじめに1回分の試験問題の全体を見通して，解く順番を決めましょう。得意分野から解くのもよいでしょう。短時間で解けそうな問題を見つけて手をつけるのも効果的です。くれぐれも，難問に時間を取られすぎないように，わからない問題はスキップして，早めに全体を解き終えることを意識しましょう。

社会

社会は1から順番に解いていってかまいません。ただし，時間のかかりそうな，「地形図の読み取り」，「統計の読み取り」，「計算が必要な問題」，「字数の多い論述問題」などは後回しにするのが賢明です。また，3分野（地理・歴史・政治）の中で極端に得意，不得意がある受験生は，得意分野から手をつけるべきです。

過去問を解くときは，試験時間を有効に活用できるよう，時間は常に意識しなければなりません。ただし，時間に追われて雑にならないようにする注意が必要です。“誤っているもの”を選ぶ設問なのに“正しいもの”を選んでしまった，“すべて選びなさい”という設問なのに一つしか選ばなかったなどが致命的なミスになってしまいます。問題文の“正しいもの”，“誤っているもの”，“一つ選び”，“すべて選び”などに下線を引いて，一つ一つ確認しながら問題を解くとよいでしょう。

過去問を解き終わったら，自己採点し，受験生自身でふり返りをしましょう。できなかった問題については，なぜできなかったのかについての分析が必要です。例えば，「知識が必要な問題」ができなかったのか，「問題文や資料から判断する問題」ができなかったのかで，これから取り組むべきことも大きく異なってくるはずです。また，正解できた問題も，「勘で解いた」，「確信が持てない」といったときはふり返りが必要です。問題集の解説を読んでも納得がいかないときは，塾の先生などに質問をして，理解するようにしましょう。

国語

過去問に取り組む一番の目的は，志望校の傾向をつかみ，本番でどのように入試問題と向かい合うべきか考えることです。素材文の傾向，設問の傾向，問題数の傾向など，十分に研究していきましょう。

取り組む際は，まず解答用紙を確認しましょう。漢字や語句問題の量，記述問題の種類や量などが，解答用紙を見て，わかります。次に，ページをめくり，問題用紙全体を確認しましょう。どのような問題配列になっているのか，問題の難度はどの程度か，などを確認して，どの問題から取り組むべきかを判断するとよいでしょう。

一般的に「漢字」→「語句問題」→「読解問題」という形で取り組むと，効率よく時間を使うことができます。

また，解答用紙は，必ず，実際の大きさのものを使用しましょう。字数指定のない記述問題などは，解答欄の大きさから，書く量を考えていきましょう。

算数　出題傾向の分析と合格への対策

●出題傾向と内容

近年の出題数は，自己推薦，第1期ともに大問が4題，解答数にして25～30問前後である。

ここ数年，出題分野で一定しているのは，「平面図形」，「速さ」，「割合と比」，「立体図形」，「和と差の文章題」であるが，これまであまり出題のなかった分野が大問で出題されることもあるので，注意が必要である。

以上の分野以外で比較的，出題率の高い分野は，「数の性質」，「数列・規則性」，「表とグラフ」，「場合の数」などである。さらに，途中の計算や考え方を示さなければいけない問題がいくつかあり，日頃から途中経過を書くようにして慣れておかないと本番で時間をとられてしまうので，注意しよう。

学習のポイント

基本の定着を第一に考えよう。
計算を確実に！　特に，分数を含む計算では，正確さとスピードを身につけよう。

●2025年度の予想と対策

全体的な問題量や難易度に大きな変化はないと思われるが，よく出題されている分野はもちろんのこと，これまであまり出題されていない分野についても基本事項はしっかりとおさえておこう。また1つの分野におさまらないような論理的思考力をみる問題が出されることもあるので，幅広い分野の基本問題を数多くこなしたうえで，融合問題の練習も積んでおこう。

問題を解くときには，必ず途中の考え方・式・計算をきちんと書き表すこと。そうすれば，見直しもしやすくミスを減らすこともできる。解答用紙の限られたスペースの中に整理して式を書けるよう，練習を重ねておこう。

▼年度別出題内容分類表

※　よく出ている順に☆，◎，○の３段階で示してあります。

出題内容			2022年		2023年		2024年	
			推薦	1期	推薦	1期	推薦	1期
数と計算		四則計算	◎	○	○	○	○	○
		概数・単位の換算				◎		○
		数の性質	○	◎	◎			◎
		演算記号						◎
図形		平面図形	☆	☆	☆	☆	☆	☆
		立体図形	☆	☆	☆			☆
		面積	◎	☆	☆	◎	☆	☆
		体積と容積			◎			○
		縮図と拡大図	○	○	◎	○		
		図形や点の移動	☆	○	◎		☆	◎
速さ		三公式と比	◎	◎	◎	☆	○	◎
	文章題	旅人算				○	○	
		流水算			◎	☆		
		通過算・時計算	◎	○				◎
割合		割合と比	☆	☆	☆	☆	☆	☆
	文章題	相当算・還元算		○			○	○
		倍数算		○				
		分配算					○	
		仕事算・ニュートン算		○		○	☆	☆
文字と式								
2量の関係(比例・反比例)								
統計・表とグラフ				☆		☆		
場合の数・確からしさ			◎	◎	◎			○
数列・規則性			○			○		☆
論理・推理・集合								
その他の文章題		和差・平均算	☆	○				
		つるかめ・過不足・差集め算	○	○		◎	◎	○
		消去・年令算					◎	
		植木・方陣算	◎					

千葉日本大学第一中学校

算数　——グラフで見る最近３ヶ年の傾向——

最近３ヶ年に出題されたすべての問題を内容別に分類・集計し，全体に対して何パーセントくらいの割合になっているかを示しました。

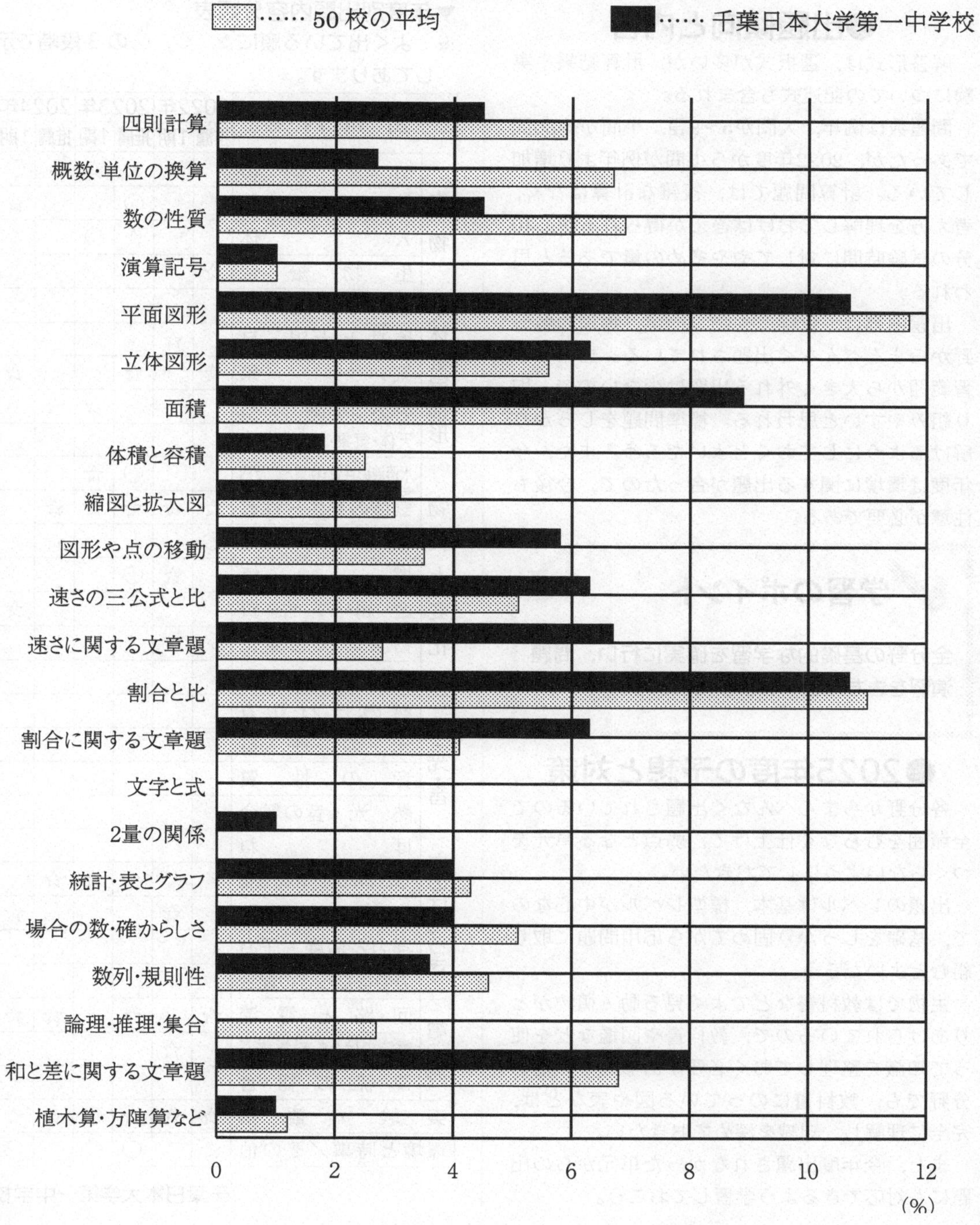

理科　出題傾向の分析と合格への対策

●出題傾向と内容

解答形式は，選択式が多いが，計算結果や実験についての記述式も含まれる。

問題数は例年，大問が5～9題，小問が約30問であったが，2022年度から小問が例年より増加している。計算問題では，複雑な計算はなく，考え方を理解しておけば答えが得られるが，40分の試験時間に対してやや多めの量であると思われる。

出題内容は，化学，生物，地学，物理の各分野からまんべんなく出題されている。通常の学習範囲から大きく外れる出題は少ないので，取り組みやすいと思われる。標準問題をしっかり解けるようにしておくとよいだろう。また，今年度は環境に関する出題が合ったので，今後も注意が必要である。

学習のポイント

全分野の基礎的な学習を確実に行い，問題演習をきちんとやるようにしよう。

●2025年度の予想と対策

各分野からまんべんなく出題されているので全範囲をむらなく仕上げて，弱点となる単元をつくらないようにしておきたい。

出題のレベルは基本，標準レベルが中心なので，基礎をしっかり固めてから応用問題に取り組むとよいだろう。

生物では教科書などでよく見る動・植物がとりあげられているので，教科書や図鑑などを使って知識を整理しておく必要がある。その他の分野でも，教科書にのっている図や表などは，完全に理解し，知識を深めておきたい。

また，今年度出題されなかった単元からの出題にも対応できるよう学習しておこう。

▼年度別出題内容分類表

※　よく出ている順に☆，◎，○の３段階で示してあります。

出題内容		2022年		2023年		2024年	
		推薦	1期	推薦	1期	推薦	1期
生物	植物		☆		☆	☆	○
	動物			○			☆
	人体			☆	○		
	生物総合	☆					
天体・気象・地形	星と星座						
	地球と太陽・月		☆				
	気象	☆		☆			☆
	流水・地層・岩石				☆	☆	
	天体・気象・地形の総合						
物質と変化	水溶液の性質・物質との反応			○	☆	○	
	気体の発生・性質	☆	☆	☆	☆	☆	
	ものの溶け方	○				☆	
	燃焼		☆	○			
	金属の性質						☆
	物質の状態変化						
	物質と変化の総合						○
熱・光・音	熱の伝わり方						
	光の性質						
	音の性質						
	熱・光・音の総合						
力のはたらき	ばね						
	てこ・てんびん・滑車・輪軸				☆	☆	
	物体の運動		☆				☆
	浮力と密度・圧力						
	力のはたらきの総合						
電流	回路と電流	☆		☆		☆	☆
	電流のはたらき・電磁石		☆				
	電流の総合						
実験・観察		☆	☆	☆	◎	☆	☆
環境と時事／その他		☆		○	◎		○

千葉日本大学第一中学校

理科 ——グラフで見る最近３ヶ年の傾向——

最近３ヶ年に出題されたすべての問題を内容別に分類・集計し，全体に対して何パーセントくらいの割合になっているかを示しました。

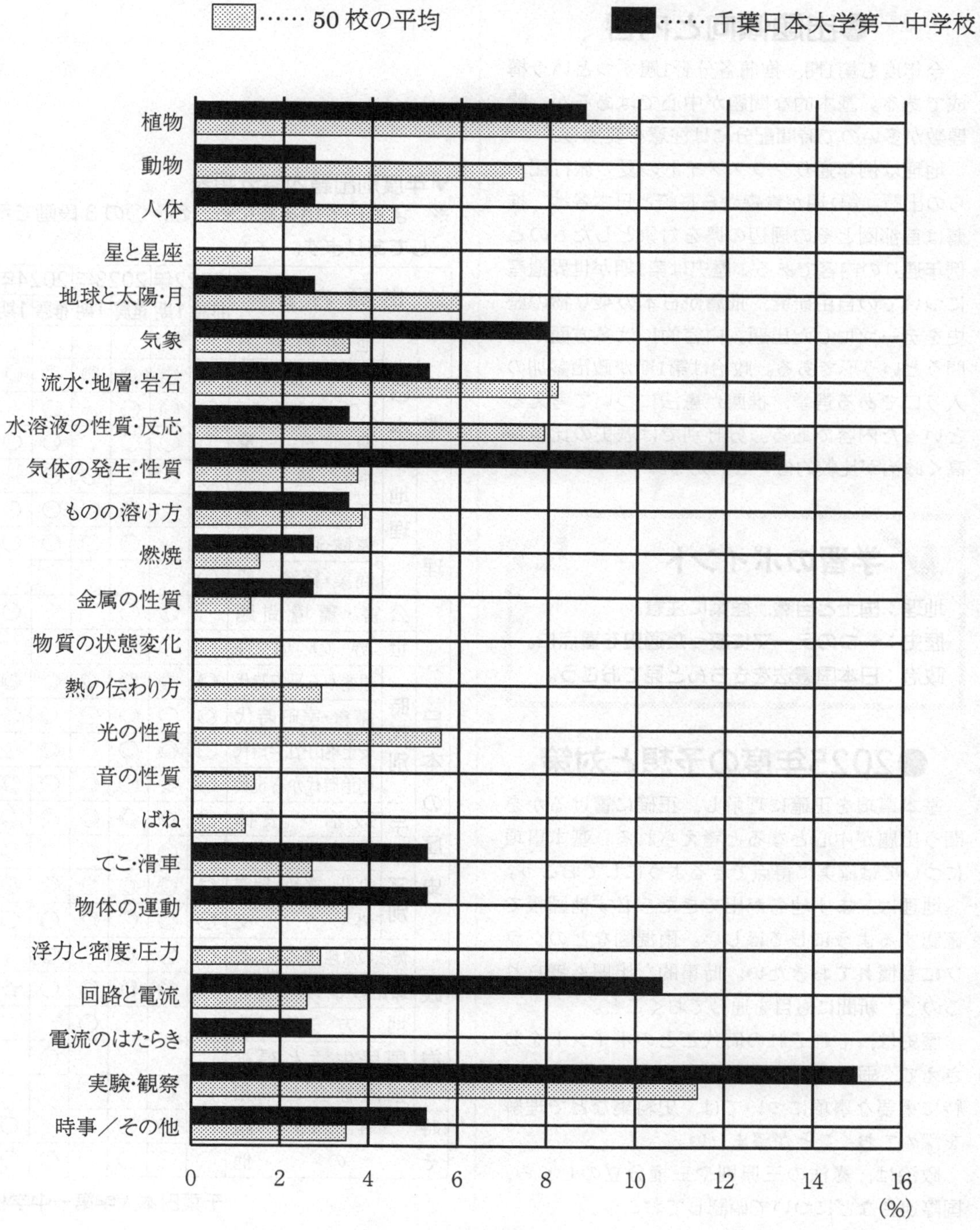

社会　出題傾向の分析と**合格への対策**

●出題傾向と内容

今年度も第1期，推薦各分野1題ずつという構成である。基本的な問題が中心ではあるが，問題数が多いので時間配分には注意を要する。

地理は例年通りクラスメイトの夏の旅行記からの出題。第1期が青森から長崎と日本各地，推薦は首都圏とその周辺の県を対象としたものと例年通りの内容である。歴史は第1期が世界遺産についての自由研究，推薦が日本の乗り物の歴史をテーマにした出題。内容的には多方面から問うという形である。政治は第1期が政治参加の入り口である選挙，推薦が憲法について考えるといった内容である。分野別では歴史の比重が高く政治が比較的低いといえる。

学習のポイント

地理：国土と自然，産業に注意。
歴史：一つのテーマに絞った通史を重点に。
政治：日本国憲法をきちんと見ておこう。

●2025年度の予想と対策

基本事項を正確に理解し，正確に書けるかを問う出題が中心となると考えられる。基本事項については確実に得点できるようにしておこう。

地理は，まず地名が出てきたら必ず地図帳で確認するようにしてほしい。雨温図などのグラフにも慣れておきたい。時事的な出題も考えられるので，新聞にも目を通しておくこと。

歴史は，それぞれの時代ごとのポイントをおさえて，弱点をつくらないようにしておきたい。特に重要な事項については，史料集などで理解を深めておくことが望ましい。

政治は，憲法の三原則や三権分立のしくみ，国際連合などについて確認しておこう。

▼年度別出題内容分類表

※　よく出ている順に☆，◎，○の３段階で示してあります。

出題内容			2022年		2023年		2024年	
			推薦	1期	推薦	1期	推薦	1期
地理	日本の地理	地図の見方						
		日本の国土と自然	◎	◎	◎	◎	◎	◎
		人口・土地利用・資源	○	○	○		○	
		農業	○	○	○		○	○
		水産業	○			○	○	
		工業	○		◎	○	○	○
		運輸・通信・貿易			○	○	○	○
		商業・経済一般	○					
	公害・環境問題			○	○			○
	世界の地理			○				
日本の歴史	時代別	原始から平安時代	◎	◎	◎	◎	◎	◎
		鎌倉・室町時代	◎	○	◎	○	◎	◎
		安土桃山・江戸時代	○	◎	◎	◎	◎	◎
		明治時代から現代	◎	◎	○	◎	○	◎
	テーマ別	政治・法律	◎	◎	◎	◎	◎	◎
		経済・社会・技術	◎	○	○	◎	◎	◎
		文化・宗教・教育	◎	◎	◎	◎	◎	◎
		外交	○	◎	○	◎	○	○
政治	憲法の原理・基本的人権		○	○	◎	○	◎	
	政治のしくみと働き		◎	◎	◎	◎	○	☆
	地方自治					○		
	国民生活と福祉						○	
	国際社会と平和		◎	◎				
時事問題			○	○	○			○
その他			○	○	○	○	○	○

千葉日本大学第一中学校

社会 ―グラフで見る最近３ヶ年の傾向―

最近３ヶ年に出題されたすべての問題を内容別に分類・集計し，全体に対して何パーセントくらいの割合になっているかを示しました。

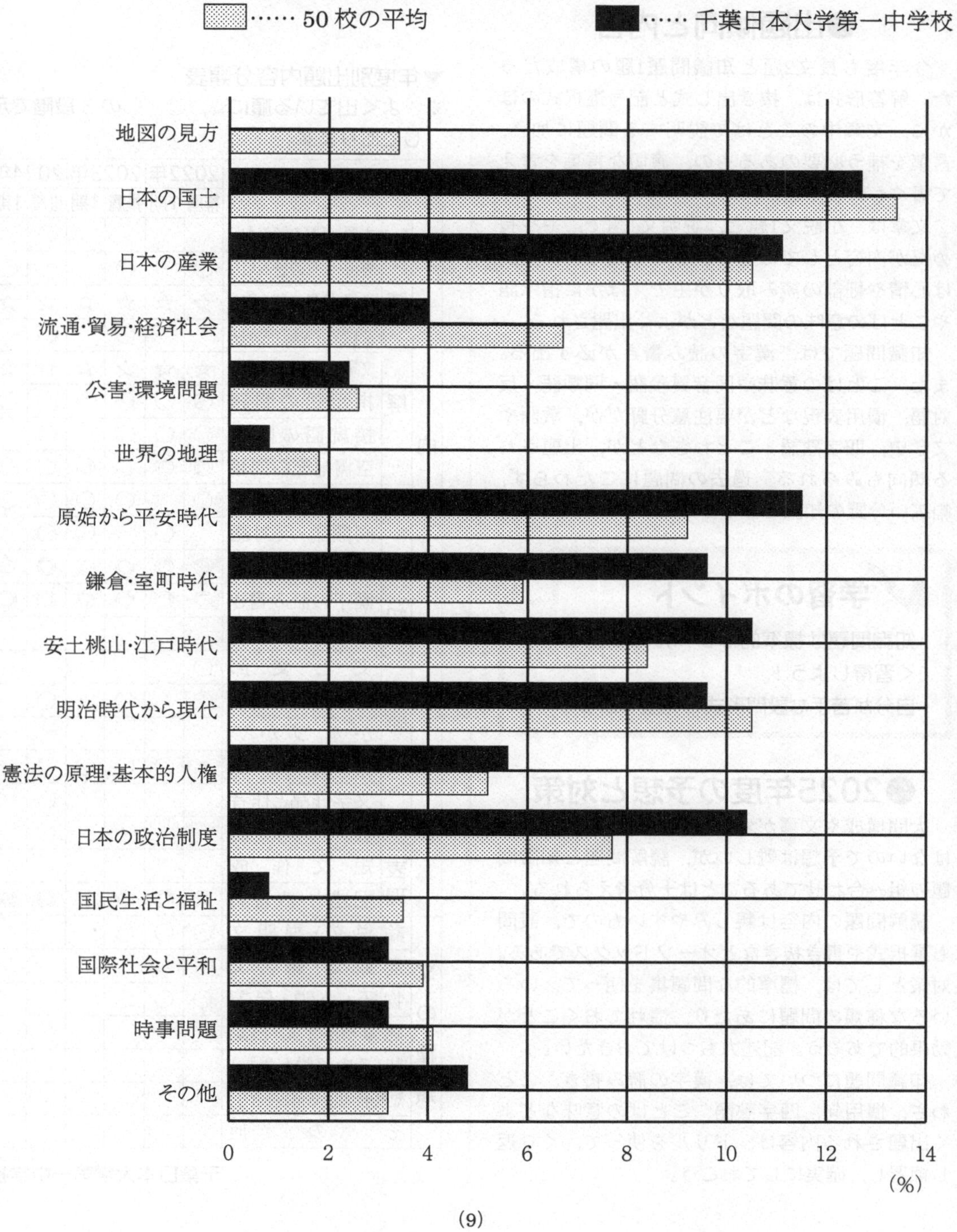

国語　出題傾向の分析と合格への対策

●出題傾向と内容

今年度も長文2題と知識問題1題の構成だった。解答形式は，抜き出し式と記号選択式のほかに，文章中のことばで説明する問題に加え，言葉を補う必要のあるもの，適切な言葉を考えて書くものも出題された。

文章は，小説文1題と，説明文1題で，やや長めだが内容としては難しいものではない。設問は心情や細部の読み取りが主で，ほかに指示語やことばの意味の問題などがよく出題される。

知識問題では，漢字の読み書きが必ず出る。また，ことばの意味や同音異義語・同類語・反対語，慣用表現などが要注意分野だが，敬語や文学史，四字熟語・ことわざなどが，出題される傾向もみられる。過去の問題にこだわらず，幅広い分野の知識をしっかり身につけたい。

学習のポイント

- 知識問題は標準的なレベルの問題を幅広く習得しよう！
- 自分が苦手な設問形式を克服しよう！

●2025年度の予想と対策

大問構成や文種が変わることが多く，一定ではないので予想は難しいが，読解問題と知識問題の組み合わせであることは十分考えられる。

読解問題の内容は親しみやすいもので，設問も選択式や書き抜きなどオーソドックスである。対策としては，標準的な問題集を使って，いろいろな種類の問題にあたり，慣れておくことが効果的であろう。記述力もつけておきたい。

知識問題については，漢字の読み書き，ことわざ，慣用句，四字熟語，ことばの意味などよく出題される内容は，ドリルを使って，くり返し練習し，確実にしておこう。

▼年度別出題内容分類表

※　よく出ている順に☆，◎，○の３段階で示してあります。

出題内容			2022年		2023年		2024年	
			推薦	1期	推薦	1期	推薦	1期
内容の分類	読解	主題・表題の読み取り					○	
		要旨・大意の読み取り	○		○			○
		心情・情景の読み取り	☆	☆	☆	☆	☆	☆
		論理展開・段落構成の読み取り			○		○	
		文章の細部の読み取り	☆	☆	☆	☆	☆	☆
		指示語の問題	○	○	○	○	○	○
		接続語の問題	○	○	○		○	
		空欄補充の問題	◎	◎	◎	◎	◎	◎
	知識	ことばの意味	○		○	○	○	○
		同類語・反対語		○		○	○	
		ことわざ・慣用句・四字熟語	◎	◎	◎	◎	◎	◎
		漢字の読み書き	◎	◎	◎	◎	◎	◎
		筆順・画数・部首						
		文と文節	○					
		ことばの用法・品詞	○		○		○	
		かなづかい						
		表現技法		○	○	○		
		文学作品と作者					○	
		敬語					○	
	表現	短文作成						
		記述力・表現力	◎	◎	◎	◎	◎	◎
文の種類		論説文・説明文	○	○	○			
		記録文・報告文						
		物語・小説・伝記	○	○	○			
		随筆・紀行文・日記						
		詩（その解説も含む）						
		短歌・俳句（その解説も含む）						
		その他						

千葉日本大学第一中学校

国語 ——グラフで見る最近３ヶ年の傾向——

最近３ヶ年に出題されたすべての問題を内容別に分類・集計し，全体に対して何パーセントくらいの割合になっているかを示しました。

▨……50校の平均　■……千葉日本大学第一中学校

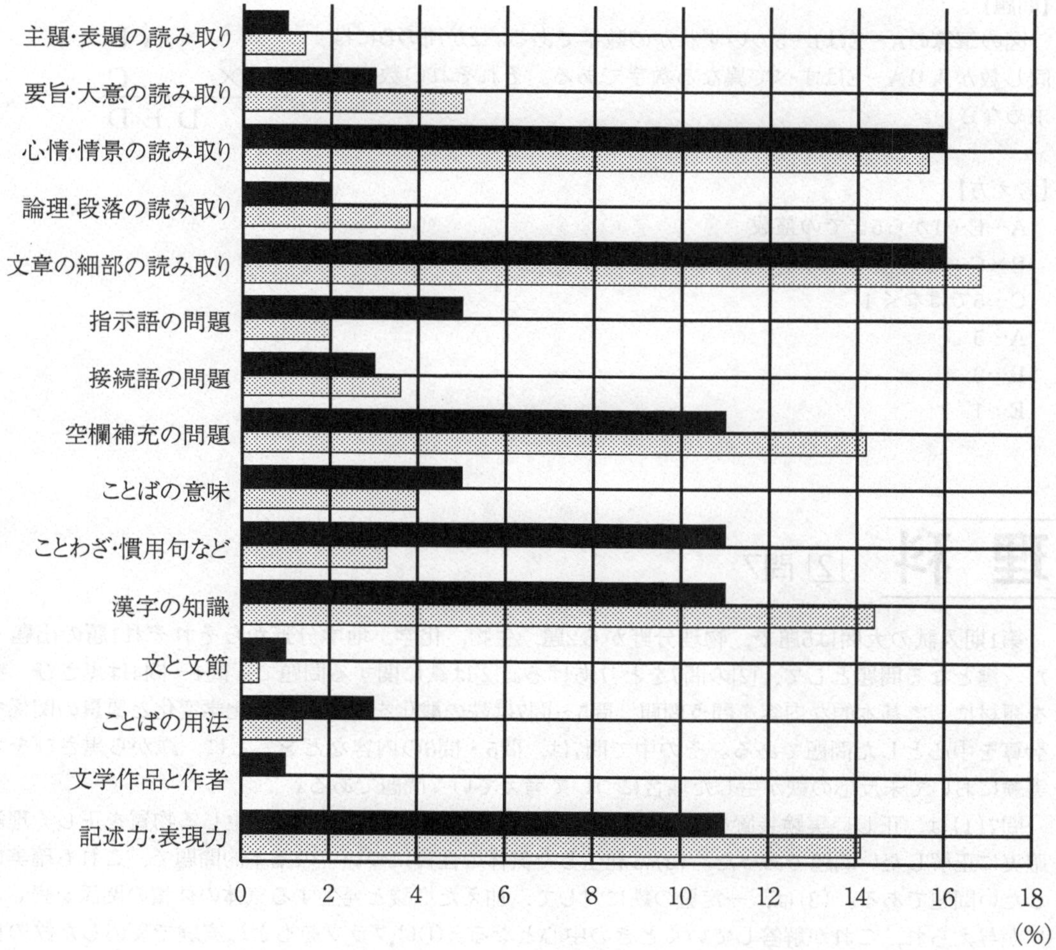

	論説文 説明文	物語・小説 伝記	随筆・紀行 文・日記	詩 (その解説)	短歌・俳句 (その解説)
千葉日本大学 第一中学校	50.0%	50.0%	0.0%	0.0%	0.0%
50校の平均	47.0%	45.0%	8.0%	0.0%	0.0%

2024年度　合否の鍵はこの問題だ!!

(第1期)

算　数　2 (8)

AB×C=DED…この各文字に1から5までの整数を組み合わせる問題である。
一見すると簡単そうだが，では，実際にはどうだろうか。

【問題】

図の筆算のA～Eは1～5のいずれかの数字である。2か所のDには同じ数が入りA～Eはすべて異なる数字である。それぞれの数字を求めなさい。

$$\begin{array}{r} A\ B \\ \times\quad C \\ \hline D\ E\ D \end{array}$$

【考え方】

A～E…1から5までの整数

B×C…この積の一の位の数字Dは1ではなく，2 ←── これがポイント

C…5ではなく4

A…5

B…3

E…1

理　科　2 問7

第1期入試の大問は5題で，物理分野から2題，生物，化学，地学分野からそれぞれ1題の出題であった。鍵となる問題として，2の問7をとりあげる。2は鉄に関する問題で，問1～問4は黒さび・赤さびを題材にして基本的な内容を問う問題，問5～問7は鉄の酸化を題材にして化学変化と質量の関係を問う計算を中心とした問題である。その中で問7は，問5・問6の内容などをもとに，鉄から黒さびをつくる実験において未反応の鉄が生じた場合について考えていく問題である。

問7(1)は，正しい実験装置を選ぶ問題であり，実験の材料となる物質と生じる物質を正しく理解して確実に正解したい問題であった。(2)は発生した気体の性質についての基本的問題で，これも確実に正解したい問題である。(3)は，一定量の鉄に対して，加えた塩酸と発生する気体の体積の関係を表したグラフが与えられ，これが解答していくときの中心となる。①はグラフをもとに実験で反応した鉄の重さを求める問題である。入試問題としては典型的な問題なので，苦手であればしっかりと練習をして解けるようになっておくべき問題である。②が本問の中心となる問題である。まず，①と与えられた条件から塩酸と反応した鉄の重さを求めることができる。次に反応した物質の重さを考えるわけだが，条件で与えられている「8.5g」が，鉄ではなく黒さびという点である。しっかりと読解ができていないとまちがえてしまう可能性が高い部分なので注意が必要である。ここで間違えなければ，黒さびのもととなった鉄の重さは本問の設定では計算なしで求めることができ，あとは割合の計算をすればよい。③はグラフに関する問題で，塩酸の濃度を変えたときにどうなるかといった典型的な問題なので，これも苦手であればしっかりと理解してできるようになっておこう。

社会 1. 問3

本校の問題は歴史分野の比重が高く，内容的にも地図的要素やさまざまな史料の読み取り問題が多い。日ごろからこうした出題傾向を十分把握して対応していくことが大きなポイントとなるのは間違いないところだ。そうした例の一つとして次の問題を挙げてみよう。

設問は「弥生時代，倭の奴国王が使いを送ったことが記載されている中国の歴史書は何か」というもの。日本で文字が広く普及するようになったのは飛鳥時代以降であるが，古墳から出土した鉄剣などに銘文が刻まれていることから文字の使用はさらにさかのぼることになる。最近では弥生時代の遺跡から明らかに硯《すずり》と思われる石の出土も確認されている。ただ，現存する日本最古の歴史書は奈良時代の記紀であるため，古代の日本列島の様子は中国の歴史書に頼るほかない。幸いなことに中国では新しい王朝が成立すると前王朝の歴史を編纂するのが通例である。中国の歴史書に初めて日本が登場するのが紀元前後の様子を記した「漢書地理志」である。そこには「楽浪郡の海のかなたに倭人が住み百余国に分かれていた。そのうちのある国は定期的に漢に朝貢していた」とある。その次が1～2世紀の様子を記した「後漢書東夷伝」である。これによると57年に倭の奴国王が使者を派遣し光武帝から印を授けられたとある。奴国とは博多湾付近にあった小国家で，3世紀前半には邪馬台国に服属していた国である。この「漢委奴国王」と記された金印は江戸時代の後期に福岡県の志賀島の水田近くの溝の中から発見されている。次があの有名な邪馬台国の卑弥呼が登場する「魏志倭人伝」である。倭国の政治や外交，社会，風俗，産物などが約2000字にわたって記されている。しかし，その場所についてははっきりせず，江戸時代から九州説や畿内説が対立しいまだに決着がついていない。4世紀になると中国は政情が不安定となり日本の記述が消える「空白の4世紀」となってしまう。そして次に登場するのが倭の五王が高い称号を得ようと朝貢したと記される「宋書倭国伝」である。讃・珍・済・興・武と続く五王の最後の武は雄略天皇(ワカタケル大王)といわれており，そのワカタケルと刻まれた鉄剣は埼玉県の稲荷山古墳や熊本県の江田船山古墳から出土している。大和王権の支配が九州から関東まで及び，この頃には文字の使用も始まっていたことがわかる。

国語 三 問四

小説が「私」という一人称で書かれている場合は，語り手は誰なのかに注意する。多くの場合「私」＝語り手である。しかし，この小説は語り手は「友達」であり，友達の語った内容を聞き手である「私」が書きとめたという形式になっている。このことは，設問文に「以下の文章は，『勝負事ということが，話題になった時に，私の友達の一人が，次のような話をしました。』という冒頭に続いて語られる『友達』の話である。」と説明されている。この小説の設定をしっかりと頭に入れておくことが，三の問四の記述問題で減点されずに正解をする鍵なのである。

解答例を見ると，主語は「友人の父」となっている。語り手は「友達」であるからそうなっているのである。ここを単に「父は」としてしまうと，設定を理解していないことが明らかになってしまう。小説の記述問題では「誰がどうした」を的確に説明することが重要である。この小説は「友達」の一家に起こったことが，「私」という立場で語られている。その点に注意しなければいけない。

小説を読む場合は，「語り手」は誰なのかという視点で読むことを心がけよう。

MEMO

大切なことはメモしておこうネ！

2024年度

入　試　問　題

2024年度

2024年度

千葉日本大学第一中学校入試問題（自己推薦）

【算　数】（50分）　＜満点：100点＞

【注意】 1．③，④は解答用紙に途中の式や計算などを書いて答えてください。答えだけでは正解としません。

2．円周率を使用する場合は3.14とします。

3．定規，コンパスは使用してもかまいません。

4．計算器，分度器は使用してはいけません。

1　次の計算をしなさい。

［※答えのみでよい］

(1)　$8492\div68$

（商と余りを求める）

(2)　$\{13+(144\div4\times3)\}\div11$

(3)　$\left(3\frac{3}{7}-2\frac{1}{3}\right)\div7\frac{2}{3}\times\left(1.6-\frac{2}{3}\right)$

(4)　$2024\times0.3+4048\times0.05+1012\times0.2$

2　次の［　　］に当てはまる数を答えなさい。

［※答えのみでよい］

(1)　$\left(3-\boxed{}\times\frac{3}{7}\right)\div\frac{2}{7}-4=2$

(2)　ＡとＢの家は2800m離れています。ＡはＢの家へ，ＢはＡの家へ向かって同時に出発したところ，20分後に出会いました。Ａの速さが毎分60mのとき，Ｂの速さは毎分［　　］mです。

(3)　［ ① ］枚の折り紙を［ ② ］人の子どもに配るのに，１人に４枚ずつ配ると８枚余り，５枚ずつ配ると30枚足りません。

(4)　あるクラスの40人全員に「サッカーと野球は得意か得意でないか」というアンケートを行いました。その結果，「サッカーが得意」と答えた生徒は21人，「野球が得意」と答えた生徒は16人，「どちらも得意でない」と答えた生徒が12人いました。このとき，サッカーが得意でない生徒は［ ① ］人，サッカーは得意だが野球は得意でない生徒は［ ② ］人いることが分かります。

(5)　Ａくんのこれまでの算数のテストの平均は63点でしたが，今回のテストが73点だったので，平均が65点になりました。このとき，今回のテストは［ ① ］回目でした。また，次回［ ② ］点とれば，平均が67点になります。

(6)　３％の食塩水200ｇに６％の食塩水100ｇを加えると［ ① ］％の食塩水Ａができます。さらに，食塩水Ａに食塩［ ② ］ｇを加えると，10％の食塩水ができあがります。

(7)　遊園地の入口に1800人の行列ができていて，毎分50人がこの行列に加わります。入場口が２個のときは20分で行列がなくなりました。このとき，１個の入場口で毎分［ ① ］人が入場することができます。また，入場口が5個のときは，この行列は ② 分でなくなります。

(8)　たくさんのおはじきをA，B，C，Dの4人で分けます。Aが全体の$\frac{1}{3}$と5個をとり，Bが残りの$\frac{1}{5}$と4個をとり，Cがその残りの$\frac{5}{8}$をとると，Dは51個でした。このとき，Cはおはじきを ① 個とり，おはじきは全部で ② 個ありました。

(9)　右の図のように，平行な直線A，Bと正六角形を組み合わせたとき，アの角度は ① 度であり，イの角度は ② 度です。

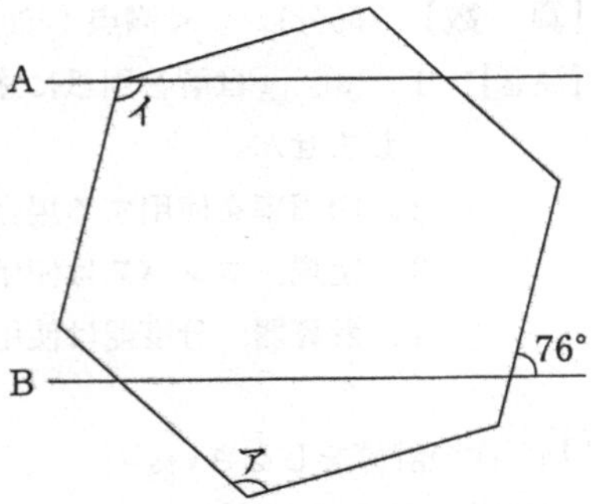

(10)　図1のようなリングをつなげていきます。図2のように，3つのリングをつなげると全体の長さは ① cmになります。また，図3のように，全体の長さを362cmにするには，リングは全部で ② 個必要です。

図1

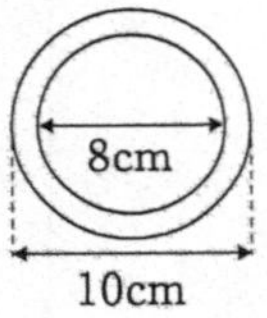

図2

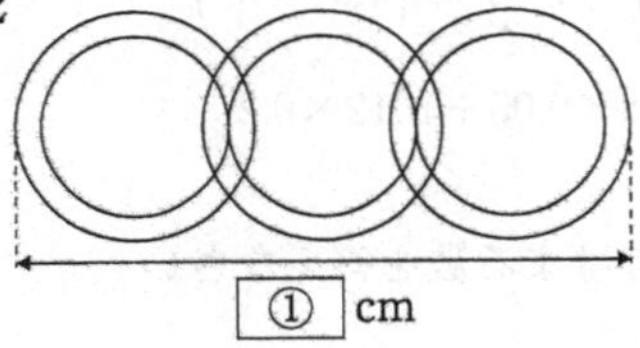

図3

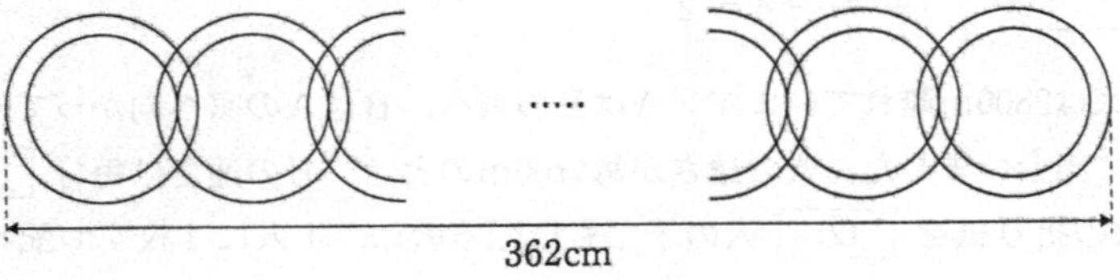

(11)　右の図で，三角形ACDの面積が12cm²です。このとき，BCの長さは ① cmです。また，しゃ線部分アとイの面積の差は ② cm²です。

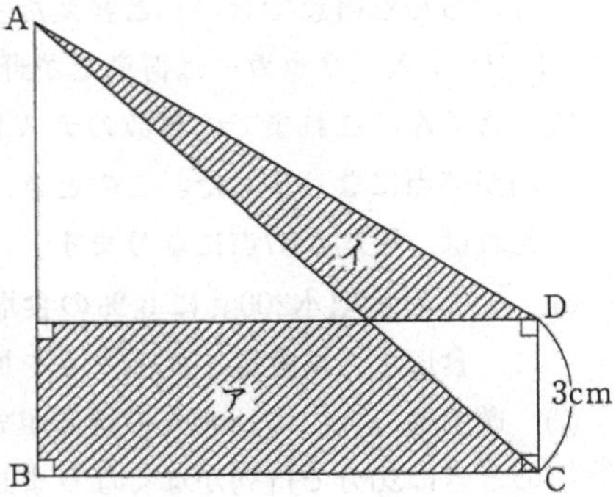

⑿　ある品物を定価の１割引で売ると168円の利益があります。また，定価の３割引で売ると24円の利益があります。このとき，この品物の定価は［　①　］円で，原価は［　②　］円です。

［3］　下の図のように，AB＝６㎝，BC＝８㎝，AC＝10㎝の直角三角形ABCがある。この図形を頂点Ｃを中心にして時計回りに90度回転させます。このとき，以下の問いに答えなさい。［※式や考え方を書きなさい。］

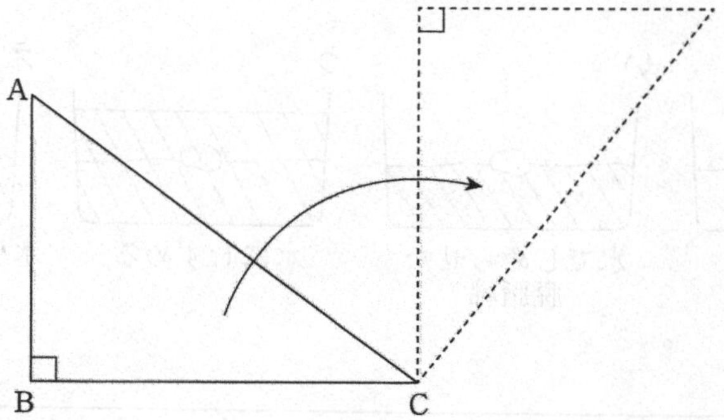

⑴　辺BCが動いたあとがえがく図形の面積は何㎠ですか。

⑵　頂点Ａが動いたあとの線の長さは何㎝ですか。

⑶　辺ABが動いたあとがえがく図形の面積は何㎠ですか。

［4］　空のプールに水を入れて満水にします。

給水管Ａで水を入れると60分，給水管Ｂで水を入れると100分，給水管Ｃで水を入れると150分でプールは満水になります。このとき，次の問いに答えなさい。

［※式や考え方を書いて下さい。］

⑴　給水管Ａ，Ｂ，Ｃを全て使って同時に水を入れ始めるとき，プールは何分で満水になりますか。

⑵　最初に給水管ＡとＢを使ってプールに水を入れ始めました。しかし，途中で給水管Ｂが故障したため，すぐに給水管Ｃを代わりに使いました。水を入れ始めてから満水になるまでに41分かかりました。給水管Ｂが故障したのは水を入れ始めてから何分後ですか。

【理　科】（40分）＜満点：80点＞

1　種子の発芽の条件と成長について調べるために，インゲンマメの種子を使って以下の**実験１**と**２**を行いました。以下の問いに答えなさい。

実験１

脱脂《だっし》綿を敷《し》いた容器にインゲンマメを入れ，**あ**～**く**のようにそれぞれ異なる条件にして，25℃に保った。**あ**～**え**は日の当たる所に置き，**お**～**く**は日が全く当たらない所に置いた。

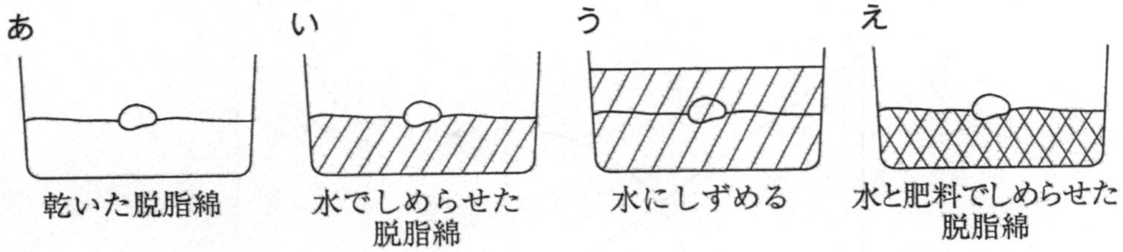

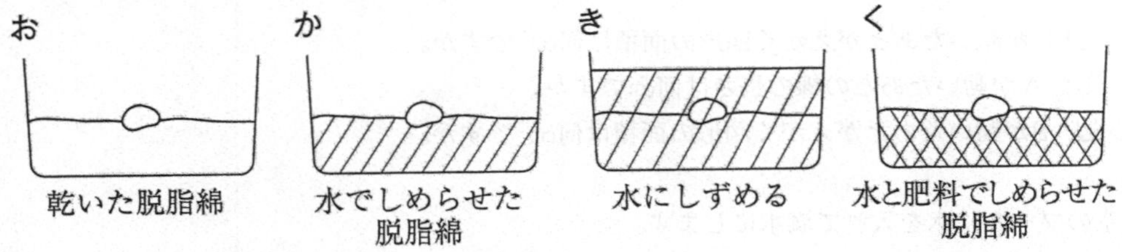

結果　発芽した……○　　発芽しなかった……×

	あ	い	う	え	お	か	き	く
発芽	×	○	×	○	×	○	×	○

問１　実験前のインゲンマメの断面にヨウ素液を付けるとどのように反応しますか。適当な図を次の**ア**～**エ**から選び記号で答えなさい。斜《しゃ》線部を青紫色に反応した部分とします。

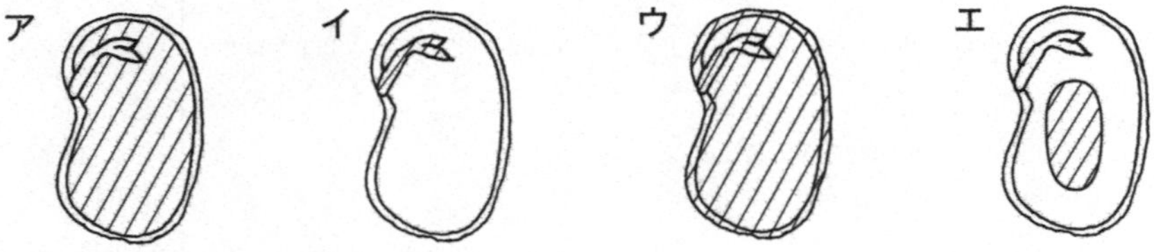

問２　**い**と**か**を比べることでどんなことがわかりますか。

問３　この実験からわかるインゲンマメの発芽に必要な条件は何ですか。**ア**～**オ**から全て選び記号で答えなさい。

ア：水　　**イ**：光　　**ウ**：肥料　　**エ**：適切な温度　　**オ**：空気

問４　この実験で発芽した後に，最もよく成長するものはどれですか。発芽をした**いえかく**の中から１つ選び記号で答えなさい。

問５　**実験１**をインゲンマメのかわりにレタスの種子で行ったところ，異なった結果が得られました。

レタスの種子は直径が３㎜～４㎜くらいの小さな無胚《はい》乳種子で，多くの養分を蓄《たくわ》えることができないため，発芽と同時に光合成をして養分を作る必要があります。そのため，深い土の中や上に他の植物が覆《おお》っているような環境ではなく，すぐに光合成ができる環《かん》境でなければ発芽しないようになっています。

実験１の**あ～く**の条件でレタスの種子をまくと，どの条件のときに発芽しますか。**あ～く**から全て選び記号で答えなさい。

実験２

肥料を含《ふく》まない土を入れた植木ばち**A**と**B**（以降**A**・**B**とする）の２つを用意し，それぞれにインゲンマメを複数まいた。**A**は日当たりのよい所に置き，**B**は日が全く当たらない所に置いた。それぞれを発芽・成長させながら毎日１つずつ取り出して，芽生えたインゲンマメ全体を乾燥《かんそう》させ，重さの変化を調べた。グラフは発芽０日目からの日数と重さの変化を記録したものである。ただし，**B**は５日目までの記録をグラフに示している。また，**A**・**B**はどちらも日当たり以外の条件は全て同じものとする。

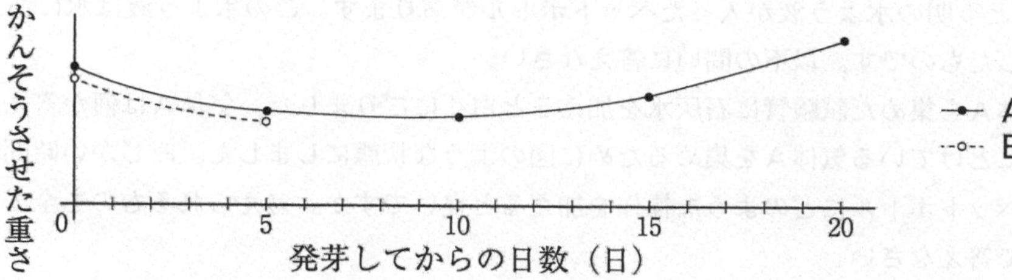

問６　グラフ中で**A**のインゲンマメが呼吸をしているのはどの時期ですか。適当なものを**ア～ク**から選び答えなさい。

ア：０日目～５日目　　**イ**：０日目～10日目
ウ：０日目～15日目　　**エ**：０日目～20日目
オ：５日目～10日目　　**カ**：５日目～15日目
キ：10日目～15日目　　**ク**：10日目～20日目

問７　**A**は10日目まで重さが減少しています。その理由として適当なものを**ア～エ**から選び記号で答えなさい。

ア　光合成をして使った水分が，呼吸でつくった水分の量より多いから
イ　呼吸をして使った水分が，子葉に蓄えられている水分の量より多いから
ウ　子葉の養分が呼吸に使われ，その量が光合成でつくられた養分の量より多いから
エ　胚乳の養分が成長するために使われ，その量が光合成でつくられた養分の量より多いから

問８　**A**は10日目以降に重さが増えました。その理由として適当なものを次のページの**ア～エ**から選び記号で答えなさい。

ア　光合成をして養分をつくり，成長したから

イ　光合成をして水分をつくり，子葉に蓄えたから

ウ　成長がすすみ，呼吸に使う養分が減ったから

エ　成長がすすみ，光合成に使う水分が減ったから

問９　Ｂは５日目以降どのようなグラフになりますか。適当なものをア～エから選び記号で答えなさい。

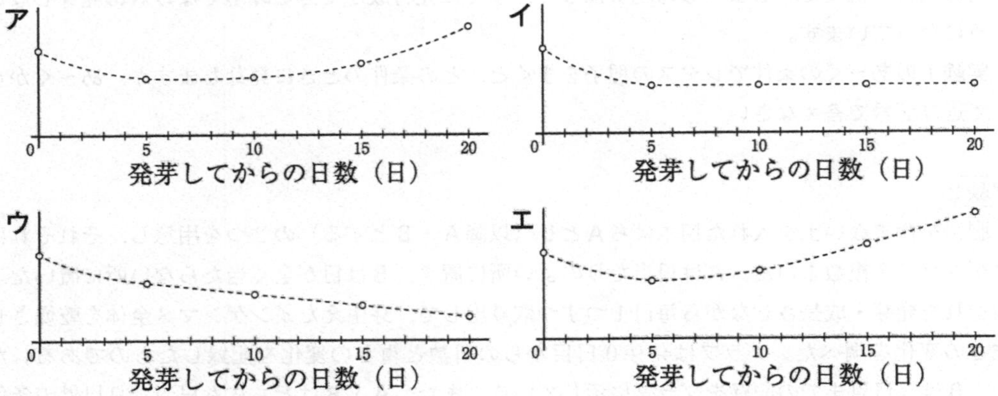

2　無色でとう明の水よう液が入ったペットボトルがあります。この水よう液は水にある気体Ａだけをとかしたものです。以下の問いに答えなさい。

問１　気体Ａを集めた試験管に石灰水を加えると白くにごりました。気体Ａは何か答えなさい。

問２　水にとけている気体Ａを集めるために図のような状態にしました。みじかい時間で集めるためにはペットボトルにどのような操作を加えると良いですか。考えられるものを全て選びア～エの記号で答えなさい。

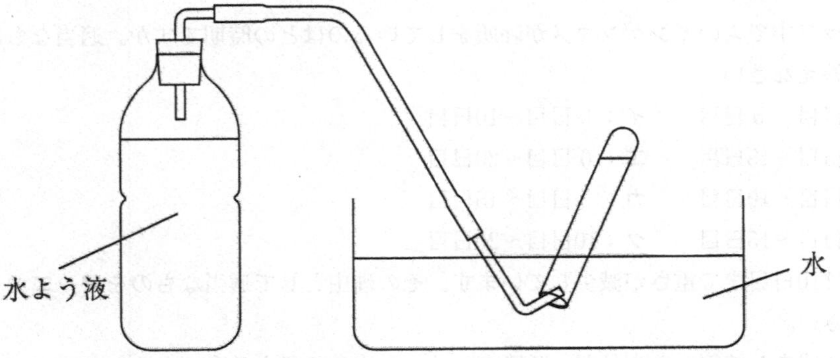

ア　温める　　イ　冷やす　　ウ　振る　　エ　振動させない

問３　問２の操作で試験管に気体Ａが集められました。このことから，水に対する気体Ａの性質についてどのようなことがわかりますか。下から選びア～ウの記号で答えなさい。

ア　よくとける　　イ　少しとける　　ウ　わからない

問４　気体Ａを集めた別の試験管にBTBよう液を加えると何色になりますか。

問５　この無色でとう明の水よう液を何といいますか。

問６　この無色でとう明の水よう液を蒸発皿に入れ，あたためて水分をなくしました。このとき，蒸発皿のようすが同じになる水よう液を下からすべて選び**ア**～**エ**の記号で答えなさい。

ア　塩酸　　**イ**　石灰水　　**ウ**　食塩水　　**エ**　アンモニア水

３　ある温度の水にホウ酸をとかす実験をしました。以下の問いに答えなさい。

問１　ホウ酸の粒を「●」で表したとき，ホウ酸が水にとけた状態をあらわす図を下から選び**ア**～**エ**の記号で答えなさい。

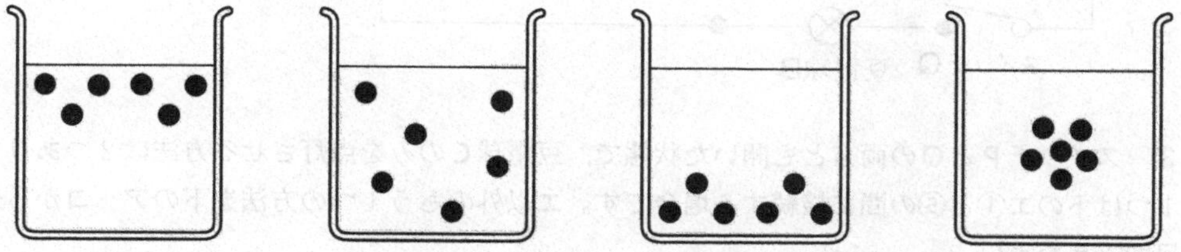

ア　　**イ**　　**ウ**　　**エ**

問２　ものが水にとけたといえないのはどういうときですか。下の**ア**～**エ**から選び記号で答えなさい。

ア　色がある　**イ**　色がない　**ウ**　とうめい　**エ**　とうめいではない

問３　水の温度高くして，たくさんのホウ酸をとかしたあと，水よう液の温度を下げてホウ酸の結晶をとりだすことを何といいますか。

問４　100ｇの水に対して，いっぱいまでホウ酸がとける量は下の表のとおりです。①～③の問いに答えなさい。

水の温度（℃）	10	25
とけるホウ酸の量（g）	4	6

①　25℃の水150ｇに対してホウ酸をとけるだけとかしました。とけたホウ酸は何ｇですか。

②　①のとき，濃度は何％ですか。ただし，答えが割り切れない場合は，小数第二位を四捨五入して小数第一位までで答えなさい。

③　①の水溶液を100ｇとりだし，10℃に冷やしました。出てきたホウ酸は何ｇですか。ただし，答えが割り切れない場合は，小数第二位を四捨五入して小数第一位までで答えなさい。

４　電池・２つの豆電球**A**と**B**・２つのスイッチ**P**と**Q**を使い，次のページの図のような回路を作りました。この回路に豆電球**C**を追加で接続し，問１～問５のように点灯させます。豆電球**C**は①～⑤の場所に接続できるとき，以下の問いに答えなさい。

問１　スイッチ**P**と**Q**の両方とも開いた状態で，豆電球**A**と**C**のみを点灯させるにはどの場所に接続すればよいですか。あとの**ア**～**コ**から選び記号で答えなさい。

問２　スイッチ**P**と**Q**の両方とも開いた状態で，豆電球**B**と**C**のみを点灯させるにはどの場所に接続すればよいですか。あとの**ア**～**コ**から選び記号で答えなさい。

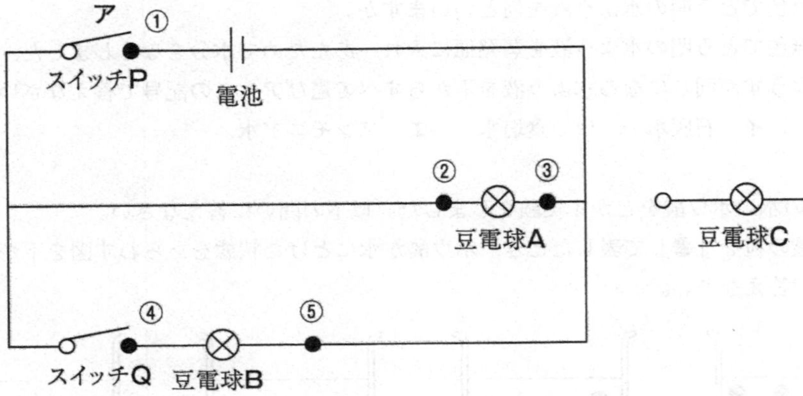

問３　スイッチＰとＱの両方とも開いた状態で，豆電球Ｃのみを点灯させる方法は２つあります。１つは下のエ①と⑤の間に接続する場合です。エ以外のもう１つの方法を下のア～コから選び記号で答えなさい。

問４　スイッチＰのみを閉じたとき，豆電球ＡとＣのみを点灯させる方法は３つあります。そのうち２つの方法は下のイとエの接続方法です。イとエ以外のもう１つの方法を下のア～コから選び記号で答えなさい。

問５　スイッチＱのみを閉じたとき，豆電球ＡＢＣのすべてを点灯させる方法は２つあります。そのうち１つの方法は下のウの接続方法です。ウ以外のもう１つの方法を下のア～コから選び記号で答えなさい。

ア　①と②の間　　イ　①と③の間　　ウ　①と④の間　　エ　①と⑤の間
オ　②と③の間　　カ　②と④の間　　キ　②と⑤の間　　ク　③と④の間
ケ　③と⑤の間　　コ　④と⑤の間

5　下の図１～図３には誤りがあり，棒は水平につり合いません。棒や糸のおもさを考えないものとして，以下の問に答えなさい。

図1

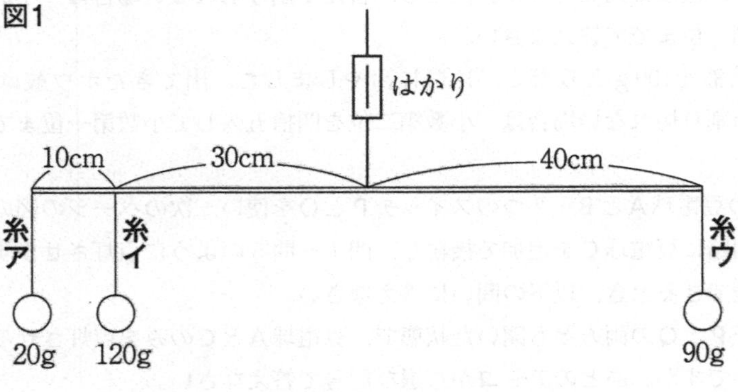

図2

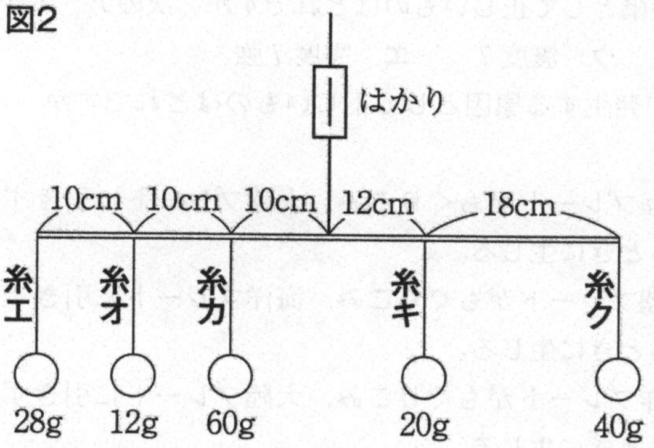

図３

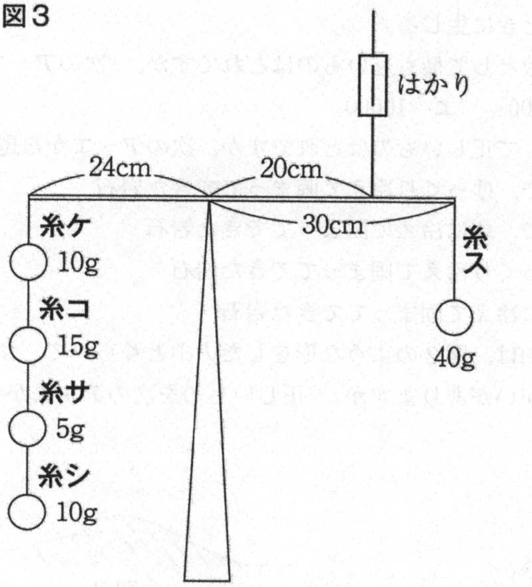

問１　**図１，図２でおもりに接続されている糸を１本切るとつり合います。ア～クのどの糸を切れば棒が水平につり合いますか。それぞれ選び記号で答えなさい。またそのときのはかりの目盛りをそれぞれ答えなさい。**

問２　**図３ではかりの目盛りが30ｇのとき，棒が水平につり合うためには，どの糸を１本切るとつりあいますか。ケ～スの記号で答えなさい。**

6　以下の問いに答えなさい。

問１　**たい積岩を粒の小さいものから順番に並べたものとして正しいものはどれですか。次のア～エから選びなさい。**

ア　砂岩→れき岩→でい岩　　**イ**　れき岩→砂岩→でい岩

ウ　でい岩→砂岩→れき岩　　**エ**　れき岩→でい岩→砂岩

問２　**流れる水のはたらきとして正しくないものはどれですか。次のア～エから選びなさい。**

ア　たい積　　**イ**　運ぱん　　**ウ**　風化　　**エ**　しん食

問３　震度でもっとも小さい段階として正しいものはどれですか。次の**ア**～**エ**から選びなさい。

ア　震度０　　**イ**　震度１　　**ウ**　震度７　　**エ**　震度７強

問４　日本の太平洋側で地震が発生する原因として正しいものはどれですか。 次の**ア**～**エ**から選びなさい。

ア　海洋プレートの下に大陸プレートがもぐりこみ，大陸プレートに引きずりこまれた海洋プレートが反発して元に戻るときに生じる。

イ　海洋プレートの下に大陸プレートがもぐりこみ，海洋プレートに引きずりこまれた大陸プレートが反発して元に戻るときに生じる。

ウ　大陸プレートの下に海洋プレートがもぐりこみ，大陸プレートに引きずりこまれた海洋プレートが反発して元に戻るときに生じる。

エ　大陸プレートの下に海洋プレートがもぐりこみ，海洋プレートに引きずりこまれた大陸プレートが反発して元に戻るときに生じる。

問５　日本に存在する活火山の数として最も近いものはどれですか。 次の**ア**～**エ**から選びなさい。

ア　10　　**イ**　100　　**ウ**　1000　　**エ**　10000

問６　火山岩のでき方の説明として正しいものはどれですか。次の**ア**～**エ**から選びなさい。

ア　マグマが地表や地表付近で，ゆっくり冷えて固まってできた岩石

イ　マグマが地表や地表付近で，急に冷えて固まってできた岩石

ウ　マグマが地下深くで，ゆっくり冷えて固まってできた岩石

エ　マグマが地下深くで，急に冷えて固まってできた岩石

問７　**図１**のような形をした火山は，**図２**のような形をした火山とくらべて，マグマのねばりけとふん火の様子はどのようなちがいがありますか。 正しいものを次の**ア**～**エ**から選びなさい。

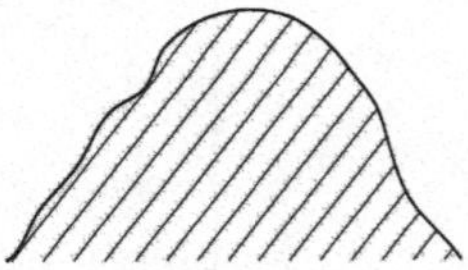

図1

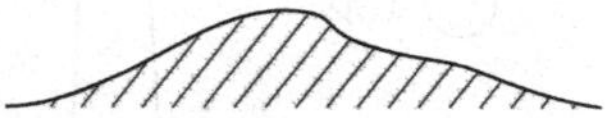

図2

ア　マグマのねばりけが大きく，おだやかなふん火

イ　マグマのねばりけが小さく，おだやかなふん火

ウ　マグマのねばりけが大きく，はげしいふん火

エ　マグマのねばりけが小さく，はげしいふん火

問８　**図**はある地点での地層をあらわしたものです。この層Ⅰ～Ⅳがたい積する途中で地震や大地の変動による，断層やしゅう曲が発生しました。断層としゅう曲が発生したタイミングとして正しい組み合わせを次のページの**ア**～**エ**から選びなさい。

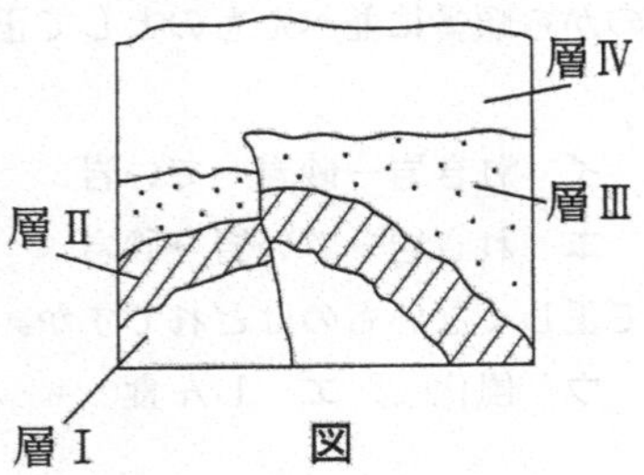

図

ア　断層は層Ⅰと層Ⅲがたい積する間に，しゅう曲は層Ⅱと層Ⅲがたい積する間に発生した。

イ　断層は層Ⅰと層Ⅲがたい積する間に，しゅう曲は層Ⅲと層Ⅳがたい積する間に発生した。

ウ　断層は層Ⅲと層Ⅳがたい積する間に，しゅう曲は層Ⅰと層Ⅱがたい積する間に発生した。

エ　断層は層Ⅲと層Ⅳがたい積する間に，しゅう曲は層Ⅱと層Ⅲがたい積する間に発生した。

問９　ある地震のＰ波は秒速７キロメートルで，Ｓ波は秒速４キロメートルでした。震源から84キロメートル離れた地点の初期微動継続時間《しょきびどうけいぞくじかん》は何秒ですか。

問10　**図１**は，ある地域の地形図で，図の曲線は等高線をあらわしています。Ⅰ～Ⅲの地点においてボーリング調査を行ったところ，**図２**のような結果となりました。この地層のかたむきについての説明として正しいものはどれですか。 次のア～エから選びなさい。 ただし，それぞれの地層が平行に広がり，同じ角度でかたむいているものとします。

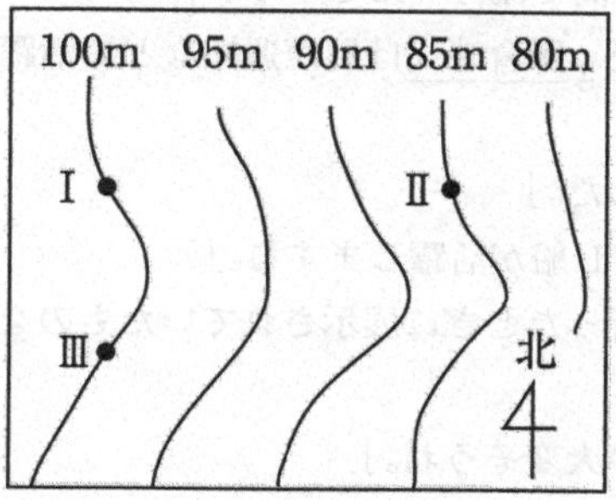

図1

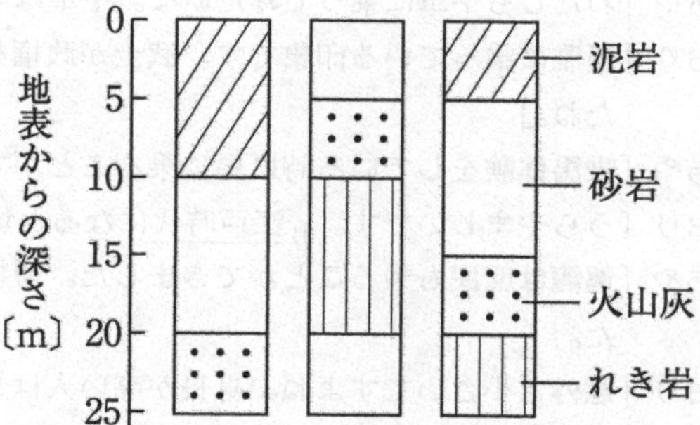

図2

ア　東に向かうほど低くなっている

イ　西に向かうほど低くなっている

ウ　南に向かうほど低くなっている

エ　北に向かうほど低くなっている

【社　会】（40分）＜満点：80点＞

1．違う小学校に通う，あやさん・しおりさんの会話文を読んで，あとの問に答えなさい。

あや「わたしの学校では夏休みの課題で日本の乗り物の歴史を調べることになりました。しおりさんは昔の乗り物について何か知っていることはありますか。」

しおり「まず思い浮かぶのは船ですね。a縄文時代には交通や漁で活用されました。そしてb厩戸皇子の時代にc遣隋使が派遣されました。航海技術は未熟だったので，命がけだったでしょうね。」

あや「そうですね。その後，隋が唐になってからも日本から使節が派遣されたんですよね。」

しおり「d遣唐使ですね。そしてe平安時代になると牛車が活躍しました。大きな道も整備されたので，たくさんの牛車が行き来したそうです。」

あや「わたしも牛車に乗ってみたいな。牛車はf貴族の間で流行ったそうですね。」

しおり「優雅に乗っている印象です。武士が政権を握ったg鎌倉時代は馬が運搬などで活躍しましたね。」

あや「乗馬体験をしている時に馬に乗ることができました。」

しおり「うらやましいです。h江戸時代になると駕籠《かご》や渡し船が活躍しますね。」

あや「駕籠は庶民も乗ることができました。博物館に行ったときに展示されていたものを見ました。」

しおり「意外と小さいですよね。身長が高い人は乗るのが大変そうね。」

あや「i明治時代になると，人力車や鉄道馬車が誕生しました。」

しおり「鉄道馬車ははじめて聞きました。レールの上を馬車が走るんですね。」

あや「鉄道馬車は日本全国に走っていました。沖縄にも糸満馬車軌道というものがありました。」

しおり「沖縄は現在，モノレールはありますが，鉄道が大活躍していた時代もあったのですね。」

あや「今日のしおりさんの話を聞いて私も乗り物の歴史に興味が湧いてきました。今度図書館に行ってもっと詳しく調べましょう。」

問1　下線部aについて次の問に答えなさい。

⑴　縄文時代の遺跡である三内丸山遺跡がある場所を地図から一つ選び，記号で答えなさい。

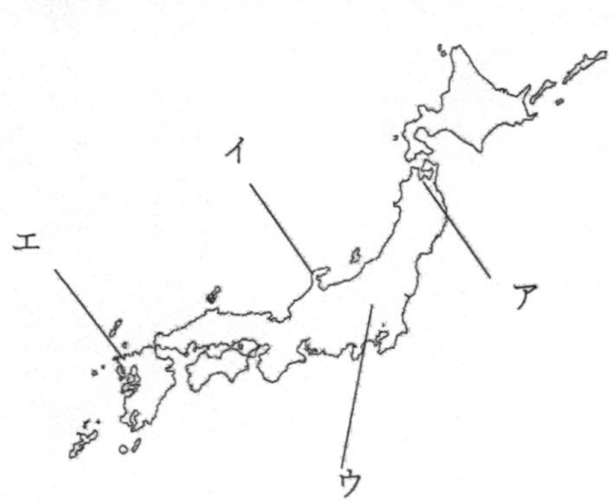

⑵　縄文時代につくられた自然の恵みを願うためにつくられた土製の人形を何というか答えなさい。

⑶　縄文時代と関係があるものを次のページから一つ選び，記号で答えなさい。

ア

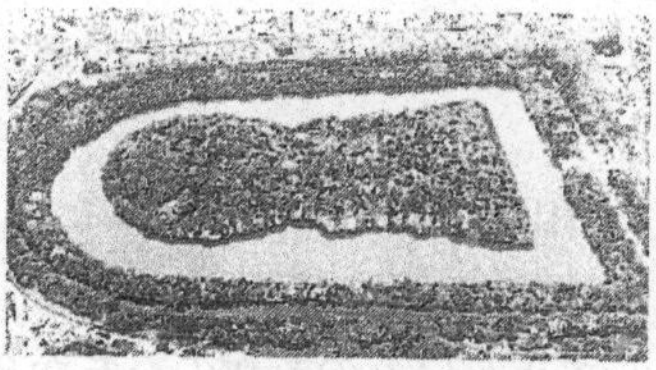

イ

ウ

エ

問２　下線部ｂについて，下は厩戸皇子が発布した十七条の憲法である。厩戸皇子はどのような国をめざしたのかを答えなさい。

一，和を持って貴しとなす 一，あつく三宝（仏法僧）を敬え 一，詔を受けては必ずつつしめ

問３　下線部ｃについて，607年に隋に派遣された人物は誰か答えなさい。

問４　下線部ｄについて，日本と唐の関係を述べた文として正しいものを次のうちから一つ選び，記号で答えなさい。

ア　唐からは鑑真が来日し，東大寺を建てた。

イ　行基が遣唐使として唐に派遣された。

ウ　唐でつくられた和同開珎が日本に輸入された。

エ　894年に遣唐使が停止された。

問５　下線部ｅについて次の問に答えなさい。

⑴　平安時代の年表を見て，（①）～（③）にあてはまる最も適当な語句をあとから選び記号で答えなさい。

年代	できごと
７９４年	（　①　）が平安京に遷都する。
１０１７年	（　②　）が太政大臣となり，摂関政治は全盛期を迎える。
１０８６年	院政が開始される。
１１５６年	保元の乱が起こる。
１１５９年	平治の乱が起こる。
１１６７年	（　③　）が武士としてはじめて太政大臣となる。
１１８５年	平氏が滅亡する。

ア　桓武天皇　　イ　聖武天皇　　ウ　藤原道長　　エ　紀貫之　　オ　平清盛

⑵　平安時代の文化について述べた文として正しいものを次のうちから二つ選び，記号で答えなさい。

ア　清少納言が『源氏物語』を著した。　　イ　大和絵や絵巻物が流行した。

ウ　天平文化が衰退した。　　エ　平等院鳳凰堂が建てられた。

問６　下線部ｆについて，平安時代の貴族の説明として正しいものを次のうちから一つ選び，記号で答えなさい

ア　貴族は寝殿造とよばれる住居で優雅な生活を送っていた。

イ　貴族には防人などの兵役の義務があった。

ウ　貴族には租・調・庸の税が課せられていた。

エ　貴族がかな文字を使うことは許されなかった。

問７　下線部ｇについて次の問に答えなさい。

⑴　鎌倉時代に関する文章中の（①）～（⑦）にあてはまる最も適当な語句を下から選び記号で答えなさい。

1192年に（　①　）が征夷大将軍になった。また守護と（　②　）が設置された。幕府と武士は（　③　）と奉公という関係で結ばれた。（　④　）氏は執権の地位を独占していく中で，朝廷は（　⑤　）の乱を起こしたが幕府によって鎮められた。13世紀には元の（　⑥　）が送った兵士が襲来した。（　⑦　）の役と弘安の役の２度襲来したがこれをまとめて元寇とよんでいる。

ア　源頼朝　　イ　源実朝　　ウ　地頭　　エ　国司　　オ　御恩

カ　諸行　　キ　北条　　ク　平　　ケ　承久　　コ　フビライ・ハン

サ　チンギス・ハン　　シ　文永　　ス　貞永

⑵　鎌倉時代の文化について述べた文として正しいものを次のうちから二つ選び，記号で答えなさい。

ア　運慶が日蓮宗を開いた。　　イ　親鸞が浄土真宗を開いた。

ウ　金剛力士像が造られた。　　エ　書院造が広まった。

問８　下線部ｈについて，次の問に答えなさい。

⑴　江戸時代の大名の統制について述べた文として正しくないものを次のうちから一つ選び，記号で答えなさい。

ア　親藩・譜代・外様大名が配置された。　　イ　武家諸法度が制定された。

ウ　参勤交代の制度が始まった。　　エ　大名に対する刀狩が行われた。

⑵　下の図は江戸時代におこなわれた改革の図である。空欄（①）～（④）に当てはまる語句をあとから選び記号で答えなさい。

改革	（　①　）	寛政の改革	（　②　）
人物	徳川吉宗	（　③　）	水野忠邦
内容	（　④　）の設置 公事方御定書を作成	旗本・御家人の 借金を帳消し	株仲間の解散 風俗の取締り

ア　天保の改革　　イ　目安箱　　　ウ　享保の改革
エ　田沼意次　　　オ　松平定信　　カ　オランダ商館

⑶　江戸時代の文化の発達について述べた文章中の（①）～（⑦）にあてはまる最も適当な語句を下から選び記号で答えなさい。

> 江戸時代は（　①　）文化と化政文化という２つの大きな文化があった。（　①　）文化は上方中心であり，脚本家として近松門左衛門，俳人として（　②　）が活躍した。化政文化は（　③　）中心の文化であり，浮世絵の代表的な人物として富嶽三十六景を描いた（　④　）や歌川広重などが活躍した。小説家としては（　⑤　）が活躍した。
> 学問の分野では（　⑥　）が国学を大成し，（　⑦　）が『解体新書』を著した。

ア　元禄　　イ　天明　　ウ　松尾芭蕉　　エ　杉田玄白　　オ　十返舎一九
カ　江戸　　キ　日光　　ク　葛飾北斎　　ケ　井原西鶴　　コ　本居宣長

問９　下線部ｉについて，次の問に答えなさい。

⑴　下の資料は明治時代に起きた戦争の講和会議の様子である。この戦争は何か答えなさい。

⑵　明治時代に起こったことついて述べた文として正しいものを次のうちから一つ選び，記号で答えなさい。

ア　足尾銅山鉱毒事件が起こり，田中正造が天皇に直訴した。
イ　シベリア出兵をみこした米の買い占めが米騒動につながった。
ウ　ラジオ放送が開始され，大衆文化が発達した。
エ　五・一五事件が起こり，首相が暗殺された。

２． 次の文は，ある中学校の中学１年生の６人が書いた夏休みの宿題（旅行記）の一部を示したものです。これらに関して，あとの問いに答えなさい。

〈　丸田くんの旅行記　〉

今年の夏休みは母親の実家に帰省し，毎日のように全国高等学校野球選手権大会（夏の甲子園）をテレビで観戦していました。母親の実家は，キャベツ農家を営んでおり（　①　）山麓にある嬬恋村にあります。a祖父・祖母は毎朝とても早い時間から農作業に忙しそうに取り組んでいました。

農作業が休みの日に，親戚みんなで（　②　）山脈を挟んでこの県の隣に位置する新潟県の花火大会を見に行きました。b新潟県はとても暑かったですがとても楽しかったです。

〈　藤本くんの旅行記　〉

家族で（　③　）市にドライブに行ってきました。この市町村が位置する県の人口は全国第２位となっており，$_{c}$政令指定都市の数が全国最多となっているようです。その中でも（　③　）市はこの都道府県の県庁所在地ともなっており，私が遊びに行った日も観光客がたくさんいました。

また，夜，高速道路で帰っている時に，車の窓の外を見ると$_{d}$たくさんの工場の煙突が見えました。環境問題の原因となる工場も，夜にみるとまた綺麗だなと感じました。

〈　小宅くんの旅行記　〉

夏休みに家族でぶどう狩りに行きました。中央自動車道の勝沼Ｉ．Ｃを降りて農園に行きました。ぶどう狩りを始める前に，農園の係員の方がぶどう栽培について説明してくれました。この県は，$_{e}$富士山や南アルプスなどの標高の高い山々に囲まれており「盆地」という地形をしているため，ぶどうの他にも（　④　）などの果物栽培が盛んに行われていることがよくわかりました。その中でも，私がぶどう狩りをした農園がある勝沼は（　⑤　）盆地の東側に位置する果物栽培が特に盛んな地域でした。

〈　大輔くんの旅行記　〉

家族でひまわりを見に行くため国営のひたち海浜公園へ日帰り旅行に行きました。たくさんの花を見ることができて楽しかったです。帰りは少し遠回りをして，日本第２位の面積を誇る湖にかかる大きな橋を通り，橋の近くの道の駅でお土産にこの県が日本一の生産量を誇るれんこんから作られたお菓子を買いました。

〈　まさみさんの旅行記　〉

海外で暮らしている姉とその旦那さんが日本に遊びにくるということで，久しぶりに家族みんなで私の住む県の観光に行ってきました。２日間しか観光できる時間がなかったので，1日目は県内にある（　⑥　）国際空港に姉家族を迎えにいき，そのまま高速道路で県内の有名なテーマパークである東京ディズニーランドに遊びにいきました。

姉の旦那さんが日本の文化に興味のある人なので，翌日は（　⑥　）山新勝寺にみんなで参拝に行き，御朱印を押してもらいました。今回の観光では，あまり私の住む県の魅力は伝えきれなかったので，来年の夏に姉家族が遊びに来た時には，海水浴でも有名な（　⑦　）浜や水揚げ高が12年連続全国１位となっている（　⑧　）漁港などにも連れて行ってあげたいと考えています。

〈　黒木くんの旅行記　〉

大阪府に単身赴任をしている父に会いに行くために，母と夏休みを利用して車で大阪に遊びに行きました。母ひとりでは運転もきついので途中で休憩をしながら大阪府に向かいまいました。途中で立ち寄ったこの県では，マクロの水揚げ量が日本一である（　⑨　）漁港で海鮮丼を食べて１泊しました。今まで食べた海鮮丼の中で１番おいしかったです。また，海鮮丼を食べたお店にたくさんの「茶」の種類があったことが不思議だったので，調べてみると，この県では茶の栽培が盛んに行われていて，特に県内の（　⑩　）台地では茶の栽培が盛んに行われていることを知りました。

問１　６人の旅行記に該当する県名を答えなさい。また，その位置を地図中より選び番号で答えなさい。

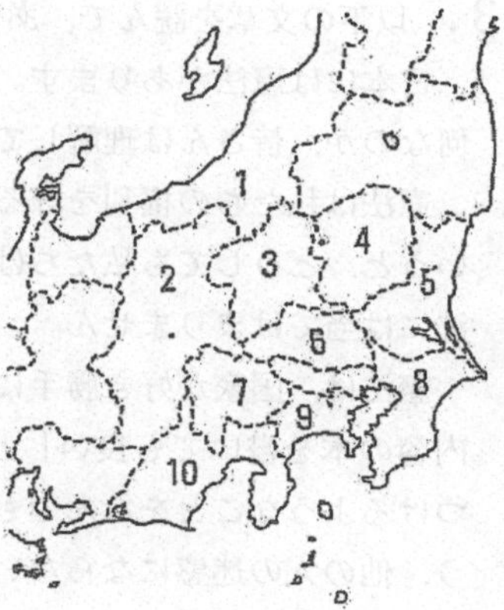

問２　文中の（①）～（⑩）にあてはまる最も適当な語句を下から選び，それぞれ記号で答えなさい。

ア　関東　イ　箱根山　ウ　さいたま　エ　浅間山　オ　千葉
カ　成田　キ　飛騨　ク　八ヶ岳　ケ　シラス　コ　甲府
サ　銚子　シ　いちご　ス　牧の原　セ　横浜　ソ　九十九里
タ　もも　チ　御宿　ツ　越後　テ　焼津　ト　パイナップル

問３　文中の下線部ａについて，この地域の農家が朝早くから作業する理由を「近郊農業」という語句を必ず使用した上でわかりやすく説明しなさい。

問４　文中の下線部ｂについて，今年の夏は，新潟県を含む日本海側でも人間の体温並みの猛暑日が連日読いている。その理由として最も正しいものを次のア～エよりひとつ選び，記号で答えなさい。

ア　ヒートアイランド現象
イ　光化学スモッグの発生
ウ　フェーン現象
エ　線状降水帯の発生

問５　文中の下線部ｃについて，藤本くんの旅行記にあてはまる都道府県の政令指定都市の数を数字で答えなさい。

問６　文中の下線部ｄについて，この工場が位置する工業地帯（工業地域）の名称として正しいものをひとつ選び，記号で答えなさい。

ア　北関東工業地域　　イ　京浜工業地帯
ウ　東海工業地域　　エ　鹿島臨海工業地域

問７　文中の下線部ｅについて，富士山の標高（高さ）を答えなさい。

問８　問１の地図中の１～10の県のいずれかにある世界遺産の名称として正しくないものをひとつ選び，記号で答えなさい。

ア　法隆寺地域の仏教建造物
イ　小笠原諸島
ウ　日光の社寺
エ　富岡製糸場と絹産業遺産群

3． 以下の文章を読んで，あとの問いに答えなさい。

日本には憲法があります。「憲法」，言葉としては聞いたことがあると思いますが，憲法とは一体何なのか，皆さんは理解しているでしょうか？

憲法は私たちの権利を守るために作られた，どんな法律よりも優先されるルールです。ルールというと，どうしても私たちは「自分たちの行動を制限するもの」と考えがちです。でも，それは憲法には当てはまりません。

憲法は，国家が好き勝手に国民を支配できないようにするものです。例えば，憲法では「どんな内容の本を書いても良い」という，（　①　）の自由が認められています。もちろん，他の人を傷つけるようなことをなんでも書いて良い，というわけではありません。（　②　）の福祉にかなうよう，他の人の迷惑にならない範囲で，何を書いても良いのです。たとえ，国家にとって都合が悪くとも，それを理由に国家は出版を禁止することはできないのです。戦前の（　③　）憲法であれば，a国民の権利を法律で制限することは認められていました。1925年に定められた（　④　）法によって，国家にとって都合の悪い本を書いた人を取り締まれるようになっていたのです。ですが，現在の日本国憲法ではそのような法律を定めること自体が禁じられているのです。なお，法律が憲法の原則に違反していないかは，裁判所が（　⑤　）権に基づいて判断します。

このように，憲法も法律も私たちを守るために存在します。法律で「お酒は20歳以上にならないと飲んではいけない」という，一見ただの制限に見えるルールも，憲法25条で定められた「健康で文化的な最低限度の生活を営む権利」である，（　⑥　）権を保障するためのものと考えることができます。（　⑥　）権は社会権のひとつであり，国民のことを国家が守らなければいけない根拠となります。

ただし，権利があれば当然義務もあります。日本国憲法では，国民に３つの義務を課しています。b納税の義務，（　⑦　）の義務，子女に（　⑧　）を受けさせる義務，の３つです。これら３つの義務は，健全な国家を運営していくうえで，欠かせないものと考えられています。

問１　空欄①に当てはまる語句として，正しいものを選び，記号で答えなさい。

ア　表現　　イ　身体　　ウ　信教　　エ　集会・結社

問２　空欄②，③に当てはまる語句を答えなさい。

問３　下線部ａに関連して，このことを「法律の（　　　）」という。（　　）に当てはまる語句を漢字２字で答えなさい。

問４　空欄④～⑥に当てはまる語句を答えなさい。

問５　空欄⑤に関連して，最高裁判所は（　⑤　）の最終的な決定を行うことから，特に何と呼ばれているか，答えなさい。

問６　下線部ｂに関連して，わたしたちがお店で様々な商品を購入する際に負担している税金は何か，答えなさい。また，収入の高い人ほど所得税の税率が高くなる制度をなんというか，答えなさい。

問７　空欄⑦，⑧に当てはまる語句を答えなさい。

問８　以下の文の中で，上の文章の主旨に合致しないものを一つ選び，記号で答えなさい。

ア　警察が，強盗や殺人などの罪を犯した人物を，証拠を集めて逮捕するのは国民の安全を守るためであり，憲法に違反しない。

イ　国民には経済の自由が憲法によって認められているので，危険な薬物も自由に取引して良いはずである。

ウ　国民には健康な生活を営む権利があり，国家は，事情があって働けないことで収入がない人に対しては，なんらかの補助を行うべきである。

エ　表現の自由が認められているとはいえ，教科書は多くの児童が読むものであるから，なんでも書いて良いというわけではない。

問十二　本文の表現に関する特徴として最も適当なものを次から一つ選び、記号で答えなさい。

ア　のりたまの心情を表現する箇所はないが、「わたし」とのりたまの心のつながりを読み取ることができる。

イ　母のセリフは、父と揃った言葉「どうしたの？」以外はかぎかっこを用いずに表現されている。

ウ　作業着を着た男の挨拶がカタカナで表現されているのは、男の力強さを表現するためである。

エ　最後まで「わたし」視点で語られており、のりたまの周囲の人々を冷静に見つめる立場で描かれている。

心に返る」という意味であるが、ここでのｉ「他」とⅱ「本心」をそれぞれ十五字以内で説明しなさい。

問七 空欄□に当てはまる語句を、この後の展開に留意《りゅうい》して次から一つ選び、記号で答えなさい。

ア 動物病院から来た　イ なじみのある　ウ 使い古した

エ 新井さんが運転する　オ 見慣れない

問八 ――線部⑤「不安気な目でわたしを見ていた」とあるが、それはなぜか。「不安」という語を用いずに五十字以内で答えなさい。

問九 ――線部⑥「『べつにどうもしない』と、わたしは言った」とあるが、ここからわかることとして最も適当なものを次から一つ選び、記号で答えなさい。

ア 両親には何を言ってもまったく通じないというあきらめから、本当の気持ちを伝えることを避《さ》けている。

イ 両親が勝手に話を進めていたことへのいらだちから、わざとそっけない態度をとって反抗《はんこう》心を表している。

ウ 両親に本当の気持ちをぶつけたら困《こま》らせてしまうかもしれないという心配から、聞きたいことをひかえている。

エ 両親が自分に期待しているという優越感《ゆうえつかん》から、早く返事をして両親の緊張をこれ以上高めないようにしている。

問十 ――線部⑦「違うあひるだと気づいた子は、なぜかひとりもいなかった」とあるが、このときの「わたし」の心情として最も適当なものを次から一つ選び、記号で答えなさい。

ア のりたまとの再会を喜ぶほどこれまで親しく遊んでいたのに、誰ものりたまと二匹目のあひるの違いに気がついていないことにさびしさを感じている。

イ よく見ればのりたまと二匹目のあひるに違いが見られるが、かなり細かく見ないと気づくことができない差なので、仕方がないとあきらめている。

ウ 自身もその日のうちにのりたまと二匹目の違いに気づくことができなかったので、遊びに来ている子供たちが気づいていないことに安心している。

エ 目の前にいる二匹目のあひるがのりたまではないことに気がつかないまま、仲良く遊んでいる子供たちを情けなく思い、心の底から見下している。

問十一 のりたまを含《ふく》む家族の様子について、最も適当なものを次から一つ選び、記号で答えなさい。

ア のりたまが不調なとき、母とわたしはのりたまを心配してあれこれと行動を起こしたが、父は最後までホームシックだと言ってのんきに構えていた。

イ のりたまは元々少食であったが、環境の変化やストレスでさらに食欲がなくなってしまい、最終的に病院に行かなければならないほど弱ってしまった。

ウ 医療系の資格を取るために自宅で勉強しているわたしは、人を呼び込んで家をにぎやかにするのりたまを、はじめは邪魔者《じゃまもの》のようにあつかっていた。

エ のりたまの来訪をきっかけに我が家のしんとした様子が一変したことに母は父と一緒に喜んだが、はじめのうちはのりたまに対して関心がなかった。

まはどこ行った？

でも、何も聞けなかった。父と母が緊張《きんちょう》した様子で、わたしの次の言葉を待っているのがわかったからだ。

⑥「べつにどうもしない」と、わたしは言った。

のりたまが元気になって帰ってきたという噂《うわさ》はすぐに子供たちの間に広まった。すると、我が家は再びにぎやかになった。子供たちは代わるがわるにやって来て、

「のりたまおかえり」

「元気になってよかったね」

と、あひる小屋に向かって話しかけた。

みんながのりたまの(e)フッカツを喜んでいた。

父は庭へ出ると、珍《めずら》しくあひる小屋のカギを開けてやった。再会を喜ぶ子供たちに、自由にのりたまの体をさわらせてあげようというのだ。

帰ってきたのりたまは元気いっぱいだった。子供たちは逃《に》げ惑《まど》うのりたまを追いかけ回した。とうとう庭のすみで挟《はさ》み撃《う》ちにあい、捕《つか》まってしまうと、グエーッと鳴いて大暴《おおあば》れした。それでも無理矢理抱《だ》っこしようとする子供の腕《うで》と顔を、つややかな羽根で容赦《ようしゃ》なくバシバシはたいた。

「いてて、やめてくれ！」

と、のりたまに顔を叩《たた》かれながらも、子供たちは嬉《うれ》しそうだった。

⑦違《ちが》うあひるだと気づいた子は、なぜかひとりもいなかった。たしかに日ごろから観察していないと気づかない程度の、わずかな違いではあるのだけれど。

（今村夏子『あひる』より）

［注］

1「建売住宅」……住宅を売る人が土地を仕入れて住宅を建築し、土地と住宅をセットで販売するもの。

2「ガレージ」……自動車の車庫。

3「縁側」……日本建築で、座敷の外側に設けた細長い板のこと。

4「配合飼料」……家畜《かちく》の種類や飼育目的に合わせて必要な栄養分を配合して作った飼料。

5「ホームシック」……はなれた地にいて、家族が恋しくてたまらなくなること。

6「ケージ」……鳥やけものを入れて飼うためのかごや檻《おり》。

問一 ＝＝線部(a)～(e)の漢字は読みを答え、カタカナは漢字に直しなさい。

問二 ――線部①「最初のお客さん」が指すものをそれより前から四字以内で答えなさい。

問三 ――線部②「顔をほころばせていた」と似たような意味の慣用句として適当でないものを次から一つ選び、記号で答えなさい。

ア 目を細める

イ 頬《ほお》をゆるめる

ウ 白い歯を見せる

エ 鼻にかける

問四 【X】【Y】に入る接続語を次から一つずつ選び、記号で答えなさい。

ア たとえば　イ だから　ウ また　エ それなのに

問五 ――線部③「ギョッとした顔」とあるが、ここでの心情として最も適当なものを次から一つ選び、記号で答えなさい。

ア 恐れ　イ 怒り　ウ 悲しみ　エ 驚き

問六 ――線部④「我に返った」とは「他に気を取られていたのが、本

わたしが小さくおじぎをすると、向こうも同じように頭を下げた。

もう一度、母がどうしたのと聞いた。その子はハッと④我に返ったような顔をして、あひる小屋を指差すと言った。

「のりたまがいない、いなくなってる」

母は落ち着いた調子で言った。のりたまはね、さっきおとうさんが、病院に連れていったのよ。

そうなのだ。その日、わたしが昼前に起きて下へ降りた時、すでに小屋はからっぽだった。父が市内の動物病院までタクシーで運んでいったと母から聞かされていた。

「元気になったら帰ってくるからね。ごめんね」

母がそう言うと、男の子は残念そうに帰っていった。

それからしばらくの間、お客さんはパッタリ途絶《とだ》えた。あひるのいない我が家には誰も用事がないのだった。家の中は、以前のように静かになった。

のりたまがいなくなって二週間がたった日のお昼過ぎ、昼食を食べ終えたばかりで眠たいのをガマンしながら午後の勉強を始めようとしている時、のりたまは突然帰ってきた。

□一台の黒ワゴン車が我が家の敷地に入ってきて停まると、作業着姿の男が運転席から降りてきて、庭にいた父と母に「コンチワーッ」と挨拶《あいさつ》をした。それから後部座席のドアを開けて、中から正方形の※6ケージを降ろした。

男がカシャンカシャンと手際《てぎわ》よく留《と》め金を外して、ゲージの扉をスライドさせると、中からのりたまが出てきたのだった。

のりたまが帰ってきた！　わたしは慌《あわ》てて階段を駆《か》け下りて庭へ出た。

作業着姿の男はあひるの扱《あつか》いに慣れているのか、のりたまは男の言うことをよく聞いた。ひとしきり庭をぺたぺた歩いたあとに、病気になる前と変わらない足取りで、男に促《うなが》されるまま小屋の中へ入っていった。

それを見ていた父は、「よし」と満足気にうなずいた。

「おかえりのりたま」

わたしは小屋の金網に顔を寄せて、声をかけた。病み上がりのせいか、以前と比べて胴《どう》回りがほっそりとして、全体的に小さくなっていた。

こんなに小さかったっけ、と思った。

体のサイズだけではない。しばらく観察していると、ほかにも気になるところが見つかった。

【　Y　】、真っ白に光り輝《かがや》く羽根。わたしの記憶《きおく》が確かなら、入院する前ののりたまの羽はもう少し黄ばんだ色をしていたような気がするのだ。愛くるしい黒い瞳《ひとみ》にしてもそうだった。のりたまの目は黒より灰色に近い色だったような気がする。

決定的なのはくちばしだった。黄色いくちばしの向かって右はしに、墨汁《ぼくじゅう》を散らしたような黒いしみがついている。これはのりたまにはなかった特徴《とくちょう》だ。

おかしい。

これはのりたまじゃない。

わたしは隣りに並んで立っていた父と母の顔を見上げた。

「どうしたの？」

父と母の声が揃《そろ》った。二人とも、⑤不安気な目でわたしを見ていた。

のりたまじゃない、という言葉がのどまで出かかった。本物ののりた

こった。（　中　略　）

次の日も、またその次の日にもお客さんは来た。のりたまに会いにくる子供はあとを絶《た》たなかった。

あひる見してくださーい、と元気よく庭を突《つ》っ切ってあひる小屋まで駆《か》けていく男の子や、大きなスケッチブックを抱《かか》えてのりたまちゃんの絵描《か》かせてください、と訪ねて来る女の子、玄関の前で何も言わずにじっと立ち続けて、母から「あひる見に来たの？」と声をかけられると、ようやく恥《は》ずかしそうにうなずく子もいた。まだ幼稚園《ようちえん》にもあがらない子は、お母さんと手をつないでのりたまに会いにきた。

晴れた日には絶えず庭先から子供たちの声が聞こえてくるという状《じょう》況《きょう》が何日も続いた。

わたしは終日二階の部屋にこもって、医療《いりょう》系の資格を取るための勉強をしていたので、初めはそんな状況の変化に戸惑《とまど》った。でもじきに慣れて、気づけば外から聞こえてくる笑い声もあまり気にならなくなっていった。

かわいいお客さんが増えて、父と母は喜んだ。十年前に弟が家を出て行ってから、長らくしんとしていた我が家が突然《とつぜん》にぎやかになったのだ。孫がたくさんできたようだと、両親は縁側から庭を眺《なが》めながら、②顔をほころばせていた。（　中　略　）

のりたまが我が家にやってきて三週間が過ぎようとしていたころだった。※4配合飼料《はいごうしりょう》や野菜くずだけでなく、魚やお米など、出されるものを何でも平らげていたのりたまの食欲が、徐々《じょじょ》に落ち始めていた。父は、今ごろ※5ホームシックにでもかかったのか、とのんきに構えていた。母は祈《いの》り、わたしは図書館に返したばかりの『あひるの飼い方』をまた(d)カりてきて読み返した。

食欲不振《しょくよくふしん》、動きが鈍《にぶ》くなる、口呼吸がはやくなる。のりたまの体に現れだ症状《しょうじょう》は本の中の「あひるの病気」という頁《ぺーじ》の一番最初に載《の》っている、呼吸器の炎症《えんしょう》によって引き起こされる症状とそっくりだった。環境の変化やストレスによって免疫《めんえき》力が低下している時に罹《かか》りやすいと書いてある。

来てまだ1カ月とたっていなかった。

一日でも早く元気になってほしくて、母もわたしも、初めはのんきにしていた父も、それぞれのやり方でお祈りした。

遊びにきていた子供たちも、のりたまの様子がおかしいことに気がついた。二階の部屋にいると、外からのりたまを心配する声が聞こえてきた。あひる小屋を囲んで名前を呼びかけたり、お見舞《みま》いの花を摘《つ》んできて、小屋の前に置いて帰る子もいた。

母はお祈りに一時間近く費《つい》やした。

【　X　】、のりたまは日増しに衰弱《すいじゃく》していった。

ある日の夕方、授業を終えて一番乗りでうちへ来た男の子が、

「のりたまっ」

と叫《さけ》んだ。わたしはその叫び声に驚《おどろ》いて、思わず勉強の手を止めて二階の窓から顔を出した。

男の子は③ギョッとした顔でこっちを見上げたまま動かなくなった。縁側から出てきた母が、どうしたの、と声をかけるとまっすぐにわたしの顔を指差して、

「人がいる」

と言った。娘《むすめ》よ、と母がこたえた。

あひるの名前はのりたまといって、前に飼っていた人が付けたので、名前の由来をわたしは知らない。

前の飼い主は、父が働いていたころの同僚《どうりょう》で、新井さんという人だ。新井さんはわたしの家よりもまだ山奥《やまおく》に住んでいた。奥さんが病気で亡くなってからは、のりたまと二人暮らしをしていたのだが、隣《とな》りの県で暮らす(a)ムスコさん一家と同居することが決まり、それでのりたまを手放すことになった。むすこさんの家は庭も駐車場《ちゅうしゃじょう》もない※1建売《たてうり》住宅だから、あひるは飼えないのだ。新井さんは、わたしの父にのりたまを託《たく》すことにした。

うちには広い庭があった。好都合なことに、ニワトリ小屋まであった。

とっくの昔にニワトリはいなくなっていて、小屋の中には錆《さ》びた農具が入れっぱなしになっていた。父はそういう必要のなくなったものを全部処分して、金網《かなあみ》を新品に張り替《か》え、壊《こわ》れたカギも付け替えて、あひる小屋とした。（中略）

①最初のお客さんは、のりたまが初めてうちにやってきたその日の午後に、(b)早速あった。

二階の部屋で勉強していると、ちょうど下校時間帯なのか、外から小学生くらいの女の子の話し声が聞こえてきた。それがなかなか遠のいていかないので、(c)フシギに思って窓の隙間《すきま》からのぞいてみると、我が家の※2ガレージの手前で、高学年らしき女の子三人組が立ち止まっておしゃべりをしていた。

「あひるだ」

「かわいい」

と言うのが聞こえた。

しばらくすると、彼女たちはその場でじゃんけんを始めた。そして負けた子が先頭に立ってガレージの横を抜け、家の敷地《しきち》に入ってきた。ピンポーン、とチャイムが鳴ったあとに、玄関《げんかん》先で母の応対する声が聞こえた。あひる？　いいよ。好きなだけ見ていって。

あひる小屋の金網越《かなあみご》しに、のりたまに話しかける女の子たちの姿が二階の窓からも見えた。「かわいい」と何度も聞こえた。母がそこまで出ているのか、この子はなんて名前ですかあ？　とひとりの子が大きな声で※3縁側《えんがわ》に向かって聞いていた。

なんだっけ、忘れたよ、と母はこたえた。女の子たちがそのこたえに笑い声をたてた時、のりたまが「ガッ」とひと声鳴いたので、その場でこの子の名前はガッちゃんだ、ということになった。

礼儀《れいぎ》正しい子たちで、最後は母にお礼を言い、「またガッちゃんに会いにきます」と言って帰っていった。そのあとすぐにわたしは外に出て、油性のマジックであひる小屋の扉《とびら》の木枠《きわく》の上のところにの、り、た、ま、と書いた。

その翌日にもお客さんは来た。昨日の女の子三人組が、また別の女の子二人を連れてやってきたのだ。チャイムが鳴らされ、母のどうぞ見ていってという声のあとに、こっちこっちと昨日来た子らが庭の奥へ案内していた。あひる小屋の前まで来ると、やっぱりみんな口を揃《そろ》えて「かわいいね」と言った。

ひとりの子が、「見てこれなんか書いてある」と言った。

ああその子ねえ、のりたまっていう名前だったのよ、と縁側から母が声をかけると、のりたま？　へんなー、ふりかけじゃん、と笑い声が起はどのような点を「おもしろい」と感じていますか。最も適当なものを次から一つ選びなさい。

ア　本当は病気であるにもかかわらず、自分のことをうつ的な状態だと言い張って医師の診断を認めない患者が多いという点。

イ　本来は健康な状態になるよう早く治療することが大切なのに、医師の診断の正確さにこだわっている患者が多いという点。

ウ　患者にとって本来病気でないのは喜ばしいことのはずなのに、患者が医師の診断を認めず自分を病気だと主張している点。

エ　医師の方が患者よりも医学的にはるかに詳《くわ》しく経験豊富であるはずなのに、医師よりも自分の診断の方が正しいと言い張る点。

問八　本文中の空欄《くうらん》 X ・ Y に入れるのに適当な組み合わせとして最も適当なものを次から一つ選びなさい。

ア　X…どれが一番たいせつか　Y…どういう順番で実行するのか
イ　X…どういう順番で実行するのか　Y…どれが一番たいせつか
ウ　X…どちらが自分にとって得か　Y…どれが一番たいせつか
エ　X…どういう順番で実行するのか　Y…どちらが自分にとって得か
オ　X…どれが一番たいせつか　Y…どちらが自分にとって得か

問九　――線部⑤「非常に不確定な思考法」とありますが、その説明として最も適当なものを次から一つ選びなさい。

ア　わからないものをわからないままに受け止めてしまうことで、正確さが犠牲《ぎせい》になるのは仕方がないという考え。

イ　必ず問題には正解があるので、あきらめずに最も正しい答えを探し続けることが大切だという考え。

ウ　何が正解なのかは立場によって変化するので、あらかじめ多くの正解を用意して認めていこうとする考え。

エ　様々な可能性を考えながら、そのつど最も善いと考えられるものを選択していくべきだという考え。

問十　本文中からは次の段落が抜けています。本文にもどすのにふさわしい部分を、本文の【Ⅰ】～【Ⅳ】の中から一つ選び、記号で答えなさい。

ア【Ⅰ】　イ【Ⅱ】　ウ【Ⅲ】　エ【Ⅳ】

自分のことに限らず、現代のあらゆる問題に言えることだ。社会や時代の問題は、キーワードだけで説明し尽《つ》くせるものではない。

問十一　――線部⑥「芸術でも同様のことが言える」とありますが、「芸術」の場合における「同様のこと」とはどのようなことですか。そのことについて書かれている一文を本文中から抜き出し、最初と最後の五字を答えなさい。

三　次の文章は、今村夏子『あひる』の一節である。これを読んで後の問いに答えなさい。

あひるを飼い始めてから子供がうちによく遊びにくるようになった。

じゃないか、などと偉《えら》そうなことを言うかもしれない。（ ④ ）描いた側にとって、すべての色は必然なのだ。そのピンク色を黄緑色にすれば、絵全体がだいなしになる。ただ、その理由は、画家には説明できない。しかし必然だということだけはわかる。芸術家本人も何を表現するかよくわからないけれどあいまいなものを、あいまいなままに、しかし正確に表現するのが、その技である。

政治、ケア、表現活動といった人生に非常にたいせつな(f)キョクメンでほんとうに必要とされるのは、一つの正解を求めることではなく、あるいは正解などそもそも存在しないところで最善の方法で対処する、という思考法や判断力なのだ。

（鷲田清一「『賢くある』ということ」〈『何のために「学ぶ」のか』桐光学園＋ちくまプリマー新書編集部・編〉所収）

［注］

1 トラウマ……心の傷。

2 アダルトチルドレン……生きづらさを抱えて生きている人

3 短絡的……深く考えずに原因と結果をすぐに結びつけてしまうこと。

4 ケア……世話や介護、気配りなど。

問一 ══線部(a)～(f)の漢字はその読みをひらがなで、カタカナは漢字に直しなさい。

問二 〰〰線部**A**「釈然としない」、**B**「刻一刻」のここでの意味として最も適当なものを次から一つ選びなさい。

A「釈然としない」

ア 疑念が晴れずすっきりしない

イ 恐ろしくて身動きが取れない

ウ 答えを考えるゆとりもない

エ 疲《つか》れて動く気力がわかない

B「刻一刻」

ア おおきく イ たまに

ウ しだいに エ 予想どおりに

問三 本文中の空欄（①）～（④）に入れるのに適当な語句を、それぞれ一つずつ選び、記号で答えなさい。

ア しかし イ あるいは ウ つまり エ だから

問四 ――線部①「ふさいだ気持ちを抱えている」とありますが、筆者はこのような時にはどうするべきだと言っていますか。「～べき」に続く形で、本文中から十字程度で抜き出しなさい。

問五 ――線部②「それが怖い」とありますが、どのようなことが、なぜ「怖い」のですか。四十字以内で説明しなさい。

問六 ――線部③「とてもありがたい」とありますが、この表現に込めた筆者の考えとして、最も適当なものを次から一つ選びなさい。

ア 今の自分が抱えているつらい状況に対して納得できる理由を与え、気持ちを楽にしてくれる効果的なものであるという考え。

イ 自分の性格がこのようになった理由について納得のいく説明を加えてくれるが、実はその説明は正しくないという考え。

ウ 昔はつらい状態を表現するのに良い言葉がなかったが、今は「トラウマ」という誰もが知っている言葉があってありがたいという考え。

エ 自分の困難な状況にもっともらしい理由を簡単に与えてくれる、一見すると便利だが、実は困ったものであるという考え。

問七 ――線部④「おもしろいことを言っていた」とありますが、筆者のだが、(a)安易に使われている。人生は、そのようなひと言で言い当てられるほどシンプルではないはずだ。

【Ⅰ】

今や日常会話でも使われる「トラウマ」は、③とてもありがたい。「あなたがこのような性格になったのは、（　①　）がんばっても自分を変えることができないのは、実は忘れたつもりになっているつらい思い出があり、それがどうしても影響《えいきょう》を与えてしまうからだ」ということらしい。こんなストーリーはとてもわかりやすいから、人は簡単に飛びついてしまう。しかし、人が抱えているふさぎは決してそんなものではない。

あるとき、(b)セイシン科医の香山《かやま》リカさんが④おもしろいことを言っていた。「あなたはうつ的な状態です」と診断《しんだん》しても、今の患者《かんじゃ》さんは受け入れず、「違《ちが》います、私はうつ病なんです」と、言い張るそうだ。つまり病気にしてもらわないと困る、というわけだ。理由は簡単だ。病気であれば、「私のせいではない」からだ。病気なのだから、自分は治療《ちりょう》されるべき(c)タイショウになり、困難な状態を引き受ける必要がなくなるわけだ。

【Ⅱ】

ふさぎやしんどいことには、自分で真正面から格闘《かくとう》しなければどうしようもない。（　②　）ますますつらくなる。「うつ病」と「うつ的」では、決定的に違う。「病気である」とラベルを付ければ、自分がしんどい思いをせずにその状況から抜け出すことができるから、「私のせいではないんだ」とほっとする。しかし、これは単に逃げているだけ。一番してはいけないことだ。そういう思考回路に陥《おちい》ると、次第にものの考え方が(注3)短絡《たんらく》的になっていってしまうのだ。

【Ⅲ】

だから、私たちは「ちっとは賢《かしこ》く」ならなければいけない。「賢い」というのは（　③　）「簡単な思考法に逃げない」ということだ。物事の理由は簡単にはわからない。それを知り、受け入れようとすることが賢くなる第一歩なのだ。

社会の問題も同じだ。例えば経済政策についてA派、B派となって議論するが、実はどの施策《しさく》も必要でたいせつなこと。ただ、Aの次にB、その次にCを実行するのと、Cを行ってからB、Aを実行するのとでは、意味が変わってくる。X ということよりも、Y が、ほんとうの考えどころなのだ。状況《じょうきょう》はB刻一刻と変化するから、それを確信できる者はいない。だから状況を分析《ぶんせき》し、過去の例を総動員して、先を読み最善の行動を選びとることが求められるのだ。その⑤非常に不確定な思考法というものが、政治や外交には必要になる。相手の出方や次に起こることを決めつけることはできないから、わからないままに受け入れ、しかも正確に対応しなければならない。

介護《かいご》や看護など(注4)ケアの場面でも同じだ。介護(d)ホウシンを立てるとき、そばにいる家族の思い、本人の意見、医師や看護師の判断、さらには病院の経営側の判断が絡《から》み合う。これらの考え方はほとんど対立する。家族の思いを満たそうとすると、経営側の思いは満たされない。どれも正解にはならない状況の中で、長い目で見て患者にとって一番よい介護態勢を(e)整える。これが介護の思考だ。

【Ⅳ】

さらに、⑥芸術でも同様のことが言える。例えばここに一枚の絵がある。素人《しろうと》は、ここのピンク色は隣《となり》とのバランスで黄緑色にしてもいいん

【国　語】（五〇分）〈満点：一〇〇点〉

一　次の各問いに答えなさい。

問一　次のそれぞれのことばの意味として最も適当なものを、それぞれ一つずつ選びなさい。

①　伝家《でんか》の宝刀《ほうとう》
②　青菜《あおな》に塩
③　火中の栗《くり》を拾《ひろ》う
④　光陰《こういん》矢のごとし
⑤　濡《ぬ》れ手で粟《あわ》

ア　月日が経つのは速いということ
イ　やすやすと多くの利益を得ること
ウ　とっておきのものや手段
エ　あえて危険をおかすこと
オ　元気だったものがしょげてしまう様子

問二　次のそれぞれの言葉と近い意味になる二字熟語《じゅくご》を、□の中の漢字を組み合わせて作りなさい。なお、一度使った漢字を繰《く》り返し使うことはできません。

①　長所　②　欠点　③　突然

正・意・所・点・中・短・不・美

問三　次の各文には文法・表現の上で問題があります。例にならって問題のある部分を抜き出し、適切な表現に直しなさい。

(例)　パソコンでテレビも見れる時代だ。　〈×〉見れる ➡ 〈○〉見られる

①　「消しゴムを忘れたの？　僕の消しゴムを使わさせてあげるよ。」
②　母が作ってくれた料理を、私はおいしく召し上がる。
③　今日は日曜だ。どおりで、誰も教室にいないわけだ。
④　彼女の意見は誰からも批判されることのない、的を得たものだった。
⑤　夏休みに宿題をためてしまったので、最終日にやらざるおえない。

問四　次の①、②の作者の作品として適当なものを、それぞれ答えなさい。

①　宮沢賢治《みやざわけんじ》
ア　雨ニモマケズ　　イ　走れメロス
ウ　吾輩《わがはい》は猫《ねこ》である　　エ　モチモチの木

②　夏目漱石《なつめそうせき》
ア　羅生門《らしょうもん》　　イ　注文の多い料理店
ウ　坊《ぼ》っちゃん　　エ　君死にたまふことなかれ

二　次の文章を読んで、後の問いに答えなさい。なお、解答の字数にはすべて句読点も含むものとします。

皆さんに限らずどんな世代の人も、なぜ自分はいつもこうなんだろう、なぜ自分はいつもうまくいかないんだろう、といった、A釈然《しゃくぜん》としない①ふさいだ気持ちを抱《かか》えていると思う。そんなとき、この世の中はちゃんと理由をつけてくれるようになった。②それが怖い。例えば最近カウンセラーたちが、(注1)「トラウマ」や(注2)「アダルトチルドレン」「うつ」などといった言葉を使う。これらは本来慎重《ほんらいしんちょう》に扱《あつか》うべき言葉な

MEMO

大切なことはメモしておこうネ！

2024 年度

千葉日本大学第一中学校入試問題（第１期）

【算　数】（50分）　　＜満点：100点＞

【注意】　1．②，④(1)の問題は答えのみ解答らんに記入し，③，④(2)(3)の問題は解答らんに途中の計算や説明なども書いて下さい。

2．円周率を使用する場合は3.14とします。

3．定規，コンパスは使用してもかまいません。

4．計算器，分度器は使用してはいけません。

1　次の計算をしなさい。[※答えのみでよい]

(1)　$18 \div (70 \div 7 - 7) + 3 \times (2 + 28 \div 7)$

(2)　$15 \div \left(\frac{7}{10} \times 1.25 \div \frac{7}{2} + 0.35\right)$

(3)　$2024 \times 2025 \times \left(\frac{2027}{2024} - \frac{2026}{2025}\right)$

(4)　$2.8 \times 17.3 + 10.8 \times 16.8 - 1.4 \times 33.7 - 3.6 \times 49.5$

2　次の □ にあてはまる数や記号を答えなさい。[※答えのみでよい]

(1)　$\left(3\frac{1}{2} \times \square - 1\frac{1}{4}\right) \div 4\frac{4}{5} = \frac{5}{6}$

(2)　短針と長針のある時計が午前10時38分を指しています。短針と長針のつくる角度のうち，小さい方の角度は □ 度です。

(3)　長さ85ｍで時速54㎞の電車Ａと，長さ125ｍで時速72㎞の電車Ｂがあります。Ａが出発した少し後にＢが同じ方向に進んでいるとき，ＢがＡに追いついてから追いこすまでにかかる時間は □ 秒です。

(4)　算数の問題集があります。Ｋ君は，まずこの問題集の全問題のうち$\frac{5}{8}$の問題を解きました。次に，残りの$\frac{1}{3}$の問題を解いたところ，残りは108問でした。この問題集は全部で □ 問の問題があります。

(5)　［Ａ］はＡの約数の個数を表すものとします。たとえば，［２］＝２，［６］＝４となります。このとき，［36］＝ □① ，［28］×［［８］－１］＝ □② です。

(6)　６人の生徒が体育祭のメンバー決めをしています。

①　この６人の中から４人のリレー出場者を選び，走る順番も決めます。
決め方は全部で □ 通りです。

②　この６人の中から３人の玉入れ出場者を選びます。決め方は全部で □ 通りです。

(7)　公式　●×●－△×△＝(●＋△)×(●－△)があります。

①　$1324.2 \times 1324.2 - 324.2 \times 324.2 = \square$

②　Ａ＝2023×1977，Ｂ＝2024×1976，Ｃ＝2025×1975，Ｄ＝2026×1974のとき，Ａ～Ｄの記号

を小さい順に並べると □ → □ → □ → □ になります。

⑻　図のひっ算のＡ～Ｅは，１，２，３，４，５のいずれかの数字です。二か所のＤには同じ数字が入り，Ａ～Ｅはすべて異なる数字です。このとき，Ａ＝ □ ，Ｂ＝ □ ，Ｃ＝ □ ，Ｄ＝ □ ，Ｅ＝ □ になります。

$$\begin{array}{r} \mathrm{AB} \\ \times\quad \mathrm{C} \\ \hline \mathrm{DED} \end{array}$$

⑼　図において，角アと角イの大きさの比，角ウと角エの大きさの比，角オと角カの大きさの比は全て１：２です。このとき，角 x ＝ □ 度，角 y ＝ □ 度になります。

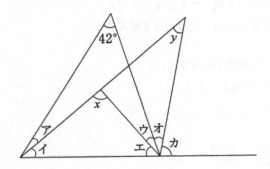

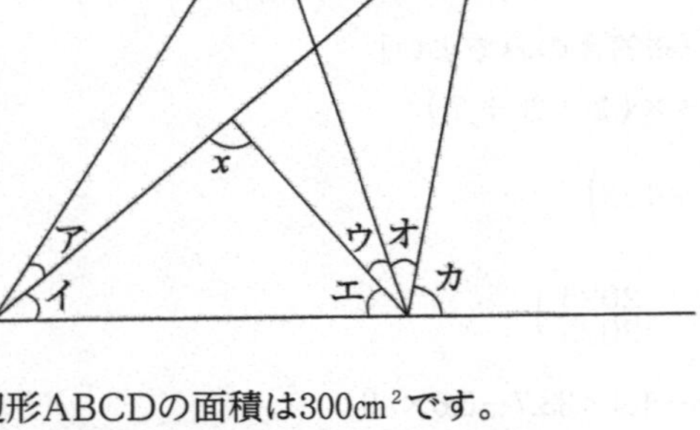

⑽　図において，平行四辺形ABCDの面積は300㎠です。このとき，三角形ABEと三角形FECの面積の和は ① ㎠です。また，三角形FGCと平行四辺形ABCDの面積の比を最も簡単な整数の比で表すと ② ： ③ です。

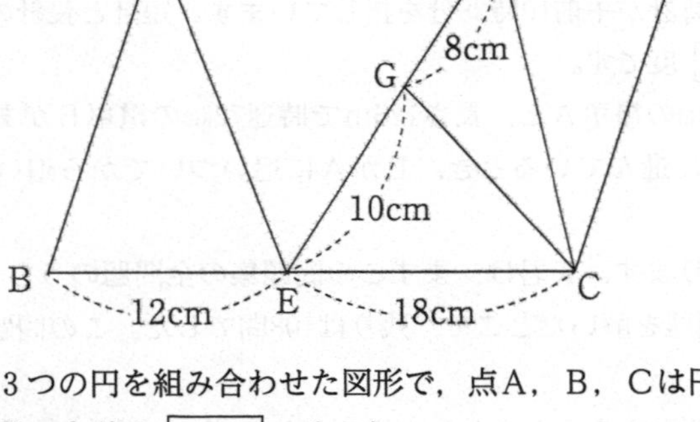

⑾　図は，半径４㎝の３つの円を組み合わせた図形で，点Ａ，Ｂ，Ｃは円の中心です。このとき，色がついた部分の面積の合計は □ ㎠です。

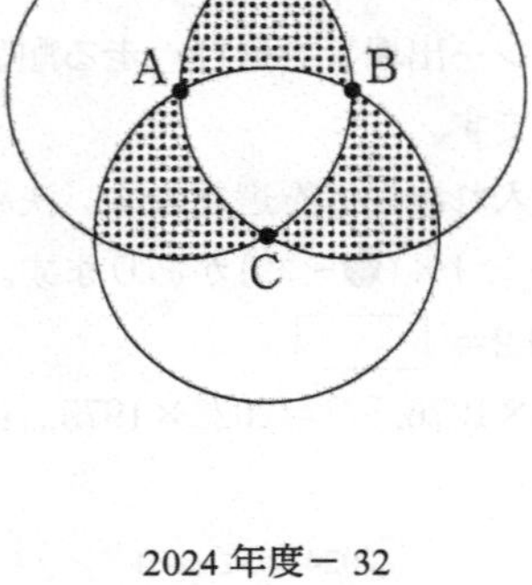

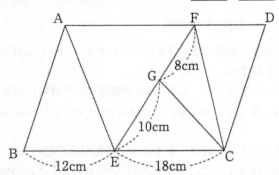

⑿　5，6，10，11，15，16，20，21，……

これらはある規則に従って数が並んでいます。

①　71は［　　］番目の数です。

②　81番目の数は［　ア　］なので，１番目から81番目までの数をすべて加えると［　イ　］になります。

3　ある仕事を仕上げるのにＡだけでは24日，Ｂだけでは40日，Ｃだけでは20日かかります。このとき，以下の問いに答えなさい。[※式や考え方を書いて下さい。]

⑴　ＡとＢの２人でこの仕事をすると，仕上げるのに何日かかりますか。

⑵　この仕事を仕上げるのに，はじめはＡだけで３日間働き，次にＢと交代してＢだけが何日間か働き，最後にＣと交代してＣだけが何日間か働いたところ，Ａが仕事を始めてから30日で終わりました。このとき，Ｃは何日間働きましたか。

⑶　Ａ，Ｂ，Ｃの３人でこの仕事を仕上げます。途中でＡとＢは３日，Ｃは４日休みました。この仕事が仕上がるまでに，はじめから何日かかりましたか。

4　平行四辺形ABCDがあり，点ＤとＥは直線 ℓ の上にあります。また，CEとDEは垂直に交わっています。このとき，次の問いに答えなさい。

[※⑵⑶は式や考え方を書いて下さい。]

⑴　平行四辺形ABCDの面積を求めなさい。

[※⑴は答えのみでよい。]

⑵　三角形CDEを直線 ℓ の周りに１回転させたときにできる立体の表面積を求めなさい。

⑶　平行四辺形ABCDを直線 ℓ の周りに１回転させたときにできる立体の体積を求めなさい。

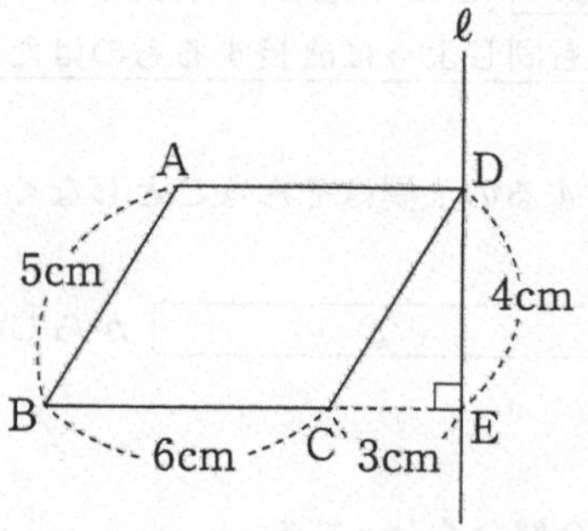

【理　科】（40分）　＜満点：80点＞

1 次の文章は，小学生のちひろさんとしゅういちくんとお父さんの会話です。文章を読み，以下の各問いに答えなさい。

５月24日　公園にて

しゅういち　ほら見て，［　①　］の葉に鳥のフンがついているよ，きったなーい。（図１）

ち ひ ろ　本当だ…ってこれは A 鳥のフンじゃなくて幼虫だよ。何の幼虫だろう。

お父さん　チョウのようだけど種類はわからないな。大きさは10㎜くらいか。家に持ち帰って育ててみようか。［　①　］の葉も何枚か虫かごに入れておいてね。

しゅういち　えー！何で葉も入れないといけないのさ。

ち ひ ろ　だって B 幼虫は葉を食べて成長するでしょう。

お父さん　そういうこと。

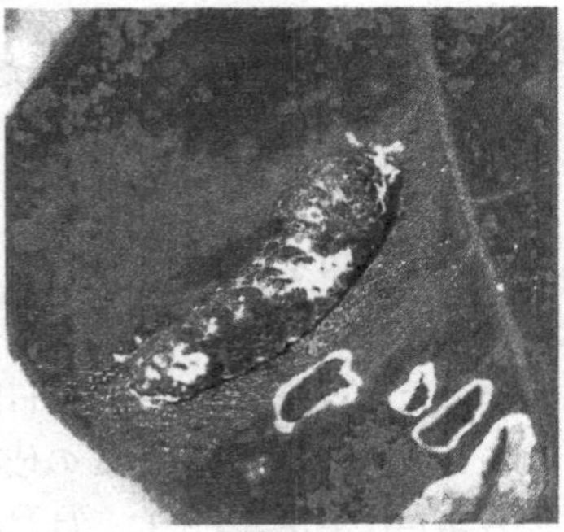

図１

５月31日　自宅にて

しゅういち　うわっ，久しぶりに見たらすごく大きくなってる。50㎜もあるよ。（図２）

ち ひ ろ　目玉のような模様《もよう》もできているわ，どうやってこんなに変わるのかしら。

お父さん　幼虫の間は［　②　］をくり返して成長するんだ。C ほかの生き物でも同じように成長するものはたくさんいるね。

しゅういち　何でそんなことするの？僕はそんなことしなくても成長してるよ。

ち ひ ろ　たぶん昆虫は［　　　③　　　］からじゃないかしら。

お父さん　その通り。

しゅういち　そういえば葉が全然なくなってる。

ち ひ ろ　それに幼虫のフンが下にたまっているわ。

お父さん　では葉の採取と虫かごの掃除をよろしく！

図２

６月22日　自宅にて

しゅういち　あれからさらにかたちが変わって，D かべにはりついて動かなくなってからしばらくたつけど死んじゃったのかなぁ…。

ち ひ ろ　昨日と比べると色が黒っぽくなったわね。大丈夫かしら。

お父さん　お，これは今日中に［　④　］して成虫になりそうだね。

しゅういち　ホント！？学校から帰ってくるまで待っていてくれないかなぁ…。

帰宅後

ち ひ ろ　　あー，もう成虫になってる。きれいー！（図３）

お 父 さ ん　　どうやらナガサキアゲハのメスだったようだね。

しゅういち　　Eえっ？ここ千葉だけど…。

図３

問１　昆虫について次の⑴～⑶に答えなさい。

⑴　昆虫の目は小さな目がたくさん集まってできています。このような目を何といいますか。

⑵　昆虫がにおいや空気のふるえなどを感じ取るつくりは何ですか。

⑶　昆虫のあしの数とあしが生えている部分として正しい組み合わせをそれぞれア～ウから選び，記号で答えなさい。

【あ し の 数】　ア　４本　　イ　６本　　ウ　８本

【生えている部分】　ア　あたま　　イ　む ね　　ウ　おなか

問２　文中の①に入る植物を次のア～オから１つ選び，記号で答えなさい。

ア　ツツジ　　イ　ツバキ　　ウ　サクラ　　エ　イチョウ　　オ　ミカン

問３　文中の②，④に入る語句を次のア～オから１つずつ選び，それぞれ記号で答えなさい。

ア　よう化　　イ　ふ化　　ウ　脱皮《だっぴ》　　エ　う化　　オ　変態《へんたい》

問４　文中に③に入る文として正しいものを次のア～エから選び，記号で答えなさい。

ア　からだ全体がやわらかい

イ　からだの内部に固い骨をもつ

ウ　からだが固い殻《から》でおおわれている

エ　からだがやわらかい皮でおおわれている

問５　下線部Aについて，幼虫が鳥のフンに似ていることはどのような意味があると考えられますか。次のア～エから選び，記号で答えなさい。

ア　他の幼虫にアピールする

イ　天敵から身を守る

ウ　他の幼虫をいかくする

エ　食べ物を得る

問６　下線部Bについて，幼虫の重さは図１が420mg，図２が6.3ｇ，１日のフンの量は平均60mg，１枚の葉の重さは平均318mgとします。

⑴　図２の幼虫の体重は図１の頃の何倍になっていますか。

⑵　**図１**の幼虫が**図２**の状態になるまでに合計で何枚の葉を食べたか計算しなさい。なお，幼虫の体重変化は，葉を食べることによる増加とフンをすることによる減少のみを考えるものとし，期間は５月24日から５月31日までの８日間とします。

問７　**下線部Ｃ**について，同じように成長する他の生き物として正しいものを以下の**ア**～**エ**から１つ選び，記号で答えなさい。

ア　イソガニ　　**イ**　ハマグリ　　**ウ**　ホタルイカ　　**エ**　ミミズ

問８　**下線部Ｄ**について，このような状態を何といいますか。

問９　問８の状態にならずに成虫になる生き物を次の**ア**～**エ**から選び，記号で答えなさい。

ア　カブトムシ　　**イ**　テントウムシ　　**ウ**　ガ　　**エ**　セミ

問10　**下線部Ｅ**について，ナガサキアゲハは江戸時代には九州から南にのみ生息していたと考えられていますが，近年では生息域を関東にまで拡大させています。その理由を説明しなさい。

問11　クモは昆虫とちがうなかまに分けられます。昆虫とのちがいがわかるようにクモの体のつくりを解答らんの図に描き入れなさい。

２　鉄をさびさせたものには，「赤さび」と「黒さび」の２種類があります。「赤さび」はさびが進むとボロボロになってしまいますが，「黒さび」は鉄の表面を「赤さび」から守る効果があります。この「黒さび」を利用した岩手県の伝統工芸品に，南部鉄器があります。

図　南部鉄器でできた急須《きゅうす》

問１　鉄の性質として正しくないものを，**ア**～**エ**の中から選び記号で答えなさい。

ア　電気を通す

イ　磁石がくっつく

ウ　たたくとうすくのびる

エ　強く加熱しても液体にならない

問２　赤さびとは関係のない文章を，**ア**～**エ**の中から選び記号で答えなさい。

ア　鉄棒をさわったら，手に赤茶色の粉がついた。

イ　10円玉は他の硬貨に比べて赤い。

ウ　使わなくなった自転車をしばらく外に置いておくと，ボロボロにさびてしまった。

エ　関東平野に堆《たい》積する関東ローム層は赤っぽい色をした土である。

問３　さびは，鉄と空気中のあるものが結びついてできています。あるものとは何ですか。漢字で書きなさい。

問４　南部鉄器は鉄をわざと黒くさびさせています。これによってどのような利点がありますか。ア～エの中から選び記号で答えなさい。

ア　「赤さび」ができにくく，長持ちさせることができる。

イ　鉄をさびさせることで，軽い鉄器をつくることができる。

ウ　鉄に比べて熱を伝えやすく，すぐにお湯を沸かすことができる。

エ　黒色にすることで光を吸収しやすくなり，殺菌効果がうまれる。

たかひろ君は南部鉄器に興味を持ち，自分で黒さびを作ろうと調べ，実験しました。すると，以下のようなことがわかりました。

～わかったこと～

A　鉄の粉2.1ｇを完全にさびさせると，2.9ｇの黒さびができる。

B　実際に実験してみると一部の鉄しか黒さびにならない。

問５　**A**について，７ｇの鉄の粉を完全にさびさせると，何ｇの黒さびができますか。小数第２位を四捨五入して小数第１位まで答えなさい。

問６　**B**について，たかひろ君は10ｇの鉄の粉を十分に加熱しさびさせたが，一部の鉄しか反応せず，実験後の重さは11.6ｇでした。このとき反応した鉄は何ｇですか。

問７　たかひろ君は初めの鉄の粉の重さを量ることを忘れて実験してしまいました（**実験ａ**）。そこで，一部の鉄がさびた粉にうすい塩酸を反応させ，発生する気体を集めました（**実験ｂ**）。この**実験ａ**および**ｂ**について，以下の問いに答えなさい。ただし，**実験ａ**の後，粉に含まれるものは鉄と黒さびのみであり，黒さびは塩酸と反応しないものとします。

⑴　**実験ｂ**の実験装置を表したものとして正しいものを，以下の**ア**～**エ**の中から選び記号で答えなさい。

ア

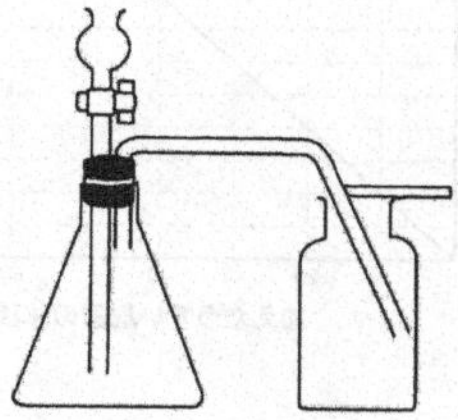

イ

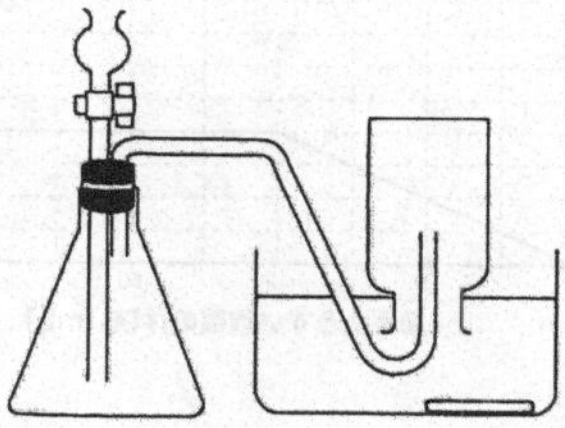

ウ

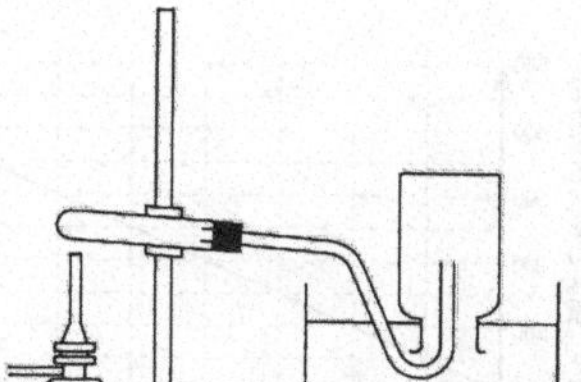

エ

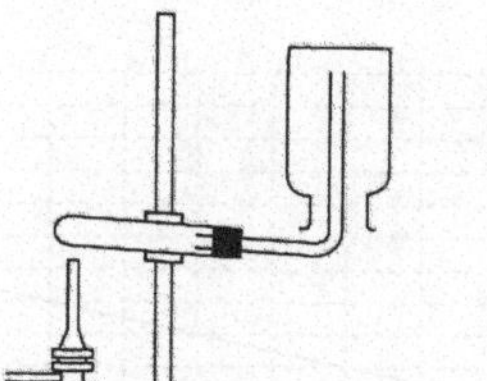

⑵　**実験ｂ**において発生した気体の説明として正しいものを，**ア～エ**の中から選び記号で答えなさい。

ア　物が燃えるのを助ける性質がある。

イ　アルミニウムにうすい塩酸を加えてもこの気体が発生する。

ウ　石灰石にうすい塩酸を加えてもこの気体が発生する。

エ　空気中に21％ほど含まれている。

⑶　鉄の粉１ｇにうすい塩酸を少しずつ加えてゆくと，以下のグラフのように気体が発生することがわかりました。

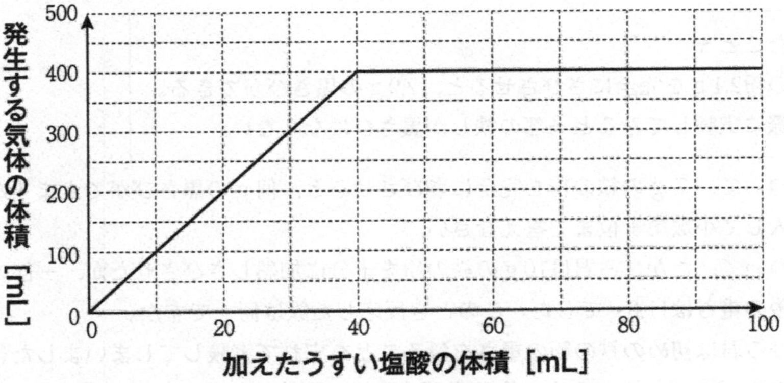

①　**実験ｂ**において，2240mLの気体が発生した。**実験ｂ**において反応した鉄は何ｇか求めなさい。

②　①より，**実験ａ**では鉄の粉のうち何％がさびたか求めなさい。ただし，**実験ａ**の後の粉の重さは8.5ｇであった。答えは小数第１位を四捨五入して整数で求めること。

③　**実験ｂ**において，うすい塩酸を２倍にうすめて鉄の粉１ｇと反応させた場合，どのようなグラフになるか。上のグラフと比べ，**ア～エ**の中から選び記号で答えなさい。

ア

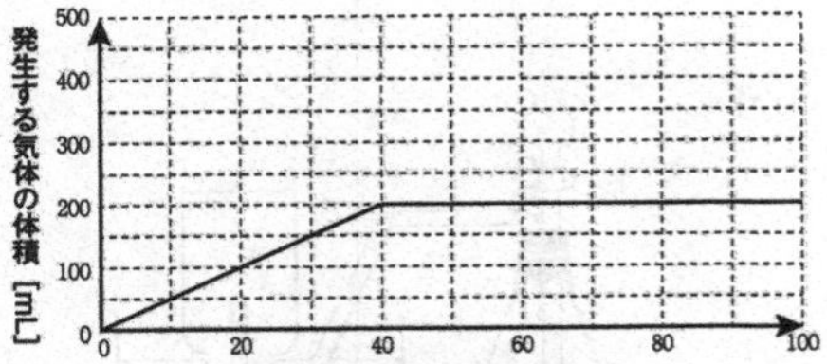

イ

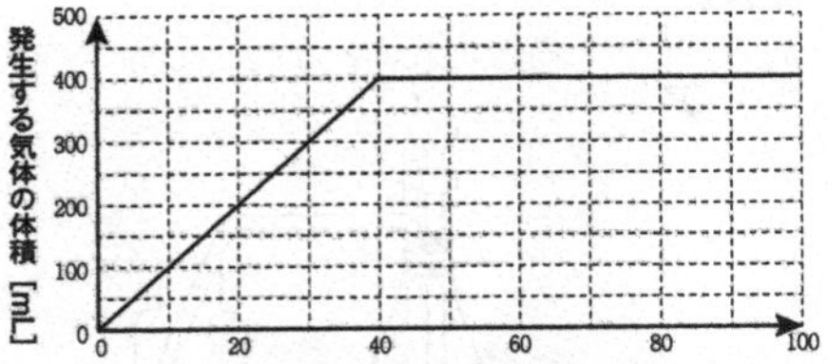

ウ

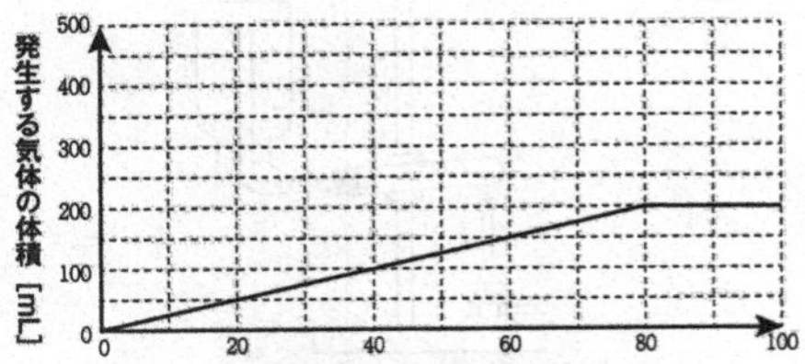

エ

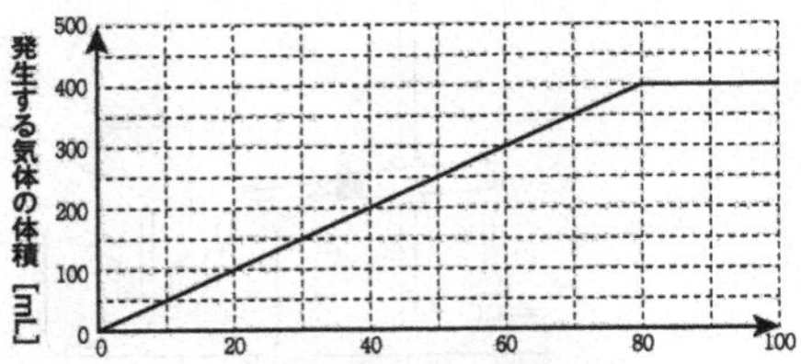

3　図１のように，ある高さからボールを地面と水平な方向に投げ出す実験を行いました。ボールは図１に示した軌道《きどう》をえがいて，地面に落ちました。以下の実験に関する文章や表を読み各問いに答えなさい。

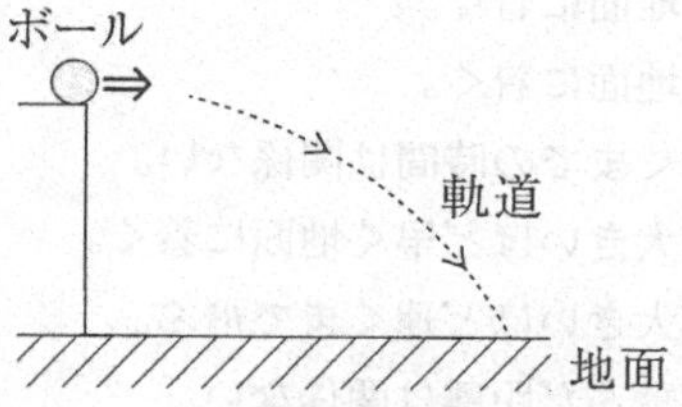

図１

ボールを投げだす高さを19.6m，ボールの速さを秒速10mにして，ボールの重さを変えて同じ実験を繰り返し行い，水平方向に飛んだ距離と地面に着くまでにかかった時間をはかりました（図２）。すると表１の結果が得られました。

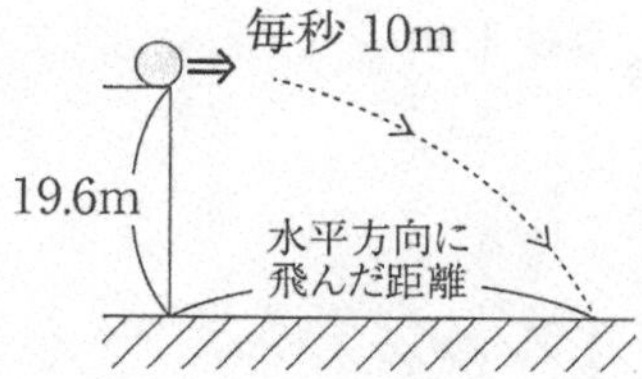

図２

表１

ボールの重さ［g］	100	200	300	400	500
水平方向に飛んだ距離［m］	20	20	20	20	20
落下までにかかった時間［秒］	2	2	2	2	2

次にボールの重さを100ｇ，投げだす高さを19.6mにして，ボールを投げだす速さを変えて同じ実験を繰り返し行い，水平方向に飛んだ距離をはかりました（図３）。すると表２の結果が得られました。

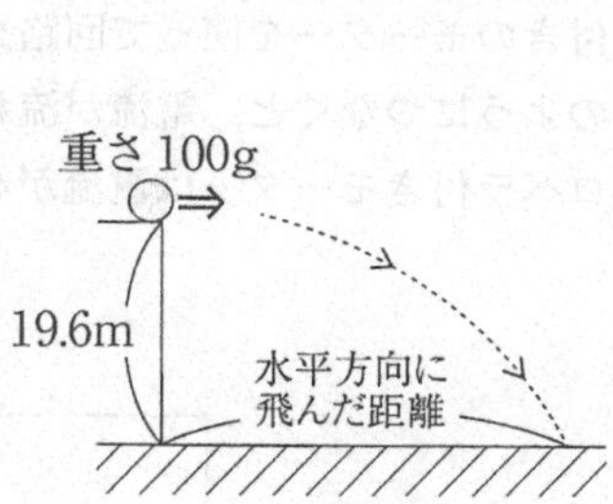

図３

表２

ボールを投げだす速さ［秒速］	10 m	20 m	30 m	40 m	50 m
水平方向に飛んだ距離［m］	20	**あ**	60	80	100
落下までにかかった時間［秒］	2	2	2	**い**	2

問１　**表２**の**あ**，**い**にあてはまる数を答えなさい。

問２　**表１**，**表２**の値から考えてこの実験についての説明として，正しいことを次の**ア**～**キ**からすべて選び記号で答えなさい。

ア　ボールが重いほど，早く地面に着く。

イ　ボールが軽いほど，早く地面に着く。

ウ　ボールの重さと地面に着くまでの時間は関係ない。

エ　ボールを投げだす速さが大きいほど早く地面に着く。

オ　ボールを投げだす速さが大きいほど遠くまで飛ぶ。

カ　ボールの速さとボールが飛んだ距離は関係ない。

キ　ボールが軽いほど，遠くまで飛ぶ。

次にボールの速さを秒速10mにして，ボールを投げだす高さを変えて同じ実験を繰り返し行い，地面に着くまでの時間をはかりました（**図４**）。すると**表３**の結果が得られました。

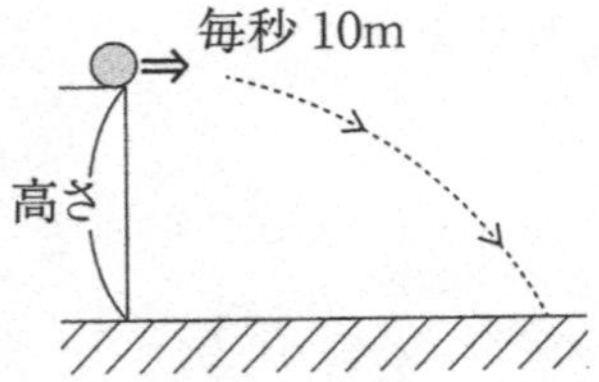

図４

表３

ボールを投げだす高さ［m］	0.1	0.9	1.6	**う**	4.9
落下までにかかる時間［秒］	$\frac{1}{7}$	$\frac{3}{7}$	$\frac{4}{7}$	$\frac{5}{7}$	**え**

問３　**表３**の**う**，**え**にあてはまる数を答えなさい。

４　豆電球，発光ダイオード，プロペラ付きのモーターを使って回路を作成しました。発光ダイオードにはつなぐ向きがあり，以下の**図１**のようにつなぐと，電流が流れ豆電球が光りますが，**図２**のようにつなぐと電流は流れません。プロペラ付きモーターは電流がながれると，プロペラが回転する仕組みになっています。

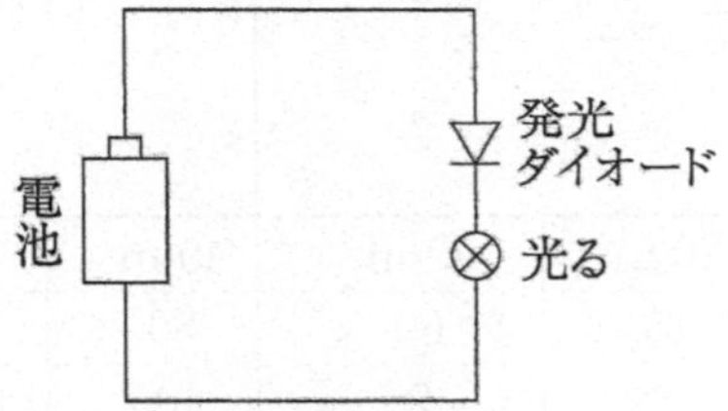

図１

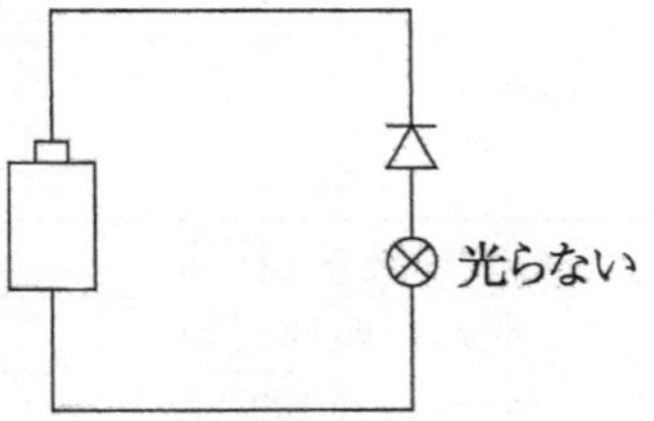

図２

以下の図３の回路を問１～問３のような回路にするにはどのように導線をつなげばよいですか。以下の文章の①～⑧にＡ～Ｆのいずれかの記号をそれぞれあてはめなさい。

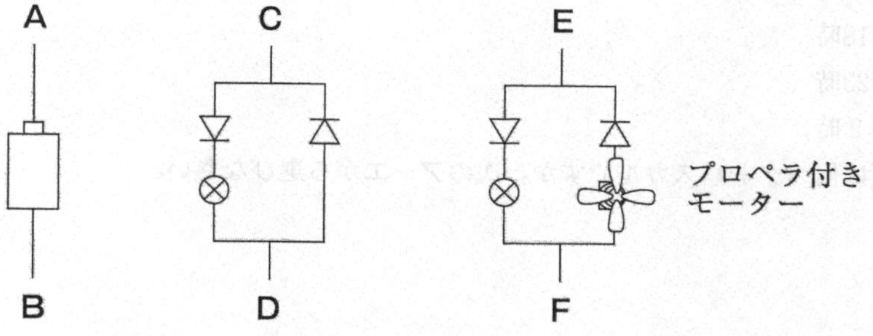

図３

問１　豆電球が２つとも光り，プロペラが回転しない回路にするためには，最初にＡとＣを導線でつなぎます。次にＤと（　①　）を導線でつなぎます。最後に（　②　）とＢを導線でつなぎます。

問２　豆電球が１つだけ光り，プロペラも回転する回路にするためには，最初にＡと（　③　）を導線でつなぎます。次にＤと（　④　）を導線でつなぎます。最後に（　⑤　）とＢを導線でつなぎます。

問３　豆電球が１つも光らず，プロペラが回転する回路するためには，最初にＡと（　⑥　）を導線でつなぎます。次に（　⑦　）とＦを導線でつなぎます。最後に（　⑧　）とＢを導線でつなぎます。

５　以下の問いに答えなさい。

問１　「晴れ」をあらわす天気の記号はどれですか。次のア～エから選びなさい。

ア　○
イ　⦶
ウ　◎
エ　●

問２　下図は，5月17日から３日間継続《けいぞく》的に気象観測したデータです。

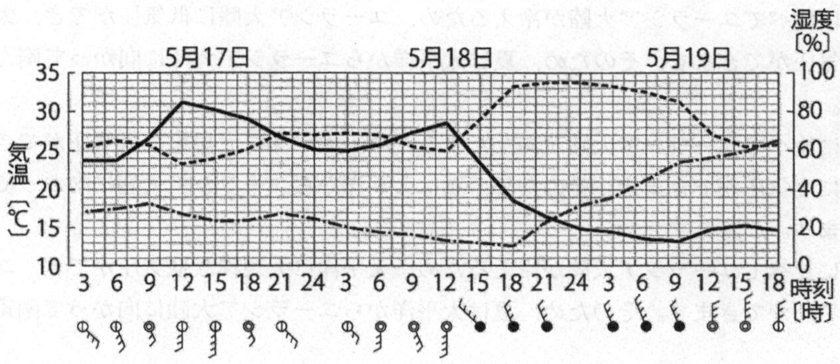

３日間のうち，もっとも空気が乾燥《かんそう》していたのは，５月何日の何時ごろですか。次の**ア**～**エ**から選びなさい。

ア　17日の12時

イ　18日の18時

ウ　18日の23時

エ　19日の９時

問３　１気圧は何ヘクトパスカルですか。次の**ア**～**エ**から選びなさい。

ア　10.13

イ　101.3

ウ　1013

エ　10130

問４　雲ができる仕組みについて，正しい文はどれですか。次の**ア**～**エ**から選びなさい。

ア　下降気流のあるところで空気が上に持ち上げられます。上空に持ち上げられた空気は冷やされ，空気中の水蒸気が水や氷のつぶになって雲ができます。

イ　下降気流のあるところで空気が下ろされます。地面に下ろされた空気は冷やされ，空気中の水蒸気が水や氷のつぶになって雲ができます。

ウ　上昇《じょうしょう》気流のあるところで空気が下ろされます。地面に下ろされた空気は冷やされ，空気中の水蒸気が水や氷のつぶになって雲ができます。

エ　上昇《じょうしょう》気流のあるところで空気が上に持ち上げられます。上空に持ち上げられた空気は冷やされ，空気中の水蒸気が水や氷のつぶになって雲ができます。

問５　暖気と寒気がぶつかり合って，ほとんど前線の位置が変わらない前線を何といいますか。次の**ア**～**エ**から選びなさい。

ア　温暖前線　　**イ**　寒冷前線

ウ　閉そく前線　　**エ**　停滞前線

問６　日本列島付近の夏の気圧配置と空気の動きについて，正しい文はどれですか。次の**ア**～**エ**から選びなさい。

ア　太平洋に比べてユーラシア大陸があたたまるため，ユーラシア大陸に低気圧ができ，太平洋に大規模な高気圧ができます。そのため，夏は太平洋からユーラシア大陸に向かって南寄りの風がふきます。

イ　太平洋に比べてユーラシア大陸が冷えるため，ユーラシア大陸に低気圧ができ，太平洋に大規模な高気圧ができます。そのため，夏は太平洋からユーラシア大陸に向かって南寄りの風がふきます。

ウ　太平洋に比べてユーラシア大陸があたたまるため，太平洋に大規模な低気圧ができ，ユーラシア大陸に高気圧ができます。そのため，夏は太平洋からユーラシア大陸に向かって南寄りの風がふきます。

エ　太平洋に比べてユーラシア大陸が冷えるため，太平洋に大規模な低気圧ができ，ユーラシア大陸に高気圧ができます。そのため，夏は太平洋からユーラシア大陸に向かって南寄りの風がふきます。

問７　下は日本列島付近の春・夏・秋・冬の天気図です。冬の天気図はどれですか。次の**ア**～**エ**から選びなさい。なお，図中の**H**は高気圧を，**L**は低気圧をそれぞれあらわしています。

ア

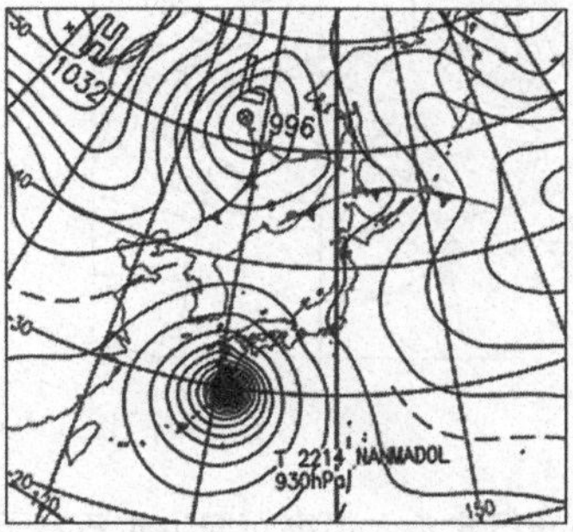

イ

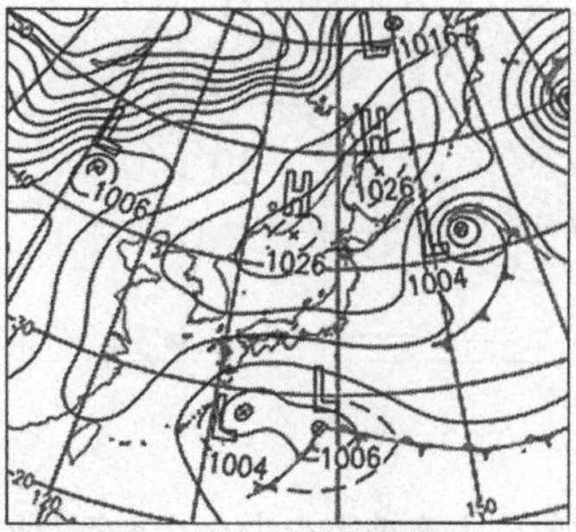

ウ

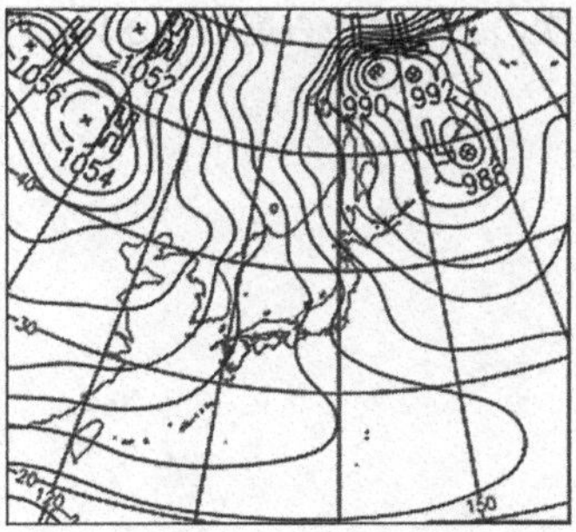

エ

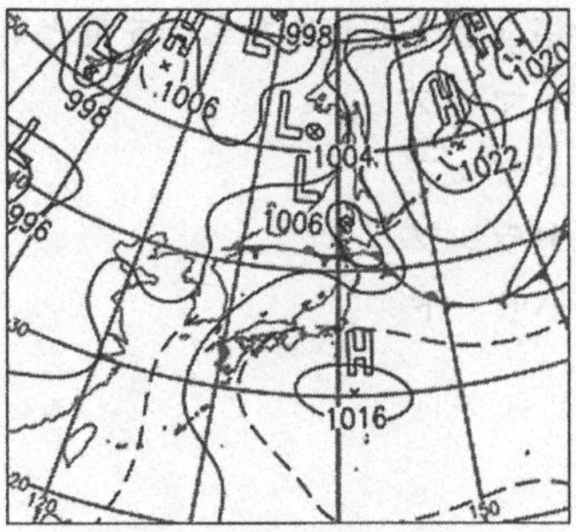

（気象庁HPより引用）

問８　春と秋の日本の天気の特徴《とくちょう》について，正しい文はどれですか。次の**ア**～**エ**から選びなさい。

ア　雨やくもりの日が長く続きます。

イ　晴れたりくもったりして，同じ天気が長く続きません。

ウ　高温多湿《こうおんたしつ》で，晴れの日が続きます。

エ　太平洋側は乾燥《かんそう》した晴れの日が続きます。

問９　下はある年の10月28日から10月31日までの天気図です。10月30日の天気図はどれですか。次のページの**ア**～**エ**から選びなさい。なお，図中の**H**は高気圧を，**L**は低気圧をそれぞれあらわしています。

ア

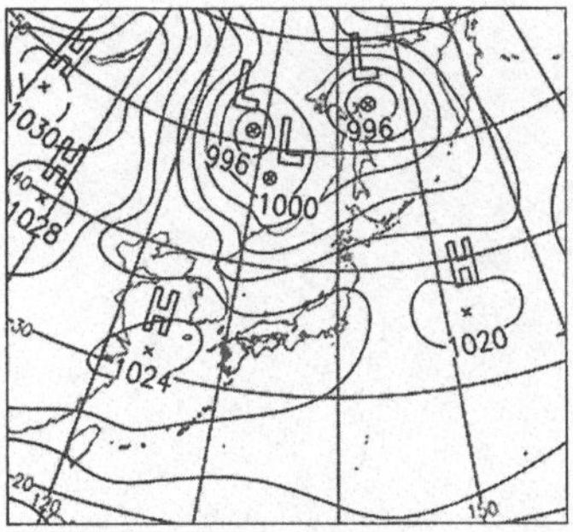

イ

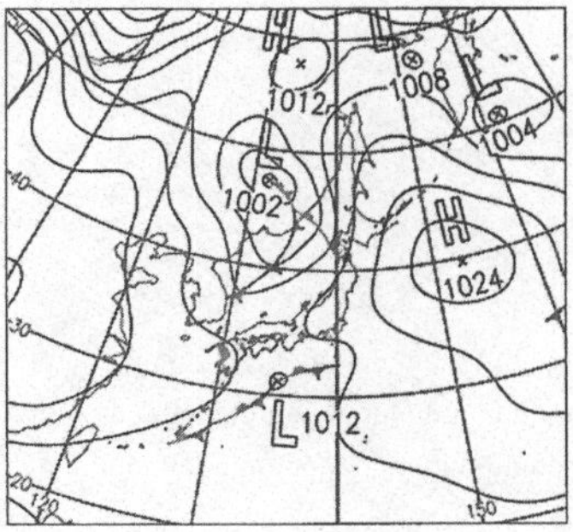

ウ

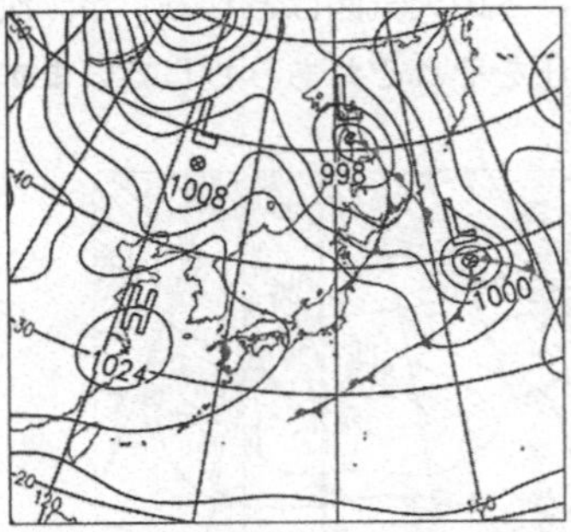

エ

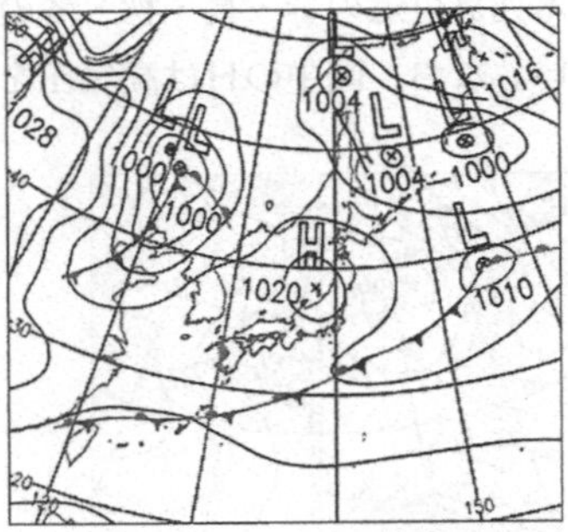

（気象庁HPより引用）

問10　気象現象による被害《ひがい》を少なくするために自治体が発行する，災害が発生すると予想される範《はん》囲《い》と避難《ひなん》経路などをまとめたものを何といいますか。次のア～エから選びなさい。

ア　ウエザーマップ

イ　ハザードマップ

ウ　ハザードランプ

エ　バイオハザード

【社　会】（40分）　＜満点：80点＞

1． 中学１年生の慎くんは，夏休みの自由研究で日本において登録されている世界遺産について調べた。次の資料は，慎くんが日本の歴史に関わる遺産を時代ごとに地図とレポートにまとめたものである。次の地図とレポートを参考に，各問いに答えなさい。アルファベットは関係する時代が古い順に，地図はその遺産がある都道府県を示している。

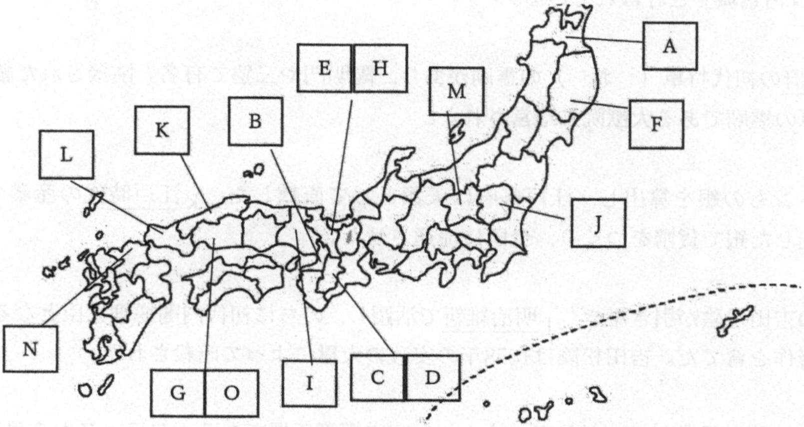

A

日本最大級の a 縄文集落。高床倉庫や竪穴住居がみられる。縄文時代の集落は世界遺産に登録されているが，b 弥生時代の集落は登録されていないことに疑問を持った。

B

c 古墳時代に造営された国内最大の前方後円墳。仁徳天皇古墳とも呼ばれている。全長が486メートル，高さは35メートルにもおよぶ。

C

飛鳥時代に d 聖徳太子が建てた現存する世界最古の木造建築物。西院の主要建物の多くは，中国や朝鮮にも残っていない初期の仏教建築様式。

D

e 奈良時代に（　あ　）が作らせた大仏が有名な寺社である。国分寺の総本山とされている。高さは約16メートルで重さは約250トンもある。

E

f 平安時代に藤原道長の息子，（　い　）が建立した寺院。本堂には阿弥陀如来像がまつられ，庭園や建物で来世の様子を示している。10円玉にも描かれている建物。

F

11世紀に奥州藤原氏が金や馬の産出や北方との交易で富を築き，黄金を用いて建設した寺院。奥州藤原氏は1189年に g 源頼朝によって滅ぼされた。

G

平氏の氏神とされ，熱心に信仰された。1167年に太政大臣に任じられた（　う　）が現在の形に修築したとされている。引き潮の時間帯だと大鳥居まで歩いて行けるらしい。

H

h室町幕府の８代将軍（　え　）が京都の東山に建立した寺院。禅宗寺院の部屋の建築様式を取り入れた書院造が有名である。

I

織田信長や i豊臣秀吉が活躍した時代の桃山文化として有名な城。白壁で統一された優美な外観から，「白鷺城」と呼ばれている。

J

j江戸幕府の初代将軍（　お　）の霊廟《れいびょう》があり，陽明門や三猿で有名。隣接された輪王寺には，３代将軍の霊廟である大猷院に造営された。

K

年間15トンもの銀を算出し，江戸幕府は天領として直轄した。k江戸時代の産業の発達に伴い，産出した銀で貨幣をつくり，全国に流通させた。

L

長州藩の吉田松陰が引き継ぎ，l明治維新で活躍し，のちに初代内閣総理大臣となる（　か　）や高杉晋作を育てた。吉田松陰は1858年の安政の大獄によって暗殺された。

M

明治政府の殖産興業の一つとしてつくられた官営模範工場である。フランスから最新の機械を導入し，工女たちを募集した。

N

m日清戦争で得た賠償金などを用いた設立した工場。筑豊炭田の石炭と中国の鉄鉱石を使用した。日露戦争前後には第２次産業革命が進展した。

O

元々は n大正時代に建設された物産陳列館だった。o戦争の遺構として現存され，「負の世界遺産」として有名。

問１　地図とレポートの A ～ O に該当する場所を以下のうちからそれぞれ選び，記号で答えなさい。

ア　姫路城　　イ　大坂城　　ウ　原爆ドーム　　エ　中尊寺金色堂
オ　法隆寺　　カ　三内丸山遺跡　　キ　吉野ヶ里遺跡　　ク　八幡製鉄所
ケ　平等院鳳凰堂　　コ　金閣　　サ　厳島神社　　シ　日光東照宮
ス　東大寺　　セ　大仙古墳　　ソ　石見銀山　　タ　富岡製糸場
チ　佐渡金山　　ツ　松下村塾　　テ　鳴滝塾　　ト　銀閣

問２　下線部ａに関して，次のページの図は「縄文カレンダー」と呼ばれ，縄文人の１年の食生活を示したものである。この図から読み取れることとして**適切でないもの**を次のうちから一つ選び，記号で答えなさい。

ア　縄文時代の人々は，寒い冬には海で食べ物をとらなかった。
イ　縄文時代の人々は，春には木の芽，秋には木の実を食べていた。
ウ　縄文時代の人々は，１年を通して土器を作っていた。

エ　縄文時代の人々は，主に冬から春にかけて狩猟を行っていた。

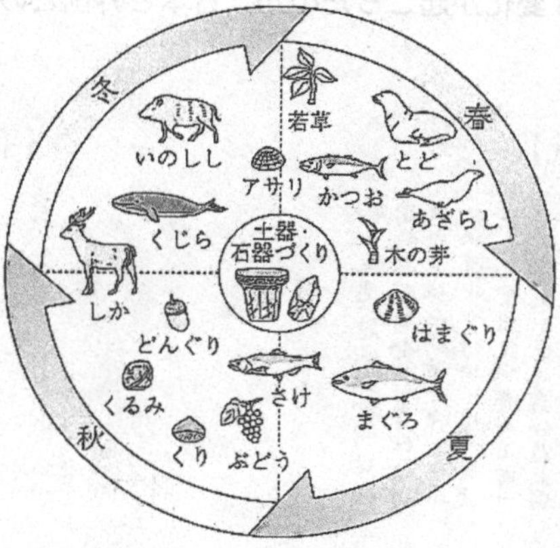

問３　下線部ｂの時代，中国の歴史書には倭の奴国王が使いを送ったとされている。この歴史書の名称を次のうちから一つ選び，記号で答えなさい。

ア　『漢書』地理誌　　イ　『後漢書』東夷伝

ウ『魏志』倭人伝　　エ　『末書』倭国伝

問４　下線部ｃの時代の資料として，ふさわしいものを次のうちから一つ選び，記号で答えなさい。

ア

イ

ウ
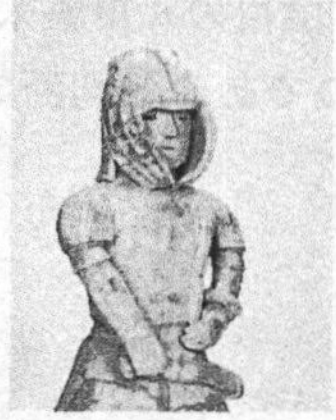

エ

問５　下線部ｄの聖徳太子は役人の心構えとして，次の「十七条の憲法」を制定した。空欄Ｘに当てはまる漢字一字を考えて，答えなさい。

第１条　和を以て貴しとなし，件うこと無き宗とせよ。
第２条　あつく三宝を敬え。三宝とは［ Ｘ ］・法・僧なり。
第３条　詔を承りて必ず慎め。
第４条　群卿百寮，礼を以て本とせよ。

問６　下線部ｅの時代を説明したものとして正しいものを，次のうちから一つ選び，記号で答えなさい。

ア　都の藤原京は唐の長安を模して造られ，碁盤の目のように区画された。

イ　日本最古の貨幣である和同開珎が発行された。

ウ　743年に開墾した土地の私有を永久に認める三世一身の法が制定された。

エ　６度の渡航でようやく日本に来た鑑真は，奈良に唐招提寺を建てた。

問７　下線部ｆに関して，次の資料は奈良時代と平安時代の人々の衣装と文字の変化を比較したものである。**なぜこのような変化が起こったのか**，日本と外国との国際関係に着目して説明しなさい。

【奈良時代】

【平安時代】

問８　下線部ｇの人物が開いた幕府の時代に関して，以下の問いに答えなさい。

⑴　この時代について述べた文として，**誤っているもの**を次のうちから一つ選び，記号で答えなさい。

ア　将軍と御家人の土地を仲立ちとした御恩・奉公の主従関係を軸とした封建制度を行った。

イ　北条時宗は，将軍を補佐する管領という役職につき，実権を握った。

ウ　承久の乱の後，朝廷や西国の武士を監視するため六波羅探題が設置された。

エ　念仏を唱える法然の浄土宗や，題目を唱える日蓮の法華宗など，新しい仏教が誕生した。

⑵　次の絵は，1281年の２度目の元軍襲来の直前の日本の武士たちの様子である。**なぜこの絵が２度目の襲来の際のものであると判断できるか**を次の絵図と資料から読み取り，説明しなさい。

北九州の地頭であった安富氏は、肥前国（注１）の守護から、北九州の防衛を命じられた。
その際、「北九州に所領を持つ地頭は、博多津に、所領１段（注２）につき１寸（注３）の長さの防塁を築城するように」との命令が下された。

問９　下線部ｈとその前後の時代を説明したものとして正しいものを，次のうちから一つ選び，記号で答えなさい。

ア　鎌倉幕府が滅ぶと，後白河天皇が天皇中心の政治である「建武の新政」を開始した。

イ　３代将軍の足利義満が明と正式な貿易を行った。この貿易を朱印船貿易という。

ウ　1467年に壬申の乱がおこり，下克上の風潮が高まった。

エ　『一寸法師』や『浦島太郎』などのお伽草子が民衆の間で広く読まれた。

問10　下線部ｉの人物は，政策の一環として，次のページの資料Ｘ・Ｙのような政策をした。Ｘ・Ｙの政策をそれぞれ何というか。Ｘは漢字４字，Ｙは漢字２字で答えよ。

資料Ｘ

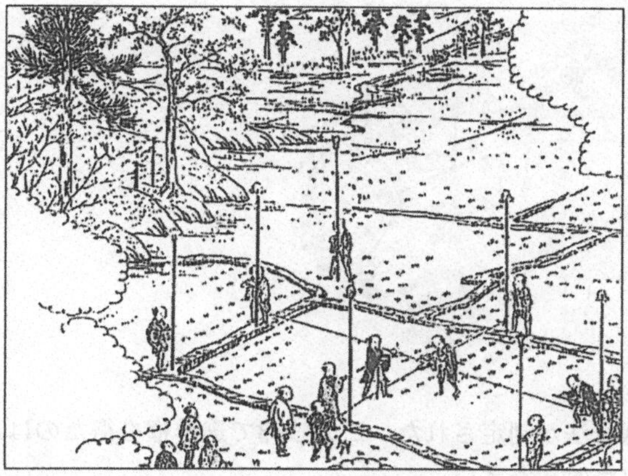

資料Ｙ

一、諸国百姓、刀、脇指、弓、やり、てつはう其外武具のたぐい、所持候事、　堅く御停止候。其子細者　不入道具をあひたくはへ、年貢所当を難渋せしめ、自然一揆を企て、給人に対し非　儀の動をなすやから、勿論御成敗有るべし。

問11　下線部ｊについて述べた文として，正しいものを次のうちから一つ選び，記号で答えなさい。

ア　関ケ原の戦い以後に家臣となった大名を「譜代大名」とし，重要地に配置した。
イ　大名を統制する目的で「御成敗式目」を制定した。
ウ　外交の窓口として，薩摩藩が蝦夷地との交易の独占を認められた。
エ　大阪は「天下の台所」といわれ，各藩が蔵屋敷をおいた。

問12　下線部ｋの時代に改革を行った人物と，その改革の内容の組み合わせとして，正しいものをあとのア～エのうちから一つ選び，記号で答えなさい。

【人物】
あ　松平定信　　い　水野忠邦
【改革の内容】
ａ　天保の改革－厳しい倹約令を出し，物価対策として株仲間を解散させた。
ｂ　享保の改革－目安箱の設置や裁判を公正に行うために公事方御定書を制定した。

ア　あ　－　ａ
イ　あ　－　ｂ
ウ　い　－　ａ
エ　い　－　ｂ

問13　下線部ｌに関連して，この時期に出版された書籍として以下の資料Ｚがある。この資料の筆者の名前を答えなさい。

資料Ｚ

天は人の上に人を造らず人の下に人を造らずと云へり。されば天より人を生ずるには，万人は万人皆同じ位にして，生れながら貴賤上下の差別なく，…（中略）…人学ばざれば智なし，智なき者は愚人なりとあり。

問14　下線部ｍに関連して，次のページの資料はビゴーが当時の東アジアの国際関係を描いた風刺画である。この風刺画から，どのようなことが読み取れるか，**「朝鮮」「ロシア」という語句を必ず用いて説明しなさい。**

問15　下線部ｎに関連して，1925年に普通選挙法が制定された。この法律で選挙権を得たのはどのような人か，次のうちから一つ選び，記号で答えなさい。

ア　直接国税15円以上を納める満25歳以上の男子

イ　直接国税３円以上を納める満25歳以上の男子

ウ　税額は関係なく，満25歳以上の男子全員

エ　税額は関係なく，満20歳以上の男女全員

問16　下線部ｏに関して，この遺産のある都道府県と，この場所に原子爆弾が投下された日の組み合わせとして正しいものを，次の選択肢から選びなさい。

選択肢	都道府県	日にち
ア	広島	8月6日
イ	広島	8月9日
ウ	長崎	8月6日
エ	長崎	8月9日

問17　レポートの空欄あ～かに当てはまる人物名を答えなさい。

2． 下の各文は，去年の夏休みの旅行記の一部である。これを読んで後の各問いに答えなさい。

だいすけくんの旅行記

私は夏休みに弘前・八戸に行きました。この県は ａ**津軽半島**と下北半島という２つの半島があり，特徴的な地形となっています。この県名産の果物は何といっても（　１　）で，都道府県別の収穫量では堂々の１位であり，日本全国の収穫量の60％を占めています。また，この県をはじめ，ｂ**東北地方は日本の米どころ**であるとともに伝統工芸品や祭りなどが多く存在しています。この県でも東北三大祭りの１つである（　２　）祭がおこなわれ，毎年夏に多くの観光客が訪れています。

問１　旅行記中の空欄（１）と（２）にあてはまる適切な語句を答えなさい。

問２　下線部ａについて，この津軽半島から津軽海峡を横断し本州と北海道を結ぶ長さ53.85kmの長大海底鉄道トンネルの名称を答えなさい。

問３　下線部ｂについて，東北地方の太平洋側では夏に北東から冷たく湿った風が吹き，稲の育ち

が悪くなる冷害が発生することがある。この夏に北東から吹く冷たい湿った風の名称をひらがな３文字で答えなさい。

あすかさんの旅行記

私は夏休みに，佐世保へ行ってきました。この県は江戸時代にオランダとの貿易の窓口として設置された（　３　）という人工島がおかれたこともあり，オランダの町並み再現したテーマパークがあります。また，この県には2018年に c **世界遺産**登録された大浦天主堂や旧グラバー住宅なども存在しており，歴史が深い県でもあります。なお，d **この県の県庁所在地**は日本三大夜景の１つとしても知られています。

問４　旅行記中の空欄（３）にあてはまる適切な語句を答えなさい。

問５　下線部ｃについて，日本の世界遺産として**適切でないもの**を次のうちから一つ選び，記号で答えなさい。

ア　伊豆大島　　イ　奄美諸島

ウ　知床半島　　エ　白神山地

問６　下線部ｄについて，2022年９月23日に開業したこの県の県庁所在地と武雄温泉駅を結ぶ新幹線の名称を答えなさい。

あきひろくんの旅行記

私は夏休みに上越市に行ってきました。この県は日本を代表する米の産地であり，日本最長の河川である（　５　）が流れる県です。県南部にある越後山脈に冬の季節風がぶつかるため，降雪量が極めて多くスキー場が数多く立地していたり，県北西部にはトキ保護センターがある（　６　）島があるため観光資源も豊富です。また，この県が所属する北陸地方は e **工業**地域も存在しているとともに，f **伝統工芸品**も多く制作されています。

問７　旅行記中の空欄（５）と（６）にあてはまる適切な語句を答えなさい。

問８　下線部ｅについて，この県を流れる阿賀野川流域では四大公害病の１つが発生している。この公害の名称を答えなさい。

問９　下線部ｆについて，この県の伝統工芸品として適切なものを次のうちから一つ選び，記号で答えなさい。

ア　九谷焼　　イ　南部鉄器

ウ　有田焼　　エ　小千谷ちぢみ

あやのさんの旅行記

私は夏休みに名古屋に行ってきました。飛行機で行ったのでセントレア空港の愛称がある（　７　）空港を利用しました。この県は北西部に輪中という特徴的な集落がみられる（　８　）平野があり，南部には知多半島と渥美半島が存在しています。豊田市に代表されるようにこの県は自動車産業を中心とする大工業地帯の g **中京工業地帯**が存在しており，日本の工業の中心です。また，名古屋は東京とも新幹線や h **高速道路**で結ばれており，日本の大都市の１つとなっています。

問10　旅行記中の空欄（７）と（８）にあてはまる適切な語句を答えなさい。

問11　下線部ｇについて，次のグラフは2018年における京葉工業地域・中京工業地帯・阪神工業地帯・瀬戸内工業地域の品目の割合を示している。中京工業地帯として適切なものを，次のうちから一つ選び，記号で答えなさい。

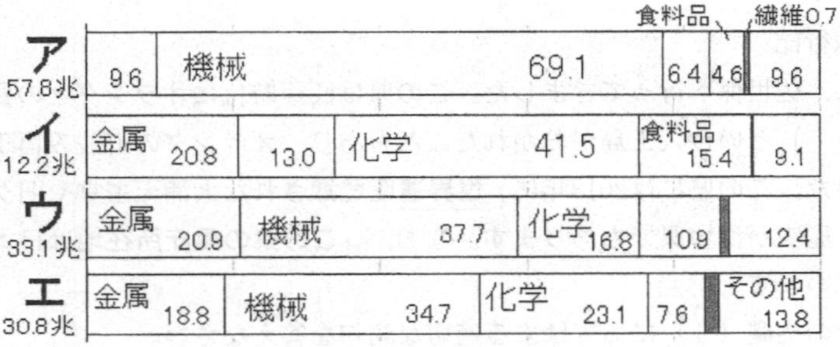

問12　下線部hについて，1969年に全通した，日本の大動脈ともいえる高速道路の名称を答えなさい。

たかひろくんの旅行記

私は夏休みに，日本最大の湖である（　9　）湖へ行ってきました。（　9　）湖は，この県の面積の６分の１の面積を占めており，この湖の水は i **内陸県**であるこの県のみならず，近畿地方の人々の大切な飲み水です。また，人だけでなく l **水鳥などの野生動物にとっても大切な湿地**となっており，豊かな生態系を形成している場所でもあります。なお，この県の県庁所在地の（　10　）市です。

問13　旅行記中の空欄（９）と（10）にあてはまる適切な語句を答えなさい。

問14　下線部ｉについて，この県のほかに日本の内陸県として適切なものを，次のうちから一つ選び，記号で答えなさい。

ア　山口県　　イ　山梨県　　ウ　福井県　　エ　福島県

問15　下線部ｌについて，水鳥の生息地等として国際的に重要な湿地及びそこに生息・生育する動植物の保全を促進することを目的とした国際条約の名称を答えなさい。

問16　５人が旅行した都道府県はそれぞれどこなのか。旅行先の都道府県を次のページの図から選び，番号で答えなさい。

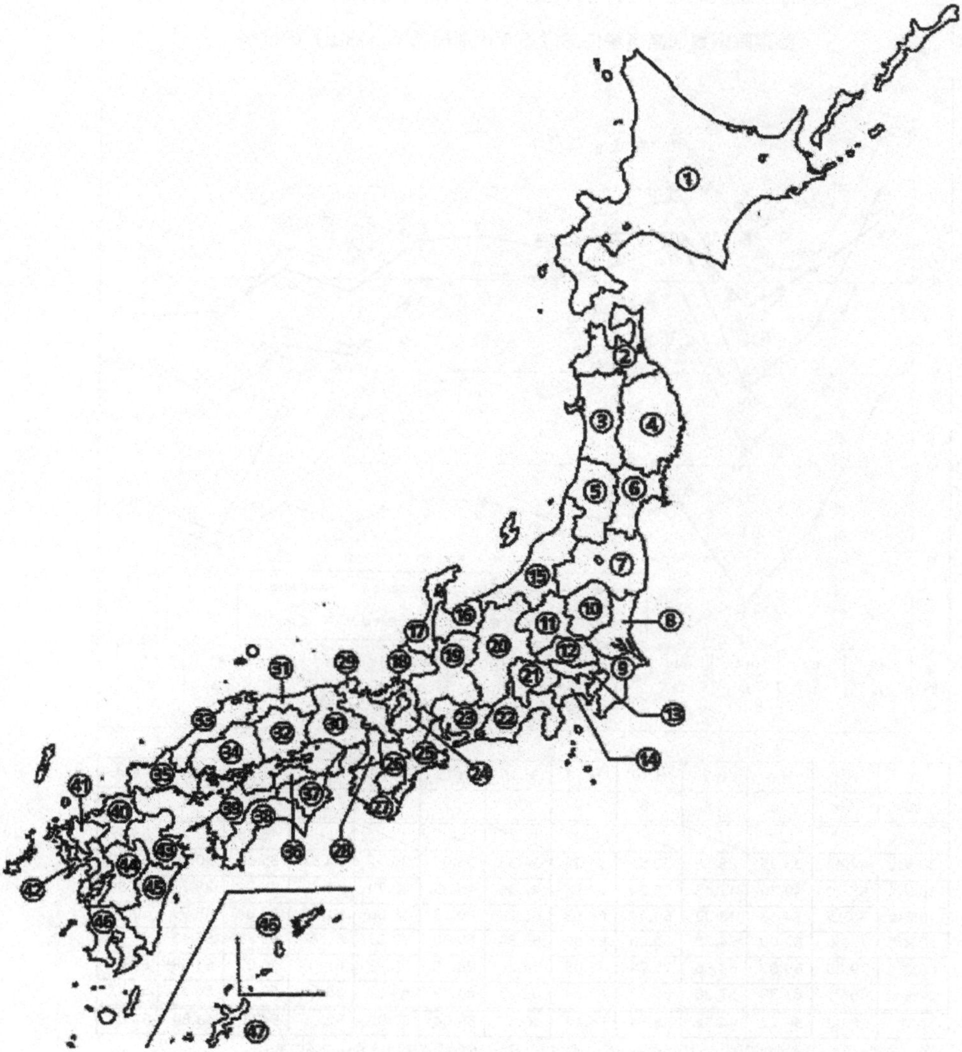

３． 以下の会話文を読んで，後の問いに答えなさい。

隆弘くん「あ，またテレビで選挙の番組やってる。」

お父さん「隆弘，選挙って俺たち国民が政治に参加する大事なイベントなんだぞ。隆弘も（　①　）歳になったら，選挙で投票できるようになるんだ。」

隆弘くん「６年後かあ・・・でも選挙に行くの面倒だなあ。」

お父さん「確かに隆弘と同じように考えている人は多い。次のページのグラフ，表が示すように，特に（　②　）の投票率はかなり低くなっているね。」

隆弘くん「なんでだろう？」

お父さん「これは若者に限ったことではないけど，（　③　）ということが考えられるんじゃないかなあ。」

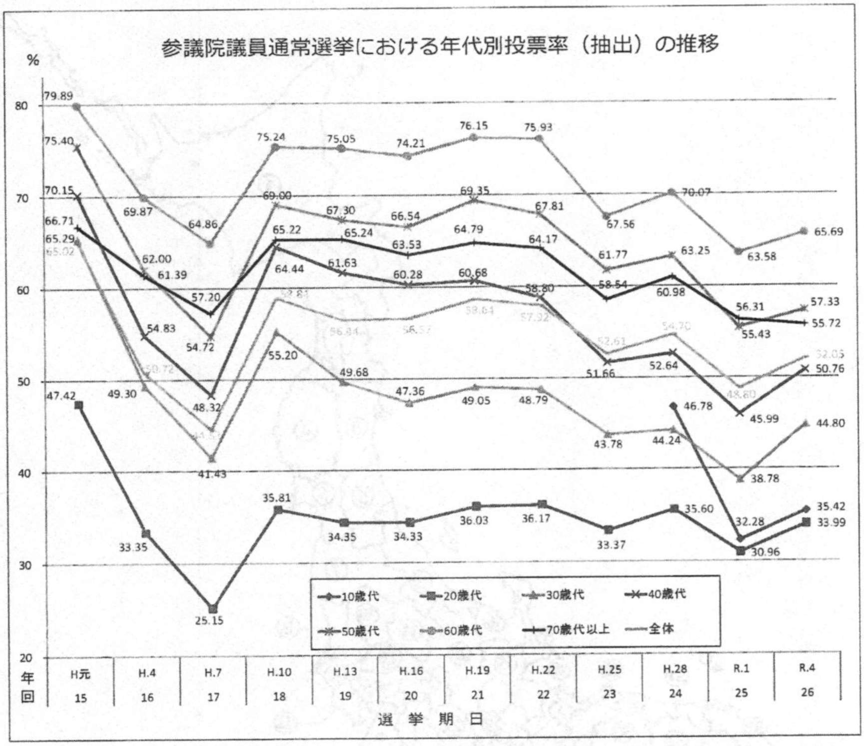

(%)

年	H元	H.4	H.7	H.10	H.13	H.16	H.19	H.22	H.25	H.28	R.1	R.4
回	15	16	17	18	19	20	21	22	23	24	25	26
10歳代										46.78	32.28	35.42
20歳代	47.42	33.35	25.15	35.81	34.35	34.33	36.03	36.17	33.37	35.60	30.96	33.99
30歳代	65.29	49.30	41.43	55.20	49.68	47.36	49.05	48.79	43.78	44.24	38.78	44.80
40歳代	70.15	54.83	48.32	64.44	61.63	60.28	60.68	58.80	51.66	52.64	45.99	50.76
50歳代	75.40	62.00	54.72	69.00	67.30	66.54	69.35	67.81	61.77	63.25	55.43	57.33
60歳代	79.89	69.87	64.86	75.24	75.05	74.21	76.15	75.93	67.56	70.07	63.58	65.69
70歳代以上	66.71	61.39	57.20	65.22	65.24	63.53	64.79	64.17	58.54	60.98	56.31	55.72
全体	65.02	50.72	44.52	58.84	56.44	56.57	58.64	57.92	52.61	54.70	48.80	52.05

※①　この表のうち、年代別の投票率は、全国の投票区から、回ごとに142～188投票区を抽出し調査したものです。

※②　第24回の10歳代の投票率は、全数調査による数値です。

（総務省HP https://www.soumu.go.jp/senkyo/senkyo_s/news/sonota/nendaibetu/　より引用）

隆弘くん「なるほどなあ。僕が将来，投票するとしたらどこの党の誰に投票しようかなあ。a政党もたくさんあって迷っちゃう。」

お父さん「2023年現在，首相を務める（　④　）氏が所属している自民党，そしてその自民党と連立政権を組んでいる公明党。現在政権を担当しているこの二党を（　⑤　）党というんだ。それ以外の政権を担当していない政党を（　⑥　）党というんだ。」

隆弘くん「なるほどね。そういえば国会議員の選挙も衆議院と参議院で仕組みが少し違うんだね。」

お父さん「そうそう。衆議院の議員に立候補できる年齢は満（　⑦　）歳以上だけど，参議院は満（　⑧　）歳以上となっているね。議員の数も（　⑨　）議院の方が多くなっているよ。」

隆弘くん「そういえば学校の授業で，衆議院と参議院で，国会議員でいられる年数も違うって習ったよ。」

お父さん「そうだね。衆議院議員の任期が（　⑩　）年なのに対して，参議院は（　⑪　）年。衆議院の方が，任期が短いことから，より国民の意見を反映していると考えられているんだ。」
隆弘くん「b衆議院の優越，ってやつだね。」
お父さん「よく知っているな，しっかり勉強したんだな。」

問１　空欄①に当てはまる数字を答えなさい。

問２　空欄②に当てはまる語句は，「若者」あるいは「高齢者」という語句のいずれかです。どちらがあてはまるか，答えなさい。

問３　54ページのグラフ，表から読み取れることとして，**適切でないもの**を一つ選び，記号で答えなさい。

ア　参議院の選挙は３年ごとに行われている。
イ　20歳代の投票率が50%を超えたことは，H元（平成元年）以降，一度もない。
ウ　H元以降，全体の投票率が50%を下回ったのは，一度しかない。
エ　H元以降，すべての世代において，投票率が80%を超えたことは一度もない。

問４　文中の空欄③に当てはまる文として，**適切でない**と考えられるものを一つ選び，記号で答えなさい。

ア　政治に対して無関心だから，
イ　政治に対して，自分では何も変えられないという無力感を感じているから，
ウ　政治家の汚職などにうんざりしているから，
エ　SNSでは政治に関する情報が全くないから，

問５　下線部ａに関して，日本では多くの政党が国会に議員を送り込んでいる理由として，正しいものを一つ選び，記号で答えなさい。

ア　日本は多民族国家であるから。
イ　日本の選挙制度は，小規模な政党でも当選者が出やすい比例代表制が採用されているから。
ウ　日本では，日本に住む外国人にも選挙権が与えられているから。
エ　日本では，法律で一つの政党から当選できる議員の数が制限されているから。

問６　空欄④～⑪に当てはまる語句，または数字を答えなさい。ただし，空欄④の人物名は名字だけで構いません。また，空欄⑨には「衆」または「参」という語句のいずれかが当てはまります。

問７　下線部ｂに関して，正しいものを一つ選び，記号で答えなさい。

ア　衆議院は参議院より先に予算について審議する。
イ　衆議院は参議院より先に法律案について審議する。
ウ　衆議院のみ，内閣総理大臣の指名権を持つ。
エ　衆議院のみ，条約の承認を行う。

父」の二面性を印象づける表現になっている。

エ　「心からこの時の祖父をいとしく思った」は、家庭を危機におとしいれた「祖父」に対して、憎《にく》しみの気持ちではなく、むしろ親しみの心情が感じられるような表現になっている。

イ　おとしいれようと企《くわだ》てて
ウ　実力を見るためにさそって
エ　だまし打ちにしていじめて

問三　空欄《らん》［Ｘ］・［Ｙ］に当てはまる語句として最も適当なものを、次のア～オのうちからそれぞれ一つずつ選び、記号で答えなさい。

ア　さめざめ　イ　じっくりと　ウ　びくびく
エ　ぼんやり　オ　いきいきと

問四　――線部Ａ「厳しく戒められて来ました」とあるが、「友達」の父が「勝負事」を戒めたのはなぜだと考えられるか。本文全体を踏《ふ》まえ、「祖父」という言葉を用いて六十字以内で説明しなさい。

問五　――線部Ｂ「行ってもいいとはいわない」とあるが、「友達」の両親はどういう状況であったと考えられるか。その説明をした次の文章の空欄［①］～［②］に当てはまる語句を、各群のア～エからそれぞれ一つずつ選び、記号で答えよ。

両親は息子を［　①　］けれども、［　②　］的事情によって修学旅行に参加させる余裕《よゆう》がなかった。

①
ア　情けなく感じていた
イ　不愉快《ふゆかい》だと感じていた
ウ　気の毒に思っていた
エ　ほほえましく思っていた

②
ア　経済
イ　社会
ウ　信条
エ　教育

問六　――線部Ｃ「泣寝入りになってしまった」とあるが、これは結果としてどうなったということか。簡潔《かんけつ》に答えなさい。

問七　「祖父」が賭博《ばくち》をやめた理由について左のように表にまとめた。表中の空欄［①］～［②］に当てはまる語句を簡潔に答えなさい。

	要因	祖父の気持ち
1	祖母の［　①　］を聞いた。	自分の行いを後悔《こうかい》した。
2	祖父が［　②　］。	行いを振《ふ》り返って反省した。

問八　――線部Ｄ「手も足も付けられなかった祖父」とあるが、これを表している部分として適当ではないものを、本文中の……線部**ア～キ**のうちから二つ選び、記号で答えなさい。

問九　空欄［Ｅ］に当てはまる語句として最も適当なものを、次のア～エのうちから一つ選び、記号で答えよ。

ア　祖母　イ　父　ウ　母　エ　私

問十　本文の内容や表現に関する説明として最も適当なものを、次のア～エのうちから一つ選び、記号で答えなさい。

ア　生まれながらにして勝負事が好きではなかった「私（＝友達）」は、小学校時代に、まわりの子がめんこなどの遊びをしていると、その姿を見てそっとその場を去るようにしていた。
イ　修学旅行に行けなくなった自身の存在を恥《は》ずかしいことだと思った「私（＝友達）」は、自分が恥《はじ》をかいたことについて、寝《ね》ている両親を厳しい口調で激しく責め立てて困らせた。
ウ　「真面目一方であった人」は、家族に見せる姿と家族の知らないところで賭博《ばくち》にのめり込んで周囲からもてはやされる姿という、「祖く慎《つつし》んでいてくれたのにと思うと、いったい父を誘《さそ》った相手は、どこのどいつだろうと、そっと足音を忍《しの》ばせて近づいて見たそうです。

見ると、ぽかぽかと日の当《あた》っている藁堆《わらにお》の陰《かげ》で、祖父とその五つになる孫《まご》とが、相対《あいたい》して蹲《うずくま》っていたそうです。何をしているのかと思ってじっと見ていると、祖父が積み重《かさ》っている藁《わら》の中から、一本の藁を抜《ぬ》いたそうです。すると、孫が同じように、一本の藁を抜き出したそうです。二人はその長さを比べました。祖父が抜いた方が一寸《いっすん》ばかり長かったそうです。

「今度も、わしが勝ちじゃぞ、はははは」と、祖父は前よりも、高々と笑ったそうです。

それを見ていた母は、祖父の道楽のために受けたいろいろの苦痛に対する恨《うら》みを忘れて、心からこの時の祖父をいとしく思ったとのことです。

祖父が最後の勝負事の相手をしていた孫が、［E］であることは申すまでもありません。

〔注〕

1　「ねっき、ばい」……「めんこ」同様、子ども同士で勝負する遊びの一つ。

2　「一町」……「町」は土地の面積の単位で、約一万平方メートルほど。

3　「高等小学」……現在の小学校高学年から中学生くらいの子どもを対象とした学校。

4　「五円」……現在とはお金の価値が違《ちが》い、当時は大卒初任給が四十円程度であった。

5　「御厩では一番の石持」……ここでは、稲の収穫《しゅうかく》量が多く、裕福であること。「厩」通常、馬小屋の意だが、ここでは農家くらいの意。

6　「蕩尽」……蓄《たくわ》えを使い果たすこと。

7　「賭博」……賭《か》けごと、ギャンブルのこと。

8　「笄」……女性が髪《かみ》をかき上げるのに用い、飾《かざ》りにもなるもの。

9　「諫めても」……行いを改めるように忠告しても、の意。

10　「厭いはせんが」……嫌《いや》がりはしないが、の意。

11　「我悔」……自分の行いを悔やむこと。

12　「藁堆」……刈り取った草を円錐状《えんすいじょう》に高く積んだもの。

問一　〰〰線部ａ～ｅの漢字は読みを答え、カタカナは漢字に直しなさい。

問二　═══線部⑴「矢も楯も堪らない」・⑵「二の句が次げない」・⑶「唆して」の意味として最も適当なものを、各群《かくぐん》のア～エのうちからそれぞれ一つずつ選び、記号で答えなさい。

⑴　「矢《や》も楯《たて》も堪《たま》らない」

ア　両親への不信感が募《つの》っていく

イ　きれいさっぱり、忘《わす》れてしまった

ウ　もはや仕方がないとあきらめがついた

エ　思いつめて、我慢《がまん》することができない

⑵　「二の句が次げないで」

ア　同じ目にあうのではないかと不安で

イ　驚《おどろ》きあきれて次の言葉が出てこないで

ウ　あまりのことに怒《いか》り、悲しく思って

エ　自分もその性質を継《つ》いでいると絶望して

⑶　「唆して」

ア　その気になるように仕向けて

祖先伝来の家屋敷《いえやしき》まで、人手に渡すようになってしまったのです。

が、祖父のこうした狂態《きょうたい》や、それに関した逸話《いつわ》などはたくさんききましたが、たいてい忘れてしまいました。私が、今もなお忘れられないのは、祖父の晩年についての話です。

祖父が、本当に目が覚めて、ふっつりと賭博を止《や》めたのは、六十を越《こ》してからだということです。それまでは、財産を一文なしにしてしまった後までも、まだ道楽が止められないで、それかといって大きい賭場《とば》には立ち回られないので、馬方《うまかた》や土方を相手の、オ小賭博まで、打つようになっていたそうです。それを、祖母やその頃《ころ》二十五、六にもなっていた私の父が、涙を流して(注9)諫《いさ》めても、どうしても止めなかったそうです。

が、祖父の道楽で、長年苦しめられた祖母が、死ぬ間際になって、手を合《あわ》せながら、

「お前さんの代で、長い間続いていた勝島《かつしま》の家が、一文なしの水呑百姓《みずのみびゃくしょう》になってしまったのも、わしゃ運だと諦《あきら》めて、(注10)厭《いと》いはせんが、せめて死際に、お前さんから、賭博《ばくち》は一切打たんという誓言《せいごん》をきいて死にたい。わしは、カお前さんの道楽で長い間、苦しまされたのだから、後に残る宗太郎《しゅうたろう》やおみね(私の父と母)だけには、この苦労はさせたくない。わしの臨終《りんじゅう》の望みじゃほどに、きっぱり思い切って下され」と、何度も繰《く》り返して、口説《くど》いたのがよほど効《き》いたのでしょう、義理のある養《よう》家《か》を、根こそぎ潰《つぶ》してしまった(注11)我悔《がかい》が、やっと心のうちに目ざめたのでしょう。また年が年だけに考えもしたのでしょう、それ以来は、生《う》まれ変《かわ》ったように、賭博を打たなくなってしまったのです。

それで、六十を越《こ》しながら、息子を相手に、今では他人の手に渡ってしまった昔の自分の土地で、小作人として、馴《な》れない百姓仕事を始めたのです。が、今まで、ずいぶん身を持ち崩《くず》していたものですから、そうした荒《あら》仕事には堪《た》えなかったと見え、二年ばかり経つと、風邪《かぜ》か何かがもとで、ぽっきり枯枝《かれえだ》が折《お》れるように、亡くなってしまったのです。

一生涯《いっしょうがい》、それに溺《おぼ》れてしまって、身にも魂《たましい》にもしみ込《こ》んだ道楽を、封《ふう》ぜられたためでしょうか、祖父は賭博を止めてからというものは、何となくほうけてしまって、物忘れが多く、畑を打ちながら、鍬《くわ》を打つ手を休めて、〔　Y　〕考え込むことが多かったそうです。そんな時は、若い時に打った五百両千両という大賭博の時に、うまく起きてくれた賽《さい》ころの目のことでも、思い出していたのでしょう。

それでも、改心をしてからは、さすがに二度とふたたび、勝負事はしなかったのです。もし、したことがあったならば、それはただ一度、次にお話しするような時だけだろうとのことです。

それは、何でも祖父が死ぬ三月《みつき》ぐらい前のことです。秋のe小春日和の午後に、私の母が働いている祖父に、お八《や》つの茶を持って行ったことがあるのです。見ると、稲《いね》を刈《か》った後の田を、鋤《す》き返しているはずの祖父の姿が見えないのです。多分田の向《むこ》うの(注12)藁堆《わらにお》の陰《かげ》で日向ぼっこをしているのだろうと思って、その方へ行ってみますと、果《はた》して祖父の声が聞《き》こえて来るのです。

「今度は、俺が勝ちだ」と、いいながらキ祖父は声高《こわだか》く笑ったそうです。

その声を聞くと私の母は、はっとムネを打たれたそうです。きっと、古い賭博打ちの仲間が来て、祖父を(3)唆《そそのか》して、何かの勝負をしているに違《ちが》いない、と思うと、D手も足も付《つ》けられなかった祖父の、昔の生活が頭の中に浮《うか》んで来て、ぞっと身が震《ふる》うほど、情《なさけ》なく思ったそうです。せっか

がないのです。

　もう、いよいよ明日が出発だという晩のことですが、私は学校の先生には、多分行かれない、と返事はして来たものの、行きたいと思う心は、(1)矢《や》も楯《たて》も堪《た》らないのです。どうかして、やってもらいたいと思いながら、執念《しゅうね》く父と母とに、せびり立てました。とうとう、父も母もしつこい私を、持てあましたのでしょう、泣いたり、怒《おこ》ったりしている私を、aステておいて二人とも寝《ね》てしまいました。

　私は、修学旅行の仲間入りのできないことを、友達にも顔向けのできないほど、恥《はず》かしいことだと思い詰《つ》めていたものですから、一晩中でも泣き明かすような決心で、父の枕元《まくらもと》で、いつまでもぐずぐず駄々《だだ》をこねていました。

　父も母も頭から、蒲団《ふとん》を被《かぶ》っていましたものの、私の声が彼《かれ》らのbムネにひしひしと応《こた》えていたことはもちろんです。私が、一時間近くも、旅行にやってくれない恨《うら》みを、くどくどといい続けた時でしょう。今まで寝入ったように黙《だま》っていた父が、急にむっくりと、床《とこ》の中で起き直ると、蒲団の中から顔を出して、私の方をじっと見ました。

　私は、あんまりいい過ぎたので、父の方がアあべこべに怒鳴《どな》り始めるのではないかと、内心［　X　］ものでいましたが、父の顔は怒っているというよりも、むしろ悲しんでいるといったような顔付《かおつき》でありました。涙《なみだ》さえ浮《うか》んでいるのではないかと思うような目付《めつき》をしていました。

「やってやりたいのは山々じゃ。わしも、お前に人並《ひとなみ》のことは、させてやりたいのは山々じゃ。が、貧乏《びんぼう》でどうにもしようがないんじゃ。わしを恨《うら》むなよ。恨むのなら、お前のお祖父《じい》さんを恨むがええ。(注5)御厩《みうまや》では一番の石持《こくもち》といわれた家が、こんなになったのも、皆《みな》お祖父さんがしたのじゃ。お前のお祖父さんが勝負事で一文《いちもん》なしになってしもうたんじゃ」と、いうと、父はすべてのcベンカイをしてしまったように、クルリと向《む》うを向いて、蒲団を頭から被ってしまいました。

　私は、自分の家が御維新《ごいしん》前までは、長く庄屋《しょうや》を勤めた旧家《きゅうか》であったことは、誰《だれ》からとなく、薄々《うすうす》きき知っていたのですが、その財産が、祖父によって、(注6)蕩尽《とうじん》されたということは、この時初めて、父からきいたのです。むろんその時は、父の話を聞くと、(2)二の句が次《つ》げないでC泣《なき》寝《ね》入《い》りになってしまったのです。

　その後、私は成長するにdシタガって、祖父の話を父と母からきかされました。祖父は、元来私の家へ他《ほか》から養子に来た人なのですが、三十前後までは真面目一方であった人が、ふとしたことから、(注7)イ賭博《ばくち》の味をおぼえると、すっかりそれに溺《おぼ》れてしまって、何もかもうっちゃって、家を外にそれに浸《ひた》りきってしまったのです。御厩の長五郎という賭博《ばくち》の親分の家に、夜昼なしに入り浸っている上に、いい賭場《とば》が、開いているというと、五里十里もの遠方まで出かけて行くという有様で、賭博に身も心も、打ち込《こ》んでいったのです。天性の賭博好きというのでしょう。

　ウ勝っても負けても、にこにこ笑いながら、勝負を争っていたそうです。それに豪家《ごうか》の主人だというので、どこの賭場《とば》でも「旦那《だんな》旦那」と上席に座らされたそうですから、つい面白くって、家も田畑も、壺《つぼ》皿の中へ叩《たた》きスててしまったのでしょう。むろん時々は勝ったこともあるのでしょうが、根《ね》が素人ですから、長い間には負け込んで、田畑を一町売り二町売り、エとうとう千石《せんごく》に近かった田地を、みんな無くしてしまったそうです。おしまいには、賭博の資本にもことを欠いて、祖母の櫛《くし》や(注8)笄《こうがい》まで持ち出すようになったそうです。しまいには、住んでいる

意見も自信をもって発表することができる

問九　――線部Ｇ「そういうもの」の具体例として最も適当なものを次のア～エから一つ選び、記号で答えなさい。

ア　『世界文学を読みほどく』

イ　十大傑作

ウ　『死に至る病』

エ　『存在と時間』

問十　本文の内容と一致するものを次のア～エから一つ選び、記号で答えなさい。

ア　審美眼とは相手からの共感を引き出したり、相手の気持ちを増幅させたりするための眼力のことである。

イ　世の中の人々の多くはほめられることに喜びを感じるので、たとえ本心でなくてもほめた方がよい。

ウ　審美眼を広げるためには自分の好きなものを追求し、多くの解説や評論に触れて様々な見方を養うとよい。

エ　解説を読むことで見方が偏ることを心配する場合は、身近な人と意見を交換《かん》し合うなどして見方を広げるとよい。

三　次の文章は菊池寛《きくちかん》「勝負事《しょうぶごと》」のほぼ全文である。以下の文章は、「勝負事ということが、話題になった時に、私《わたし》の友達の一人が、次のような話をしました。」という冒頭《ぼうとう》に続いて語られる「友達」の話である。これを読んで後の問いに答えなさい。

私は子供の時から、勝負事というと、どんな些細《ささい》なことでも、Ａ厳しく戒《いまし》められて来ました。幼年時代には、誰でも一度は、弄《もてあそ》ぶにきまっている、めんこ、(注1)ねっき、ばいなどというものにも、ついぞ手を触《ふ》れることを許されませんでした。

「勝負事は、身を滅《ほろ》ぼす基《もと》じゃから、真似《まね》でもしてはならんぞ」と、父は口癖《くちぐせ》のように幾度《いくど》も幾度も繰《く》り返して私を戒めました。そうした父の懸命《けんめい》な訓戒《くんかい》が、いつの間にか、私の心のうちに勝負事に対する憎悪《ぞうお》の情を培《つちか》っていったのでしょう。小学校時代などには、友達がめんこを始めると、そっとその場から逃《に》げ帰って来たほど、殊勝《しゅしょう》な心持《こころもち》でいたものです。

私の父が、いろいろな憎悪の中から、勝負事だけを、なにゆえこんなに取り分けて戒めたかということは、私が十三、四になってから、やっと分《わか》ったことなのです。

私の家というのは、私が物心《ものごころ》を覚えて以来、ずっと貧乏《びんぼう》で、(注2)一町ばかりの田畑を小作《こさく》して得るわずかな収入で、親子四人がかつかつ暮《くら》していたのです。

確《たし》か私が(注3)高等小学の一年の時だったでしょう。学校から、初めて二泊宿りの修学旅行に行くことになったのです。小学校時代に、修学旅行という言葉が、どんなに魅惑《みわく》的な意味を持っているかは、たいていの人が、一度は経験して知っておられることと思いますが、私もその話を先生から聞くと、小躍《こおどり》しながら家へ帰って来ました。帰って両親に話してみますと、どうしても、Ｂ行ってもいいとはいわないのです。

今から考えると、(注4)五円という旅費は、私の家にとっては、かなりの負担だったのでしょう。おそらく一月《ひとつき》の一家の費用の半分にも相当した大金だったろうと思います。が、私はそんなことは、考えませんから、手を替《か》え品を替え、父と母とに嘆願《たんがん》してみたのです。が、少しもききめ

より深い審美眼を得ることができるという点で同じだということ。

エ　美術も文学も、解説に頼《たよ》りすぎると見方が偏《かたよ》り、作品を味わうための審美眼が狭《せま》くなってしまうという点で同じだということ。

問七　――線部**Ｅ**「そういうときに〝案内人〟として誰かに解説してもらうのは、審美眼を磨く意味でも大変効果がある」とあるが、なぜか。最も適当なものを次のア～エから一つ選び、記号で答えなさい。

ア　解説に触れることによって、何に注目して作品を味わえばいいのかを学ぶことができると共に、作品の好き嫌いを判断する基準を自分の中に作ることができるから。

イ　解説に触れることによって、自分だけでは気づけないその作品のよい点を発見することができると共に、自分自身で様々なもののよい点を発見する練習にもなるから。

ウ　解説に触れることによって、自分が想像もしなかった多様な作品の味わい方を知ることができると共に、傑作とそうでない作品を見分ける判断力を養うことができるから。

エ　解説に触れることによって、「よい」とされる作品と「悪い」とされる作品の違いを学ぶことができると共に、名作が社会に与える影響《えいきょう》を学ぶことができるから。

問八　――線部**Ｆ**「何人もの紹介者の解説を読めばいい」とあるが、これについて三人の生徒が話し合っている。これを読んで後の問いに答えなさい。

生徒Ａ…作品をありのままに受け取ることって大切だと思うんだけど、どうかな。

生徒Ｂ…そうだね。でも本文に「絵の良さはパッとみただけではなかなかわからない」ってあるように、作品の良さって僕《ぼく》にはわからないな。

生徒Ｃ…うんうん。文学についても筆者は同じようなことを言っているね。［　Ⅰ　］という部分だよ。

生徒Ａ…確かにそうか。そういえば、場面は違《ちが》うけれど、学校の先生からも似たようなことを言われることがあるね。ほら、インターネットの情報をどう読むかということだよ。

生徒Ｂ…インターネットにはいろいろとうその情報もあるだろうからね。一人の意見をそのまま受け取るのはかなり危ないよね。

生徒Ｃ…本文で言われているのは、例えばハイデッガーのケンキュウ者の解説したものだから、うその情報っていうことはないだろうけど、［　Ⅱ　］という点では同じかもしれないね。

(i)　空欄［Ⅰ］に当てはまる語句を本文中から二十五字程度で探《さが》し、最初の五字を抜き出しなさい。

(ii)　空欄［Ⅱ］に当てはまる語句として最も適当なものを、次のア～エのうちから一つ選び、記号で答えなさい。

ア　複数人の説明を読んでその共通点や相違《い》点を考えることで、見方が偏ることを防ぐことができる

イ　どんな情報でもまずは本当に正しいのか疑問に思ってみることで、だまされることを防ぐことができる

ウ　その人物が本当に信頼《らい》できる人なのかをしっかり調べることで、情報のよしあしを判断できる

エ　様々な意見を読んで考え方の多様性を実感することで、自分の

このように、いろいろな解説や評論にふれることで、dキョウヨウを広げることになるし、審美眼を広げてほめポイントを発見する練習にもなるので、〝Y〟である。

（齋藤孝『ほめる力』より）

問一　～～～線部a～dのカタカナを漢字に直しなさい。

問二　空欄X・Yに当てはまる語句として適当なものを、次のア～エからそれぞれ一つずつ選び、記号で答えなさい。

X　ア　眼力　イ　感覚　ウ　気持ち　エ　共感

Y　ア　一日一善　イ　一利一害　ウ　一望千里　エ　一石二鳥

問三　――線部A「昔の私からしたら、信じられないことである」とあるが、筆者は「昔の私」をどのようにとらえているか。最も適当なものを次のア～エから一つ選び、記号で答えなさい。

ア　自分の好き嫌いにとらわれ、世の中のさまざまなものの悪い点ばかりが見えていたため、人間関係をこじらせてしまうことが多かった。

イ　美のとらえ方が具体性に欠けており、いい点がどこなのかを人に説明することができないため、人の気持ちをつかむことが難しかった。

ウ　もののとらえ方が硬直《こうちょく》的で、自分が好きと思えないといい点を見つけることができないため、相手の審美眼に合わせることができなかった。

エ　ほめることばかりに意識が向き、好きでないものも無理やりほめようとし続けていたため、適切な審美眼を育てることができなかった。

問四　――線部B「全方向的審美眼」とはどのような審美眼か。本文中より二十字以内で抜《ぬ》き出しなさい。

問五　――線部C「心底いいと思ってほめる練習をしたほうがいい」とあるが、なぜか。最も適当なものを次のア～エから一つ選び、記号で答えなさい。

ア　自分の本心に反する形でなにかをほめていると精神的な疲れがたまってきてしまうため、自分がいいと思うもの以外をほめないようにすることで気が楽になるから。

イ　本心からいいと思う気持ちがあってほめていたのだとしても、表現のしかたがよくなければ相手にその感動が伝わらずにがっかりさせてしまうから。

ウ　自分が好きではないものをほめることは相手をだましていることにもなってしまうので、自分が好きと思えているものの魅《み》力を他人に伝える努力をしたほうがよいから。

エ　本心をとりつくろって相手をほめることは必ずしも良い結果に繋《つな》がるとは限らないが、本心からほめることができるようになることで人間関係を円滑に築《かつ》きやすくなるから。

問六　――線部D「文学作品も同じだ」とあるが、これはどういうことか。最も適当なものを次のア～エから一つ選び、記号で答えなさい。

ア　美術も文学も、いい〝師匠〟となってくれる専門家に教わることで、作者の真意を見抜くことができるという点で同じだということ。

イ　美術も文学も、解説や説明を通じて作品を味わう視点を得たり、美を判断する力を鍛《きた》えたりできるという点で同じだということ。

ウ　美術も文学も、自身の経験や感覚に照らしながら味わうことで、最初はすごいと思えなくても、観点を変えて見ていくと、すごいところが発見できて、「これはすごい」と思えるのだ。先ほど視点を変える話をしたが、審美眼を磨くのは、さまざまな視点を持つこととつながっている。

この先、みなさんが生きていく上で、ほめることに関して、自分の本心を偽《いつわ》ってばかりいたら疲《つか》れると思う。ほめられない人を無理やり偽ってほめていても長く続かない。相手も「これはお世辞だな」「心にもないことを言っているのだろう」と気づいてしまって、かえって人間関係をこじらせたり、相手の自信を失わせてしまう。

だからここは虚心坦懐《きょしんたんかい》に、C心底いいと思ってほめる練習をしたほうがいい。そのために審美眼を広げ磨くのである。

審美眼を広げるには、最初は自分が好きなものを徹底《てってい》追求することから始めればいい。たとえばフェルメールが好きなら、展覧会に行って、本物を見てみる。会場にはパンフレットや音声ガイドのイヤホンがあるが、そういうものをできるだけ使ったほうがいい。

とくにイヤホンガイドはおすすめである。いまはたいていの展覧会にはイヤホンガイドが用意されているので、それを借りることをおすすめする。

私は美術展を見るときは、必ずイヤホンガイドを借りることにしている。なぜなら絵の良さはパッと見ただけではなかなかわからないからだ。でもガイドをしてもらうと「ああ、そうなのか」と発見があるので、勉強になって、あらたに審美眼が広がる。

D文学作品も同じだ。誰《だれ》かいい〝師匠《ししょう》〟に解説してもらったり、評論を読んで見方を学ぶと、文学を味わう審美眼が磨かれる。

たとえば池澤夏樹《いけざわなつき》さんの『世界文学を読みほどく』（新潮選書）では十大傑作《けっさく》をあげているが、こうしたものを読んでおくと、傑作といわれる作品の何が素晴らしいのかがよくわかる。池澤さんは哲学《てつがく》者キェルケゴールの『死に至る病』（白水社）の解説も書いているが、私たちと時代も宗教もかけ離《はな》れたキェルケゴールが、池澤さんの手にかかると、まるで手触《てざわ》り感のあるようなところまで近づいてきて、身近に感じられる。

解説を読むと見方が偏《かたよ》ると心配する人がいるが、私はそうは思わない。古典をそのまま読んで深く味わえる人などめったにいない。Eそういうときに〝案内人〟として誰かに解説してもらうのは、審美眼を磨く意味でも大変効果がある。

見方が偏るのが心配なら、一人の紹介者だけでなく、F何人もの紹介者の解説を読めばいいのだ。ちなみに私がハイデッガーの『存在と時間』を読んだときは、解説書だけで二〇冊近く読んだ記憶《きおく》がある。

それくらい難解な書物だったのだが、新しい解説書を読むたびに、「へえ、そうなのか」と発見があって面白かった。ハイデッガーのことを一生懸命《けんめい》cケンキュウしている人が書いてくれたわけだから、こんなにありがたいものはない。

Gそういうものを読みまくっていると、いいところをほめるのと似ていて、どこがいいのかがわからない難解なものでも、ポイントがわかってくる。

【国　語】（五〇分）〈満点：一〇〇点〉

一　次の各問いに答えなさい。

問一　次のことわざの反対の意味を持つことわざを次のア～キからそれぞれ選び、記号で答えなさい。

A　蛙《かえる》の子は蛙

B　立つ鳥後を濁《にご》さず

C　あばたもえくぼ

D　君子《くんし》危うきに近寄らず

E　せいてはことを仕損じる

ア　旅の恥《はじ》はかきすて　　イ　善は急げ

ウ　虎穴《こけつ》に入らずんば虎子《こじ》を得ず　　エ　覆水盆《ふくすいぼん》に還《かえ》らず

オ　弘法《こうぼう》筆を選ばず　　カ　トンビが鷹《たか》を生む

キ　坊主憎《ぼうずにく》けりゃ袈裟《けさ》まで憎い

問二　次の文中の空欄《くうらん》□に入る漢字一文字をそれぞれ答えなさい。

A　手も足も出ずに終わるかと思われたが、なんとか一□報いた。

B　長い距離《きょり》を歩いたおかげで足が□になる。

C　何回も同じことを言われ、□にたこができる。

D　どうにか説得をしようとしたが、取り付く□もない。

E　彼の足の速さはチームの中でも□を抜《ぬ》いている。

二　次の文章を読んで、後の問いに答えなさい。

審美眼《しんびがん》とは美を判断する眼力だ。何を美しいと思うか、何をおいしいと思うかという美的な感覚が一致《いっち》すると、お互《たが》いの大事なところをaミトめ合うことになって、一気に［X］が深まる。

たとえばその人がいいと思っているものに関して、「あ、たしかにこのポイントがいいですよね」と乗っかっていくと、その人の気持ちをぐっとつかんでいくことができる。

自分の審美眼を柔軟《じゅうなん》にしておけばおくほど、相手の審美眼にどんどん合わせられるので、その人の気持ちを増幅《ぞうふく》させることができる。

つまりほとんどのものを「いい」と言える審美眼があれば、どんなものでもほめられるから、相手に乗っかって共感を引き出したり、相手の気持ちを鼓舞《こぶ》することができるといえる。まさに最強の「ほめる力」だ。

私はこの一〇年間ぐらい、ありとあらゆるものをほめてきた気がする。本書でも「この人はすばらしい」などとほめてきた。ある時期から「世の中にはいいものがあふれている」と考えるように切り換《か》えたので、以来、その「いいもの」を紹介《しょうかい》するようにしていると、たいていの人と共感できてしまうようになった。

いいものを見つける審美眼を磨《みが》いているうちに、たいていのものをほめられるようになったわけだ。これはとてもbベンリだった。自分の好き嫌《きら》いに関係なく、とにかくいいポイントを見つけ出せるのだから、「好きじゃないけれど、ここはいい！」と言えるようになって、人間関係が驚《おどろ》くほどスムーズになった。A昔の私からしたら、信じられないことである。

もちろん私にも趣味《しゅみ》やテンポが合わない人もいるのだが、それでも「この点はいい」と言えてしまう。お世辞ではなく、本当にいいと思えてしまうところが、B全方向的審美眼を磨いた〝たまもの〟である。

MEMO

大切なことはメモしておこうネ！

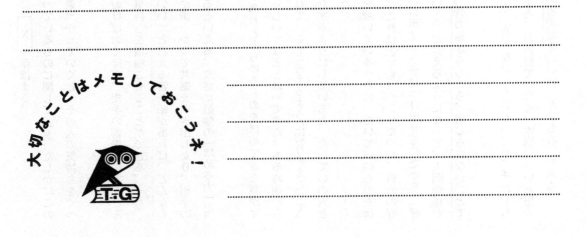

自己推薦

2024年度

解答と解説

《2024年度の配点は解答欄に掲載してあります。》

＜算数解答＞

1 （1） 商124 余り60 （2） 11 （3） $\frac{2}{15}$ （4） 1012

2 （1） 3 （2） 毎分80m （3） ① 160枚 ② 38人 （4） ① 19人 ② 12人
（5） ① 5回目 ② 77点 （6） ① 4％ ② 20g （7） ① 70人 ② 6分
（8） ① 85個 ② 270個 （9） ① 120度 ② 104度 （10） ① 26cm
② 45個 （11） ① 8cm ② $12cm^2$ （12） ① 720円 ② 480円

3 （1） $50.24cm^2$ （2） 15.7cm （3） $28.26cm^2$

4 （1） 30分 （2） 13分後

○推定配点○

1，3 各4点×7（1（1）完答） 他 各3点×24 計100点

＜算数解説＞

1 （四則計算）

（1） $8492 \div 68 = 124 \cdots 60$

（2） $(13 + 36 \times 3) \div 11 = 11$

（3） $\frac{23}{21} \times \frac{3}{23} \times \frac{14}{15} = \frac{2}{15}$

（4） $1012 \times (0.6 + 0.2 + 0.2) = 1012$

重要 2 （四則計算，速さの三公式，旅人算，割合と比，過不足算，集合，平均算，ニュートン算，分配算，相当算，植木算，平面図形）

（1） $\square = \left(3 - \frac{12}{7}\right) \times \frac{7}{3} = 7 - 4 = 3$

（2） $2800 \div 20 - 60 = 80$（m）

（3） 人数…$(8 + 30) \div (5 - 4) = 38$（人） 枚数…$5 \times 38 - 30 = 160$（枚） ① 160枚 ② 38人

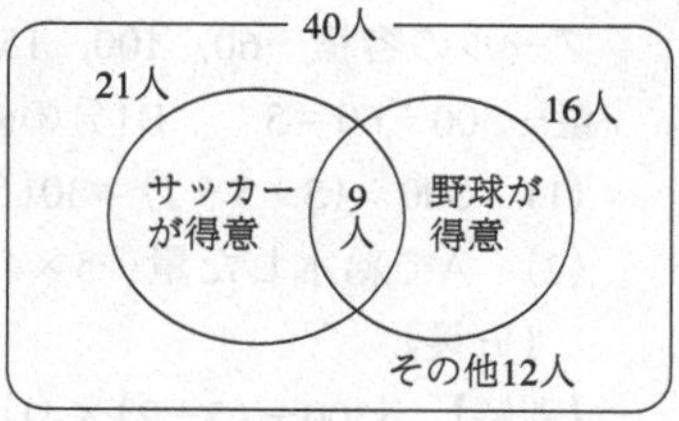

（4） サッカーまたは野球が得意な生徒…$40 - 12 = 28$（人） サッカーも野球も得意な生徒…$21 + 16 - 28 = 9$（人） ① サッカーが得意ではない生徒…$16 - 9 + 12 = 19$（人） ② サッカーが得意で野球が得意ではない生徒…$21 - 9 = 12$（人）

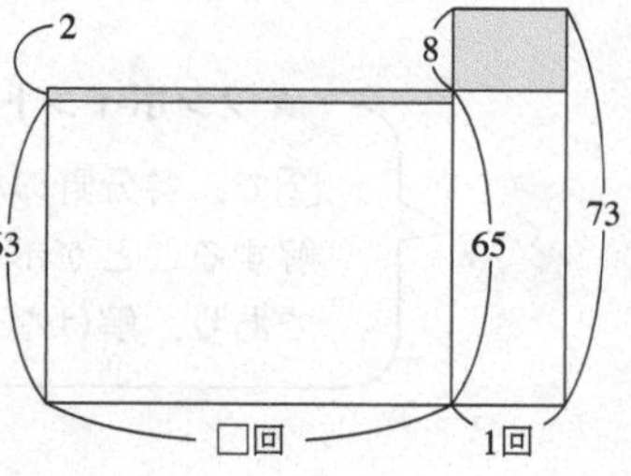

（5） ① 今回のテスト…右図より，色がついた部分の面積が等しく$(73 - 65) \div (65 - 63) + 1 = 5$（回目） ② 次回の点数…$67 \times 6 - 65 \times 5 = (67 - 65) \times 6 + 65 \times (6 - 5) = 77$（点）

（6） ① 200g：100g＝2：1 $(2 \times 3 + 1 \times 6) \div (2 + 1) = 4$（％）
② 水の重さは一定…①より，$(200 + 100) \times (1 - 0.04) = 288$（g） 加える食塩…$288 \div (1 - 0.1) - 300 = 20$（g）

（7） ① $(1800 + 50 \times 20) \div (2 \times 20) = 70$（人） ② ①より，

1800÷(70×5−50)=6(分)

(8)　CとDの個数の和…51÷$\left(1-\frac{5}{8}\right)$=136(個)　　BとCとDの個数の和…(136+4)÷$\left(1-\frac{1}{5}\right)$=175(個)　　4人の個数の和…(175+5)÷2×3=270(個)　　①　Cの個数…136−51=85(個)

②　270個

(9)　①　角ア…180−360÷6=120(度)　②　角DCG…76+60=136(度)　　角FGC…136−120=16(度)　　したがって，角イは120−16=104(度)

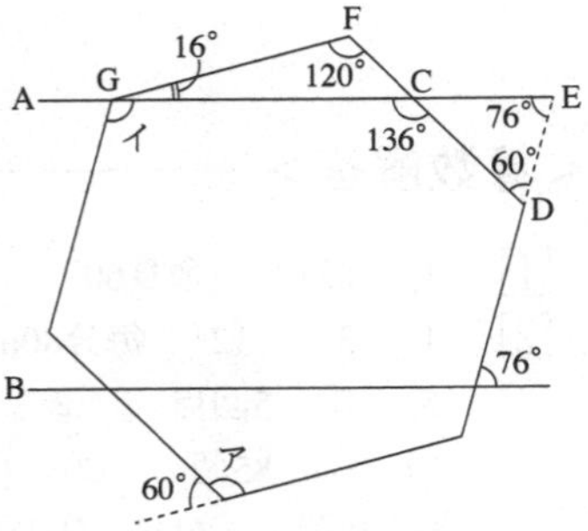

(10)　①　10+(10−2)×2=26(cm)　　②　1+(362−10)÷(10−2)=45(個)

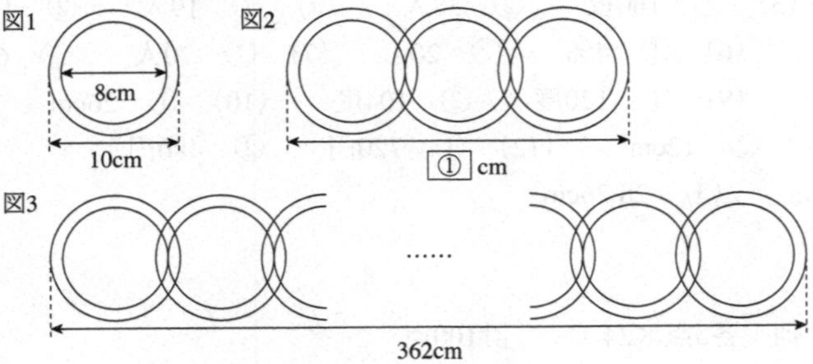

(11)　①　三角形ACD…12cm²　　BC…右図より，12×2÷3=8(cm)　　②　①より，3×(8−8÷2)=12(cm²)…長方形EBCD−三角形ACD

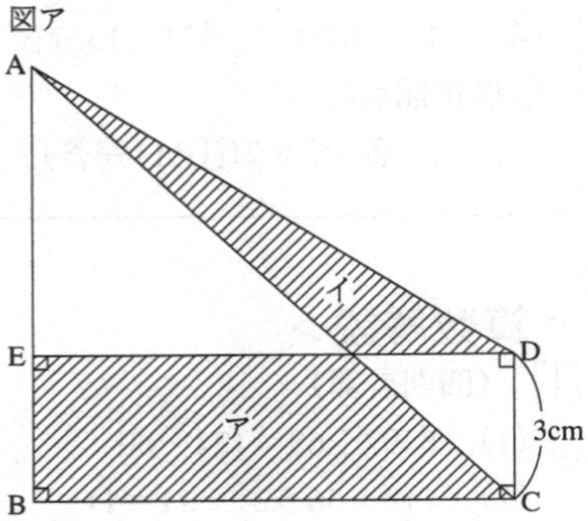

(12)　定価の0.3−0.1=0.2(倍)…168−24=144(円)

①　定価…144÷0.2=720(円)　　②　原価…①より，720×(1−0.1)−168=480(円)

重要 [3]　**(平面図形，図形や点の移動)**

(1)　BCが動いてできる図形の面積…右図より，8×8×3.14÷4=16×3.14=50.24(cm²)

(2)　弧AA′…20×3.14÷4=5×3.14=15.7(cm)

(3)　(10×10−8×8)×3.14÷4=9×3.14=28.26(cm²)

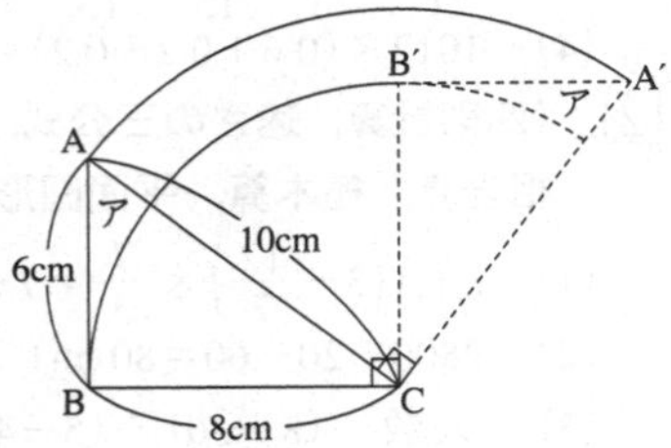

重要 [4]　**(割合と比，仕事算，鶴亀算)**

プールの容積…60，100，150の最小公倍数300　　A1分の給水量…300÷60=5　　B1分の給水量…300÷100=3　　C1分の給水量…300÷150=2

(1)　300÷(5+3+2)=30(分)

(2)　Aで給水した量…5×41=205　　したがって，求める時刻は(300−205−2×41)÷(3−2)=13(分後)

【別解】　{300−(5+2)×41}÷(3−2)=13(分後)

★ワンポイントアドバイス★

[2]で，各分野の標準レベルのさまざまな問題が出題されており，これらの問題に正解することがポイントになる。他のどの問題もまた，他校でもよく出題される問題であり，解けなかった問題は反復練習して取り組んでいこう。

<理科解答>

[1] 問1　ア　　問2　(例)　発芽に光が必要ないこと。　　問3　ア，オ　　問4　え
問5　い，え　　問6　エ　　問7　ウ　　問8　ア　　問9　ウ

[2] 問1　二酸化炭素　　問2　ア，ウ　　問3　イ　　問4　黄(色)　　問5　炭酸水
問6　ア，エ

[3] 問1　イ　　問2　エ　　問3　再結晶　　問4　①　9(g)　②　5.7(%)　③　1.9(g)

[4] 問1　ア　　問2　ウ　　問3　イ　　問4　オ　　問5　ア

[5] 問1　(図1)　切る糸　ア　　はかりの目盛り　210(g)　　(図2)　切る糸　オ
はかりの目盛り　148(g)　　問2　サ

[6] 問1　ウ　　問2　ウ　　問3　ア　　問4　エ　　問5　イ　　問6　イ　　問7　ウ
問8　エ　　問9　9(秒)　　問10　エ

○推定配点○
[1]　各2点×9　　[2]　問5　1点　他　各2点×5　　[3]　各2点×6　　[4]　各2点×5
[5]　問1　切る糸　各2点×2　　はかりの目盛り　各1点×2　　問2　3点　　[6]　各2点×10
計80点

<理科解説>

[1]　(植物—植物の発芽と成長)

重要　問1　インゲンマメの種子には発芽に必要な養分として，デンプンが子葉の部分に多くふくまれている。そのため，ヨウ素液をつけると子葉の部分が青紫色になる。また，根・くき・葉のもととなる部分はデンプンがふくまれておらず色は変化しない。

問2　**い**と**か**では光の条件だけが異なっているが，どちらも発芽していることから，発芽に光は必要ではないことがわかる。

やや難　問3　**あ**～**く**で変えている条件は，水・光・肥料・空気である。問2より，発芽に光が必要ではないことがわかる。水の条件だけが異なる**あ**と**い**で，**あ**は発芽しなかったが**い**は発芽したことから，発芽に水が必要であることがわかる。空気の条件だけが異なる**い**と**う**で，**い**は発芽したが**う**は発芽しなかったことから，発芽に空気が必要であることがわかる。肥料の条件だけが異なる**い**と**え**ではどちらも発芽したことから，発芽に肥料は必要ないことがわかる。よって，実験からわかる発芽に必要な条件は，水・空気である。

重要　問4　発芽すると子葉にふくまれていた養分は使い切ってしまい，土の中の養分や光合成をしてつくられた養分で成長するので，光と肥料がある**え**が最もよく成長する。

問5　光合成ができる環境である必要があるので，光があたっているものが発芽する。よって，**い**・**え**・**か**・**く**のうち光があたっているのは**い**・**え**である。

問6　インゲンマメは種子の状態からずっと呼吸している。

問7　発芽すると種子は光合成をし始めるが，同時に子葉の養分も使っている。グラフのように乾燥後の重さが減少しているのは，「使われた子葉の養分」>「光合成でつくられた養分」となっているからである。

重要　問8　成長するにつれて光合成をすることができるつくりがふえていき，光合成でつくられた養分をつかってさらに成長していくため，重さがふえていく。

問9　光があたっていないBでは光合成ができないため，子葉の養分を使い切ってしまうと成長に

必要な養分を得ることができなくなるため，しだいにかれていき重さは減っていく。

[2]　(気体の性質―二酸化炭素の性質)

基本　問1　二酸化炭素には石灰水を白くにごらせる性質がある。

問2　二酸化炭素は水の温度が高いほどとけにくくなる。また，二酸化炭素の水溶液である炭酸水を振ると気体の二酸化炭素が出てくる。

重要　問3　問2の図のような気体の集め方を水上置換法といい，水上置換法で集められる気体は，水にとけにくい性質，または水に少しとける性質をもつ。

重要　問4　二酸化炭素の水溶液である炭酸水は酸性の水溶液である。BTB溶液は，酸性で黄色・中性で緑色・アルカリ性で青色を示す。これらのことから，気体A(二酸化炭素)を集めた試験管にBTB溶液を加えると黄色になる。

基本　問5　二酸化炭素の水溶液を炭酸水という。

問6　気体の水溶液を蒸発皿に入れて水を蒸発させると，蒸発皿には何も残らない。塩酸は気体の塩化水素，アンモニア水は気体のアンモニアの水溶液なので，水を蒸発させると何も残らない。石灰水は固体の水酸化カルシウム，食塩水は固体の食塩(塩化ナトリウム)の水溶液なので，水を蒸発させると固体が残る。

[3]　(もののとけ方－ホウ酸の水へのとけ方)

重要　問1　ものが水にとけると，ものの粒は水の中に一様に広がる。

重要　問2　ものが水にとけてできた水溶液はとうめいになる。また，水溶液には色がないものだけでなく，色があるものもある。

問3　水の温度を高くしてたくさんのものをとかし，冷やしてものの結晶をとり出す操作を再結晶という。

重要　問4　①　同じ温度でとけるものの量は，水の量に比例する。25℃の水100gにホウ酸は6gまでとけるので，25℃の水150gにホウ酸は$6(\mathrm{g})\times\dfrac{150(\mathrm{g})}{100(\mathrm{g})}=9(\mathrm{g})$　②　全体の重さは9＋150＝159(g)なので，濃度は9(g)÷159(g)×100＝5.66…より5.7％　③　②より濃度は5.7％なので，①の水溶液100gには，ホウ酸5.7gが水100－5.7＝94.3(g)にとけていることになる。10℃の水100gにホウ酸は4gまでとけるので，10℃の水94.3gには，$4(\mathrm{g})\times\dfrac{94.3(\mathrm{g})}{100(\mathrm{g})}=3.772(\mathrm{g})$までとける。よって，出てくるホウ酸は5.7－3.772＝1.928より1.9g

やや難

[4]　(回路と電流―豆電球と回路)

問1　スイッチPが開いていると電池の＋極からの電流が流れていく先がないので，豆電球Cの一端を①につなぐ。そして，豆電球Cのもう一端を豆電球Aに電流が流れるように②につなぐ。このようにつなぐと，電池の＋極→豆電球C→豆電球A→電池の－極と電流が流れる回路ができる。

問2　スイッチPが開いていると電池の＋極からの電流が流れていく先がないので，豆電球Cの一端を①につなぐ。そして，豆電球Cのもう一端を豆電球Bに電流が流れるように④につなぐ。このようにつなぐと，電池の＋極→豆電球C→豆電球B→電池の－極と電流が流れる回路ができる。

問3　スイッチPが開いているので電池の＋極から豆電球A，Bに電流は流れていかない。豆電球Cの一端を①につないで，豆電球Cと電池の＋極がつながるようにし，豆電球Cのもう一端は豆電球A，Bに電流が流れないように③か⑤につなぐ。このようにつなぐと，電池の＋極→豆電球C→電池の－極と電流が流れる回路ができる。

問4　スイッチPを閉じると，電池の＋極→豆電球A→電池の－極と電流が流れる回路ができるため，豆電球Aは豆電球Cをどのようにつないでも点灯する。このことから，電球Cのつなぎ方は，豆電球Bに電流が流れないようにしつつ，豆電球Cの一端が電池の＋極側，もう一端が電池の－極側につながるようにすればよい。このようになるつなぎ方は，①と③の間，①と⑤の間のほかに②と③の間となる。いずれの場合でも，電池に対して，豆電球Aと豆電球Cが並列につながった回路ができる。

やや難 問5　スイッチPが開いていると電池の＋極からの電流が豆電球Aには流れず，スイッチQを閉じていても豆電球Bにも流れない。そのため，豆電球Cは，電池の＋極から豆電球A，Bの両方に電流が流れるようにつなげばよい。スイッチQを閉じていることで，②と④はつながっているので，豆電球Cの一端は①につなぎ，もう一端は②か④につなげばよい。このようにつなぐと，いずれの場合でも，電池の＋極→豆電球C→(並列つなぎの)豆電球Aと豆電球B→電池の－極と電流が流れる回路ができる。

5 (てこ・てんびん―てこのつり合い)

重要 問1　図1　糸ア～糸ウのそれぞれにつるさせているおもりによる棒を下げようとするはたらきは　糸ア…20(g)×40(cm)＝800の大きさで左を下げようとする。　糸イ…120(g)×30(cm)＝3600の大きさで左を下げようとする。　糸ウ…90(g)×40(cm)＝3600の大きさで右を下げようとする。これらから，糸アを切ると棒は水平につり合い，このときのはかりの示す値は，糸イと糸ウにつるされているおもりの重さの和の120＋90＝210(g)となる。　図2　糸エ～糸クのそれぞれにつるさせているおもりによる棒を下げようとするはたらきは　糸エ…28(g)×30(cm)＝840の大きさで左を下げようとする。　糸オ…12(g)×20(cm)＝240の大きさで左を下げようとする。　糸カ…60(g)×10(cm)＝600の大きさで左を下げようとする。　糸キ…20(g)×12(cm)＝240の大きさで右を下げようとする。　糸ク…40(g)×30(cm)＝1200の大きさで右を下げようとする。これらから，左を下げようとするはたらきの大きさの合計は840＋240＋600＝1680　右を下げようとするはたらきの大きさの合計は240＋1200＝1440となるので，糸オを切ると棒は水平につり合い，このときのはかりの示す値は，糸オ以外につるされているおもりの重さの和の28＋60＋20＋40＝148(g)となる。

問2　支点より右側で，はかりによる右を上げようとするはたらきの大きさは30(g)×20(cm)＝600　糸スにつるしたおもりによる右を下げようとするはたらきの大きさは40(g)×30(cm)＝1200なので，棒の右を下げようとするはたらきの大きさは1200－600＝600となる。棒の左を下げようとするはたらきを600にするには，棒の左端につるすおもりの重さの合計が600÷24(cm)＝25(g)になればよい。よって，糸サを切ればよい。

6 (地層・岩石―地層・岩石・火山・地震)

基本 問1　粒の小さいものから順に，泥岩をつくるどろ→砂岩をつくる砂→れき岩をつくるれきとなる。

問2　風化は風や雨などのはたらきによって岩石がぼろぼろになってくずれていくことである。

基本 問3　震度は小さいものから順に，0・1・2・3・4・5弱・5強・6弱・6強・7の10段階に分かれている。

重要 問4　日本列島ののっている大陸プレートが，沈みこんでいる海洋のプレートにひきずりこまれ，ひずみが限界に達してもとに戻ろうと反発したときに地震が発生する。

問5　日本に存在する活火山の数は現在111である。

重要 問6　マグマが地表や地表近くで急に冷え固まってできた火成岩が火山岩，マグマが地下深くでゆっくり冷え固まってできた火成岩が深成岩である。

重要 問7　マグマのねばりけが大きいと広がりにくくドーム状の火山になり，このような形の火山は爆発的なはげしい噴火をする。

やや難 問8　地層は下にあるものほど古いので，層Ⅰ→層Ⅱ→層Ⅲ→層Ⅳの順に堆積する。断層によって，層Ⅰ・Ⅱ・Ⅲはずれているが，層Ⅳにはずれは見られないので，断層は層Ⅲと層Ⅳが堆積する間に発生したことがわかる。図では層Ⅱには層の波打った様子が見られるが，層Ⅲには見られないことから，しゅう曲は層Ⅱと層Ⅲが堆積する間に発生したことがわかる。

重要 問9　震源から84km離れた地点に，P波は84(km)÷7(km/秒)＝12(秒)，S波は84(km)÷4(km/秒)＝21(秒)かかって到達する。よって，初期微動継続時間は21－12＝9(秒)

重要 問10　火山灰の層の上面の標高は，Ⅰ…100－20＝80(m)，Ⅱ…85－5＝80(m)，Ⅲ…100－15＝85(m)なので，ⅠとⅡは同じ標高，ⅢはⅠとⅡよりも高い標高であることがわかる。よって，この地域の地層は北に向かうほど低くなっていることがわかる。

★ワンポイントアドバイス★

基本～標準的な問題が多いが，試験時間に対する問題数も多く計算問題もふくまれるので，基本～標準的な問題にしっかりととり組んで，すばやく正確に正解できるように練習を重ねておこう。

＜社会解答＞

1.　問1　(1)　ア　(2)　土偶　(3)　ウ　問2　仏教を敬い，みんなで協力する
問3　小野妹子　問4　エ　問5　(1)　①　ア　②　ウ　③　オ　(2)　イ・エ
問6　ア　問7　(1)　①　ア　②　ウ　③　オ　④　キ　⑤　ケ　⑥　コ
⑦　シ　(2)　イ・ウ　問8　(1)　エ　(2)　①　ウ　②　ア　③　オ　④　イ
(3)　①　ア　②　ウ　③　カ　④　ク　⑤　オ　⑥　コ　⑦　エ
問9　(1)　日清戦争　(2)　ア

2.　問1　丸田くん　群馬(県)　位置　3　藤本くん　神奈川(県)　位置　9
小宅くん　山梨(県)　位置　7　大輔くん　茨城(県)　位置　5
まさみさん　千葉(県)　位置　8　黒木くん　静岡(県)　位置　10　問2　①　エ
②　ツ　③　セ　④　タ　⑤　コ　⑥　カ　⑦　ソ　⑧　サ　⑨　テ
⑩　ス　問3　鮮度を保ったまま，収穫した日には都市に運搬する近郊農業を行っているから。　問4　ウ　問5　3　問6　イ　問7　3776m　問8　ア

3.　問1　ア　問2　②　公共　③　明治[大日本帝国]　問3　留保　問4　④　治安維持
⑤　違憲立法[法令]審査権　⑥　生存　問5　憲法の番人　問6　(税金)　消費税
(制度)　累進課税制度　問7　⑦　勤労　⑧　教育　問8　イ

○推定配点○

1.　問2・問3・問9(1)　各2点×3　他　各1点×30(問5(2)・問7(2)完答)

2.　各1点×28　3.　問4④・問5・問6　各2点×3　他　各1点×10　計80点

＜社会解説＞

1.　(日本の歴史―古代～近代の政治・社会・文化など)

問1　(1)　最盛期には500人もが定住，クリなどの植物栽培もおこなわれた。　(2)　生命への畏怖《いふ》や豊かな実りを願ったもの。　(3)　炎のような装飾がされた火炎土器。

重要 問2　妻の父である蘇我馬子と共に，天皇を中心とする中央集権国家をめざしさまざまな改革を実施。

問3　帰国の翌年，高向玄理《たかむこのくろまろ》，僧旻《みん》など大化の改新のブレーンと共に再び隋に渡った。

問4　菅原道真は唐の衰退など遣唐使の意味が薄れたことを理由に停止を進言。

問5　(1)　①　8世紀後半，長岡京に遷都したが有力者の暗殺などから再び平安京に遷都。　②　4人の娘を天皇の后とし権力を掌握。　③　平治の乱の勝利で初の武家政権を樹立。　(2)　大和絵は日本の風物を描いた絵。平等院は道長の息子・頼通が建設。

問6　中央に主人が住む寝殿を建て，東西の建物と廊下で結び庭に池や築山などを配置した。

問7　(1)　①　平治の乱で配流された伊豆で挙兵。　②　荘園や公領の現地支配者。　③　所領の安堵《あんど》や功績への領地の給付など。　④　頼朝の妻・政子の実家。　⑤　後鳥羽上皇の倒幕運動。　⑥　チンギス・ハンの孫で5代皇帝。　⑦　高麗兵を伴い3万人の軍団で来襲。

(2)　悪人こそが救済されると説いた僧。金剛力士像は運慶，快慶らがわずか2か月余りで彫ったといわれる。

問8　(1)　刀狩令は一揆の防止と兵農分離が目的。　(2)　①　紀州徳川家から本家を継いだ徳川家中興の祖。　②　天領を集中させるなど大胆な改革を目指したが失敗。　③　徳川吉宗の孫で白河藩主。　④　広く民意を聞くための投書箱。

(3)　①　元禄年間(1688～1704)を中心にした町人文化。　②　奥の細道で知られ俳諧を芸術にまで高めた。　③　成熟した江戸の町を中心に発展した文化。　④　ヨーロッパにも影響を与えた浮世絵師。　⑤　弥次さん喜多さんの滑稽《こっけい》な東海道の道中記。　⑥　古事記など古典の中に日本の本質を求めた人物。　⑦　解剖に立ち会いその正確さに感動して翻訳を決意。

重要　問9　(1)　下関での講和会議。(2)　1901年，議員を辞して直訴。イ・ウは大正，エは昭和。

2.　(日本の地理―国土と自然・産業など)

基本　問1　高原キャベツの群馬，東京に次ぐ人口・神奈川，ブドウ・モモの山梨，常陸《ひたち》は茨城の旧国名，ディズニーランドは千葉，茶の栽培の静岡。

問2　①　群馬と長野の県境に位置する火山。　②　日本海側と太平洋側を隔てる脊梁《せきりょう》山脈。　③　人口380万人の日本最大の都市。　④　全国生産の約3分の1を占める。　⑤　扇状地が発達した盆地。　⑥　日本最大の貿易港。　⑦　60kmにわたり砂浜が続く海岸。　⑧　利根川の河口に位置する漁港。　⑨　マグロなど遠洋漁業の基地。　⑩　明治初めに士族などの授産事業として開墾がスタート。

問3　大都市の消費者を対象とした近郊農業では，なんといっても鮮度が要求されている。

問4　山を上った空気が山頂を越えたあと高温で乾いた空気となって吹き降ろす現象。アは都市部の気温が高くなる現象，イは紫外線で生じるスモッグ，エは積乱雲が列をなしてかかる現象。

問5　横浜・川崎・相模原の3市。

重要　問6　東京・川崎・横浜を中心として東京湾岸から内陸に広がる総合工業地帯。

問7　富士山・剣が峰にある日本最高地点。8合目から上は富士山本宮浅間大社の私有地である。

問8　法隆寺は奈良県，小笠原諸島は東京都の世界遺産。ウは栃木(4)，エは群馬(3)。

3.　(政治―憲法・政治のしくみなど)

問1　集会，結社及び言論，出版その他一切の表現の自由は，これを保障する(憲法21条)。

重要　問2　②　人権同士の矛盾や衝突を調整する社会全体の利益という考え方。　③　1889年に発布された天皇を主権者とする欽定憲法。

やや難　問3　法律の範囲内で認められた，臣民として天皇より与えられた権利。

問4　④　国体の変革や私有財産の否認を目的とする結社を禁止する法。　⑤　三権分立の下，司法が立法や行政をチェックする働き。　⑥　人間らしい生活を保障した権利。

問5　違憲審査権は下級裁判所を含めすべての裁判所が持っているが，三審制の下では最終的に最高裁判所が憲法に適合するか否《いな》かを決定できる権限を持っている。

問6　税金　1989年に3%で導入，現在10%となり国税の主要財源となっている。　制度　5～45%の7段階で課税，所得を再配分する機能を果たしている。

問7　⑦　勤労は国民の義務と同時に権利でもある。　⑧　教育の機会均等という側面から，子どもの学習権を積極的に保障していこうという方向に移っている。

問8　経済活動の自由は国民の実質的平等を保障するという観点から，国家により一定の制限を受けることを認めている自由権でもある。

★ワンポイントアドバイス★

歴史問題で史料の読み取りは必須条件である。最低限教科書に載っているようなものに関しては必ずチェックし，おおよその内容は把握しておこう。

＜国語解答＞

一　問一　①　ウ　②　オ　③　エ　④　ア　⑤　イ　問二　①　美点　②　短所　③　不意　問三　①　使わさせ→使わせ　②　召し上がる→いただく　③　どおりで→どうりで　④　(的を)得た→(的を)射た　⑤　(やらざる)おえない→(やらざる)をえない　問四　①　ア　②　ウ

二　問一　(a)　あんい　(b)　精神　(c)　対象　(d)　方針　(e)　ととの(える)　(f)　局面　問二　A　ア　B　ウ　問三　①　イ　②　エ　③　ウ　④　ア　問四　困難な状態を引き受ける(べき)　問五　(例)ふさいだ気持ちに安易に理由をつけることが，ものの考え方を単純にしてしまうから。　問六　エ　問七　ウ　問八　ア　問九　エ　問十　ウ　問十一　(最初)芸術家本人～(最後)技である。

三　問一　(a)　息子　(b)　さっそく　(c)　不思議　(d)　借(り)　(e)　復活　問二　子供　問三　エ　問四　X　エ　Y　ア　問五　エ　問六　i　(例)　二階に人がいたこと。　ii　(例)　のりたまがいないこと。　問七　オ　問八　(例)　帰ってきたのりたまが別のあひるであることに「わたし」が気づいたのではないかと心配だったから。　問九　ウ　問十　ア　問十一　エ　問十二　エ

○推定配点○

一　各1点×15　二　問二・問三　各1点×6　問四・問十一　各4点×2　問五　7点　他　各2点×11　三　問三　1点　問六　各3点×2　問八　7点　他　各2点×14　計100点

＜国語解説＞

一　(ことわざ・慣用句，同類語，言葉の用法，敬語，文学作品と作者)

基本　問一　①「伝家の宝刀」は，その家に代々伝わり，宝とされている刀。そこから，ここ一番という大事な場合以外にはめったに使わない，とっておきの手段の意味がある。　②「青菜に塩」は，青菜に塩をかけるとしおれることから，元気がなくしずんでしまう様子。　③「火中の栗を拾う」は，他人の利益のために危険をおかすということ。　④「光陰矢の如し」の「光陰」は時間・月日・年月のこと。それが矢のように飛んでいくということで，月日の経つのが早いことを

言う。 ⑤「濡れ手で粟」は，水に濡れた手で粟(穀物の一種)をつかめば，自然に粟粒がたくさんついてくることから，やすやすと利益を得ることを言う。

やや難 問二 ①「長所」は，特にすぐれているところ。「美点」は，すぐれた所。 ②「欠点」は，不十分な所。「短所」は，劣っている点。 ③「突然」は，予期しなかった物事が急に起こる様子。「不意」は，予期していないこと。

基本 問三 ①「せる」と「させる」の接続を区別する。「せる」は，「使う」に続く場合は「使わせる」となる。「させる」は，「食べさせる(「食べる＋させる」)や「受けさせる(受ける＋させる)」などの形になる。 ②「召し上がる」は尊敬語。「私」の動作なので謙譲語を使って「いただく」とする。 ③ 漢字で書くと「道理で(＝それもそのはず)」となるので，「どうり」と書く。
④「的を射る」は，的確に要点をつかむの意味。「的」を矢で射るように目標にぴったりと当てているということ。 ⑤「～ざるを得ない」は，「～しないわけにはいかない」の意味。「～ざる(～しない)こと」「を」「得ない(＜そうは＞いかない)」というつながり。

問四 ①「雨ニモマケズ」は，宮沢賢治の詩。イ「走れメロス」は太宰治の小説。ウ「吾輩は猫である」は夏目漱石の小説。エ「モチモチの木」は斎藤隆介の物語。 ②「坊っちゃん」は夏目漱石の小説。ア「羅生門」は芥川龍之介の小説。イ「注文の多い料理店」は宮沢賢治の物語。
エ「君死にたまふことなかれ」は与謝野晶子の詩。

二 (論説文―論理展開，文章の細部の読み取り，指示語の問題，接続語の問題，空欄補充の問題，ことばの意味，漢字の読み書き，記述力・表現力)

問一 (a)「安易」は，真剣さがなくいいかげんなこと。「易」の音は「エキ・イ」。訓は「やさ-しい」。「安」の熟語には「安直」「安静」，「易」の熟語には「貿易」「難易」などがある。
(b)「精神」は，思考や感情などを総合した人間の心。「精」の音は「セイ・ショウ」。「精密」「精進」などの熟語がある。「神」の音は「シン・ジン」。「神仏」「神社」などの熟語がある。
(c)「対象」は，目標や相手になるもの。同音異義語に「対照」「対称」などがあるので注意する。「対」の音は「タイ・ツイ」。「対抗」「一対」などの熟語がある。「象」の音は「ショウ・ゾウ」。「印象」「現象」などの熟語がある。「ゾウ」の音は動物の「象」を表す。 (d)「方針」は，物事をする際にきめる，これから先の行動についての考え。「針」を「進」と書く誤りが多いので注意する。「方」の訓は「かた」。「方角」「方便」などの熟語がある。「針」の訓は「はり」。「針路」「指針」などの熟語がある。 (e)「整える」は，きちんとそろえて，乱れた所をなくすの意味。「整」の訓は「ととの-える・ととの-う」。音は「セイ」。「整然」「整列」などの熟語がある。 (f)「局面」は，物事のなりゆき。同音語の「曲面」と区別する。「局」の熟語には「結局」「当局」などがある。「面」の訓は「おも・おもて」。「満面」「面接」などの熟語がある。

基本 問二 A「釈然」は，疑い・迷い・恨みなどが解けて，心がさっぱりする様子。「釈然としない」は，そうなっていないということだから「疑念が晴れずすっきりしない」の意味。 B「刻一刻」は，ある状態に向かって，時がしだいに進む様子。

やや難 問三 ①「このような性格」は，前の段落の「自分はいつもうまくいかない」とふさいだ気持ちになってしまうような性格を指す。それと並べて「がんばっても自分を変えることができない」と挙げている。対比・選択のイ「あるいは」が入る。 ②「自分で真正面から格闘しなければどうしようもない」ことを理由として，「ますますつらくなる」のである。理由を示す「だから」が入る。 ③ 前の「賢い」を「簡単な思考法に逃げない」と言い換えている。言い換えの「つまり」が入る。 ④ 前の部分で説明しているのは，ピンク色は黄緑色でもいいんじゃないかという，どちらでもよいという判断。②のあとの「すべての色は必然なのだ」は，すべての色はどちらでもよいのではなく，その色でなければならないということ。「必然」は，必ずそうなると決まっていること。前後が反対の内容なので，逆接の「しかし」が入る。

問四　「ふさいだ気持ち」という言葉を手がかりに読んでいくと，第四段落に「ふさぎやしんどいことには，自分で真正面から格闘しなければどうしようもない」とある。筆者は，立ち向かうべきだと言っている。しかし，この部分からは設問の条件に合うように抜き出せない。そこで，同じ内容を言い換えている言葉を探すと，直前に「困難な状態を引き受ける」が見つかる。

重要　問五　「それ」が指すのは，ふさいだ気持ちになったときに理由をつけてくれることである。では，これがなぜ怖いのかを読み取る。直後からは「例えば～」とあって具体例を示している。読み進めていくと，第四段落に「『病気である』とラベルを付ければ，自分がしんどい思いをせずにその状況から抜け出すことができるから，『私のせいではないんだ』とほっとする。しかし，これは単に逃げているだけ。一番してはいけないことだ」と理由をつけることの危険性を指摘している。どういう危険性があるのかというと，「そういう思考回路に陥ると，次第にものの考え方が短絡的になっていってしまうのだ」と説明している。これらの内容を，解答例では「どのようなこと」を「安易に理由をつけること」とし，「なぜ『怖い』のか」を「ものの考え方を単純にしてしまうから」の二つの要素でまとめている。

問六　「とてもありがたい」は，非難の意味をこめた皮肉の表現であることをつかむ。どのような非難かは，「トラウマ(心の傷)」という言葉を使って説明される「こんなストーリーはとてもわかりやすいから，人は簡単に飛びついてしまう。しかし，人が抱えているふさぎは決してそんなものではない」に表れている。「困難な状況にもっともらしい理由を簡単に与えてくれる」ことは，「実は困ったものである」と非難しているのである。

問七　「おもしろい」は，興味をひかれるということ。香山リカさんの話のどのようなところに興味をひかれたかというと，「つまり病気にしてもらわないと困る，というわけだ」という点である。筆者は「患者が医師の診断を認めず自分を病気だと主張している点」を「おもしろい」と感じている。エがまぎらわしいが，「医師よりも自分の診断の方が正しいと言い張る」が誤り。患者は自分で診断したわけではなく，医師にうつ病にしてもらいたいのである。

問八　「実はどの施策も必要でたいせつなこと」とあるから，「どれが一番たいせつか」は問題にしていない。そこで，ア・オにしぼれる。実行の順番について，A→B→Cとするのか，C→B→Aとするのかで意味が変わってくると述べているのだから，順番にふれているアが選べる。

問九　直前の「その」は，「状況を分析し，過去の例を総動員して，先を読み最善の行動を選びとること」を指している。このような思考法の説明に合うのは，「さまざまな可能性」「最も善いと考えられるもの」という内容のエ。

問十　抜き出した段落では，「自分のこと」と「社会や時代の問題」の二つのことがらを挙げている。第一段落から第四段落は，「自分」の問題について説明している。そして，第六段段落では「社会の問題も同じだ」として，自分の問題と社会の問題には共通点があると説明している。「共通点」は，抜き出した段落にある「キーワードだけで説明し尽くせるものではない」ということである。「自分のこと」と「社会や時代の問題」をつなぐ部分にある【Ⅲ】にもどす。

重要　問十一　問九と関連させて考える。第六・第七段落では社会の問題・介護の問題として「非常に不確定な思考法」について説明している。そして，その思考法は「芸術でも同様のことが言える」というのである。問九でとらえたように「非常に不確定な思考法」とは，さまざまな可能性が考えられるなかで最も善いと考えられるものを行うという考え方である。第六段落では，社会の問題について「わからないままに受け入れ，しかも正確に対応しなければならない」，第七段落では，介護の問題について「どれも正解にはならない状況の中で……一番よい介護体制を整える」

と説明している。これを芸術にあてはめると,「芸術家本人も何を表現するかよくわからないけれど,あいまいなものを,あいまいなままに,しかも正確に表現するのが,その技である」ということになる。「必然だということだけはわかる」というのは,それが「正確に表現」されたものだからである。

三 (小説―心情・情景の読み取り,文章の細部の読み取り,空欄補充の問題,慣用句,漢字の読み書き,記述力・表現力)

問一 (a)「息子」は,熟字訓。熟語の形で読み・書きを覚えてしまう。 (b)「早速」は,時間をおかずにすぐ行う様子。「早」の音は「ソウ・サッ」。訓は「はやーい・はやーまる・はやーめる」。「早熟」「早急」などの熟語がある。「速」の訓は「はやーい・はやーめる・はやーまる・すみやか」。「速報」「急速」などの熟語がある。 (c)「不思議」は,なぜそうなのか知ろうとしてもわからないこと。「議」は同音で形の似た「義」と区別する。「議」は言葉で表すこと。「義」は正しい道理にかなったこと。 (d)「借りる」と「貸す」を区別する。「借」の音は「シャク」。「借金」「拝借」などの熟語がある。 (e)「復活」は,いちど消えたものが,もういちど行われるようになること。「復」は同音で形の似た「複」と区別する。「往復」「復旧」などの熟語がある。「活」の熟語には「活発」「快活」などがある。

基本 問二 具体的には,「小学生くらいの女の子」「高学年らしき女の子三人組」である。五字以内で同じ人物を表す言葉は「子供」である。

やや難 問三 「顔をほころばせる」は,表情がゆるんで笑顔になるの意味。ア・イ・ウはどれも,笑顔になるという意味の慣用句。エ「鼻にかける」は,自慢する,得意がるの意味。

基本 問四 X 「お祈りに一時間近く費やした」のに「のりたまは日増しに衰弱していった」のである。逆接の「それなのに」が入る。 Y 「ほかにも気になるところ」の例として,「羽」「瞳」「くちばし」を挙げている。例示の「たとえば」が入る。

問五 「ギョッと」は,驚く様子を表す。人がいるとは思わなかったのに,二階の窓から顔を出した人物がいたので驚いたのである。

重要 問六 i のりたまを見に来た男の子が驚いて気を取られたのは,二階の窓から顔を出した人物がいたことである。簡潔に「二階に人がいたこと」とする。 ii 男の子の本来の目的は,のりたまを見に来たことである。それがかなわなかったので,「のりたまがいない」と本来の目的にそった気持ちを言葉にしている。

問七 当てはまりそうなのは,アかオである。アとした場合,病院から来たのに「作業着姿」はおかしい。また,「あひるの扱いに慣れている」というのも,動物病院にかかる動物はあひるだけではないだろうから,違和感がある。黒ワゴン車は「動物病院から来た」とするのは,この後の展開と考え合わせると適切ではない。「見慣れない一台の黒ワゴン」であれば,「おかしい。これはのりたまじゃない」と「わたし」が違和感を持つ展開に合う。

重要 問八 のりたまが帰ってきた場面での父と母にかかわる描写を見ていく。「庭にいた父と母に『コンチワーッ』と挨拶をした」というくだけた感じからは,作業着姿の男は父か母に一度会っている可能性が読み取れる。「それを見ていた父は,「よし」と満足気にうなずいた」からは,このあひるは初めて我が家にやってきたけれど,のりたまと変わらない慣れた様子でいることに父が安心している様子が読み取れる。父と母は,このあひるがのりたまでないことを知っているのである。そして,それを「わたし」には知られたくないのである。父と母の「不安気な目」とは,「わたし」が父と母の顔を見上げた表情を読み取り,「帰ってきたのりたまが別のあひるであることに「わたし」が気づいたのではないかと心配だったから」である。その心配な気持ちは「父と母が緊張した様子で,わたしの次の言葉を待っている」という様子にも表れている。

問九　問八と関連させて考える。父と母の不安・心配を感じ取った「わたし」は，両親を困らせたくないという思いから聞きたいことをひかえているのである。

問十　直後の「たしかに……けれど」という表現に，違いに気づかないのは仕方ないのかもしれないが，いなくなる前は毎日のように遊びに来ていたのだから少しは違いに気づいてほしい，というさびしさが表れている。イはまぎらわしいが，仕方ないのかもしれないがさびしい，という気持ちなのである。

やや難　問十一　エは，「のりたまが初めてうちにやってきたその日の午後」の様子について，子供にあひるの名前を聞かれた母が「なんだっけ，忘れたよ，と母はこたえた」とある。父については，食欲の落ちたのりたまに対して「のんきに構えていた」とある。のりたまがやって来たことで「長らくしんとしていた我が家が突然にぎやかになったのだ」とあるが，はじめのうちはのりたまに対して関心がなかったのである。ア，「初めはのんきにしていた父も，それぞれのやり方でお祈りした」とあるので，適当でない。イ，「出されるものを何でも平らげていたのりたまの食欲」とあるので，適当でない。ウ，「初めはそんな状況の変化に戸惑った」とあるが，「邪魔者のようにあつかっていた」という描写はないので，適当でない。

重要　問十二　エについては，語り手は「わたし」であり，「わたし」の視点で語られている。また，描写は平淡で淡々としており，冷静さが感じられる描き方になっている。ア，「わたし」は二階の部屋にいて，のりたまとの直接的なふれあいの様子は描かれておらず，心のつながりも表現されていない。適当でない。イ，「あひる見に来たの？」「元気になったら帰ってくるからね。ごめんね」は母のセリフである。適当でない。ウ，男の力強さは表現されていない。カタカナにしたのは，男の快活さや調子のよさを表現するためである。適当でない。

★ワンポイントアドバイス★

論説文は，筆者が挙げている事例をとらえて，筆者がどのように説明を進めているかを読み取っていこう。筆者の考え・主張を正しくとらえることが大切だよ。小説は，会話や表現から場面に描かれていることがらをとらえて，人物の心情や思い，考えを読み取るようにしよう。

第1期　2024年度

解　答　と　解　説

《2024年度の配点は解答欄に掲載してあります。》

＜算数解答＞

1　(1)　24　(2)　25　(3)　4051　(4)　4.5

2　(1)　1.5　(2)　91度　(3)　42秒　(4)　432問　(5)　①　9　②　12
(6)　①　360通り　②　20通り　(7)　①　1648400　②　D→C→B→A
(8)　A5　B3　C4　D2　E1　(9)　x　88度　y　28度　(10)　①　150cm²　②　2
③　15　(11)　25.12cm²　(12)　①　28番目　②　ア　205　イ　8445

3　(1)　15日　(2)　8日間　(3)　12日

4　(1)　24cm²　(2)　75.36cm²　(3)　678.24cm³

○推定配点○

1，3　各4点×7　2　各3点×19((8)，(10)②各完答)　4　各5点×3　計100点

＜算数解説＞

1　(四則計算)

(1)　6＋3×6＝24

(2)　15÷(0.2×1.25＋0.35)＝15÷0.6＝25

(3)　2025×2027－2026×2024＝2025×2025＋2025×2－(2025＋1)×(2025－1)＝2025×2025＋2025×2－(2025×2025－1)＝2025×2＋1＝4051

(4)　1.4×(34.6－33.7)＋3.6×(50.4－49.5)＝5×0.9＝4.5

重要　**2**　(四則計算，速さの三公式と比，時計算，通過算，単位の換算，割合と比，相当算，数の性質，演算記号，場合の数，平面図形，規則性)

(1)　□＝(4＋1.25)÷3.5＝1.5

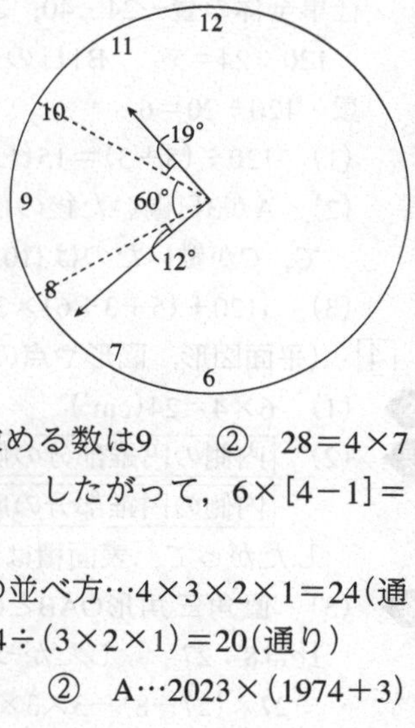

(2)　10時38分　短針38分の角度…0.5×38＝19(度)　長針2分の角度…6×2＝12(度)　したがって，求める角度は19＋60＋12＝91(度)

(3)　時速54km…秒速54000÷3600＝15(m)　時速72km…秒速20m　したがって，求める時間は(85＋125)÷(20－15)＝42(秒)

(4)　$108\div\left\{1-\left(\frac{5}{8}+\frac{3}{8}\div3\right)\right\}$＝108×4＝432(問)

(5)　①　36＝4×9より，36の約数は3×3＝9(個)　したがって，求める数は9　②　28＝4×7より，28の約数は3×2＝6(個)　8＝2×2×2より，8の約数は4個　したがって，6×[4－1]＝6×[3]　3の約数は2個だから6×2＝12

(6)　①　6人から4人を選ぶ組み合わせ…6×5÷2＝15(通り)　4人の並べ方…4×3×2×1＝24(通り)　したがって，走る順番は15×24＝360(通り)　②　6×5×4÷(3×2×1)＝20(通り)

(7)　①　(1324.2＋324.2)×(1324.2－324.2)＝1648.4×1000＝1648400　②　A…2023×(1974＋3)

＝2023×1974＋2023×3　B…(2023＋1)×(1974＋2)＝2023×1974＋1974＋2023×2＋2　C…(2023＋2)×(1974＋1)＝2023×1974＋1974×2＋2023＋2　D…(2023＋3)×1974＝2023×1974＋1974×3　したがって，小さい順に並べるとD→C→B→A

(8)　A～E…1から5までの整数　B×C…この積の一の位の数字Dは1ではなく，2　C…5ではなく4　A…5　B…3　E…1

　　A B
×　　C
D E D

(9)　(ア＋ウ)×2…(ア＋ウ)×3＝180－42＝138より，138÷3×2＝92(度)　角x…180－92＝88(度)　ウ＋オ…(ウ＋オ)×3＝180より，180÷3＝60(度)　角y…88－60＝28(度)

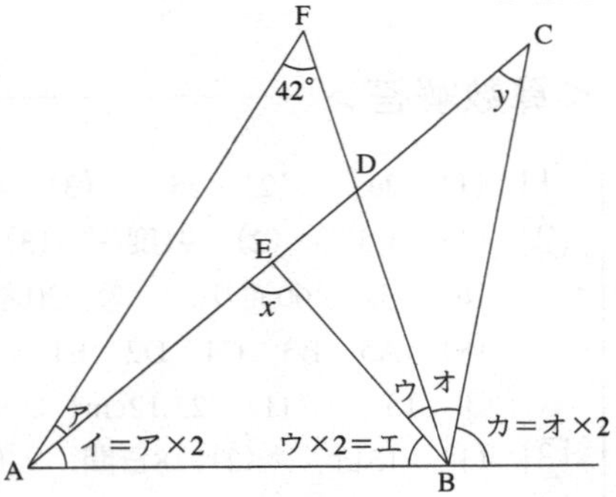

(10)　①　三角形ABE＋三角形FEC…三角形ABCの面積に等しく300÷2＝150(cm²)　②・③　三角形FECと平行四辺形ABCDの面積比…18：{(12＋18)×2}＝3：10　したがって，求める面積比は{3÷(8＋10)×8}：10＝2：15

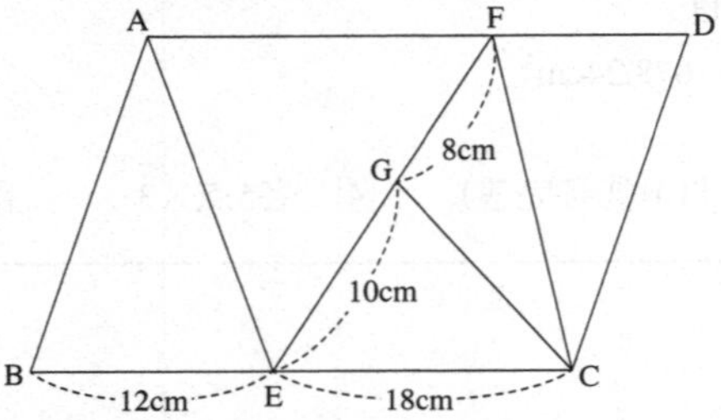

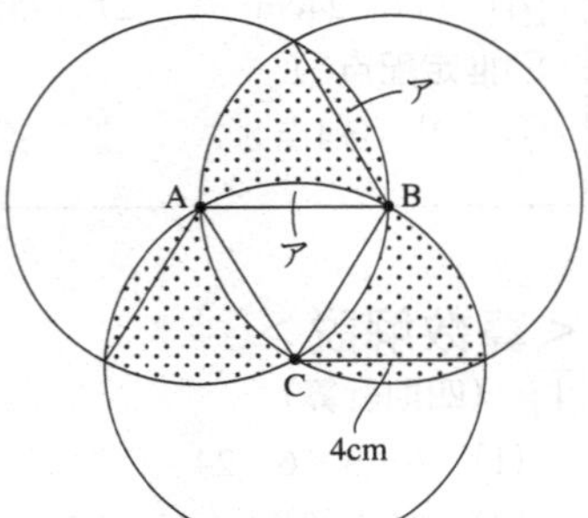

(11)　色がついた部分の面積…4×4×3.14÷6×3＝8×3.14＝25.12(cm²)

(12)　(5，6)(10，11)(15，16)(20，21)～　①　70…70÷5＝14より，14番目の組の左の数　したがって，71は2×14＝28(番目)　②　82番目の数…82÷2＝41(番目)の組の右の数　したがって，81番目の数アは5×41＝205　82番目の数…205＋1＝206　したがって，81番目までの数の和は(5＋206)×82÷2－206＝8445

重要 3 (割合と比，仕事算，鶴亀算)

仕事全体の量…24，40，20の最小公倍数120　A1日の仕事量…120÷24＝5　B1日の仕事量…120÷40＝3　C1日の仕事量…120÷20＝6

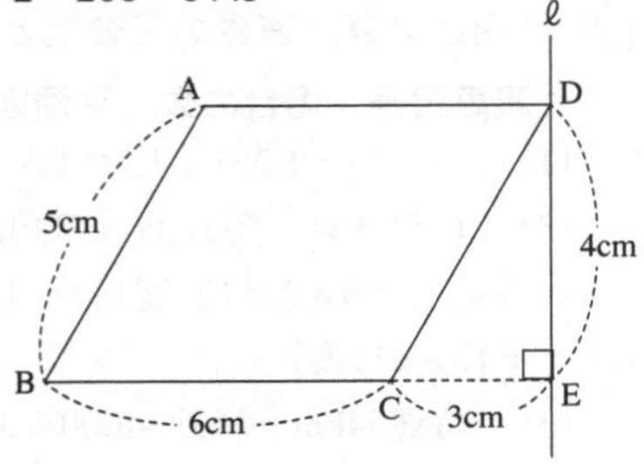

(1)　120÷(5＋3)＝15(日)

(2)　Aが3日働いた後の仕事量…120－5×3＝105　したがって，Cが働いたのは{105－3×(30－3)}÷(6－3)＝8(日間)

(3)　{120＋(5＋3＋6)×3＋6}÷(5＋3＋6)＝168÷14＝12(日)

4 (平面図形，図形や点の移動，立体図形)

基本 (1)　6×4＝24(cm²)

重要 (2)　内側の円錐部分の側面積…5×3×3.14＝15×3.14(cm²)
内側の円錐部分の底面積…3×3×3.14＝9×3.14(cm²)
したがって，表面積は(15＋9)×3.14＝75.36(cm²)

やや難 (3)　直角三角形OABとOCD…相似比は6：9＝2：3　体積比は8：27　したがって，求める体積は9×9×3.14×12÷3÷27×(27－8)－3×3×3.14×4÷3＝216×3.14＝678.24(cm³)

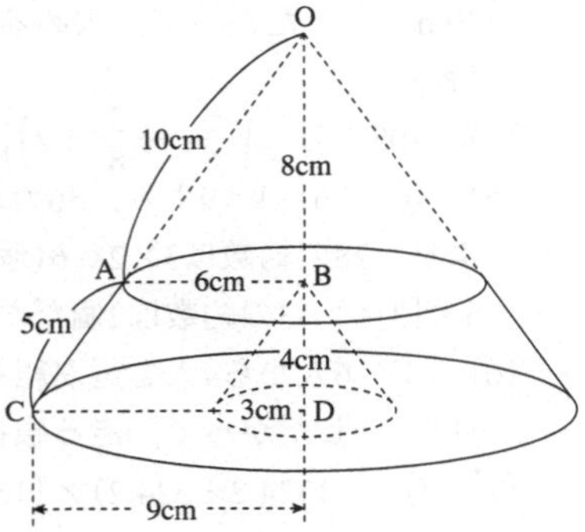

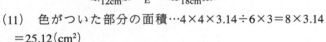

★ワンポイントアドバイス★

[2](7)「●×●－○×○」の計算，(8)「AB×C」，(9)「角度」，(12)「数列」これらの問題は注意が要る。[4](2)「三角形CDEの回転体」は，問題自体は難しくないが，どの円錐部分を指しているのか間違えてはいけない。

＜理科解答＞

[1] 問1 (1) 複眼 (2) しょっ角 (3) 数 イ 部分 イ
問2 オ 問3 ② ウ ④ エ 問4 ウ 問5 イ
問6 (1) 15(倍) (2) 20(枚) 問7 ア 問8 さなぎ 問9 エ
問10 (例) 地球温暖化により生息できる地域が拡大したため。 問11 右図

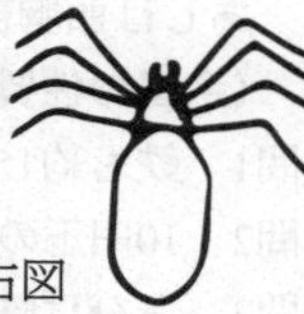

[2] 問1 エ 問2 イ 問3 酸素 問4 ア 問5 9.7(g) 問6 4.2(g)
問7 (1) イ (2) イ (3) ① 5.6(g) ② 27(%) ③ エ

[3] 問1 (あ) 40 (い) 2 問2 ウ，オ 問3 (う) 2.5 (え) 1

[4] 問1 ① E ② F 問2 ③ C ④ F ⑤ E 問3 ⑥ D ⑦ C ⑧ E

[5] 問1 イ 問2 ア 問3 ウ 問4 エ 問5 エ 問6 ア 問7 ウ
問8 イ 問9 ウ 問10 イ

○推定配点○

[1] 問1～問3・問7～問9 各1点×10 他 各2点×6
[2] 問1・問2・問4 各1点×3 他 各2点×8 [3] 各2点×5(問2完答)
[4] 各3点×3(各完答) [5] 各2点×10 計80点

＜理科解説＞

[1] (動物－昆虫)

問1 (1) 昆虫の小さな目が集まってできた目を複眼といい，ものの形や動きを認識することができる。 (2) 昆虫はにおいや空気のふるえなどを触《しょっ》角で感じとっている。

基本 重要 (3) 昆虫のからだは，頭部(あたま)・胸部(むね)・腹部(おなか)に分かれていて，胸部に3対(6本)のあしがついている。

重要 問2 図1はアゲハの幼虫で，アゲハの幼虫はミカン科の植物の葉を食べる。

問3 幼虫は脱皮をくり返して成長し，チョウの場合，幼虫はさなぎに変化し，さなぎから羽化して成虫になる。

重要 問4 昆虫はからだが固い殻におおわれているため，成長するために脱皮をして殻からでる。

問5 フンに似ているとエサであると判断されにくくなり，天敵から身を守ることができる。

問6 (1) 6.3g＝6300mgなので，6300÷420＝1.5(倍) (2) 図1と図2での幼虫の重さの差は6300－420＝5880(mg)，出したフンの量の合計は60(mg)×8＝480(mg)なので，図1から図2の間で幼虫は5880＋480＝6360(mg)のエサをとり入れたと考えられる。よって，食べた葉の枚数は6360(mg)÷318(mg)＝20(枚)

重要 問7 カニなどのなかまである甲殻類もからだが固い殻におおわれているため，脱皮をして成長する。

基本 問8 チョウのように幼虫と成虫の間のじっと動かないすがたをさなぎといい，卵→幼虫→さなぎ

→成虫と成長することを完全変態という。

基本 問9　さなぎの時期がない成長のしかたを不完全変態という。セミは不完全変態の昆虫，カブトムシ，テントウムシ，ガは完全変態の昆虫である。

問10　九州よりも関東のほうがふつう気温が低い。ナガサキアゲハが生息域を九州から関東へと拡大させたことは，関東の気温がナガサキアゲハが生息できるくらいまで上昇したと考えられる。気温上昇の要因として地球温暖化が考えられる。

問11　クモは昆虫とちがい，からだは頭胸部(あたまとむね)・腹部(おなか)の2つに分かれており，あしは頭胸部から4対(8本)出ている。

[2]　(金属の性質—鉄の性質と酸化)

問1　鉄も約1500℃まで加熱するととけて液体になる。

問2　10円玉の赤色は赤さびによるものではなく，材料である青銅(銅を多くふくむ合金)の色である。

基本 問3　さびは鉄と酸素が結びついてできる。

問4　問題文に『「黒さび」は鉄の表面を「鉄さび」から守る効果があります。』とあることから，黒さびを施すことで，赤さびをできにくくして長持ちさせることができることがわかる。

重要 問5　鉄の粉2.1gが完全にさびると2.9gになることから，7gの鉄が完全にさびると□gになるとすると，2.1(g)：2.9(g)＝7(g)：□(g)　□＝9.66…より9.7g

重要 問6　鉄2.1gが2.9gの黒さびになったとき，重さの増加分2.9－2.1＝0.8(g)は鉄と結びついた酸素の重さを示す。たかひろ君の実験では11.6－10＝1.6(g)の酸素と結びついたことになるので，酸素と結びついた鉄を□gとすると，2.1(g)：0.8(g)＝□(g)：1.6(g)　□＝4.2(g)

重要 問7　(1)　鉄は固体，塩酸は液体なので反応させるときは，アやイのようなかっせんつきろうとと三角フラスコなどの装置を用いる。鉄と塩酸が反応すると水素が発生し，水素は水にとけにくいので，発生した水素はイやウのように水上置換法で集める。これらのことから，実験bではイの

基本 ような装置を用いる。　(2)　実験bで発生する水素は，アルミニウムにうすい塩酸を加えても発生する。ものが燃えるのを助ける性質をもち，空気中に21％ほどふくまれている気体は酸素である。

重要 る。石灰石にうすい塩酸を加えたときに発生する気体は二酸化炭素である。　(3)　①　グラフから，鉄1gがすべて反応すると気体が400mL発生することがわかる。よって，鉄□gが反応して

やや難 気体が2240mL発生したとすると，1(g)：400(mL)＝□(g)：2240(mL)　□＝5.6(g)　②　①より，8.5gのうちの5.6gの鉄が未反応だったので，黒さびは8.5－5.6＝2.9(g)である。「～わかったこと～」より，2.1gの鉄が完全にさびると2.9gの黒さびができることから，黒さびになる前の鉄の重さは2.1gとわかる。これらのことから，初めにあった鉄の重さは5.6＋2.1＝7.7(g)である。よ

重要 って，さびた鉄の割合は2.1(g)÷7.7(g)×100＝27.2…より27％　③　うすい塩酸を2倍にうすめるとふくまれている塩化水素の量が半分になるので，もとと同じ体積の気体を発生させるのに必要な塩酸の量は2倍になる。しかし，鉄の重さは変えていないので，発生する気体の最大量は変わらない。もとの場合，40mLの塩酸がちょうど反応して400mLの気体が発生するので，うすめた場合，80mLの塩酸がちょうど反応して400mLの気体が発生するようなグラフになる。

[3]　(物体の運動－水平に投げ出した物体の運動)

問1　表2において，ボールを投げ出す速さが3倍，5倍になると，水平方向に飛んだ距離が3倍，5倍になっていることから，ボールを投げ出す速さと水平方向に飛んだ距離は比例することがわかる。よって，あに当てはまる数は$20(\mathrm{m})\times\dfrac{20(\mathrm{m}/秒)}{10(\mathrm{m}/秒)}=40(\mathrm{m})$である。表2において，ボールを投げ出す速さが変わっても，落下までにかかった時間は変わらないことから，落下までにかかった時間は一定であることがわかる。よって，いに当てはまる数は2秒である。

やや難 問2　表1より，ボールの重さが変わっても落下までにかかった時間は変化しないことから，ボール

の重さと地面につくまでの時間は関係ないことがわかる。よって，ア・イは誤りでウが正しい。表2より，ボールを投げ出す速さと水平方向に飛んだ距離は比例することから，ボールを投げ出す速さが大きいほど遠くまで飛ぶことがわかる。よって，エ・カは誤りでオが正しい。表1より，ボールの重さが変わっても水平方向にとんだ距離は変化しないことから，ボールの重さとボールが飛んだ距離は関係ないことがわかる。よって，キは誤り。

問3　表3から，落下までにかかる時間が3倍，4倍となると，ボールを投げ出す高さが9(＝3×3)倍，16(＝4×4)倍となっていることがわかる。よって，**う**にあてはまる数は0.1(m)×(5×5)＝2.5(m)である。また，4.9÷0.1＝49＝7×7より，**え**にあてはまる数は$\frac{1}{7}$(秒)×7＝1(秒)

4　**(回路と電流―豆電球，LEDと回路)**

図1，図2から，電池の＋極側とLED(発光ダイオード)の▷側がつながっている回路だと電流が流れてLEDが光り，電池の－極側とLEDの▷側がつながっている回路だと電流が流れないことがわかる。このことから，図3の真ん中の回路では，電池の＋極側をC，－極側をDにつなぐと豆電球側のLEDが豆電球とともに光り，逆につなぐとLEDだけのほうに電流が流れてLEDだけが光る。また，図3の右側の回路では，電池の＋極側をE，－極側をFにつなぐと豆電球側のLEDが豆電球とともに光るがプロペラは回らず，逆につなぐとプロペラ側のLEDが光ってプロペラも回る。

問1　図3のCとEが電池の＋極側につながればよいので，AとC，DとE，FとBをつなげば，豆電球が2つとも光り，プロペラが回転しない回路になる。

問2　図3のCとFが電池の＋極側につながればよいので，AとC，DとF，EとBをつなげば，真ん中の回路の豆電球が光り，プロペラが回転する回路になる。

問3　図3のDとFが電池の＋極側につながればよいので，AとD，CとF，EとBをつなげば，豆電球が2つとも光らず，プロペラが回転する回路になる。

5　**(気象―気象観測)**

基本　問1　○は快晴，◎はくもり，●は雨の記号である。

やや難　問2　図の天気記号より，5月17日の日中は晴れていることがわかる。晴れていると昼頃に気温が高くなる。また，5月18日の夕方から5月19日の午前中にかけて雨がふっていたことがわかる。雨がふると湿度が高く気温が低くなる。これらのことから，実線(———)は気温，破線(------)が湿度，一点鎖線(—・—)は気圧を表していることがわかる。気温が高く湿度が低いと，空気は乾燥するので，グラフから，気温が高く，気温と湿度のグラフのようすの差が大きい17日の12時が最も乾燥していると考えられる。

基本　問3　1気圧は約1013ヘクトパスカル(hPa)である。

重要　問4　上昇気流によって空気が持ち上げられ，その空気が冷やされて水蒸気が水や氷のつぶとなって雲ができる。

問5　停滞前線は暖気と寒気がぶつかり合ってできる。温暖前線は暖気が寒気の上にはい上がるようにして進む前線，寒冷前線は寒気が暖気にもぐりこむようにして進む前線で，閉塞前線は寒冷前線が温暖前線に追いついてできる前線である。

問6　陸と海では陸のほうがあたたまりやすく冷えやすい。夏はユーラシア大陸のほうがあたたまりやすいため大陸に上昇気流が生じて低気圧ができ，太平洋では高気圧ができる。その結果，夏は太平洋からユーラシア大陸に向かって南寄りの季節風がふく。

重要　問7　冬は等圧線が南北にせまい間隔でならび，大陸に高気圧，日本の東海上に低気圧ができるような天気図になる。アは九州付近に台風が見られることから秋の天気図，イは日本付近を低気圧が周期的に通過しているようすがみられることから春の天気図，エは南海上の高気圧が日本列島に張り出していることから夏の天気図である。

重要 問8　春や秋は低気圧と高気圧が交互に通過するため，晴れたりくもったりして，同じ天気が長く続かない。アはつゆ，ウは夏，エは冬の天気の特徴である。

やや難 問9　アで大陸に見られる2つの低気圧(996と1000)が発達して1つになり，イの大陸に見られる低気圧(1002)になったと考えられる。また，イの大陸の低気圧(1002)と太平洋上の低気圧(1012)がそれぞれ東へ進み，ウの北海道の北の低気圧(998)と日本の東海上の低気圧(1000)になったと考えられる。また，ウで東シナ海付近にある高気圧(1024)が東へ進み，日本列島をおおっている高気圧(1020)になったと考えられる。これらのことから，ア(10月28日)→イ(29日)→ウ(30日)→エ(31日)と天気図が日付順に並ぶ。

問10　自治体が発行する災害が発生すると予想される範囲や避難場所，避難経路などをまとめた地図をハザードマップという。ハザードマップには洪水や高潮などの気象現象による災害だけでなく，津波や土砂災害などいろいろな自然現象による災害についてもふれられている。

★ワンポイントアドバイス★

極端に難易度の高い問題はないが，試験時間に対しての問題数が多く，計算問題や記述問題もあり，思考力を要する問題も出題されるので，標準レベルのいろいろな問題に取り組んでいこう。

＜社会解答＞

1. 問1　A　カ　B　セ　C　オ　D　ス　E　ケ　F　エ　G　サ　H　ト　I　ア　J　シ　K　ソ　L　ツ　M　タ　N　ク　O　ウ　問2　ア
問3　イ　問4　ウ　問5　仏　問6　エ　問7　遣唐使の派遣を停止したため，それまで取り入れていた中国の文化をもとに，日本の生活や風土に合わせた日本独自の文化が発達したから。　問8　(1)　イ　(2)　侵攻に備えるための防塁があるから。　問9　エ
問10　X　太閤検地　Y　刀狩　問11　エ　問12　ウ　問13　福沢諭吉
問14　日本と清が狙っている朝鮮を，ロシアが横取りしようとしている。　問15　ウ
問16　ア　問17　あ　聖武天皇　い　藤原頼通　う　平清盛　え　足利義政
お　徳川家康　か　伊藤博文

2. 問1　1　りんご　2　ねぶた　問2　青函トンネル　問3　やませ　問4　出島
問5　ア　問6　西九州新幹線　問7　5　信濃川　6　佐渡
問8　第二水俣病[新潟水俣病]　問9　エ　問10　7　中部[中部国際]　8　濃尾
問11　ア　問12　東名高速道路　問13　9　琵琶　10　大津　問14　イ
問15　ラムサール条約　問16　たいすけ　②　あすか　㊷　あきひろ　⑮
あやの　㉓　たかひろ　㉔

3. 問1　18　問2　若者　問3　ウ　問4　エ　問5　イ　問6　④　岸田　⑤　与
⑥　野　⑦　25　⑧　30　⑨　衆　⑩　4　⑪　6　問7　ア

○推定配点○
1. 問7・問14　各3点×2　他　各1点×36　2.　各1点×24　3.　各1点×14　計80点

<社会解説>

1. (日本の歴史―古代～近代の政治・社会・文化など)

問1　A　縄文最大規模の遺跡。　B　面積では世界一の古墳。　C　8世紀初めに再建された寺院。　D　聖武天皇の遺愛品も収蔵。　E　父・道長の山荘。　F　奥州藤原氏の初代清衡の建立。　G　海に浮かぶ鳥居で知られる。　H　二層からなる楼閣。　I　五層七重の華麗な天守。　J　祭神は徳川家康。　K　16世紀に開発された日本最大規模の銀山。　L　維新の人材を輩出。　M　渋沢栄一らが建設。　N　国内生産の8割を支えた製鉄所。　O　鉄骨がむき出しとなったドーム。

基本　問2　冬でもクジラやアサリなどの漁や採集が行われている。

問3　1～2世紀の日本の様子が記された歴史書。奴国王の金印は福岡の志賀島から出土した。

問4　古墳の墳頂や墳丘の縁などに並べられた甲冑《かっちゅう》をまとった武人の埴輪。

問5　太子は仏教こそが究極のよりどころであるとし，これによって国民をまとめる規範と考えた。

問6　戒律を授けるために請われて来日，東大寺に戒壇を作り聖武天皇らに戒律を授けた唐の高僧。

問7　菅原道真は唐の衰退や活発になった民間貿易などから遣唐使の廃止を進言。

問8　(1)　鎌倉時代の将軍補佐役は執権，管領は室町時代。　(2)　文永の役の後，幕府は再度の来襲に備えて防備を固めた。博多湾に造られた防塁は長さ20km，高さ3mにも及ぶものだった。

問9　庶民的な短編の物語。アは後醍醐天皇，イは勘合貿易，ウは応仁の乱。

問10　X　土地の面積や収穫高などを調査し検地帳に記載。　Y　一揆の防止と兵農の分離が目的。

問11　大坂に設けた蔵屋敷で米や国元の特産物を販売。蝦夷地の交易を独占したのは松前藩。

重要　問12　水野忠邦の改革は3年足らずで失敗。松平定信が行ったのは寛政の改革。

問13　慶応義塾の創設者。彼の著書「学問のすゝめ」は明治の大ベストセラーとなった。

問14　フランス人・ビゴーの風刺画。釣ろうとしている魚には「COREE(朝鮮)」とある。

問15　納税制限がなくなったことで有権者は5.5%から20.8%へと急増した。

問16　一瞬にして多くの命が失われ，戦争終結後も放射線による被害が人々を苦しめた。

問17　あ　仏教で国の安泰を図った天皇。　い　50年間摂関を独占。　う　初の武家政権を樹立。　え　後継争いから応仁の乱が発生。　お　関ケ原の戦いで勝利。　か　近代国家建設の中心人物。

2. (日本の地理―国土と自然・産業・公害など)

問1　1　津軽地方の南部を中心に栽培。　2　大きな人形で市内を練り歩く旧暦の七夕行事。

問2　津軽海峡の海底下100mに掘られた海底トンネル。2016年には新幹線も開通した。

問3　冷害を引き起こす原因となり飢餓風とか凶作風と呼ばれて人々に恐れられた。

問4　長崎港内に築かれた扇形の島。1641年にオランダ商館が平戸から移され鎖国が完成した。

問5　東京での登録は国立西洋美術館と小笠原諸島のみ。

やや難　問6　新幹線と在来特急を同じホームで乗り換えるリレー方式を採用した新幹線。

問7　5　長野では千曲川，新潟に入ると信濃川と呼ばれる。　6　北方領土を含め日本第4位の島。

問8　工場からの排水が原因となって発症した有機水銀中毒。

問9　小千谷周辺で織られる麻布の縮み(しわを生じさせた織物)。アは石川，イは岩手，ウは佐賀。

問10　7　海上にある24時間運用可能な空港。　8　美濃(岐阜南部)と尾張(愛知西部)から命名。

重要　問11　機械工業を中心とする日本最大の工業地帯。イは京葉，ウは阪神，エは瀬戸内。

問12　東京と名古屋を結ぶ高速道路。現在はほぼ平行した第2東名が建設途上である。

問13　9　琵琶の形からの命名といわれる。　10　琵琶湖水運の港として発展した都市。

基本　問14　内陸県は栃木・群馬・埼玉・山梨・長野・岐阜・滋賀・奈良の8県。

問15　イランのラムサールで締結された条約。現在国内で53か所が登録されている。

問16　だいすけ　果実生産日本1の青森。　あすか　三大夜景は函館・神戸・長崎。　あきひろ　日本1のコメの産地新潟。　あやの　中京は名古屋の別称。　たかひろ　京都に隣接する滋賀。

3.（政治ー人権・政治のしくみなど）

基本　問1　2015年の改正で選挙権が18歳に引き下げられた。

問2　平成元年以来一貫して20歳代の投票率が一番低い。

問3　平成7年と令和元年の全体の投票率は50%を下回っている。

問4　SNSでのフェイクニュースが選挙に与える影響が懸念されている

問5　比例代表制度は政党の得票率に応じて議席が配分されるため小党分立となりやすい。

重要　問6　④　2021年10月就任。　⑤　2012年12月から自公の与党体制が継続。　⑥　政権の外にあり与党と対立する政党。　⑦　参議院と知事以外はすべて25歳。　⑧　選挙権と同様被選挙権の引き下げを主張する意見も多い。　⑨　小選挙区289人，比例代表176人から構成。　⑩　解散があるため平均すると2年10か月程度。　⑪　3年ごとに半数が改選。

問7　予算は衆議院から先に提出しなければならず，予算の先議権が与えられている。

★ワンポイントアドバイス★

地理分野だけでなく社会の学習には地図での把握は欠かせないものである。不明な場所，国，歴史的事象の発生場所など必ず自分で確認する習慣をつけよう。

＜国語解答＞

一　問一　A カ　B ア　C キ　D ウ　E イ　問二　A 矢　B 棒　C 耳　D 島　E 群

二　問一　a 認(め)　b 便利　c 研究　d 教養　問二　X エ　Y エ　問三　ウ　問四　ほとんどのものを「いい」と言える審美眼　問五　エ　問六　イ　問七　イ　問八　(i) 古典をその　(ii) ア　問九　ア　問十　ウ

三　問一　a 捨(てて)　b 胸　c 弁解　d 従(って)　e こはるびより　問二　(1) エ　(2) イ　(3) ア　問三　X ウ　Y エ　問四　(例)　友人の父は，祖父が資産を賭博に費やして家を貧しくしてしまった過去が忘れられず，勝負事は身を滅ぼす基だと考えているから。　問五　① ウ　② ア　問六　(例)　修学旅行に行けなかったということ。　問七　①　(例)　遺言[死ぬ間際の言葉／臨終の望み]　②　(例)　年を取った[年齢を重ねた／六十(歳)を越した]　問八　ア・キ　問九　エ　問十　エ

○推定配点○

一　問一・問二　各1点×10　二　問四・問八　各5点×2　他　各2点×13

三　問二　各1点×3　問四　10点　問六～問七　各5点×3　他　各2点×13　計100点

＜国語解説＞

一（ことわざ・慣用句）

基本　問一　A「蛙の子は蛙」は，平凡な人の子はやはり平凡であるの意味。カ「トンビが鷹を生む」

は，平凡な親からすぐれた子どもが生まれるの意味。 B「立つ鳥後を濁さず」は，飛び去る水鳥が水面を汚さないように，人がある所を離れるとき，そのあとを見苦しくないようにしていくこと。ア「旅の恥はかきすて」は，旅先では知人もないから，いつもなら恥ずかしいような行いも平気でできるものだの意味。 C「あばたもえくぼ」は，相手に好意を持てばどんな欠点も長所に見えるの意味。キ「坊主憎けりゃ袈裟まで憎い」は，あるものを憎むと，それに関係のあるすべてが憎くなるの意味。 D「君子危うきに近寄らず」は，人格者は思慮深く，身を慎んで，危険と思われることはこれをさけるものであるの意味。ウ「虎穴に入らずんば虎子を得ず」は，虎の住む穴に入らなければ虎の子を得られないように，危険をおかさなければ大成功は得られないの意味。 E「せいてはことを仕損じる」は，物事は，あせるとかえって失敗しやすいの意味。イ「善は急げ」は，よいことだと思ったらためらわずに急いで実行せよの意味。エ「覆水盆に還らず」は，一度してしまったことは取り返しがつかないの意味。オ「弘法筆を選ばず」は，弘法大師のような書の名人は筆の良し悪しを問わない。名人や達人はどんな道具であっても上手に仕上げること。

やや難 問二 A「一矢報いる」は，敵の攻撃に対してしかえしをする，反撃するの意味。 B「足が棒になる」は，足が非常に疲れるの意味。 C「耳にたこができる」は，同じことを繰り返して聞かされてうんざりするの意味。 D「取り付く島もない」は，つっけんどんでどこにすがってよいかわからないの意味。 E「群を抜く」は，多くの仲間のなかで飛び抜けてすぐれているの意味。

二 (論説文―要旨，文章の細部の読み取り，指示語の問題，空欄補充，四字熟語，漢字の読み書き)

問一 a「認」の音は「ニン」。「認識」「承認」などの熟語がある。 b「便利」は，あることをするのに都合よく重宝であること。「便」の音は「ベン・ビン」。訓は「たよ－り」。「不便」「郵便」などの熟語がある。 c「研究」は，物事を学問的に深く調べ考えて，その内容や理論などを明らかにすること。「研」の訓は「と－ぐ」。「研修」「研磨」などの熟語がある。「究」の訓は「きわ－める」。「究極」「探究」などの熟語がある。 d「教養」は，学問や広い知識などによって，自然に備わった心の持ち方，ものの考え方の豊かさ。「教」の訓は「おし－える・おそ－わる」。「教訓」「教師」などの熟語がある。「養」の訓は「やしな－う」。「養護」「静養」などの熟語がある。

基本 問二 X「美的な感覚が一致する」「お互いの大事なところを認め合う」という内容を表す言葉は，他人の考え・意見・感情などに全くその通りだと感じることという意味を表す「共感」である。Y「教養を広げること」と「審美眼を広げてほめポイントを発見する練習になる(こと)」の二つが同時にできるのであるから，一つの行動で二つの良い成果が得られるという意味を表す「一石二鳥」である。ア「一日一善」は，一日に一つのよいことをすること。イ「一利一害」は，利益もあるかわりに，また害もあること。ウ「一望千里」は，一目で千里の遠くまで見渡せるということから，見渡す限り広い様子。

問三 現在の「私」がどのようであるかは，「私はこの一〇年間ぐらい～」からの二つの段落に説明されている。「たいていの人と共感できる」，「自分の好き嫌いに関係なく，とにかくいいポイントを見つけ出せる」とある。「昔の私」はこれらと対照的な状態であったのだから，「自分が好きと思えないといい点を見つけることができない」，「相手の審美眼に合わせることができなかった」とあるウのような状態だったのである。

問四 直前の「本当にいいと思えてしまうところ」が手がかり。「全方向」であるから，「ほとんどのものを『いい』と言える審美眼」である。

やや難 問五 文の初めに「だから」とあり，直前の段落に理由が述べられている。「自分の本心を偽ってばかりいたら疲れる」，「かえって人間関係をこじらせたり，相手の自信を失わせてしまう」とある。こうならないためには「虚心坦懐」に「心底いいと思ってほめる」のである。「虚心坦懐」は，ほかのことにとらわれた考えやわだかまりがなく，さっぱりした気持ちで物事に対すること。つまり，素直に本心からほめることができるようになれば，人間関係を円滑に築きやすくなるというのである。

問六「イヤホンガイド」の例を挙げ，「文学作品も同じだ」というのである。イヤホンガイドによって「あらたに審美眼が広がる」とある。傍線部の直後には，文学作品について「いい〝師匠〟に解説してもらったり，評論を読んで見方を学ぶと，文学を味わう審美眼が磨かれる」とある。共通するのは，イで説明している「作品を味わう視点を得たり，美を判断する力(＝審美眼)を鍛えたりできるという点で同じ」ということである。

問七　哲学の本と古典を例に挙げて，解説を読むことで理解の難しいものが「身近に感じられる」「審美眼を磨く意味でも大変効果がある」と述べている。この内容を説明しているのは，「自分だけでは気づけないその作品のよい点を発見することができる」「自分自身でさまざまなもののよい点を発見する練習になる」とあるイである。

重要　問八　(i)　問七と関連させて考える。解説の効果に関して，文学作品について「わからない」という視点で説明しているのは「古典をそのまま読んで深く味わえる人などめったにいない。」の一文である。だから，解説が必要だというのである。　(ii)「見方が偏る」という言葉が繰り返されていることに着目する。「何人もの紹介者の解説」を読むのは，「見方が偏る」のを防ぐためである。

やや難　問九「そういうもの」とは，直前の段落の「ハイデッガーのことを一生懸命研究している人が書いてくれた」ものである。具体例としては，「池澤夏樹さんの『世界文学を読みほどく』」である。

重要　問十　ウの内容は，第11段落に「審美眼を広げるには，最初は自分が好きなものを徹底追及することから始めればいい」，最後の第20段落に「いろいろな解説や評論にふれることで，教養を広げることにもなるし，審美眼を広げて……練習にもなる」とある。ア，第1段落には「審美眼とは美を判断する眼力だ」とある。審美眼があることで，「共感を引き出したり」(第4段落)「相手の気持ちを増幅させたり」(第3段落)のである。一致しない。イ，第9段落には，本心を偽っていると「かえって人間関係をこじらせたり，相手の自信を失わせてしまう」とある。一致しない。エ，「身近な人と意見を交換し合う」とは述べていない。一致しない。

三　**(小説一心情・情景の読み取り，文章の細部の読み取り，空欄補充の問題，ことばの意味，漢字の読み書き，記述力・表現力)**

問一　a「捨」は，形の似た「拾」と区別する。「拾」の訓は「ひろ－う」。「捨」の音は「シャ」。「取捨」「喜捨」などの熟語がある。　b「胸」はつくりの「凶」の形に注意する。「区」などと誤らないようにする。音は「キョウ」。「胸中」「度胸」などの熟語がある。　c「弁解」は，言い訳をすること。「弁」の熟語には「弁護」「雄弁」などがある。「解」の訓は「と－く・と－かす・と－ける」。「誤解」「解散」などの熟語がある。　d「従」の音は「ジュウ」。同音で形の似た「縦」と区別する。「従」の訓は「したが－う・したが－える」。「縦」の訓は「たて」。「服従」「従来」などの熟語がある。　e「小春日和」は，冬の初めのころの，のどかでぽかぽかと暖かい天気。「日和」は熟字訓。

基本　問二　(1)「矢も楯も堪らない」は，あることをしたいという気持ちが強くてじっとしていられないの意味。　(2)「二の句」は，次に言い出す言葉。「二の句が次げない」は，驚いたりあきれたりして次の言葉が出てこないということ。　(3)「唆す」は，おだてたりうまくだましたりして，相手が自分の望んでいるような行為をする気になるように，誘いすすめるの意味。

やや難　問三　X　父にどなられるのではないかと感じているので，望ましくないことが起こるのではないかと恐れる様子を表す，ウ「びくびく」が入る。　Y　ぼんやりする様子を表す「ほうけてしまって」，「物忘れが多く」とあるので，「ぼんやり」が入る。

重要　問四　友達(＝「私」)が語る，その父，祖父がどのような経験をして，どう考えるようになったから勝負事について「私」が厳しく戒められて来たのかを読み取ってまとめる。厳しく戒めているのは「友人の父」である。そうなったのは，家の「財産が祖父(＝「友人の父」の父)によって蕩尽(使い果たすこと)された」からである。それで家が貧しくなってしまったのである。そのような過去が「友人の父」は忘れられず，「『勝負事は，身を滅ぼす基じゃから，真似でもしてはならんぞ』と，父は口癖のように幾度も幾度も繰り返して私を戒めました」というのである。この内容を理由をまとめる形で，「～から。」とまとめる。

問五　両親が，修学旅行に行ってもいいと言えない理由は，父親の会話文のなかで話されている。「やってやりたいのは山々じゃ。わしも，お前に人並みのことは，させてやりたいのは山々じゃ。が，貧乏でどうにもしようがないんじゃ」とある。「山々」は，したい気持ちは十分にあるが実際にはできないことを言う言葉。「私」を気の毒に思いながら(①)，貧乏という経済的事情(②)によってどうにもしようがないというのである。

基本　問六　「泣き寝入り」は，理屈に合わない目にあいながら，不満のままにどうすることもできずにあきらめること。ここでは，修学旅行に行けなかったということ。

問七　「祖父が，本当に目が覚めて，ふっつりと賭博を止めたのは～」から始まる部分に着目する。まず，①は「祖母が，死ぬ間際になって，手を合せながら」言った言葉を聞いたことで「賭博を打たなくなっってしまった」とあることから，死ぬ間際にのこす言葉である「遺言」が入る。②は，祖父について「また年が年だけに考えもしたのでしょう」とあるので，「年をとった」が入る。

問八　アは，祖父ではなく父について表している。キは，「祖父が死ぬ三月ぐらい前のこと」で，祖父が賭博を打たなくなってからの様子を表している。イ・ウ・エ・オ・カは，賭博をしていた頃の祖父の様子を表している。

問九　祖父の孫であるから「私」である。

重要　問十　エは，祖父と孫である「私」が藁の長さを比べる勝負事をしている様子を見ていた母が，「祖父の道楽のために受けたいろいろの苦痛に対する恨みを忘れて，心からこの時の祖父をいとしく思った」とある表現についての説明。「いとしい」は，かわいい，恋しく思うということ。祖父に親しみの心情を感じている。ア，「生まれながらにして」は誤り。問四でとらえたように，「『勝負事は，身を滅ぼす基じゃから，真似でもしてはならんぞ』と，父は口癖のように幾度も幾度も繰り返して私を戒め」たことによって，勝負事が好きではなくなったのである。イ，「父の枕元で，いつまでもぐずぐず駄々をこねていました」とある。「厳しい口調で激しく責め立てて」は誤り。ウ，賭博にのめり込んでいる頃の「『祖父』の二面性」についての表現はない。

★ワンポイントアドバイス★

論説文は，話題に関して筆者がどのような例を挙げて説明を進めているかを読み取っていこう。具体例やキーワードに注目して筆者の考えをとらえることが大切だよ。小説は，場面に描かれている出来事や背景をとらえ，表現から人物の心情や思い，考えを読み取る。人物関係にも注意しよう。

MEMO

大切なことはメモしておこうネ！

2023年度

入 試 問 題

2023年度

千葉日本大学第一中学校入試問題（自己推薦）

【算　数】（50分）　＜満点：100点＞

【注意】　1．[3](2)，[4]は解答用紙に途中の式や計算などを書いて答えて下さい。答えだけでは正解としません。

2．円周率を使用する場合は3.14とします。

3．定規，コンパスは使用してもかまいません。

4．計算器，分度器は使用してはいけません。

[1]　次の計算をしなさい。

［※答えのみでよい］

(1)　7654÷47

（商と余りを求める）

(2)　$68-\{(68-3\times 6)\div(6\times 8-43)+43\}$

(3)　$2022\times 13\times\left(1-\frac{1}{14}\times 11\frac{2}{3}\right)$

(4)　$(56.7\times 17-891+18.9\times 49)\times 19.9+111\times 0.9$

[2]　次の［　　］にあてはまる数を答えなさい。

［※答えのみでよい］

(1)　$\left(1\frac{1}{9}-\boxed{}\right)\times 0.75=\frac{5}{24}$

(2)　1＋3＋5＋7＝［　①　］です。

同様に，1＋3＋5＋7＋9，1＋3＋5＋7＋9＋11，1＋3＋5＋7＋9＋11＋13 などを計算すると，1＋3＋5＋7＋…＋169＝［　②　］であることが分かります。

(3)　仮分数$\frac{b}{a}$において，bはaより136大きい整数です。この分数を約分し，帯分数に直したら$2\frac{1}{7}$になりました。このとき，a＝［　①　］，b＝［　②　］です。

(4)　6時21分において，時計の短針と長針が作る小さい方の角度は［　　］度です。

(5)　5％の食塩水［　①　］gと9％の食塩水［　②　］gを混ぜたら，7.4％の食塩水が300gできました。

(6)　川の上流A地点と下流B地点を船が往復しています。AB間の距離は4500mで，静水時での船の速さと川の流れの速さは一定です。A地点からB地点の下りでは18分，B地点からA地点の上りでは30分かかりました。このとき，船の静水時の速さは分速［　①　］m，川の流れの速さは分速［　②　］mです。

(7)　3つの品物A，B，Cが売られていて，値段はそれぞれ147円，140円，130円です。全部で17個の品物を購入し，代金2393円を支払いました。このとき，Aを［　①　］個，Bを［　②　］個，C

を［ ③ ］個購入しています。

(8)　100円玉，500円玉，1000円札がたくさん入ったお財布をもってケーキを買いに行きました。たとえば，700円の品物を買うときは「500円玉１枚＋100円玉２枚」「100円玉７枚」の２通りの支払い方があります。

①　1200円のケーキを買うとき，お金の支払い方は［ ① ］通りです。

②　2100円のケーキを買うとき，お金の支払い方は［ ② ］通りです。

(9)　図において，印がついた角の大きさは等しくなっています。

角アの大きさは［　　］度です。

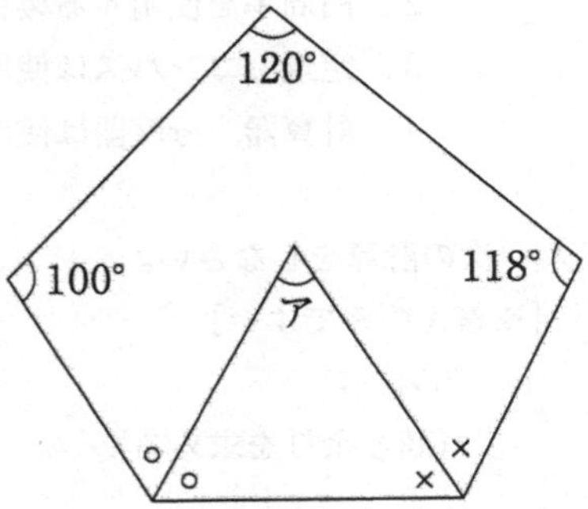

(10)　右の図で，$a =$［ ① ］，$b =$［ ② ］です。

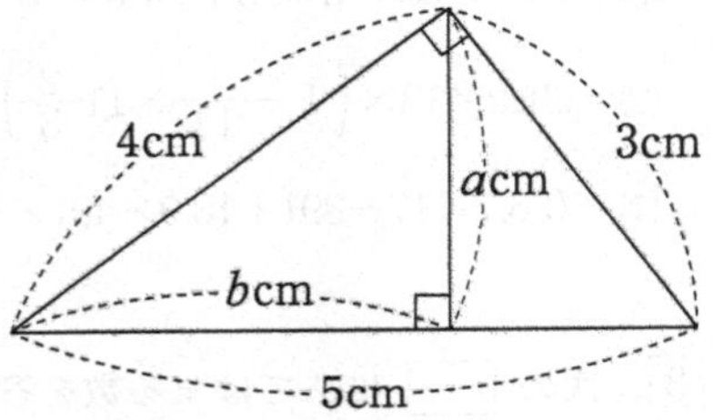

(11)　ちばにち牧場で，図のようにさくで囲われた場所のかどに犬がロープでつながれています。犬はさくの内側に入ることはできません。

①　ロープの長さが２mのとき，犬が動き回れる範囲の面積は［ ① ］m^2です。

②　ロープの長さが10mのとき，犬が動き回れる範囲の面積は［ ② ］m^2です。

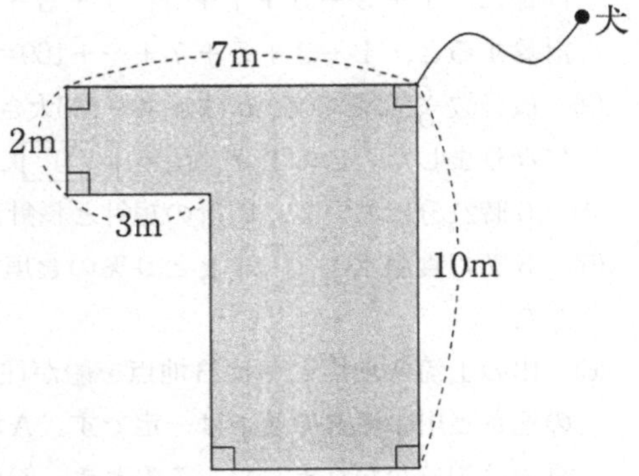

3　右図のように，A地点を出発し，B，C，Dの３地点まで行く道があります。各分き点●からは矢印の方向しか進めないものとします。また，各分き点から矢印が複数ある場合，各矢印を進む割合は等しいものとします。
このとき，次の問いに答えなさい。
［※⑵は式や考え方を書いて下さい。］

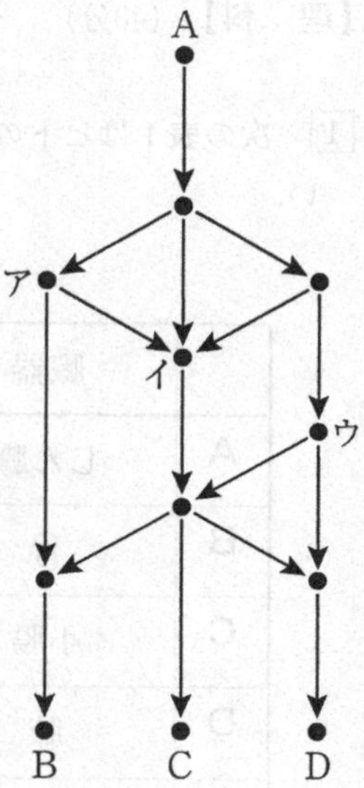

⑴　A地点から360人が出発したとき，図のア，イ，ウおよびC地点にたどり着く人数はそれぞれ何人ですか。
［※⑴は答えのみでよい。］

⑵　B地点にたどり着いた人が，C地点にたどり着いた人より24人多いとき，A地点から出発した人は何人だったでしょうか。

4　図は，高さ10cm，半径６cmの円柱を底面に垂直な面で切断した図形です。点Oは円の中心で，角AOBが90°になっています。切断された２つのうち，小さいほうを立体アと呼びます。次の問いに答えなさい。
［※式や考え方を書いて下さい。］

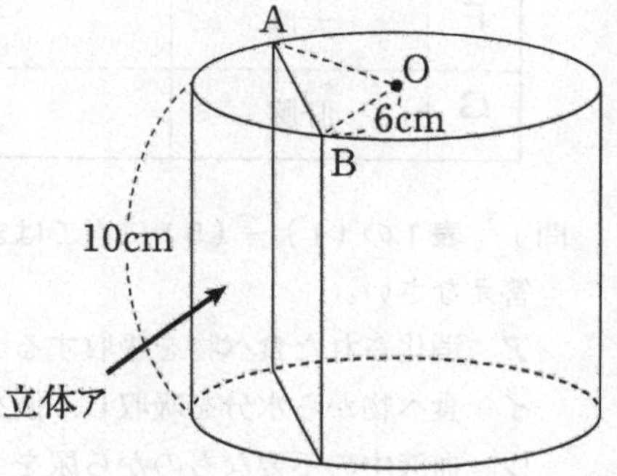

⑴　円柱の体積を求めなさい。

⑵　立体アの体積を求めなさい。

⑶　立体アの表面積を求めなさい。必要であれば，以下の値を使いなさい。

・１辺の長さが１cmの正方形の対角線の長さを1.41cmとする。
・１辺の長さが１cmの正三角形の高さを0.87cmとする。

【理　科】（40分）　＜満点：80点＞

1　次の表１はヒトの体のおもなつくりとはたらきをまとめたものです。以下の各問いに答えなさい。

表１　ヒトの体のおもな臓器とはたらき

	臓器	はたらき
A	じん臓	（１）
B	胃	（２）
C	小腸	（３）
D	肺	呼吸で酸素を取り入れ二酸化炭素を放出する。
E	心臓	血液を全身に送り出す。
F	大腸	（４）
G	肝《かん》臓	（５）

問１　表１の（１）～（５）に当てはまるはたらきを，次のア～オからそれぞれ１つずつ選び記号で答えなさい。

ア　消化された食べ物を吸収する。

イ　食べ物から水分を吸収し，便をつくる。

ウ　血液中の不要なものから尿《にょう》をつくる。

エ　吸収された養分をたくわえる。

オ　食べ物を吸収しやすいかたちに消化する。

問２　次の図はヒトの体内における臓器と血液の流れを表した図です。図１のXとYは臓器を，ア～クは血管を表しています。以下の各問いに答えなさい。

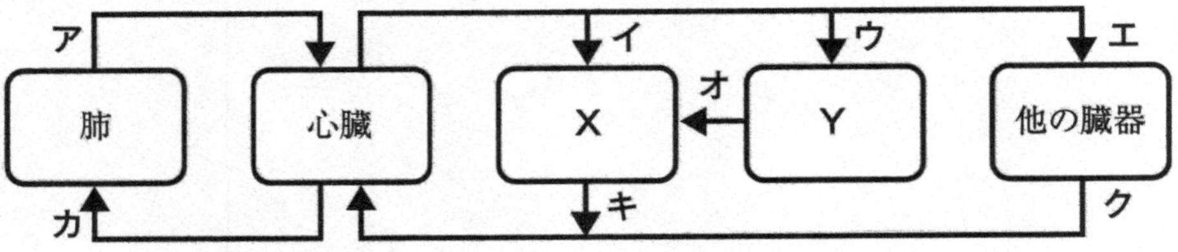

図１　ヒトの血液の流れ

⑴図１のXとYに当てはまる臓器を表１の臓器からそれぞれ選び，A～Gの記号で答えなさい。

⑵最も酸素濃《のう》度が高い血液が流れる血管を図１のア～クから選び記号で答えなさい。

⑶最も養分の濃度が高い血液が流れる血管を図１のア～クから選び記号で答えなさい。

⑷血液中の糖分の濃度である血糖値が高い状態が続く糖尿《にょう》病という病気があります。健康な人で

は食後に血糖値が上がると，すい臓という臓器からインスリンが血液中に放出され肝臓や筋肉などに糖分の消費をふやすことで血糖値が低下します。糖尿病には２種類の型があり，１つ目（糖尿病１）はインスリンがほとんど放出できなくなること，２つ目（糖尿病２）はインスリンの放出量の低下や肝臓や筋肉がインスリンを受け取れなくなることで起こります。下のア～ウのグラフは，健康な人と２種類の型の糖尿病の人の，食事前後の時間ごとの血糖値とインスリン濃度を表したものです。健康な人，糖尿病１の人，糖尿病２の人に当てはまるグラフをア～ウからそれぞれ１つずつ選び記号で答えなさい。

①　健康な人　　②　糖尿病１の人　　③　糖尿病２の人

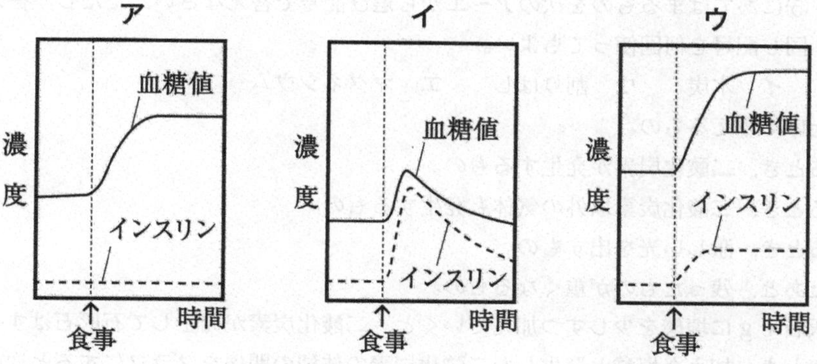

問３　肺について，次の**表２**は呼吸で取り込《こ》む空気と放出する空気に含《ふく》まれる酸素の体積の割合（％）を表したものです。また，１回の呼吸で0.5Ｌの空気を取り込み，0.5Ｌの空気を放出するとし，１分間に20回呼吸するものとします。次の各問いに答えなさい。

表２　吸気中の酸素の体積の割合

	酸素の体積
取り込む空気	２１％
放出する空気	１７％

⑴肺の中には**図２**のような気管からつながった小さなふくろのようなつくりがあります。これを何といいますか。

⑵⑴のつくりは呼吸をする際に，どのような点で都合が良いか説明しなさい。

⑶次の①～③の値を求めなさい。

①　１日に呼吸をする回数

②　１回の呼吸で利用される酸素の体積（mL）

③　１日に呼吸で利用される酸素の体積（Ｌ）

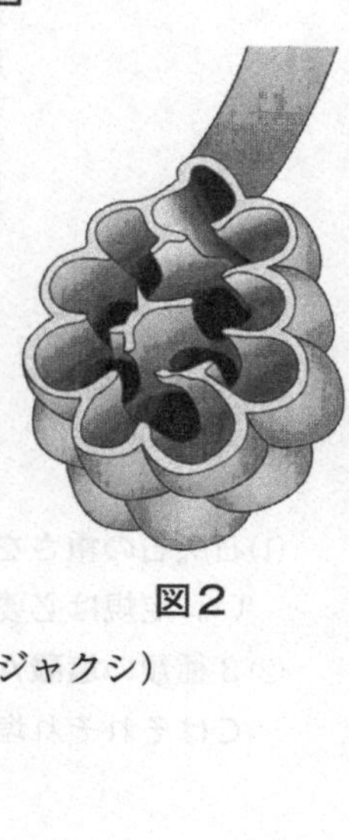

図２

⑷肺で呼吸をする生き物を次の**ア**～**カ**から<u>すべて</u>選び記号で答えなさい。

ア シャチ　　**イ**　ジンベエザメ　　**ウ**　カエルの幼生（オタマジャクシ）

エ　カエルの成体　　**オ**　カメ　　**カ** ワニ

2

問１　次の文の空らん［①］～［⑤］にあてはまる語句を答えなさい。

・炭酸水には［　①　］という気体がとけている。炭酸水を緑色のBTB液に加えると［　②　］色を示す。

・塩酸には［　③　］という気体がとけている。塩酸に［　④　］を加えると，水素が発生する。（④は１つだけ答えること。）

・アンモニア水にはアンモニアという気体がとけている。アンモニア水は［　⑤　］色リトマス紙の色を変化させる。

問２　⑴～⑸にあてはまるものを次のア～エから選び記号で答えなさい。ただし，答えは１つとは限らず，同じ記号を何回使ってもよい。

ア　銅　　イ　木炭　　ウ　割りばし　　エ　マグネシウム

⑴炎を上げて燃えるもの。

⑵燃えるとき，二酸化炭素が発生するもの。

⑶燃えるとき，二酸化炭素以外の気体も発生するもの。

⑷燃えるとき，激しい光を出すもの。

⑸燃えたあと，残ったものが重くなるもの。

問３　石灰石１ｇに塩酸を少しずつ加えていくと，二酸化炭素が発生して石灰石はすべてとけました。このとき，加えた塩酸と発生した二酸化炭素の体積の関係をグラフにすると次のようになりました。⑴～⑸の問いに答えなさい。

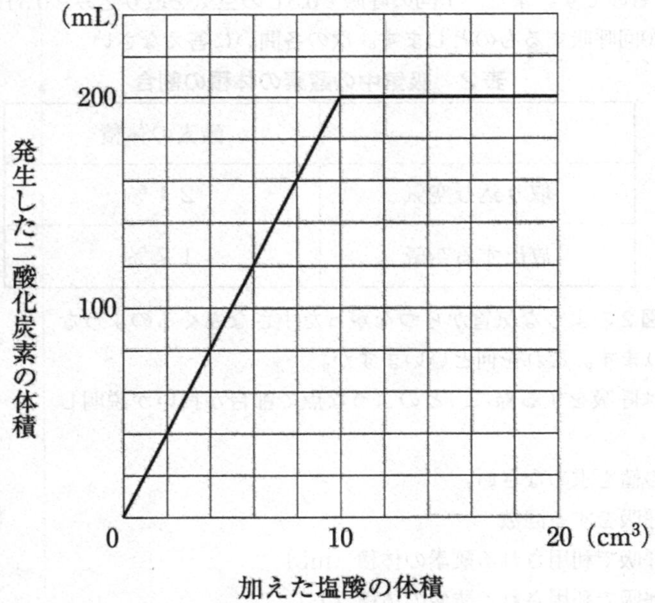

⑴石灰石の重さを1.5ｇにして，この塩酸を20㎤まで加えたときのグラフを解答らんに答えなさい。定規は必要ありません。

⑵３種類の塩酸Ａ，Ｂ，Ｃがあります。塩酸Ａは⑴で使用した塩酸と同じこさで，塩酸Ｂ，塩酸Ｃはそれぞれ塩酸Ａの２倍，３倍のこさです。３つのビーカーそれぞれに同じ量の石灰石を入

れ，塩酸A，B，Cをそれぞれ加えていきました。

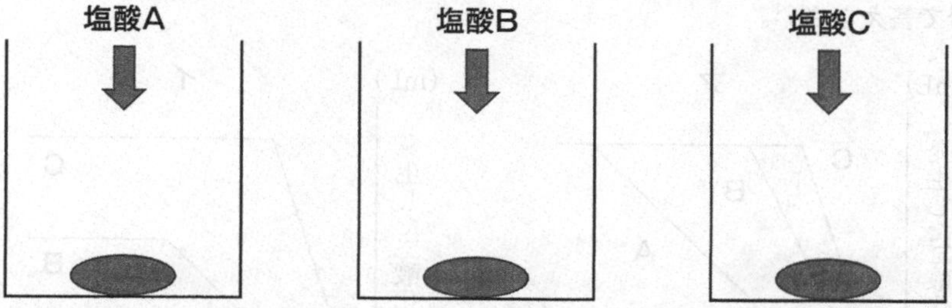

このとき，加えた塩酸の量と発生した二酸化炭素の量を表しているグラフを下のア～エから選び記号で答えなさい。

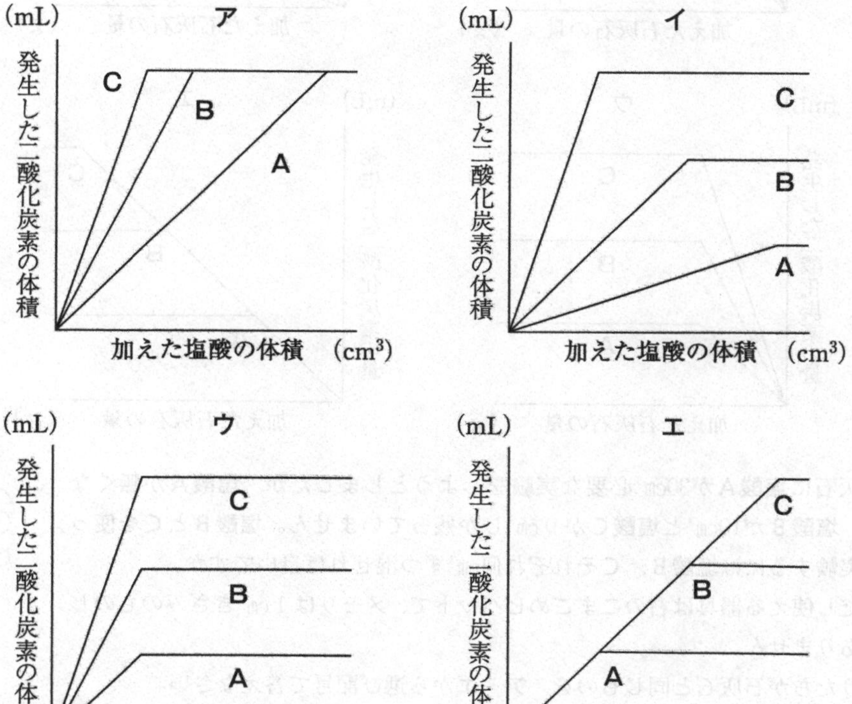

⑶ 3つのビーカーに⑵と同じこさの塩酸A，B，Cを同じ量だけ入れ，これらに石灰石を加えていきました。

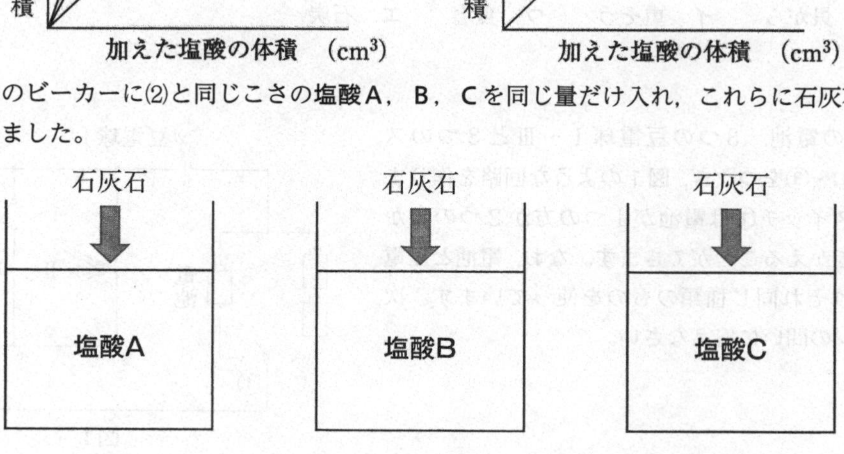

このとき，加えた石灰石と発生した二酸化炭素の量を表しているグラフを下から選びア～エの記号で答えなさい。

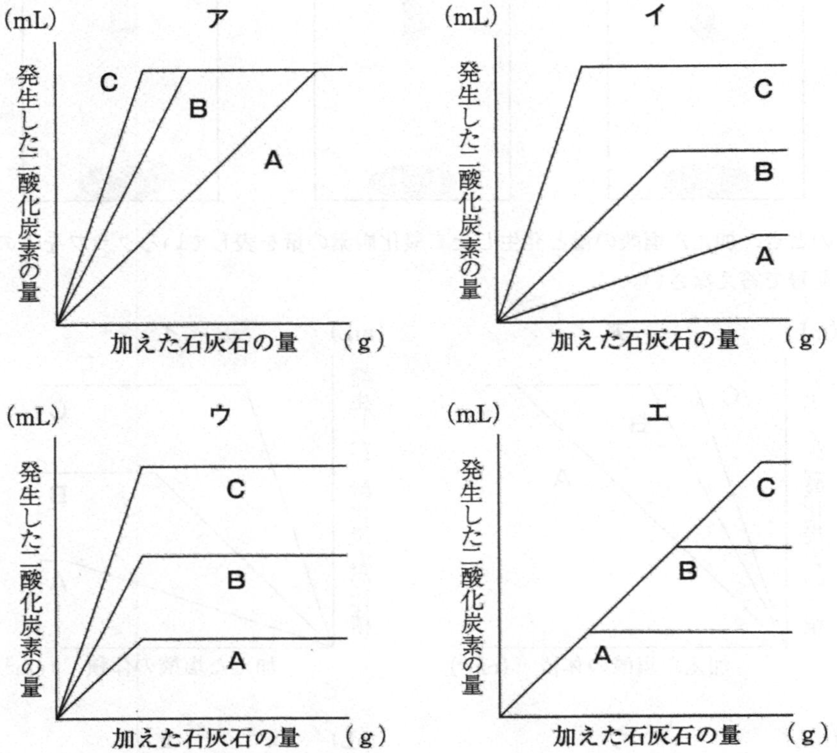

⑷石灰石に**塩酸A**が30cm^3必要な実験をしようとしましたが，**塩酸A**が無くなり，**塩酸B**が10cm^3と**塩酸C**が９cm^3しか残っていません。**塩酸B**と**C**を使って実験するには**塩酸B**，**C**それぞれ何cm^3ずつ混ぜれば良いですか。
ただし使える器具は右のこまごめピペットで，メモリは１cm^3きざみのものしかありません。

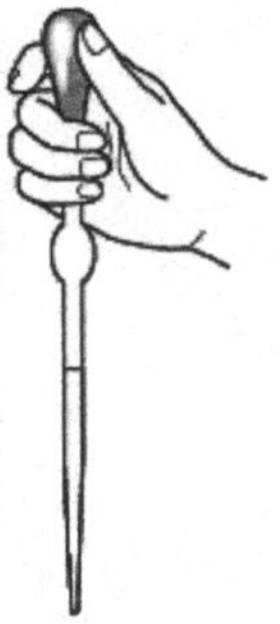

⑸なりたちが石灰石と同じものを，ア～エから選び記号で答えなさい。
ア　貝がら　　**イ**　重そう　　**ウ**　食塩　　**エ**　石炭

3　３つの電池，３つの豆電球Ⅰ～Ⅲと３つのスイッチ①～③をつなぎ，図１のような回路を作りました。スイッチ①は電池が１つの方か２つの方かにつなぎかえることができます。なお，電池と豆電球はそれぞれ同じ種類のものを使っています。次のページの問いに答えなさい。

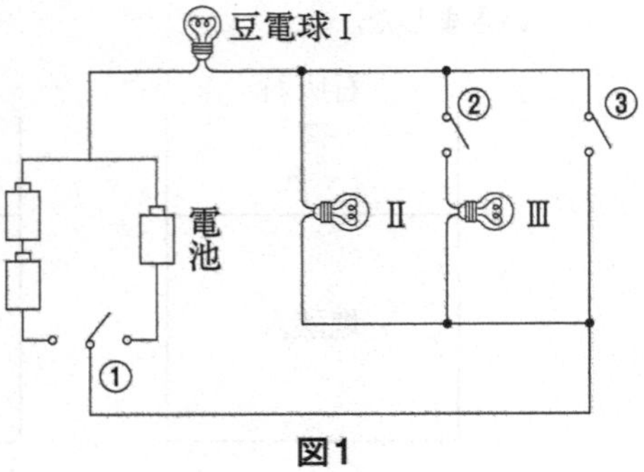

図1

問１　スイッチ①を電池が１つの方につなぎ，スイッチ②，③を切った。このように回路が一本の道筋でつながっているつなぎ方を何というか。また，この時点灯している豆電球はどれか。ア～クから選び記号で答えなさい。

ア　Ⅰ　　**イ**　Ⅱ　　**ウ**　Ⅲ　　**エ**　ⅠとⅡ　　**オ**　ⅠとⅢ

カ　ⅡとⅢ　　**キ**　ⅠとⅡとⅢ　　**ク**　どれもつかない

問２　スイッチ①を電池が１つの方につなぎ，スイッチ②，③を両方いれると，豆電球Ⅰの明るさは問１と比べてどのようになるか。以下のＸ～Ｚから選び記号で答えなさい。また，この時点灯している豆電球はどれか。問１のア～クから選び記号で答えなさい。

Ｘ　明るくなる　　**Ｙ**　暗くなる　　**Ｚ**　変わらない

問３　スイッチ①を電池が２つの方につなぎ，スイッチ②，③を両方切ると，豆電球Ⅰの明るさは問１と比べてどのようになるか。問２のＸ～Ｚから選び記号で答えなさい。また，この時点灯している豆電球はどれか。問１のア～クから選び記号で答えなさい。

問４　スイッチ①を電池が１つの方につなぎ，スイッチ②だけいれると，豆電球Ⅰの明るさは問１と比べてどのようになるか。問２のＸ～Ｚから選び記号で答えなさい。また，この時点灯している豆電球はどれか。問１のア～クから選び記号で答えなさい。

問５　豆電球Ⅰの明るさを最も明るくするには，スイッチ①，②，③をどのようにすればよいか。以下のア～カから正しい組み合わせを選び記号で答えなさい。

選択肢	スイッチ①	スイッチ②	スイッチ③
ア	１つの方	つなぐ	つなぐ
イ	１つの方	つなぐ	切る
ウ	１つの方	切る	切る
エ	２つの方	つなぐ	つなぐ
オ	２つの方	つなぐ	切る
カ	２つの方	切る	切る

4　今年の夏は，猛暑《もうしょ》日が続き例年になく大変過ごしにくいものでした。次の文について以下の問いに答えなさい。

最高気温が［　①　］℃以上の日を猛暑日，［　②　］℃以上の日を真夏日，［　③　］℃以上の日を夏日といい，夕方から翌日の朝までの最低気温が25℃以上になる夜のことを［　④　］といいます。

環《かん》境省と気象庁は，熱中症を防ぐためのものとして，令和３年４月下旬からは［　⑤　］が始まりました。［⑤］の発表には熱中症との関係が深い「暑さ指数」（WBGT）を用います。暑さ指数（WBGT）は，熱中症に影響の大きい［　⑥　］・湿度・輻射《ふくしゃ》熱（地面，建物，人体などから出ている熱）の，３つを取り入れ計算されます。

湿度は次のページの**図１**のように，２本の温度計と次のページの**表１**の湿度表で求められます。２本の温度計に直射日光が当たることはありません。

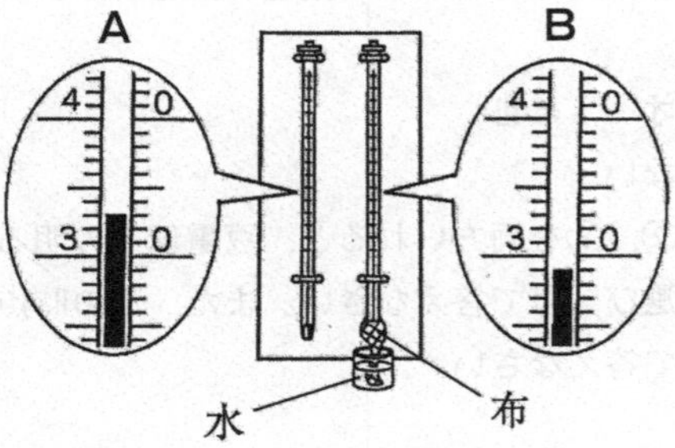

図１

表１　湿度表［%］

温度計Aの温度［℃］	温度計Aと温度計Bの温度差［℃］						
	0	1	2	3	4	5	6
35	100	93	87	80	74	68	63
34	100	93	86	80	74	68	62
33	100	93	86	80	73	67	61
32	100	93	86	79	73	66	61
31	100	93	86	79	72	66	60
30	100	92	85	78	72	65	59
29	100	92	85	78	71	64	58
28	100	92	85	77	70	64	57
27	100	92	84	77	70	63	56

輻射熱は，図２のような装置に温度計を入れて観測し，黒球温度（GT）といいます。暑さ指数（WBGT）は下の式の計算式で求められます。

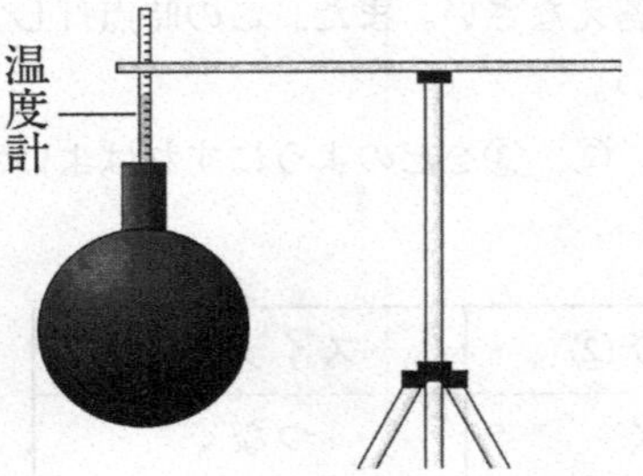

黒球温度（GT）は，黒色にぬられた薄い銅板の球（中は空洞，直径約15㎝）の中心に温度計を入れ，直射日光にさらされた状態で観測します。

図２

［計算式］

暑さ指数（℃）＝0.7×（温度計Bの温度）＋0.2×（黒球温度）＋0.1×（温度計Aの温度）

暑さ指数は，表２のように「注意」～「危険」に分けられており，暑さ指数（WBGT）が28℃（厳重警戒《かい》）以上になると熱中症になる人が大きく増えると言われています。

表２　暑さ指数　日常生活に関する指針

暑さ指数（WBGT ℃）	注意事項
危　険（31℃以上）	高齢《れい》者においては安静状態でも発生する危険性が大きい。外出はなるべく避け，涼しい室内に移動する。
厳重警戒（28℃以上31℃未満）	外出時は炎《えん》天下を避け，室内では室温の上昇に注意する。
警　戒（25℃以上28℃未満）	運動や激しい作業をする際は定期的に充《じゅう》分に休息を取り入れる。
注　意（25℃未満）	一般に危険性は少ないが激しい運動や重労働時には発生する危険性がある。

日本生気象学会「日常生活における熱中症予防指針Ver.3」（2013）より

日本の夏が，湿度が高く蒸し暑くなるのはX海洋性の高気圧におおわれることが理由にあげられます。秋になると乾燥《かんそう》した晴天になるのは，［　⑦　］性の高気圧におおわれるからです。

問１　文中の①～③に当てはまる組み合わせとして正しいものを，以下の表のア～オから選び記号で答えなさい。

	①	②	③
ア	40	35	30
イ	35	30	25
ウ	35	30	20
エ	30	25	20
オ	30	20	15

問２　文中の④～⑦に当てはまる語句を答えなさい。ただし，⑤に当てはまる語句は，以下のア～オから選び記号で答えなさい。

ア　熱中症警戒アラート　　イ　Ｊアラート　　ウ　運動警戒アラート

エ　熱射病警戒アラート　　オ　熱中症予防アラート

問３　図１について次の問いに答えなさい。

①　湿度計Ｂを何というか。

②　この図のときの気温と湿度を答えなさい。ただし，湿度は表１を見て答えなさい。

問４　問３では，温度計Ｂは温度計Ａより温度が低くなります。その理由として最も正しいものを以下より選びなさい。

ア　温度計Ｂの先端が冷たい水の影響を受けるため。

イ　温度計Ｂの先端では，水が蒸発し熱がうばわれているため。

ウ　温度計Ｂの先端が布におおわれており，熱が伝わりにくいから。

問５　湿度について正しく説明したものを１つ選びなさい。ただし，図１や表１を参考にしなさい。

ア　湿度100％のときが，布の入った容器の水の減りが一番小さい。

イ　図１の温度計Ａと温度計Ｂの温度の差が大きいほど湿度は低い。

ウ　湿度表の温度の差が同じ場合，気温が高いほど湿度は低い。

問６　暑さ指数（WBGT）について温度計Ａが29℃，温度計Ｂが25℃，黒球温度が27℃のとき暑さ指数を計算しなさい。

問７　ある日，朝から気温がぐんぐんと上がっていき，暑さ指数の日常生活に関する指針において「厳重警戒」（表２）に達してしまいました。このとき，温度計Ｂが26℃，黒球温度が35℃でした。

①　このときの温度計Ａは何℃か答えなさい。

②　このときの湿度は何％か答えなさい。

問８　下線Xの高気圧の名前を答えなさい。

【社　会】（40分）　＜満点：80点＞

1． 次のＡ～Ｎの文章は，それぞれ歴史上の人物が自己紹介をしているものです。それぞれの文章を読み，あとの問いに答えなさい。

Ａ　私は，大和朝廷の大王です。大和朝廷は，私が住んでいた地域の豪族たちが連合してできた政府です。私はこの国で一番大きな古墳である大仙陵古墳に埋葬されていることになっています。

Ｂ　私は，推古天皇と蘇我（　①　）とともに政治を行いました。この頃，規則やルールに従って政治を行う方法を実行しようとしていました。そして，当時の中国から制度や文化を取り入れることに成功しました。

Ｃ　私は，混乱した世の中を仏教の力でしずめようとした天皇です。奈良の寺院である（　②　）には巨大な大仏を造立し，また，741年には全国各地に国分寺を建設するように命じました。

Ｄ　私は，京都に平等院鳳凰堂を建立した貴族です。私の父は，天皇に４人の娘を嫁がせ，絶大な権力を得ることに成功しました。しかし私には娘を天皇に嫁がせることができませんでした。

Ｅ　私は，源平の戦いに勝利し，1192年に（　③　）に任命されました。鎌倉を拠点にして，武士による政治体制を確立しました。

Ｆ　私は，鎌倉幕府の２代目の執権です。1221年には，朝廷とも戦いました。私の息子は，1232年に武士の職務や土地の紛争などを解決するための新しい法令，（　④　）を作ったことでも有名です。

Ｇ　私は，鎌倉時代に活躍した僧です。当時の人々は，戦乱や飢饉が相次ぐ中で，不安な日々を送っていました。そこで，誰でもわかりやすく実行できる踊念仏を広め，極楽往生を説くことにしました。

Ｈ　私は，室町幕府の第８代将軍です。京都の東山に（　⑤　）という別荘を建て，今では慈照寺というお寺になっています。一方で，私の後継ぎをめぐって，大きな戦乱が起こってしまいました。

Ｉ　私は，尾張の国の小さな戦国大名でした。しかし，新しい戦法によって戦いを有利に進め，天下統一を目指しました。しかし統一を前に，京都の本能寺で家臣に殺されてしまいました。

Ｊ　私は，江戸幕府の３代将軍として政治を行いました。大名が守るべきルールである，武家諸法度に新しく制度化した（　⑥　）や，禁教令などを実施し，幕府の初期の統制を完成させました。

Ｋ　私は，江戸幕府の政治改革を行った老中です。財政再建に，商人の経済力を利用し，株仲間の結成を進めました。しかし，役人へのわいろが広まり，政治が乱れる結果となりました。

Ｌ　私は，江戸時代の後期に活躍した画家です。生まれは今の東京都墨田区で，下町と呼ばれるところです。富士山を題材とした風景画を得意としました。

Ｍ　私は，幕末の混乱期に生きた土佐出身の藩士です。貿易会社も組織しました。江戸幕府を倒して外国勢力に対抗するために，薩摩藩と（　⑦　）の仲立ちをしました。しかし，最後は何者かに暗殺されてしまいました。

Ｎ　私は，江戸時代の終わりごろにアメリカへわたり，欧米の思想を日本に紹介した人物です。特に『（　⑧　）』では，人間の平等や個人の独立なども説きました。のちに慶應義塾をつくりました。

問１　Ａ～Ｎの人物は誰か，次の選択肢のうちからそれぞれ選び，記号で答えなさい。

ア　足利義満　　イ　坂本龍馬　　ウ　葛飾北斎　　エ　北条義時　　オ　一遍
カ　聖武天皇　　キ　足利尊氏　　ク　徳川吉宗　　ケ　織田信長　　コ　喜多川歌麿
サ　徳川家光　　シ　桓武天皇　　ス　聖徳太子　　セ　田沼意次　　ソ　源頼朝
タ　福沢諭吉　　チ　足利義政　　ツ　北条時宗　　テ　井伊直弼　　ト　親鸞
ナ　豊臣秀吉　　ニ　藤原道長　　ヌ　仁徳天皇　　ネ　藤原頼通　　ノ　平清盛

問２　文章中の空欄（①）～（⑧）に当てはまる語句を答えなさい。

問３　Ａの人物の頃の日本について述べた文章として正しいものを次のうちから一つ選び記号で答えなさい。

ア　１年中寒く，人々は狩りをして移動しながら生活をしていた。
イ　豊かな自然の中で，土器をつくって煮炊きをし，共同生活の中で貧富の差のない社会だった。
ウ　稲作が伝わって，高床倉庫に収穫物を納めるも，生産物をめぐって争いが起きるようになった。
エ　大陸から日本に渡来人がやってきて，須恵器や儒教などの新たな文化をもたらした。

問４　Ｂの人物が発布した次の法令を読んで，以下の法令を定めた背景について書かれた文章のうち，正しいものを一つ選び記号で答えなさい。

第一条：和（仲良くすること，争わないこと）を第一にしなければなりません。
第二条：仏教を信仰しなさい。
第三条：天皇の命令には必ず従いなさい。
第四条：身分の高い人も低い人も，礼（礼儀作法・道徳的なきまり）にもとづく行いをすれば，国は自然に治まる。

ア　第一条から，協力体制は整っておらず，豪族たちが争っていたということがわかる。
イ　第二条から，これまでどおり神道を中心とすることを目標としたことがわかる。
ウ　第三条から，天皇の命令には必ず従っていたため，豪族に任せていく政治を目指したことがわかる。
エ　第四条から，すでに身分に関係なく政治を行っており，礼がなくても国をまとめていたことがわかる。

問５　Ｃの人物の頃の日本について述べた文章として正しいものを次のうちから一つ選び記号で答えなさい。

ア　平城京に都が置かれた時代であり，奈良時代といわれる。
イ　墾田永年私財法がだされて，土地の所有が禁止されて公地公民の制度が整った。
ウ　金貨である和同開珎が製造されて，日本全国に流通した。
エ　日本最古の歌集である『風土記』がまとめられた。

問６　Ｄの人物の頃の日本について述べた文章として，**誤っているもの**を次の選択肢から一つ選び記号で答えなさい。

ア　最澄が高野山に金剛峯寺を建てて，真言宗を広めた。
イ　摂関政治が中心となり，天皇の母方の祖父が摂政・関白となって実権を握った。
ウ　貴族は寝殿造と呼ばれる豪華な邸宅に住んだ。
エ　遣唐使が停止され，日本風の国風文化が生まれた。

問7　Eの人物が行った，家臣との関係を示した以下の図の空欄【あ】【い】に当てはまるものとして正しいものを次のうちから一つ選び記号で答えなさい。

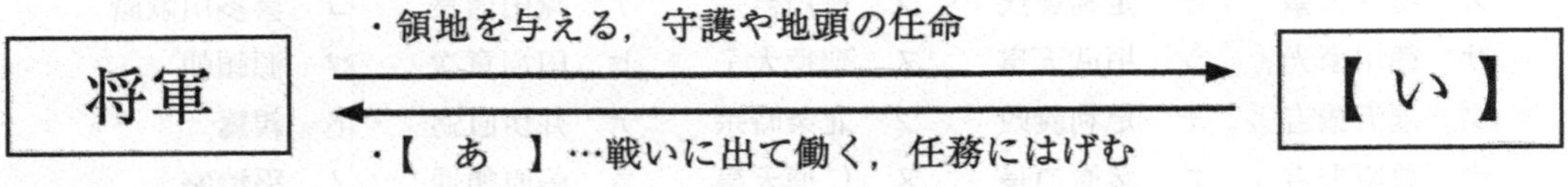

ア　あ：御恩　い：御家人　　イ　あ：奉公　い：御家人

ウ　あ：御恩　い：旗本　　　エ　あ：奉公　い：旗本

問8　Fの人物の時に起こった乱に関する次の文章のうち正しいものを次のうちから一つ選び記号で答えなさい。

ア　朝廷の中心人物は，後醍醐天皇であった。

イ　幕府側の武士たちがまとまったきっかけとして，Fの姉のうったえがあった。

ウ　乱の後，天皇や上皇たちは許されて，特に処罰されることはなかった。

エ　乱の後，京都所司代をおいて西の武士を統率する機関となった。

問9　Gの人物について，彼の様子をあらわした絵として正しいものを次のうちから一つ選び記号で答えなさい。

ア

イ

ウ

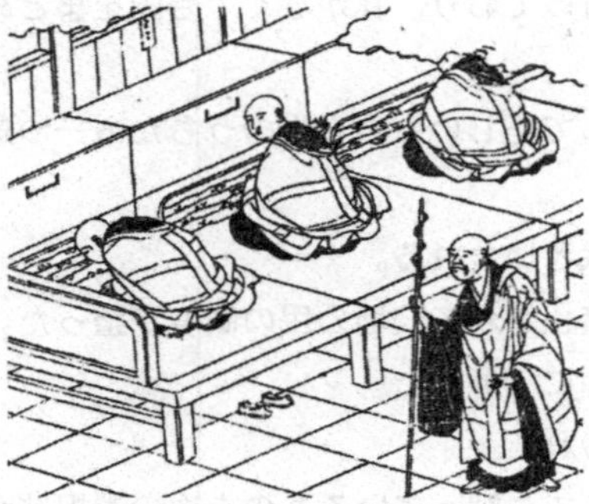

エ

問10　Hの人物に関連して，室町幕府の将軍のあとつぎを巡《めぐ》って国を二分する戦いが起こりました。この戦いの名称を答えなさい。

問11　Iの人物に関連して，この人物に関連する出来事Ⅰ～Ⅲの並び順として，正しいものを次のページのうちから一つ選び記号で答えなさい。

Ⅰ　長篠の戦い　　Ⅱ　桶狭間の戦い　　Ⅲ　本能寺の変

ア　Ⅰ→Ⅱ→Ⅲ　　イ　Ⅲ→Ⅱ→Ⅰ　　ウ　Ⅱ→Ⅰ→Ⅲ　　エ　Ⅰ→Ⅲ→Ⅱ

問12　Ｊの人物に関連して，江戸幕府の政治について述べた文章として正しいものを次のうちから一つ選び記号で答えなさい。

ア　徳川一族の中でも，三河・水戸・和泉の大名は御三家と呼ばれて高い地位とされた。

イ　禁中並公家諸法度によって，農民は厳しく統制された。

ウ　島原・天草の一揆が起こり，幕府のキリスト教対策がいっそう厳しくなった。

エ　幕府の外交政策により，長崎の出島でのみイギリスとの貿易を行うことができた。

問13　Ｋの人物に関連して，江戸時代に行われた次の〔あ〕～〔う〕の改革が年代の古い順に並べられているものをあとのうちから一つ選び記号で答えなさい。

〔あ〕　寛政の改革　　〔い〕　天保の改革　　〔う〕　享保の改革

ア　〔あ〕→〔い〕→〔う〕　　イ　〔う〕→〔い〕→〔あ〕

ウ　〔う〕→〔あ〕→〔い〕　　エ　〔い〕→〔あ〕→〔う〕

問14　Ｌの人物に関連して，前野良沢と共に，18世紀後半に『解体新書』を著し，蘭学の発展の基礎を築いた人物を答えなさい。

問15　以下の史料，Ｍの人物が作成したとされる「船中八策」に関連して述べた下の文章のうち，正しいものを次のうちから一つ選び記号で答えなさい。

1，政権を朝廷に返すこと

1，上下の議会を置き，すべて公論に基づいて政治を行うこと

1，公卿・大名のほか世のすぐれた人材の中から顧問を選ぶこと

1，新しく国家の基本になる法律（憲法）を定めること

1，外国と新たに平等な条約を結び直すこと

1，海軍の力を強めること

1，親兵を設けて都を守ること

1，金銀の比率や物の値段を外国と同じにするよう努めること

ア　新しい政府では議会をつくり，天皇の命令によってすべて決定すること。

イ　新しい政府の政治を行うのは，一部の優れた人物だけにすべきである。

ウ　新しい政府は江戸幕府が外国と結んだ条約を変えることなく，維持していくこと。

エ　新しい政府では，輸出入に関わる金貨銀貨の比率を海外と同じ比率にしていくこと。

問16　Ｎの人物が肖像になっている現在の紙幣が，2024年に変更されることになっていますが，変更後は誰になるか，答えなさい。

2． 次のＡ～Ｅの文は首都圏（関東地方および周辺県）とその周辺の県について述べたものです。後の各問に答えなさい。

Ａ　2022年の最高気温（2022年８月１日現在）を計測した市町村を有する県である。また，ａこの県は居住者に占める外国人の割合が高く，その中でもブラジル人の比率が高くなっている。特に県南部の大泉町では町内人口の５人に１人が外国人である。

その他にも，この県は日本を代表する温泉観光地としても人気であり，湯煙で有名な（　1　）は＊1「にっぽんの温泉100選」で19年連続１位となっている。

B　この県は周囲を５つの県に囲まれていることでも有名である。また，隣県との境に位置するb富士山の周辺にある５つの湖をc富士五湖と呼び，この県の観光地としても有名である。その他にも，この県の県庁所在地が位置する（　２　）盆地では，水はけの良い環境条件を生かし果物の栽培が盛んに行われている。その中でもワインの原料にもなる（　３　）の生産量は全国有数である。

C　この県の県庁所在地である（　４　）市などを中心に，d近年*2人口増加率が上昇している県として有名である。また，東京都にはない規模の大型ショッピングモールが多数あることや，歴史的建造物が多く残っていることから「小江戸」とよばれる（　５　）市，川下りなどのアクティビティで有名な荒川上流部に位置する長瀞町などの市町村も多く存在することから観光業も有名である。

D　世界遺産に登録されている日光の社寺や，ユネスコ無形文化遺産に登録された結城紬など世界に誇れる伝統的な建造物や産業などが多い県としても有名である。また，首都に近いことから，かんぴょうやいちごなどを代表する近郊農業も盛んに行われている。

E　日本を代表する空の玄関口である（　６　）国際空港を有する県として有名である。県の大部分が太平洋に突き出た（　７　）半島の一部となっており，県内は54の市町村を基本とする10の地域に区分され，それぞれの地域に特色がある。半島の東側は外海に面することから海岸線に特徴を持つことが多い。その中でも，（　８　）浜は代表的な砂浜海岸として有名で，夏には多くの観光客が海水浴に訪れる。それに対し，半島の西側は埋め立てなど人工的に建設された地域や海岸線が多く，東側に比べ比較的人口も多くなっている。東京湾沿岸に建設された（　９　）工業地域では，石油化学や鉄鋼などを扱う大企業がeコンビナートを形成し，あらゆる産業に不可欠な原材料やエネルギーなどを供給している。また，県庁所在地周辺地域に位置する（　10　）新都心とよばれる地域は，近年オフィス，商業・アミューズメント施設など複合的な機能を備える国際業務都市として発展を続けている。

＊１　「にっぽんの温泉100選」…観光経済新聞資料参照

＊２　人口増加率…ある地域において，一定期間内に増加した人口の割合のこと。

問１　Ａ～Ｅの各文にあてはまる県名を答えなさい。また，その位置を右の地図中より選び番号で答えなさい。

問２　文中の（１）～(10)にあてはまる最も適当な語句を下から選び，それぞれ記号で答えなさい。

ア　船橋　　イ　九十九里　　ウ　さいたま　　エ　鹿島臨海　　オ　川越
カ　成田　　キ　関東　　ク　房総　　ケ　幕張　　コ　甲府
サ　鬼怒川　　シ　りんご　　ス　浦和　　セ　横浜　　ソ　三浦
タ　ぶどう　　チ　御宿　　ツ　京葉　　テ　京浜　　ト　草津

問３　文中の下線部ａについて，次の説明文はＡの県の外国人居住者の割合が多くなった理由を説明したものである。説明文中の空欄 [X] にあてはまる工業地域名を答えた上で，空欄 [Y] にあてはまる外国人居住者の割合が増えた理由（問題）を自分自身で考え，この説明文を完成させなさい。

（説明文）

1970年以降，高速道路の整備などが進んだ影響でこの県を含む周辺地域に [X] 工業地域が形成された。その後，この工業地域が急速に発展していった結果，[Y] という問題に直面したため，地方自治体がこの問題に対応した結果，主に日系ブラジル人の居住割合が増えることとなった。

問４　文中の下線部ｂについて，富士山の標高（高さ）を答えなさい。

問５　文中の下線部ｃについて，富士五湖にあてはまる湖として正しいものを次のア～エよりひとつ選び，記号で答えなさい。

ア　浜名湖　　イ　宍道湖　　ウ　猪苗代湖　　エ　山中湖

問６　文中の下線部ｄについて，次の説明文は，近年この県の人口増加率が上昇している理由を説明したものである。あとの【条件】を参考にしたうえで，説明文中の空欄 [Z]・[W] にあてはまる語句をそれぞれ答えなさい。

（説明文）

東京都に隣接しているため都心への通勤や通学に便利なことや，東京都に比べ家賃や土地の価格も [Z] ことから，[W] としての需要が年々高まっているから。

【条件】

Ⅰ　空欄 [Z] には『高い』・『安い』のどちらかの語句を答えなさい。
Ⅱ　空欄 [W] にあてはまる語句は必ずカタカナ６文字で答えなさい。

問７　次の表は，2022年に観測した日本全国の最高気温の上位５番目までをまとめたものである。表中のＡ～Ｃにあてはまる県は，この大問のＡ～Ｃの県と同じ県を示している。これらの上位５番目までの県で気温が高くなる理由（共通点）を簡潔に説明しなさい。（観測資料は2022年８月１日現在）

順位	観測地	都道府県市町村	気温
１位	桐生（キリュウ）	Ａ　県　桐生市	４０．４℃
２位	伊勢崎（イセサキ）	Ａ　県　伊勢崎市	４０．３℃
３位	勝沼（カツヌマ）	Ｂ　県　※１	４０．２℃
４位	鳩山（ハトヤマ）	Ｃ　県比企郡鳩山町	４０．１℃
５位	多治見（タジミ）	岐阜県　多治見市	４０．０℃

※１　Ｂ県の市町村は問題の都合上記載していません。

問８　文中下線部ｅについて，この地域にあてはまる都市として**誤っているもの**を次のア～エより
ひとつ選び，記号で答えなさい。

ア　銚子市　　イ　市原市　　ウ　君津市　　エ　富津市

３． 次の新聞記事を読み，あとに続く問題に答えなさい。

参院選から１週間がたった。単独で改選過半数の63議席を得て大勝した自民党は選挙区で議席を積み増した一方で，a比例代表は前回2019年から１減った。比例代表の投票先を分析すると（　ｂ　）政権下で自民党に流れた若年層の票が新たな選択肢に向かった動きが浮かぶ。

比例代表は政党の支持傾向が反映されやすい。自民党の今回の得票率は19年より0.9ポイント低い34.4％だった。共同通信社の出口調査で年齢層別の投票先をみると，自民党の比率は50歳代以上の各年代で19年より高まった。対照的に若い世代は落ち込み，特に20歳代は3.5ポイント下がって４割を切った。野党第１党の立憲民主党も20歳代で19年の旧立民を1.6ポイント下回った。公明党や共産党の比率も低下した。

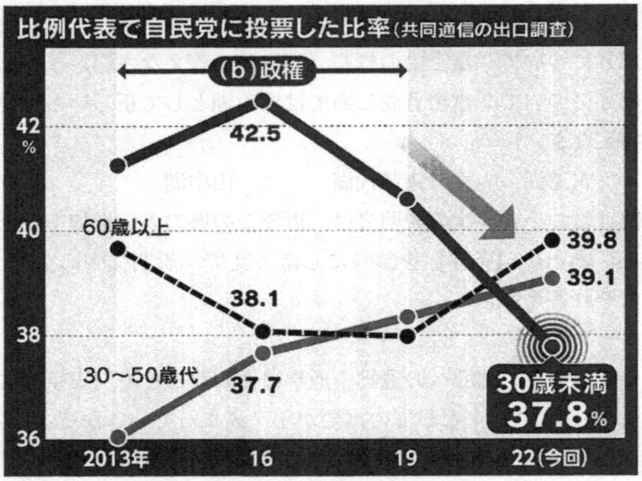

第２次（　ｂ　）政権以降の過去４回の参院選で自民党に投票した割合を「30歳未満」「30～50歳代」「60歳以上」の３つの年齢層別に追った。（　ｂ　）政権下の13，16，19年の３回は30歳未満がいずれも４割を超え，最も高かった。今回は一転して30歳未満が４割を下回って最も低くなった。自民党などから離れた若者の票はどこに向かったのか。伸びたのは参政党や国民民主党，日本維新の会などだ。参院選に初めて候補を立てた参政党は20歳代の投票先で5.9％に達し，共産を上回った。国民民主党も19年の旧国民民主より3.9ポイント高く10.5％になった。両党とも若い世代ほど割合は高い。日本維新の会も0.7ポイント伸びて国民民主と並ぶ10.5％を占めた。一定の票が流れたと言える。半面，4.5ポイント増えた40歳代など上の世代ほどの伸長はみられなかった。

京都府立大の秦正樹准教授は「新しい選択肢の存在が若者をひき付ける力になった」との仮説を示す。主に若年層で支持を広げた参政党について「既成政党が表現できていない政策をうまく組み合わせて提示した」と分析する。

> 参政党に投票した人は c 防衛費増額，d 消費税率引き下げを支持し，e 憲法改正はどちらでもよいとの傾向が世論調査からみてとれるという。同党は日本の尊厳や国防力重視などを掲げ，改憲は必ずしも前面に出ていない。
>
> 『日本経済新聞』2022年７月11日

問１　下線部ａの「比例代表」は，選挙制度の一つである「比例代表制」のことです。比例代表制とはどのようなものか，簡潔に説明しなさい。

問２　文中および表の（ｂ）に当てはまる，日本で最も長く首相を務めた人物の名を答えなさい。名字だけで構いません。

問３　文中の表「比例代表で自民党に投票した比率」から読み取れることとして正しいものを選び，記号で答えなさい。

ア　2013年の選挙では，60歳以上の人で自民党に投票した人の割合は50％を超えている。

イ　2013年の選挙では，30～50歳代で自民党に投票した人の割合は30％未満である。

ウ　2016年の選挙では，自民党に投票した人の割合が最も高いのは30歳未満の人である。

エ　2022年の選挙では，30歳未満の人が選挙の投票に行った割合が低いことが分かる。

問４　下線部ｃについて，令和４年度の日本の国家予算に占める防衛費として最も適当なものを選び，記号で答えなさい。

ア　約5400億円　　イ　約５兆4000億円　　ウ　約54兆円　　エ　約540兆円

問５　下線部ｄについて，2022年８月現在の日本において，60万円の宝石を購入した場合，消費税を含めた支払い総額はいくらになるか答えなさい。

問６　下線部ｅの憲法について説明した次の文中の空欄に当てはまる語句を後に続く選択肢からそれぞれ選び，記号で答えなさい。

> 憲法とは，国を治めるための最高法規で，あらゆる法の上に位置するものです。日本国憲法の三大原則として，（　Ａ　），基本的人権の尊重，平和主義が知られています。
>
> 日本国憲法では，天皇は日本国および日本国民統合の（　Ｂ　）とされており，憲法に定められた（　Ｃ　）だけを，（　Ｄ　）の助言と承認に基づいて行います。

（Ａ）ア　国民主権　　イ　天皇主権　　ウ　勤労の義務　　エ　民主主義

（Ｂ）ア　国家元首　　イ　君主　　ウ　最高責任者　　エ　象徴

（Ｃ）ア　国事行為　　イ　国治行為　　ウ　政治行為　　エ　手続行為

（Ｄ）ア　国会　　イ　内閣　　ウ　裁判所　　エ　東京都知事

問７　2022年７月の参議院議員通常選挙の選挙権は何歳以上の日本国民に与えられましたか。

問８　国会について説明した次の文中の空欄に当てはまる語句を後に続く選択肢からそれぞれ選び，記号で答えなさい。

> 日本の国会には２つの議院が設置されており，所属議員数が多いのは（　Ａ　）院です。日本国憲法において国会は「（　Ｂ　）」とされています。
>
> 国会を会期で分類すると４種類に分けられ，そのうち毎年１回，１月中に開かれるものを（　Ｃ　）とよんでいます。

国会は法律を制定したり，予算を決めたりするだけではなく，各議院の総議員の（　Ｄ　）以上の賛成で，憲法の改正を発議します。

（Ａ）ア　衆議　　イ　参議　　ウ　貴族　　エ　枢密
（Ｂ）ア　唯一の司法機関　　イ　民主主義の学校　　ウ　憲法の番人　　エ　国権の最高機関
（Ｃ）ア　本会議　　イ　特別会　　ウ　臨時会　　エ　常会
（Ｄ）ア　４分の１　　イ　２分の１　　ウ　３分の２　　エ　４分の３

が気になり近づきたいと感じている。

ウ　転入生のボクが気に食わないハブジローたちは、ボクに意地悪をする機会をずっと探しており、蛇《へび》が嫌いなボクをわざとハブ谷へ連れていこうと計画している。

エ　会いたくなかったハブジローたちと再び出会ってしまったボクは、ハブジローたちのことを無視し続けたが、またいじめられることを恐れて素直《すなお》に彼らのいうことを聞こうとしている。

問十三　――線部⑩「シカボー」とは沖縄の方言だが、どういう意味だと考えられるか。一言で答えなさい。

問十四　本作の表現の特徴についての次の説明の中から最も適当なものを一つ選びなさい。

ア　洟水《はなみず》を垂らす「ハナー」、語尾に「ヨカ」が付く「ヨカ先生」など、子どもの目線からとらえた登場人物の性質を、ユニークなアダ名で表現することで豊かな彩りを与えている。

イ　沖縄の方言をカタカナで表現することで「ヤマトゥ」のボクには理解できない難解な言葉であるため、それがハブジローたちとの間に大きなかべを作っていることを示している。

ウ　ボクやヨカ先生、ハブジローなど、それぞれの登場人物の行動や心理を正確に読者に伝えるために、物語は一貫《いっかん》して作者の視点から語る工夫がなされている。

エ　「舌をペロペロと出し」「ハブがうじゃうじゃ」などのように比喩表現が多く用いられ、登場人物が生き生きと描かれており、重苦しい戦争中の沖縄の空気をやわらげている。

ら。

イ　自由に生きるためには強い意志と責任が必要だが、自身をふり返ると、そうした意志や責任を持っていたとは言えないと思ったから。

ウ　兵士として戦争に参加しつらい経験をしたヨカ先生にとって、戦争を知らず自由に生きる子どもたちの姿はキラキラと輝いて見えたから。

エ　戦争によって一度自由は奪《うば》われたが、終戦によって自由のある社会が実現するかもしれないという期待を抱いているから。

問九　――線部⑥「雨がテントを叩く」とあるが、

(1)　ここで用いられている表現技法として適当なものを、次から一つ選びなさい。

ア　倒置《とうち》法　イ　体言止め　ウ　擬人《ぎじん》法　エ　直喩《ちょくゆ》法

(2)　教室の場面では「雨」はどのような効果を与えていると考えられるか。その説明として、最も適当なものを次から一つ選びなさい。

ア　ヨカ先生の混乱が子どもたちにも伝わり、教室が重苦しい空気に包まれていることを示す効果。

イ　ポツポツと降っていた雨が急に大雨に変わったように、子どもたちの未来がつらく救いのないものとなることを暗示する効果。

ウ　激しい雨にも負けることなく真剣に「自由」について考える生徒たちのたくましさを伝える効果。

エ　これから先の社会で人々が「自由」を手に入れるのはそう簡単なことではないことを暗示する効果。

問十　――線部⑦「教科書を濡らすまい」とあるが、ここでの「まい」と同じ意味・用法の「まい」を含むものを、次から一つ選びなさい。

ア　明日は雨も降るまい。

イ　何があっても泣くまいと決心する。

ウ　家族でもあるまいし、よく世話をするね。

エ　よもや化け物ではあるまいな。

問十一　――線部⑧「母さんは明るく言って台所に立った」とあるが、この時の「母さん」の心情を説明したものとして、最も適当なものを次から一つ選びなさい。

ア　何度も転校をさせてしまい申し訳なく思い、せめて家では明るく接しようとしている。

イ　「ボク」が学校でいじめられたことを聞き、嫌《いや》なことを思い出さないよう明るくしている。

ウ　学校で何か嫌なことがあったと察《さっ》し、「ボク」を元気づけようと明るく振《ふ》る舞《ま》っている。

エ　「ボク」に友人ができたことを知って心配が吹き飛び、気持ちが明るくなっている。

問十二　――線部⑨「ハブジロー、ポーポー、ベーグァの三人が飛び出してきた」とあるが、この後の場面に関する説明として最も適当なものを後から一つ選びなさい。

ア　食べ物が手に入らず空腹に苦しんでいるボクをかわいそうに思ったハブジローたちは、食べ物が豊富に実っている場所を教えることで何とかボクを助けてあげようとしている。

イ　当初は疎開者《そかいしゃ》であるボクに敵対心を持っていたハブジローたちだが、ボクが約束を守りインチキも明らかになった今は、ボクのこと

3 「疎開」……戦争で人が集中するのを避けるために地方へ一時的に移り住むこと。
4 「青大将」……日本に広く分布する無毒のヘビ。
5 「ガリ版刷り」……簡易な印刷方法で刷られたもの。
6 「何百里」……「里」は距離の単位。一里は約3・9キロメートル。
7 「那覇・糸満・百名」……いずれも沖縄の地名。
8 「軽業師」……身軽な動作で曲芸をする芸人。
9 「肥後守」……簡易式の折りたたみナイフ。

問一 〰〰線部a～eのカタカナは漢字に直し、漢字はその読みをひらがなで答えなさい。

問二 文中の空欄《くうらん》 X にはある動物の名前が入る。それをカタカナで答えなさい。

問三 文中の空欄 Y 入れるのに最も適当なものを次から一つ選びなさい。

ア ニコニコ　イ クスクス　ウ ケラケラ　エ ニヤニヤ

問四 ――線部①「三人の少年がボクの前に立ちはだかった」とあるが、「三人」が「ボクの前に立ちはだかった」のは、「ボク」をどのように思っていたからだと考えられますか。五十字以内で具体的に説明しなさい。

問五 ――線部②「ボクにはとてもできない」とあるが、ここから読み取れる「ボク」の心情として最も適当なものを次から一つ選びなさい。

ア 猛毒《もうどく》を持つハブにひるむことなく素手でとらえたハブジローに対する尊敬とあこがれの気持ち。
イ 噛《か》まれたら死んでしまうのにハブを手でつかんで自慢するハブジローの幼さにあきれる気持ち。
ウ ただでさえ蛇《へび》は苦手なのに猛毒を持つハブを手でつかむなど恐ろしくて考えられないという気持ち。
エ ボクが蛇が苦手なことを知っていてわざと意地悪《いじわる》をするハブジローたちが信じられない気持ち。

問六 ――線部③「ヨカ先生は笑いながら泣き顔のボクの肩をたたいて」とあるが、なぜ「ヨカ先生」はこのような行動を取ったと考えられますか。その説明として、最も適当なものを次から一つ選びなさい。

ア 子ども同士の幼いかけ引きをほほえましく思いつつも、手荒い歓《かん》迎《げい》を受けた「ボク」を安心させようと思ったから。
イ 洟《はな》を垂らして泣いている「ボク」の顔はおもしろいが、先生である以上、泣いている生徒を助ける義務があると考えたから。
ウ ハブジローたちのいじめは決して許すことはできないが、まずは「ボク」を安心させることが先だと考えたから。
エ 転入初日からハブジローたちに目をつけられてしまったボクの不運がおかしく、同情しつつもはげまさなければと思ったから。

問七 ――線部④「そうだったのか」とあるが、「そう」の指し示す内容を文中から一文で抜き出しなさい。

問八 ――線部⑤「まぶしいなあ……」とあるが、ヨカ先生はなぜ「まぶしい」と感じているのか。その説明として、最も適当なものを後から一つ選びなさい。

ア 体の調子が悪く、ひんぱんに咳《せ》きこんでしまうヨカ先生にとって、元気に勉強している子どもたちの姿はまぶしく輝《かがや》いて映るかかかる。セイ姉さんは父さんが勤める警察で事務の仕事についた。シャモ、ヒヨコ、ウサギの世話はボクとクンが担当することになった。少し面倒《めんどう》だけど鶏《にわとり》やウサギの世話をするのは嫌いではない。ウージ《サトウキビ》畑の周囲にはタンポポがよく生えている。少ない時はイモ畑に行ってカンダバー《いも類の茎や葉》を摘《つ》む。

「ドロボー、ウージドロボー、イモドロボー」ウージ畑から声がした。

⑨ハブジロー、ポーポー、ベーグァの三人が飛び出してきた。会いたくない三人にまた会ってしまった。ハブジローは油断ならない。またボクに罠《わな》を仕掛《しか》けようとしている。

「ハナー、いい草場があるぞ」ハブジローが言う。

ボクは無視して草を摘《つ》む。するとベーグァがボクの手を掴《つか》んで歩き出した。ボクは行きたくないと足を止める。背中をハブジローとポーポーが押す。ボクは強引に小高い丘《おか》の上に連れて行かれた。

「ベーベーヌ草」ベーグァが足を止めて一帯を指さした。

タンポポやフーチバーなどの千草《ちぐさ》がそこいらじゅうに自生している。ここに来ればエサに不自由することはない。いい草場の丘だ。ボクは、案内してくれたベーグァに感謝した。

「腹へったあ、あれ」ハブジローが木の上の青い実を指さした。

「ガッテン承知」ポーポーが片腕《かたうで》でスルスルと木に登り、両膝《りょうひざ》で木を挟《はさ》み込むようにして体を固定すると、プッ、プッ！　気持ちよさそうにおならを放った。それから片手で青い実をもぎ取って投げた。ボクはポーポーの※8軽業師《かるわざし》のような芸当にdカンシンした。足元にも転がってきた実をeヒロった。

それは皮の厚い固いミカンだった。

「クニブだ」ハブジローはポケットから※9肥後守《ひごのかみ》を取り出し、皮に切れ目を入れて差し出した。

ボクが食べないでいると、ベーグァが口に入れて「メェヘェー」と笑顔を見せた。

それではとボクも皮をむき食べてみた。見た目と違ってとても甘い。

「あれがパパイヤだ」ハブジローが谷のほうを指さした。

丘の向こうは急斜面《きゅうしゃめん》になって谷につながる。ガジュマル、福木、シュラ、シークァーサー、デイゴなど雑多な樹が密集して森になっている。その中にパパイヤの木が何本か見える。黄色く熟した実をつけている。

「食べて、みたい」

「食べてみたい？」

「うん」

「……ハブ谷だぞ」

「ハブ谷？」

「ハブがうじゃうじゃ」ポーポーが手首でハブの鎌首《かまくび》をつくった。

「イヤだ」

ボクは逃げるように走り出した。ハブがうじゃうじゃいる光景はとても我慢《がまん》できなかった。

「ハハハ、⑩シカボーハナー」三人が笑い囃《はや》す声が追いかけてきた。

ボクにハブ谷に行く勇気はなかった。ハブジローたちにまた弱みを見せてしまった。

（上原正三『キジムナーkids』より）

〔注〕

1 「ヤマトゥ」……本土出身者。

2 「カマス袋」……ワラを二つ折りにして作った袋。

「思うままに行動することです」

生徒たちが口々に発言した。

⑥雨がテントを叩《たた》く。声が聞き取りにくい。

そんな中、ベーグァは一心に子ヤギの絵を描いている。子ヤギのそばに赤色クレヨンで描かれている。それがチョウチョウなのかトンボなのか、その時はよくわからなかった。

「そうだな。他人から束縛《そくばく》されたり、一方的に命令されないことだな。だけど自分の思うがままに行動するのが自由ではない。自由に生きるということは自分なりのしっかりとした意志が必要だ。また、その行動には責任が伴《ともな》う。ウーン、偉《えら》そうに！」

ヨカ先生は自分の頭を叩《たた》いた。

「僕に自由を教える資格があるのだろうか。僕は今日も迷っている……戦争に負けたからといって、急に自由か、民主主義……ない。資格ない。でも自由はヨカ、青空のように広々しちょる。自由のある社会はヨカ。自由がなかったから、憧《あこが》れる……」

先生は言葉の語尾にヨカを使う。きっと九州の出身だと思った。疎開《そかい》先の熊本でも「ヨカ」の言葉をよく耳にした。

ヨカ先生がまた咳《せ》き込んだ。風邪《かぜ》をひいたのだろうか。黙《だま》って黒板の「自由」の文字をじっと見つめて立っている。目だけがギラギラしている。

テントにたまった雨がポタポタと水滴《すいてき》になって落ちてきた。

生徒たちは教科書を濡《ぬ》らさないように場所をずらしたりした。ボクも⑦教科書を濡らすまいとするが、そのスキに頭を狙《ねら》って落ちてくるので始末が悪い。前列の女子生徒が急に立ち上がった。見ると足元を雨水が流れている。女子生徒は履《は》いてきた黄色い鼻緒《はなお》の下駄《げた》を脱いで裸足《はだし》になった。下駄を両手で大事そうに抱《かか》え込んだ。

「自由に勉強し、自由に遊び、自由に話せる。そんな時代が来るとヨカ……」

ヨカ先生がぶつぶつ言っている。テントに打ちつける雨音がヨカ先生の声を打ち消す。雨はさらに激しくなり黒板を濡《ぬ》らし始めた。「自由」の文字が半分消えてしまった。ヨカ先生がまた激しく咳《せ》き込んだ。

授業が終わる頃には、激しく降っていた雨もやみ、太陽が照りつけていた。沖縄では雨と太陽が交互にやってくる。

ボクは、ハブジローたちの視線を背中に感じながら真っ直ぐに家に帰った。

「どうだった？」と母さん。

「え」

「学校」

「……うん。まあ」ボクはあいまいに答えた。

「そう。すぐに馴《な》れるさ。今日のおやつはおいしいよ」⑧母さんは明るく言って台所に立った。

小学校に入学してから転校の連続だった。那覇《なは》※7から糸満《いとまん》へ。糸満から台湾へ。台湾から熊本へ。熊本から石川へ。石川から百名《ひゃくな》へ。四年間で六度も転校を繰《く》り返してきた。父さんの転勤だったり、疎開だったり。転校の度に同じような体験をする。ボクは転校慣れしていた。

母さんは、ボクの目を見ただけで、今日、学校で何があったかわかるようだ。だからボクは聞かれる前にカマス袋を持ち、シャモやウサギの餌《えさ》を摘《つ》みにでかけた。兄さんとユキ姉さんは高校生だから通学に時間が混ざったねばねばした液体を手でこすり上げながら斜面を上がった。

「ヨカ先生ドゥ《だ》」ポーポーがbツげた。

ハブジローがボクの肩からポンと飛び降りた。

そこへヨカ先生が来た。背が高い先生だ。だけどげっそり痩《や》せている。

「おどされたな、ハブジローに」

③ヨカ先生は笑いながら泣き顔のボクの肩をたたいて、ユウナの葉でボクの洟《はな》垂れを拭《ふ》いてくれた。

「ハブはキバが抜《ぬ》かれている。だから噛《か》まれても安心。そうだな」

「……」ハブジローはインチキをバラされて不満そうな顔をした。

「あまり転入生をいじめるな。さ、放してこい。それがヨカ」

先生はハブジローをやんわりたしなめ、ハブを逃がすようにうながした。

ハブジローは、渋々《しぶしぶ》近くの藪《やぶ》にハブを放した。ハブは鈍《にぶ》い動きで藪《やぶ》の中に消えた。

「④そうだったのか」ボクは後悔《こうかい》した。

ハブジローのたくらみを見破ればよかった。勇気を出してハブを掴《つか》んでおれば馬にされずにすんだのに。でも、ボクには無理だっただろう。たとえキバが抜かれていることを知っていてもハブを掴むことはできない。ヘビは苦手だ。疎開《そかい》先で空腹を満たすためによくなすびを盗《ぬす》み食いした。見つからないように畑を腹這《はらば》いになって目標に近づく。

ある夜、腹の下を動くものがある。二メートルもあろうかという青《あお》※4大将《だいしょう》だった。ボクは息が止まるかと思った。青大将は毒を持っていないが、あの時のくねくねしたc気色わるい感触を忘れない。

その時、ポツポツと雨が降り出してきた。

「入って、入って」ヨカ先生がボクたちをテント教室に押し込んだ。

教室にはミカン箱が並べてあり、椅子《いす》なのか机なのか判断しかねた。椅子にして座っている者もいれば、カマスを座布団のようにたたんで座り、机にしている女子生徒もいる。

先生は、ボクを転入生として紹介《しょうかい》し、みんなで仲良くするように言った。

「これからヨミカキの授業をおこなう」

ヨカ先生がヨミカキの教科書を配った。教科書といってもガリ版刷り※5を綴《つづ》ったもの、ざらついたワラ半紙であった。ベニヤ板の切れ端《はし》を黒く塗《ぬ》ってこしらえた黒板。チョークはアメリカ軍の支給品だった。

「とはいうもの、何をどう教えてヨカか……迷っている。困っている……先生が教えてもらいたかよ」

ヨカ先生は、ヨミカキの教科書には触れず、黒板の前をうろうろ歩き回っている。

「ここはお国の何百里※6……」呟《つぶや》くように軍歌を口ずさんでいるのだ。

ベーグァは抱《だ》きかかえたカバンからクレヨンを取り出して子ヤギの絵を描《えが》きはじめた。

その時、ヨカ先生がチョークを手にした。そして黒板に「自由」の文字を書いた。

「⑤まぶしいなあ……」

ヨカ先生が激しく咳《せ》き込んだ。咳き込みながら生徒たちに言った。

「自由とは？知ってる人？」

「じゆう？」

「自由というのは自由さ」

「肩車《かたぐるま》してさ、教室まで運べ」ポーポーがハブジローの口調で命令する。

「メェヘヘ」とベーグァが同調する。

そうか、この三人はいじめっ子だ。新しく転入してくる者をつかまえて無理難題をふっかけているのだ。

「イヤだ」ボクが断ると、

「じゃ、勝負だ。負けたら馬だぞ」

そう言うとハブジローがカマス袋を突き出して言った。

「手を入れろ」

ボクが黙《だま》っていると、ハブジローが袋に手を入れた。そして何かを掴《つか》み出した。

生きたハブだった。

「ひえッ！」ボクは自分でも驚《おどろ》くほど後ろに飛び退いていた。

ハブジローが生きたハブを掴《つか》んでいる。大きい。一メートルはある。

「お前の番だ」

ハブジローは、ハブをカマスに押し込み、ボクに差し出した。

「この辺はハブが多いらしいからね、気をつけるのよ。石垣《いしがき》には近づかないように」

家を出る前に母さんに言われたばかりだった。ハブは猛毒《もうどく》を持っており、農作業中に噛《か》まれて死ぬ人もいると聞いている。そのハブを手掴みにするとは。②ボクにはとてもできない。

「早くしろ」

「早くしろ」ポーポーが X 返しに言う。

「ほら」ハブジローがカマスを投げてよこした。

ボクは、さらに後ずさりした。

「ケケケ、ハナーハナダイ《ハナーの鼻たれ》、ソーミン《ソーメン》、ソーミン《ソーメン》」ハブジローが Y 笑い出した。

「ハナーハナダイ、ソーミン、ソーミン」ポーポーは片手で逆立ちして喜ぶ。

「メェヘヘェ」ベーグァも大笑いだ。

その時ボクは初めて気づいた。鼻から二本の洟《はな》が垂れ出していたのだ。緊張《きんちょう》するとついつい出てしまうボクの洟《はな》。慌《あわ》てて手の甲で拭《ぬぐ》った。

「ハナーの番だ」ハブジローが言う。

「ハナーの番だ」とポーポー。

ボクはハナーのアダ名がついてしまった。

カマスの中からハブが這《は》い出てきた。三角の頭をして、赤い舌をペロペロと出しながらクネクネと動く。

ボクは震《ふる》えて動けない、ズルズルと洟《はな》が垂れる。

「ハブジローの勝ちィ、ポーポー、ピープー」プッ！　とオナラを放った。

「メェヘェー」

ポーポーとベーグァが愉快《ゆかい》そうに笑う。

ハブジローはハブを手掴《てづか》みしてカマスに押し込むと、

「ヤクソクだ」馬になれと aキョウヨウしている。

悔《くや》しいけれど約束は守るべきだと思う。ボクはハブジローを肩車した。小柄《こがら》なのに重い。ボクはふらつきながら斜面を上った。足元が滑《すべ》る。その度に手を突く。ハブジローがハブの入ったカマス袋をちらつかせる。立ち上がるしかない。ハブが怖《こわ》くて、馬にされたことが悔《くや》しくて、ハブジローが重くて、涙と一緒《いっしょ》に洟《はな》も垂れる。ボクは涙《なみだ》と洟《はな》垂れの

手口別の認知件数の推移

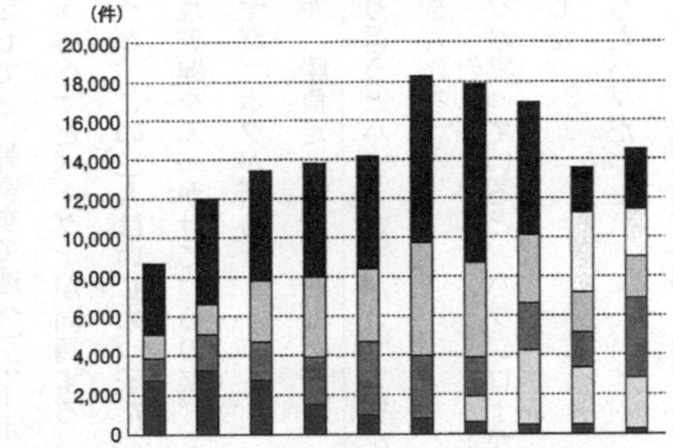

	H24	H25	H26	H27	H28	H29	H30	R1	R2	R3
合計	8,693	11,998	13,392	13,824	14,154	18,212	17,844	16,851	13,550	14,498
■オレオレ詐欺	3,634	5,396	5,557	5,828	5,753	8,496	9,145	6,725	2,272	3,085
□預貯金詐欺									4,135	2,431
□架空料金請求詐欺	1,177	1,522	3,180	4,097	3,742	5,753	4,844	3,533	2,010	2,117
■還付金詐欺	1,133	1,817	1,928	2,376	3,682	3,129	1,904	2,375	1,804	4,004
□キャッシュカード詐欺盗							1,348	3,777	2,850	2,602
■上記以外	2,749	3,263	2,727	1,523	977	834	603	441	479	259

手口別の被害額の推移

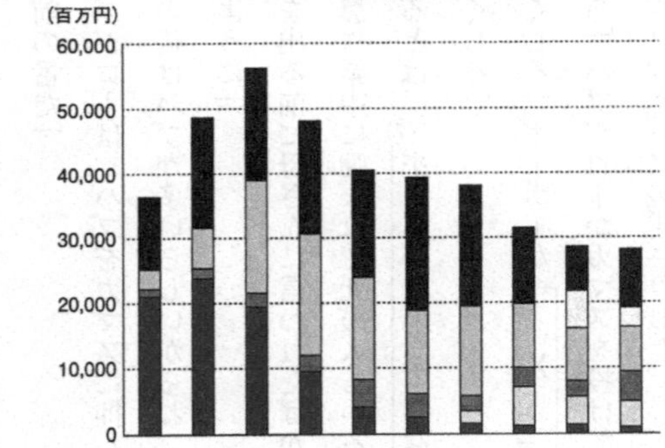

	H24	H25	H26	H27	H28	H29	H30	R1	R2	R3
合計	36,436	48,949	56,551	48,198	40,766	39,475	38,287	31,583	28,523	28,199
■オレオレ詐欺	11,200	17,133	17,490	17,509	16,715	20,794	18,891	11,765	6,792	9,061
□預貯金詐欺									5,819	3,058
□架空料金請求詐欺	3,010	6,339	17,581	18,753	15,826	12,766	13,840	9,859	7,976	6,808
■還付金詐欺	1,128	1,688	1,992	2,546	4,260	3,585	2,251	3,010	2,492	4,518
□キャッシュカード詐欺盗							1,892	5,909	4,264	3,949
■上記以外	21,098	23,790	19,487	9,390	3,965	2,329	1,413	1,040	1,181	806

警視庁ホームページ「令和３年における特殊詐欺の認知・検挙等について（確定値版）」より

三　次の文章は、上原正三『キジムナーkids』の一節である。これを読んで後の問いに答えなさい。

その小学校は、家から十分ほどの距離《きょり》にあった。四年生として転校手続きをすませていたので道に迷うことはなかった。小さな運動場の奥《おく》の斜面《しゃめん》がひな壇《だん》になっており、アメリカ軍の野戦用のテントが並んでいた。それが教室だった。

ボクが運動場を横切ろうとした時、①三人の少年がボクの前に立ちはだかった。

ハブジロー、ポーポー、ベーグァの三人だった。

「ヤマトゥ※1か？」ハブジローが聞く。その手にカマス袋《ぶくろ》※2を持っている。

「……」

ボクは首をふった。

「ヤマトゥ」

「ヤマトゥ」

ポーポーとベーグァがからかう。

「ヤマトゥじゃないよ」

「フン」ハブジローがボクの足元を見た。

ボクはズック靴《ぐつ》を履《は》いていた。熊本にいる時からの履き古したものだった。

見ると三人は裸足《はだし》だ。

ハブジローたちは、疎開《そかい》※3先から引き上げて来た者が憎《にく》らしいのだ。靴など履いて澄《す》ましてやがる。そんな思いでからかっている。

「ヤマトゥは馬になれ」ハブジローが言う。

「馬？」

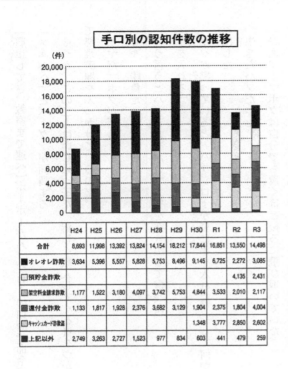

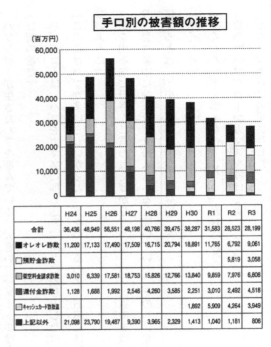

を加え、Ⅳで脳のリソース節約を中心に結論づけている。

ウ　Ⅰで問題提起とそれに関わる「認知バイアス」についてふれ、Ⅱ～Ⅳで様々なバイアスについて具体的な名称《めいしょう》とその説明をしている。

エ　Ⅰであらかじめ人が騙《だま》されるメカニズムを述べて結論づけ、Ⅱでその根拠《こんきょ》をくわしく説明し、ⅢとⅣで認知バイアスの役割を述べている。

問十一　本文と関連する次のグラフを見た生徒の会話として、適当ではないものを、次のア～エのうちから一つ選び、記号で答えなさい。

ア　Aさん：被害額の推移を見てみると、ピーク時に比べて年々減少傾向《けいこう》にあることは確かなんだね。

イ　Bくん：それを手口別に見ると、ピーク時も令和三年度と同様に、オレオレ詐欺《さぎ》の被害金額が最も多いね。

ウ　Cくん：オレオレ詐欺といえば、認知件数が一番多いのは平成三十年度で、その後はしめる割合が下がっているよ。

エ　Dさん：還付金《かんぷきん》詐欺って、コロナ禍《か》の令和二年度以降が多いのかなと思っていたけれど、データを見る限りそういうわけではないみたい。

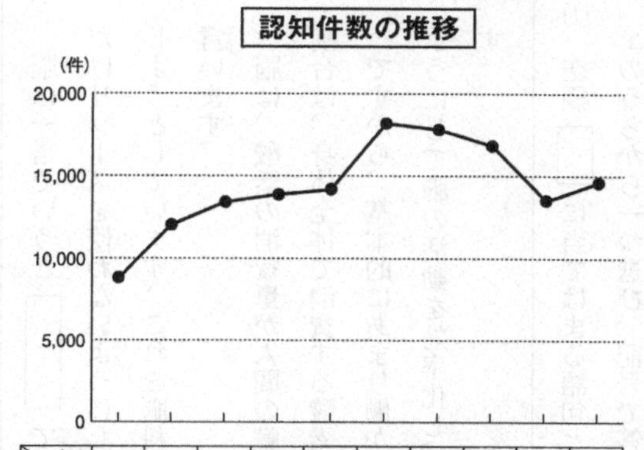

年次／区分	H24	H25	H26	H27	H28	H29	H30	R1	R2	R3
認知件数	8,693	11,998	13,392	13,824	14,154	18,212	17,844	16,851	13,550	14,498

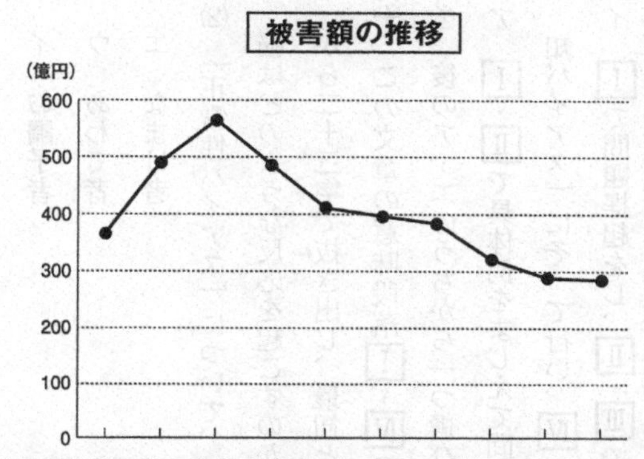

年次／区分	H24	H25	H26	H27	H28	H29	H30	R1	R2	R3
被害額	364.4	489.5	565.5	482.0	407.7	394.7	382.9	315.8	285.2	282.0

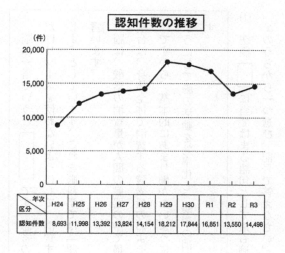

イアス」。

エ　周囲の人におかしいと言われても、かたくなに自分の直感を信じ通そうとする「真実バイアス」。

問六　――線部④「ひとたびそうだと思い込むと、その考えを補強する情報を無意識に集め、思考してしまうのです」とあるが、振り込め詐欺の例から「その考え」「補強する情報」として最も適当なものを、次のア～オのうちからそれぞれ一つずつ選び、記号で答えなさい。

ア　電話の相手が「オレオレ」と言ったこと。

イ　電話の相手を「息子だ」と思ったこと。

ウ　「声が息子と違うかもしれない」と思ったこと。

エ　「風邪をひいて今日は声がおかしい」と言ったこと。

オ　「息子は昔から風邪をひきやすかった」と思ったこと。

問七　――線部⑤「そうした善意や良識」として適当ではないものを、次のア～エのうちから一つ選び、記号で答えなさい。

ア　「あの人がウソを言って私を騙そうなんてありえない」と判断すること。

イ　相手が真実を語っているということを前提に話をすること。

ウ　「あなたはウソを言っていますね」と正しいことを伝えること。

エ　相手の話に違和感があっても、自分だけ我慢《がまん》すればいいと思ってこらえること。

問八　――線部⑥「このバイアス」とは具体的に何か、七字以内で書きぬきなさい。

問九　――線部⑦「前述した脳のリソース節約」について記された文章は次の通りである。次の⑴・⑵の問いに答えなさい。

> 脳は一言でいうと［　　］です。思考のプロセスでもできるだけリソースを使わないようにして、消費するエネルギーを節約しようとしています。これを脳科学では「認知負荷」を下げると言います。
>
> 脳は、酸素の消費量が人間の臓器の中で最も多く、その占《し》める割合は、身体全体で消費する酸素量のおよそ4分の1です。
>
> ですから、基本的にあまり働かないように、つまり思考しないようにして脳の活動を効率化し、酸素の消費を抑えようとします。

⑴　空欄［　］に当てはまる語句として最も適当なものを、次のア～エのうちから一つ選び、記号で答えなさい。

ア　働き者

イ　お調子者

ウ　あわて者

エ　なまけ者

⑵　「正常性バイアス」について、「脳のリソース節約」をした結果、脳はどのような反応を起こすのか。「～とすること」に続く形で本文から二十三字で抜《ぬ》き出し、最初と最後の五字を書きなさい。

問十　この文章の意味段落［Ⅰ］～［Ⅳ］の構成について、最も適当なものを、後のア～エのうちから一つ選び、記号で答えなさい。

ア　［Ⅰ］・［Ⅱ］で具体例をまじえて問題提起をし、［Ⅲ］でその検証を「認知バイアス」にそって行い、［Ⅳ］で結論づけている。

イ　［Ⅰ］で問題提起をし、［Ⅱ］・［Ⅲ］で「認知バイアス」の具体的な説明台風などで洪水《こうずい》警報が出ても、「自分の家は大丈夫《だいじょうぶ》」と思うのも「正常性バイアス」の一つです。

これも⑦前述した脳のリソース節約によるものです。

自分が被害者になるのではないかという疑いや、異常事態でそれに d タイショしようとして処理する情報が多くなりすぎると、脳の負荷が高くなります。

そのため脳では、その異常事態は問題ない、平常だとして処理する情報量を減らそうとします。

「気を付けるべき事象」を見聞きしても、脳は自分事と捉《とら》えるだけのリソースをもっておらず、e アブナイことは自分とは遠い話だと認知するようになっているのです。

詐欺に対しても、災害に対しても、そもそも「誰《だれ》にでも」危険が及《およ》ぶ恐《おそ》れがあるからこそ、これだけ多くのニュースで注意喚起《かんき》が行われているのです。それでも「自分は詐欺に遭《あ》わない自信がある」という人は、逆に正常性バイアスが強く、騙されやすい傾向《けいこう》があると言えるでしょう。

（中野信子『フェイク』より）

〔注〕

1 「偽計業務妨害」……うそのうわさを広めたり、人のかんちがいを利用して他者の業務をじゃましたりする犯罪。

2 「プロパガンダ」……意図をもって、特定の主義や思想に誘導《ゆうどう》しようとする宣伝活動。

3 「真贋」……本物とにせ物。

4 「因果律」……全てのものは何らかの原因から生じた結果であり、原因がなければ何も生じないという法則。

5 「リソース」……資源・容量。

問一 ～～線部a～eの漢字は読みを答え、カタカナは漢字に直しなさい。ただしeは送りがなも書くこと。

問二 空欄《くうらん》 A ～ D に当てはまる語句として最も適当なものを、次のア～カのうちから一つ選び、記号で答えなさい。

ア 例えば　イ つまり
ウ では　エ しかも
オ または　カ しかし

問三 ――線部①「流布」の文中における意味として最も適当なものを、次のア～エのうちから一つ選び、記号で答えなさい。

ア 広める　イ 集まる
ウ 生まれる　エ かかげる

問四 ――線部②「どうして人々はこのフェイクニュースを容易に信じてしまうのでしょうか」とあるが、その理由を「脳」「性質」「論理」という単語を使って五十字以内で説明しなさい。

問五 ――線部③「私たちは論理のほかに何をもって物事の関係性や因果律を理解しているのでしょうか」とあるが、何をもって理解しているのか、最も適当なものを、後のア～エのうちから一つ選び、記号で答えなさい。

ア 自分は大丈夫と信じ切って、異様な状況《じょうきょう》下でも平気だと思い込んでしまう「正常性バイアス」。

イ 自分にとって適した情報だけを集め、情報を都合よく書き換《か》えてしまう「確証バイアス」。

ウ 物事について客観的ではなく、自分勝手に捉《とら》えてしまう「認知バうのです。

　振り込め詐欺でも、聴覚《ちょうかく》的な情報は限定的なので、電話先の相手が「オレオレ」と言っただけで、先入観で「息子だ」と信じてしまうという、にわかには信じがたいようなことが起きるのです。

　「声が違うかもしれない」と多少の違和感《いわかん》をもったとしても、「きっと息子に違いない」と思い込んでいるので、「風邪《かぜ》をひいて今日は声がおかしい」などと言われると、「ああ、あの子は昔から風邪をひきやすかった」と自分の記憶《きおく》を引き出して自分の誤った思い込みを補完し、違和感すら上書きしてしまうのです。

Ⅲ

　ほかにも、「真実バイアス」と呼ばれる認知バイアスがあります。

　これは、特に疑いを抱《いだ》く必要のないと思われる相手の言うことは真実であると思い込んでしまうことです。疑いをもつことなくすべてウソではないと信じてしまうのです。

　周囲の人が「あの話は怪《あや》しいよ」「その電話は詐欺では？」と言っても、「まさかあの人がウソを言って私を騙そうなんてありえない」と判断してしまうことがあるのです。

　人と会話をするときに、これはウソかもしれない、騙そうとしているのではないかなどと常に疑い続けることはなかなかできるものではありませんし、そもそも失礼にもあたりかねません。

　元々、人間は相手が事実を語っているということを前提に話をするものです。

　たとえ「真実バイアス」が強くなくても、「あなたはウソを言っていますね」「それってウソですよね」とその都度思い続けることは、人間関係の構築に重大なcシショウを来します。たとえ違和感を覚えても、自分だけが我慢《がまん》すれば、という心理が働きがちです。

　ウソをつく人は、⑤そうした善意や良識に付け込み、自らへの警戒《かい》心を解くような話術を意図的に使います。

　［D］、「ウソかもしれない」と常に相手の話に注意を払うことは脳のリソース※5を使うので、心身共に元気なときでなければ、警戒心も働きづらくなるでしょう。

　心が弱っているときや、お腹が空きすぎているとき、酔《よ》っていたり、眠《ねむ》かったり、パニックになっているとき、誰《だれ》かに恋愛《れんあい》を仕掛《か》けられたりしているときなどには、⑥このバイアスがかかりやすく、騙されやすい状態になっていると言えるでしょう。

Ⅳ

　特殊詐欺に騙された人は皆《みな》「ニュースなどで知っていたし、十分気を付けていたつもりだった。でもまさか自分が被害に遭《あ》うとは……」と、口をそろえて言います。

　これだけ多くの人が詐欺被害に遭っているにもかかわらず、思考が自分中心で、「自分だけは騙されない」「自分だけは大丈夫である」と思い込み、自分が当事者になるとは考えないのです。

　根拠《こんきょ》もなく自分は被害には遭わないと信じ、明らかに異常事態であるにもかかわらず、問題はなく正常であると思ってしまうバイアスを「正常性バイアス」と言います。「正常性バイアス」では、自分にとって不都合な情報を過小評価し、時には無視してしまうのです。

不思議に思うでしょう。［Ａ］、人は想像以上に容易に何かを信じようとするものなのです。ここでは騙される人の心理を考えてみたいと思います。

オックスフォード大学の研究チームによると、フェイクニュースをプロ※2パガンダの手段として活用している国は、２０２０年時点で81か国存在し、年々増加傾向《けいこう》にあるそうです。さらに、民間企業《きぎょう》によるフェイクニュース拡散などの情報操作は、２０２０年には48か国で行われ、前年の25か国からほぼ倍増し、政府から企業への委託《いたく》料の総額は６０００万ドル（約66億円）に上るということです。

なぜ、これほどのフェイクニュースが作られ、②どうして人々はこのフェイクニュースを容易に信じてしまうのでしょうか。

最近のフェイクニュースは巧妙《こうみょう》にできており、一見真実を言っているかのように見えてしまうものもたくさんあります。※3真贋《しんがん》が見分けにくいように、いかにも真実であるかのように巧妙に作られているのです。

人間の脳は、論理的に正しいものより、認知的に脳への負荷が低い、つまり分かりやすいものを好むという性質をもっています。論理は強力なものではありますが、その運用には脳をそれなりに頑張って使わなければならないという罠《わな》があるのです。

［Ｂ］、③私たちは論理のほかに何をもって物事の関係性や因果※4律を理解しているのでしょうか。

この問題を考える上でヒントになるのは、私たちが陥《おちい》ってしまう数々の認知バイアスです。

そもそも認知バイアスとは、放っておけば私たちは勝手に物事をそのように捉《とら》えてしまうという思考の枠《わく》組みの偏《かたよ》りのことです。これをひもといていけば、私たちの世界の捉え方の大まかな形が分かります。

（中　略）

私たちは、騙されまいと気を付けているにもかかわらず、なぜウソやウソを見抜《ぬ》くことができないのでしょうか。

Ⅱ それは私たちの脳が情報を処理するときに、様々な認知バイアスが働くからです。

私たちは自分の先入観に沿う情報だけを集め、その集めた情報を自分の都合のよいように解釈《かいしゃく》して書き換《か》えてしまうという現実があります。

これが「確証バイアス」です。与えられる情報の中で、自分に都合のよいものだけを選択《せんたく》し、都合の悪い情報は無意識に排除《はいじょ》してしまうのです。さらに、冷静にｂケンショウすればそれが詐欺《さぎ》であると気付くことでも、この「確証バイアス」により、自分に都合のよい情報だけを付加し、そして自らウソを補強する思考をしてしまうことによって、その枠《わく》組みから抜け出せなくなってしまうのです。

［Ｃ］、「Ａ出身の人はとても暴力的で危険」といった先入観を誰かがもっていたとします。すると、「あの事件にはＡ出身者が関わっている」というデマを簡単に信じてしまいかねない状況《じょうきょう》がつくられてしまいやすくなるのです。

冷静に考えてみるとつじつまが合わないことでも、④ひとたびそうだと思い込むと、その考えを補強する情報を無意識に集め、思考してしま

【国語】（五〇分）〈満点：一〇〇点〉

一　次の各問いに答えなさい。

問一　次の――線部の漢字は読みをひらがなで答え、カタカナは漢字に直しなさい。

(1)　山田さんは物知りハカセだ。
(2)　真面目な態度で取り組む。
(3)　八百屋で白菜を買う。
(4)　今年のタナバタは晴れていた。
(5)　ヘタだと思うから、たくさん練習した。

問二　次のことわざの意味として最もふさわしいものを、後のア～クのうちから一つずつ選び、記号で答えなさい。

(1)　後悔《こうかい》先に立たず
(2)　仏《ほとけ》の顔も三度まで
(3)　となりの芝生《しばふ》は青い
(4)　木を見て森を見ず
(5)　対岸の火事

ア　細かいことにこだわって、全体が見えていないこと。
イ　他人のものはうらやましく見えること。
ウ　どれも似通っていて、たいしたものがないこと。
エ　自分にはまったく関係がなく、なんの苦痛もないこと。
オ　物事がすんでしまってから、後でくやんでも仕方のないこと。
カ　何度もひどいことをされればおとなしい人でも怒《おこ》ること。
キ　小さなものにも意地があるから、ばかにはできないこと。
ク　手ごたえや、はり合いのないこと。

問三　次の□に当てはまるものとして最もふさわしいものを、後のア～クのうちから一つずつ選び、記号で答えなさい。

(1)　無理な問題をおしつけられて□を抱える。
(2)　彼は□がすわっている。
(3)　□から出たさび。
(4)　突《とつ》然の出来事に□を白黒させる。
(5)　今日は□によりをかけて、ごちそうを作った。

ア　目　イ　胸　ウ　肝《きも》　エ　身　オ　鼻　カ　腕《うで》
キ　頭　ク　腰《こし》

二　次の文章を読んで、後の問いに答えなさい。（設問の都合で、一部本文を改変しています。）

I

SNSの発達で一般《いっぱん》人が投稿《とうこう》するフェイクニュースも、マスコミと同じような発信力をもつようになりました。

熊本地震《じしん》で動物園からトラが逃《に》げたとツイッターに上げた男性は、本人は面白半分のつもりだったかもしれませんが、※1偽計業務妨害《ぎけいぎょうむぼうがい》の疑いで逮捕《たいほ》されました。

ロシアによるウクライナ侵攻《しんこう》に関するものでも、フェイク画像・映像がどこからともなく①流布され、何の目的なのか不明であることもあいまって、不気味さとa得体の知れない恐怖《きょうふ》を人々に与《あた》えました。

冷静になって考えてみると、なぜ人がそんな分かりやすいウソに騙《だま》されるのか、なぜすぐにフェイクと分かりそうな動画を信じてしまうのか

2023年度

千葉日本大学第一中学校入試問題（第１期）

【算　数】（50分）　＜満点：100点＞

【注意】　１．１，２，３⑴，４⑵アの問題は答えのみ解答らんに記入し，３⑵⑶，４⑴⑵イ⑶の問題は解答らんに途中の計算や説明も書いて下さい。

２．円周率を使用する場合は3.14とします。

３．定規，コンパスは使用してもかまいません。

４．計算器，分度器は使用してはいけません。

1　次の計算をしなさい。[※答えのみでよい]

⑴　$(9+99+999)\div 3+(777-77-7)\div 3$

⑵　$\frac{1}{8}\div\frac{1}{13}\times 9-1\frac{1}{2}\times\left(1\frac{1}{4}-\frac{5}{6}\right)$

⑶　$\frac{1}{1\times 2}+\frac{1}{2\times 3}+\frac{1}{3\times 4}+\frac{1}{4\times 5}$

⑷　$2022\times\left(\frac{1}{2022}+\frac{1}{4044}+\frac{1}{6066}+\frac{1}{8088}\right)\div\frac{5}{12}$

2　次の □ にあてはまる数を答えなさい。[※答えのみでよい]

⑴　$8+\left(\frac{1}{15}+\square\times 2.4\right)\div\frac{5}{12}=12$

⑵　本体価格が □ 円のボールを買うために，本体価格と10％の消費税を合わせて616円支払いました。

⑶　２％の食塩水が600ｇあります。この食塩水から □ ｇの水を蒸発させると，５％の食塩水ができあがります。

⑷　大小２種類のお皿があります。千葉くんは大きいお皿は15秒で１枚，小さいお皿は７秒で１枚磨くことができます。大小合わせて48枚のお皿を磨いたとき，10分かかりました。このとき，大きいお皿を □ 枚磨きました。

⑸　原価1200円の品物に２割５分の利益を見込んで定価 ① 円としました。しかし，売れなかったので定価の ② ％引きで販売すると利益は240円になりました。

⑹　ＡさんとＢさんが100ｍを走り，Ａさんは14.4秒，Ｂさんは16秒かかりました。このとき，Ｂさんの速さは毎秒 ① ｍです。また，Ａさんがゴールしたとき，Ｂさんはゴールまで残り ② ｍでした。

⑺　縮尺15000分の１の地図があります。この地図上で，たて２㎝，横３㎝の長方形の土地の面積は実際には ① m^2あります。また， ① m^2は ② haです。

⑻　$\frac{6}{7}$を小数で表したとき，小数第６位の数字は ① です。また，小数第１位から小数第50位までの各位の数の和は ② です。

⑼　遊園地の入口の前に，開場直前に何人かの行列ができていて，毎分30人の割合で人がこの行列に加わります。入場口を３個にすると120分で行列がなくなり，入場口を５個にすると24分で行列がなくなります。このとき，１つの入場口で１分に［　①　］人が入場できます。また，行列を８分でなくすようにするためには，入場口を［　②　］個にすればよいです。

⑽　右の図で同じ印のついた辺の長さが等しいとき，角の大きさはあが［　①　］度で，いが［　②　］度です。

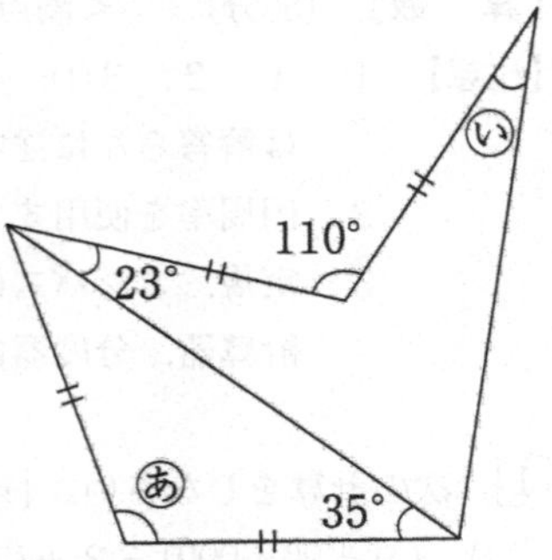

⑾　右の図は，中心角が90°，半径12㎝のおうぎ形を３等分した図形です。このとき，太線部の長さは［　①　］㎝です。また，斜線部分の面積は，［　②　］㎠です。

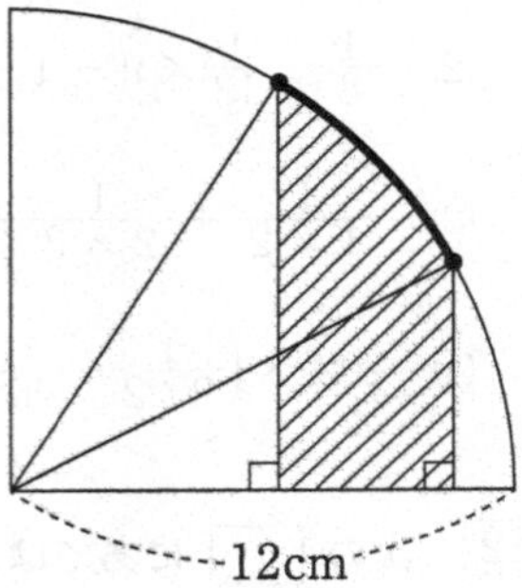

3　円Oの周上を点Pと点Qが同時に点Aを出発し，図のように矢印の方向に周ります。点Pは１周するのに24秒，点Qは１周するのに36秒かかります。以下の問いに答えなさい。[※式や考え方を書きなさい]

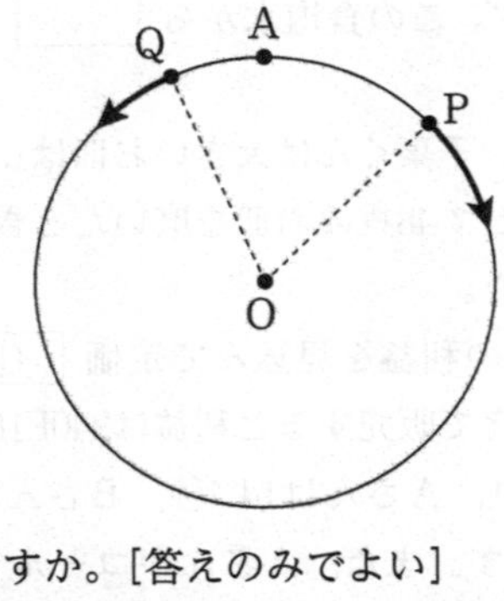

⑴　点Pは毎秒何度で円を周りますか。[答えのみでよい]

⑵　３点P，O，Qが初めて一直線になるのは，点Aを出発して何秒後ですか。

⑶　三角形APQが初めて直角三角形になってから，次に直角三角形になるのは何秒後ですか。ただし，必要であれば以下の円の性質を用いてもよい。

[円の性質]

円の直径の両端の２点と，それ以外の円周上の１点を結んでできる三角形は直角三角形である。

4　一定の速さで流れる川の下流にＡ地点，　15㎞上流にＢ地点があります。ボートＰはＡ地点，ボートＱはＢ地点をそれぞれ９時に出発して，AB間を往復します。ボートＰはＢ地点で20分，ボートＱはＡ地点で14分止まっていました。また，途中ボートＰがＡ地点に戻ってくる際にエンジンが壊れて完全に停止してしまいました。このとき，次のグラフは，２つのボートがAB間を１往復したときの様子を表したものです。ただし，ボートＰ，ボートＱの静水時の速さはそれぞれ一定です。以下の問いに答えなさい。
[※式や考え方を書きなさい]

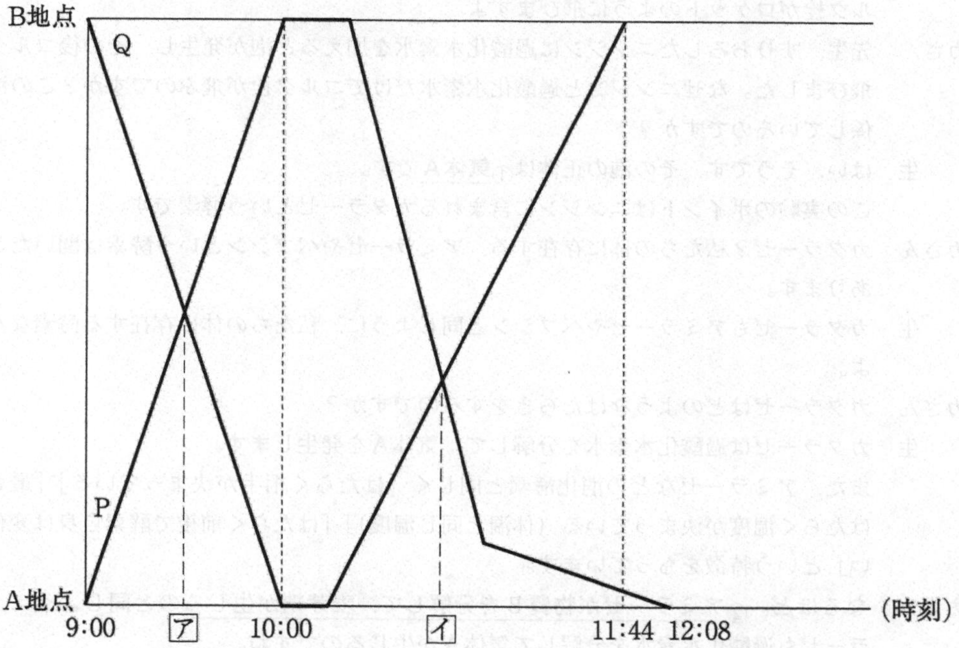

⑴　川の流れの速さは，毎時何㎞ですか。
⑵　ア，イ にあてはまる時刻は何時何分ですか。[アは答えのみでよい]
⑶　ボートＰのエンジンが壊れたのは，Ａ地点から何㎞離れたところですか。

【理　科】（40分）　＜満点：80点＞

1　［A］［B］の文章を読み，以下の各問いに答えなさい。

［A］リカさんは実験教室でニンジンを使った実験を行っています。

先　生　今日はニンジンロケットを作ってみましょう。
まずはニンジンをすりおろします。すりおろしたニンジンを三角フラスコに入れてください。次に３％過酸化水素水を加え，急いでコルク栓《せん》をします。これを置いておくとコルク栓がロケットのように飛びますよ。

リカさん　先生，すりおろしたニンジンに過酸化水素水を加えると泡が発生し，その後コルク栓が飛びました。なぜニンジンと過酸化水素水だけでコルク栓が飛ぶのですか？この泡《あわ》が関係しているのですか？

先　生　はい，そうです。その泡の正体は①**気体A**です。
この実験のポイントはニンジンに含まれるカタラーゼという酵《こう》素です。

リカさん　カタラーゼ？私たちの体に存在する，アミラーゼやペプシンという酵素は聞いたことがあります。

先　生　カタラーゼもアミラーゼやペプシンと同じように，私たちの体に存在する酵素なんですよ。

リカさん　カタラーゼはどのようなはたらきをするのですか？

先　生　カタラーゼは過酸化水素水を分解して，気体Aを発生します。
また，アミラーゼなどの消化酵素と同じく「はたらく相手が決まっている」「最もよくはたらく温度が決まっている（体温と同じ温度）」「はたらく前後で酵素自身は変化しない」という特徴《ちょう》をもっています。

リカさん　なるほど。②アミラーゼが**物質B**を分解して，麦芽糖が生じるのと同じように，カタラーゼも過酸化水素水を分解して気体Aが生じるのですね。

先　生　そうです。この実験では，発生した気体Aが容器の中にたまっていき，その気体Aの圧力によってコルク栓がロケットのように押し出されるのです。

問１　下線部①の**気体A**に，火のついた線香を近づけると激しく燃えます。この**気体A**は何ですか。物質名を答えなさい。

問２　下線部②のアミラーゼが分解する物質Bと，アミラーゼが含まれる消化液を１つずつ答えなさい。

問３　実験後，コルク栓を飛ばし，完全に気体の発生が止まった三角フラスコに次の**ア**～**ウ**のいずれかの物質を追加すると，再び気体を発生させることができます。それはどの物質ですか。**ア**～**ウ**から選び記号で答えなさい。

ア　水　　**イ**　すりおろしたにんじん　　**ウ**　過酸化水素水

［B］リカさんは酵素のはたらきについてよりくわしく知るために，次の追加実験を行いました。

＜実験＞

ビーカーにすりおろしたニンジンと純水を入れてガーゼでよくしぼり，このしぼった液を酵素液とします。試験管A～Fの６本を用意し，そのうち３本の試験管A・B・Cには純水を１mLずつ，残りの試験管**D**・**E**・**F**には酵素液を１mLずつ入れて，６本の試験管を氷水でよく冷やしました。30分後，試験管**A**・**D**は氷水の入ったビーカーへ，**B**・**E**は40℃のお湯が入ったビーカーへ，**C**・**F**は80℃のお湯の入ったビーカーへ入れ，温度を保ったまま30分置きました。その後，全ての試験管に過酸化水素水を２mLずつ入れて気体の発生を観察しました。

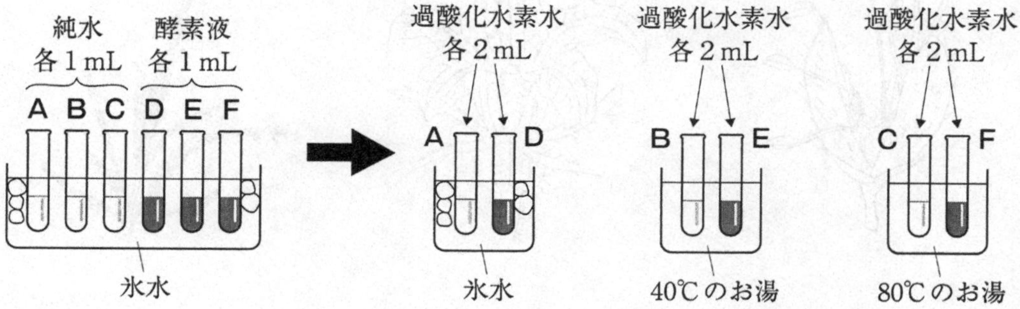

問４　試験管**A**・**B**・**C**で純水１mLを加え，試験管**D**・**E**・**F**と同じように実験を行ったのはなぜですか。

問５　**＜実験＞**の下線部の結果，１本の試験管だけ激しく気体が発生しました。それはどの試験管ですか。**A**～**F**から選び記号で答えなさい。

問６　**＜実験＞**の下線部の気体の発生が完全に止まった後に，**A**～**F**全ての試験管を40℃のお湯が入ったビーカーへ入れたところ，試験管**D**からは激しく気体が発生しましたが，他の試験管からは気体の発生は見られませんでした。この結果からどのようなことがわかりますか。適当なものを**ア**～**ウ**から選び記号で答えなさい。ただし，過酸化水素水は温度の影響を受けないものとします。

ア　この酵素は低温でこわれてしまい，はたらかなくなった。

イ　この酵素は高温でこわれてしまい，はたらかなくなった。

ウ　この酵素は40℃でこわれてしまい，はたらかなくなった。

2　次に記されているのは，**トマト・トウモロコシ・イネ・カボチャ**のいずれかに関する植物の特徴と，それらの植物の花・葉のスケッチです。それぞれの植物の特徴を**A**～**D**から選び記号で答えなさい。また，花と葉のスケッチとして正しいものを次のページの**ア**～**ク**から選び記号で答えなさい。

植物の特徴

A　発芽すると２枚の子葉が見られた。成長して花をつけると，花びらは先が５つに分かれていたが１枚でつながっていた。おしべをもつ花とめしべをもつ花があり，子ぼうよりも上にがくがついていた。

B　発芽すると１枚の子葉が見られた。成長すると，茎《くき》の先端にはおしべをもつ花，茎の途中にはめしべをもつ花ができたが，どちらも花びらは無かった。

C　発芽すると２枚の子葉が見られた。成長すると星のような形の花をつけ，１つの花の中におしべとめしべが見られ，子ぼうよりも下にがくがついていた。

D　発芽すると１枚の子葉が見られた。成長して花をつけると１つの花の中におしべとめしべが見られたが，花びらは無かった。

花と葉のスケッチ

ア

イ

ウ

エ

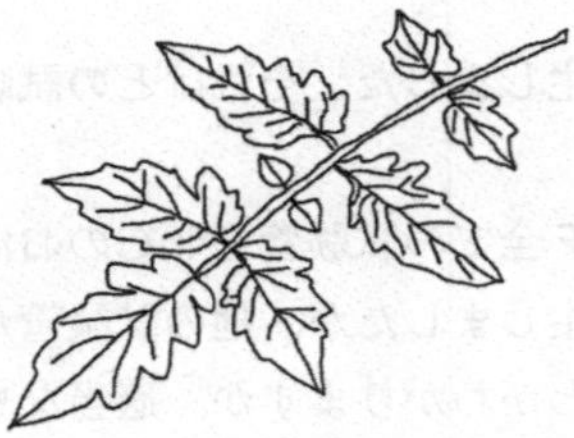

オ

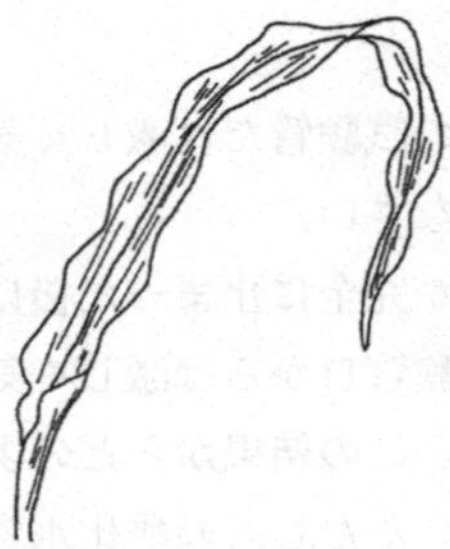

カ

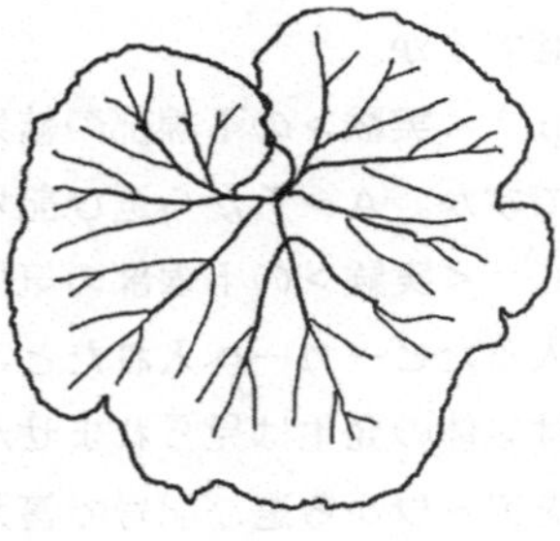

キ

ク

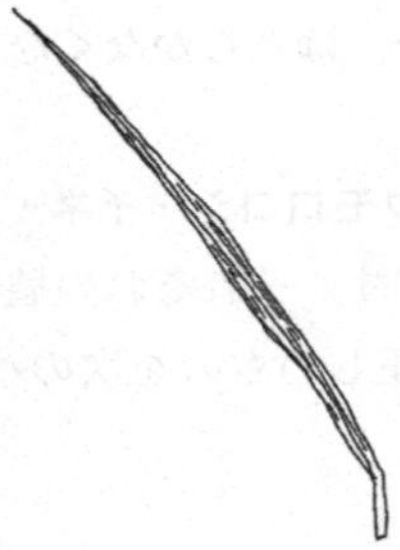

３ ［Ａ］［Ｂ］の文章を読み，以下の各問いに答えなさい。

［Ａ］ 以下はてっぺい君とお父さんの会話です。

てっぺい君 お父さん，どうしてこの糊《のり》は青く色付けされているの？

お父さん それは糊がちゃんと紙に付いているかわかりやすくするためだよ。「指示薬《やく》」といって，物質の酸性，アルカリ性の度合いによって色が変わる特殊《とくしゅ》な薬品が含《ふく》まれているんだ。BTB液や①フェノールフタレイン溶《よう》液と同じはたらきだよ。

てっぺい君 糊付けしたところはそのまま青い色ではなくて，少し時間がたつと色が消えるね。これはどうしてだろう？

お父さん　それはこの糊が中和されて，性質が変わったからなんだ。中和は小学校で習ったよね？

てっぺい君　うん。酸とアルカリがお互《たが》いの性質を打ち消し合う反応のことだよね。

お父さん　その通り。この糊は弱いアルカリ性なんだ。この糊と空気中の X という気体や紙の酸性成分が反応して互いに中和されることで，糊の青色が消えるという仕組みだよ。

てっぺい君　それはすごいね。他にも中和が利用されているものはあるの？

お父さん　たくさんあるよ。例えばトイレの消臭剤《しょうしゅうざい》にはクエン酸という酸性の物質が含まれているんだ。トイレのにおいの原因である Y は，水に溶《と》けるとアルカリ性を示す気体だから，このふたつの物質を中和させて，臭《にお》いの原因である Y を減らしているんだよ。

てっぺい君　じゃあ，お父さんの足の臭いもクエン酸で消えるの？

お父さん　お父さんの足の臭いは酸性の物質が原因だから，クエン酸ではなく②アルカリ性の水溶液の方がよく消えるよ。

てっぺい君　そうなんだ。じゃあ，今すぐアルカリ性の水溶液を作ろう！

お父さん　今すぐ，かい…？

問１　下線部①について，無色のアルカリ性の水溶液にフェノールフタレイン溶液を加えると，水溶液は何色に変化しますか。次の**ア**～**エ**から選び記号で答えなさい。

ア　無色のまま　**イ**　青色　**ウ**　黄色　**エ**　赤色

問２　X ， Y はそれぞれ何という気体ですか。

問３　下線部②について，アルカリ性の水溶液**でないもの**はどれですか。次の**ア**～**エ**から選び記号で答えなさい。

ア　セッケン水　**イ**　レモン汁　**ウ**　重曹《じゅうそう》水　**エ**　石灰水

問４　次の中で，中和と関係**がないもの**はどれですか。**ア**～**エ**から選び記号で答えなさい。

ア　自転車がさびる。　**イ**　薬を牛乳で飲むのはよくない。

ウ　みかんの薄《うす》皮をむいて，缶詰にする。　**エ**　土に「草木灰《そうもくばい》」という肥料《ひりょう》を加える。

〔**B**〕 中和に興味を持ったてっぺい君は，水酸化ナトリウム水溶液とうすい塩酸を混ぜる**実験１・２**を行いました。

＜実験１＞

水酸化ナトリウム0.80ｇ溶かした水溶液を10mLずつ５本の試験管①～⑤に入れ，ＢＴＢ液を２滴ずつ加えた。その後，５本の試験管それぞれに量を変えたうすい塩酸を加え，ＢＴＢ液の色の変化を見た。**表１**はその結果である。

＜実験２＞

うすい塩酸を加え終わった後，試験管①～⑤を熱して水分を蒸発させ，あとに残った固体の重さを調べた。**表２**（次のページ）はその結果である。

表１

試験管	①	②	③	④	⑤
加えたうすい塩酸〔mL〕	10	20	30	40	50
水溶液の色	青色	青色	青色	緑色	黄色

表２

試験管	①	②	③	④	⑤
加えたうすい塩酸〔mL〕	10	20	30	40	50
残った固体（g）	0.90	1.0	1.1	1.2	1.2

問５　水酸化ナトリウム水溶液とうすい塩酸を混ぜると，水と Z という物質ができます。Zの名前を７文字で答えなさい。

問６　水酸化ナトリウム水溶液の濃度は，うすい塩酸の濃度のおよそ何倍ですか。

問７　表１の試験管⑤を緑色にするためには，水酸化ナトリウム水溶液をあと何mL加える必要がありますか。

問８　表２をグラフにするとどのような形になりますか。最も近いものをア～エから選びなさい。

ア
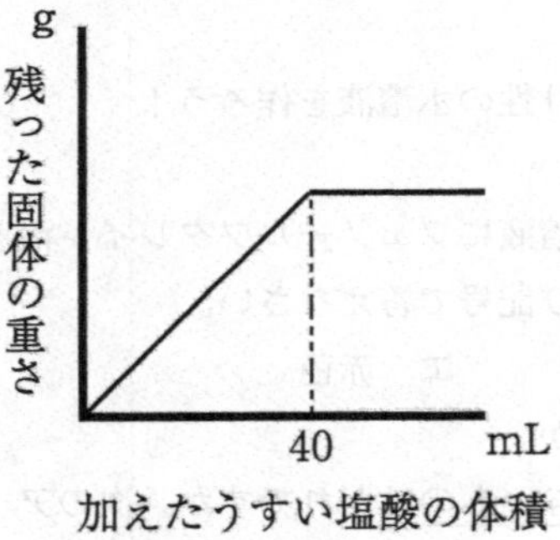

イ
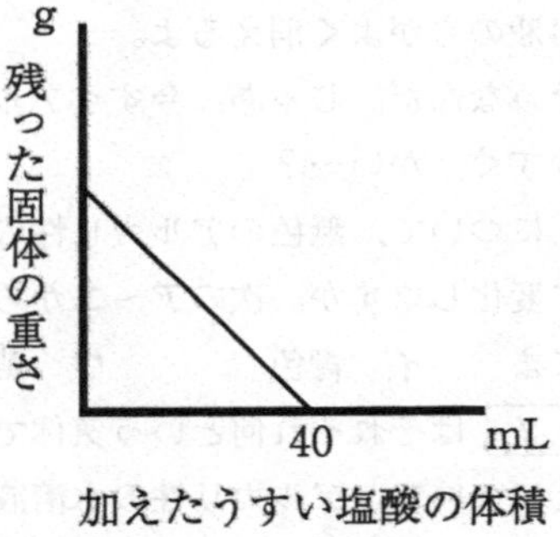

ウ
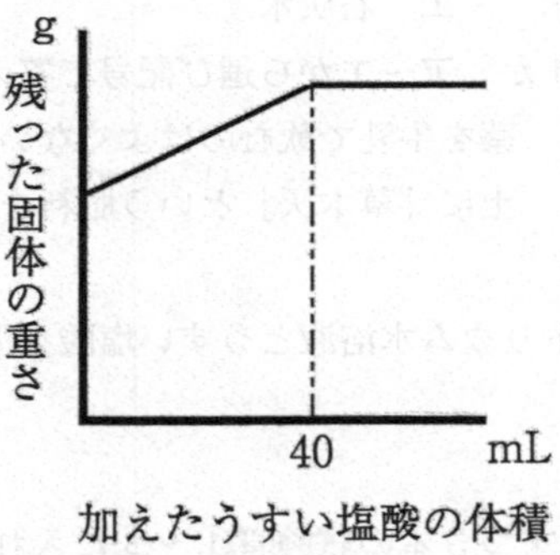

エ
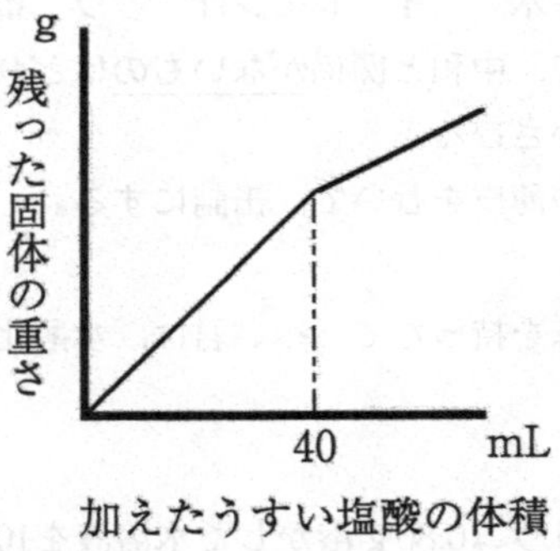

問９　表２の試験管③と④に残った固体はそれぞれ何ですか。次のア～ウから選び記号で答えなさい。

ア Z のみ　　イ　水酸化ナトリウムのみ　　ウ Z と水酸化ナトリウム

問10　試験管②の中に Z は何ｇ含まれていますか。

4　以下の各問いに答えなさい。

問１　次のページの図１と図２はくぎぬきとピンセットを表しています。くぎぬきもピンセットも「てこの原理」を利用しています。「支点」，「力点」，「作用点」をア～カからそれぞれ選び記号で答えなさい。

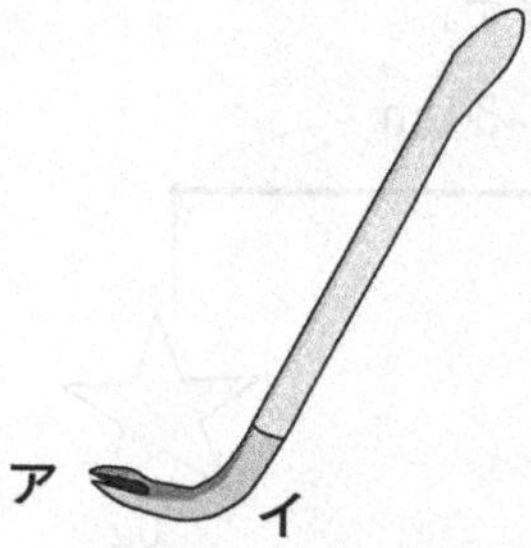

図１　くぎぬき

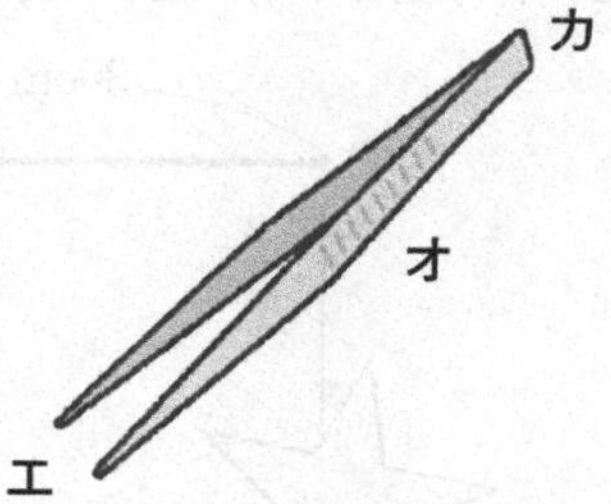

図２　ピンセット

問２　**ア～エ**の文章は「てこの原理」について書かれています。正しく説明されているものを**ア～エ**から１つ選び記号で答えなさい。

ア　くぎぬきでくぎをぬくときは，曲がったところになるべく近いところをにぎったほうが小さな力でくぎをぬける。

イ　はさみで厚い紙を切るときは，はさみの先のほうがよく切れる。

ウ　大人と子どもがシーソーに乗って遊ぶとき，子どもは大人より中心に近づいて座らないとバランスが取れない。

エ　せんぬきを使うとき，せんに近い部分より遠い部分を持った方がぬきやすい。

問３　「てこの原理」を利用して**図３**のようなかざりをつくりました。材料はかたくて細い棒３本と星のミニチュア４つと星のミニチュアをつるすための糸です。棒がすべて水平につり合っているとき㋐～㋒にあてはまる数をそれぞれ答えなさい。ただし，棒の重さと糸の重さは考えないものとします。

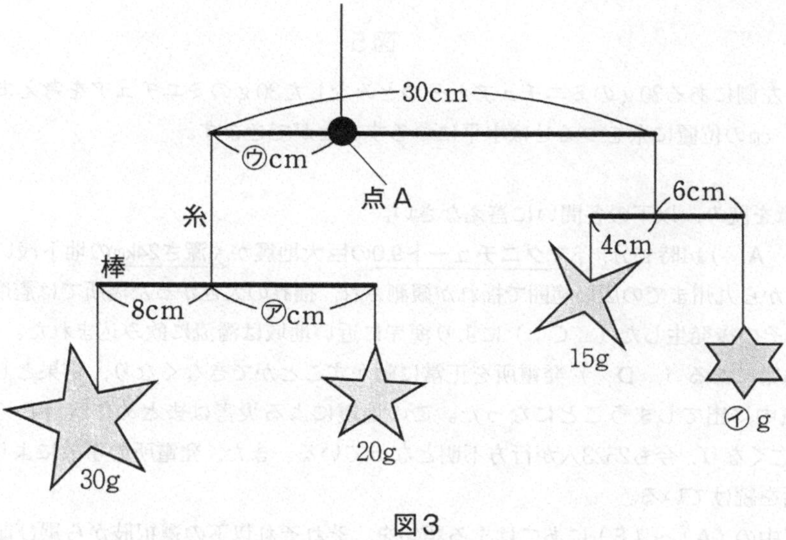

図３

問４　上の**図３**の**点Ａ**にむすんだ糸にかかる力は何ｇか答えなさい。

問５　問３と同じ材料を用いて，**図４**（次のページ）のようにミニチュアを３個つるしたかざりを作りました。このかざりを水平につるすにはどの位置に糸をつければいいか，以下のように調べました。文中の（**ア**）はどちらか正しい方を選びなさい。（**イ**）（**ウ**）はあてはまる数を答えなさい。ただし，棒の重さと糸の重さは考えないものとします。

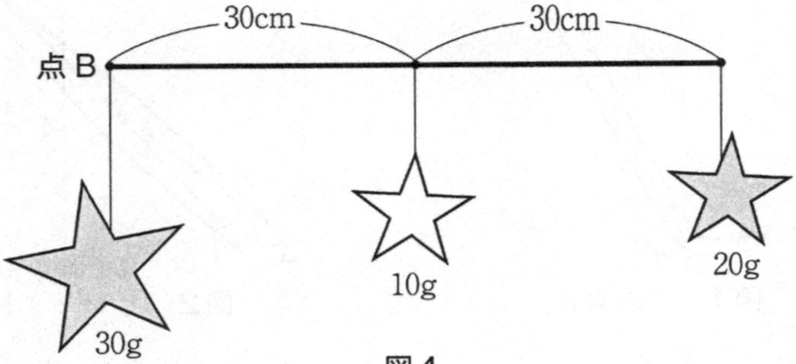

図４

まず重さから考えて糸をつける位置は棒の中心から（ア　左側・右側）にあることがわかります。

次に中心にある10ｇのミニチュアと右側にある20ｇのミニチュアに注目します。この二つのミニチュアを一つとみなすと棒の中心から（　イ　）cmの位置に30ｇのおもりがつるされていると考えることができます（図５）。

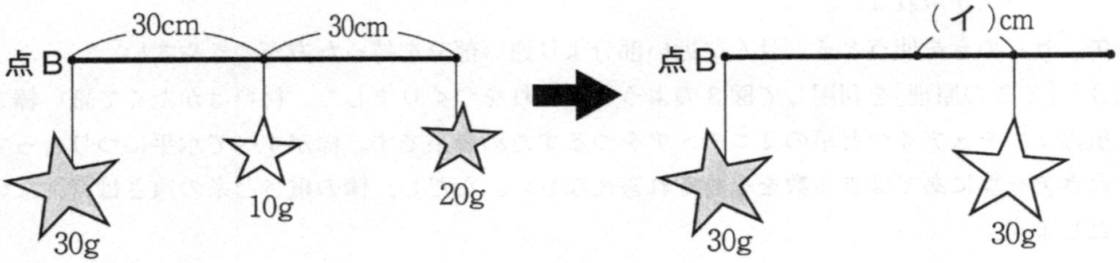

図５

最後に左側にある30ｇのミニチュアと一つとみなした30ｇのミニチュアを考えます。点Ｂから（　ウ　）cmの位置に糸をつるせば水平につるすことができます。

５　次の文章を読み，以下の各問いに答えなさい。

2011年（　Ａ　）14時46分，①マグニチュード9.0の巨大地震が②深さ24kmの地下浅い場所で起こった。北海道から九州までの広い範囲で揺《ゆ》れが観測され，揺れの大きかった場所では震度《しんど》（　Ｂ　）が観測され，その後発生した（　Ｃ　）により海岸に近い地域は濁《だく》流に飲み込まれた。この（　Ｃ　）により福島県にある（　Ｄ　）発電所を正常に動かすことができなくなり，結果として大量の③放射線が空気中に出てしまうことになった。この地震による災害はまとめて（　Ｅ　）と呼ばれ，15900人が亡くなり，今も2523人が行方不明となっている。また，発電所の事故により，今も３万人が避難《ひなん》生活を続けている。

問１　文章中の（Ａ）～（Ｅ）にあてはまる語句を，それぞれ以下の選択肢から選び記号で答えなさい。

（Ａ）：ア　３月11日　　イ　３月30日　　ウ　４月３日　　エ　９月11日
（Ｂ）：ア　６　　イ　７　　ウ　７弱　　エ　７強
（Ｃ）：ア　津波　　イ　土砂崩《くず》れ　　ウ　液状化現象《えきじょうかげんしょう》　　エ　地盤沈下《じばんちんか》

（D）：ア　水力　　　イ　火力　　　ウ　原子力　　　エ　風力
（E）：ア　関東大震災　イ　阪神・淡路《あわじ》大震災　ウ　東北大震災　エ　東日本大震災

問２　文章中の下線部①～③について，以下の問いに答えなさい。

⑴　下線部①について，これと同じ地震が同じ場所の地下の深い場所で起こった場合，地表ではどのような揺れになると予想されますか。以下のア～エから選び記号で答えなさい。

ア　より強い揺れが，より広い地域で観測される。
イ　より強い揺れが，ごく狭《せま》い範囲で観測される。
ウ　弱い揺れが，より広い地域で観測される。
エ　弱い揺れが，ごく狭い範囲で観測される。

⑵　下線部②について，24㎞とはどのくらいの距離ですか。以下のア～エから選び記号で答えなさい。

ア　千葉日本大学第一中学校の敷地《しきち》内一周の距離
イ　千葉日本大学第一中学校から東京都の浅草駅までの距離
ウ　千葉日本大学第一中学校から福島県の福島駅までの距離
エ　北海道の宗谷岬《そうやみさき》から鹿児島県の佐多岬《さたみさき》までの距離

⑶　下線部③について，放射線とはどのようなものですか。以下のア～エから選び記号で答えなさい。

ア　黄色っぽい色をした粉状のもので，吸い込むとくしゃみや目のかゆみを引き起こす。
イ　目には見えないもので，他のものを通りぬけやすい性質をもつ。たくさんの量を受けるとやけどを負ったり，がんなどの病気になったりしてしまう。
ウ　目には見えないもので，ヒトの体内で増える性質をもつ。のどの痛みや発熱を引き起こす。
エ　太陽からやってくる目には見えないもので，その多くが空気に吸収されてしまう。ものをあたためることができるので，ヒーターなどに利用されている。

問３　図１は日本付近のプレート境界と活断層を表しています。この地震が起こった原因として正しいものを１つ選び記号で答えなさい。

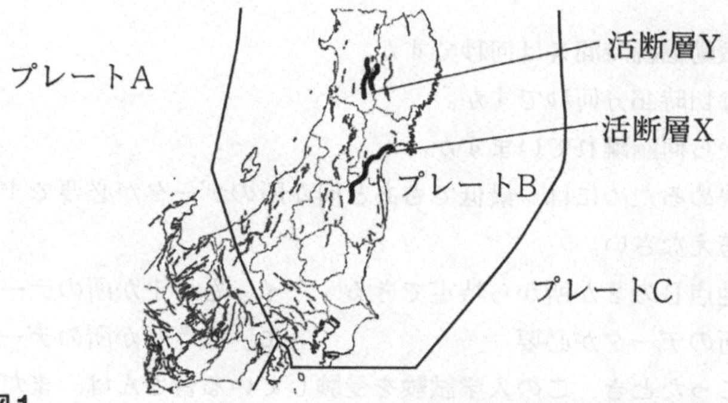

図1　（産総研 活断層データベースより引用・加筆）

ア　プレートBがプレートCの方向に移動することによって大きな力がたまったため。
イ　プレートCがプレートBの方向に移動することによって大きな力がたまったため。
ウ　活断層Xに左右から大きな力がはたらいたため。

エ　活断層Ｙ付近の火山が噴火《ふんか》したため。

問４　以下の図２はこの地震が起こったときの，地点Ａ（宮城県）と地点Ｂ（千葉県）の地震波を比べたもので，横軸は時間，縦軸は揺れの大きさを示しています。このとき，以下の問いに答えなさい。

⑴　この地震波のグラフからわかることとしてふさわしくないものを一つ選び記号で答えなさい。

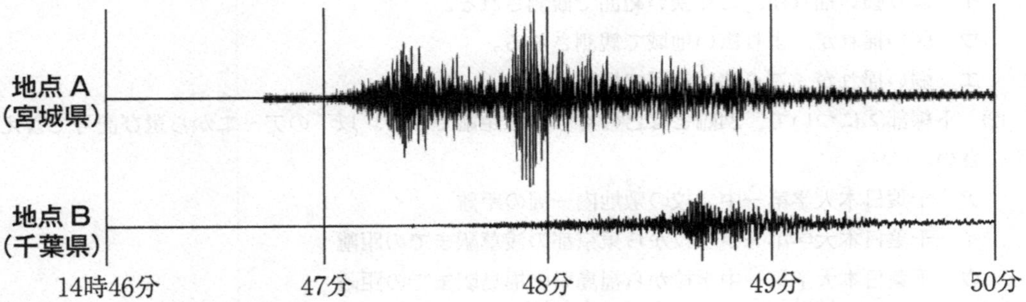

図２（データは気象庁より）

ア　地点Ａでは，強い揺れが２度以上観測されている。

イ　地点Ｂでは，地点Ａに比べて揺れが小さい。

ウ　地点Ｂでは，地点Ａに比べて初期微動継続時間が長く観測されている。

エ　どちらの観測点でも，14時49分には完全に揺れがおさまっている。

⑵　以下の表は，地点Ａと地点ＢにＰ波とＳ波が到達したと考えられる時間を示しています。このときのＰ波の速さを秒速６㎞，Ｓ波の速さを秒速３㎞とするとき，以下の問いに答えなさい。

表

	Ｐ波の到達時刻	Ｓ波の到達時刻	初期微動継続時間
地点Ａ	14時46分45秒	14時47分12秒	Ｘ
地点Ｂ	14時47分20秒	14時48分22秒	62秒

①地点Ａの初期微動継続時間Ｘは何秒ですか。

②地震発生時刻は14時46分何秒ですか。

③地点Ｂは震源から何㎞離れていますか。

④震源の場所を決めるためには，最低でもあと何か所のデータが必要ですか。以下のア～エから選び記号で答えなさい。

ア　地点Ａと地点Ｂの２か所から特定できる　　イ　もう１か所のデータが必要

ウ　もう２か所のデータが必要　　エ　もう３か所のデータが必要

問５　この地震が起こったとき，この入学試験を受験している皆さんは，まだ産まれたばかりの人が多かったことと思います。中には地震直後，世の中がまだ不安に包まれた中で産まれてきた人もいるでしょう。しかし，皆さんの後輩《こうはい》たちは，誰もこの地震を経験していません。この地震が教訓《きょうくん》となるよう，我々は次の世代にこの地震を語り継《つ》いでいかねばならないのです。

⑴　今後同じような地震が起こったときに被害を抑《おさ》えられるよう，我々が未来に向けてとるべき

行動としてふさわしくないものを，以下の中から１つ選び記号で答えなさい。

ア　地震を予知することができるよう，ＳＮＳやインターネット等で地震の予知情報を集める。

イ　日本の地下構造は特に複雑であり，地下構造の解明に向けて研究を行う。

ウ　放射線を出すものを扱う場所では，地震が起こったときのマニュアルを再確認し，必要に応じて修正する。

エ　いつ地震が起きても大丈夫なように，避難《ひなん》場所を家族で確認しておく。

⑵　いざ同じような地震が起こったそのとき，とるべき行動としてふさわしくないものを，以下の中から１つ選び記号で答えなさい。

ア　エレベーター乗車中に閉じ込められてしまったので，非常ボタンを押して通報した。

イ　通学中，もう少しで学校に到着するところだったので，揺れが収まると家には帰らずそのまま学校へ向かった。

ウ　自動車に乗車中だったので，揺れを感じるとすぐに安全な道路の左端に停車し，キーをつけたまま避難した。

エ　家の中で，台所から少し離れた場所にいたが，コンロの火をつけたままなので，揺れを感じるとすぐに火を消して火災を予防した。

【社　会】（40分）　＜満点：80点＞

１． のぞむくんとみのりさんのアクセサリーに関する会話文を読んで，後の各問に答えなさい。

のぞむ「このまえ，手賀沼の宿泊体験で，勾玉《まがたま》を作ったんだ。a 縄文時代からあったアクセサリーなんだって。」

みのり「勾玉って，今でもアクセサリーのデザインになっているわよね。b 古墳の埋葬品《まいそうひん》にもあったはずだわ。」

のぞむ「時代が経つにつれ，アクセサリーは少なくなっていくんだ。c 仏教の広まりによって，古墳の造営ができなくなって，権威を表すものが寺院に代わっていくんだよね。」

みのり「平安時代には，d 貴族がきらびやかな服装を着たり，豪華な建築をおこなったりする文化になるわ。でも，その頃から描かれた絵には，アクセサリーを付けている人を見たことがないわ。」

のぞむ「平安時代の終わりごろには，武士が登場するね。武士たちは刀に装飾をしていたみたいだね。」

みのり「鎌倉時代には，e 武士の権威や権力を示すために，アクセサリーというか，鎧兜《よろいかぶと》で装飾するようになってくるのよ。」

のぞむ「そうなんだ，なるほど。」

みのり「織田信長や f 豊臣秀吉と親交のあった，ルイス＝フロイスという人物は『ヨーロッパの女性がつける宝石のついた指輪なども一切つけず，金，銀で作った装身具も身に着けない』と記録しているんだって。」

のぞむ「江戸時代になっても，アクセサリーの文化は盛り上がらなかったかといえば，そうでもないんだよね。」

みのり「ええ，g 江戸時代の初期には南蛮文化の影響で一時的に盛り上がりを見せるんだけど，鎖国令が出されてからは外国からの文化は一般には普及しなくなるわ。」

のぞむ「外国の影響というと，江戸時代の後期に現れる h 蘭学者たちによって，再発見されることもあったみたいだね。」

みのり「一方で，日本独自のアクセサリーが発展していったわ。根付，印籠《いんろう》，煙草《たばこ》入れ，櫛《くし》，髪飾《かみかざ》り，簪《かんざし》，帯止めなどがそれで，職人たちは装飾のきらびやかさを競い合うようになったの。」

のぞむ「それで，お金持ちたちはこれらの小物に繊細《せんさい》さや豪華さをどんどんお金をかけていくようになったのか。でも，i 天保の改革などに代表されるぜいたくを禁止する命令で，表立った装身具として財力や権力を見せつけることができなくなるんだよね。」

みのり「そうか，質素・倹約を中心に考える江戸幕府の政策に対して，アクセサリーの着用や豪華な装飾は規制される対象だったわけね。」

のぞむ「目立たないように目立たせる，という不思議《ふしぎ》な文化が誕生したといってもいいかも。」

みのり「それから，幕末に j 黒船が来航して日本が開国して，江戸幕府が滅亡して k 明治時代になると，西洋文化を積極的に取り入れる，いわゆる文明開化が起こるわ。」

のぞむ「アクセサリーの文化の変革は，明治時代に l 鹿鳴館《ろくめいかん》ができると一気に花開くんだ。鹿鳴館の舞踏会《ぶとうかい》に出席するには，洋装を身につけたからね。」

みのり「特に女性は，それまでは人前に出る機会が少なかったけど，m女性の社会進出の場面が増えていくわ。それと同時にドレスやローブ・モンタントなど胸元を出す衣装が流行って，それに合わせるためにネックレスや髪飾り，指輪などを身につける女性が増えていくのよ。」

のぞむ「アクセサリーの広がりの背景の一つに，江戸時代に刀に装飾や彫金《ちょうきん》を施す金工師《きんこうし》たちがいたんだよね。n武士が刀を持つことを禁じる法律が出された結果，金工師たちは職を失うんだけど，一部の金工師がアクセサリーの制作に新時代の活路を見出した。その結果，アクセサリーの文化は一気に民衆にも浸透《しんとう》していくんだね。」

みのり「大正時代に入るとアクセサリーの素材に社会情勢《じょうせい》が反映されるのよ。明治時代まではプラチナが中心だったけど，1923（大正12）年ごろ，ホワイトゴールド製品が販売され始めるの。これは，o第一次世界大戦時にロシアで革命が起きてプラチナ生産がストップして，代わりにホワイトゴールドがアメリカによって開発されたことによるのよ。」

のぞむ「アクセサリーはその後，人々の装飾品としてなくてはならないものになるんだよね。」

みのり「ええ，でも，p1930年代の後半に戦争が始まって，アクセサリーを身に着けることが難しくなってしまうのよ。」

のぞむ「それは悲しい歴史だね。今，誰もが自分の好きなものを身に着けられるのは，幸せなことなんだな。」

みのり「アクセサリーひとつで，こんなにたくさんの物語があるのね。」

問１　下線部a縄文時代に関して，以下の問に答えなさい。

１．青森県にある，日本最大級の集落跡の遺跡を答えなさい。

２．縄文時代に関して述べた文として正しいものを次のうちから一つ選び，記号で答えなさい。

ア　氷河時代で，ユーラシア大陸と陸続きであった。

イ　豊かな食料に恵まれ，貧富の差のない，平等な社会であった。

ウ　群馬県の岩宿遺跡からこの時代の打製石器が見つかった。

エ　中国や朝鮮から青銅器や鉄器などの金属器が伝わった。

問２　下線部b古墳に関して次の問に答えなさい。

古墳時代に関して述べた次の文章中の（A）・（B）にあてはまる最も適当な語句を答えなさい。

古墳は３世紀末ごろから日本各地で造営された，（　A　）や豪族の墓である。弥生時代までは，地域性や規模に大きな違いがあったが，古墳はある一定の形式に基づいて形成されている。これは，（　A　）が豪族たちをまとめた大和朝廷の誕生を意味していると考えられている。大和朝廷は豪族支配のために，朝鮮半島などから移り住む（　B　）から技術や文化を得て，その支配を強めた。

問３　下線部c仏教の広まりに関する次のページの年表を見て，以下の問いに答えなさい。

１．（A）～（C）にあてはまる最も適当な語句の組み合わせを下から選び，記号で答えなさい。

ア　A：冠位十二階　B：天武天皇　C：東大寺

イ　A：憲法十七条　B：聖武天皇　C：東大寺

ウ　A：冠位十二階　B：聖武天皇　C：唐招提寺

エ　A：憲法十七条　B：天武天皇　C：唐招提寺

オ　A：憲法十七条　B：天武天皇　C：東大寺

カ　A：憲法十七条　B：聖武天皇　C：唐招提寺

２．年表中①～②にかけて起こった出来事として**間違っているもの**を次のうちから一つ選び，記号で答えなさい。

ア　蘇我入鹿と蘇我蝦夷父子が政治の実権を握り，聖徳太子の子を自殺に追い込んだ。

イ　中大兄皇子が中臣鎌足とともに大化の改新（政治の改革）を始めた。

ウ　中大兄皇子の死後，皇位継承をめぐって壬申の乱がおこった。

エ　藤原氏が中心となって，大宝律令が制定された。

	歴史的な出来事
６世紀中ごろ	仏教が伝来する
６０４年	聖徳太子が（　Ａ　）を制定し，役人に仏教の信仰を説く
６０７年…①	聖徳太子が法隆寺を建立
６８０年…②	薬師寺の建立
７４１年	（　Ｂ　）が国分寺・国分尼寺建立の詔を発布
７４３年	（　Ｂ　）が大仏造立の詔を発布
７５２年	（　Ｃ　）に大仏が完成（開眼供養）
７５４年	鑑真が来日し，（　Ｃ　）の僧に戒律を授ける

問４　下線部d貴族がきらびやかな服装を着たり，豪華な建築をおこなったりする文化に関する，以下の問に答えなさい。

１．このころ全盛であった「摂関政治」について，以下の語句を用いて説明しなさい。

【語句】「天皇が幼い時」「藤原氏」

２．この文化に関する写真として，正しいものを次のうちから一つ選び，記号で答えなさい。

ア

イ

ウ

エ

問５　下線部ｅ武士の権威や権力を示すに関して，以下のそれぞれの問に答えなさい。

１．次の文中の（Ａ）・（Ｂ）にあてはまる語句の組み合わせとして正しいものを，次のうちから一つ選び，記号で答えなさい。

1159年に起こった平治の乱に勝利した（　Ａ　）は，武士として初めて政権を握った。日宋貿易を奨励し，経済の活性化に努めた。その後，武士の政権は鎌倉に場所を移し，北条氏が政権を担当するようになった。この動きに対して，朝廷の（　Ｂ　）は北条氏の打倒を目指して1221年，承久の乱を起こすが，逆に敗北した。

ア　Ａ：平清盛　　Ｂ：後鳥羽上皇　　　イ　Ａ：源頼朝　　Ｂ：後鳥羽上皇
ウ　Ａ：平清盛　　Ｂ：後醍醐天皇　　　エ　Ａ：源頼朝　　Ｂ：後醍醐天皇

２．以下の写真Ｃ・Ｄは戦いを行う武士の様子を描いたものです。これらの写真をみて，写真の説明したのぞむくんとみのりさんの会話文Ｘ・Ｙの正誤の組み合わせとして正しいものを，次のうちから一つ選び，記号で答えなさい。

Ｃ

Ｄ
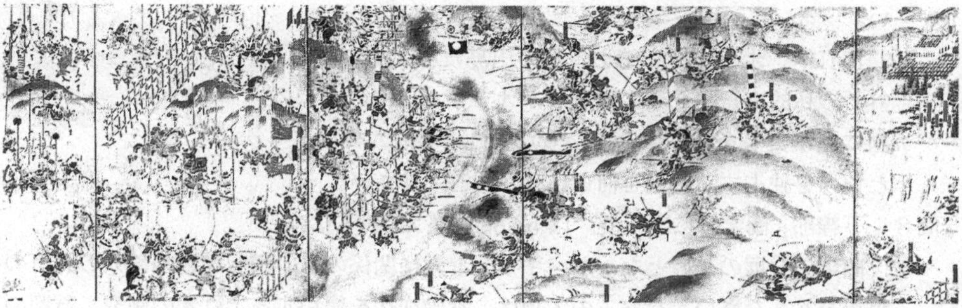

のぞむ「Ｃの写真は，元寇について描かれたものだね。左側にいる元軍は集団戦法で戦い，さらにてつはうという火薬兵器も使用しているのがわかる。右側にいる武士は竹崎季長で，この当時の武士の伝統的な戦法，一騎打ちを仕掛けているけど，たくさん血が流れていてちょっと怖いよね。」

みのり「Ｄの写真は，織田信長軍と今川義元軍が戦う，桶狭間《おけはざま》の戦いの絵だわ。中央の谷のすぐ左側にいるのが，今川軍の鉄砲隊ね。織田軍の騎馬隊が一気に攻め込もうとしている様子と，距離を取って鉄砲隊が騎馬隊に鉄砲を構えている様子が見られるわ。とてもざん新な戦い方よね。」

ア　のぞむ：正しい　　みのり：正しい　　　イ　のぞむ：正しい　　みのり：誤り
ウ　のぞむ：誤り　　　みのり：正しい　　　エ　のぞむ：誤り　　　みのり：誤り

3．武士の政権は，室町時代の中頃に強大化しました。以下の文章は，その政権の中心にいた人物を調査したレポートです。このレポート①～④のうち，誤っている個所を１か所見つけ出し，訂正したものを答えなさい。

レポート①　1392年，分裂していた南朝と北朝を統一させた。

レポート②　室町に「花の御所」と呼ばれるそうだいな邸宅《ていたく》を建設し，そこで政治を行った。

レポート③　京都の北山に銀閣をつくり，能を大成した世阿弥を保護した。

レポート④　中国の貨幣を輸入し，幕府の収入を増やすために明と勘合を用いた貿易を始めた。

問６　下線部f豊臣秀吉に関して，秀吉が出した法令として正しいものを，次のうちから一つ選び，記号で答えなさい。

ア　御家人でない者が御家人から買った土地は，何年前に買ったものでも御家人に返さなければならない。

イ　安土の町は楽市としたので，すべての座は廃止し，労役や税も免除する。

ウ　喧嘩をした者は，いかなる理由でも処罰する。

エ　農民が，刀・弓・やり・鉄砲などの武器を持つことを禁止する。

問７　下線部g江戸時代の初期に関して，以下の問に答えなさい。

1．1635年，江戸幕府３代将軍が武家諸法度で制度化した参勤交代について，1768年の松江藩（現在の島根県のあたり）のおもな支出の割合を示した右のグラフを参考にして，参勤交代が大名にどのような影響を与えたのかを，経済的な面に着目して説明しなさい。

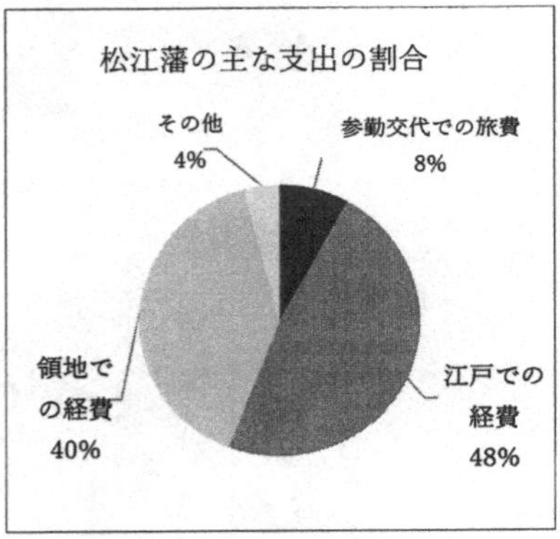

2．1641年，オランダ商館を長崎の出島に移して，海外との私的な貿易を禁じ，幕府がオランダと清の２国に限り貿易を行うようになった。この幕府が外交と貿易を独占する政策を何というか，答えなさい。

問８　下線部h蘭学者に関して，以下の問に答えなさい。

1．蘭学の発展の基礎となった，キリスト教に関係のない漢訳洋書の輸入の許可の命令を出した将軍を答えなさい。なおこの人物は，参勤交代を緩和する上げ米の制や，裁判の基準を定めた公事方御定書，民衆の意見を広く聞くための目安箱の設置なども行っている。

2．千葉県の佐原出身で，50歳になってから江戸に出て天文学や測量学を学んだ人物に関連するものとして，正しいものをあとのうちから一つ選び，記号で答えなさい。

ア

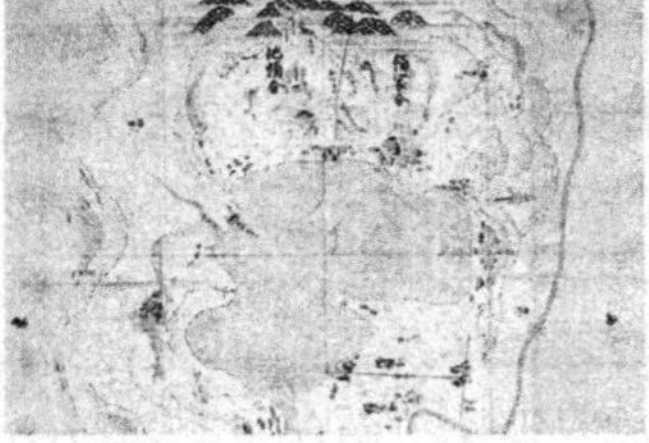

イ

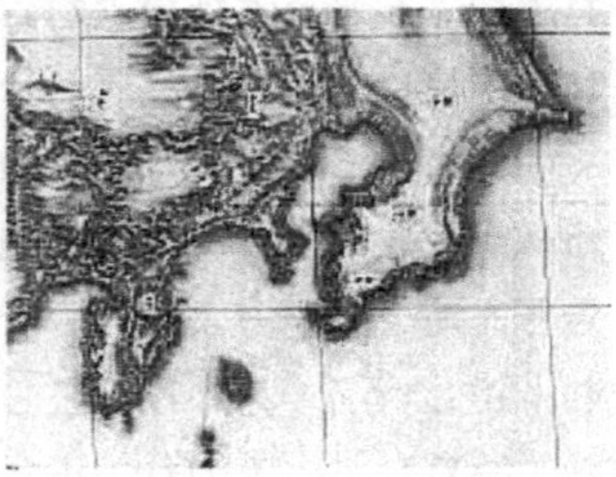

ウ

エ

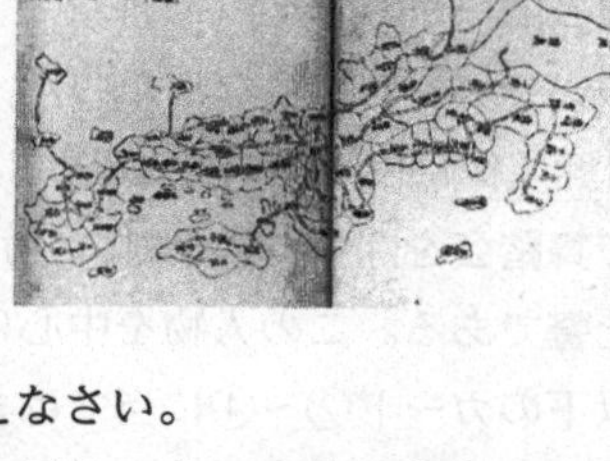

問９　下線部$_{i}$天保の改革に関して，以下の問に答えなさい。

１．江戸幕府の政治改革について述べた文として，正しいものを次のうちから一つ選び，記号で答えなさい。

ア　５代将軍の徳川綱吉は，生類憐みの令を出し朱子学を重視する享保の改革を行った。

イ　朱子学者の新井白石は，株仲間の積極的な公認や貿易の奨励《しょうれい》などの財政再建を行った。

ウ　老中の松平定信は，旗本・御家人の借金の帳消しなどの寛政の改革を行った。

エ　老中の田沼意次は，農村の立て直しのため人返しの法を出して都市の無宿人を農村に返した。

２．1837年，幕府の元役人が大阪で反乱を起こした。この人物を答えなさい。

問10　下線部$_{j}$黒船が来航して日本が開国してに関して，以下の問に答えなさい。

１．1858年に結んだ，日米修好通商条約の開港地として，正しいものを次のうちから一つ選び，記号で答えなさい。

ア　堺　　イ　博多　　ウ　銚子　　エ　神奈川

２．開国後，江戸幕府が滅亡するまでの流れを述べた文章Ⅰ～Ⅲを時代順に並べたものとして，正しいものを次のうちから一つ選び，記号で答えなさい。

Ⅰ　日米修好通商条約を天皇の許可なく結んだ井伊直弼が，桜田門外の変で暗殺された。

Ⅱ　五稜郭の戦いで，旧幕府軍が新政府軍に降伏し，江戸幕府が名実ともに滅亡した。

Ⅲ　15代将軍の徳川慶喜が，政権を朝廷に返す，大政奉還を行った。

ア　Ⅰ→Ⅱ→Ⅲ　　イ　Ⅱ→Ⅰ→Ⅲ　　ウ　Ⅲ→H→Ⅰ

エ　Ⅲ→Ⅰ→Ⅱ　　オ　Ⅰ→Ⅲ→Ⅱ

問11　下線部$_{k}$明治時代に関して，右の明治時代の貿易に関するグラフについて，のぞむくんとみのりさんが会話をしています。この会話のうち，下線部Ａ～Ｄが正しいものには○を記入し，誤っている個所があれば訂正したものを答えなさい。

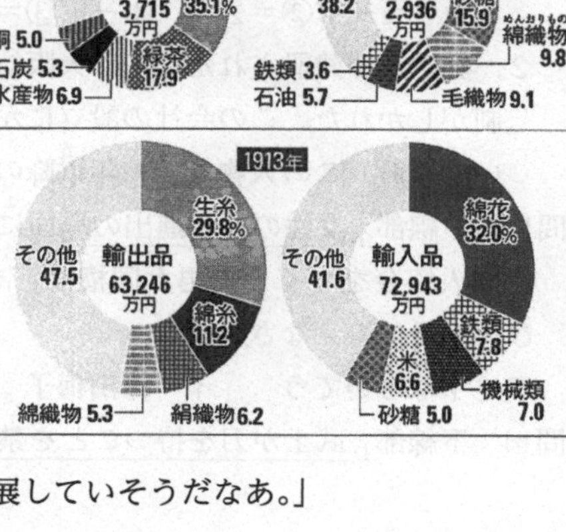

のぞむ「1885年と1913年のどちらも，$_{A}$綿糸が最も多く輸出されているね。」

みのり「そうね，輸出に関しては，どちらの年代も$_{B}$重工業製品が中心になっているわ。」

のぞむ「1894年の$_{C}$日清戦争以降は，より重工業が発展していそうだなあ。」

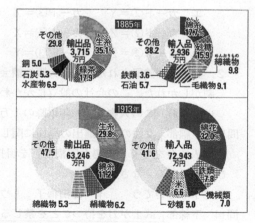

みのり「じゃあ，工業の発展と近代化の影響は，1913年の貿易品をみるとわかるのかしら。」

のぞむ「そうだね，1913年の輸入品にあるD機械類や鉄類が1885年から増えているのは，工業の発展と関係がありそうだ。」

みのり「この先の貿易がどうなったのか，グラフの変化の続きが気になるわ。」

問12　下線部l鹿鳴館に関して，以下の問に答えなさい。

1．鹿鳴館で舞踏会を開いた人物は，江戸時代に結んだ不平等条約の改正を目指した外務卿（大臣）の井上馨である。この人物を中心に，みのりさんが不平等条約の改正に関するカードを作成した。以下のカード②～④に当てはまる人物と内容報告書の文章Ｘ～Ｚの順番として正しいものを，次のうちから一つ選び，記号で答えなさい。

カード①		カード②		カード③		カード④
○代表： 全権大使　岩倉具視 ○条約交渉のために欧米に渡航するが交渉は失敗に終わった。	→		→		→	

Ｘ「○代表：外務大臣　小村寿太郎
　○アメリカと日米通商航海条約を結び，関税自主権の完全回復に成功した。」

Ｙ「○代表：外務大臣　陸奥宗光
　○イギリスと協力しロシアへ対抗するため，日英通商航海条約を結び，領事裁判権の撤廃に成功した。」

Ｚ「○代表：外務卿（外務大臣）井上馨
　○欧米文化に近づいたことを示すため，欧化政策を取りながら交渉を行った。」

ア　カード②＝Ｘ　カード③＝Ｙ　カード④＝Ｚ
イ　カード②＝Ｘ　カード③＝Ｚ　カード④＝Ｙ
ウ　カード②＝Ｙ　カード③＝Ｘ　カード④＝Ｚ
エ　カード②＝Ｙ　カード③＝Ｚ　カード④＝Ｘ
オ　カード②＝Ｚ　カード③＝Ｘ　カード④＝Ｙ
カ　カード②＝Ｚ　カード③＝Ｙ　カード④＝Ｘ

2．鹿鳴館が建設された年に，大阪紡績会社が操業を開始した。大阪紡績会社では，昼夜二交代制がしかれた。この会社の設立にかかわった，日本近代産業の父とも呼ばれる人物を答えなさい。なお，この人物は2024年以降の１万円札の肖像となることが知られている。

問13　下線部m女性の社会進出の場面に関して，1911年に青鞜社をつくって女性解放を，1920年に新婦人協会をつくって男女同権などを目指した人物として，正しいものを次のうちから一つ選び，記号で答えなさい。

ア　平塚らいてう　　イ　津田梅子　　ウ　与謝野晶子　　エ　樋口一葉

問14　下線部n武士が刀を持つことを禁じる法律に関して，次のページの問に答えなさい。

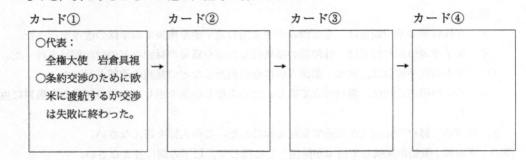

1．この法律の目的は，武士という身分をなくして，軍隊は国民から集めるようにするというものであった。この法律に関わる，1873年に出された満20歳以上の男子に３年間兵役の義務を負わせる法令を答えなさい。

2．上の問題の法令と同じ年の1873年に出された地租改正について，この政策が出される前後についてまとめた右の表に当てはまる語句の組み合わせとして，正しいものを次のうちから一つ選び，記号で答えなさい。

ア　あ＝３　い＝米
イ　あ＝８　い＝米
ウ　あ＝３　い＝現金
エ　あ＝８　い＝現金

	地租改正前	地租改正後
税の種類	年貢	地租
税率の基準	収穫や地域によってバラバラ	全国統一で地価の（　あ　）％
土地所有者の納税方法	米で納める	（　い　）で納める
政府の収入	年によってバラバラ	毎年一定
小作料	米で納める	米で納める

問15　下線部o第一次世界大戦に関して，以下の問に答えなさい。

1．日本の貿易額の移り変わりを示した右のグラフについて説明した次の文章Ｘ・Ｙの正誤《せいご》の組み合わせとして，正しいものを次のうちから一つ選び，記号で答えなさい。

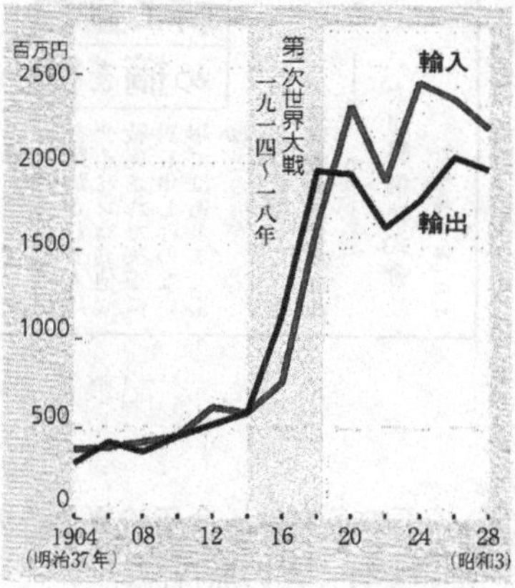

Ｘ　第一次世界大戦中，日本は戦場にならなかったため被害が少なく，ヨーロッパ諸国への輸出が増えて好景気となった。

Ｙ　大戦が終わると，ヨーロッパ諸国の産業が回復してきたため，日本の輸出は大幅に減少し，不景気になった。

ア　Ｘ：正しい　Ｙ：正しい　　イ　Ｘ：正しい　Ｙ：誤り
ウ　Ｘ：誤り　Ｙ：正しい　　エ　Ｘ：誤り　Ｙ：誤り

2．この大戦中に起こったロシア革命の影響を防ぐために，日本や諸外国の軍隊がシベリアに出兵した。それを見越した商人によって米が買い占められ，米価が高騰した結果，全国での暴動が発生した。この全国的な暴動は何か，答えなさい。

問16　下線部p1930年代の後半に戦争が始まってに関して，以下の問いに答えなさい。

1．この戦争について述べた以下の文章として正しいものを，後のうちから一つ選び，記号で答えなさい。

ア　日本軍は日本海海戦で勝利を挙げ，ここからアメリカ軍を押し返し，ミッドウェー海戦でも勝利したことをきっかけにアメリカ軍の侵攻を食い止めた。

イ　この戦争は，北京郊外の盧溝橋《ろこうきょう》で日本と中国の軍隊が衝突《しょうとつ》したことをきっかけにして始まり，日本軍は首都の南京を占領した。

ウ　アメリカのニューヨークの株式市場で株価が大暴落《だいぼうらく》したことから不景気となり，これがきっかけとなって世界中で不況が広がり，世界恐慌が起こった。

エ　戦争の終わりを決定づけたのは，広島と沖縄に原子爆弾が投下されたことで，同じ月にポツダム宣言を受け入れて日本が無条件で降伏した。

2．下の新聞記事Aは，戦時中に発行された内容である。この２つの記事を見たのぞむくんとみのりさんの会話文X・Yの正誤の組み合わせとして正しいものを，次のうちから一つ選び，記号で答えなさい。

のぞむ「Aの記事には，「白金（プラチナ）が敵を撃つ！」と書いてある。“供出《きょうしゅつ》”とは，政府に差し出すことを意味するんだけど，プラチナが兵器の開発に活用されていたみたいだね。」

みのり「でも，この記事から読み取れるのは，米英連合国軍を倒すことや，戦死した兵士に対する感情をあおり立てていることだけだ。」

ア　のぞむ：正しい　　みのり：正しい　　イ　のぞむ：正しい　　みのり：誤り
ウ　のぞむ：誤り　　みのり：正しい　　エ　のぞむ：誤り　　みのり：誤り

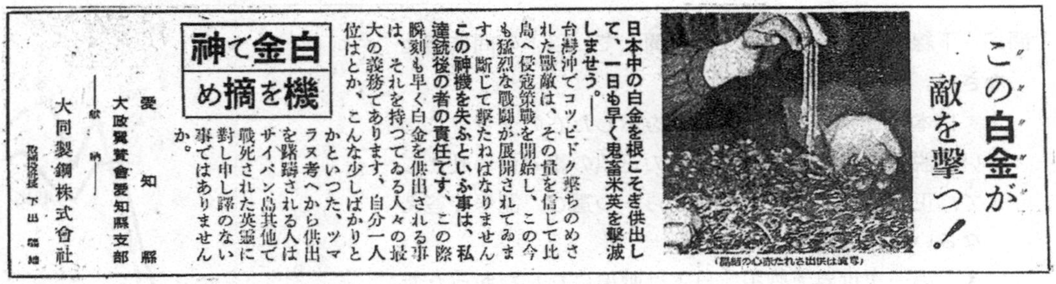
この白金が敵を撃つ！

（寫眞は供出された心の結晶）

日本中の白金を根こそぎ供出して、一日も早く鬼畜米英を擊滅しませう。――

台灣沖でコッピドク擊ちのめされた獸敵は、その量を信じて比島へ侵寇策戰を開始し、この今も猛烈な戰鬪が展開されてゐます、斷じて擊たねばなりません

この神機を失ふといふ事は、私達銃後の者の責任です、この際瞬刻も早く白金を供出される事は、それを持つてゐる人々の最大の義務であります、自分一人位はとか、こんな少しばかりとかといつた、ツマラヌ考へから供出を躊躇される人はサイパン島其他で戰死された英靈に對し申し譯のない事ではありませんか。

白金て神機を摘め

愛知縣
大政翼贊會愛知縣支部
――獻納――
大同製鋼株式會社
取締役社長 下出

記事A　中日新聞戦時版（1944(昭和19)年10月25日）

2． 下の各文は，今年の夏休みの旅行記の一部である。これを読んで後の各問に答えなさい。

だいすけくんの旅行記

私は夏休みに，由布院・別府に行ってきました。由布院や別府は日本でも有数の（　１　）の名所であり，多くの観光客が訪れています。この県そのものが別名「（　１　）県」と呼ばれ，火山が多い県となっています。そのことから，火山活動などの地熱を利用した地熱発電も行われており，観光だけでなくエネルギー資源としての火山の利用もみられます。

また，ａ九州地方最大の河川である（　２　）川はこの県の日田市で様々な河川と合流し，九州最大の平野を抜け，ｂ有明海へとそそいでいます。

問１　旅行記中の空欄（１）と（２）にあてはまる適切な語句を答えなさい。

問２　下線部ａについて，あとのア～エの文章は九州地方について説明したものである。九州地方の説明として**間違っているもの**を，次のうちからひとつ選び，記号で答えなさい。

ア　九州地方は全体的に山地が多く，火山も多い。災害としては，2014年９月に発生した御嶽山の噴火で多くの死者・行方不明者がでた。

イ　九州地方は年間を通して降水量が多い傾向にある。特に夏は梅雨や台風などの影響で，たびたび水害などの被害に見舞われることがある。

ウ　九州地方北部は工業地帯が広がっており，明治時代から八幡製鉄所をはじめとする工場が数

多く建設されたが，近年は衰退傾向にある。

エ　九州地方南部の桜島では激しい火山活動が発生しており，火山から噴出された火山灰などを中心として形成されたシラス台地が広がっている。

問３　下線部ｂについて，有明海で養殖が盛んなものとして，正しいものを次のうちからひとつ選び，記号で答えなさい。

ア　うに　　イ　ほたて　　ウ　のり　　エ　たら

あすかさんの旅行記

私は夏休みに，宮島へ行ってきました。日本三景の一つで，平家ゆかりの c 世界遺産（　３　）神社がある宮島は観光客でにぎわっていました。名物のもみじまんじゅうや穴子飯もとてもおいしかったです。次の日には，国際平和文化都市であるこの県の県庁所在地を観光しました。特に（　４　）は世界遺産の中でも「負の世界遺産」として登録されており，戦争の悲惨さ，核兵器の恐ろしさを肌で感じることができるため，とても印象に残っています。また，現在は海上自衛隊の潜水艦基地がある古くからの d 造船業で有名な町も印象に残っています。

問４　旅行記中の空欄（３）と（４）にあてはまる適切な語句を答えなさい。

問５　下線部ｃについて，日本の世界遺産として**間違っているもの**を次のうちからひとつ選び，記号で答えなさい。

ア　富士山　　イ　知床　　ウ　富岡製糸場　　エ　鎌倉の社寺

問６　下線部ｄについて，太平洋戦争中は海軍の軍港がおかれ，戦艦大和が建造されたことでも有名なこの県の造船が盛んな町として，正しいものを次のうちからひとつ選び，記号で答えなさい。

ア　佐世保　　イ　呉　　ウ　横須賀　　エ　博多

あさひくんの旅行記

私は夏休みに姫路に行ってきました。私は大阪に住んでいるので，新大阪駅から姫路駅まで e 新幹線で行きました。世界遺産と国宝の両方に指定されている姫路城は真っ白で大きなお城だったので，大変印象深かったです。翌日に，姫路城があるこの県の県庁所在地の（　５　）市へ行き，ポートアイランドや六甲アイランドを観光しました。最終日には日本の f 標準時子午線が通る（　６　）市へ行きました。日本の時刻の基準となっている地点を訪れることができて，興味深かったです。また，g 本州四国連絡橋も間近にみることができ，今度は四国へも旅行に行ってみたいと思いました。

問７　旅行記中の空欄（５）と（６）にあてはまる適切な語句を答えなさい。

問８　下線部ｅについて，あさひくんが乗った新幹線の名称として正しいものを次のうちからひとつ選び，記号で答えなさい。

ア　北陸新幹線　　イ　九州新幹線　　ウ　山陽新幹線　　エ　上越新幹線

問９　下線部ｆについて，日本の時刻の基準となる標準時子午線の経度を東経か西経を使って答えなさい。

問10　下線部ｇについて，本州四国連絡橋の３つのルートのうちの中央にあたり，鉄道も走行可能な岡山県倉敷市～香川県坂出市を結ぶ橋の名称を答えなさい。

あきこさんの旅行記

東北地方でも有数の稲作地帯のこの県は，県名の名前が付いたお米が多く栽培されています。食べ物は冬の間の保存食として作られた，きりたんぽやいぶりがっこなどが有名です。他にも県北西部の（　７　）半島の重要無形民俗文化財のなまはげや，h東北三大祭りの１つが行われていたり，大曲の花火大会などの日本でも有名なお祭りやイベントも数多くあります。また，この県の大館曲げわっぱや川連漆器をはじめ，i東北地方では様々な伝統工芸品が存在しています。

問11　旅行記中の空欄（７）にあてはまる適切な語句を答えなさい。

問12　下線部ｈについて，この県で行われている東北三大祭りとして，正しいものを次のうちからひとつ選び，記号で答えなさい。

ア　七夕まつり　　イ　ねぶた祭り　　ウ　花笠まつり　　エ　竿燈まつり

問13　下線部ｉについて，東北地方の伝統工芸品として，**間違っているもの**を次のうちからひとつ選び，記号で答えなさい。

ア　小千谷ちぢみ　　イ　南部鉄器　　ウ　天童将棋駒　　エ　会津塗

ひろなりくんの旅行記

私は夏休みに，離れて暮らしている弟に会いに行ってきました。弟が暮らすこの県は信州とも呼ばれ，食べ物はそばやりんご，信州みそなどが有名です。この県自体は，全国第４位の広さを有しているのですが，海に面していないj内陸県となっています。そのため広大な県土のうち，山地の総面積が県の84％を占める山岳県となっており，k日本アルプスをはじめとする標高3000ｍクラスの高い山々が連なっており，別名「日本の（　８　）」と呼ばれています。気候に関しても，全県的にl内陸特有の気候が広がっているため，海に面しているかどうかが県全体の特徴に大きく関わっていると言えます。

問14　旅行記中の空欄（８）にあてはまる適切な語句を答えなさい。

問15　下線部ｊについて，この県のほかに日本の内陸県として適切なものを，次のうちからひとつ選び，記号で答えなさい。

ア　滋賀県　　イ　三重県　　ウ　福井県　　エ　山形県

問16　下線部ｋについて，日本アルプスのうち，この県の南部を走る中央アルプスの正式名称を答えなさい。

問17　下線部ｌについて，次の雨温図は，北海道（札幌），新潟県（上越），香川県（高松），「ひろなりくんの旅行記」の県をそれぞれ示している。「ひろなりくんの旅行記」の県として最も適切なものを，後のア～エより選び，カタカナ（ア～エ）で答えなさい。

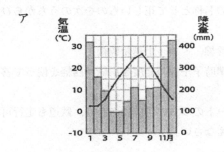

ア

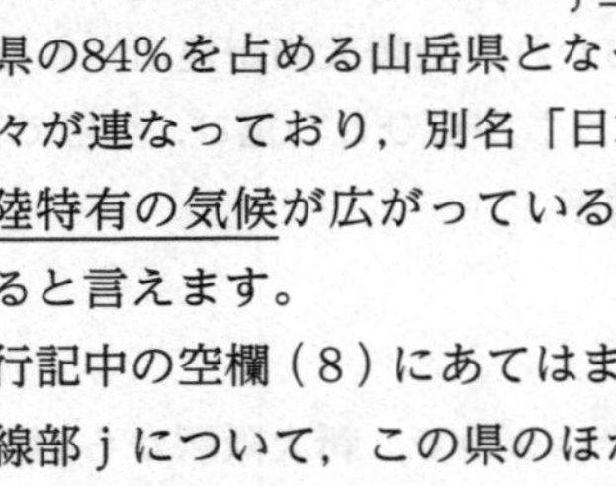

イ

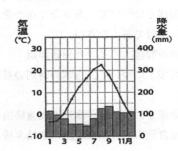

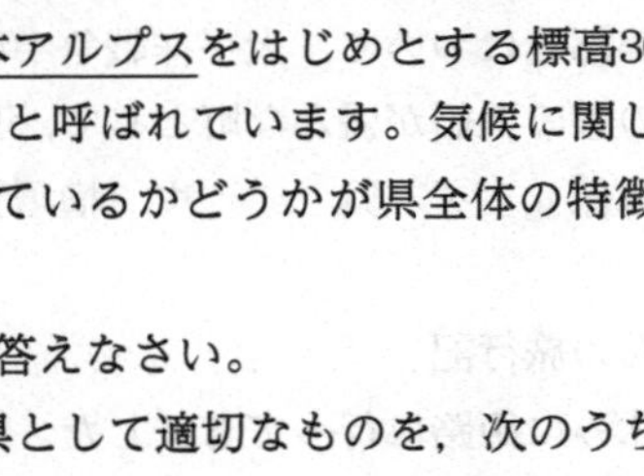

ウ

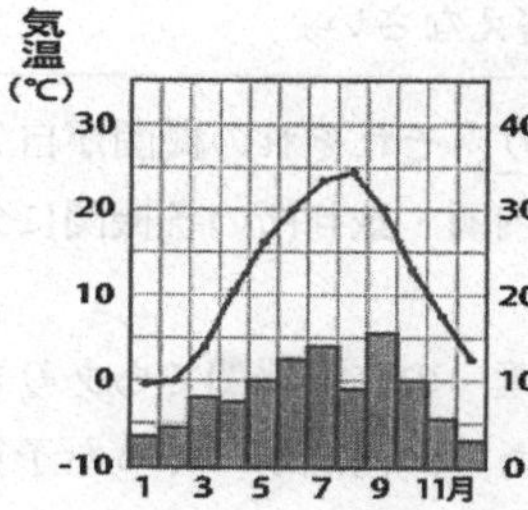

エ

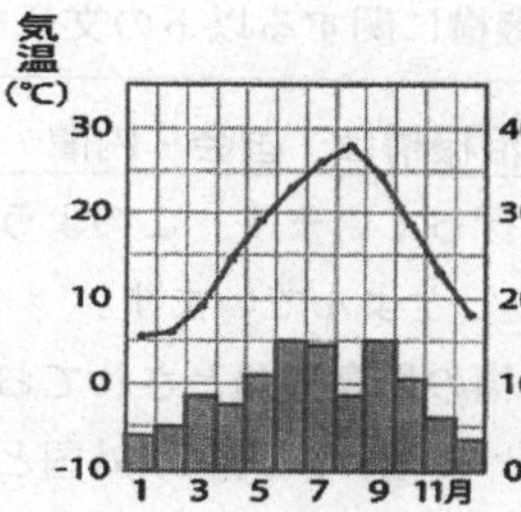

問18　５人が旅行した都道府県はそれぞれどこなのか。旅行先の都道府県を下の図から選び，番号で答えなさい。

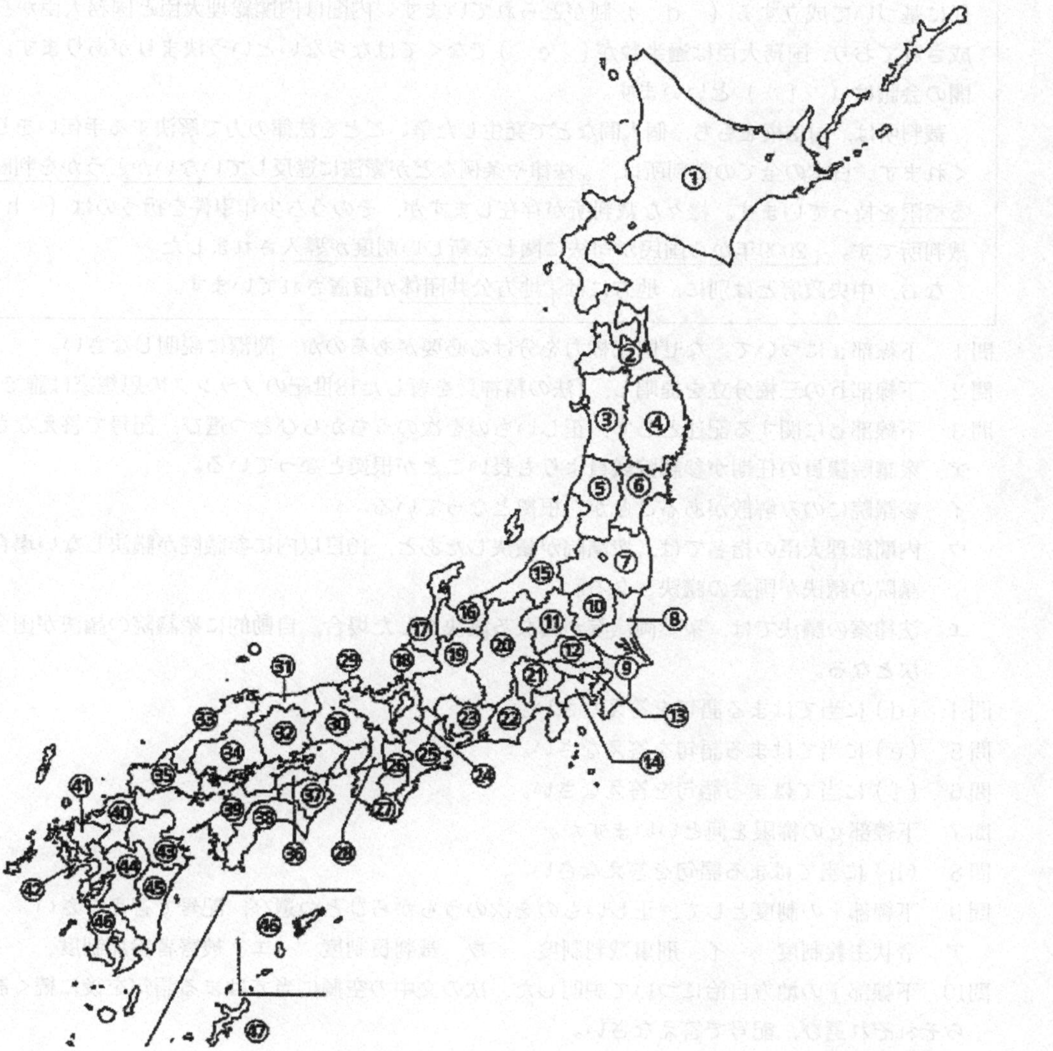

3． 日本の統治機構に関する以下の文章を読み，後の各問に答えなさい。

a日本の統治機構は，国会・内閣・裁判所に分かれており，それぞれの機関が自分たちの行うべきことを行っています。このように国家権力を国会・内閣・裁判所の各機関に分けることをb「三権分立」とよんでいます。

国会は，国権の最高機関とされており，法律を制定する唯一の立法機関でもあります。法律を制定するだけでなく，内閣が外国と結んだ条約を承認したり，内閣がつくった予算案を審議したりするなど，多くの役割を果たします。衆議院と参議院という２つの院が存在しますが，c衆議院のほうが参議院よりも強い権限を与えられています。

内閣は，法律や予算に従って，実際に行政を進めている機関です。日本の内閣は，国会の信任に基づいて成立する（　d　）制がとられています。内閣は内閣総理大臣と国務大臣から構成されており，国務大臣は過半数が（　e　）でなくてはならないという決まりがあります。内閣の会議は（　f　）といいます。

裁判所は，司法権をもち，個人間などで発生した争いごとを法律の力で解決する手伝いをしてくれます。日本の全ての裁判所は，g法律や条例などが憲法に違反していないかどうかを判断する権限を持っています。様々な裁判所が存在しますが，そのうち少年事件を扱うのは（　h　）裁判所です。i2009年から国民が司法に関わる新しい制度が導入されました。

なお，中央政府とは別に，地方にはj地方公共団体が設置されています。

問１　下線部ａについて，なぜ国家権力を分ける必要があるのか，簡潔に説明しなさい。

問２　下線部ｂの三権分立を提唱し，『法の精神』を著した18世紀のフランスの思想家は誰ですか。

問３　下線部ｃに関する記述として，正しいものを次のうちからひとつ選び，記号で答えなさい。

ア　衆議院議員の任期が参議院議員よりも長いことが根拠となっている。

イ　参議院にのみ解散があることが，根拠となっている。

ウ　内閣総理大臣の指名では，衆議院が議決したあと，10日以内に参議院が議決しない場合，衆議院の議決が国会の議決となる。

エ　法律案の議決では，衆参両議院が異なる議決をした場合，自動的に衆議院の議決が国会の議決となる。

問４　（ｄ）に当てはまる語句を答えなさい。

問５　（ｅ）に当てはまる語句を答えなさい。

問６　（ｆ）に当てはまる語句を答えなさい。

問７　下線部ｇの権限を何といいますか。

問８　（ｈ）に当てはまる語句を答えなさい。

問９　下線部ｉの制度として，正しいものを次のうちからひとつ選び，記号で答えなさい。

ア　令状主義制度　　イ　刑事裁判制度　　ウ　裁判員制度　　エ　被害者参加制度

問10　下線部ｊの地方自治について説明した，次の文中の空欄に当てはまる語句を後に続く語群からそれぞれ選び，記号で答えなさい。

ある地域の住民が，自分たちの地域の政治を自主的に行っていくしくみを地方自治といいます。都道府県や市町村は，地方自治を行う単位となり，地方公共団体と呼ばれます。地方公共団体の収入には，国からの補助金が含まれており，そのうち地方公共団体が使い道を自由に決められるものが（　Ａ　）です。都道府県の行政の責任者を知事といいますが，都道府県知事の選挙に出馬できるのは（　Ｂ　）歳以上という規定があります。都道府県などには，それぞれ一院制の議会があり，当該地方公共団体でのみ適用されるルールである（　Ｃ　）の制定などを行います。

（Ａ）　ア　地方交付税交付金　　イ　国庫支出金　　ウ　地方税　　エ　地方債
（Ｂ）　ア　18　　イ　20　　ウ　25　　エ　30
（Ｃ）　ア　条令　　イ　条例　　ウ　政令　　エ　政例

エ　自分の行動が他者・世界に及ぼす影響《えいきょう》を推測する

オ　自分と共通する経験を補って、生への活力を得る

カ　自分と同一の体験を確認し、自分を肯定する

三

※問題に使用された作品の著作権者が二次使用の許可を出していないため、問題を掲載しておりません。

（出典：小川糸『こーちゃんのおみそ汁』より）

接的に経験すること。

ウ　自分とは異なる考えの人間に対しても広く受け入れることができる洞察力を得ること。

エ　立場や考え方が違うことに気づいて、寛容に共感を示すことができるようになること。

オ　予期しない出来事に接しても動じずに、どうすべきか考えられる判断力を得ること。

カ　たとえ同じ年齢であっても、周囲が経験していないような体験を積み重ねていくこと。

問六　（Ⅰ）（Ⅱ）の本文から読み取れる内容として最も適当なものを、次のア～エのうちから一つ選び、記号で答えなさい。

ア　失恋や落第などの辛い経験は、他者には理解できないため、解決しようのない悩《なや》みであり、忘れるよりほかはない。

イ　小説の世界においては、他者を助ける役割は積極的に担うべきだが、他者を傷つける役割は担うべきではない。

ウ　せまい世界で物事を考えていると精神的に追い込まれるが、読書経験が気持ちを和らげてくれる可能性がある。

エ　小説内で特殊《とくしゅ》な人間に出会うことを通じて、現実の様々な場面に冷静に対処し、他者に優しくなることができる。

問七　（Ⅰ）の文章中に「自己の体験至上主義」（＝＝線部Ｘ）とあるが、このような考えの人が具体的にどのような人なのかを（Ⅱ）の文章から探すとすれば何か。「～人」に続くように（Ⅱ）の本文中から二十字で抜《ぬ》き出しなさい。

問八　（Ⅰ）（Ⅱ）の文章を読んだ三人の生徒が話し合っています。空欄《くうらん》［①］に当てはまる語句を、本文の内容から推測して五字で答えなさい。また、空欄［②］～［③］に当てはまる語句を、後のア～カのうちからそれぞれ一つずつ選び、記号で答えなさい。

生徒Ａ……（Ⅰ）の文章も（Ⅱ）の文章も、読書の大切さを話題としていることは共通しているね。

生徒Ｂ……そうだね。読書が持っている魅力《みりょく》が「［①］を自分のものにできる」という点でも、二つの文章は共通していると思うよ。

生徒Ｃ……うんうん。そういえば、読書と関係のある能力として、どっちの文章にも「想像力」という言葉が出てくるね。この意味も同じように使われているのかな。

生徒Ａ……いや、同じように見えるけれど、この言葉を使った目的は違うと思うよ。「想像力」という言葉は、（Ⅰ）の文章では、［②］ためのものだと述べられていると感じたよ。

生徒Ｃ……ふむふむ。（Ⅰ）の本文の終わりの方に「経験していないことでも私たちは力にすることができる」とあるのもそれを意図してのことなんだね。

生徒Ｂ……それに対して、（Ⅱ）の文章では、［③］ためのものだという方向で使われていると思ったな。

生徒Ｃ……そうか、だから本文の最後のあたりに「相手への想像力が働き、他者に対して優しくなれる」とあるんだな。

ア　自分とは異なる立場の人物になりきって楽しむ

イ　自分の体験をより深く見つめ、その真意を見きわめる

ウ　自分よりも厳しい生活をした人に対して優越感を持つ

うな人たちばかり出てくることもありますから、驚《おどろ》くような状況《じょうきょう》が起きても冷静に判断できるようにもなるでしょう。

　そうしてたくさんの本を読むことによって人生の経験値が上がると、同じ20歳《さい》でも、ひとりは自分や周囲の人たちの人生経験しか知らない20歳で、もうひとりは読書経験を通じて人生経験が豊富であり、精神年齢《ねんれい》は30歳、というくらいの違いが出てくるのは自然なことです。

　さらに、自分の行動が他者や世界にどう作用するのか、ということが想像できるようになります。

　友達を無視したら相手はどういう気持ちになるか。無視されたことがない人は想像できないかもしれません。しかし読書によって、そういった悪意が引き起こすさまざまな顛末《てんまつ》※8を知ることで、相手への想像力が働き、他者に対して優しくなれるはずです。読書で読解力を鍛《きた》えることで、相手の心を読み解く力も鍛えられるのです。

（池上彰《あきら》『なぜ、読解力が必要なのか？』より）

[注]
1 「肯定」……積極的に価値を認めること。
2 「鼓舞」……はげましふるい立たせること。
3 「昇華」……ある状態からさらに高い状態になること。
4 「了見」……考え。分別。
5 「寛容」……心が広くて、よく人の言動を受け入れること。
6 「洞察力」……物事の本質を見抜《みぬ》く力のこと。
7 「情緒的読解力」……その場で起こる様々な感情を読み取る力。
8 「顛末」……物事の最初から最後までの事情。

問一 〰〰線部a～cの漢字は読みを答え、カタカナは漢字に直しなさい。

問二 ――線部A「それ」が指す内容の説明として最も適当なものを、次のア～エのうちから一つ選び、記号で答えなさい。
ア 幼い頃からほめられつづけて育つこと。
イ 肯定されて、生への活力を得ること。
ウ 自己への肯定により、自信を持つこと。
エ 生きる意欲から、自信をつけること。

問三 ――線部B「落ち着いて自分を見直す」ことができるのはなぜか。前後の段落から理由が示された一文を探し、最初の七字を抜《ぬ》き出しなさい。

問四 空欄《くうらん》 C に当てはまる語句として最もふさわしいものを、次のア～エのうちから一つ選び、記号で答えなさい。
ア 辛い経験　イ 学徒出陣
ウ 読書経験　エ 優越感を持つ経験

問五 ――線部D「読書経験を積むことで、人生の経験値が上がっていく」について、次の(i)・(ii)の問いに答えなさい。
(i) これと同じ内容の表現として最も適当な部分を、［Ⅱ］の文章中から二十三字で探し、最初の五字を抜き出しなさい。
(ii) 「人生の経験値が上が」るとは、具体的にはどのように成長することか。最も適当なものを、後のア～カのうちから二つ選び、記号で答えなさい。
ア ヒーローや悪役など様々な役割を演じ、現実では得られるはずのない経験に出会うこと。
イ この筆者の書いた本を多く読むことを通じて、筆者の体験を間

「自分だけが悲惨なのだ。周りの者は自分のような境遇《きょうぐう》はわかりはしない」と、周りの狭《せま》い世界だけを見て決めつけると、精神的に追い込《こ》まれてくる。自分と同じどころか、より辛い運命にさらされた人がいる、そして、それを乗り越《こ》えて生きているということを知るだけで、活力が湧《わ》いてくる。

私は、高史明《コサミョン》の『生きることの意味』（ちくま文庫）を読むと、辛い気持ちになる一方で元気が湧く。もっと極端《きょくたん》な例を出せば、フランクルの『夜と霧《きり》』（みすず書房《しょぼう》）を読んだときは、自分のそれまでの辛い経験などがすべて吹《ふ》っ飛んだ気がした。ユダヤ人であるためにaキョウセイ収容所に入れられ、死の直前まで追い込まれたフランクルが、希望を見失わずに生きる意味と活力を見出し続けたbキロクが、この本だ。その極限状況《じょうきょう》に比べれば、自分の不幸や不運などは取るに足らないことだと素直に思えた。『わがいのち月明に燃ゆ』（林尹夫《ただお》著、ちくま文庫）、『きけわだつみのこえ』（岩波文庫）などの学徒出陣《しゅつじん》を描《えが》いたものも同様だ。死に向かいつつもなおかつ勉強し続けるその姿勢に※2鼓舞《こぶ》され、勇気づけられた。

単純に慰められたり、優越感《ゆうえつかん》を持ったりといった感情ではない。むしろ彼《かれ》らの大きな経験の中に自分の経験を溶《と》かし込み、自分の経験の意味をいわば※3昇華《しょうか》させるのである。自分自身が収容所に入れられたわけでも、［　Ｃ　］をしたわけでもないが、そうした境遇のかけらでも自分のからだの中に入れるという感覚だ。

自分の体験や経験を絶対の根拠《こんきょ》としたがる傾向《けいこう》が、読書嫌《ぎら》いの人には時々見受けられる。こうしたX自己の体験至上主義は、狭い※4了見《りょうけん》を生む。

経験していないことでも私たちは力にすることができる。

自分の中に微《わず》かにでも共通した経験があれば、想像力の力を借りて、より大きな経験世界へ自分を潜《もぐ》らせることができる。自分の狭い世界に閉じこもってc意固地になったり、自分の不幸に心をすべて奪《うば》われたりする、そうした狭さを打ち砕《くだ》く強さを読書は持っている。

（齋藤孝《たかし》『読書力』より）

（Ⅱ）

読書をすると、楽しみながら読解力を上げていくことができます。それはなぜなのか。私は「さまざまな本を読むことで、人生経験が豊富になるから」だと考えています。

人は生きていく中でひとつの人生しか経験できませんが、読書をすることで数限りない他者の人生や他者の思考を疑似体験できます。

小説であれば、ヒーローやヒロインにもなれますし、悪役にもなれます。場合によっては、人を殺すなどということも本の中では経験します。これはフィクションに限ったことではなく、たとえば今読んでいただいているこの本でも同様です。本書を通して、あなたには私の考え方や経験を追体験していただけるはずです。そうしてD読書経験を積むことで、人生の経験値が上がっていくのです。

読書によって、世の中には自分とまったく違《ちが》う考えの人間がいるのだということを理解し、広く受け入れる※5寛容《かんよう》の心が育ち、人間への※6洞察力《どうさつりょく》がついていきます。立場の違う人を理解する共感力、すなわち※7情緒《じょうちょ》的読解力が身につくのです。

人を見る目が養われることもあるでしょう。小説にはびっくりするよ

【国語】（五〇分）〈満点：一〇〇点〉

一 次の各問いに答えなさい。

問一 次の――線部の漢字は読みを答え、カタカナは漢字に直しなさい。

(1) フクスウの選択肢がある。
(2) タンジョウ日を祝う。
(3) 美しいオリモノを手に入れる。
(4) ゲキテキな結末だった。
(5) 身元をショウカイする。
(6) 出典を確かめる。
(7) 筆舌に堪《た》えない。

問二 次の(1)～(2)の語句と似た意味、及び(3)～(4)の語句と反対の意味を持つものを後の語群《ごぐん》からそれぞれ一つずつ選び、漢字に直して答えなさい。

(1) 快活　(2) 熟考　(3) 寒冷　(4) 天然

ジドウ　シアン　カッパツ
オンダン　ジンコウ　ネツボウ

問三 次のことわざの意味として最もふさわしいものを、後のア～クのうちから一つずつ選び、記号で答えなさい。

(1) 情けは人のためならず　(2) 焼け石に水
(3) 濡《ぬ》れ手で粟《あわ》　(4) 急がば回《まわ》れ

ア 急ぐからと危ない近道を行くより、遠回りでも安全な道を行くほうが早い。
イ 人に親切をすれば、やがて自分にもよいことがめぐってくる。
ウ 何をするにも、がまんやしんぼうが大切だ。
エ 苦労せずに大きなもうけを得ること。
オ 確かでないことを期待することのたとえ。
カ 少しぐらいの助けでは、何の役にも立たない様子。
キ 身近なことはかえってわかりにくいことのたとえ。
ク 中途半端《ちゅうとはんぱ》な助けは、かえって相手のためにならないのでひかえるべきだ。

二 次の〔Ⅰ〕〔Ⅱ〕の文章を読んで、後の問いに答えなさい。

〔Ⅰ〕

生きる力は、自分を肯定《こうてい》※1するところから生まれてくる。少年院関係者の話によると、少年犯罪を起こす者のほとんどが、幼い頃《ころ》からあまりほめられた経験がないということである。ほめられるということは、自己を他者から肯定されるということだ。肯定が積み重なれば、自分がこの世に存在することに自信を持つことができる。

Aそれが生の活力になる。自分と同じ経験、同じ考えを持つ著者と巡《めぐ》り会うことで、肯定されるだけでなく、自分よりも辛《つら》い経験が書かれている本を読むことで、B落ち着いて自分を見直すこともある。

たとえば、失恋《しつれん》をするとか、親しい人を亡くすとか、試験に落ちるといった辛い経験をしたとする。それと同じような経験をもっと悲惨《ひさん》な形で経験した者の本を読むと、自分の経験などは大したことはなかったんだと慰《なぐさ》められる。自分の経験を唯一《ゆいいつ》絶対のものだと思う気持ちから離《はな》れることができる。

自己推薦

2023年度

解 答 と 解 説

《2023年度の配点は解答欄に掲載してあります。》

＜算数解答＞

1 (1) 商162 余り40 (2) 15 (3) 4381 (4) 19980

2 (1) $\frac{5}{6}$ (2) ① 16 ② 7225 (3) ① 119 ② 255 (4) 64.5度
(5) ① 120g ② 180g (6) ① 分速200m ② 分速50m (7) ① 9個
② 3個 ③ 5個 (8) ① 4通り ② 9通り (9) 79度 (10) ① 2.4
② 3.2 (11) ① 9.42m^2 ② 243.35m^2

3 (1) ア 120人 イ 240人 ウ 60人 C 90人 (2) 144人

4 (1) 1130.4cm^3 (2) 102.6cm^3 (3) 199.32cm^2

○推定配点○

2 各4点×16((3)・(5)・(7)完答) 他 各3点×12(1(1)完答) 計100点

＜算数解説＞

1 (四則計算)

(1) 7654÷47＝162…40

(2) 68－(50÷5＋43)＝15

(3) 2022×13÷6＝337×13＝4381

(4) 27×{(2.1×17＋0.7×49－33)×19.9＋3.7}＝27×{(35.7＋34.3－33)×19.9＋3.7}＝27×(37×19.9＋3.7)＝27×37×20＝19980

重要 2 (四則計算，数の性質，規則性，割合と比，速さの三公式，流水算，鶴亀算，場合の数，平面図形，相似)

(1) $\square=\frac{10}{9}-\frac{5}{24}\times\frac{4}{3}=\frac{15}{18}=\frac{5}{6}$

(2) ① 6＋10＝4×4＝16 ② (169＋1)÷2＝85，85×85＝7225…169は85番目の奇数

(3) $\frac{15}{7}$より，136÷(15－7)＝17 したがって，a＝7×17＝119，b＝15×17＝255

(4) 30×6－(6－0.5)×21＝64.5(度)

(5) 右図において，色がついた部分の面積が等しく，①：②＝1.6：2.4＝2：3 したがって，①は300÷5×2＝120(g)，②は300－120＝180(g)

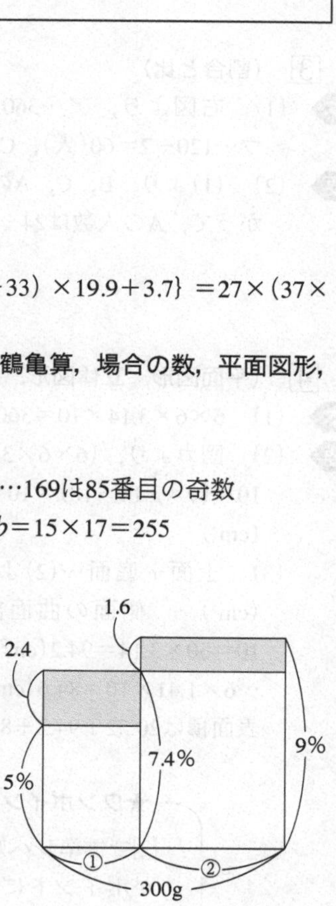

(6) 下りの分速…4500÷18＝250(m) 上りの分速…4500÷30＝150(m) したがって，①静水時の分速は(250＋150)÷2＝200(m)，②川の分速は200－150＝50(m)

(7) 代金2393円の1の位より，A147円は9個であり，2393－147×9＝1070(円) したがって，Bは{1070－130×(17－9)}÷(140－130)＝3(個)，Cは17－9－3＝5(個)

(8) ① 100円玉だけ…1通り 100円玉と500円玉…2通り 100円玉と1000円札…1通り し

たがって，全部で4通り　② 100円玉だけ…1通り　100円玉と500円玉…4通り　100円玉と1000円札…2通り　100円玉と500円玉と1000円札…2通り　したがって，全部で1＋4＋2×2＝9(通り)

図1

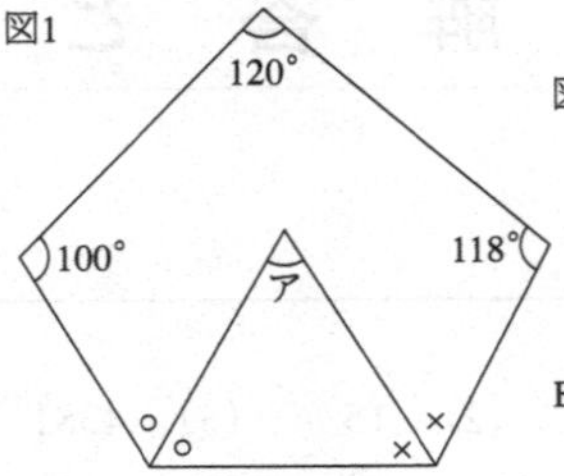

図2

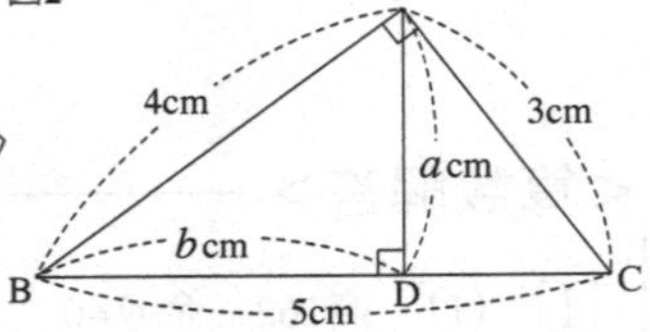

(9)　図1より，○＋×は{180×(5−2)−(118＋120＋100)}÷2＝(540−338)÷2＝101(度)　したがって，角アは180−101＝79(度)

(10)　図2より，三角形ABCとDBAは相似　① aは4÷5×3＝2.4(cm)　② bは4÷5×4＝3.2(cm)

図ア

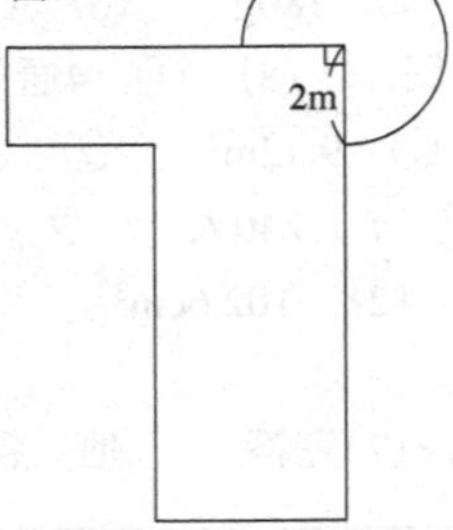

図イ

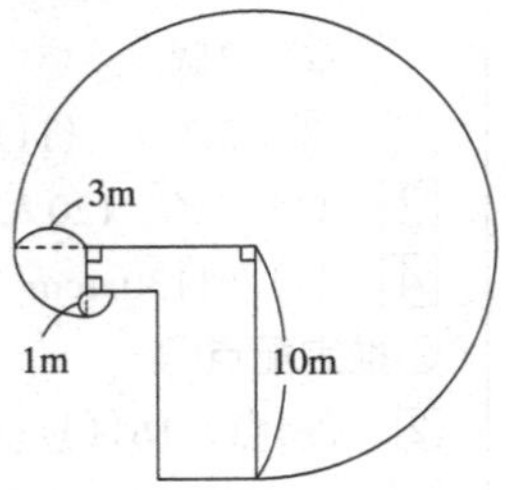

(11)　①　図アより，2×2×3.14÷4×3＝3×3.14＝9.42(m^2)
②　図イより，10×10×3.14÷4×3＋(3×3＋1×1)×3.14÷4＝(75＋2.5)×3.14＝77.5×3.14＝243.35(m^2)

3　(割合と比)

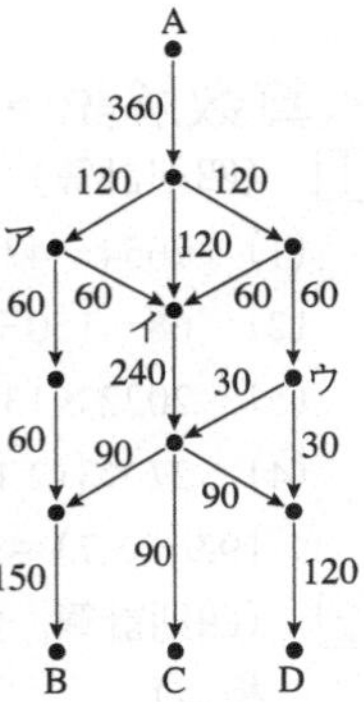

基本　(1)　右図より，ア…360÷3＝120(人)，イ…120＋120÷2×2＝240(人)　ウ…120÷2＝60(人)，C…(240＋60÷2)÷3＝90(人)

重要　(2)　(1)より，B，C，Aの人数の比は150：90：360＝5：3：12　したがって，Aの人数は24÷(5−3)×12＝144(人)

4　(平面図形，立体図形，割合と比)

基本　(1)　6×6×3.14×10＝360×3.14＝1130.4(cm^3)

重要　(2)　図カより，(6×6×3.14÷4−6×6÷2)×10＝(9×3.14−18)×10＝10.26×10＝102.6(cm^3)

(3)　上面＋底面…(2)より，10.26×2＝20.52(cm^3)　側面の曲面部分…12×3.14÷4×10＝30×3.14＝94.2(cm^2)　側面の長方形…6×1.41×10＝84.6(cm^2)　したがって，表面積は20.52＋94.2＋84.6＝199.32(cm^2)

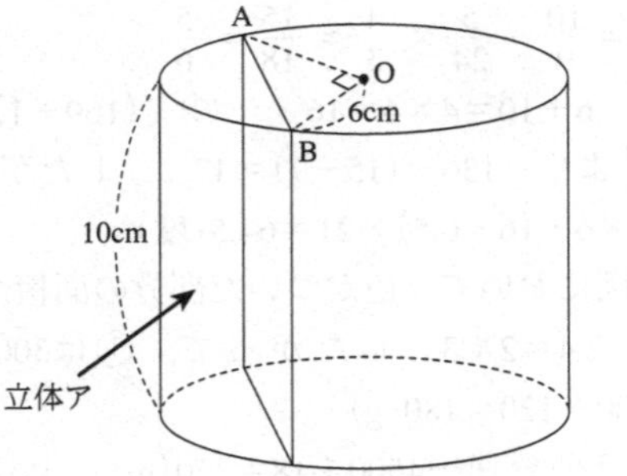

図カ

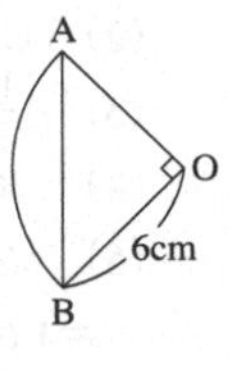

★ワンポイントアドバイス★

2で標準レベルのさまざまな問題が出題されており，これらの問題に正解することがポイントになる。2(2)「1＋3＋5＋…」の和は平方数を利用し，(7)「A～Cの個数」はAの値段がカギであり，(8)「場合分け」が重要である。

＜理科解答＞

1 問1 (1) ウ (2) オ (3) ア (4) イ (5) エ
問2 (1) X G Y C (2) ア (3) オ (4) ① イ ② ア ③ ウ
問3 (1) 肺胞 (2) (例) 表面積が大きく，多くの気体が交換できる点。
(3) ① 28800(個) ② 20(mL) ③ 576(L) (4) ア，エ，オ，カ

2 問1 ① 二酸化炭素 ② 黄 ③ 塩化水素 ④ アルミニウム[亜鉛，鉄]
⑤ 赤 問2 (1) ウ (2) イ，ウ (3) ウ (4) エ (5) ア，エ
問3 (1) 右図 (2) ア (3) エ
(4) B 3(cm^3) C 8(cm^3) (5) ア

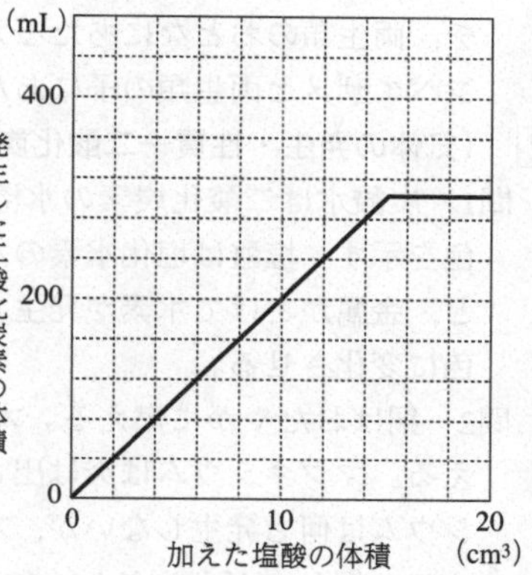

3 問1 つなぎ方 直列(つなぎ) 豆電球 エ
問2 明るさ X 豆電球 ア
問3 明るさ X 豆電球 エ
問4 明るさ X 豆電球 キ 問5 エ

4 問1 イ 問2 ④ 熱帯夜 ⑤ ア ⑥ 気温
⑦ 移動 問3 ① 湿球温度計
② 気温 33(℃) 湿度 73(%) 問4 イ
問5 ア 問6 25.8(℃) 問7 ① 28(℃)
② 85(%) 問8 太平洋(高気圧)

○推定配点○

1 問3(2)～(4) 各2点×5 他 各1点×10(問2(1)・(4)各完答)
2 問1・問2 各1点×10 問3 各2点×5((4)完答)
3 問1つなぎ方 1点 問2明るさ・問3明るさ・問4明るさ 各3点×3 他 各2点×5
4 問2・問3・問8 各1点×8 他 各2点×6 計80点

＜理科解説＞

1 (人体一臓器のはたらき)

重要 問1 (1) じん臓では，血液から尿素などの不要物をこしとり，尿がつくられる。 (2) 胃では，食べ物にふくまれるタンパク質が吸収しやすい形に消化されている。 (3) 小腸では，デンプンが消化されてできたブドウ糖やタンパク質が消化されてできたアミノ酸，脂肪が消化されてできた脂肪酸とモノグリセリドが吸収されている。 (4) 大腸では，食べ物から水分が吸収され，便がつくられている。 (5) 肝臓では，小腸で吸収された養分が一時たくわえられる。

重要 問2 (1) 肝臓(X)には，心臓からの血液が流れる血管と小腸からの血液が流れる血管がつながっている。 (2) 酸素は，肺で血液中にとりこまれるため，肺を通った直後の血液の酸素濃度が最も高い。 (3) 養分は，小腸で血液中にとりこまれるため，小腸(Y)を通った直後の血液が，最も養分の濃度が高い。 (4) ① 健康な人は，食後に血糖値が上がるとインスリンが放出されて血糖値が低下することから，グラフで表すとイのようになる。 ② 糖尿病1は，インスリンがほとんど放出できなくなることであることから，グラフは，インスリンに変化の見られないアとなる。 ③ 糖尿病2は，肝臓や筋肉がインスリンを受け取れなくなり，血糖値が低下しなくなることで起こると考えられるので，グラフはインスリンが放出されているにもかかわらず，血糖値に低下が見られないウとなる。

基本 問3 (1)・(2) 肺の中の気管(気管支)の先には肺胞とよばれる袋状のつくりがたくさんあり，空気とふれる表面積が大きくなることで，気体(酸素と二酸化炭素)の交換を効率よく行うことができるようになっている。 (3) ① 1日＝24時間＝1440分，呼吸の回数が1分で20回であることから，1日に呼吸をする回数は $20 \times 1440 = 28800$(回) ② 表2で，取り込む空気と放出する空気での酸素の割合の差が呼吸で利用される酸素の体積の割合となる。よって，1回の呼吸で利用される酸素の体積は $0.5(\mathrm{L}) \times (0.21 - 0.17) = 0.02(\mathrm{L}) = 20(\mathrm{mL})$ ③ ①，②より，$0.02(\mathrm{L}) \times 28800 = 576(\mathrm{L})$

問4 ホニュウ類，鳥類，ハチュウ類，両生類のおとなはふつう肺で呼吸する。ホニュウ類のシャチ，両生類のおとなにあたるカエルの成体，ハチュウ類のカメとワニは肺で呼吸する。魚類のジンベエザメと両生類の子にあたるカエルの幼生(オタマジャクシ)はえらで呼吸する。

[2] (気体の発生・性質―二酸化炭素・塩化水素・アンモニアの性質，燃焼)

基本 問1 炭酸水は二酸化炭素の水溶液である。炭酸水は酸性であるため，緑色のBTB液に加えると黄色を示す。塩酸は塩化水素の水溶液である。塩酸にアルミニウムや亜鉛，鉄などの金属を加えると，金属がとけて水素が発生する。アンモニア水はアルカリ性であるため，赤色リトマス紙を青色に変化させる。

問2 銅はおだやかに燃える。木炭は赤くなるが，炎を上げずに燃える。割りばしは炎を上げて燃える。マグネシウムは炎は出さないが，激しく光や熱を出して燃える。燃えるとき，銅とマグネシウムは何も発生しないが，木炭は二酸化炭素，割りばしは二酸化炭素や一酸化炭素などが発生する。銅とマグネシウムは燃えるとき，空気中の酸素と結びつくので，燃えたあとは燃える前よりも重くなる。

重要 問3 (1) グラフから，石灰石1gと塩酸10cm³がちょうど反応して，二酸化炭素が200cm³発生することがわかる。石灰石の重さを1.5gにしたとき，ちょうど反応する塩酸は $10(\mathrm{cm^3}) \times \frac{1.5(\mathrm{g})}{1(\mathrm{g})} = 15(\mathrm{cm^3})$ で，このとき発生する二酸化炭素は $200(\mathrm{cm^3}) \times \frac{1.5(\mathrm{g})}{1(\mathrm{g})} = 300(\mathrm{cm^3})$ となる。

やや難 (2) 石灰石の量は変えていないので，塩酸のこさがちがっても発生する二酸化炭素の最大量はA，B，Cで変わらない。しかし，こさを2倍，3倍にすると，同じ体積中にとけている塩化水素の量も2倍，3倍になるので，同じ量の二酸化炭素が発生するときの塩酸の体積は $\frac{1}{2}$，$\frac{1}{3}$ になる。

やや難 (3) 石灰石にふくまれている炭酸カルシウムと，塩酸にふくまれている塩化水素が反応して，二酸化炭素が発生するので，塩酸中の塩化水素がなくなるまでは，発生する二酸化炭素の量は加えた石灰石の量に比例する。また，同じ量の塩酸A，B，Cでは，とけている塩化水素の量の比が 1：2：3 となっている。これらのことから，加えた石灰石の量と発生した二酸化炭素の量が比例し，発生する二酸化炭素の最大量が 塩酸A，B，Cのときで，A：B：C＝1：2：3となる，エのようなグラフとなる。

やや難 (4) 塩酸A，B，Cのこさの比は 1：2：3 なので，塩酸A 1cm³にふくまれている塩化水素の量を[1]とすると，塩酸B，C 1cm³にふくまれている塩化水素の量は，それぞれ[2]，[3]となる。塩酸A 30cm³に塩化水素の量は[30]となるので，塩酸B，Cを使った場合の組み合わせは右の表のようになる。

	体積・塩化水素の割合		
塩酸B	3cm³・[6]	6cm³・[12]	9cm³・[18]
塩酸C	8cm³・[24]	6cm³・[18]	4cm³・[12]

基本 (5) 貝がらも主成分は石灰石と同じ炭酸カルシウムである。重そうの主成分は炭酸水素ナトリウム，食塩の主成分は塩化ナトリウム，石炭の主成分は炭素である。

[3] (回路と電流－豆電球と回路)

基本 問1 回路が枝分かれせずにつながったものを直列つなぎ，途中で枝分かれして再び合流するようにつながったものを並列つなぎという。スイッチ②，③を切ると，回路は電池が1個，直列につないだ豆電球の数が2個となり，電流は 電池(1個)→豆電球Ⅰ→豆電球Ⅱ→電池 と流れる。

やや難 問2　スイッチ②，③をいれて，豆電球のある部分と豆電球のない部分が並列になると，電流は豆電球がない部分にだけ流れる。よって，回路は電池が1個，豆電球の数が1個となり，電流は 電池(1個)→豆電球Ⅰ→(スイッチ③)→電池 と流れる。電池の個数が変わらないとき，直列につないだ豆電球の数が多いほど豆電球の明るさは暗くなるので，問2では問1と比べて豆電球は明るくなる。

重要 問3　電池を2個のほうにし，スイッチ②，③を切ると，回路は直列につないだ電池が2個，直列につないだ豆電球の数が2個となり，電流は 電池(2個)→豆電球Ⅰ→(スイッチ③)→電池 と流れる。直列につないだ豆電球の数が変わらないとき，直列につないだ電池の数が多いほど豆電球の明るさは明るくなるので，問3では問1と比べて豆電球は明るくなる。

やや難 問4　電池を1個のほうにし，スイッチ②だけいれると，回路は電池が1個，豆電球ⅡとⅢを並列につないだものと豆電球Ⅰが直列につながったものとなり，電流は 電池(1個)→豆電球Ⅰ→豆電球ⅡとⅢ→電池 と流れる。豆電球2個を並列につないだものは豆電球0.5個と同じと考えることができるので，回路は電池が1個，直列につないだ豆電球の数が1.5個の回路と見なすことができる。直列につないだ豆電球の数が問1の2個より少なくなるため，問4の回路に流れる電流は問1より大きくなり，豆電球Ⅰは問1と比べて明るく光る。

重要 問5　豆電球Ⅰを明るくするには，直列につなぐ電池の個数が多く，直列につなぐ豆電球が少なくなればよい。よって，スイッチ①は電池が2個となるほうにし，スイッチ③はいれて導線に電流が流れるようにすれば豆電球Ⅰ1つだけの回路と見なせる。なお，スイッチ③をいれたとき，スイッチ②はいれても切っても豆電球Ⅲに電流は流れない。

4　(気象─気温，暑さ指数)

問1　最高気温が35℃以上の日を猛暑日，30℃以上の日を真夏日，25℃以上の日を夏日という。

問2　④　夕方から翌朝の最低気温が25℃以上の夜を熱帯夜という。　⑤　環境省と気象庁は令和3年4月下旬から，熱中症を防ぐための情報として熱中症警戒アラートを発表している。　⑥　暑さ指数は，熱中症に影響の大きい気温，湿度，輻射熱をとり入れて計算する。　⑦　春や秋は，大陸からの移動性高気圧におおわれ，乾燥したおだやかな晴天の日が多くなる。

基本 問3　①　図1のような温度計を乾湿計(乾球湿球温度計)といい，温度計の球部にぬれた布をふれさせているほうの温度計を湿球温度計という。　②　図1では温度計A(乾球温度計)が気温を表すので，このときの気温は33℃となる。温度計Bは29℃を示しているので，温度計Aと温度計Bの温度差は 33－29＝4(℃)となる。よって，表1から，Aの温度が33℃，AとBの温度差が4℃の交わるところを読みとって，湿度は73％とわかる。

重要 問4　湿球温度計では，球部から水分が蒸発するときに温度計から熱をうばう。そのため，湿球温度計は乾球温度計より低い温度を示す。

問5　ア　湿度が100％のとき，温度計AとBで温度の差がないことから，温度計Bの球部表面からの蒸発がほとんどないと考えられ，布の入った容器の水はほとんど減っていないと考えられる。よって，正しい。　イ　表1から，温度計Aの温度が同じ場合は，温度計AとBの温度の差が大きいほど湿度は低くなるが，温度計AとBの温度の差が同じ場合の湿度は，差が0℃の場合をのぞいて温度によって異なることが多いので，温度計AとBの温度の差が大きいほど湿度は低いとはいえない(例えば，Aが35℃で差が6℃のときと，Aが27℃で差が5℃のときを比べると，AとBの温度の差は35℃のときのほうが大きいが湿度は同じ63％となっている)。よって，誤り。　ウ　表1から，湿度表の温度の差が同じ場合，気温が低いほど湿度が低いことがわかる。よって，誤り。

問6　暑さ指数は 0.7×25(℃)＋0.2×27(℃)＋0.1×29(℃)＝25.8(℃)

問7　①　厳重警戒となる暑さ指数は28℃以上から31℃未満のときなので，温度計Aの温度をa℃とすると，0.7×26(℃)＋0.2×35(℃)＋0.1×a(℃)＝28(℃)　a＝28(℃)　②　温度計Aが28℃，温度計Bが26℃を示すとき，温度計AとBの温度差は 28－26＝2(℃)である。よって，表1から，Aの温度が28℃，AとBの温度差が2℃の交わるところを読みとって，湿度は85%とわかる。

基本　問8　夏に日本列島に影響をあたえる海洋性の高気圧は太平洋高気圧である。

★ワンポイントアドバイス★

基本～標準的な問題が多いが，問題文をしっかりと読むことが要求される問題もある。また，試験時間に対する問題数も多い。すばやく正確に読んだり判断したりできるように練習を重ねておこう。

＜社会解答＞

1.　問1　A　ヌ　B　ス　C　カ　D　ネ　E　ソ　F　エ　G　オ　H　チ　I　ケ　J　サ　K　セ　L　ウ　M　イ　N　タ　問2　①　馬子　②　東大寺　③　征夷大将軍　④　御成敗式目　⑤　銀閣　⑥　参勤交代　⑦　長州藩　⑧　学問のすすめ　問3　エ　問4　ア　問5　ア　問6　ア　問7　イ　問8　イ　問9　ア　問10　応仁の乱　問11　ウ　問12　ウ　問13　ウ　問14　杉田玄白　問15　エ　問16　渋沢栄一

2.　問1　A　群馬県・3　B　山梨県・7　C　埼玉県・6　D　栃木県・4　E　千葉県・8　問2　1　ト　2　コ　3　タ　4　ウ　5　オ　6　カ　7　ク　8　イ　9　ツ　10　ケ　問3　X　北関東[関東内陸]　Y　労働力の不足　問4　3776m　問5　エ　問6　Z　安い　W　ベッドタウン[ニュータウン]　問7　内陸に位置する県だから。[海から遠いから。]　問8　ア

3.　問1　政党が獲得した票数に応じて議席を配分する制度。　問2　安倍　問3　ウ　問4　イ　問5　660000円　問6　A　ア　B　エ　C　ア　D　イ　問7　18(才以上)　問8　A　ア　B　エ　C　エ　D　ウ

○推定配点○

1.　各1点×36　2.　問3Y・問6W　各2点×2　問7　4点　他　各1点×20(問1各完答)

3.　問1　3点　他　各1点×13　計80点

＜社会解説＞

1.　(日本の歴史―古代～現代の政治・文化など)

問1　A　倭の五王の一人。　B　推古天皇の甥。　C　遺品が正倉院に収納。　D　50年にわたり摂政・関白として君臨。　E　伊豆で挙兵し平氏を倒した武将。　F　頼朝の妻・政子の弟。　G　各地を遊行《ゆぎょう》した時宗の開祖。　H　東山文化を支えた将軍。　I　室町幕府を滅ぼした武将。　J　幕藩体制を確立した将軍。　K　商人と結んで財政再建をめざした老中。　L　富嶽三十六景は新千円札にも採用。　M　大政奉還や議会政治を主張。　N　民権運動に影響を与えた思想家。

問2　①　廃仏派の物部氏を滅ぼして実権を掌握。　②　総国分寺として建立。　③　武家政権の首領の役職。　④　頼朝以来の先例や武士社会の道理を成文化。　⑤　上層は禅宗様，下層は書

院造の楼閣。　⑥　妻子は人質として江戸に置かれた。　⑦　幕末期に藩政改革に成功，討幕の中心勢力となった。　⑧　個人の独立や国の隆盛は学問によって成り立つと主張。

問3　仁徳天皇は5世紀前半の天皇。アは先土器，イは縄文，ウは弥生時代。

問4　儒教や仏教の思想に基づき，天皇を中心とする中央集権国家をめざしたもの。

問5　社会不安から平城京を離れた天皇は，5年の間遷都を繰り返し再び平城京に戻った。墾田永年私財法で私有地が発生，和同開珎は銀貨と銅貨であまり流通せず，風土記は国別の地誌。

問6　高野山に金剛峯寺を建て真言宗を広めたのは空海。最澄は比叡山延暦寺の天台宗開祖。

重要　問7　土地を仲立ちとする御恩と奉公の関係が封建制。旗本は江戸幕府の将軍直属の上級家臣。

問8　朝廷側の中心人物は隠岐に流された後鳥羽上皇，京に置かれたのは六波羅探題。

問9　一遍上人絵伝に描かれている京都における踊念仏の場面。イは寺子屋，エは田植え。

重要　問10　管領家の家督争いと将軍家の跡継ぎ争いから全国の守護大名が東西に分かれて対立，11年にわたる戦いで京は荒廃，実力本位の下剋上の世となっていった。

問11　存在を世に知らしめた桶狭間→新しい戦法の長篠→部下に襲撃された本能寺。

問12　一揆の後には禁教令が強化されポルトガルの来航も禁止された。

重要　問13　寛政の改革の定信は享保の改革の吉宗の孫，天保の改革は19世紀の前半。

問14　死刑囚の解剖を見て翻訳を決意，その苦心談は「蘭学事始」に記されている。

問15　幕末，欧米との金銀交換比率の違いから大量の金貨が国外に流出し経済の混乱を招いた。

問16　500以上の企業の設立にかかわり「日本資本主義の父」と呼ばれた実業家。

2.（日本の地理ー国土と自然・工業など）

問1　A「ツルの舞う形」で知られる。　B　中部地方だが首都圏に属する。　C　かつては東京と武蔵国を形成。　D　関東最大の面積を誇る。　E　周囲をすべて水域で囲まれている。

問2　1　日本三名泉の一つ。2　県中央に位置し多くの扇状地を持つ。　3　ブドウは山梨，長野，山形の順。モモやスモモも日本一。　4　浦和・大宮・与野が合併して誕生。現在岩槻も加わった人口130万を越す政令指定都市。　5　県西部の商業の中心都市。蔵造の街並みが残り観光客も多い。　6　激しい反対闘争の中1978年に開港。　7　南部の安房国，中部の上総国から命名。　8　約60kmも続く砂浜海岸。近世にはイワシの地引網で栄えた。　9　浦安から富津に至る化学工業が盛んな工業地域。　10　幕張メッセなどを中心に企業や商業施設が集中。

問3　X　高度な組み立て型産業への移行で発展。　Y　バブル経済で労働力が不足，1990年に法改正が行われ日系ブラジル人の入国が容易になった。

問4　八合目以上は富士山本宮浅間神社の所有地となっている。

問5　標高800～900mの高原にあり東から山中湖・河口湖・西湖・精進湖・本栖湖。

問6　Z　高度経済成長期に都心部の地価は高騰，マイホームを求めて人々は郊外へ移動していった。　W　夜寝るためだけに帰る町という意味。

やや難　問7　ヒートアイランド現象で暖められた空気が海風で内陸部へ移動，さらに南西の風が関東山地を越すときに起こるフェーン現象も加わって気温の上昇が激しくなる。

基本　問8　銚子は利根川河口に位置する日本最大の漁獲高を誇る漁港。

3.（政治ー憲法・政治のしくみなど）

問1　参議院では全国を1つの選挙区として政党名，個人名どちらでも投票できる。一部の候補者を除き名簿に順位はなく，個人名が多い順に当選が決まる。

問2　2006年9月～2007年9月，2012年12月～2020年9月にわたり在職は3188日間に及ぶ。

問3　60歳以上は40％未満（ア），30～50歳代は36％程度（イ），投票率については読み取れない（エ）。

やや難 問4　国家予算107兆円の約5%。政府は今後5年間で1.6倍の43兆円とすることを閣議決定した。

問5　消費税は2019年10月に10%に引き上げられた。宝石は軽減税率(8%)の対象外。

問6　A　国の政治のあり方を決める力は国民にある。　B　天皇が日本という国をまとめる役割を果たしている。　C　形式的・儀礼的な行為。　D　天皇は政治的な権能を持っていない。

基本 問7　2015年の改正で20歳から18歳に引き下げられた。

問8　A　衆議院465人，参議院248人。　B　主権者である国民から選ばれているという政治的美称。　C　予算の議決が最大の議題。　D　発議後は国民投票で過半数の賛成を要する。

★ワンポイントアドバイス★

地理分野のみならず社会の学習には地図帳を利用する習慣が大切である。ニュースなどでも地名や国名がわからなければ必ず調べるようにしよう。

＜国語解答＞

一　問一　(1)　博士　(2)　まじめ　(3)　やおや　(4)　七夕　(5)　下手
問二　(1)　オ　(2)　カ　(3)　イ　(4)　ア　(5)　エ　問三　(1)　キ
(2)　ウ　(3)　エ　(4)　ア　(5)　カ

二　問一　a　えたい　b　検証　c　支障　d　対処　e　危ない　問二　A　カ
B　ウ　C　ア　D　エ　問三　ア　問四　(例)　人間の脳は分かりやすいものを好む性質をもち，巧妙なフェイクニュースの真偽を論理的に判断できないから。　問五　ウ
問六　(その考え)イ　(補強する情報)オ　問七　ウ　問八　真実バイアス
問九　(1)　エ　(2)　(最初)問題ない，～(最後)を減らそう(とすること)　問十　ウ
問十一　イ

三　問一　a　強要　b　告　c　きしょく　d　感心　e　拾　問二　オウム
問三　ウ　問四　(例)　ハブジローたちには，疎開先から引き上げたボクが靴を履いて澄ましているように見えて憎らしかったから。　問五　ウ　問六　ア　問七　ハブはキバが抜かれている。　問八　エ　問九　(1)　ウ　(2)　エ　問十　イ
問十一　ウ　問十二　イ　問十三　(例)　恐がり[弱虫／意気地なし]　問十四　ア

○推定配点○
一　各1点×15　二　問二　各1点×4　問四　5点　問八・問九(2)　各3点×2
他　各2点×13　三　問二・問七・問十三　各3点×3　問四　5点　他　各2点×15
計100点

＜国語解説＞

一　(ことわざ・慣用句，漢字の書き)

問一　(1)～(5)はすべて熟字訓。(1)「博士」は本来は「ハクシ」と読む。「ハカセ」は俗な読み方である。右上の「、」を忘れやすいので注意する。　(2)「真面目」は，読み書き両方で出題されることがあるので注意する。　(3)「八百」を「やお」と読むのは「八百万(やおよろず)」がある。「八百万の神」などと使う。　(4)「七夕」は，最もよく目にする熟字訓である。読み

書き両方で覚えておく。(5)「下手」は「したて・しもて」と読むと別の言葉になってしまう。反対語は「上手(じょうず)」。これも「うわて・かみて」と読むと別の言葉になる。

やや難 問二 (1)「後悔先に立たず」は，後悔は物事の起こる前にはしない，ということで「物事がすんでしまってから，後でくやんでも仕方のないこと」を言う。 (2)「仏の顔も三度まで」は，いかにおだやかな仏でも，三度も顔をなでまわされれば腹を立てるということから，「何度もひどいことをされれば，おとなしい人でも怒ること」を言う。(3)「となりの芝生は青い」は，となりの家の芝生は自分の家とくらべて，もっと青く見えてしまうということから，「他人のものはうらやましく見えること」を言う。 (4)「木を見て森を見ず」は，一本一本の木に心をうばわれて，森の全体をみないということから，細かいことにこだわって，全体が見えていないこと」を言う。 (5)「対岸の火事」は，向こう岸の火事は自分にわざわいをもたらす恐れがないことから，「自分にはまったく関係がなく，なんの苦痛もないこと」を言う。ウは「どんぐりの背比べ」の意味。キは「一寸の虫にも五分の魂」の意味。クは「のれんに腕押し」，「豆腐にかすがい」，「ぬかにくぎ」の意味。

基本 問三 (1)「頭を抱える」は，非常に悩むの意味。 (2)「肝がすわる」は，度胸があってめったなことには驚かないの意味。 (3)「身から出たさび」は，自分がした悪い行いのために，自分が苦しむこと。 (4)「目を白黒させる」は，物がのどにつかえたり，びっくりしたりしたときのことを言う。 (5)「腕によりをかける」は，腕前を示そうとして張り切るの意味。

二 **(論説文一要旨・大意の読み取り，論理展開・段落構成の読み取り，文章の細部の読み取り，指示語の問題，接続語の問題，空欄補充の問題，ことばの意味，漢字の読み書き，記述力・表現力)**

問一 a「得体」は，本当の性質や姿。正体。「得」の音は「トク」。訓は「え－る」。「得失」「会得(えとく)」などの熟語がある。 b「検証」は，実際に物事を調べて事実を明らかにすること。「検」は同音で形の似た「険」「剣」と区別する。「検討」「検定」などの熟語がある。「証」の熟語には「証拠」「保証」などがある。 c「支障」は，物事を進めるうえでのさしつかえ。「支」の訓は「ささ－える」。「支流」「支配」などの熟語がある。「障」の訓は「さわ－る」。「障害」「故障」などの熟語がある。 d「対処」は，ある事件・状況に応じて適当な処置をとること。「対」には「ツイ」の音もある。「対照」「敵対」などの熟語がある。「処」には「処置」「処分」などの熟語がある。 e「危」の訓は「あぶ－ない」の他に「あや－うい」「あや－ぶむ」がある。「危機」「危害」などの熟語がある。

基本 問二 A 前では「信じてしまうのが不思議」と述べ，あとでは「信じようとする」と述べている。前後が反対の内容なので，逆接の「しかし」が入る。 B 話題を変えて，新たな問題提起をしている。転換の働きをする「では」が入る。 C 前の部分で説明した「確証バイアス」の例を挙げている。例示の「例えば」が入る。 D 空欄の前後で，だまされてしまう原因を並べている。付け加える働きの「しかも」が入る。

やや難 問三「流布」は，世間に広くゆきわたること。「流」は世間に伝わる，「布」は広くゆきわたらせるの意味がある。

重要 問四「どうして人々はこのフェイクニュースを容易に信じてしまうのでしょうか」という問いかけに対して，直後の二つの段落で「～のです」と答え(理由)を説明している。「脳」「性質」「論理」という単語は，「人間の脳は，論理的に正しいものより，認知的に脳への負荷が低い，つまり分かりやすいものを好むという性質をもっています」の文に含まれている。このことを原因とし，「最近のフェイクニュースは巧妙にできている」ため「真贋が見分けにくい」という結果となって現れているのである。解答の終わりは，問いかけに対する簡潔な答えである「論理的に判断できないから」としめくくる。解答例では「真贋」を「真偽」と言い換えている。

問五　直後の「この問題」は，——線部③で問いかけられている問題である。③の問いかけに答える場合にヒントとなるのが「認知バイアス」である。「認知バイアス」とは，「勝手に物事をそのように捉えてしまう思考の枠組み(＝考えの組み立て方)の偏りのこと」である。そして，「これをひもといて(＝理解して)いけば，私たちの世界の捉え方(＝物事の関係性や因果律の理解の仕方)の大まかな形が分かります」というのである。つまり，私たちは論理のほかに何をもって世界(＝自分を取り巻いているもの)を理解しているのかという問いかけの答えは，「物事について客観的ではなく，自分勝手に捉えてしまう『認知バイアス』」をもって世界を理解しているのである，ということになる。ア「正常性バイアス」，イ「確証バイアス」，エ「真実バイアス」は，「認知バイアス」のなかのさまざまな種類である。

問六「その考え」については，「ひとたびそうだと思い込む」思い込みを指す。振り込め詐欺の例では，電話の相手を「先入観で『息子だ』と信じてしまう」思い込みのことである。「補強する情報」については，「『ああ，あの子は昔から風邪をひきやすかった』と自分の記憶を引き出して自分の誤った思い込みを補完し」とある。「補完」は，不十分なところをおぎなって完全にすること。

問七「そうした善意や良識」とは，Ⅲの文章の初めから説明されている「真実バイアス」と「たとえ違和感を覚えても，自分だけが我慢すれば，という心理」である。ウの内容は，「『あなたはウソを言っていますね』『それってウソですよね』とその都度思い続けることは，人間関係の構築に重大な支障を来します」とあるのと合わない。

問八　Ⅲの文章の初めから説明されている「真実バイアス」を指している。

問九　(1)「リソース(＝資源・容量)を使わないようにして」，「消費するエネルギーを節約しようとしています」とある。脳は「基本的にあまり働かないように，つまり思考しないようにして」いる「なまけ者」である。　(2)「これ」が指すのは，「台風などで洪水警報が出ても，『自分の家は大丈夫』と思うのも『正常性バイアス』の一つ」であるということ。脳の負荷が高くなるような状態になると，洪水警報が出ても「問題ない，平常だとして処理する情報量を減らそう」とするのである。

重要　問十　問五と関連させて考える。Ⅰでは，「フェイクニュース」という話題を示して「どうして人々はこのフェイクニュースを容易に信じてしまうのでしょうか」と問題提起をし，「認知バイアス」について触れている。Ⅱでは，Ⅰを受けて「様々な認知バイアスが働く」と述べた上で，「確証バイアス」，Ⅲでは「真実バイアス」，Ⅳでは「正常性バイアス」について説明している。

問十一　ピーク時のH26年に被害金額が最も多いのは「架空料金請求詐欺」である。Bくんの会話は適当ではない。Aさん，H26年をピークとして年々減少しているので正しい。Cくん，オレオレ詐欺の認知件数はH30年が9145件で最も多いので正しい。Dさん，還付金詐欺の件数・被害額は令和2年より令和1年の方が多いので正しい。

三　(小説―心情・情景の読み取り，文章の細部の読み取り，指示語の問題，空欄補充の問題，言葉の意味，漢字の読み書き，ことばの用法，表現技法，記述力・表現力)

問一　a「強要」は，ある行為をするように無理に要求すること。「要」を「用」と書かないように注意する。「強」には「ゴウ」の音もある。訓は「つよ-い・つよ-まる・つよ-める・し-いる」。「強引(ゴウイン)」「強情(ゴウジョウ)」などの熟語がある。「要」には「要望」「要素」などの熟語がある。　b「告げる」は，述べ伝える，知らせるの意味。音は「コク」。「告発」「警告」などの熟語がある。　c「気色」は，ここでは，あるものに対する感じ。「気色悪い」で気味が悪いの意味。「色」には「シキ」の音もある。「ケシキ」と読むと，様子，態度，表情などの意味になる。　d「感心」は，同音の「関心」と区別する。「感心」は「感心する」，「関心」は「関心がある」の言い方で使うことが多い。 e「拾う」は，反対語で形の似た「捨てる」と区別する。「拾」の音は「シュウ・ジュウ」。「拾得」「収拾」などの熟語がある。

やや難 問二 「オウム返し」は，人から言いかけられた言葉を，そのまますぐに言い返すこと。

基本 問三 笑い声が「ケケケ」と表現されているので，かん高い声を上げて笑う様子を表す「ケラケラ」が入る。

重要 問四 設問に「具体的に説明しなさい」とあるのに注意する。ハブジローたちの思いを具体的に示しているのは，「ハブジローたちは，疎開先から引き上げてきた者が憎らしいのだ。靴など履いて澄ましてやがる。そんな思いでからかっている」の部分である。

問五 直前には「ハブは猛毒を持っており，農作業中に嚙まれて死ぬ人もいると聞いている。そのハブを手掴みにするとは」とある。さらに，「ボク」がヘビにどういう印象を持っているかを読み取る。読み進めると，「ヘビは苦手だ」とあって，ヘビを嫌うエピソードが書かれている。

問六 「おどされたな，ハブジローに」という会話と「笑いながら」という表情を考え合わせると，イ「助ける義務がある」，ウ「決して許すことができない」というように重く深刻に受け止めているわけではない。また，エのように「ボクの不運がおかしく」と距離をおいたような他人事として見ているわけでもない。「幼いかけ引きをほほえましく」思って笑い，「ハブはキバが抜かれている」と言って，ハブでおどされるという「手荒い歓迎を受けた『ボク』を安心させようと」しているのである。

問七 問六と関連させて考える。先生は，「ハブはキバが抜かれている」と言って「ボク」を安心させ，「ボク」は「そうだったのか」と後悔している。なぜ後悔したのかは，「ハブジローのたくらみを……馬鹿にされずにすんだのに」の二文に書かれている。

問八 ヨカ先生は「黒板に『自由』の文字を書い」て，「まぶしいなあ」と感じているのだから，ヨカ先生が「自由」をどうとらえているかを読み取る。すると，自分には自由を教える資格がないと迷いながらも「自由のある社会はヨカ。自由がなかったから，憧れる……」，「自由に勉強し，自由に遊び，自由に話せる，そんな時代が来るとヨカ……」という会話文が見つかる。このとらえ方を説明しているのは，エ。

問九 (1) 「雨がテントを叩く」という表現は，雨が激しく降る様子を，人でない雨が「テントを叩く」と人の行動のように表している。擬人法である。 (2) 雨についての描写を探すと，「テントにたまった雨がポタポタと水滴になって落ちてきた」，「テントに打ちつける雨音がヨカ先生の声を打ち消す。雨はさらに激しくなり黒板を濡らし始めた。『自由』の文字が半分消えてしまった。ヨカ先生がまた激しく咳き込んだ」とある。雨は「自由」のじゃまをするものとして描かれ，雨の様子と咳き込むヨカ先生の様子が重ねて描かれているのは，先生が思う「自由」の実現は難しいものであることを暗示している。

基本 問十 「教科書を濡らすまい」は「教科書を濡らさないようにしよう」と言いかえられる。打ち消しと意志の意味の組み合わせである。イも「泣かないようにしよう」と言いかえられる。ア「降らないだろう」，ウ「家族でもないだろうし」，エ「化け物ではないだろうな」と言いかえることができ，打ち消しと推量の意味の組み合わせ。

問十一 「母さんは，ボクの目を見ただけで，今日，学校で何があったかわかるようだ」とあるように，「……うん。まあ」という「ボク」のあいまいな答え方から，「学校で何か嫌なことがあったと察し」たのである。そして，「今日のおやつはおいしいよ」と明るく振る舞って，「ボク」を元気づけようとしているのである。

問十二 問四と関連させて考える。ハブジロー，ボーボー，ベーグァの三人は「ボク」を憎らしく思っていてハブを使っておどした。ハブが入っているカマス袋に手を入れることができなかった

「ボク」は約束を守ってハブジローを肩車する。しかし，ハブはキバを抜いたインチキだった。というのが，前半に描かれている。――線部のあとには，家畜のエサになる草場を教えたり，甘い果物をくれたり，パパイヤの場所を教えたりと「ボク」の関心を引いて，「ボク」に近づきたい様子を見せている。ア，「食べ物が手に入らず空腹に苦しんでいる」という描写はない。ウ，「ボクに意地悪をする機会をずっと探しており」という描写はない。エ，「ハブジローたちのことを無視し続け」てはいない。草葉の丘を教えてくれたベーグァに感謝している。また，「素直に枯れれのいうことを聞こう」とはせずに，「逃げるように走り出し」ている。

問十三　「逃げるように走り出し」ている「ボク」に対して「シカボー」と言って笑い囃しているのだから，「恐がり」「弱虫」「意気地なし」「おくびょう者」などが考えられる。

重要　問十四　アについては，「三人の少年」についても「ハブジロー」「ポーポー」「ベーグァ」というアダ名で表現している。説明として適当である。イ，「理解できない難解な言葉」「大きなかべを作っている」という描写はない。ウ，「作者の視点」ではなく，「ボク」の視点から語られている。エ，「舌をペロペロと出し」「ハブがうじゃうじゃ」は比喩ではなく擬態語である。ヨカ先生の会話に「戦争に負けたからといって」とあるので戦争中ではない。

★ワンポイントアドバイス★

論説文は，筆者の問いかけをとらえて，その答えに関して筆者がどのように説明を進めているかを読み取っていこう。四つのまとまりの内容に注目して読むことが大切だよ。小説は，会話や表現から場面に描かれていることがらをとらえて，人物の心情や思い，考えを読み取るようにしよう。

第1期

2023年度

解　答　と　解　説

《2023年度の配点は解答欄に掲載してあります。》

＜算数解答＞

1　(1)　600　　(2)　14　　(3)　$\frac{4}{5}$　　(4)　5

2　(1)　$\frac{2}{3}$　　(2)　560円　　(3)　360g　　(4)　33枚　　(5)　①　1500円　②　4％
(6)　①　毎秒6.25m　　②　10m　　(7)　①　135000m²　　②　13.5ha　　(8)　①　2
②　229　　(9)　①　12人　　②　10個　　(10)　①　110度　　②　26度
(11)　①　6.28cm　　②　37.68cm²

3　(1)　毎秒15度　　(2)　7.2秒後　　(3)　4.8秒後

4　(1)　毎時2.5km　　(2)　ア　9時30分　　イ　10時48分　　(3)　3km

○推定配点○
1，2　各3点×22　　3　(1)　4点　　他　各5点×6　　計100点

＜算数解説＞

1　(四則計算)

(1)　9×(1＋11＋111)÷3＋7×(111－11－1)÷3＝3×123＋7×33＝3×200＝600

(2)　$13\times\frac{9}{8}-\frac{5}{8}=\frac{112}{8}=14$

(3)　$1-\frac{1}{2}+\frac{1}{2}-\frac{1}{3}+\frac{1}{3}-\frac{1}{4}+\frac{1}{4}-\frac{1}{5}=1-\frac{1}{5}=\frac{4}{5}$

(4)　$\left(1+\frac{1}{2}+\frac{1}{3}+\frac{1}{4}\right)\times12\div5=(12+6+4+3)\div5=5$

2　(四則計算，割合と比，鶴亀算，単位の換算，速さの三公式と比，平面図形，縮図，規則性，ニュートン算)

(1)　$□=\left(4\times\frac{5}{12}-\frac{1}{15}\right)\times\frac{5}{12}=\frac{8}{5}\times\frac{5}{12}=\frac{2}{3}$

基本　(2)　616÷1.1＝560(円)

重要　(3)　$600-600\times\frac{2}{5}=600\times\frac{3}{5}=360$(g)　　【別解】600－600×0.02÷0.05を計算する。

重要　(4)　(60×10－7×48)÷(15－7)＝33(枚)

基本　(5)　①　1200×1.25＝12×125＝1500(円)　　②　{1500－(1200＋240)}÷1500×100＝60÷15＝4(％)

基本　(6)　①　100÷16＝25÷4＝6.25(m)　　②　100－100÷16×14.4＝100－90＝10(m)

重要　(7)　①　2×3×15000×15000÷(100×100)＝9000×15＝135000(m²)　　②　135000÷10000＝13.5(ha)

基本　(8)　①　6÷7＝0.857142～より，小数第6位は2　　②　50÷6＝8…2より，(8＋5＋7＋1＋4＋2)×8＋8＋5＝27×8＋13＝229

重要　(9)　①　3×120－5×24＝240が30×(120－24)＝2880(人)に相当するので，1入場口1分の人数は2880÷240＝288÷24＝12(人)　　②　開場前の行列の人数…12×5×24－30×24＝30×24＝720(人)
したがって，(720÷8＋30)÷12＝10(個)

重要　(10)　①　あ…180－35×2＝110(度)　②　い…三角形ABCは二等辺三角形であり{180－(23＋35)}÷2－35＝26(度)

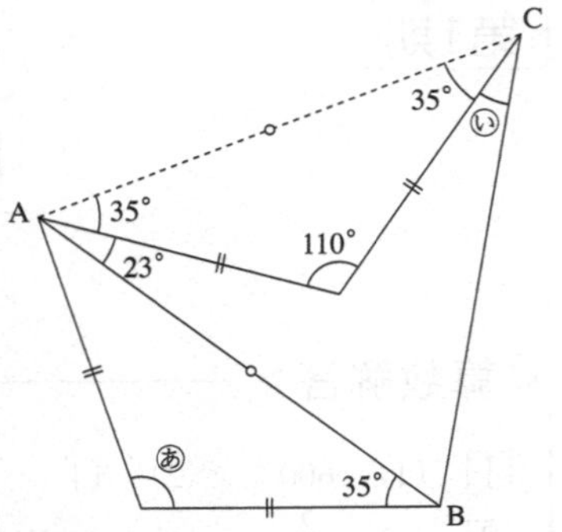

重要　(11)　①　24×3.14÷12＝2×3.14＝6.28(cm)　②　右図において，直角三角形OADとCBOは合同であり，三角形 OEDと台形ABCEの面積は等しい。したがって，斜線部の面積は12×12×3.14÷12＝12×3.14＝37.68(cm^2)

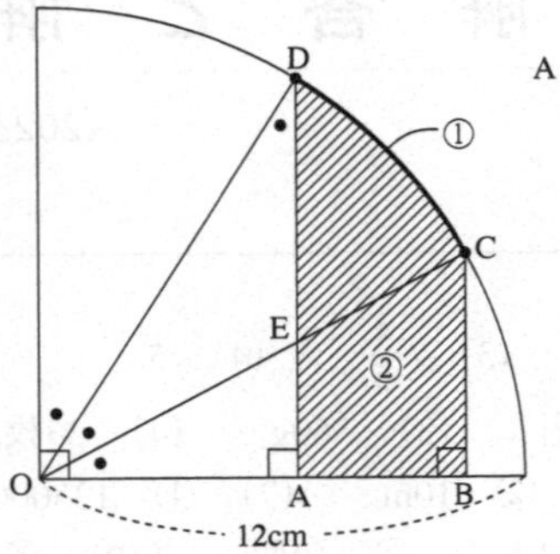

3　(平面図形，速さの三公式と比，旅人算，割合と比)

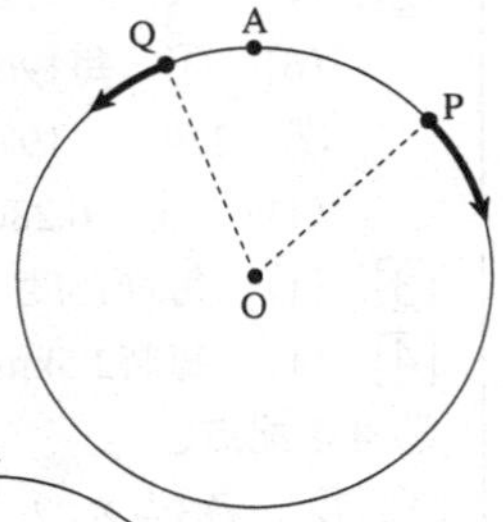

基本　(1)　360÷24＝15(度)

基本　(2)　(1)より，180÷(15＋360÷36)＝7.2(秒後)

重要　(3)　P，Qの速さの比は36：24＝3：2　図アの時刻…180÷(3＋2)×3÷15＝7.2(秒後)　図イの時刻…180÷15＝12(秒後)　したがって，12－7.2＝4.8(秒後)

図ア

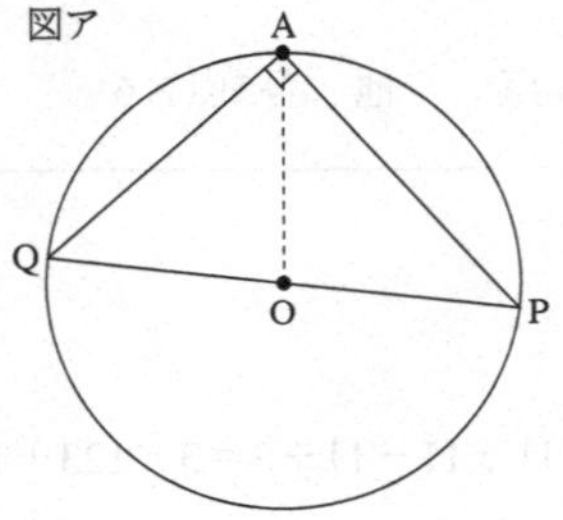

図イ

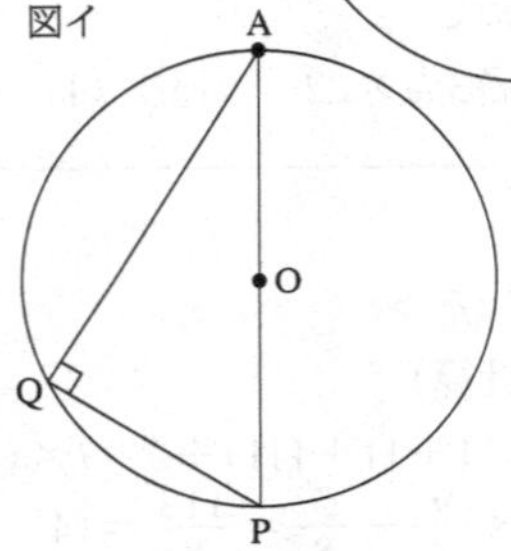

重要　## 4　(速さの三公式と比，グラフ，流水算，旅人算，鶴亀算，割合と比，単位の換算)

(1)　ボートQの下りの時速…グラフより，15km　ボートQの上りの時速…グラフより，15÷1.5＝10(km)　したがって，流速は(15－10)÷2＝2.5(km)

(2)　ア…グラフより，9時30分　ボートPの上りの時速…グラフより，15km　ボートPの下りの時速…(1)より，15＋2.5×2＝20(km)　10時20分のボートP，Q間の距離…(1)より，15－10×$\frac{6}{60}$＝14(km)　イ…10時20分＋60×{14÷(10＋20)}分＝10時48分

(3)　10時20分から12時8分までの時間…$\frac{108}{60}$＝1.8(時間)　ボートPが流された時間…(1)・(2)より，(20×1.8－15)÷(20－2.5)＝1.2(時間)　したがって，求める距離は2.5×1.2＝3(km)

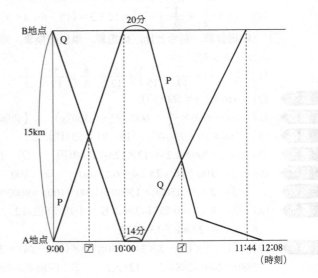

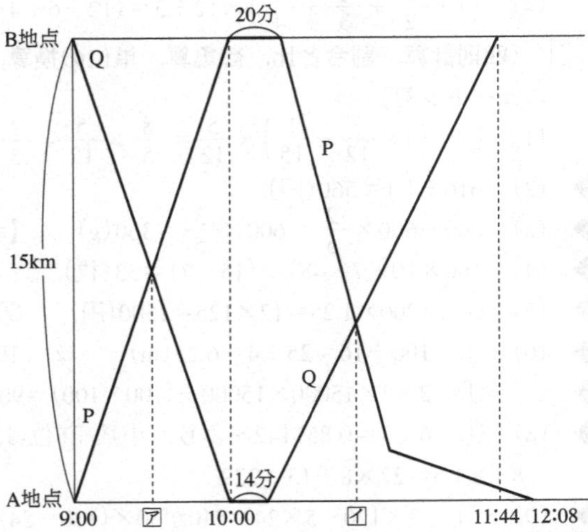

★ワンポイントアドバイス★

[2](1)～(11)小問18題で種々の標準レベルの問題が出題されており，これらで差がつきやすい。また[3]「周上を周る点P，Q」の問題も，[4]「流水算とグラフ」の問題もよく出題される問題であり，反復して確実に得点できるようにしよう。

＜理科解答＞

[1] 問1　酸素　　問2　(物質B)　デンプン　　(消化液)　だ液[すい液]　　問3　ウ
問4　(例)　対照実験として，酵素以外の条件をそろえることで，DEFの酵素のはたらきを調べるため。　問5　E　　問6　イ

[2] トマト　特徴　C　　花　キ　　葉　エ
トウモロコシ　特徴　B　　花　ウ　　葉　オ
イネ　特徴　D　　花　ア　　葉　ク
カボチャ　特徴　A　　花　イ　　葉　カ

[3] 問1　エ　　問2　X　二酸化炭素　　Y　アンモニア　　問3　イ　　問4　ア
問5　塩化ナトリウム　　問6　(およそ)4(倍)　　問7　2.5(mL)
問8　ウ　　問9　③　ウ　　④　ア　　問10　0.6(g)

[4] 問1　支点　図1　イ　　図2　カ　　力点　図1　ウ　　図2　オ
作用点　図1　ア　　図2　エ　　問2　エ　　問3　㋐　12　　㋑　10　　㋒　10
問4　75(g)　　問5　ア　左(側)　　イ　20　　ウ　25

[5] 問1　A　ア　　B　イ　　C　ア　　D　ウ　　E　エ　　問2　(1)　ウ　　(2)　イ
(3)　イ　　問3　イ　　問4　(1)　エ　　(2)　①　27(秒)　　②　18(秒)
③　372(km)　　④　イ　　問5　(1)　ア　　(2)　エ

○推定配点○

[1] 問4～問6　各2点×3　　他　各1点×4　　[2] 各1点×12　　[3] 問6　2点
問7・問10　各3点×2　　他　各1点×9　　[4] 問3～問5　各2点×7　　他　各1点×7
[5] 問4(2)②・③　各3点×2　　他　各1点×14　　計80点

＜理科解説＞

[1] (気体の発生と性質―酸素の発生と酵素のはたらき)

重要　問1　酸素にはものを燃やす性質があるため，火のついた線香を酸素に近づけると，線香は炎を上げて激しく燃える。

問2　アミラーゼはデンプンを麦芽糖に分解し，ヒトの消化液のうち，だ液やすい液にふくまれている。

問3　すりおろしたニンジンに過酸化水素水を加えたときに発生した泡は酸素である。酸素は過酸化水素水中の過酸化水素が反応して発生したもので，ニンジンにふくまれるカタラーゼは，過酸化水素から酸素が発生する反応を促進させるはたらきをもつ。酸素が発生していくにつれて過酸化水素水中の過酸化水素は少なくなっていき，過酸化水素がなくなると酸素は発生しなくなる。しかし，カタラーゼは変化せずに残る。そのため，酸素の発生が止まった後，再び酸素を発生さ

せるには過酸化水素水を加えればよい。

重要 問4　試験管D・E・Fと酵素以外の条件をそれぞれ同じにした試験管A・B・Cを用意して実験を行うことで，実験での酵素のはたらきについて調べることができる。

重要 問5　酵素はヒトの体温に近い温度でもっともよくはたらく性質があるので，体温に近い40℃のお湯の中に入れた試験管で，酵素がふくまれるEから激しく酸素が発生する。

重要 問6　酵素が入った試験管のうち，試験管Dは「約0℃→約40℃」，試験管Fは「約80℃→約40℃」と変化していて，40℃のお湯に入れたときに試験管Dだけで酸素が発生したことから，酵素は低温にしてもはたらきは失われず，高温にするとはたらきが失われてしまうことがわかる。

2 (植物─植物の花と葉)

トマト…トマトは双子葉類の植物である。トマトの花は星のような形で，果実になる子房はがくよりも上にある。トマトの葉脈は網目状で，葉は切れこみがある。

トウモロコシ…トウモロコシは単子葉類の植物である。トウモロコシの花には花びらがなく，茎の先端におしべをもつお花，茎の途中にめしべをもつめ花がある。トウモロコシの葉脈は平行で，やや幅の広い葉で，葉のもとに近い部分はつつ状になっている。

イネ…イネは単子葉類の植物である。イネの花には花びらはなく，えいとよばれるつくりに囲まれている。イネの葉脈は平行で，葉の幅はせまい。

カボチャ…カボチャは双子葉類の植物である。カボチャの花は，おしべをもつお花とめしべをもつめ花に分かれていて，め花の子房はがくよりも下にある。カボチャの葉脈は網目状で，広がった葉をもつ。

3 (水溶液の性質─酸性・アルカリ性，中和)

基本 問1　フェノールフタレイン溶液は，酸性や中性では無色だが，アルカリ性の水溶液に入れると赤色を示す。

問2　X　空気中にふくまれる気体で水溶液が酸性となるのは二酸化炭素である。　Y　水にとけるとアルカリ性を示す，トイレのにおいの原因となる気体はアンモニアである。

問3　レモン汁は酸性の水溶液である。

問4　さびは，鉄が空気中の酸素とゆっくりと結びついて酸化鉄ができる反応である。

重要 問5・問6　水酸化ナトリウム水溶液中の水酸化ナトリウムと，塩酸中の塩化水素が反応すると，塩化ナトリウムと水ができる。この反応では，水酸化ナトリウムと塩化水素は1：1の比で反応し，できる塩化ナトリウムと水の比も1：1となる。このことから，水酸化ナトリウム水溶液と塩酸の濃度が同じとき，ちょうど中和するときの体積は等しくなる。実験2の結果から，水酸化ナトリウム水溶液10cm^3とちょうど中和して混合液が中性になるうすい塩酸の体積は40cm^3であることがわかる。これらのことから，水酸化ナトリウム水溶液の濃度は，うすい塩酸の濃度の4倍とわかる。

重要 問7　実験に用いた水酸化ナトリウム水溶液とうすい塩酸は10(cm^3)：40(cm^3)＝1：4の体積の比で混ぜたときに中性になる。うすい塩酸50cm^3とちょうど中和するのに必要な水酸化ナトリウム水溶液の体積を$x$$cm^3$とすると，1：4＝$x$($cm^3$)：50($cm^3$)　x＝12.5(cm^3)とわかる。よって，追加で加える水酸化ナトリウム水溶液の体積は12.5－10＝2.5(cm^3)

重要 問8・問9　加えたうすい塩酸が0のとき，水分を蒸発させると，水酸化ナトリウム水溶液にとけていた水酸化ナトリウムが残る。また，加えたうすい塩酸が40cm^3までは，未反応の水酸化ナトリウムと塩化水素と水酸化ナトリウムが反応してできた塩化ナトリウムが残り，反応する水酸化ナトリウムよりもできる塩化ナトリウムのほうが重いので，残った固体の重さはうすい塩酸の体積に比例して重くなる。加えたうすい塩酸が40cm^3になると，塩化水素と水酸化ナトリウムはちょ

うど反応し，反応によってできた塩化ナトリウムだけが残る。加えたうすい塩酸が$40cm^3$を超えると未反応の塩酸が残るが，塩化水素は気体であるため，水分を蒸発させたときの重さは変化しなくなる。

やや難　問10　表2の残った固体の重さの変化から，加えたうすい塩酸の体積が0のとき，残った固体は0.80gになると考えられる。加えた塩酸が0のときと$40cm^3$のときで，残った固体についてまとめると上の表のようになるので，試験管②のように，うすい塩酸を$20cm^3$加えたとき，試験管②の中には，0.4gの水酸化ナトリウムと0.6gの塩化ナトリウムがとけている。

加えたうすい塩酸	水酸化ナトリウム	塩化ナトリウム
$0\ cm^3$	0.8 g	0 g
$40\ cm^3$	0 g	1.2 g

4　(てこ・てんびん―てこを利用した道具・てこのつり合い)

基本　問1　力点は力を加える点，作用点は力が加わる点，支点は力が加わっても動かない点なので，くぎぬきでは，アが作用点，イが支点，ウが力点となり，ピンセットでは，エが作用点，オが力点，カが支点となる。

重要　問2「力点に加える力の大きさ×支点から力点までの距離＝作用点に加わる力の大きさ×支点から作用点までの距離」より，支点から力点までの距離が長く，支点から作用点までの距離が短いほど，力点に加わる力が小さくても作用点に大きな力がはたらく。よって，せんぬきでは，せんよりも遠いところを持って力を加えたほうがぬきやすくなる。　ア　くぎぬきではなるべく曲がったところより遠いところをにぎるほうが小さな力でくぎをぬくことができる。　イ　はさみのはのもとに近いところのほうが小さな力で切ることができる。　ウ　シーソーでバランスをとるには，重い人は中心に近く，軽い人は中心から遠いところに座る。

重要　問3　てこの原理から，左下の棒について，30(g)×8(cm)＝20(g)×㋐(cm)　㋐＝12(cm)，右下の棒について，15(g)×4(cm)＝㋑(g)×6(cm)　㋑＝10(g)とわかる。これらのことから，上の棒の左端には 30＋20＝50(g)のおもり，右端には 15＋10＝25(g)のおもりがつるされていると考えることができる。よって，てこの原理より，50(g)×㋒(cm)＝25(g)×(30－㋒)(cm)　㋒＝10(cm)

問4　点Aにかかる力の大きさは，4つのかざりの重さの和と等しくなるので，30＋20＋15＋10＝75(g)

やや難　問5　ア　棒の中心を支点と考えると，左側30cmのところに30g，右側30cmのところに20gのミニチュアがあることから，棒の中心が支点だと棒は左が下がるようにかたむく。よって，糸をつける位置は棒の中心から左側にあることがわかる。　イ　右の図のように，棒の右側30cmの部分だけを考えると，棒の左端に10g，右端の20gのミニチュアがつり下げられていると考えることができる。重さの比が 左側：右側＝10(g)：20(g)＝1：2 のとき，棒の支点は棒を左側から 2：1 の比に分ける点にあるので，2つのミニチュアを1つのものとみなした30gのミニチュアが，棒の左端から $30(cm)\times\frac{2}{2+1}=20(cm)$ の位置につるされていると考えることができる。　ウ　30gのミニチュアが1つずつつるされていると考えると，重さが等しいので支点の位置は，それぞれのミニチュアがつるされていると考えられる位置のまん中になる。よって，糸の位置は，点Bから (30＋イ)(cm)÷2＝(30＋20)÷2＝25(cm)とわかる。

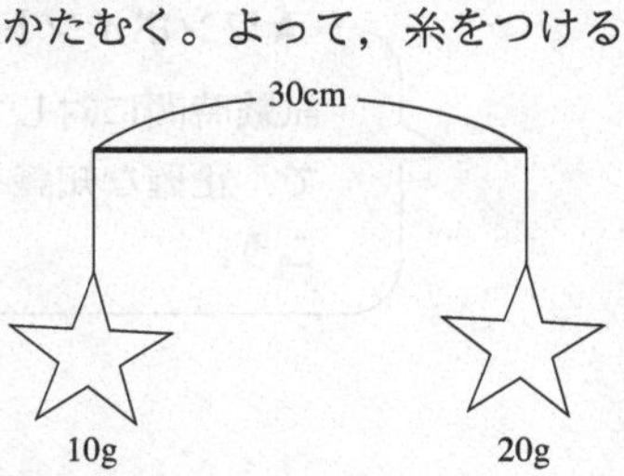

5　(流水・地層・岩石―地震)

問1　2011年3月11日14時46分に東北地方の太平洋沖で発生したマグニチュード9.0の地震を東北地方太平洋沖地震といい，最大震度7が記録され，発生した津波によって福島第一原子力発電所などをはじめ各地に大きな被害をもたらした。これらの災害はまとめて東日本大震災とよばれている。関東大震災は1923年の関東地震による災害，阪神・淡路大震災は1995年の兵庫県南部地震による災害である。

やや難 問2 (1) マグニチュードは地震の規模(エネルギーの大きさ)を示す尺度で，数値が大きいほど地震の規模が大きくなる。同じ規模で同じ場所の地下深いところで発生すると，地表までの距離は遠くなるためゆれは弱くなるが，ゆれは広い範囲まで伝わる。 (2) 学校の敷地の周囲の距離は数百m程度，千葉日本大学第一中学校から，東京都の浅草駅までの距離は約24km，福島県の福島駅までの距離は約230km，北海道の宗谷岬から鹿児島県の佐多岬までの距離は約1900kmである。 (3) 放射線は目に見えないもので，物体を通り抜けたり，物体の性質を変えたりするなどの性質をもつ。アは黄砂，ウはウイルス，エは赤外線の説明である。

重要 問3 プレートA，Bは大陸のプレート，プレートCは海洋のプレートである。日本付近では，海洋のプレートが大陸のプレートの下に沈みこむように動いている。このとき，大陸のプレートの端部が引きずられることで大きな力がたまり，それが放出されるときに地震が発生する。

問4 (1) 図2の地震波のグラフにおいて，地点A，Bのどちらでも14時49分以降も波形が小さいながらも観測されていることから，どちらの観測点でも完全にゆれがおさまっているとはいえない。

基本 (2) ① P波とS波の到達時刻の差が初期微動継続時間なので，X＝14時46分45秒－14時47分12秒＝27(秒)

重要 ②・③ P波の速さは6km/秒，S波の速さは3km/秒なので，震源から6kmの地点には，P波が地震発生の1秒後，S波が地震発生の2秒後に到達する。このことから，震源からの距離と初期微動継続時間の比は 6(km)：1(秒)＝6：1 とわかる。地点Bでの初期微動継続時間は62秒なので，地点Bが震源からykmはなれているとすると，6：1＝y(km)：62(秒) y＝372(km)とわかる。また，震源から地点BまでP波が伝わるのにかかる時間は 372(km)÷6(km/秒)＝62(秒)だから，地震発生時刻は，地点BのP波が到達した14時47分20秒の62秒前の14時46分18秒とわかる。 ④ 震源の場所を決めるためには，少なくとも3か所のデータが必要となる。

問5 (1) ア 現在の科学技術では，日時や場所などを特定するような地震の予知は非常に難しいと考えられている。 (2) エ 地震のゆれによって家屋の倒壊の危険性もあるので，地震のゆれを感じたらできる限りすみやかに家の外に出たほうがよい。

★ワンポイントアドバイス★

試験時間に対しての問題数が多く，問題文を読みとって解答していく問題も多いので，正確な知識を身につけた上で，すばやく判断して解答していく練習も重ねておこう。

＜社会解答＞

1. 問1 1 三内丸山遺跡 2 イ 問2 A 大王 B 渡来人 問3 1 イ 2 エ
問4 1 天皇が幼い時に政治を代行する摂政と，成人してから補佐をする関白が実権を握った藤原氏が行った政治体制 2 ウ 問5 1 ア 2 イ 3 ③・銀閣→金閣
問6 エ 問7 1 参勤交代によって経済力を消費させられた 2 鎖国
問8 1 徳川吉宗 2 イ 問9 1 ウ 2 大塩平八郎 問10 1 エ 2 オ
問11 A 生糸 B 軽工業 C ○ D ○ 問12 1 カ 2 渋沢栄一

問13　ア　　問14　1　徴兵令　　2　ウ　　問15　1　ア　　2　米騒動
問16　1　イ　　2　ア

2.　問1　1　温泉　　2　筑後　　問2　ア　　問3　ウ　　問4　3　厳島　　4　原爆ドーム
問5　エ　　問6　イ　　問7　5　神戸　　6　明石　　問8　ウ　　問9　東経135度
問10　瀬戸大橋　　問11　男鹿　　問12　エ　　問13　ア　　問14　屋根　　問15　ア
問16　木曽山脈　　問17　ウ　　問18　だいすけ　㊸　　あすか　㉞　　あさひ　㉚
あきこ　③　　ひろなり　⑳

3.　問1　権力が集中しすぎないようにするため　　問2　モンテスキュー　　問3　ウ
問4　議院内閣　　問5　国会議員　　問6　閣議　　問7　違憲立法審査権　　問8　家庭
問9　ウ　　問10　A　ア　　B　エ　　C　イ

○推定配点○
1.　問4の1　6点　　問5の3　2点(完答)　　問7の1　3点　　他　各1点×30　　2.　各1点×25
3.　問1　3点　　他　各1点×11　　計80点

＜社会解説＞

1.（日本の歴史ー古代～近代の政治・文化・外交など）

問1　1　最盛期には500人以上が定住していたといわれる縄文最大規模の遺跡。　2　縄文時代は富の蓄積ができず平等な社会といわれる。ア・ウは旧石器，エは弥生時代。

問2　A　天皇の称号は天武朝のころ。　B　先進の技術や文化を伝え国家形成に大きく貢献した。

重要　問3　1　A「篤《あつ》く三宝(仏教)を敬え」とある。　B　天平文化の黄金期を創出。　C　総国分寺として平城京に建立。　2　大宝律令は文武天皇の命で701年に完成。

問4　1　藤原氏が天皇の外戚《がいせき》として行った政治制度で，10世紀後半以降常置となった。　2　源氏物語絵巻。アは五弦の琵琶(天平)，イは枯山水(室町)，エは玉虫厨子(飛鳥)。

問5　1　A　源義朝を破って権力を掌握。　B　敗れて隠岐に配流。　2　C　自身の戦功を描いた蒙古襲来絵巻。　D　鉄砲が登場した長篠合戦図屏風。　3　足利義満が北山に造ったのは金閣。

問6　京都方広寺の大仏殿の釘などに使用するとして発布した刀狩令。ウは分国法の喧嘩両成敗。

問7　1　人数も決められ大きな負担となった。　2　朝鮮や琉球，アイヌなどとの窓口は継続。

問8　1　徳川吉宗は実学を重視。　2　17年にわたり測量した大日本沿海輿地全図(伊能図)。

問9　1　享保の改革は吉宗，白石は貿易を制限，人返しは水野忠邦。　2　元大坂町奉行所の役人。

重要　問10　1　神奈川・長崎・新潟・兵庫を開港。　2　Ⅰは1860年，Ⅱは1869年，3は1867年。

問11　A・B　いずれも生糸が最大。　C・D　日清・日露戦争を通じて産業革命が進展。

問12　1　ロシアの南下を危惧《きぐ》するイギリスが日本に接近(1894年)，日露戦争後の日本の国際的地位の上昇で関税自主権の回復に成功(1911年)。　2　500以上の企業の設立に関与した実業家。

問13「元始，女性は太陽であった」という青鞜創刊号の言葉で知られる女性解放運動家。

重要　問14　1　当初はさまざまな免除規定があった。　2　地租により安定した財源の確保に成功。

問15　1　成金が続出する空前の好景気を享受したが，大戦終了後は一転戦後不況となった。
2　出兵を見込んだ買い占めにより米価は高騰，寺内正毅内閣は総辞職に追い込まれた。

問16　1　占領時には略奪暴行事件も発生。日本海海戦は日露戦争，世界恐慌は1929年。　2　プラチナは大戦末期にジェット機の燃料生産の装置に使用するため供出運動が実施された。

2.　(日本の地理―国土と自然・産業・運輸など)

問1　1　別府は温泉数，湧出量ともに日本一。　2　筑紫次郎と呼ばれた九州最大の大河。

問2　御嶽山(3067m)は古くから修験道の聖地として知られた長野・岐阜の県境に位置する火山。

重要 問3　干満の差の大きく広大な干潟で知られる海。日本全体の約4割のノリを生産している。

問4　3　海に浮かぶ鳥居で有名な神社。　4　鉄骨をさらし当時の惨状を伝える建物。

問5　「武家の古都」として登録をめざしたものの いまだに実現していない。

問6　明治に海軍鎮守府が設置され軍都として発展した都市。アは長崎，ウは神奈川，エは福岡。

問7　5　日宋貿易の拠点・大輪田泊から発展した港湾都市。　6　明石海峡に臨む兵庫南部の都市。

問8　新大阪と博多を結ぶ路線で，1975年，東海道新幹線に次いで開通した。

基本 問9　一般的に15の倍数の経度が用いられる。本初子午線のイギリスとは9時間の時差がある。

問10　1988年，本四連絡橋の中で最初に開通，他は神戸・鳴門，尾道・今治ルート。

問11　砂州により本州と連なり内側には日本第2の湖であった八郎潟を抱えていた。

問12　竹竿にたくさんの提灯《ちょうちん》をぶら下げて街を練り歩く七夕の行事。

問13　新潟県小千谷市近辺で作られる麻布の縮み(練ってしわを生じさせた織物)。

問14　3000m級の山が15もあり，世界の屋根・チベット高原になぞらえてこう呼ばれる。

問15　海に接しない内陸県は栃木・群馬・埼玉・山梨・長野・岐阜・滋賀・奈良の8県。

問16　木曽谷と伊奈盆地にはさまれた南北約100kmの山脈で最高峰は駒ケ岳の2956m。

重要 問17　内陸のため気温の年較差が大きく雨は比較的少ない。アは上越，イは札幌，エは高松。

問18　だいすけ：大分，あすか：広島，あさひ：兵庫，あきこ：秋田，ひろなり：長野。

3.　(政治―人権・政治のしくみ・地方自治など)

重要 問1　権力を分立することによってその濫用が防げ，国民の自由や権利を確保することができる。

問2　モンテスキューは「権力を持つものはすべてそれを濫用する」と説いた。

問3　憲法67条2項。予算や条約の承認は30日。法律案で議決が異なるときは，衆議院で出席議員の3分の2以上の賛成で再可決すると衆議院の議決が国会の議決となる。

重要 問4　18世紀中ごろイギリスで成立した制度。責任内閣制などとも呼ばれる。

問5　内閣総理大臣が任免権を持ち，衆参どちらの国会議員でもよい。

問6　内閣総理大臣が主宰《しゅさい》する会議で全会一致を原則とする。

問7　すべての裁判所が個々の裁判の中で持っている権利。その判決は個々の訴訟に限り効力を持ち，法律の場合は国会での改廃手続きを必要とする。法令審査権などとも呼ばれる。

問8　家庭や少年関係事件の第1審を担当する裁判所。地方裁判所と同じところに設置されている。

問9　殺人など重大な刑事裁判の第1審に採用，裁判官と協議し有罪・無罪，量刑を判断する。

問10　A　財政状況に応じて交付，豊かな自治体には支給されない。　B　参議院と都道府県知事のみ30歳でこれ以外は25歳。　C　その制定改廃に住民の意思を反映させる制度もある。

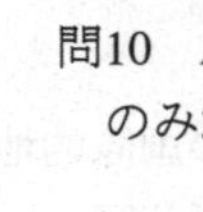

★ワンポイントアドバイス★

問題文が長いうえ記述を含め問題数も多い。テキパキと進めないと思わぬミスも出かねないので，過去問などを利用して時間配分にも慣れておこう。

＜国語解答＞

一　問一　(1)　複数　　(2)　誕生　　(3)　織物　　(4)　劇的　　(5)　照会
(6)　しゅってん　　(7)　ひつぜつ　　問二　(1)　活発　　(2)　思案　　(3)　温暖
(4)　人工　　問三　(1)　イ　　(2)　カ　　(3)　エ　　(4)　ア

二　問一　a　強制　　b　記録　　c　いこじ　　問二　ウ　　問三　自分の経験を唯
問四　イ　　問五　(i)　さまざまな　　(ii)　エ・オ　　問六　ウ　　問七　自分や周囲の人たちの人生経験しか知らない（人）　　問八　①　（例）　他者の経験（他人の体験）
②　オ　　③　エ

三　問一　a　支度（仕度）　　b　湯気　　c　かんしょう　　問二　(1)　エ　　(2)　ア
問三　エ　　問四　(i)　2　　(ii)　ウ　　問五　ア　　問六　ア　　問七　イ
問八　（例）　癌をわずらっていた母が私を生んだために長生きできなかったことについて，父が私を恨んでいるのではないか（と思ったから。）　　問九　ア　　問十　ウ

○推定配点○
一　各1点×15　　二　問一　各1点×3　　問三・問五(i)　各4点×2　　問七・問八①　各8点×2
他　各3点×6（問五(ii)完答）
三　問一・問二　各1点×5　　問八　10点　　問十　4点　　他　各3点×7　　計100点

＜国語解説＞

一　（漢字の読み書き，同類語・反対語，ことわざ）

やや難　問一　(1)　「複数」は，二つ以上の数。「複」は，同音で形の似た「復」と区別する。「複雑」「重複」などの熟語がある。　(2)　「誕」は「延」の部分を「廷（テイ）」と誤らないように注意する。「生誕」という熟語もある。　(3)　「織」は，形の似た「職（ショク）」と区別する。「織」の音は「シキ・ショク」。「織機」「染織」などの熟語がある。　(4)　「劇的」は，劇の場面に現れるような，激しい感動・緊張を起こさせる様子。ドラマチック。「激的」とする誤りが多いので注意する。「劇薬」「演劇」などの熟語がある。　(5)　「照会」は，問い合わせること。知らない人どうしを引き合わせる意味の「紹介」と区別する。「照」の訓は「てーる・てーらす・てーれる」。「参照」「照合」などの熟語がある。　(6)　「出典」は，故事・成語・引用文などの最初の出どころとなった書物。「典」には「原典」「典型」などの熟語がある。　(7)　「筆舌」は，文章に書くことと口で話すこと。「筆」の訓は「ふで」。「達筆」「加筆」などの熟語がある。「舌」の訓は「した」。「弁舌」「毒舌」などの熟語がある。

基本　問二　(1)　「快活」は，言葉や動作がはきはきしている様子。「活発」は，言葉・動作・ものの動きなどが元気で勢いのよい様子。　(2)　「熟考」は，落ち着いてよく考えること，深く考えをめぐらすこと。「思案」は，考えをめぐらすこと。　(3)　「寒冷」は，気温が低くて，寒さ・冷たさがきびしく感じられること。「温暖」は，気候が暖かく，おだやかな様子。　(4)　「天然」は，自然のままであること。「人工」は，人間の力を加えること，人間の力で作り出すこと。残りの「ジドウ」は「児童」「自動」，「ネツボウ」は「熱望」などの熟語がある。

やや難　問三　(1)　「情けは人のためならず」を，ク「中途半端な助けは，かえって相手のためにならないのでひかえるべきだ」の意味に間違えないように注意する。「情けは人のためにならない」ではなく「情けは人のため（だけ）ではなく，自分のためにもなる」ということ。　(2)　「焼け石に水」は，焼けた石に水をかけても，すぐに蒸発してしまうように，「少しぐらいの助けでは，何

の役にも立たない様子」を言う。 (3) 「濡れ手で粟」は，濡れた手で粟をつかむと粟がくっついてくることから「苦労せずに大きなもうけを得ること」を言う。 (4) 「急がば回れ」は，急ぐならば回れということで，「急ぐからと危ない近道を行くより，遠回りでも安全な道を行く方が早い」の意味。残りの意味は，次の通り。ウ「何をするにも，がまんやしんぼうが大切だ」は「石の上にも三年」。オ「確かでないことを期待することのたとえ」は「捕らぬ狸の皮算用」。キ「身近なことはかえってわかりにくいことのたとえ」は「灯台もと暗し」。

二 **（論説文−文章の細部の読み取り，指示語の問題，空欄補充，漢字の読み書き）**

問一 a「強制」は，権力や腕力で自由意思をおさえて，無理に行わせること。「制」を同音の「性」や「製」と誤らないこと。「制」の熟語には「規制」「制限」などがある。 b「録」を形の似た「緑(リョク)」や「縁(エン)」と区別する。「録」の熟語には「登録」「目録」などがある。 c「意固地」は，意地をはって自分の考えをおし通そうとすること。「意気地(イクジ)」という読みも覚えておこう。

基本 問二 何が生の活力になるのかを，前の段落から探すと，「肯定が積み重なれば，自分がこの世に存在することに自信を持つことができる」とある。それが，生の活力になる。

問三 直前に「自分よりも辛い経験が書かれている本を読むことで」とある。そのことでどうなるかというと，「自分の経験などは大したことはなかったんだと慰められる」ことになり，「自分の経験を唯一絶対のものだと思う気持ちから離れることができる」のである。そのことを理由にして「落ち着いて自分を見直す」ことができる。

やや難 問四 直前の段落で悲惨な経験の例として挙げられているのは，強制収容所に入れられたユダヤ人の経験と，学徒出陣の経験である。Cには「学徒出陣」が入る。

問五 (i) 「経験値」は，経験の数や量の値。読書をすることで，人生の経験の数や量の値が上がっていくというのである。続く段落から，読書経験を積むことで得られるものを説明して，「人生経験が豊富であり」と述べている。言いかえれば，読書経験を積めば人生経験が豊富になる，と言うのである。同じ内容を第一段落で「さまざまな本を読むことで，人生経験が豊富になる」と述べている。 (ii) 直後の段落に「広く受け入れる寛容の心が育ち，人間への洞察力がついてきます」とある。さらに続く段落には，「驚くような状況が起きても冷静に判断できるようにもなるでしょう」とある。ア，「様々な役割を演じ」という説明はしていない。イ，「この筆者の書いた本を多く読むことを通じて」という説明はしていない。ウ，「洞察力」は，「自分とは異なる考えの人間に対しても広く受け入れることができる」力ではない。カ，実際の体験を積み重ねていくわけではない。

問六 ［Ⅰ］の文章は，自分の経験を唯一絶対のものだと思い，周りの狭い世界だけを見て決めつけると，精神的に追い込まれてくる，また，自分の狭い世界に閉じこもって意固地になったり，自分の不幸に心をすべて奪われたりする，と述べている。そして，そのような状態を打ち砕く強さを読書は持っていると結論づけている。［Ⅱ］の文章は，さまざまな本を読むことで，人生経験が豊富になり，寛容の心が育ち，判断力がつき，相手への想像力が働き，他者に対して優しくなれると述べている。［Ⅰ］［Ⅱ］の文章に共通しているのは，読書経験がどのように役に立つかということである。そのことを説明しているのはウ。イ・エも小説にふれているが，イ「他者を助ける役割」「他者を傷つける役割」という視点では説明していない。エの内容は，［Ⅰ］の文章では説明していない。

重要 問七 直前に「こうした」とあるので，「自己の体験至上主義」とは，直前の一文の「自分の体験や経験を絶対の根拠としたがる傾向」であるとわかる。キーワードは「自分」「体験」「経験」である。［Ⅱ］の文章からキーワードを探すと，「自分や周囲の人たちの人生経験しか知らない(人)」

が見つかる。

重要 問八 ① 問六と関連させて考える。読書をすることによって，人生経験が豊富になるのである。それは「他者の経験を自分のものにできる」からである。② 「想像力」について，生徒Cの会話に「『経験していないことでも私たちは力にすることができる』とあるのもそれを意図してのこと」とある。「それ」の指す内容が空欄②に入る。想像力と経験の関係を［Ⅰ］の文章から探すと，「自分の中に微かにでも共通した経験があれば，想像力の力を借りて，より大きな経験世界へ自分を潜らせることができる」とある。また，［Ⅰ］の文章の前半には，他者の経験を知ることで生への活力が湧いてくるとある。「想像力」とは，「自分と共通する経験を補って，生への活力を得る」ためのものだというのである。 ③ ［Ⅱ］の文章では，「たくさんの本を読むことによって人生の経験値が上がると」どうなるかについて，「自分の行動が他者や世界にどう作用するのか，ということが想像できるようになります」と述べている。

三 (小説－心情・情景の読み取り，文章の細部の読み取り，空欄補充の問題，ことばの意味，漢字の読み書き，表現技法，記述力・表現力)

問一 a「度」の訓は「たく・たび」。「たく」と読むのは「支度」くらいなので覚えておく。「たび」と読むのは「度々」がある。 b「湯気」は訓＋音。「気」を「ケ」と読むのは「湿気」「人気(ひとけ)」などがある。 c「感傷」は，物事に心を動かされやすいこと。さびしくなったり悲しくなったりしやすいこと。「感傷的」の形でもよく使われる。

やや難 問二 (1) 「とりわけ」は「取り分ける」という動詞からできた言葉で，多くの中から取って区別するということから，「特に。なかでも。ことに」の意味。 (2) 「修羅場」は，演劇や講談などで，激しく悲壮な争いの場面。比喩として，日常の中で激しく争う場面について表す。

問三 「そんな」が指しているのは，直前に書かれている父と私の関係である。「私は父を信頼し，父も私を信じていた。だから，本気で好きな人ができてその人と結婚すると決まった時，なんだか急に自分が父を裏切るような，見捨てるような，そんな後ろめたい気持ちになってしまったのだ」とある。「後ろめたい」は，自分の行動を反省して恥じる点があるの意味。父に対して申し訳ない気持ちになっている。

基本 問四 (i) 「桜の木が，頷くように」とあるから，「私」が桜の木に話しかけ，桜の木がこたえている場面である。②の前の「私，お嫁に行くよ……しっかり守ってあげてね」が，「私」が桜の木に話しかけている言葉である。 (ii) 「桜の木が，頷くように」という表現は，桜を人間のように扱っている擬人法である。擬人法は比喩法の一つ。

問五 「感極まる」は，非常に感激する心情である。ここは，結婚式当日の朝食の場面で，「あと数時間したら，私は家を出なくてはならない」とある。そのような状況でみそ汁を褒められたのである。問三でとらえたように，父への申し訳なさと家を出る寂しさを感じている状況でみそ汁を褒められたことで，父の優しさを感じ取り「胸がいっぱいいっぱいだった(＝感極まった)」のである。

問六 「表情を緩める」のは，気持ちがゆったりしていることを表す。「甘酸っぱい」は，過去を思い出しているときの心情を表す。さらに，母の思い出を語りながら「父は，急に顔を赤らめた」とあることから，恥ずかしがっていることが読み取れる。

問七 父の会話の内容から，母は自分が死んだ後の父の再婚は嫌だったということがわかる。すると，父のみそ汁を作る人がいないということになる。だから娘に「みそ汁の作り方を熱心に教える」ことで，父のみそ汁を作ってほしいと考えたのである。

重要 問八 二つの理由を押さえる。まず，「だって，お母さん，私を産まなかったら，もっとおとうさんのそばに，長くいられたかもしれないじゃない」とあるのに注目する。続く部分に「癌患者が妊娠し，出産するのは，自殺行為」とある。母が死んだのは自分に原因があると考えている。次に，「お父さんは，私が生まれてきたこと，恨んでない？」とある。自分が原因で母が死んだことを父が恨んでいるのではないかと思っていたのである。この二つの内容を結びつけて解答をまとめる。「自分が原因で母が死んだ」「そのことを父は恨んでいるのではないか」という二つの要素が必要である。

問九　父の人物像は第四段落に描かれている。「出世するのをあきらめ，毎日定時に帰ってきては，私のためにたくさんの時間を費やしてくれた」とあるように，自分のことよりも娘のことを優先したのである。続く部分に描かれているエピソードは，娘に尽くす父の姿である。イ・ウ・エは「私のために」という点について説明していない。

重要　問十　ウは，「素面の父は，顔を隠すようにすぐに新聞を広げて読み始めた」，「父と向かい合い，朝ご飯を食べ始めた」とあるように，本文の内容と合致しない。ア，「もう，専用の椅子なんかいらない」とある。イ，「水の量は相変わらずお椀三つ分と決まっている」，「父と私，そして母と三人分のお椀に分けてよそい」，「母の仏壇の前に，真っ白な湯気を立てるご飯とおみそ汁が並んでいる」とある。エ，「ご飯は自分で炊いたりもするくせに，なぜかおみそ汁だけは，決して自分では作ろうとしない」，「ご飯をよそうのは，父の役目だ」とある。

★ワンポイントアドバイス★

論説文は，二つの文章に共通する話題をとらえ，話題に関して筆者がどのような例を挙げて説明を進めているかを読み取っていこう。具体例やキーワードに注目して読むことが大切だよ。小説は，場面に描かれている出来事や背景をとらえ，表現から人物の心情や思い，考えを読み取るようにしよう。

2022年度

★★★★★★★★★★★★★★★★★★★★★★★★

入　試　問　題

2022年度

2022年度

千葉日本大学第一中学校入試問題（自己推薦）

【算　数】（50分）　＜満点：100点＞

【注意】　1．③，④は解答用紙に途中の式や計算などを書いて答えて下さい。答えだけでは正解としません。

2．円周率を使用する場合は3.14とします。

3．定規，コンパスは使用してもかまいません。

4．計算器，分度器は使用してはいけません。

① 次の計算をしなさい。

［※答えのみでよい］

(1) $(2022\div 6-300)\times 3$

(2) $667\times 3.14+333\times 3.14$

(3) $\left(6.25-2\frac{1}{2}\right)\times\frac{5}{12}-1$

(4) $\frac{1}{20}+\frac{1}{30}+\frac{1}{42}+\frac{1}{56}+\frac{1}{72}+\frac{1}{90}+\frac{1}{110}+\frac{1}{132}$

② 次の□にあてはまる数を答えなさい。

［※答えのみでよい］

(1) □÷19＝91あまり９

(2) $\left(\square+\frac{1}{8}\right)\times 2\frac{2}{39}=\frac{2}{3}$

(3) 121，144，169，196，225，256，□，……

これらの数は，ある規則に従って並んでいます。

(4) ９％の食塩水が150ｇあります。この食塩水に300ｇの水を加えると，□％の食塩水になります。

(5) ① 全長2400ｍの道路に等間隔で木を植えるとき，30ｍおきに植えると全部で□本の木が必要になります。ただし，道路の両端には木を植えません。

② 全周□ｍの池の周りに等間隔で木を植えるとき，５ｍおきと３ｍおきでは必要な木の本数の差が60本になります。

(6) 長さ85ｍの電車が秒速20ｍで走っています。この電車が長さ335ｍの鉄橋を渡り始めてから，渡り終えるまでにかかった時間は□秒です。

(7) ２時から３時の間に時計の長針と短針が重なるのは，２時□分です。

(8) ① ４人の生徒を２人ずつＡ組とＢ組に分けるとき，分け方は□通りです。

② ４人の生徒を人数制限のない部屋Ａと部屋Ｂに分けるとき，分け方は□通りです。ただし，全員同じ部屋に入ることはないものとします。

(9)　図は，正方形をABを折り目にして折り返した図形です。
アの角度は □ 度です。

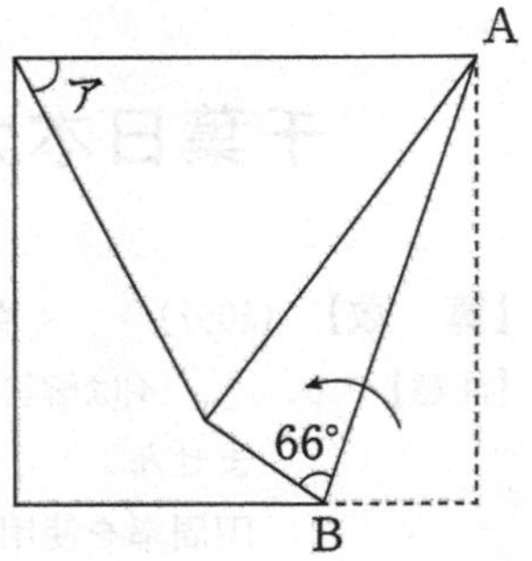

(10)　図のように，直方体の点Aから点Gにひもを巻きつけます。
ひもの長さが最も短くなるとき，PFの長さは □ cm です。

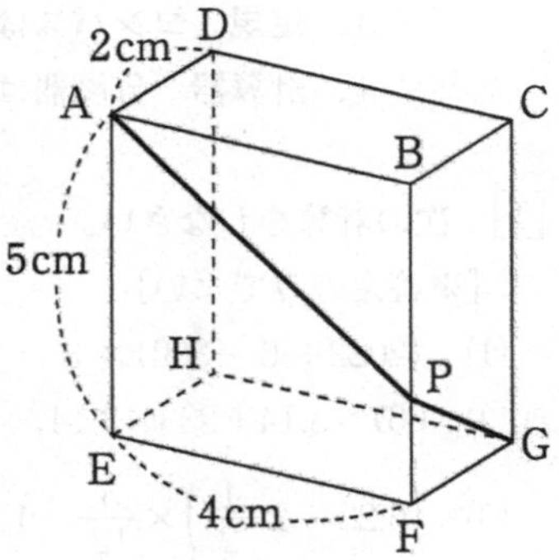

(11)　図の長方形ABCDがあり，点PはAから，点QはCから同時に出発して移動します。点Pは秒速6cmの速さでA→D→Cの順に，点Qは秒速4cmの速さでC→B→Aの順に移動しています。

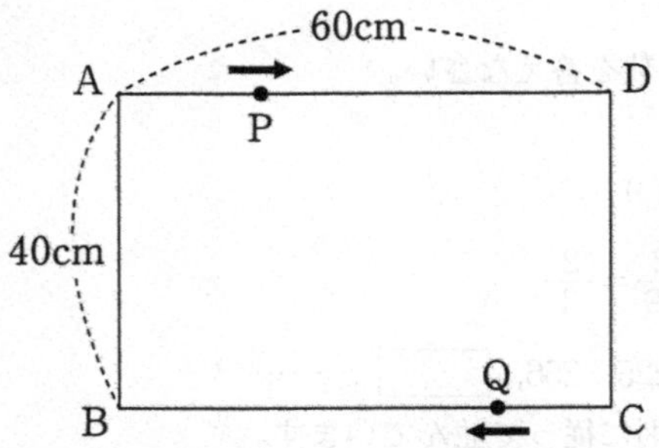

①　出発してから2秒後の四角形APQBの面積は □ cm² です。
②　直線PQが辺ADと初めて平行になるのは，出発してから □ 秒後です。

3　図のように，底面の半径が4cmの円すいを，頂点Oを中心として平面上で転がしたら，円すいは3回転して元の位置に戻りました。点Pは底面の円の中心です。また，点Aは円すいの底面と平面が接する点です。このとき，次の問いに答えなさい。

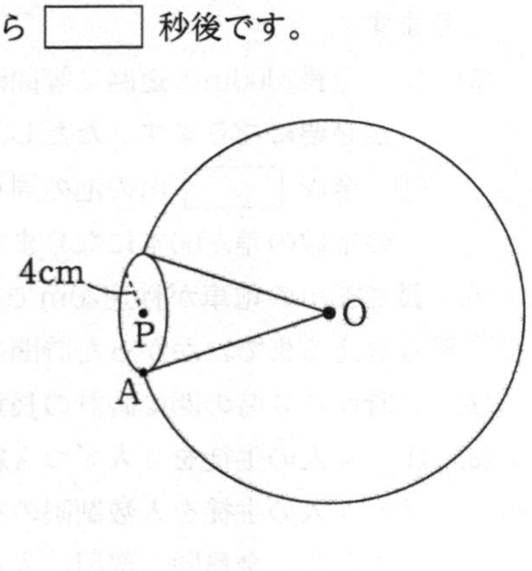

[※式や考え方を書いて下さい。]
(1)　PAを半径とする円の周の長さを求めなさい。
(2)　OAの長さを求めなさい。
(3)　円すいの表面積を求めなさい。

4　ある小学校で，６年生に算数のテストを行いました。

Ａ組の男子は24人，女子は16人で，Ａ組男子の平均点は65点，Ａ組女子の平均点は75点です。このとき，次の問いに答えなさい。

［※式や考え方を書いて下さい。］

(1)　Ａ組全体の平均点を求めなさい。

(2)　Ｂ組の男子の平均点は70点，Ａ組とＢ組の男子全体の平均点は68点です。また，Ｂ組全体の平均点は72点，Ｂ組の男女全体の人数は45人です。

Ｂ組男子の人数とＢ組女子の平均点を求めなさい。

【理　科】（40分）　＜満点：80点＞

1　リカさんはジャガイモとサツマイモを購《こう》入し，ジャガイモは種いもに，サツマイモはなえ床《どこ》にして栽培《さいばい》することにしました。以下の問いに答えなさい。

問1　ジャガイモとサツマイモは数日後に芽と根が生えてきました。芽や根はどのように出ますか。下図のア～カから適当なものを1つずつ選び記号で答えなさい。

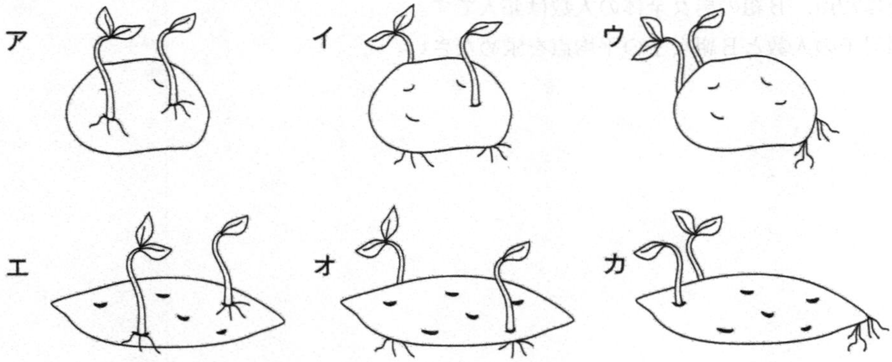

問2　ジャガイモとサツマイモはそれぞれどの部分に栄養をたくわえて，いもをつくりますか。

問3　ジャガイモとサツマイモのデンプンのようすを顕微鏡《けんびきょう》で観察しました。それぞれのデンプンのスケッチとして正しいものをア～エから1つずつ選び記号で答えなさい。

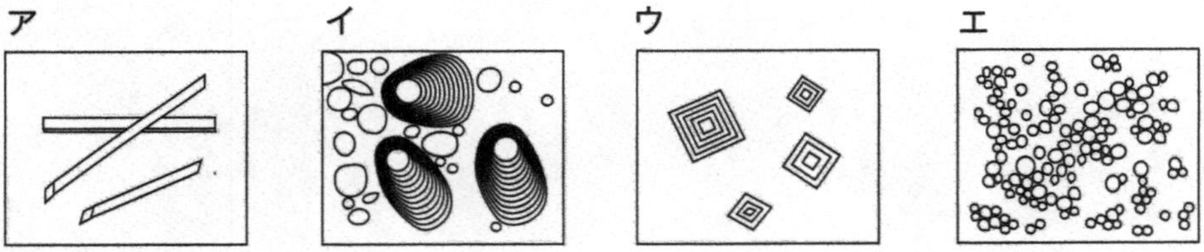

問4　リカさんが植えたジャガイモの種いもは，やがて茎をのばしてたくさんの葉をつけ，種いもを植えてから90日後に新しいいもを収穫《かく》することができました。

下の点線グラフは，新しいいもの重さの変化を表したものです。このグラフに種いもの茎と葉の重さの変化のグラフを書き加えるとどのようになりますか。正しいものを次のページののア～エから選び記号で答えなさい。

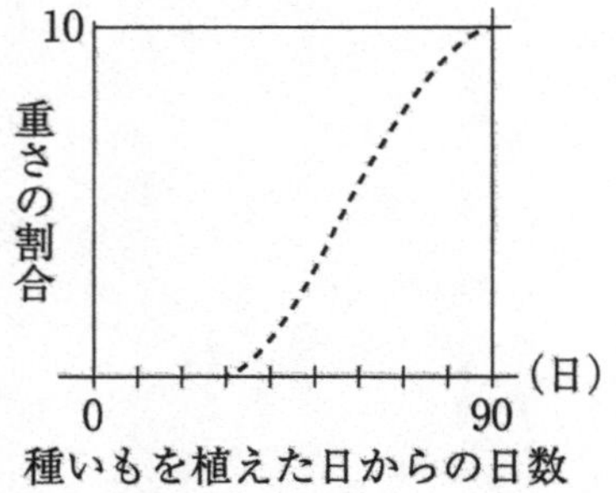

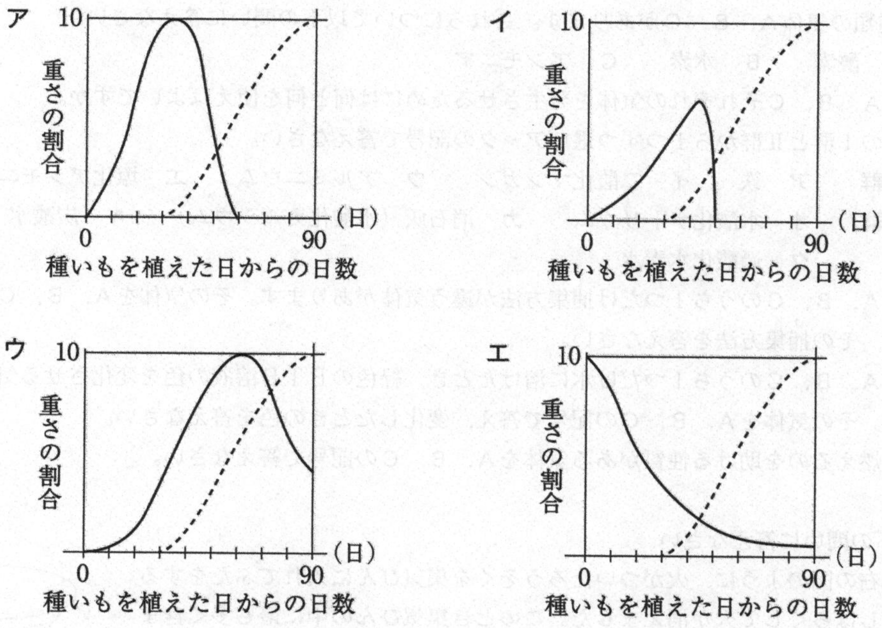

2　植物のはたらきを調べるために，発芽種子（発芽直後の種子）を入れた装置《そうち》ア・イを用意し，光を当てて12時間後に赤インクの移動を調べる実験を行いました。以下の問いに答えなさい。

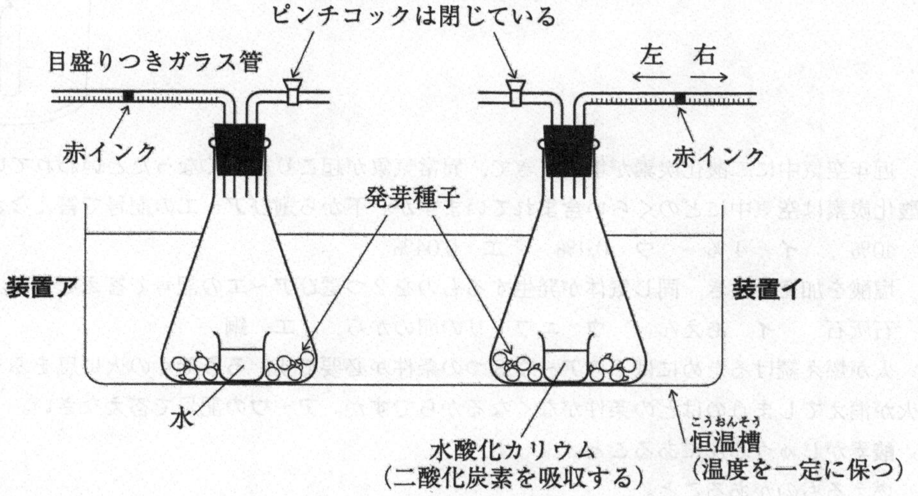

問１　この実験は植物のどのようなはたらきを調べる実験ですか。

問２　この実験では装置アの赤インクは移動しませんでしたが，装置イの赤インクは移動しました。左右どちらへ移動しますか。

問３　装置イで赤インクが移動した目盛りを測定することで，何の量を知ることができますか。

問４　この実験で装置アの赤インクが移動しなかったのはなぜですか。その理由を答えなさい。

問５　この実験で緑色の葉などは使用せず発芽しかけの種子を用いるのはなぜですか。その理由を答えなさい。

3　３種類の気体Ａ，Ｂ，Ｃがあります。これらについて以下の問いに答えなさい。

Ａ　酸素　　Ｂ　水素　　Ｃ　アンモニア

問１　Ａ，Ｂ，Ｃそれぞれの気体を発生させるためには何と何を使えばよいですか。
下のⅠ群とⅡ群から１つずつ選びア～クの記号で答えなさい。

Ⅰ群　　ア　鉄　　イ　二酸化マンガン　　ウ　アルミニウム　　エ　塩化アンモニウム

Ⅱ群　　オ　水酸化ナトリウム　　カ　消石灰（水酸化カルシウム）　　キ　炭酸水

　　　　ク　過酸化水素水

問２　Ａ，Ｂ，Ｃのうち１つだけ捕《ほ》集方法が違う気体があります。その気体をＡ，Ｂ，Ｃの記号で答え，その捕《ほ》集方法を答えなさい。

問３　Ａ，Ｂ，Ｃのうち１つだけ水に溶けたとき，緑色のＢＴＢ溶液の色を変化させる気体があります。その気体をＡ，Ｂ，Ｃの記号で答え，変化したときの色を答えなさい。

問４　燃えるのを助ける性質がある気体をＡ，Ｂ，Ｃの記号で答えなさい。

4　以下の問いに答えなさい。

問１　右の図のように，火がついたろうそくを集気びんに入れてふたをすると，しばらくして火が消えました。このとき集気びんの中に最も多く含まれている気体は何か答えなさい。

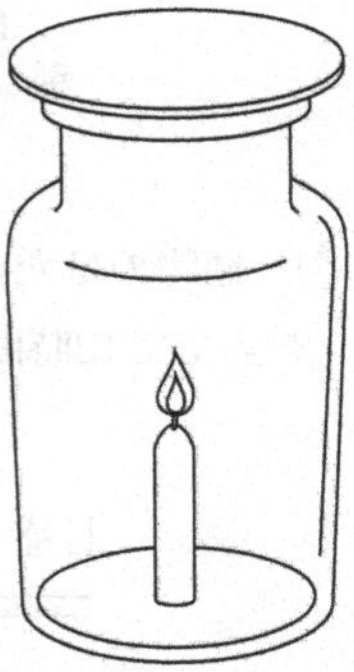

問２　近年空気中に二酸化炭素が増えてきて，異常気象が起こりやすくなったといわれています。二酸化炭素は空気中にどのくらい含まれていますか。下から選びア～エの記号で答えなさい。

ア　40%　　イ　４%　　ウ　0.4%　　エ　0.04%

問３　塩酸を加えたとき，同じ気体が発生するものを２つ選びア～エの記号で答えなさい。

ア　石灰石　　イ　あえん　　ウ　ニワトリの卵のから　　エ　銅

問４　火が燃え続けるためには下のア～ウ３つの条件が必要です。ろうそくの火に息をふきかけると火が消えてしまうのはどの条件がなくなるからですか。ア～ウの記号で答えなさい。

ア　酸素がじゅうぶんにあること。

イ　燃えるものがあること。

ウ　発火点以上の温度に保たれていること。

問５　下方置換でも水上置換でも集められる気体を答えなさい。

5　マグネシウムは空気中で燃えると酸素と結びついて酸化マグネシウムになります。
マグネシウムの粉をステンレス皿にのせて図１のようにして燃やしました。マグネシウムの粉の量を変えて実験すると図２のグラフのような結果になりました。あとの問いに答えなさい。
（図１・図２は次のページにあります。）

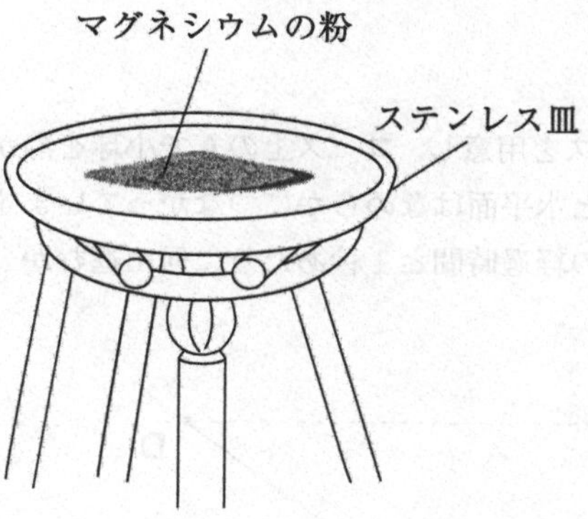

図１

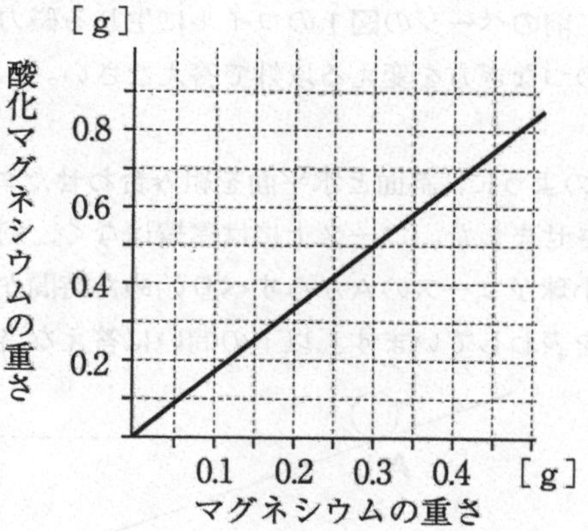

図２

問１　マグネシウムの重さと結びついた酸素の重さの比は何対何ですか。整数で答えなさい。

問２　実験の結果，酸化マグネシウムが1.5ｇできたとき，もとのマグネシウムは何ｇですか。

問３　マグネシウムのかたまり３ｇを燃やしたところ，酸化マグネシウム４ｇと燃え残ったマグネシウムがありました。燃え残ったマグネシウムは何ｇですか。

6　同じ材質，太さのエナメル線を用いて25回巻き，50回巻き，100回巻きの３種類のコイルをつくりました。これらのコイルと電池を下の図のようにつなぎました。以下の問いに答えなさい。

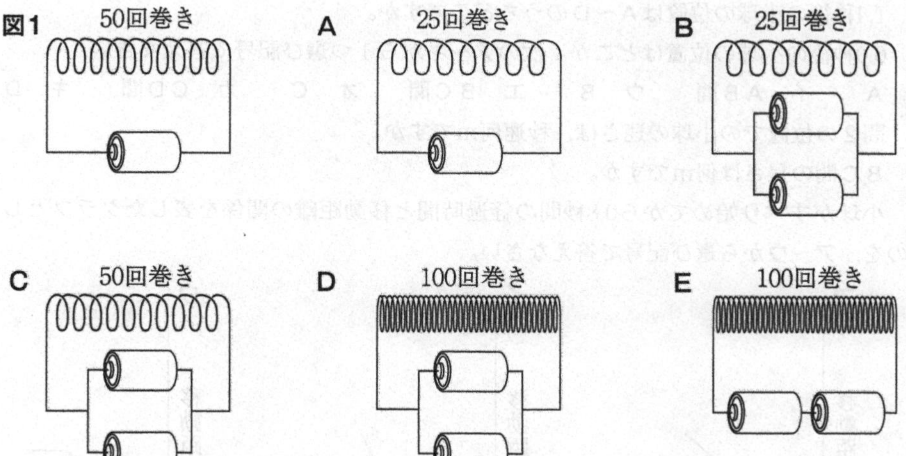

問１　コイルがクギを引きつける力が，図１とほぼ同じ強さになるものをＡ～Ｅから１つ選び，記号で答えなさい。

問２　コイルがクギを引きつける力が，図１のおよそ２倍の強さになるものをＡ～Ｅから１つ選び，記号で答えなさい。

問３　コイルがクギを引きつける力が，いちばん強くなるものをＡ～Ｅから１つ選び，記号で答えなさい。

問４　図１のコイルの右はしは，Ｎ極かＳ極のどちらか答えなさい。

問５　前のページの図１のコイルに生じる磁力を強くするためには，どうしたらよいか。巻数や電池のつなぎ方を変える以外で答えなさい。

7　図のように，斜面と水平面を組み合わせたコースを用意し，コース上のＡで小球を静かにはなし運動させました。コース上には摩擦はなく，斜面と水平面はなめらかにつながっています。グラフは，小球がコースのＡからすべり始めた時間からの経過時間と１秒あたりに何ｍ進むか（秒速）の関係を表わしています。以下の問いに答えなさい。

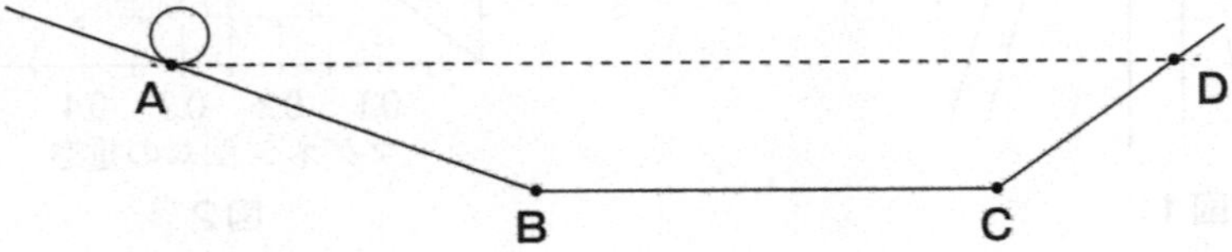

図

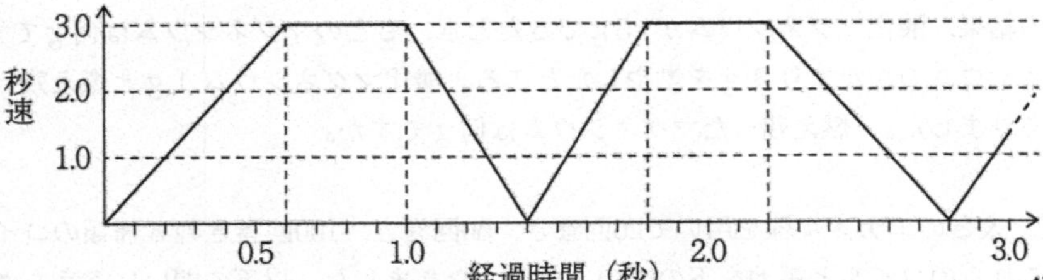

グラフ

問１　1.4秒後の小球の位置はＡ～Ｄのうちどこですか。

問２　6.0秒後の小球の位置はどこか。次のア～キから１つ選び記号で答えなさい。

ア　Ａ　　イ　ＡＢ間　　ウ　Ｂ　　エ　ＢＣ間　　オ　Ｃ　　カ　ＣＤ間　　キ　Ｄ

問３　問２の位置での小球の速さは，秒速何ｍですか。

問４　ＢＣ間の長さは何ｍですか。

問５　小球がすべり始めてから0.8秒間の経過時間と移動距離の関係を表したグラフとして正しいものを，ア～ウから選び記号で答えなさい。

ア

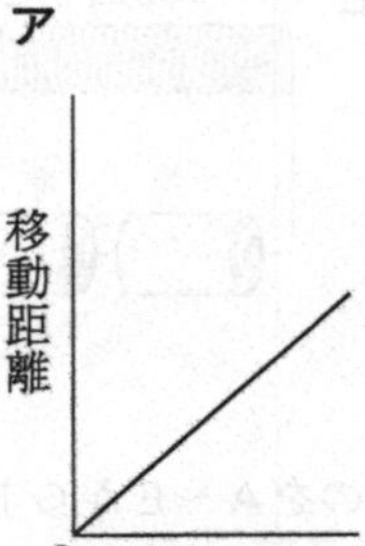

イ

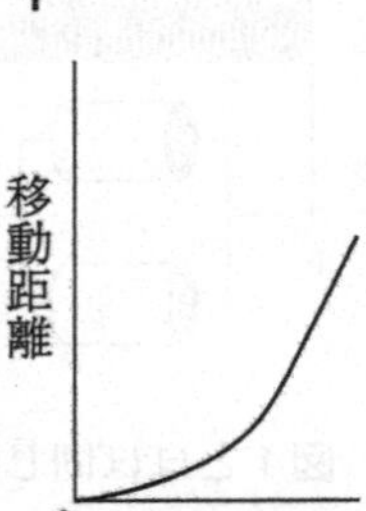

ウ

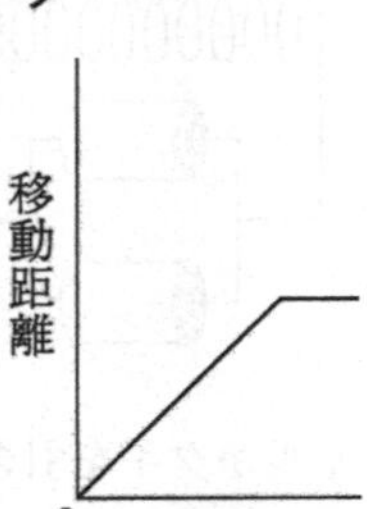

8　下の文を読み，以下の問いに答えなさい。

2021年の５月のある日の夜，皆既《かいき》月食が起こりました。まさたか君は観察しようとしましたが，当日の天気はくもりで残念ながら観察はできませんでした。

そこでまさたか君は次の日，月食について理科の先生に質問しました。以下はそのときのまさたか君と先生の会話文です。

まさたか君「先生，昨日は月食が観察できなくて残念でした。月食以外にも日食というのもありますよね。この二つの違いは何ですか？」

理科の先生は以下の図１のように太陽と地球のまわりをまわる月のようすの位置の関係を黒板に示し，説明してくれました。

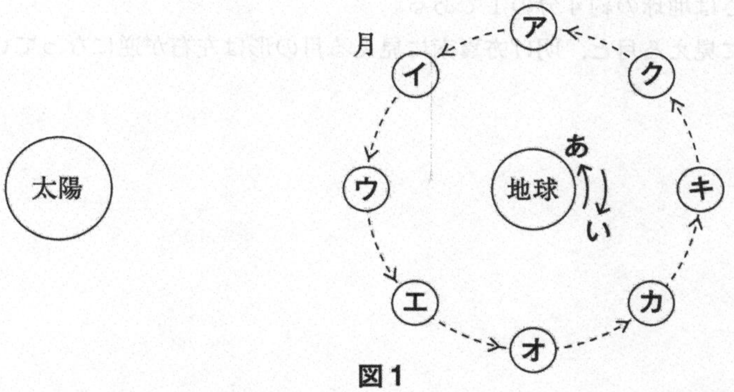

図１

理科の先生「日食は太陽の一部または全部が月にかくされて暗くなる現象のことをいいます。月が図１の [1] の位置にあるときに起こる現象だね。」

まさたか君「ということは，日食は月が [2] のときに起こるということですね。」

理科の先生「そういうことになります。月食は月が地球のかげにはいり，月の一部または全部がかくされる現象のことをいいます。月が図１の [3] の位置にあるときに起こる現象だね。」

まさたか君「なるほど，月食は月が [4] のときに起こるということですね。」

理科の先生「そのとおりです。次回日本で皆既《かいき》月食が観察できるのは2022年の11月と言われています(※)。次は観察できると良いですね。」

※国立天文台HPより

問１　会話文中の [1] と [3] にあてはまる最も適当な月の位置を，図１のア～クからそれぞれ一つずつ選び記号で答えなさい。

問２　会話文中の [2] と [4] に当てはまる最も適当な語句を以下のア～オの中からそれぞれ１つずつ選び記号で答えなさい。

ア　上弦の月　　**イ**　下弦の月　　**ウ**　三日月　　**エ**　満月　　**オ**　新月

問３　月は地球のまわりを図１の矢印の方向でまわっています。このことを月の何と言いますか。

問４　地球の自転の向きは図１のあ・いのどちらの向きですか。

問５　右の図２のＡ～Ｃは，月の形をまさたか君がスケッチしたものです。Ａ～Ｃの月は図１のア～クのどの位置にあるときに見られますか。それぞれ一つ選び記号で答えなさい。

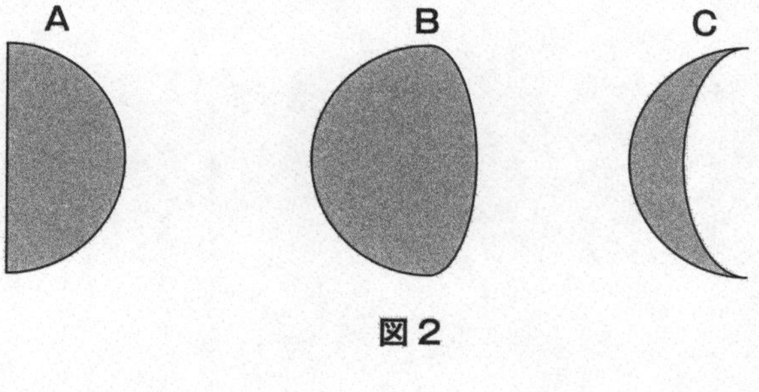

図２

問６　夕方に南中する月は問５の図２のＡ～Ｃのどの月ですか。

問７　月に関する文として正しいことを述べているものを以下のア～エの中からすべて選び記号で答えなさい。

ア　月はみずから光を出して輝いている。

イ　月の引力は地球の引力６分の１である。よって地球上で，上皿てんびんではかったとき60ｇあるものは，月で上皿てんびんではかると10ｇになる。

ウ　月の大きさは地球の約４分の１である。

エ　夕方真南に見える月と，明け方真南に見える月の形は左右が逆になっている。

【社　会】（40分）　　＜満点：80点＞

1． 次の文は，小学校に通うだいすけくん・りささんの会話文です。これを読んで，あとの各問いに答えなさい。

だいすけ「僕の学校では夏休みの課題で日本の住居の歴史を調べることをやりました。」

りさ「面白そうですね。何か分かったことを教えて下さい。」

だいすけ「日本の住居のはじまりは，たて穴住居です。縄文時代や a 弥生時代の人々が住んでいました。」

りさ「たて穴住居にはどのような特徴があるのですか。」

だいすけ「夏は涼しく，冬は暖かいのが特徴です。」

りさ「快適そうですね。b 平安時代に入ると，寝殿造がつくられたんですよね。」

だいすけ「そうですね。内部は壁がほとんどなく，屏風や布などで仕切りを作っていたようです。平安時代に c 武士が登場すると武家造りが登場します。」

りさ「授業で習ったわ。d 室町時代になるとどのような造りの住居が登場しますか。」

だいすけ「e 禅宗の精神を取り入れた書院造が登場します。全面に畳が敷き詰められています。」

りさ「書院造りは現代の和室の原型といわれていますよね。」

だいすけ「よく知っていますね。そして f 江戸時代中ごろになると都市で町人が活躍しました。道路に面して商店，裏側に住居である町屋・長屋が建てられました。」

りさ「密集しているので，火事が起こると大変だったと聞いたことがあります。」

だいすけ「現代みたいに消火設備も無いだろうし，火を消すのに苦労しただろうね。」

りさ「g 明治時代になると h 欧米の文化が流入されますが，住居も変わったのですか。」

だいすけ「和洋併設住宅といって，欧米の建築様式と技術が住居に取り入れられました。ソファやテーブルなどの家具も置かれたんだよね。」

りさ「そういえば i 愛知県の明治村に行った時に，洋風の建造物をいくつか見ました。次の大正時代は何か変化はありましたか。」

だいすけ「j 大正時代は関東大震災をきっかけに，木造住宅から地震に強い鉄筋コンクリートの公共住宅が登場します。」

りさ「災害が住居の様式を変えたんですね。」

だいすけ「その通りです。時代が変わると，住居も変わります。現代はスマートフォン１台で家の照明や家電を操作できる住居があります。」

りさ「これからも最先端の技術を駆使した住居が次々と建てられるのでしょうね。」

問１　下線部ａについて次の問に答えなさい。

(1)　弥生時代の遺跡である吉野ヶ里遺跡がある場所を地図から一つ選び，記号で答えなさい。

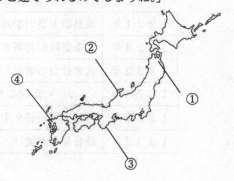

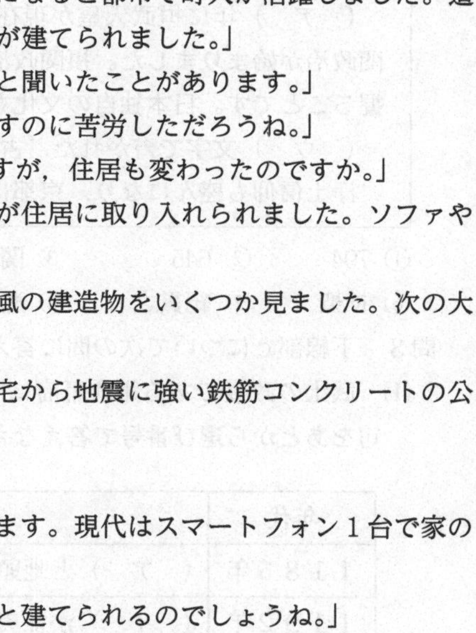

(2) 弥生時代に邪馬台国を支配していた女王は誰か答えなさい。

(3) 弥生土器として正しいものを次のうちから一つ選び，記号で答えなさい。

①

②

③

④
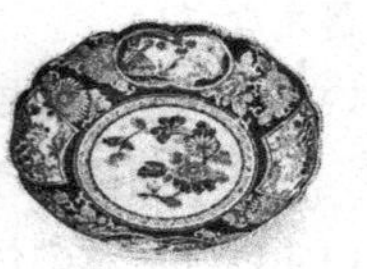

(4) 弥生時代について述べた文として正しくないものを次のうちから一つ選び，記号で答えなさい。

① 戦いが度々起こったことが，ほりや物見やぐらの跡から分かる。
② 奴国の王が中国に使いを送り，中国の王に金印を授けた。
③ 稲作が広まり，収穫された稲は高床倉庫に保管された。
④ 稲作とともに青銅器や鉄器も日本に伝わった。

問２ 下線部ｂについて，平安時代ついて述べた次の文章中の（　ア　）～（　カ　）にあてはまる最も適当な語句を下から選び番号で答えなさい。

> （　ア　）年に桓武天皇が現在の京都に都を移し，平安時代が始まりました。その後，摂関政治が始まりました。摂関政治とは藤原氏が摂政や（　イ　）の地位につき政治の実権を握ることです。日本独自の文化も生まれ，（　ウ　）文字も作られました。
> （　ウ　）文字で書かれた『古今和歌集』は（　エ　）らが編纂しました。
> 浄土信仰も盛んになり，京都にある（　オ　）や岩手県にある（　カ　）が有名です。

① 794　② 645　③ 関白　④ 天皇　⑤ かな
⑥ 神聖　⑦ 紀貫之　⑧ 藤原良房　⑨ 平等院鳳凰堂　⑩ 中尊寺金色堂

問３ 下線部ｃについて次の問に答えなさい。

(1) 武士の政権である鎌倉幕府に関する年表を見て，(ア) ～ (キ) にあてはまる最も適当な語句をあとから選び番号で答えなさい。

年代	できごと
１１８５年	（　ア　）と地頭を設置した。
１１９２年	（　イ　）が征夷大将軍に就任する。
１２２１年	後鳥羽上皇が挙兵し、（　ウ　）が起こる。
１２２４年	北条泰時が将軍を補佐する（　エ　）に就任する。
１２３２年	武家社会の慣習と道徳を示した（　オ　）が制定される。
１２７４年	（　カ　）が起こり、元軍が博多に上陸する。
１２８１年	再び元軍が襲来する。
１３３３年	鎌倉幕府が滅び、翌年に（　キ　）による建武の新政が始まる。

① 文永の役　② 守護　③ 承久の乱　④ 執権　⑤ 老中
⑥ 御成敗式目　⑦ 徳政令　⑧ 源頼朝　⑨ 源義経　⑩ 後醍醐天皇

(2) 武士の力強さを表現した「金剛力士像」の作者を次のうちから一つ選び，記号で答えなさい。

① 親鸞　② 法然　③ 運慶　④ 日蓮

問４　下線部ｄについて次の問に答えなさい。

(1) 室町幕府を開いた将軍は誰か答えなさい。

(2) 室町時代に日本と明が行った貿易で使われた勘合はなぜ必要だったかを説明しなさい。

問５　下線部ｅについて，

右の『秋冬山水図』を描いたのも禅宗の僧である。その人物名を答えなさい。

問６　下線部ｆについて，次の問に答えなさい。

(1) 江戸時代前半に「絵踏み」が行われた。次の絵を参考に「絵踏み」を行う目的を説明しなさい。

(2) 江戸時代の身分制度について述べた文として正しくないものを次のうちから一つ選び，記号で答えなさい。

① 武士は名字・帯刀が許された。
② 幕府は五人組の制度で百姓に共同責任を負わせないようにした。
③ 百姓は本百姓と水のみ百姓に分かれていた。
④ 町人は藩や幕府に営業税を納めた。

(3) 次のページの文中の（ア）・（イ）にあてはまる最も適当な語句の組み合わせとして正しいものを，あとから一つ選び，記号で答えなさい。

江戸時代は交通も発達し，五街道のうち，江戸を起点に（　ア　）が太平洋側に整備されました。他にも甲州道中や奥州道中などがあります。航路では東北地方から太平洋沿岸を通って江戸にいたる（　イ　）などが整備されました。

① ア：東海道　　イ：西廻り航路　　② ア：中山道　　イ：西廻り航路
③ ア：東海道　　イ：東廻り航路　　④ ア：中山道　　イ：東廻り航路

(4)　江戸時代末から明治時代はじめの国内の状況について正しいものを次のうちから一つ選び，記号で答えなさい。

① 安政の大獄によって井伊直弼が処罰された。
② 尊王攘夷運動が盛んになった。
③ 朝廷を倒すために薩長同盟が結ばれた。
④ 戊辰戦争が起こり，坂本龍馬が戦死した。

問７　下線部ｇについて，次の問に答えなさい。

(1)　1873年から始められた，財政の確立をはかるために地価の３％を現金で納めさせる政策を何というか答えなさい。

(2)　(1)と同じ年に制定された，満20歳以上の男子に兵役の義務を課した法令を何というか答えなさい。

(3)　明治時代末の1911年，中国では革命が起こった。その時に倒れた王朝として正しいものを次のうちから一つ選び，記号で答えなさい。

① 宋　　② 清　　③ 明　　④ 唐

(4)　明治時代に活躍した小説家と作品名の組み合わせとして正しいものを，次のうちから一つ選び，記号で答えなさい。

① 人物：夏目漱石　作品：舞姫　　② 人物：芥川龍之介　作品：坊ちゃん
③ 人物：夏目漱石　作品：坊ちゃん　　④ 人物：芥川龍之介　作品：舞姫

問８　下線部ｈについて，欧米の文化の流入にともなって学校制度もフランスにならって整備された。1872年に公布された学校制度を何というか答えなさい。

問９　下線部ｉについて，愛知県出身の加藤高明は首相在任中の1925年に普通選挙法を成立させた。次の文章中の空欄（ア）に入る数字と（イ）に入る語句を答えなさい。

普通選挙法の成立により満（　ア　）歳以上のすべての男子に選挙権が与えられた。同時に（　イ　）が制定され，共産主義運動などを取り締まった。

問10　下線部ｊについて，次の問に答えなさい。

(1)　次の史料は大正時代に起こった出来事についての記事を簡単にしたものです。この「出来事」とは何か，漢字三文字で答えなさい。

漁夫《ぎょふ》町一帯の女房二百名は海岸に集合して三隊に分かれて米屋と米所有者を襲った。東水橋警察署より巡査《じゅんさ》数名を出動させ，必死に解散を命じたので，しばらくして解散したが，一部の女たちは米屋の付近を徘徊《はいかい》し，米を他に売ることを警戒していた。

（出典：『東京朝日新聞』）

(2) 大正デモクラシーについて述べた文として正しいものを次のうちから一つ選び，記号で答えなさい。

① 政府の独裁政治を支持する護憲運動が起きた。
② 1922年に差別からの解放をめざし，全国水平社が結成された。
③ 女性解放運動は全く起こらなかった。
④ 吉野作造が唱えた帝国主義の影響が大きかった。

(3) 大正時代の文化として正しくないものを次のうちから一つ選び，記号で答えなさい。

① テレビ放送が始まり，全国に広まった。
② 志賀直哉や武者小路実篤は白樺派と呼ばれた。
③ 明治時代に比べ新聞や雑誌を読む人が増加した。
④ 労働者の厳しい生活を訴えるプロレタリア文学が生まれた。

2． 次の文は，ある中学校の中学１年生の６人が書いた夏休みの宿題（旅行記）の一部を示したものです。これらに関して，あとの各問いに答えなさい。

〈 だいすけくんの旅行記 〉

夏休みは塾の夏期講習で忙しかったのですが，塾の休みの日に家族でドライブに出かけました。家を出発し高速道路に乗りしばらくたつと，車の窓から見える山の斜面に大きなラブレターが見えました。高速道路を降りると有名なテーマパークが見えましたが，僕たち家族はテーマパークではなく，また少しそこから車を走らせ（　ア　）に行きました。そこで，カヌー体験などの湖での遊びを楽しみました。湖から見えた a 富士山がとても綺麗でした。

お昼はこの県の郷土料理である「ほうとう」を食べました。デザートには，店員さんのご厚意でこの県でたくさんとれる「ぶどう」を食べさせてもらいました。これもとてもおいしかったです。

〈 まさみさんの旅行記 〉

母親の故郷でもある東海村に行ってきました。母親の実家の近くの海沿いを歩いていると，おじいちゃんが働いていた（　イ　）発電所が見えました。この発電所は，2011年に発生した東日本大震災以降 b さまざまな問題点から現在は稼働していないことを母親に教わりました。

次の日の帰りがけに（　ウ　）の周りを車でドライブし，途中の道の駅でこの県が日本一の生産量を誇る（　エ　）から作られたお菓子をお土産に買いました。日本で２番目の大きさの湖である（　ウ　）を１周するのには，車でもとても時間がかかりました。

〈 架純さんの旅行記 〉

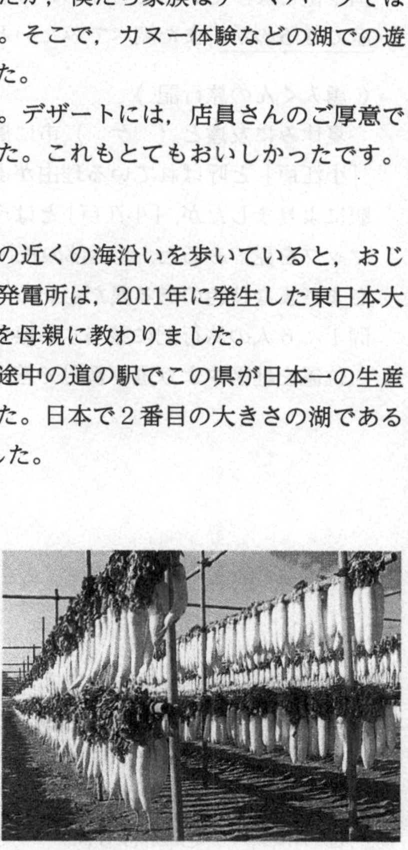

朝早くに父親に起こされて連れていかれたのは，ある港の魚市場でした。この港は日本有数のマクロの水揚げ高を誇る港としても有名で，マクロの解体ショーを見た後に海鮮丼を食べました。また，家に帰って調べてみるとこの港のある（　オ　）半島は「だいこん」の収穫量・出荷量が日本一であり，冬になると海岸沿いにたくさんの「だいこん」が干されるそうです。(写真)

私の住む相模原市をはじめ，県内の c 政令指定都市の数が全国最多となっているこの県にもこのような場所があることにとても驚きました。

〈 昭くんの旅行記 〉

夏休みの宿題である自由研究のために2020年１月に新しい地質年代として認められた世界的な地層を見学しようと思い（　カ　）市を訪れました。この都市は，受験勉強をしていた時には，石油化学コンビナートが有名なこの県の臨海部に発達している d 工業地域の代表的な都市として学習していたので，内陸部まで広がる大きな都市だったことにとても驚きました。地層見学の後には「養老渓谷」と呼ばれる観光地に寄り，家族でハイキングをしました。ハイキングの途中で見た粟又の滝がすごかったです。

帰りは，高速道路の渋滞も終わっている時間だったので明日のお墓参りに備え（　キ　）を利用しておばあちゃんの家がある川崎市にいきました。（　キ　）に乗ってからすぐに川崎市に着いてしまいましたが，途中の海ほたるから見た景色がとても綺麗でした。

〈 里帆さんの旅行記 〉

温泉が好きな母親の希望で，今年の夏の家族旅行は草津温泉に行きました。到着早々湯畑の温泉の煙に圧倒されました。２日目には，2014年に登録された県内の e 世界遺産の見学に行きました。また，帰りに寄ったお土産屋さんに「キャベツ」がたくさん売っていることが印象的だったので，家に帰ってから調べてみると，この県の（　ク　）では夏から秋にかけてのキャベツの出荷量が全国１位となっていることがわかりました。なぜ，f（　ク　）でキャベツがこの時期にたくさん生産できるのか，また調べてみたいと思いました。

〈 勇人くんの旅行記 〉

夏休みに友達と（　ケ　）市に観光に行ってきました。駅を降りて商店街を抜けると，この街が「小江戸」と呼ばれている理由がよくわかりました。帰りにはこの県の県庁所在地にもなっている駅によりましたが，「小江戸」とはうって変わり開発された風景が広がっていました。この県の観光マップを見てみると，北西部の荒川上流地域には（　コ　）町などの自然豊かな観光地があるなど，さまざまな特色のある県だということがわかりました。

問１　６人の旅行記に該当する県名を答えなさい。また，その位置を地図中より選び番号で答えなさい。

問２　文中の（ア）～（コ）にあてはまる最も適当な語句を下から選び番号で答えなさい。

① 銚子　② 山中湖　③ 三浦　④ 佐原　⑤ 東京湾アクアライン
⑥ 川越　⑦ 中禅寺湖　⑧ れんこん　⑨ 相模湖　⑩ かんぴょう

⑪ 房総　⑫ 火力　⑬ 霞ヶ浦　⑭ 長瀞　⑮ 首都高速湾岸線
⑯ 嬬恋村　⑰ 鹿嶋　⑱ 成田　⑲ 川上村　⑳ 東京ゲートブリッジ
㉑ 原子力　㉒ 日光　㉓ 伊豆　㉔ 市原　㉕ 道志村

問３　文中の下線部ａについて，富士山の標高（高さ）を答えなさい。

問４　文中の下線部ｂについて，（イ）発電所が抱えるさまざまな問題点とその理由を30字程度で説明しなさい。

問５　文中の下線部ｃについて，架純さんの旅行記にあてはまる都道府県の政令指定都市の数を数字で答えなさい。

問６　文中の下線部ｄについて，この工業地域の名称を答えなさい。また，この工業地域の属する代表的な都市の名称を文中（カ）にあてはまる都市以外でひとつ答えなさい。

問７　文中の下線部ｅについて，里帆さんが旅行で訪れた世界遺産の名称として最も適切なものを次のうちから選び，番号で答えなさい。

① 石見銀山遺跡　② 日光の社寺　③ 厳島神社　④ 富岡製糸場

問８　文中の下線部ｆについて，なぜ（ク）では夏から秋にかけてのキャベツの生産量が全国１位となるのか。その理由を，地形的な要因を含めて30字程度で説明しなさい。

３．以下の文章を読んで，あとの各問いに答えなさい。

2021年８月，a東京でオリンピックが開催された。新型コロナウイルス感染の拡大が懸念されたものの，多くの日本人アスリートがメダルを獲得し，国内は熱気に包まれていた。

オリンピックは，スポーツの祭典であると同時に，国際平和の祭典であるともいえる。オリンピックが成功するためには，b国際連合による国際平和の維持が欠かせないが，世界の諸地域ではいまだ多くの紛争が起こっており，国際連合は解決に向け尽力している。

また，国際連合は紛争のみならず，様々な問題への対応を行っている。c新型コロナウイルスの感染拡大を防ぐ取り組みや，発展途上国における食糧問題など，解決すべき課題は多い。d国際連合における日本もこうした取り組みに積極的に協力している。

それでも，現実にはe先進国と発展途上国の経済格差は拡大している。また，発展途上国間でも資源の有無や工業化の進展具合によって経済格差は拡大しているが，この発展途上国間の経済格差問題を南南問題という。

問１　2021年８月現在のアメリカ大統領の名を答えなさい。

問２　下線部ａに関連して，2024年度の夏季オリンピックの開催が予定されている都市として，正しい選択肢を一つ選び，記号で答えなさい。

① ロンドン　② パリ　③ ベルリン　④ リスボン

問３　下線部ｂに関連して，国際連合の本部が置かれている都市として，正しい選択肢を一つ選び，記号で答えなさい。

① ジュネーブ　② 北京　③ ニューヨーク　④ ハーグ

問４　下線部ｃに関連して，新型コロナウイルスなどの感染症への対策や，様々な医薬品の普及に努めている国連の機関として，正しい選択肢を一つ選び，記号で答えなさい。

① WHO　② WTO　③ UNESCO　④ IMF

問５　下線部ｄに関連して，右のグラフは，国際連合の分担金の国別割合（上位６か国分）を示したものです。このグラフに関して，正しい選択肢を一つ選び，記号で答えなさい。

国別分担率（２０１９～２０２１年）

	分担率（%）
アメリカ	２２.０
中国	１２.０
日本	8.6
ドイツ	6.1
イギリス	4.6
フランス	4.4

① 日本の分担金はすべての常任理事国よりも多くなっている。
② 日本より分担金の割合が大きいアジアの国はない。
③ 分担金が５番目に多い国はドイツである。
④ 上位６か国の中に，常任理事国が４か国入っている。

問６　下線部ｅに関連して，発展途上国と先進国では経済格差が拡大していますが，こうした経済格差にかかわる問題を何と言いますか。その呼称を答えなさい。

問７　問６で答えた問題を克服するための取り組みとして，フェアトレードがあげられます。これはどういった取り組みか，簡潔に述べなさい。

４．以下の文章を読んで，あとの各問いに答えなさい。

日本では，裁判所に司法権が与えられている。司法権は他の組織から独立しており，裁判官は公正に裁判を行うために，自己の良心と憲法および（　ア　）にのみ拘束され，他のいかなる圧力も受けないと規定されている。例外としては，心身の故障や国会による（　イ　）裁判，10年ごとに行われる，最高裁判所裁判官に対する（　ウ　）によりやめさせられる場合である。

裁判の種類としては，犯罪について扱う（　エ　）裁判と，財産をめぐる争いなどの際に行われる民事裁判がある。2009年から，重大な（　エ　）事件については，（　オ　）制度が導入され，抽選で選ばれた一般の国民が実際に裁判に参加するようになった。

問１　文中の空欄に当てはまる語句を答えなさい。

問２　以下の選択肢の中から，誤っている選択肢を一つ選び，記号で答えなさい。
① 現行犯を除き，裁判所が発行した令状がなければ逮捕されない。
② 拷問や脅迫によって得られた自白は，裁判の際に証拠として使えない。
③ 裁判はいかなる場合も，一般に公開しない。
④ 自己に不利益な供述はしなくてもよい，黙秘権が認められている。

問３（オ）制度に関しては，問題点も指摘されています。それはどのような問題点か，「負担」という言葉を必ず用いて，簡潔に述べなさい。

意味に終わることが指摘されている。

ウ　文章〔Ⅰ〕ではその地域の文化の影響で食べ物の価値が決まることが述べられているが、文章〔Ⅱ〕ではそれが評判のような実態のないものによっても引き起こされることが指摘されている。

エ　文章〔Ⅰ〕では食の好みが宗教上の禁止事項にまで発展することが述べられているが、文章〔Ⅱ〕ではそれが原始的で野蛮な傾向によるものであることが指摘されている。

問十　文章〔Ⅰ〕・〔Ⅱ〕から読み取れる「食料危機」の解決策をそれぞれ答えなさい。

三

※問題に使用された作品の著作権者が二次使用の許可を出していないため、問題を掲載しておりません。

（出典：三木卓『星のカンタータ』より）

問三 空欄 Y ・ Z に入る語を次のア～エのうちから一つずつ選び、それぞれ記号で答えなさい。

ア しかも　イ しかし　ウ つまり　エ なぜなら

問四 ――線部①「完全に逆転した論理」とあるが、逆転していない正しい論理だとどのように考えるべきか。次のア～エのうちから一つ選び、記号で答えなさい。

ア その食べ物に毒がないことをわかった上で食べていたので、勇気があったから食べたわけではない。

イ 生きるためには食べられるものを見つけなければならないので、勇気があったから食べたわけではない。

ウ その食べ物に毒がないことを誰かが試さなければいけないので、勇気があったから食べたわけではない。

エ 生きるためには好き嫌いを言うことはできないので、勇気があったから食べたわけではない。

問五 ――線部②「ある文化圏の食嗜好が」がかかる部分として最も適当なものを、次のア～エのうちから一つ選び、記号で答えなさい。

ア その背後にある経済的な力関係　イ 他国の食料生産

ウ 変えている　エ 現実です

問六 ――線部③「食にある程度の余裕が生じる」とはどういうことか。三十字以内で説明しなさい。

問七 空欄 ④ に当てはまる文として最も適当なものを、次のア～エのうちから一つ選び、記号で答えなさい。

ア 人間は、単に生きるためだけに、食事をするのではないこと

イ 人間は、単に生きることを目的に、食事をするのだということ

ウ どの生物も、単に生きるためだけに、食事をするのではないこと

エ どの生物も、単に生きることを目的に、食事をするのだということ

問八 ――線部⑤「様々な問題」とあるが、この例としてふさわしいものを次のア～カのうちから二つ選び、記号で答えなさい。

ア 大したものでなくとも、人々の評判によって、それを貴重な食べ物と思い込むこと。

イ 大したものでなくとも、フランス料理などと名付け、その値段をつり上げること。

ウ ある国で特定の食材が好まれていることが、他国の食糧生産を変えていくこと。

エ ある国で特定の食材が好まれていることが、他国の宗教を変えていくこと。

オ 自分たちが「食べ物」として認めるもの以外を食べる人を、野蛮人扱いすること。

カ 自分たちが「食べ物」として認めるものを、他の人にも食べさせようとすること。

問九 文章〔Ⅰ〕・〔Ⅱ〕の内容として最も適当なものを、次のア～エのうちから一つ選び、記号で答えなさい。

ア 文章〔Ⅰ〕では生まれた国や地域によって食べられる物と食べられない物が決まることを述べているが、文章〔Ⅱ〕ではそれが単なる思い込みであることが指摘されている。

イ 文章〔Ⅰ〕では食べ物が食べられる物として扱われるまでの過程を具体例とともに述べているが、文章〔Ⅱ〕ではそうした試みが無

文化の産物なのです。

ただ、そうした食物の＊嗜好《しこう》は、文化の展開とも大いに関係します。のちに第六章で日本のコメと肉の問題を考えますが、食文化の味覚体系の歴史的在り方によっても異なってきます。日本人は、魚の内臓は喜んで食べますが、動物の内臓は苦手な場合が多いようです。逆に動物食に慣れた人々には、日本の刺身《さしみ》のような生食は遠ざけられるケースが多くなります。

さらに、そうした嗜好性が、それぞれの社会や文化のⓒハッテンと関わりすぎると、今度は情報に作用されて、＊マスの規模でのⓓカクイツ化が進むこともありえます。そうすると、例えばコシヒカリやササニシキのように単一食品への過度な集中がみられ、生産に過剰《かじょう》な負担《ふたん》がかかることになります。

また広く知られているように、日本でエビが好まれることから、東南アジアでは多くの密林がエビ養殖場《ようしょくじょう》に変わりましたし、安いソバを提供するために、モンゴルの牧草地がソバ畑として開発されている状況にあります。グローバリゼーションが進む現代社会では、国境を越えた食料の調達関係が成立していますが、②ある文化圏《ぶんかけん》の食嗜好が、その背後にある経済的な力関係によって、他国の食料生産を変えているのが現実です。

そして、この嗜好が、単純に味覚の問題だけではなく、宗教的な価値基準によって、食べてはいけないという、食の＊タブーを生むことになります。先にふれた日本人の肉食にも、そうした一面がありましたが、ヒンズー教徒は、殺生を嫌うことから、一切肉食をしませんし、ジャイナ教の場合には、根っこの生命を奪うとして、タマネギさえも食べないベジタリアンもいます。ただしウシは食べなくても、ミルクや乳製品はよしとする場合もあります。

（中　略）

つまり人間は、③食にある程度の余裕《よゆう》が生じると、今度は＊観念のなかで、さまざまな解釈《かいしゃく》を行い、食に関して細かなタブーを設けます。これも広い意味では、明らかに文化の産物で、人間や文化の意味を考える上では、非常に重要な問題となります。

こうしてみると、［　④　］が分かります。これは紛《まぎ》れもなく、食という問題が、文化の一部というより、その最も重要な部分を担《にな》っているからに他なりません。こうしたことを念頭においた上で、以下、人間と食との関わりを、歴史的に考えてみたい、と思います。

（原田信男『食べるって何？　食育の原点』より）

［注］＊飢饉……人々が飢え苦しむこと。　＊嗜好……このみ。
＊マス……大衆。一般人。
＊タブー……触れたり口に出したりすることを禁じられているもの。
＊観念……あるものについての意識。

〔Ⅱ〕※問題に使用された作品の著作権者が二次使用の許可を出していないため、問題を掲載しておりません。

（出典：西江雅之『「食」の課外授業』より）

問一　＝＝線部ⓐ～ⓕについて、漢字は読みをひらがなで書き、カタカナは漢字に直して、それぞれ答えなさい。

問二　空欄Ｘ「［　］の次」に入る語を、漢字一字で答えなさい。

【国　語】〈五〇分〉〈満点：一〇〇点〉

一　次の各問いに答えなさい。

問一　次の①～⑤の文の□に入る文字を、次のア～キの中から一つずつ選び、それぞれ記号で答えなさい。

①　□心あれば水心。
②　生き□の目を抜く。
③　立つ□あとをにごさず。
④　獅子身中の□。
⑤　□の甲より年の功。

ア　虫　イ　亀　ウ　魚　エ　馬　オ　鳥

問二　次の①～⑤の——線部のカタカナを漢字に直した時、異なる漢字になるものが一つずつある。それを一つ選び、それぞれ記号で答えなさい。

①　ア　ゲ熱　イ　ゲ足　ウ　ゲ品　エ　無ゲ
②　ア　簡イ　イ　安イ　ウ　平イ　エ　無イ
③　ア　ジツ技　イ　一ジツ　ウ　果ジツ　エ　内ジツ
④　ア　キ圧　イ　キ象　ウ　正《しょう》キ　エ　キ則
⑤　ア　カイ段　イ　誤カイ　ウ　カイ決　エ　カイ散

二　次の文章〔Ⅰ〕・〔Ⅱ〕を読んで、後の問いに答えなさい。

〔Ⅰ〕

現在の日本では、デパート・小売店の総菜売り場や、ホテル・レストラン、さらには家庭などから膨大《ぼうだい》な廃棄《はいき》食料が出されています。だいたい二五～三〇パーセントの食べ物が、ⓐショウヒ期限外のものもふくめて棄《す》てられています。

日本の人口を一億二五〇〇万人とすれば、仮に二五パーセントだとしても、単純にいえば三一二五万人分の食料を棄てていることになります。世界中には、飢《う》えに苦しむⓑオオゼイの人々がいるにもかかわらずです。

また食べ物については、とくに日本などのような先進国では、好《す》き嫌《きら》いが激しく、好まれるものと、そうではないものとが明確に分かれます。これは、ある意味では、文化の展開でもあるのですが、難しい問題を含んでいます。

人間の歴史のある段階では、好き嫌いなどの前に、いかに食べ物を獲得するかが重要で、味覚は　X　の次でした。日本でも＊飢饉《ききん》の際には、さまざまな雑草を食べたり、土を煮て食べたりもしました。よくナマコを最初に食べた人は勇気があった、などという論法を耳にしますが、これは①完全に逆転した論理です。

古く食物が豊かではなかった時代、人間は食べられるものなら、何でも食べてきたはずです。こうした生存競争のなかで有毒植物たちは、動物から身を守るために、毒を貯《たくわ》えるという戦略を採った、と考えられています。だから人間も、食べられないものまで食べて、体調を崩《くず》したり死んだりしてきたことの結果、何が食べられるかを知ったのです。

その意味では、好き嫌いとは、食料が安定してきたことで起きた現象です。人間は、長い時間をかけ、さまざまに味覚を試みた上で、食べ物を選択し続けました。さらには調理という加工を施し、安全にかつおいしく食べられるような努力をしてきました。　Y　味覚そのものは、

2022年度

千葉日本大学第一中学校入試問題（第１期）

【算　数】（50分）　＜満点：100点＞

【注意】　１．１，２，４(1)，(2)の問題は答えのみ解答らんに記入し，３，４(3)，(4)の問題は解答らんに途中の計算や説明も書いて下さい。

２．円周率を使用する場合は3.14とします。

３．定規，コンパスは使用してもかまいません。

４．計算器，分度器は使用してはいけません。

1　次の計算をしなさい。［※答えのみでよい］

(1)　$\{90-(8-3)\times 5\}-3\times\{(10-2\times 4)+(6\times 8-30)\}$

(2)　$\frac{17}{12}-\frac{7}{24}+\left(3.5-3\frac{1}{6}\right)\div\frac{1}{6}$

(3)　$\frac{1}{2022}\div\left(\frac{5}{4044}+\frac{4}{1011}+\frac{3}{674}-\frac{2}{337}\right)$

(4)　$1440\times 4-144\times 4-120\times 3-60\times 2+12\times 8$

2　次の □ にあてはまる数を答えなさい。［※答えのみでよい］

(1)　$\left(\frac{1}{2}-\square\right)\times 0.75\div\frac{1}{4}+3\frac{1}{4}=4$

(2)　千葉さんは家から4160ｍ離れた幕張メッセまで行くのに，はじめは徒歩で分速80ｍで □ 分間進み，途中から分速120ｍで走ったので，家を出てから46分で幕張メッセに着きました。

(3)　半径が □ cmの円の面積は379.94cm^2です。

(4)　A，B，Cの３人が120枚のカードを次のように分けました。BはCの２倍を受け取り，AはCの$\frac{6}{5}$倍よりも15枚多く受け取りました。このとき，Cが受け取ったカードは □ 枚です。

(5)　次の数列はある規則にしたがって並んでいます。

$\frac{1}{2}$，$\frac{4}{6}$，$\frac{7}{10}$，$\frac{10}{14}$，$\frac{13}{18}$，…

このとき，左から25番目の数は □ です。

(6)　10％の食塩水320ｇと16％の食塩水 □ ｇを混ぜると，12％の食塩水になります。

(7)　ある商品を何個か仕入れました。初日は全体の$\frac{1}{3}$が売れ，２日目には残りの$\frac{3}{8}$より20個多く売れ，３日目には２日目の残りの$\frac{3}{4}$が売れたので，商品は45個残りました。２日目が終わった後に商品は ① 個残っていました。また，最初に商品を仕入れた個数は ② 個です。

(8)　５つの数字０，１，２，３，４の中から異なる数字を１個ずつ用いて５けたの自然数を作るとき，自然数は全部で ① 個できる。また，偶数は全部で ② 個できます。

(9)　56と40と35の最小公倍数は ① です。

ある仕事をするのに，AとBの２人では56日かかり，BとCの２人では40日かかり，AとCの２

人では35日かかります。この仕事をＡとＢとＣの３人で行うと［　②　］日かかります。

⑽　10時を過ぎてはじめて長針と短針の指す角度が180°になる時間は10時［　　］分です。

⑾　下の図のように，たて１ｍ，横３ｍの長方形の小屋があります。小屋のすみＡから１ｍはなれたＢに長さ３ｍのロープで犬がつながれています。小屋の外で犬が動ける範囲の面積は［　　］m^2です。

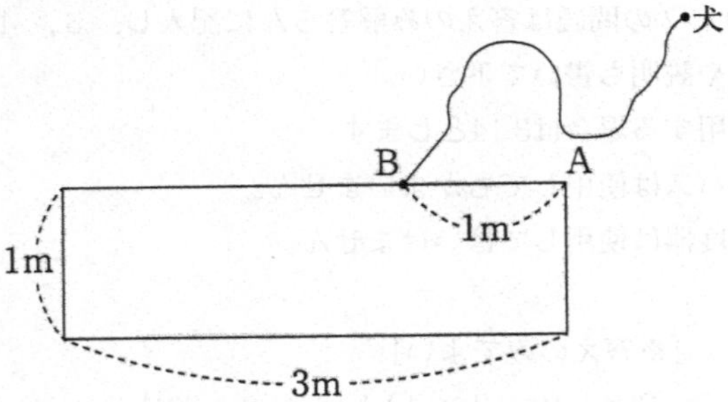

⑿　右の図のあの角の大きさは［　①　］度であり，いの角の大きさは［　②　］度です。

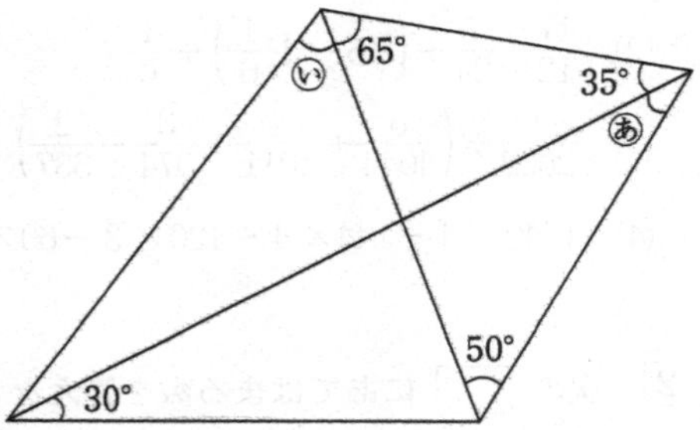

3　下の図のように平行四辺形ABCDがあります。AF：FD＝３：１となる点をＦとし，直線BFと直線CDの交わった点をＥ，対角線ACと直線BFの交わった点をＧとします。また，三角形AGFの面積を18㎠とします。このとき，次の問いに答えなさい。［※式や考え方を書きなさい］

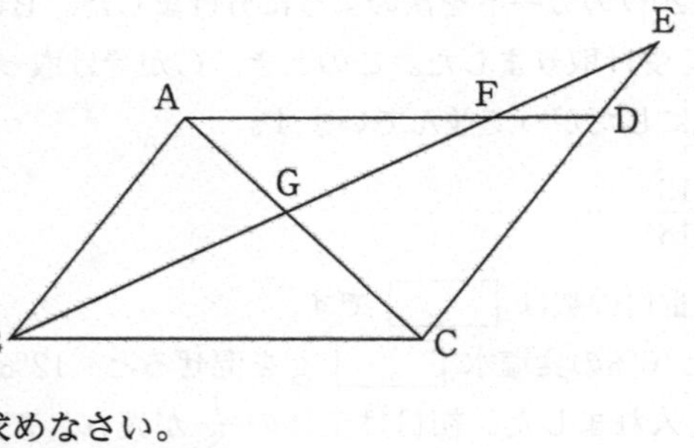

⑴　三角形ABGの面積を求めなさい。

⑵　四角形GCDFの面積を求めなさい。

⑶　BG：GF：FEをできるだけ簡単な整数の比で答えなさい。

4　次のページの図１は，底面が半径30㎝ の円である円柱の容器です。この容器には底面の面積を３等分するように３つの仕切りＡ，Ｂ，Ｃが垂直に立ててあります。仕切りＡの高さは円柱の高さの$\frac{1}{3}$，仕切りＢ，Ｃの高さはともに円柱の高さの$\frac{2}{3}$とします。また，図２はこの円柱の容器を上からみた図です。

図１

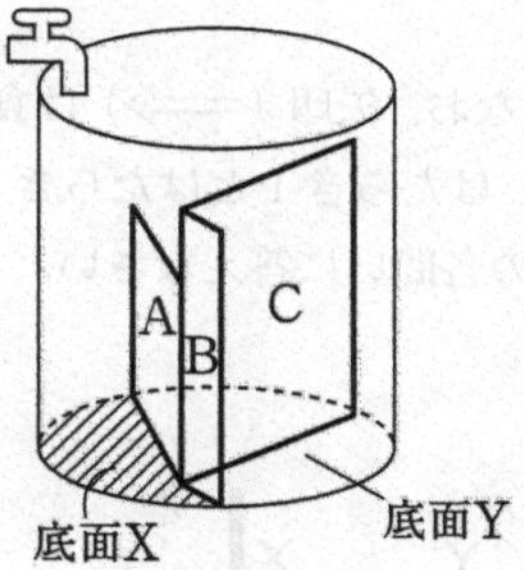

図２

この容器の斜線の底面Xへ一定の割合で水を注いでいきます。
容器に水を注ぎ始めてからの時間を x 分，この容器の底面から一番高い水面までの高さを $y$cm としたときの満水になるまでのグラフが図３です。

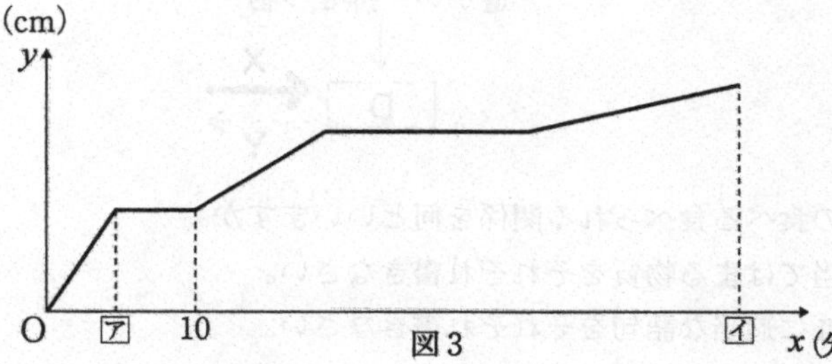

図３

このとき，以下の問いに答えなさい。ただし，この容器と仕切りの厚みは考えないものとします。
［※(3)と(4)は式や考え方を書きなさい］

(1)　図３のアに入る値を求めなさい。

(2)　図３のイに入る値を求めなさい。

この容器の斜線の底面Xには毎分9420cm^3で水を注いでいくものとします。

(3)　仕切りBの高さを求めなさい。

(4)　水を入れ始めてから29分後に底面Yの部分には何cm の水が溜まっていますか。

【理　科】（40分）　＜満点：80点＞

[1]　次の図は生き物の関係を表したものです。なお，矢印（$\Longrightarrow$）は食べる食べられる関係，$\xrightarrow{X}$ と $\overset{Y}{\dashrightarrow}$ は気体の流れを表しています。また，はたらきⅠとはたらきⅡは気体ＸとＹの出入りをともなう植物のはたらきを表しています。以下の各問いに答えなさい。

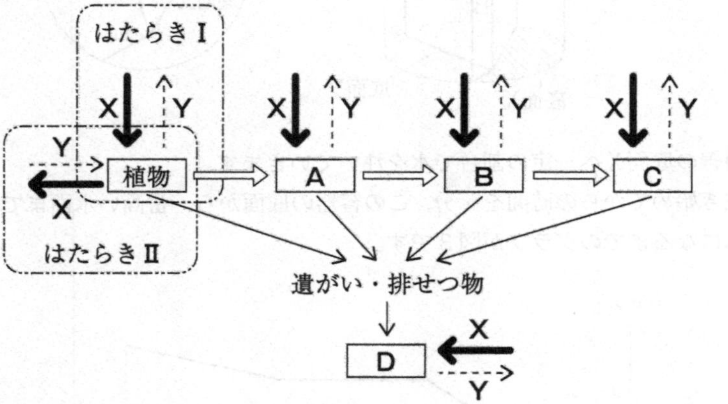

問１　生き物どうしの食べる食べられる関係を何といいますか。

問２　気体ＸとＹに当てはまる物質をそれぞれ書きなさい。

問３　はたらきⅠとⅡに適当な語句をそれぞれ書きなさい。

問４　空らんＡ～Ｄに当てはまる生き物を次の**ア**～**エ**から選びそれぞれ記号で答えなさい。

ア　カエル　　**イ**　ヘビ　　**ウ**　バッタ　　**エ**　カビ・キノコ

問５　ＡからＣの生き物をふだん数が多い順に並べたものを次の**ア**～**カ**から選び記号で書きなさい。

ア　Ａ→Ｂ→Ｃ　　**イ**　Ａ→Ｃ→Ｂ　　**ウ**　Ｂ→Ａ→Ｃ　　**エ**　Ｂ→Ｃ→Ａ

オ　Ｃ→Ａ→Ｂ　　**カ**　Ｃ→Ｂ→Ａ

問６　Ｂ の生き物の数が急に減少すると，その後しばらくして Ａ の生き物と Ｃ の生き物の数はどのようになりますか。それぞれ次の**ア**～**ウ**から選び記号で答えなさい。

ア　ふえる　**イ**　へる　**ウ**　変わらない

問７　現在多くの生き物が絶めつしていたり，絶めつしそうな状態にあります。

(1)　世界ですでに知られている生き物は全部で175万種ですが，そのうちの４％の生き物で絶めつが心配されています。絶めつの心配がある生き物は全部で何種ですか。

(2)　日本ではんしょくしている生き物で絶めつが心配されているものを次の**ア**～**エ**から選び記号で答えなさい。

ア　ジャイアントパンダ　　**イ**　コイ　　**ウ**　イリオモテヤマネコ　　**エ**　ニホントカゲ

(3)　もともと日本ではんしょくしていなかった外国の生き物（外来種）が日本ではんしょくすることについての説明として正しいものを次の**ア**～**エ**から選び記号で答えなさい。

ア　外来種が日本にきたときには必ずはんしょくする。

イ　外来種が日本ではんしょくすることは日本の気候の変化とは全く関連がない。

ウ　外来種が日本ではんしょくしても日本の生き物との雑種が生じることはない。

エ　外来種が日本の生き物を多く食べることで生き物の数のバランスが崩れることがある。

問８　2000年から2010年では，平均すると１年間に約520万ヘクタールの森林が減少したといわれています。

(1)　森林が減少する原因として最も適当なものを次のア～エから選び記号で答えなさい。

ア　気温の上昇　　**イ**　放牧　　**ウ**　雨量の増加　　**エ**　間ばつ

(2)　森林が減少することで最初に影響を受ける生き物を前のページの図のＡ～Ｃから選び記号で答えなさい。

(3)　2000年から2010年の１時間当たりの森林減少量は何ヘクタールですか。ただし，１年間は365日とし，小数第１位を四捨五入して整数で答えなさい。

(4)　世界の森林の減少が原因で起こることを下の語句を用いて説明しなさい。

【語句】　図のはたらきⅡ　　気体Ｙ

２　［Ａ］・［Ｂ］の文章を読み，以下の各問いに答えなさい。

［Ａ］　水の入ったペットボトルのキャップをひねっても何も音が出ません。しかし，炭酸水の入ったペットボトルのキャップをひねると「シュワッ」と音が出ます。そこで，てっぺい君は炭酸水にとけている気体は何かを調べようと考えて，次の３つの実験**【実験１】**～**【実験３】**を行いました。**表１**はその結果をまとめたものです。

【実験１】蒸留水《じょうりゅうすい》と炭酸水をそれぞれ別のビーカーにとり，石灰《せっかい》水を入れた。

【実験２】蒸留水《じょうりゅうすい》と炭酸水をそれぞれ別のビーカーにとり，すぐにBTB溶《よう》液を加えた。

【実験３】【実験２】の２つのビーカーに同じ操作《そうさ》を加えた。

表１　【実験１】～【実験３】の結果

	蒸留水の入ったビーカー	炭酸水の入ったビーカー
【実験１】	変化なし	白くにごった
【実験２】	緑色になった	黄色になった
【実験３】	緑色のまま変化なし	緑色になった

問１　炭酸水に溶けている気体は何ですか。**漢字**で答えなさい。

問２　問１の気体の説明として，**まちがっているもの**はどれですか。ア～エから１つ選びなさい。

ア　この気体を固体にしたものがドライアイスである。

イ　この気体は燃えにくいため，消火剤《ざい》として使われている。

ウ　メタンガスが燃えると，この気体が発生する。

エ　この気体を集めるときには，上方置換で集めることができる。

問３　炭酸水は酸性・中性・アルカリ性のどれですか。

問４　**【実験３】**の同じ操作《そうさ》とはどのような操作ですか。10字以内で答えなさい。

問５　今，地球上には，未来をになう小学校６年生のみなさんに大きく関わる，世界規模《きぼ》の課題《かだい》が多くあります。それらを解決《かいけつ》し，みんなが幸せに暮らし続けられるようにするためには，世界中で協力して取り組むべき目標が必要です。その目標を「持続可能《じぞくかのう》な開発目標（SDGs《エスディージーズ》）」と呼んでいます。そのSDGsの中には，**問１**の気体が大きくかかわっているものがあります。次のページの**ア～エ**は17ある目標のうちの４つです。**ア～エ**から問１の気体が大きくかかわっているものとしてもっとも当てはまるものを１つ選びなさい。

ア　貧困《ひんこん》をなくそう　　　　　　**イ**　安全な水とトイレを世界中に
ウ　気候変動《きこうへんどう》に具体的な対策を　　**エ**　平和と公正《こうせい》をすべての人に

〔**B**〕　問１の気体はうすい塩酸に炭酸カルシウムを加えると発生します。てっぺい君は，ある濃度のうすい塩酸100mLに0.1ｇずつ炭酸カルシウムを加えていき，発生する問１の気体の体積を調べる実験**【実験４】**を行いました。**表２**はその結果をまとめたものです。ただし，文中のＬはリットルを表しています。

表２　【実験４】の結果

加えた炭酸カルシウムの質量　〔g〕	0	0.1	0.2	0.3	0.4	0.5	0.6	0.7
発生した問１の気体の体積　〔mL〕	0	22	**X**	66	88	110	**Y**	110

問６　身の回りにある炭酸カルシウムを多くふくむ物質はどれですか。ア～エから１つ選びなさい。
ア　食塩　**イ**　貝がらやチョーク　**ウ**　重《じゅう》そう（ベーキングパウダー）　**エ**　石灰水

問７　**表２**をグラフに表したものはどれですか。ア～エから１つ選びなさい。ただし，グラフの横軸《じく》は加えた炭酸カルシウムの質量を，たて軸《じく》は発生した問１の気体の体積を表しています。

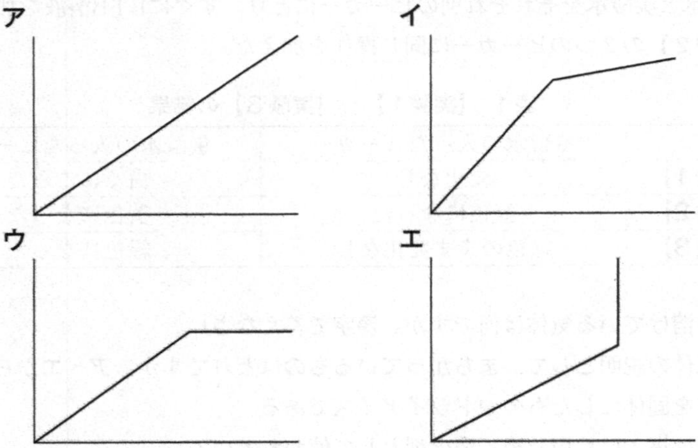

問８　**表２**中のＸとＹに当てはまる数字はいくつですか。

問９　0.8ｇの炭酸カルシウムすべて反応させるには，**【実験４】**で用いたうすい塩酸は何mL必要ですか。

３　太郎君は，部屋の壁についている電球付きのスイッチについて調べてみました。

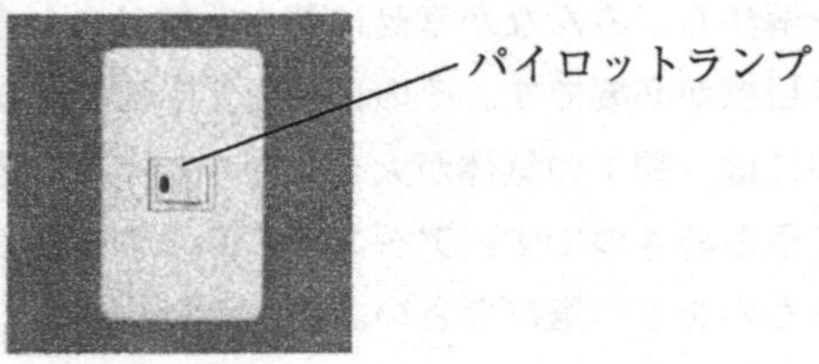

［わかったこと①］

スイッチに付いている小さな電球はパイロットランプ（PL）とよばれ，以下Ａ～Ｃの３種類がある。

Ａ：常にパイロットランプが点灯している。

Ｂ：スイッチをONにするとパイロットランプが点灯し，OFFで消灯する。

Ｃ：スイッチがONのときはパイロットランプは消灯し，OFFで点灯する。

スイッチＡ・Ｂ・ＣがONのとき，スイッチに接続された電灯や換《かん》気扇《せん》などが動作し，スイッチがOFFのとき電灯や換気扇の動作が止まる。

問１　Ａ，Ｂ，Ｃのスイッチはどのような目的で用いられますか。下のア～ウからそれぞれ１つ選び記号で答えなさい。

ア　スイッチにつながれた電灯や換気扇などの機器がONなのかOFFなのかを確認する目的で使う。

イ　昼夜関係なくスイッチの位置を確認する目的で使う。

ウ　周りが暗い時にスイッチの位置を確認することができ，スイッチにつながれた機器のON，OFFを確認する目的で使う。

［わかったこと②］

このパイロット付きスイッチの内部の構造は，Ａ～Ｃの３種類とも同じで右図のようになっている。

電源や電灯とスイッチやパイロットランプの接続の仕方でＡ・Ｂ・Ｃのようにパイロットランプが点灯する。

点線のわく内がパイロット付きスイッチの構造になっている。

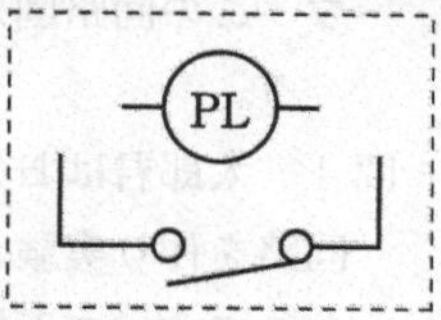

図中の記号PLは
パイロットランプを表す。　**図１**

問２　スイッチＡとＢの回路図を以下のア～エからそれぞれ１つ選び記号で答えなさい。

ア

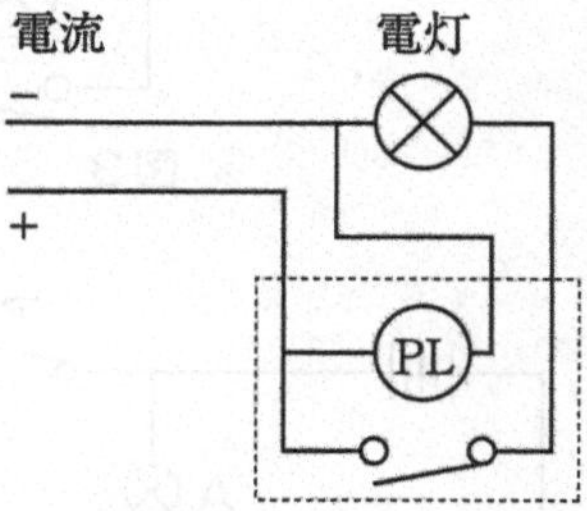

イ

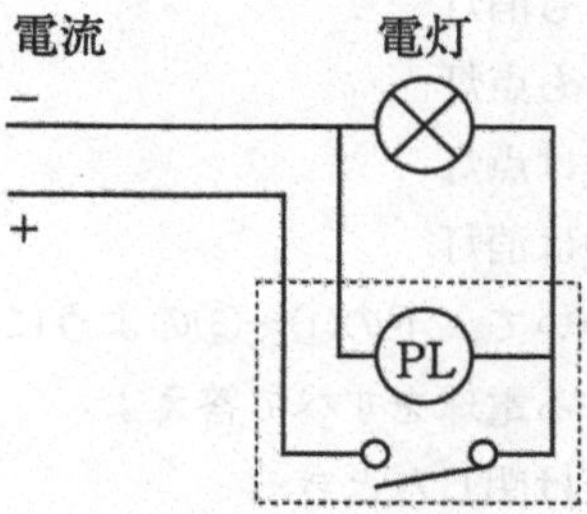

ウ

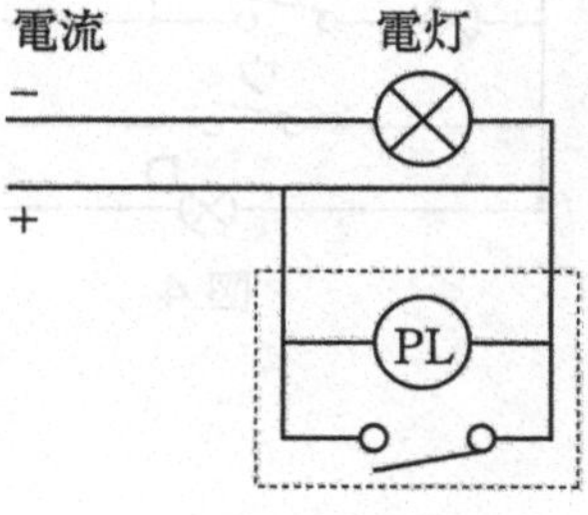

エ

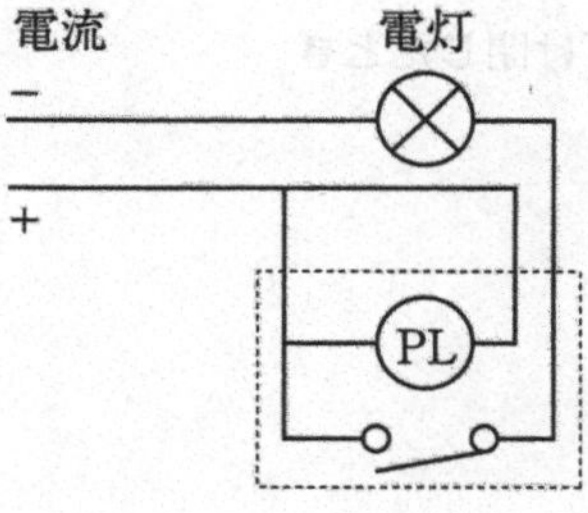

[理解できなかったこと]

スイッチＣの回路は，スイッチがＯＮの時はパイロットランプ（PL）が消灯し，電灯は点灯する。スイッチがＯＦＦの時はパイロットランプが点灯し，電灯は消灯する。配線方法は右**図２**のようになる。

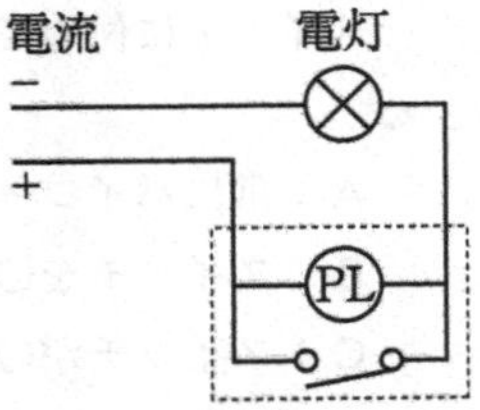

図２

どうしてこのような動作をするのか，理解できなかった。
お父さんに質問したところ，以下のように説明をしてくれました。

[お父さんの説明]

パイロットランプは小さな電流でも点灯するが，電灯を点灯させるためにはもっと大きな電流が必要になる。パイロットランプには電流は流れにくく，電源に接続しても小さな電流しか流れない。その電流値では電灯を点灯させることができない。スイッチをＯＮにすると回路には大きな電流が流れ始めるがパイロットランプには流れず，スイッチを通って電灯に流れる。その結果，パイロットランプは消灯し，電灯が点灯する。

問３　太郎君は**図２**のスイッチ**Ｃ**の回路図をみて疑問に思った点は何か。一番適切なものを下の**ア**～**ウ**から１つ選び記号で答えなさい。

ア　この回路図だとスイッチがＯＦＦのとき，パイロットランプと電灯の両方とも点灯してしまう。

イ　この回路図だとスイッチがＯＦＦのとき，電灯だけが点灯してしまう。

ウ　この回路図だとスイッチがＯＦＦのとき，パイロットランプと電灯の両方とも消灯してしまう。

問４　太郎君はお父さんの説明を聞いて，確かめるため右**図３**の回路を作り実験しました。ただし，パイロットランプがなかったのですべて豆電球で実験を行いました。スイッチをＯＮにした時の結果を下の**ア**～**エ**から選び記号で答えなさい。

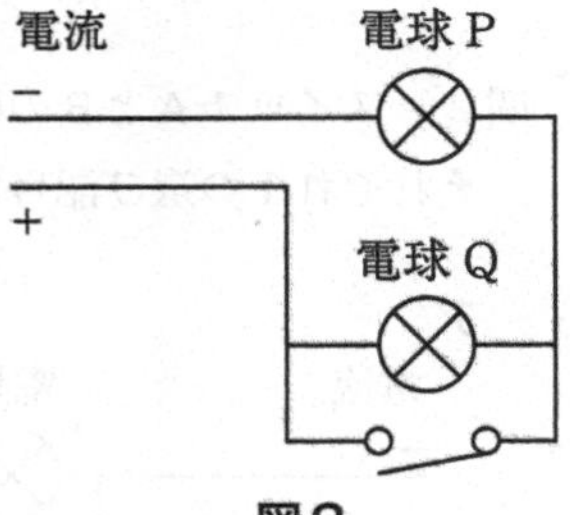

図３

ア　Ｐ，Ｑの両方とも消灯

イ　Ｐ，Ｑの両方とも点灯

ウ　Ｐは消灯し，Ｑは点灯

エ　Ｐは点灯し，Ｑは消灯

問５　**図４**の回路について，下の①～③のようにスイッチを閉じたとき，点灯する電球をすべて答えよ。

①　**ア**のスイッチだけ閉じたとき

②　**イ**のスイッチだけ閉じたとき

③　**ウ**のスイッチだけ閉じたとき

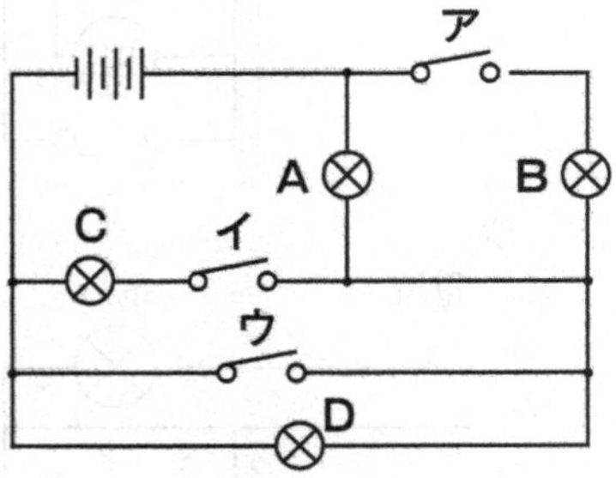

図４

4　**「国境の長いトンネルを抜けると雪国であつた」**

これは川端康成《かわばたやすなり》の小説「雪国《ゆきぐに》」の有名なはじまりの部分である。長いトンネルとは，**図１**に示した清水《しみず》トンネルのことである。現在では上越新幹線が開通し，22km にもおよぶ大清水《おおしみず》トンネルが三《み》国《くに》山脈を貫《つらぬ》いている。

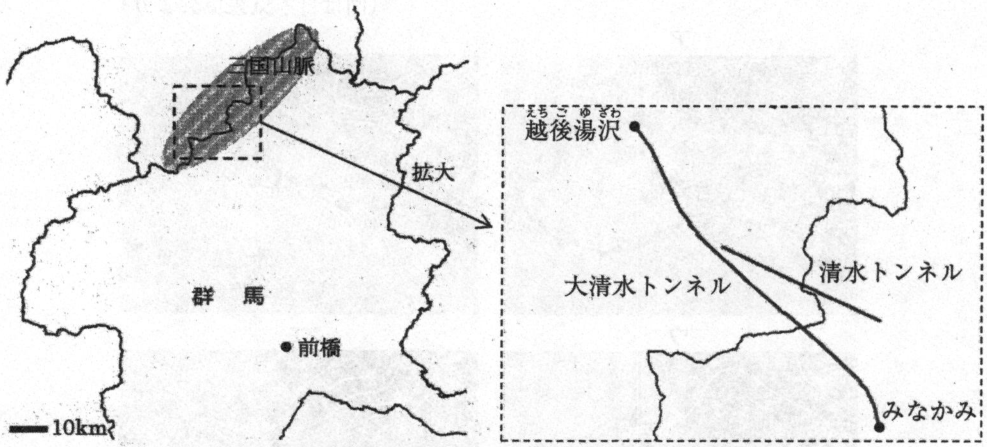

図１　（地理院地図より引用・加筆）

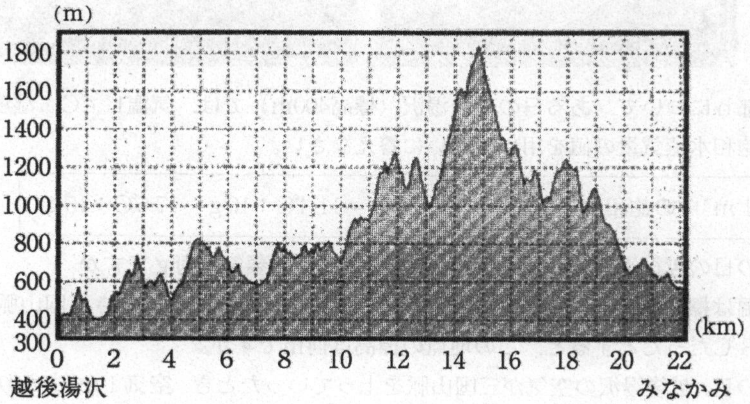

図２　**大清水トンネルの断面の標高（地理院地図より作成）**

問１　冬に上越新幹線に乗っていると，「雪国」の川端康成と同じ体験をすることもある。これを説明した以下の文章について問いに答えなさい。

冬の日本列島は $_a$<u>西高東低の気圧配置</u>におおわれる。空気は気圧の（Ａ）ところから（Ｂ）ところへ移動するため，関東甲信越《こうしんえつ》地方では（Ｃ）から（Ｄ）への冷たい季節風が観測される。この季節風は，日本海を渡る際に水蒸気をたっぷりと蓄《たくわ》えるため，湿った風となって**図２**の三国山脈にぶつかる。この際，$_b$<u>標高が高くなり気温が下がると，空気中の水蒸気は雪となり，地上に舞い散る</u>。

⑴　（Ａ）～（Ｄ）の空らんにあてはまる語句を以下の**ア**～**カ**から選びそれぞれ記号で答えなさい。

ア　低い　　**イ**　高い　　**ウ**　北東　　**エ**　北西　　**オ**　南東　　**カ**　南西

(2)　川端康成と同じ体験ができるのは，上越新幹線を次の**ア**，**イ**のどちらの方向に向かったときか，記号で答えなさい。

ア　みなかみから越後湯沢　　**イ**　越後湯沢からみなかみ

(3)　文章中の下線部ａを示した天気図を，以下の**ア**～**エ**の中から選び記号で答えなさい。

（図は日本気象協会より）

ア

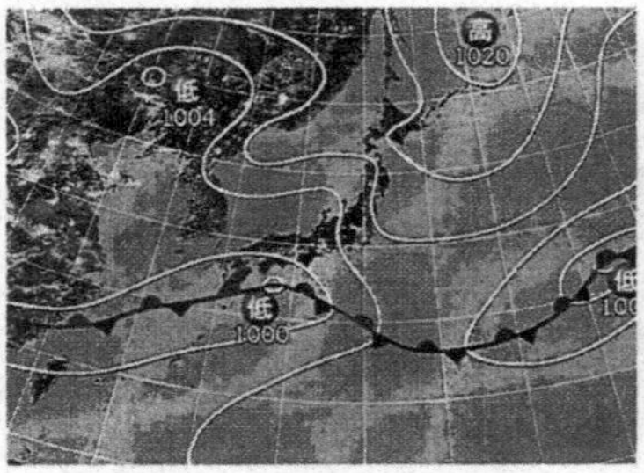

イ

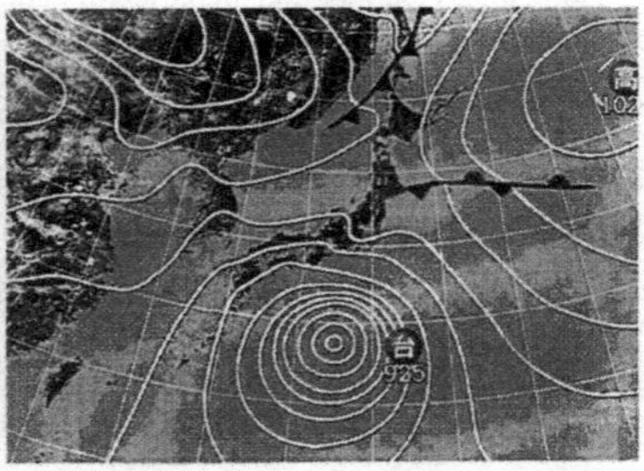

ウ

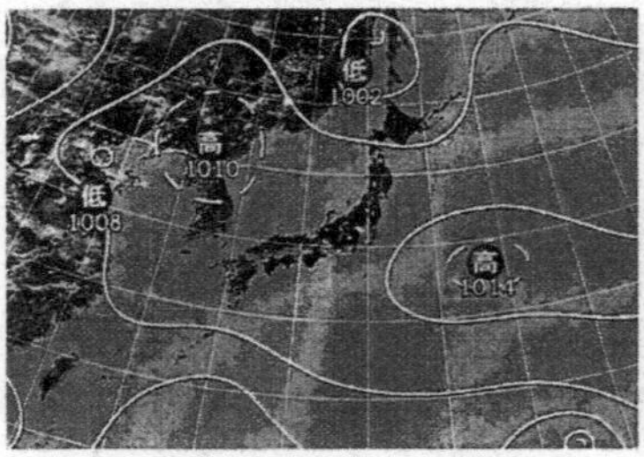

エ

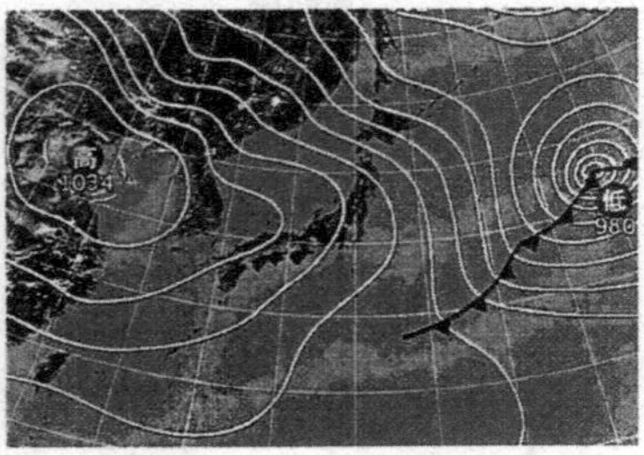

(4)　下線部ｂについて，ある日の越後湯沢（標高400m）では，気温11.4℃，湿度80％であった。以下の飽和水蒸気量の値を用いて問いに答えなさい。

空気１ m^3 中の飽和水蒸気量　３℃：６ｇ　11.4℃：10ｇ　17.6℃：15ｇ

①　この日の越後湯沢での空気１ m^3 中に含まれる水蒸気は何ｇですか。

②　気温は標高が100m高くなるごとに0.6℃下がるとする。このとき三国山脈の山頂付近の気温が３℃だったとすると，この地点の標高は何mですか。

③　この日，越後湯沢の空気が三国山脈を上っていったとき，空気１ m^3 あたり何ｇの水蒸気が雪になりますか。

④　この雪を降らせた空気がふもとの前橋（気温17.6℃）まで下りるとすると，前橋の湿度は何％ですか。

⑤　④のように，山を越えて風がふくと，ふもとの気温が上昇することがある。この現象を何というか，以下の**ア**～**エ**の中から選び記号で答えなさい。

ア　フェーン現象　　**イ**　エルニーニョ現象

ウ　ヒートアイランド現象　　**エ**　モンスーン現象

問２　夏の天気について，以下の問いに答えなさい。

(1)　夏の天気図を示したものを問１(3)の**ア**～**エ**の中から選び記号で答えなさい。

(2)　近年，短い時間で短時間に大雨が降る「ゲリラ豪《ごう》雨」が問題となっています。これについて説明した次のページの文章について，問いに答えなさい。

ゲリラ豪雨は特に夏の夕方に起こることが多い。強い日差しで温められた地面によって，地表付近の空気の温度が上がり，強い（　A　）気流によって図３のような（　B　）が急速に発達する。この雲は局地的に c １時間に100㎜ もの大雨を降らせることもある。降雨が長引く場合には，身の安全を確保するために d 避《ひ》難が必要になる場合もある。

① 文章中の空らん（A），（B）に当てはまるものをそれぞれ選び記号で答えなさい。

（A）　ア　上昇　イ　下降

（B）　ア　巻雲　イ　積乱雲　ウ　乱層雲　エ　積雲

② 下線部ｃの大雨とはどのぐらいの雨か。以下のア～エの文章の中から選び，記号で答えなさい。ただし，降った雨はしみこんだり流れたりしないものとする。

ア　１時間でうっすらと地面が濡《ぬ》れる程度の雨

イ　１時間で運動靴が埋まってしまう程度の雨

ウ　１時間で中学生の下半身が埋まってしまう程度の雨

エ　１時間で中学生の全身が埋まってしまう程度の雨

③ 下線部ｄのように，大雨で避難を行う際の行動として誤っているものを，以下のア～エの中から選び，記号で答えなさい。

ア　指定の避難所までの避難が難しいため，安全な親戚《せき》の家に避難することにした。

イ　指定の避難所に移動する際，家のブレーカーを落とし，ガスの元栓を閉めてから移動した。

ウ　高齢の祖父と一緒に住んでおり，避難所までの移動が危険であるため，家の２階に避難することにした。

エ　夜間で周囲の様子が分からないため，車で避難することにした。

図３（B）

【社　会】（40分）＜満点：80点＞

１．次のひろきくん・もえさんの会話文を読んで，あとの各問に答えなさい。

ひろき「2021年の７月に，北海道・北東北の a縄文遺跡群が世界文化遺産となりました。」

もえ「そのニュースは知っているわ。ひろきくんは他にも日本にある世界遺産は知っていますか。」

ひろき「奈良県にある b法隆寺や古都 c京都の文化財は世界遺産ですよね。」

もえ「そうですね。古都京都の世界遺産には d金閣のある鹿苑寺や銀閣のある慈照寺も含まれています。」

ひろき「金閣には家族旅行で行ったことがありますが，とても素敵でした。」

もえ「寺社でいうと，ひろきくんは栃木県にある世界遺産は知っていますか。」

ひろき「e日光の寺社でしょうか。小学校の遠足で行きました。」

もえ「そうです。特に日光東照宮が有名です。建物の一部に神馬の厩舎《きゅうしゃ》というものがあり，そこに見ざる，言わざる，聞かざるの三猿があります。」

ひろき「現地のガイドさんが教えてくれました。必死になって探しました。」

もえ「他に関東には群馬県にある f富岡製糸場と絹産業群が世界遺産に登録されています。」

ひろき「富岡製糸場では高品質な生糸の大量生産が実現されたんだよね。」

もえ「その通りです。富岡製糸場と絹産業群が世界遺産に登録された前年の平成25年には富士山が世界遺産に登録されましたね。」

ひろき「世界遺産は文化遺産と自然遺産，そして複合遺産に分けられますが，富士山は文化遺産として登録されています。」

もえ「え，自然遺産ではないのですか。」

ひろき「実は自然遺産の候補になっていたのですが，２つの理由があり，自然遺産としての登録を断念しました。その理由は分かりますか。」

もえ「１つはゴミなどを原因とする g環境の悪化ですよね。自然遺産なのにゴミばかりでは困りますからね。もう１つは何ですか。」

ひろき「もう１つの理由は世界の山々に比べると，富士山の形や火山活動などはそれほど珍しくないということです。」

もえ「そうなんですね。ひろきくんはいろいろなことを知っていますね。」

ひろき「はい。世界遺産検定の合格のために勉強しました。日本は同じ年に２つの世界遺産が登録されたこともあります。平成８年に登録された広島県の厳島神社と h原爆ドームです。」

もえ「原爆ドームは世界文化遺産であり，20世紀最大の負の遺産とも言われています。」

ひろき「核兵器の恐ろしさを後世に伝える遺産ですよね。」

もえ「ひろきくんとお話してもっともっと世界遺産について知りたくなりました。」

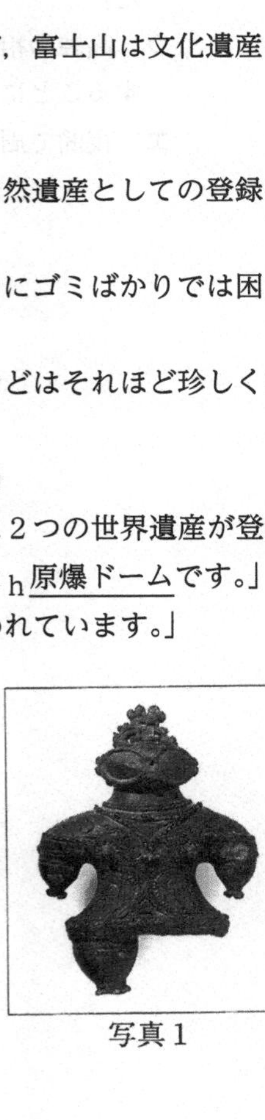

写真１

問１　下線部ａについて次の問に答えなさい。

(1)　青森県にある縄文時代の世界文化遺産になった，県内最大級の遺跡を答えなさい。

(2)　縄文時代に作られた土製の人形（写真１）の名称を答えなさい。

⑶　縄文時代について述べた文として正しいものを次のうちから一つ選び，記号で答えなさい。

ア　ナウマン象やマンモスなどが大陸からやってきた。

イ　表面に縄目のような模様がある土器が作られた。

ウ　近畿地方を中心に前方後円墳が出現した。

エ　貝塚から多くの鉄器が発見された。

問２　下線部ｂについて次の問に答えなさい。

⑴　法隆寺を建てた聖徳太子について述べた次の文章中の（①）～（⑥）にあてはまる最も適当な語句を下から選び記号で答えなさい。

> 聖徳太子は６世紀末に（　①　）の摂政となり，豪族の（　②　）と協力して新しい政治を目ざしました。家柄にとらわれず有能な人物を役人に採用する（　③　）や，豪族たちに役人としての心得を示した（　④　）などを制定しました。また対等な外交関係を確立するために（　⑤　）を（　⑥　）に派遣しました。

ア　蘇我馬子　　イ　推古天皇　　ウ　卑弥呼　　エ　小野妹子

オ　冠位十二階　カ　十七条の憲法　キ　隋　　ク　魏

⑵　法隆寺のある奈良で起こった出来事として正しいものを次のうちから一つ選び，記号で答えなさい。

ア　古墳時代に大仙（仁徳陵）古墳がつくられた。

イ　壬申の乱が起こり，天智天皇が即位した。

ウ　天武天皇が大化の改新で暗殺された。

エ　碁盤の目のように区画された新しい都がつくられた。

⑶　法隆寺の中にある仏像は釈迦三尊像などが有名である。寺院や仏像について述べた文として正しいものを次のうちから一つ選び，記号で答えなさい。

ア　大仏が置かれている東大寺は聖武天皇によってつくられた。

イ　鎌倉大仏は唐招提寺の境内にある。

ウ　最澄が高野山金剛峰寺で真言宗を広めた。

エ　空海が比叡山延暦寺で天台宗を広めた。

問３　下線部ｃについて794年に桓武天皇が京都に都を移して平安時代が始まった。平安時代について次の問に答えなさい。

⑴　平安時代の年表を見て，（①）～（⑤）にあてはまる最も適当な語句をあとから選び記号で答えなさい。

年代	できごと
７９４年	平安時代が始まる。
９３５年	平将門の乱が起こる。
１０００年頃	（　①　）が『枕草子』を、（　②　）が『源氏物語』を執筆する。
１０１６年	（　③　）が摂政となり、政治の実権を握る。
１１６７年	（　④　）が武士としてはじめて太政大臣になった。
１１８５年	平氏が滅び、守護・（　⑤　）が新たに設置される。

ア　地頭　　イ　国司　　ウ　藤原道長　　エ　藤原頼通　　オ　平清盛
カ　藤原純友　　キ　紫式部　　ク　清少納言　　ケ　鑑真　　コ　道元

(2)　平安時代には国風文化が発達した。日本独自の文化が発達した理由を「遣唐使」という語句を使って説明しなさい。

問４　下線部ｄについて，金閣・銀閣が建てられた室町時代に関して次の問に答えなさい。

(1)　金閣を建てた室町幕府第３代将軍は誰か答えなさい。

(2)　銀閣を建てた室町幕府第８代将軍は誰か答えなさい。

(3)　室町時代には禅宗の影響を受けた建物がつくられるようになりました。室町時代の建築様式として正しいものを次のうちから一つ選び，記号で答えなさい。

ア

イ

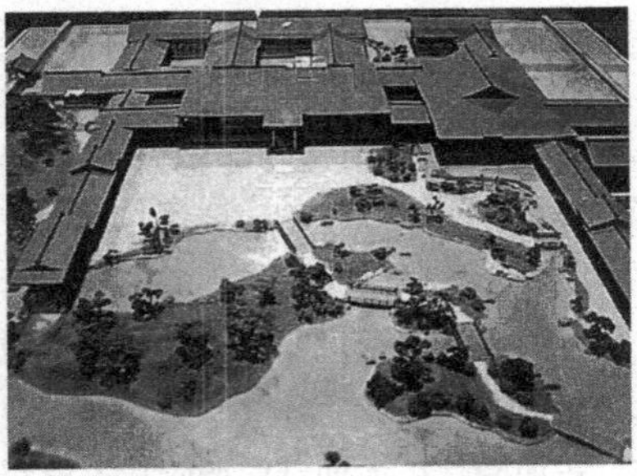

ウ

エ

(4)　室町幕府を滅ぼし，統一事業を行った尾張出身の大名は誰か答えなさい。

問５　下線部ｅについて，日光東照宮がつくられた江戸時代に関して次の問に答えなさい。

(1)　次の文中の（①）・（②）にあてはまる語句の組み合わせとして正しいものを，次のうちから一つ選び，記号で答えなさい。

1600年に起こった（　①　）に徳川家康が勝利し，1603年に征夷大将軍に任じられたことをきっかけに江戸幕府が開かれました。老中が政治運営の中心になり，（　②　）を制定して各藩の大名を統制していきました。大名は親藩・譜代・外様大名に分けられ，配置も工夫されました。

ア　①：関ヶ原の戦い　②：武家諸法度　　イ　①：関ヶ原の戦い　②：公事方御定書
ウ　①：長篠の戦い　　②：武家諸法度　　エ　①：長篠の戦い　　②：公事方御定書

(2)　江戸幕府の政治改革について述べた文として正しいものを次のうちから一つ選び，記号で答えなさい。

ア　８代将軍の徳川吉宗は目安箱の設置など寛政の改革を行った。

イ　老中の田沼意次は株仲間の縮小や銅・海産物の輸出の制限を行った。

ウ　老中の松平定信は旗本・御家人の借金の帳消しなどの享保の改革を行った。

エ　老中の水野忠邦は株仲間の解散などの天保の改革を行った。

(3)　江戸時代に作成された下の絵画は「東海道五十三次」である。作者を答えなさい。

(4)　江戸時代の経済・産業について述べた文として正しくないもの次のうちから一つ選び，記号で答えなさい。

ア　新田開発や農具の改良が行われた。

イ　株仲間が結成され，両替商も増加した。

ウ　江戸・京都・長崎の三都が繁栄した。

エ　貨幣経済が広まったが，都市で打ちこわしが起こった。

(5)　江戸時代末期ペリー来航を期に1854年に幕府がアメリカと結んだ条約を何というか答えなさい。

(6)　江戸幕府最後の将軍の徳川慶喜が行った大政奉還とはどのような政策なのか，「朝廷」という語句を使って説明しなさい。

問６　下線部ｆについて，富岡製糸場がつくられた明治時代に関して次の問に答えなさい。

(1)　次の文章は1868年に発布された明治政府の基本方針を示したものである。これを何というか答えなさい。

一、広ク会議ヲ興《おこ》シ万機《ばんき》公論ニ決スヘシ

一、上下《しょうか》心ヲ一ニシテ盛ニ経綸《けいりん》ヲ行フヘシ

一、官武一途《かんぶいっと》庶民ニ至ル迄《まで》各《おのおの》其《その》志《こころざし》ヲ遂ケ人心ヲシテ倦《う》マサラシメン事ヲ要ス

一、旧来ノ陋習《ろうしゅう》ヲ破リ天地ノ公道ニ基クヘシ

一、智識《ちしき》ヲ世界ニ求メ大ニ皇基《こうき》ヲ振起《しんき》スヘシ

(2)　明治時代に起こった戦争とその講和条約の組み合わせとして正しいものを，次のページから一つ選び，記号で答えなさい。

ア　日清戦争－ポーツマス条約　　イ　日清戦争－下関条約
ウ　朝鮮戦争－ポーツマス条約　　エ　朝鮮戦争－下関条約

(3)　明治時代に初代内閣総理大臣に就任した伊藤博文ついて述べた文として正しいものを次のうちから一つ選び，記号で答えなさい。

ア　民撰議院設立建白書を政府に提出した。
イ　伊藤博文内閣の時に廃藩置県を行った。
ウ　1889年に発布された大日本帝国憲法の草案を作った。
エ　国会開設が約束され，立憲改進党を結成した。

(4)　明治時代に『学問のすゝめ』を著し，現在の一万円札にも描かれている人物名を答えなさい。

(5)　明治時代の外交について，次の〔①〕～〔④〕の出来事が年代の古い順に並べられているものを一つ選び，記号で答えなさい。

〔①〕治外法権の撤廃　　〔②〕韓国併合　　〔③〕関税自主権の回復　　〔④〕日英同盟
ア〔①〕→〔②〕→〔③〕→〔④〕　　イ〔①〕→〔④〕→〔②〕→〔③〕
ウ〔②〕→〔①〕→〔③〕→〔④〕　　エ〔②〕→〔④〕→〔①〕→〔③〕

問７　下線部ｇについて近現代にわたって起こった環境問題に関して次の問に答えなさい。

(1)　明治期に起こった公害として有名な足尾銅山鉱毒事件について，被害を天皇に直訴した人物は誰か答えなさい。

(2)　高度経済成長期における公害について，四大公害病の一つで，熊本県を中心に被害がおきた病気の名称を答えなさい。

問８　下線部ｈについて原爆が日本に落とされたのは太平洋戦争末期である。太平洋戦争とその前後に起こった出来事について次の問に答えなさい。

(1)　1932年に起こった，犬養毅首相が暗殺された事件を何というか答えなさい。

(2)　1940年に日本はヨーロッパの国と同盟を結んだ。その２つの国として正しいものを次のうちから一つ選び，記号で答えなさい。

ア　ドイツ・イギリス　　　　イ　ドイツ・イタリア
ウ　イギリス・イタリア　　　エ　フランス・イタリア

(3)　太平洋戦争について述べた文として正しくないものを次のうちから一つ選び，記号で答えなさい。

ア　1941年にはじまり，1945年に終わった。
イ　日本軍が真珠湾とマレー半島を攻撃したことにより始まった。
ウ　農村部を中心にアメリカ軍の空襲を受けたが，大都市の被害は少なかった。
エ　広島だけではなく，長崎にも原爆が落とされた。

(4)　原爆の投下後の日本について述べた文として正しくないものを次のうちから一つ選び，記号で答えなさい。

ア　ポツダム宣言を受け入れて，連合国に降伏した。
イ　警察予備隊が設置され，のち自衛隊となった。
ウ　教育基本法が制定され，義務教育が９年間となった。
エ　サンフランシスコ平和条約が結ばれ，日本の占領政策が始まった。

２．次のＡ～Ｆの各文は，日本の都道府県のいずれかについて説明したものである。これらの文についてあとの各問に答えなさい。

Ａ　a日本の三大急流のひとつである（　①　）川が流れる。その下流に広がる庄内平野は日本有数の稲作地帯として有名である。また，全国生産量の約７割を占める（　②　）の生産も有名で，佐藤錦などの品種が全国でも人気である。

問１　文中の空欄（①）と（②）にあてはまる適切な語句を答えなさい。

問２　文中の下線部ａについて，空欄（①）の他に日本の三大急流のひとつとして正しいものを次のうちから選び，記号で答えなさい。

ア　球磨川　　イ　利根川　　ウ　石狩川　　エ　信濃川

Ｂ　近海を流れる寒流の千島海流と，その上を吹く（　③　）とよばれる冷風の影響で初夏に冷害がおこりやすい県である。また，古くから原材料の銑鉄（せんてつ）に恵まれていたことから南部鉄器などの伝統工芸品も有名である。

問３　文中の空欄（③）にあてはまる適切な語句を答えなさい。

Ｃ　三方を海に囲まれた県であり地域ごとにさまざまな景観が見られる。b西部の海岸線は埋立地が多くなっているのに対し，外海に面する東部は特徴的な海岸線を持つことが多く（　④　）浜は代表的な砂浜海岸として有名である。

　また，海に囲まれているため冬は暖かく夏は涼しい海洋性の温暖な気候となっている。特に南部の沿岸部では沖合を流れる暖流の（　⑤　）の影響を受け冬でも比較的温暖な気候であるため，この県ではそのような気候を活かし，ねぎや落花生などの（　⑥　）栽培が盛んに行われている。

問４　文中の空欄（④）と（⑤）にあてはまる適切な語句を答えなさい。

問５　文中の空欄（⑥）には，比較的温暖な気候を利用して*露地栽培よりも成長・収穫・出荷を早くする栽培方法の名称があてはまる。空欄（⑥）にあてはまる栽培方法の名称を答えなさい。

　*露地栽培…ビニーハウスなどを用いて栽培されることの多い作物を，屋外の畑で栽培すること。

問６　文中の下線部ｂについて，西部の海岸線で埋立地が多くなる理由を30字程度で説明しなさい。

Ｄ　全国で最も面積のせまい都道府県である。降水量が少ないため古くからcさまざまな工夫で*かんがい用水を確保してきた。その中でも，1974年に建設された讃岐山脈を貫通させ（　⑦　）川から水を引くことにより完成した香川用水が有名である。

　*かんがい用水…田んぼや畑を潤すのに必要な水のこと。

問７　文中の空欄（⑦）にあてはまる適切な語句を答えなさい。

問８　文中の下線部ｃについて，かんがい用水を確保するための工夫を，香川用水の建設以外でひとつ答えなさい。

Ｅ　2021年７月に（　⑧　）がd世界遺産に登録されたことでも有名である。県全土がe火山灰で覆われているため農業にはあまり適した土地ではない。そのため，畜産業が盛んにおこなわれており肉用牛と豚の飼育頭数が全国１位となっている。

問９　文中の空欄（⑧）にあてはまる適切な語句を答えなさい。

問10　文中の下線部ｄについて，世界遺産に登録されている日本の地域として誤っているものを次のうちよりひとつ選び，記号で答えなさい。

ア　知床（半島）　　イ　平泉　　ウ　小笠原諸島　　エ　成田山

問11　文中の下線部ｅについて，この県全土の約半分を占める火山灰などの火山噴出物が降り積もることにより形成された台地の名称を答えなさい。

Ｆ　この県に属する（　⑨　）の領有権が，現在日本と韓国との間での f 領土問題となっている。

また，石見銀山遺跡や出雲大社などの国宝や世界遺産・日本遺産，国の重要文化財や天然記念物が数多く認定または指定されていることでも有名である。

問12　文中の空欄（⑨）にあてはまる適切な語句を答えなさい。

問13　文中の下線部ｆについて，現在日本と諸外国との領土問題となっている日本固有の領土の名称と，その領土問題を抱える相手国の名称との正しい組み合わせを（⑨）以外でそれぞれひとつ答えなさい。

問14　Ａ～Ｆの各文に該当する都府県名とその都道府県の位置を下の地図中よりそれぞれ選び答えなさい。

※都道府県名は必ず「～都」「～県」という形で答えること。

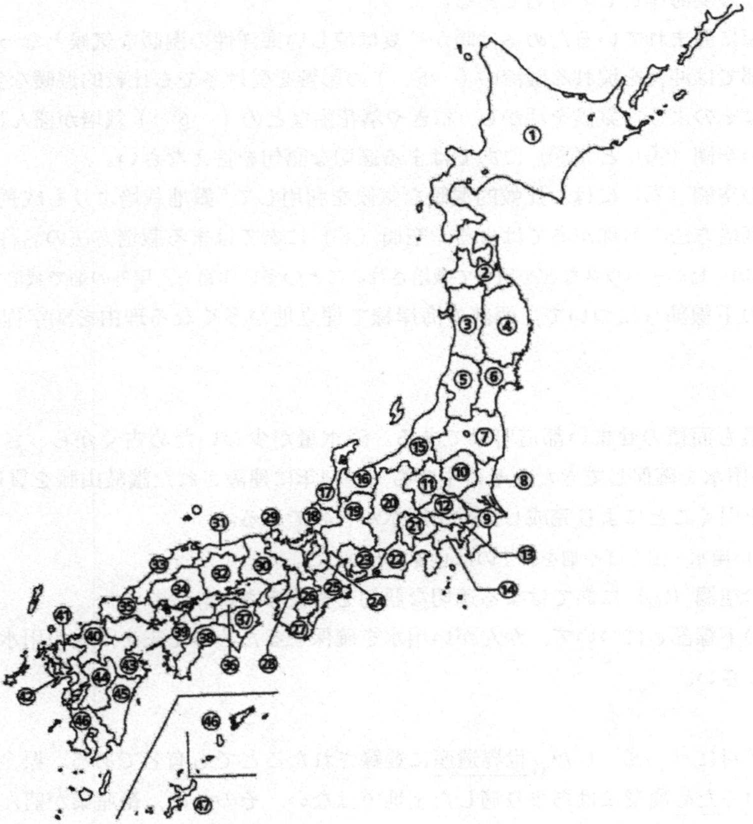

３．以下の文章を読んで，あとの各問に答えなさい。

国際社会では，宗教をめぐり様々な紛争が起きています。イスラエルとパレスチナの争いは収まらず，中東や中央アジアでは多くの宗教的組織が争いを繰り返しています。こうした争いを解決するためには，国際連合や多くの国々が協力していく必要があるでしょう。

日本で生きる我々にとって，こうした宗教上の争いは身近なものではありませんが，日本国憲法では宗教についても規定が存在します。そして，日本に住む外国人の数が増えている昨今においては，我々自身も宗教に対する理解を深めておく必要があります。

問１　イスラエルにおいて，最も信仰している人が多い宗教を答えなさい。

問２　2021年８月現在，タリバンの実質的な支配下にはいった国を，下の選択肢から一つ選び，記号で答えなさい。

ア　アフガニスタン　イ　タジキスタン　ウ　インドネシア　エ　モロッコ

問３　⑴　国際連合が紛争の平和的解決を図るために行っている活動の名称を，アルファベット３文字で答えなさい。

⑵　⑴の活動に，日本が派遣している組織の名称を答えなさい。

問４　日本国憲法では政府が宗教的に中立であることが定められていますが，この原則の名称を漢字４文字で答えなさい。

問５　以下は，埼玉県蕨市の国籍別外国人登録者数を示した表になります。この表から読み取れることとして，正しい選択肢を一つ選び，記号で答えなさい。ただし，「その他」については考慮しなくて構いません。

8. 国籍別外国人登録者数

（各年3月末日現在・人）

国籍＼年	平成27	28	29	30	31
総数	3,872	4,633	5351	6,161	6,758
韓国及び朝鮮	414	428	424	449	443
中国	2,483	2,895	3360	3,925	4,369
アメリカ合衆国	12	27	33	33	35
フィリピン	373	359	374	370	378
ベトナム	188	363	469	541	597
インドネシア	9	12	18	17	18
パキスタン	29	31	21	17	16
その他	364	518	652	809	902

（蕨市公式ホームページ掲載『統計わらび　令和元年度版』より引用）

ア　いずれの年度においても，フィリピン人の登録者数が一番多い。

イ　平成27年から平成31年にかけて，増加率が最も大きいのは，ベトナム人である。

ウ　パキスタン人の登録者数は一貫して増え続けている。

エ　平成31年のインドネシア人の登録者数は，平成27年の３倍になっている。

問６　上の表のように蕨市では外国人の人口が著しく増加していますが，世界全体でみても国境を越えた人々の移動は活発になっています。こうした人やお金，情報などの移動が活発になり，世界が一体化していく現象の名称を「～化」という形で答えなさい。ただし，「～」にはカタカナの語句が入ります。

４．以下の文章を読んで，あとの各問に答えなさい。

日本国憲法では三権分立が規定されている。そのなかでも，国会は国権の最高機関とされ，法律をつくる，（　①　）権を担っている。また二院制を採用しており，衆議院と（　②　）の二つの議院からなる。

国会で法律案が可決された場合，（　③　）がそれを国民に公布する。この公布のような，（　③　）が行うと憲法に規定されている行為を（　④　）行為という。（　④　）行為に対して，内閣は（　⑤　）と承認を与えることが規定されている。

問１　文中の空欄（①）～（⑤）に当てはまる語句を答えなさい。

問２　文中の下線部に関して，なぜ日本では二院制が採用されているのか，その理由を述べなさい。

問３　日本国憲法では，衆議院は（②）に優越するとされています。その理由を，「任期」「世論」の二つの語句を必ず用いて述べなさい（語句を使用した際には下線をひくこと）。

周りの男子を止められずにいる。

イ　辻エリは当初は男子部員を受け入れていたものの、男子たちの練習での様子を見て考えが変わった。

ウ　横峰カオルと福永ヨウコは合唱部のレベルを上げるために、男子の力も必要だと思っている。

エ　中村ナズナは合唱部の和が乱れてきていることを、向井ケイスケのせいだと思っている。

を用いて、四十字以内で答えなさい。

問三　空欄 [1] に入る内容として最も適当なものを次のア～エのうちから一つ選び、記号で答えなさい。

ア　合唱部に入ればすぐに合唱の本格的な練習に入れる

イ　合唱部に入ったのだからうまく歌う技術を学びたい

ウ　合唱部は歌っているだけでよいのだから楽にちがいない

エ　合唱部は人数が多いから一人くらいサボったって問題ない

問四　――線部②「そういう生徒」とはどのような人物ですか。本文中より八字で抜き出しなさい。

問五　――線部③「私は当初から警鐘《けいしょう》を鳴らしていた」について、「警鐘を鳴らす」とは「悪い事態になりそうなことを警告する」という意味の言葉ですが、どのようなことを警告していたと考えられますか。最も適当なものを次のア～エのうちから一つ選び、記号で答えなさい。

ア　合唱部に男子部員が増えてもろくなことにならないだろうということ。

イ　合唱部ではまじめなだけの男子部員はやっていけないだろうということ。

ウ　合唱部の女子たちは男子のわるい面ばかりを見すぎているということ。

エ　合唱部では自己主張をしていかないと大勢の中に埋《う》もれてしまうということ。

問六　――線部④「そんなこと」とはどのようなことか。三十字以内で答えなさい。

問七　空欄 [2] ～ [5] に入る言葉として最も適当なものをそれぞれア～エのうちから一つ選び、記号で答えなさい。

2　ア　個人的　イ　文学的　ウ　徹底的　エ　電撃的

3　ア　おどろきすぎて　イ　よろこびすぎて　ウ　おぼえがなさすぎて　エ　がっかりしすぎて

4　ア　うれしさで　イ　はずかしさで　ウ　おそろしさで　エ　くやしさで

5　ア　当時の輝《かがや》いていた　イ　当時と変わらない　ウ　当時とまるで違う　エ　当時の血迷った

問八　――線部⑤「十字架《じゅうじか》をむけられた吸血鬼《きゅうけつき》のごとくさけんだ」で用いられている表現技法として最も適当なものを次のア～エのうちから一つ選び、記号で答えなさい。

ア　直喩《ゆ》　イ　隠喩《いんゆ》　ウ　体言止め　エ　擬人《ぎじん》法

問九　空欄 [6] に入る言葉で、向井ケイスケはどのようなことを要求したと考えられますか。最も適当なものを次のア～エのうちから一つ選び、記号で答えなさい。

ア　昔と同じようにまたケイスケと仲良くすること。

イ　真剣に合唱に取り組む部員の邪魔《じゃま》をしないこと。

ウ　合唱部内で男子のことをぐちぐち言わないこと。

エ　合唱部内での女子の争いを止めるため協力すること。

問十　空欄 [7] に入る**動作**を本文中より四字で抜き出しなさい。

問十一　本文の内容と一致するものをア～エのうちから一つ選び、記号で答えなさい。

ア　桑原サトルはまじめに練習に取り組んでいるが、気が小さいためたものだ。

「そ、それは……！」

雨がよりいっそう、窓にうちつけられる。外では強風が吹《ふ》き荒《あ》れていた。

「おぼえとるみたいやな。そうばい、こいつは、おまえが小学二年生のとき俺《おれ》にくれたラブレターばい」

　窓の外が光り輝《かがや》いて、おくれて雷鳴《らいめい》が空気をびりびりとふるわせた。校舎内のあちらこちらで女子が悲鳴をあげている。

「……おい、だいじょうぶか？」

　向井ケイスケが心配そうにたずねた。私かおなかをおさえてうめいていたからだ。雷がこわかったのではない。彼が持っているものに　3　胃が痙攣《けいれん》していたのである。苦しみながら、向井ケイスケをにらんだ。

「なんで、それば……！」

　私の顔は、　4　真っ赤になっていたことだろう。

「家の引き出しば、ひっかきまわしたら、あったっさ」

「今すぐ、燃やせ……」

「燃やす？　もったいない。俺たちのおもいでばい」

　向井ケイスケは便せんをひろげて私の前にかかげる。鉛筆《えんぴつ》で書かれた文字は、いかにも子どもが書いたようなたどたどしい筆跡《ひっせき》である。なんとなく内容はおぼえている。　5　私の心情がつづられているのだ。

「こっちにむけるなっ……！」

　その文面が視界に入らないよう、私は顔の前に手をかざし、⑤十字架《じゅうじか》をむけられた吸血鬼《きゅうけつき》のごとくさけんだ。見知らぬ生徒たちが、怪訝《けげん》な顔をしてこちらを見ながら横を通りすぎていく。向井ケイスケが便せんをもって私にせまってきた。私は廊下の壁際《かべぎわ》に追い詰《つ》められた。

「ここで読み上げてみようか？　ふむ、これは、なかなか秀逸《しゅういつ》なポエムばい。ナズナは詩人の才能があるな。コピーして全員に読ませたかねえ」

「……な、なんが目的な？」

　それをほかの人に読まれたら、私はどんな顔をして卒業式までの日々《ひび》をすごしていいかわからない。ちいさなころに書いたものとはいえ、かつて向井ケイスケに恋心を抱《いだ》いていたと、しられることさえはずかしい。もしも他人にしられたら、舌をかみ切って死ぬしかない。

「これば公《おおやけ》にされたくなかったら、　6　」

　向井ケイスケの背後にあった窓が雷光でかがやいた。彼の影《かげ》が私の全身を覆《おお》って廊下の壁一面にひろがる。

「あんた、卑怯《ひきょう》ばい」

「時の流れは残酷《ざんこく》ばい……。昔はこがん好かれとったとになあ……」

　向井ケイスケは手紙をながめながら、ぽつりとつぶやいた。

「ナズナがおとなしくしとけば、この手紙はだれにも見せんけん、安心してよかぞ」

　去っていく彼の後ろ姿を私は　7　。

　以来、男子部員反対派でもなく、男子部員賛成派でもないという、曖《あい》昧《まい》な立場に私はとどまることになる。（中田永一『くちびるに歌を』より）

問一　═線部Ａ～Ｅの漢字には読みを付け、カタカナは漢字に直しなさい。

問二　――線部①「合唱部に亀裂《きれつ》が入りはじめた」とありますが、そのきっかけとなったのはどのようなことですか。「柏木先生」という言葉けてこちらの党に賛成したのである。
「ナズナ、ごめん、あんたの言う通りやったよ」
　女子部員内部における男子反対派は急成長し、私はその一派の中心的な存在となった。しかし男子部員肯定《こうてい》派も少数ながら存在し、その中核《ちゅうかく》にいたのは横峰カオルと福永ヨウコであった。彼女たちは合唱という崇《すう》高《こう》な目的をわすれ、男子との交友にすっかりDホネ抜《ぬ》きにされたのである。彼女たちは歌うことよりも、放課後に二年生男子の美少年である関谷と語らうことに青春の意味を見いだしていた。私は福永ヨウコや横峰カオルに人差し指をつきつけて叫《さけ》んだものである。
「蛇《へび》にそそのかされて、禁断の果実ば口にしたっちゃろ？　あんたらとの友情もここまでばい！」
　しかし彼女たちはこう言い返す。
「先輩《せんぱい》、もうすこし大人になったら、私たちの気持ちがわかりますよ」
「そうだぞナズナ、おまえはまだ、子どもやけんね」
　いつまでも親友だとおもっていた相手が、気づくと敵になっている。男子部員擁護《ようご》という旗《はた》をかかげた彼女たちとは、もう以前のように手をつなぎ、歌いながらいっしょに廊下《ろうか》をあるくこともないのだろう。友情とは、儚《はかな》いものである。
　しかし、ある日のこと、私は合唱部女子部員内部の派閥《はばつ》争いから身を引くことになる。男子部員否定派の旗揚《あ》げを担《にな》ったこの私が、とある裏協定にもとづき、一切の関与《かんよ》を拒否《きょひ》せねばならなくなったのだ。男子否定派の中心は私から辻エリに移動し、後の私はただの傍観者《ぼうかんしゃ》となりはてた。私に裏協定をもちかけたのは、向井ケイスケだった。
　彼とのつきあいは長い。幼稚園《ようちえん》に通っていたとき、私たちは母に連れられておたがいの家を行き来してあそんだ。小学校低学年のとき、彼はシャツと短パンで海に飛びこんで、海中でサザエを見つけ、獲《と》ってきては私に食べさせてくれた。私がよろこんでいると、彼はいくつもサザエを獲ってきた。今にしておもえば完全な密漁である。しかし当時は④そんなことしらなかったから、私たちは密漁サザエをおやつがわりにしていた。母が、かき氷をつくってくれて、縁側《えんがわ》でならんで食べたこともある。差し出された手のひらに、サクマ式ドロップスの缶《かん》をふってやると、おちてきた半透明《とうめい》の色とりどりの飴《あめ》を受け止め、彼が口にほうりこんだ。当時、いっしょにあそんでくれる向井ケイスケのことが私は好きだった。
　彼とのつきあいは、小学校高学年あたりから途絶《とだ》える。母が死に、父が愛人をつくってどこかへ消えた。それ以来、私は異性を冷たい目で見ている。
「ナズナ、ちょっと話がある」
　中学三年生となった向井ケイスケが、廊下で話しかけてきたのは、ある雷雨《らいう》の日だった。窓ガラスに雨が打ちつけられ、滝《たき》のようにながれている。昼間なのに、校舎内は夜のように暗かった。
「なん？」
「これ、おぼえとるか？」
　向井ケイスケはポケットから、かわいらしいピンク色の便せんをとりだした。
「はあ？　なんそれ……」
　そう言って目をこらすと記憶が［２］によみがえった。その便せんにはたしかに見覚えがある。少女漫画《まんが》の雑誌にEフロクとしてついていはどういうことですか。文中の言葉を使って「～ことによって、～こと。」という形式で答えなさい。

問九　次の文を本文中【　】の中に入れるとすれば、どこに入れるのが適切ですか。この文が入る直前の五字を抜き出しなさい。（句読点を含める）

〈そこに自然の大いなる力が働いている。古くから日本人はそんなふうに自然を見立ててきた。〉

三　次の文章を読んで、後の問いに答えなさい。

合唱部顧問の松山先生が産休に入るため、一年だけの臨時の顧問として柏木《かしわぎ》先生がやってきた。もともと合唱部には女子しかいなかったが、美人の柏木先生目当てに合唱部に入部する男子が続出。女子部員の中村ナズナはその状況《きょう》に不満を抱《いだ》いていた。

①合唱部に亀裂《きれつ》が入りはじめたのは五月に入ってからのことだ。パートごとにわかれて練習する際、第二音楽室と技術室、そして空き教室が使用される。ソプラノ、アルト、男声で三部屋を順番につかい、第二音楽室で練習をする日は柏木先生がピアノで伴奏《ばんそう》してくれる。それ以外の日、素人集団である男声チームのところには、Aシキ者の辻エリがくっついて歌い方の指導をするのだが彼《かれ》らは柏木先生がそばにいないと、まったくやる気を出さないことが判明したのである。いつまでもだらだらとおしゃべりをして、辻エリが声をはりあげてようやく嫌《いや》そうにパート練習をはじめる。彼らの歌を聞いて辻エリが「ここはだめ」「こうしたほうがいい」と意見を言っても直す気配はない。向上心というものが彼らにはなかった。

男子の態度はB次第にひどくなっていく。柏木先生が職員会議でおそくなる曜日などは、練習への出席率が低下した。たとえ第二音楽室にやってきたとしても、男子同士でふざけあったり、プロレスの技をかけたり、ゲームの攻略《こうりゃく》情報を交換《こうかん》したり、およそ合唱とは無関係なことばかりする。文句を言っても聞く耳を持たない。彼らはどうも発声練習の単調さに嫌気がさしているようだ。［１］、という彼らの思惑《おもわく》がはずれたのだろう。立ち姿はいつまでも様にならず、歌っているときに片方の肩《かた》がさがっていたり、だるそうなCシセイで声をだしていたりする。

男子のなかにもやる気のあるやつが一人だけいた。桑原サトルである。彼は柏木先生のいないパート練習のときも、辻エリの指導のもとで上達しているらしい。入部当初はちっとも声が出ていなかったけれど、いつのまにか安定していい声が出るようになっている。柏木先生のピアノにも音程を合わせられていた。

②そういう生徒がひとりでもいれば、ほかの生徒もやる気を出すのではないか、という期待はしかし当てはまらない。桑原サトルの存在感は合唱部内部でもサランラップなみにうすく透明《とうめい》だった。彼が合唱部にいることをしらない部員もいるのではないか。よって、女子部員の多くには、男子部員のわるい面ばかりが見えていたのである。

合唱部内で男子部員への反感がつのっていった。③私は当初から警鐘《けいしょう》を鳴らしていたのだが、ようやくそれに気づいて同調する者があらわれたのである。特に部長の辻エリが私の仲間になったのはおおきい。彼女は不真面目なことがきらいな人間である。男子が練習に熱意を見せている間はよかったけれど、柏木先生のいない時間にたるんでいるのを見か社の前には賽銭箱《さいせんばこ》が置いてある。外からは中が空っぽに見える。思わずお金を入れてしまう。「空っぽ」はいろんなものを引き寄せる。空っぽの神社の中に自分の心や気持ち、つまり祈《いの》りを入れて、神様と交流した充実感《じゅうじつ》を得て帰ってくる。

神社というのは昔からそういう風にできている。

（原研哉『日本のデザイン、その成り立ちと未来』より）

注 ※１ グローバリズム……地球を一つの共同体として、世界を一つにしようとする考え方。
※２ ローカル……その地方に限定される特有なこと。
※３ 咀嚼……言葉や文章などの意味・内容をよく考えて理解すること。
※４ フリーズドライ……長持ちさせることを目的に食品などを乾燥させる際に用いられる手法。

問一 ――線部Ａ～Ｅの漢字には読みを付け、カタカナは漢字に直しなさい。

問二 空欄 Ⅰ ～ Ⅳ に入る適当な接続詞を次から選び、記号で答えなさい。
ア では　イ しかし　ウ また　エ だから
オ つまり　カ それとも

問三 ――線部①「それと同じことだ」とあるが、「混ぜ合わせること」について色と料理とではどういうことが同じなのか。「～こと」に続くように文中から八字で抜き出しなさい。

問四 ――線部②「このことを忘れないでほしい」の「このこと」とは、何ですか。最も適当なものを次から選び、記号で答えなさい。
ア 日本文化をしっかり理解するうえで考えることは世界の文化を知るべきだということ。
イ 日本文化をしっかりと理解することではじめて世界に向けて活躍できるのだということ。
ウ 日本文化は世界に通じるものであるから日本文化を守ってほしいということ。
エ 日本文化を理解しなくても、世界の文化を知れば、海外で通用し、仕事もできるということ。

問五 ――線部③「昔から日本人は自然というものと重ね合わせて神の存在を感じていた」とありますが、その説明として最も適当なものを次から選び、記号で答えなさい。
ア 神様はいつでもさまよっていて人々との生活にはかかわらないで、自由気ままであったということ。
イ 神様は一定の場所にいて、自然と同じ存在であるため、人々は自然も大事にしたということ。
ウ 神様は各地にいて、それぞれの自然を守り、人々は自分たちも神様を守ろうとしたこと。
エ 神様はいろんな場所にいて、自然の力そのものであると考え、人々はその存在を信じていたということ。

問六 ――線部④「『ヤバい』ところにいたのだ」とはどこにいたのか。それが端的に示されている箇所を十一字で抜き出しなさい。

問七 ――線部⑤「こんなもの」とはどんなものですか。具体的に書かれている箇所を一文で抜き出し、最初と最後の五字を答えなさい。
（句読点を含める）

問八 ――線部⑥「『空っぽ』を介して神様と交流する」とは具体的に

るようになって、※4フリーズドライのような味気ない日本の歴史も、デザインというイメージのお湯をかけると、けっこうおいしく味わえることがわかってきた。

　今日はそんな視点から、この国の歴史と文化と切り離せないデザインの話をしてみたい。

　［Ⅲ］、僕の中で大切にしている日本文化についてお話しする。

　それは「空っぽ」ということだ。日本の文化の背景には「空っぽ」がある。これについてはまず日本人と神様の関係から話を始めなければならない。

　古来、日本人は神様のことをどう考えてきたか。神様は風来坊《ぼう》のように世界をフラフラと飛び回っている。そんなふうに考えてきた。時には山の上をさまよっていたり、時には田んぼの脇《わき》にしゃがんでいたり、時には民家のC納屋の近くにたたずんでいたり、時には海の中のタコ壷《つぼ》にひそんでいたり……。

　［Ⅳ］神様とは自然の力そのものだったのだ。自然がそこにあるようにありとあらゆるところに神様がいる。その恵《めぐ》みに生かされて自分たちは生きている。つまり③昔から日本人は自然というものと重ね合わせて神の存在を感じていた。

　いろんなところに神様がいるありさまを「八百万《やおよろず》の神」という。大根を一本引き抜くと、そこにも神様。ご飯の一粒《ひとつぶ》には七体の神様がいる、といわれてきた。

　【皆さんは、よく「ヤバい」という言葉を使うだろう。本来の意味である「危ない」から少し離《はな》れて、「すごい」とか「切実だ」といった意味で。

　神様は昔から、まさに皆さんが使う意味での④「ヤバい」ところにいたのだ。『古事記』を読むと、目が病《や》んで膿《う》みが出たので洗ったらそこから神様が出てきた、なんていう記述がいたるところにある。ヤバいところ、つまり危なそうで切実なところに神様はひそんでいる。

　神様はあっちへフラフラ、こっちへフラフラしていて所在が不確かなので、Dヤクソクをとって会いに行くことは難しい。でも神様の力にお願いしたい。

　そこで昔の人は、⑤こんなものをつくれば神様のほうからやってきてくれるかもしれない、と頭を働かせた。四本の柱に縄を結んで地面を囲い、空っぽの空間をつくったのだ。これを「代《しろ》」という。

　神様はそこらへんをフラフラと飛び回っているので、柱と縄で囲っただけの何もない空間をつくると、それを目ざとく見つけて降りてくるかもしれない。「入ってくるかもしれない」そのような可能性に対して、神様を深くEウヤマう気持ちが湧《わ》き起こる。「神様＝自然」の力がそこに宿っていることを感じて、昔の日本人はこの空っぽの空間に手を合わせて拝んだ。「代」は神様を呼び込むための空っぽの空間で、これに屋根の付いたものが「屋代《やしろ》」＝「社《やしろ》」ということになる。神社の真ん中にある、神様を祀《まつ》る場所だ。空っぽの中に、もしかしたら宿っているかもしれない神様。その可能性のシンボルとして、昔の日本人は「神社」というものをつくった。】

　神社に行くと正面に鳥居がある。これも間が空っぽになっている。つまり「ここから出入りするのですよ」という記号だ。この鳥居をいくつもくぐりながら、まん中の「社」にたどりつく。そしてそこで⑥「空っぽ」を介して神様と交流する。

【国　語】（五〇分）〈満点：一〇〇点〉

一　次の各問いに答えなさい。

問一　次の四字熟語の□に入る漢字一字を答えなさい。

①　□刀直入　②　花鳥風□　③　因果□報

④　前代未□　⑤　玉□混交

問二　次の熟語の対義語を漢字二字で答えなさい。

①　被《ひ》害　②　与《よ》党　③　積極　④　危険　⑤　原因

二　次の文章を読んで、後の問いに答えなさい。

今は※1グローバリズムの時代といわれている。国内だけに目を向けるのではなく、Aシヤを世界に広げなければいけない。「ものづくり」も、「ことづくり」も、すべて世界全体を見渡《わた》して行うことが必要だ。そんなふうに誰もが言う。

Ⅰ、文化の本質はグローバルと反対のところにある。つまりロー※2カルだ。

これはべつに難しい話ではない。自分が生まれてきたこのローカルな場所で、可能性をいかに開花させていくか。これが文化の本質だと思う。

料理のことを考えればよくわかる。日本には日本料理があり、フランスにはフランス料理が、イタリアにはイタリア料理がある。これらはすべてローカルなもの。イタリア人は子どもの頃から母親に「マリオ！　パスタを食べる時に、お皿を温めなくてどうするの！」なんて言われて育っているから、当たり前のようにパスタを食べる時は皿を温める。それはイタリア固有の文化だ。

イタリア人はイタリア料理を大事にして、フランス人はフランス料理を愛し、日本人は日本料理を守る。それが世界の豊かさに貢献《こうけん》していく。

たとえばイタリア料理とフランス料理と日本料理を混ぜ合わせたらどうだろう。見た目には新奇なものができるが、つまらない。何も特徴《とくちょう》が出ない。最初は物珍しさから話題になるかもしれないけれど、きっと味もあまりおいしくないから、すぐに飽きられてしまうだろう。

あらゆる色は混ぜ合わせるとグレーになる。①それと同じことだ。

グローバリズムというのは、あらゆる文化を混ぜあわせてグレーにすることではない。それではすべてB均一になってしまう。自分たちの文化の特徴を磨《みが》き抜いて、それを世界の文脈につなげる。そのことによって世界を多様で豊かなものにしていく。それがグローバリズムの真価ではないだろうか。

Ⅱローカルが豊かでなければ、決してグローバルも豊かにはならない。グローバルとローカルは一対のもの、コインの表裏。そう考えてほしい。

仮に僕《ぼく》がデザイナーとして海外で仕事をする。そのことの意味は何だろうか。世界的な文脈で仕事をする背景には、自分の中で日本文化をきちんと※3咀嚼《そしゃく》できていないといけない。日本文化を自分で噛《か》みしめ、血肉としてはじめて、日本のローカリティを世界につなげることができる。そういう視点があるからこそ、海外で仕事をする意味があるのだ。皆さんはぜひ、②このことを忘れないでほしい。

僕は中学・高校のころ日本史が嫌《きら》いだった。でもデザインの仕事をす

自己推薦

2022年度

解 答 と 解 説

《2022年度の配点は解答欄に掲載してあります。》

<算数解答>

1 (1) 111 (2) 3140 (3) $\frac{9}{16}$ (4) $\frac{1}{6}$

2 (1) 1738 (2) $\frac{1}{5}$ (3) 289 (4) 3% (5) ① 79本 ② 450m

(6) 21秒 (7) $10\frac{10}{11}$分 (8) ① 6通り ② 14通り (9) 69度

(10) $1\frac{2}{3}$cm (11) ① 1280cm^2 ② 16秒後

3 (1) 25.12cm (2) 12cm (3) 200.96cm^2

4 (1) 69点 (2) B組男子 36人 B組女子 80点

○推定配点○

3(3), 4 各5点×4 他 各4点×20 計100点

<算数解説>

1 **(四則計算)**

(1) (337−300)×3=111

(2) (667+333)×3.14=3140

(3) $3.75\times\frac{5}{12}-1=\frac{25}{16}-1=\frac{9}{16}$

(4) $\frac{1}{4}-\frac{1}{5}+\frac{1}{5}-\cdots-\frac{1}{12}=\frac{1}{4}-\frac{1}{12}=\frac{1}{6}$

重要 2 **(四則計算，数の性質，規則性，割合と比，植木算，差集め算，速さの三公式，通過算，時計算，場合の数，平面図形，相似，図形や点の移動)**

(1) □=19×91+9=1738

(2) $□=\frac{2}{3}\times\frac{39}{80}-\frac{1}{8}=\frac{8}{40}=\frac{1}{5}$

(3) 平方数が並んでおり，17×17=289

(4) 水を加えて食塩水の重さが(150+300)÷150=3(倍)になったとき，濃さは9÷3=3(%)

(5) ① 2400÷30−1=79(本) ② 15mの長さに関する木の本数の差…15÷3−15÷5=2(本) したがって，全周は15×60÷2=450(m)

(6) (85+335)÷20=21(秒)

(7) $30\times2\div\frac{11}{2}=\frac{120}{11}$(分)

(8) ① 4×3÷2=6(通り)…4人から2人を選ぶ組み合わせ ② 部屋Aに1人の場合…4通り 部屋Aに2人の場合…6通り 部屋Aに3人の場合…4通り

したがって，全部で4×2+6=14(通り)

(9) 図1より，二等辺三角形ACDの角DAC

図1

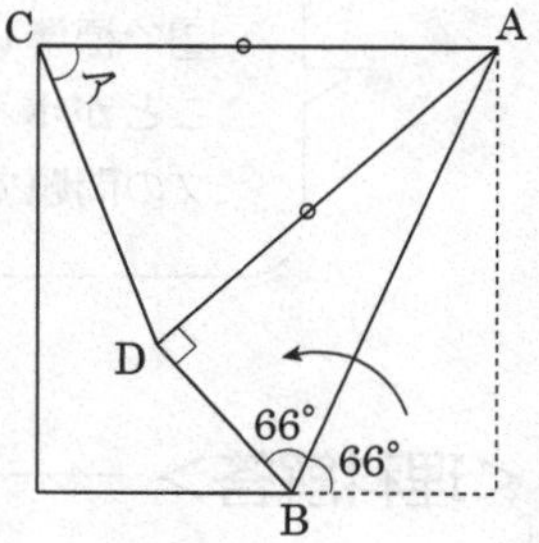

図2

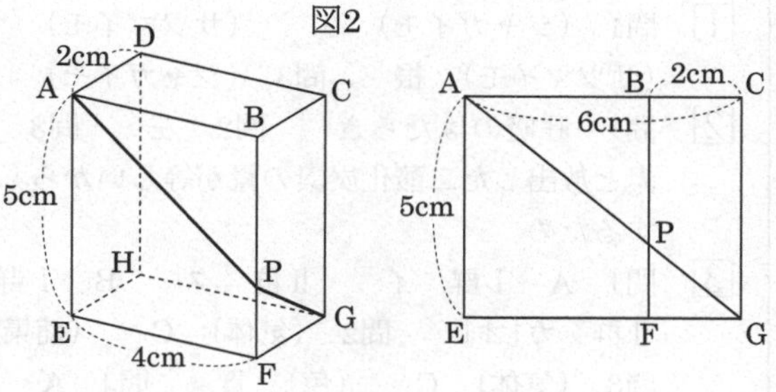

は90－{180－(90＋66)}×2＝42(度)　したがって，角アは(180－42)÷2＝69(度)

(10)　前ページの図2より，三角形AEGとPFGの相似比は6：2＝3：1　したがって，PFは5÷3＝$\frac{5}{3}$(cm)

(11)　①　図アより，四角形APQBは(12＋60－8)×40÷2＝1280(cm^2)

②　図イより，QがBに着いたとき，PはDから60÷4×6－60＝30(cm)進んでいる。したがって，PQがADと平行になる時刻は{60＋(40－30)÷(2＋3)×2}÷4＝16(秒後)

図ア

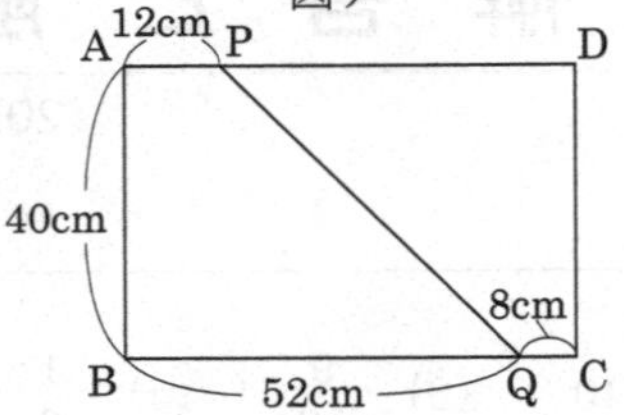

図イ

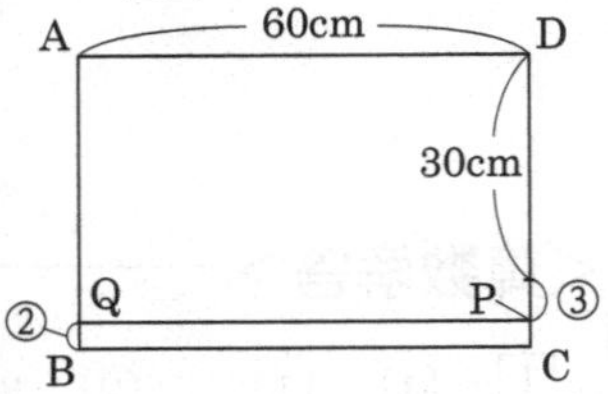

[3]　(平面図形，立体図形，図形や点の移動，割合と比)

基本　(1)　4×2×3.14＝25.12(cm)

重要　(2)　4×3＝12(cm)

(3)　(4×4＋4×12)×3.14＝4×16×3.14＝200.96(cm^2)

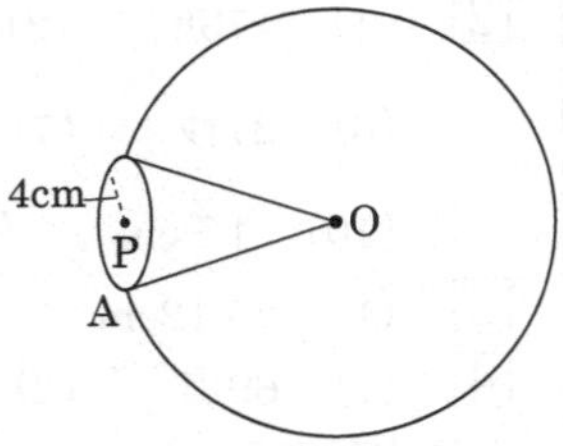

[4]　(平均算，割合と比)

基本　(1)　24：16＝3：2より，(65×3＋75×2)÷(3＋2)＝345÷5＝69(点)

重要　(2)　B組男子の人数…図1より，色がついた部分の面積が等しく(68－65)×24÷(70－68)＝36(人)　B組女子の人数…45－36＝9(人)　B組女子の平均点…36：9＝4：1であり，図2より，色がついた部分の面積が等しく(72－70)×4÷1＋72＝80(点)

図1

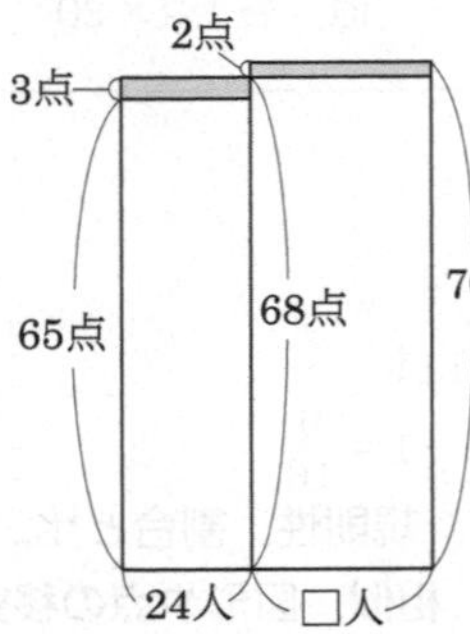

図2

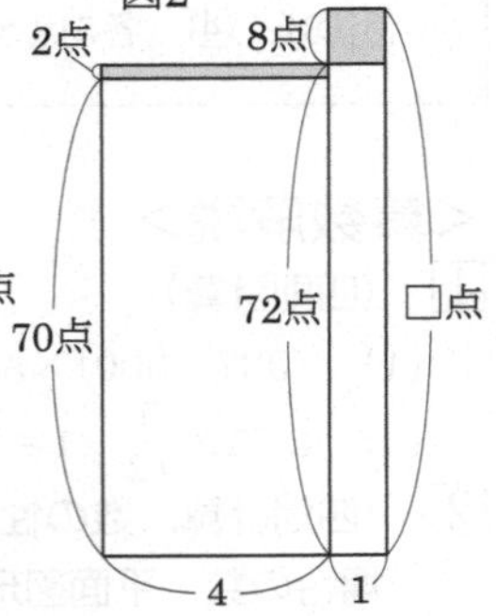

★ワンポイントアドバイス★

[2]で標準レベルの様々な問題が出題されており，これらの問題でしっかり正解することがポイントになる。[3]「円錐」，[4]「平均点」の問題も，よく出題されるタイプの問題であり，間違えた問題は反復して練習しよう。

＜理科解答＞

[1]　問1　(ジャガイモ)　ア　(サツマイモ)　カ　問2　(ジャガイモ)　くき　(サツマイモ)　根　問3　(ジャガイモ)　イ　(サツマイモ)　エ　問4　ウ

[2]　問1　呼吸のはたらき　問2　左　問3　吸収した酸素の量　問4　(例)　吸収した酸素と放出した二酸化炭素の量が等しいから。　問5　(例)　光合成の影響を受けないようにするため。

[3]　問1　A　Ⅰ群　イ　Ⅱ群　ク　B　Ⅰ群　ウ　Ⅱ群　オ　C　Ⅰ群　エ　Ⅱ群　カ[オ]　問2　(気体)　C　(捕集方法)　上方置換[上方置換法]　問3　(気体)　C　(色)　青　問4　A

[4] 問1 ちっ素　問2 エ　問3 ア，ウ　問4 イ　問5 二酸化炭素
[5] 問1 (マグネシウムの重さ：結びついた酸素の重さ＝)3：2　問2 0.9(g)
問3 0.6(g)
[6] 問1 C　問2 D　問3 E　問4 N　問5 (例) 鉄しんを入れる
[7] 問1 D　問2 イ　問3 2(m)　問4 1.2(m)　問5 イ
[8] 問1 1 ウ　2 キ　問2 2 オ　4 エ　問3 公転　問4 あ
問5 A オ　B ク　C イ　問6 A　問7 ウ，エ

○推定配点○
[1] 各1点×7　[2]～[7] 各2点×31([3]問1A・B・C，[4]問3各完答)
[8] 問6・問7 各2点×2(問7完答)　他 各1点×7(問1・問2各完答)　計80点

＜理科解説＞

基本 [1] **(植物―ジャガイモとサツマイモの栽培)**

問1 ジャガイモは芽と根が同じところから出る。サツマイモはいもの片側から芽が出て，芽が出たのとは反対側から根が出る。

問2 ジャガイモのいもはくきの部分，サツマイモのいもは根の部分である。

問3 アは硝酸カリウムの結晶，ウは食塩(塩化ナトリウム)の結晶のスケッチである。

やや難 問4 種いもを植えたばかりのときは茎や葉はないので0日のときの重さは0となる。その後，茎や葉が育って重くなっていく。よって，エは不適。その後，育った葉で養分がつくられ始めて新しいいもが重くなっていくが，新しい種いもが育ち始めても，しばらくは植えた種いもから育った葉で養分がつくられるため，すぐに種いもから育った茎や葉の重さがなくなるわけではない。よって，ア，イは不適。

[2] **(植物―植物の呼吸)**

基本 問1 発芽直後の種子は光合成を行わず，呼吸だけを行う。

やや難 問2 種子が呼吸するとき，酸素を吸収して二酸化炭素を放出する。装置イでは，植物によって放出された二酸化炭素が水酸化カリウムによって吸収されるため，フラスコ内では，種子に吸収された酸素の分だけ気体の体積が小さくなる。よって，赤インクは左に動く。

問3 水酸化カリウムによって二酸化炭素の量の変化の影響はなくなるので，種子が呼吸によって吸収した酸素の量を知ることができる。

やや難 問4 装置アでは，装置イとちがって水酸化カリウムを入れていないので，種子が呼吸によって放出した二酸化炭素の量も赤インクの動きに影響する。赤インクが動かなかったことから，種子が吸収した酸素の量と，放出した二酸化炭素の量が等しいことがわかる。

問5 緑色の葉に光を当てると光合成が行われる。植物は光合成で二酸化炭素を吸収して酸素を放出するため，呼吸だけの気体の出入りを調べることが容易ではなくなってしまう。

[3] **(気体の発生・性質―酸素，水素，アンモニアの性質)**

重要 問1 A 酸素は，二酸化マンガンにうすい過酸化水素水(オキシドール)を加えると発生する。
B 水素は，アルミニウムにうすい塩酸や水酸化ナトリウム水溶液を加えると発生する。また，鉄や亜鉛などの金属にうすい塩酸を加えても発生する。　C アンモニアは，消石灰(水酸化カルシウム)と塩化アンモニウムの混合物を加熱すると発生する。また，塩化アンモニウムと水酸化ナトリウムの混合物に水を加えたり，アンモニア水を加熱したりしても発生する。

重要 問2 酸素と水素は水にとけにくいため，水上置換法で集めることができる。アンモニアは水によく

とけるため，水上置換法で集めることはできず，空気よりも軽いことから，上方置換法で集める。

問3　BTB溶液は酸性で黄色，中性で緑色，アルカリ性で青色を示す。アンモニアは水にとけやすく，その水溶液はアルカリ性を示す。よって，アンモニア(B)の水溶液に緑色のBTB溶液を加えると，青色を示す。

基本　問4　酸素にはものが燃えるのを助けるはたらき(助燃性)がある。なお，水素に火をつけると，燃えて水ができる。

4　(燃焼―ろうそくの燃焼)

重要　問1　燃える前の集気びんの中に最も多くふくまれている気体はちっ素で，体積の割合で全体の約80%をしめている。ろうそくが燃えると，集気びん内の酸素が使われて二酸化炭素が発生するが，ちっ素は使われたり，発生したりしない。そのため，ろうそくが燃えた後の集気びんの中に最も多くふくまれている気体はちっ素である。

問2　二酸化炭素は，空気中にちっ素，酸素，アルゴンに次いで4番目に多くふくまれている気体で，その体積の割合は約0.04%である。

基本　問3　石灰石や卵のからなどの主成分である炭酸カルシウムと塩酸が反応すると，二酸化炭素が発生する。

問4　ろうそくの火に息をふきかけると，あたためられて気体となったロウがなくなってしまう。ろうそくの炎はロウが燃えて生じるので，息をふきかけることで燃えるものがなくなってしまうことになる。

問5　下方置換でも水上置換でも集めることができる気体は，水にとけにくいか少ししかとけず，空気より重い気体である。このような気体の代表的なものとして二酸化炭素がある。

5　(燃焼―マグネシウムの燃焼)

問1　図2より，マグネシウム0.3gから酸化マグネシウム0.5gができていることから，反応したマグネシウムの重さと結びついた酸素の重さの比は0.3(g)：(0.5－0.3)(g)＝3：2

重要　問2　マグネシウムxgが反応して酸化マグネシウムが1.5gできたとすると3：5＝x(g)：1.5(g)　x＝0.9(g)

やや難　問3　マグネシウムygが反応して酸化マグネシウムが4gできたとすると3：5＝y(g)：4(g)　y＝2.4(g)である。よって，燃え残ったマグネシウムは3－2.4＝0.6(g)

6　(電磁石―電磁石の性質)

重要　問1　電磁石の強さは，コイルに流れる電流が大きいほど，コイルの巻き数が多いほど強くなる。また，コイルに流れる電流は，直列につなぐ電池の数が多いほど大きくなるが，並列につなぐ電池の数を変えても変わらない。よって，図1と電磁石の強さがほぼ同じになるのは，コイルの巻き数が図1と同じ50回巻きで，電池が並列につながれたCのものであることがわかる。

問2　図1のものに対してコイルの巻き数が2倍で，電池が並列につながれたDのものが，電磁石の強さが図1のもののおよそ2倍になる。

重要　問3　コイルの巻き数が最も多く，電池2個が直列につながれているEのものが最も電磁石の強さが強くなる。

やや難　問4　Eのコイルでは，図で，コイルの左側から右側に向かって電流が流れていて，コイルの部分では，コイルの左側から見て時計回りに電流が流れている。このとき，コイルの左はしがS極，右はしがN極になる。

問5　コイルの巻き数を多くしたり，電流を強くしたりする以外の方法としては，コイルに鉄しんを入れる方法がある。

7 (物体の運動―斜面と運動)

問1　グラフから，1.4秒後の小球の速さは0であることがわかる。Aから運動を始めた小球は，AからBへ進む間はだんだんと速くなる運動，BからCへ進む間は一定の速さで進む運動，CからDへ進む間はだんだんとおそくなる運動をして，Dでの速さは0になる。よって，1.4秒後の位置はDであることがわかる。

やや難　問2　グラフから，A→B→C→D→C→B→Aと運動するのにかかる時間は2.8秒であることがわかる。$6.0=2.8\times2+0.4$より，6.0秒後の小球の位置は，Aから0.4秒で進む位置だと考えることができる。Aから0.6秒でBに到達することから，6.0秒後の位置はAB間であることがわかる。

やや難　問3　AB間では，0.6秒で速さが0から3.0m/秒に変化することから，0.4秒でxm/秒に変化したとすると，0.6(秒)：3.0(m/秒)＝0.4(秒)：x(m/秒)　$x=2$(m/秒)

問4　3.0(m/秒)×(1.0－0.6)(秒)＝1.2(m)

問5　AB間を運動する0～0.6秒の間は，だんだんと速くなる運動をすることから，一定時間での移動距離がだんだんと大きくなるようなグラフとなる。BC間を運動する0.6～0.8秒の間は，一定の速さで運動をすることから，一定時間での移動距離が一定の割合で増加していく直線のグラフとなる。

8 (地球と太陽・月―月食)

重要　問1・問2　1　日食は，太陽－月－地球の順に一直線に並ぶと起こる現象で，このときの月は新月である。　3　月食は，太陽－地球－月の順に一直線に並ぶと起こる現象で，このときの月は満月である。

基本　問3　天体が別の天体の周りを回ることを公転という。

問4　地球の自転の向きと，月の交点の向きは同じである。

重要　問5　月は，地球から見て太陽と同じ側にある部分がかがやいて見える。右側半分がかがやいているAの月(上弦の月)はオの位置に月があるとき，左側全体と右の一部がかがやいて見えるBの月はクの位置に月があるとき，左側の一部がかがやいて見えるCの月はイの位置に月があるときのものである。

重要　問6　夕方，太陽は西の地平線にしずむことから，西側がかがやくAの月が見える。

問7　ア　月は太陽の光を反射してかがやいて見える。　イ　上皿てんびんではかった重さ(正確には質量)は，地球上でも月面上でも等しくなる。

★ワンポイントアドバイス★

基本～標準的な問題が中心の出題だが，試験時間に対する問題数は多いので，一問一問をすばやく正確に解答できるように練習を重ねよう。また，思考力を問う問題や，文章記述問題もあるので，その練習もしっかりやっておこう。

<社会解答>

1. 問1 (1) ④　(2) 卑弥呼　(3) ③　(4) ②　問2 ア ①　イ ③
ウ ⑤　エ ⑦　オ ⑨　カ ⑩　問3 (1) ア ②　イ ⑧　ウ ③
エ ④　オ ⑥　カ ①　キ ⑩　(2) ③　問4 (1) 足利尊氏
(2) 倭寇と区別するために必要だった。　問5 雪舟　問6 (1) キリスト教信者を発

見するため。　(2)　②　(3)　③　(4)　②　問7　(1)　地租改正　(2)　徴兵令
(3)　②　(4)　③　問8　学制　問9　ア　25　イ　治安維持法
問10　(1)　米騒動　(2)　②　(3)　①

2. 問1　(だいすけ)　山梨県・7　(まさみ)　茨城県・5　(架純)　神奈川県・9
(昭)　千葉県・8　(里帆)　群馬県・3　(勇人)　埼玉県・6　問2　ア　②　イ　㉑
ウ　⑬　エ　⑧　オ　③　カ　㉔　キ　⑤　ク　⑯　ケ　⑥　コ　⑭
問3　3776m　問4　地震などで原子力発電所が破損した場合，放射性物質が漏れ出し多大な被害が及ぶこと。　問5　3　問6　京葉(工業地域)　(都市名)　市川，船橋，千葉など　問7　④　問8　嬬恋村は高原地域であり，夏でも涼しい気候となっているから。

3. 問1　バイデン　問2　②　問3　③　問4　①　問5　④　問6　南北問題
問7　発展途上国の製品を適切な価格で購入する取り組み。

4. 問1　ア　法律　イ　弾劾　ウ　国民審査　エ　刑事　オ　裁判員　問2　③
問3　選出された人の時間的・精神的負担が大きい点。

○推定配点○
1. 問4(2)・問6(1)　各2点×2　他　各1点×33
2. 問4・問8　各3点×2　他　各1点×21(問1完答)
3. 問7　2点　他　各1点×6　4. 問3　2点　他　各1点×6　計80点

＜社会解説＞

1. (日本の歴史―古代～現代の政治・社会・文化など)

問1　(1)　邪馬台国を思わせる佐賀県にある環濠集落遺跡。　(2)　シャーマンの要素を持つ女性。　(3)　薄手で赤褐色の土器。　(4)　奴国王が後漢の光武帝から授かったのが金印。

問2　ア　長岡京から遷都。　イ　天皇成人後の政務担当者。　ウ　漢字(真名)をもとに発展。　エ　土佐日記の著者。　オ　藤原頼通が建造。　カ　奥州藤原氏の清衡《きよひら》創建の阿弥陀堂。

問3　(1)　ア　守護は国ごとに，地頭は公領や荘園に設置。　イ　伊豆で挙兵し平氏打倒に成功。　ウ　敗れた上皇は隠岐に配流。　エ　北条氏が世襲した役職。　オ　初めて制定された武家法。　カ　元・高麗の連合軍約3万人が博多に来襲。　キ　元弘の変で隠岐に流されたが脱出して討幕に成功。　(2)　写実的で量感に富んだ仏像で知られる鎌倉仏師の代表。

重要　問4　(1)　後醍醐天皇を助けて建武の新政を実現させたがのちに天皇と離反。　(2)　14世紀以降，対馬や北部九州の土豪や漁民が朝鮮半島や中国沿岸で頻繁に略奪行為を行った。

問5　山口の大内氏の庇護《ひご》の下で明に渡航し日本独自の水墨画を完成した画僧。

問6　(1)　キリストやマリアの像を踏ませ信者を発見。　(2)　年貢納入の共同責任や犯罪の相互監視が目的。　(3)　ア　江戸・京都間に53の宿を設置。　イ　津軽海峡を経由して江戸に至るルート。　(4)　幕府の弱体化と外国勢力の圧迫で尊王論と攘夷論が結びついて形成。

重要　問7　(1)　新政府の財源の8割が地租となった。　(2)　初期には多くの免除規定も存在した。　(3)　翌年，中華民国が成立し清は滅亡した。　(4)　舞姫は漱石と並ぶ明治の文豪・森鴎外。

問8　国民皆学を狙ったが労働力を奪われることや高額の費用などで反対一揆も起こった。

重要　問9　ア　納税額による制限の廃止。　イ　反政府的な言動を取り締まる法として利用された。

問10　(1)　大戦景気やシベリア出兵のうわさから米価が高騰。　(2)　不当な差別を受けた被差別部落の人を救う運動。　(3)　テレビ放送の開始は戦後の1953年。

2. (日本の地理—国土と自然・産業など)

重要 問1　だいすけ　中央自動車道で山梨県の山中湖へ。　まさみ　日本で初めて原子力の灯がともった茨城県の東海村。　架純　三崎港や三浦大根で知られる神奈川県の三浦市。　昭　「チバニアン(日本時代)」と命名された千葉県の市原市。　里帆　湯量日本1といわれる群馬県の草津温泉。　勇人　江戸城の北の守りとして重要視された埼玉県の川越市。

問2　ア　富士五湖で最大の湖。　イ　東海村には原子力施設が集中。　ウ　かつては漁業も盛んだった湖。　エ　全国の約半分を生産。　オ　東京湾と相模湾を分ける半島。　カ　古代に上総の国府が置かれた地。　キ　川崎と木更津を結ぶ東京湾横断道路。　ク　浅間山などの山麓に広がる村。　ケ　蔵造りの町としても知られる。　コ　荒川沿岸の長瀞は名勝・天然記念物に指定。

問3　静岡・山梨の両県にまたがる成層火山。2013年には世界遺産にも登録された。

問4　1999年には核燃料加工施設内で臨海事故が発生し死亡者も出た。

問5　都道府県並みの権能を持つ市で神奈川県では横浜・川崎・相模原が指定されている。

問6　東京湾沿いに石油化学コンビナートが林立，日本で最も化学工業の割合が高い。西から浦安・市川・船橋・千葉・市原・袖ケ浦・木更津・君津・富津。

問7　1872年，フランスの技術や機械を導入して建設した官営工場。

問8　キャベツは収穫時期により冬キャベツ・夏秋キャベツ・春キャベツに分類される。

3. (政治・時事問題—国際社会と平和など)

問1　トランプ大統領を接戦の末破り78歳という史上最高齢で第46代大統領に就任。

問2　1924年以来100年ぶり3回目のオリンピック。

問3　国際連合の誕生に指導的な役割を果たしたアメリカ最大の都市。

問4　世界保健機関。②は世界貿易機関，③は国連教育科学文化機関，④は国際通貨基金。

問5　国連の常任理事国はアメリカ・イギリス・フランス・ロシア・中国の5か国。

問6　先進国は北半球に，発展途上国は南半球に多いことからの命名。

やや難 問7　途上国の生産者や労働者の生活環境を改善することが人々の自立につながり，必要以上の開発を抑制することで現地の環境破壊も防ぐことができる。

4. (政治—憲法・政治のしくみなど)

重要 問1　ア　外部からの圧力を排除する規定。　イ　国会議員が裁判官となる。　ウ　罷免された裁判官はいない。　エ　検察官が原告となって裁判。　オ　有罪無罪だけでなく量刑も決定。

問2　公開が原則だが公序良俗を害する恐れがあると判断した場合は非公開とすることもできる。

問3　市民の感覚を裁判に導入することを目的にスタートしたが，法律の知識がない一般市民が適切な判断を下せるのか疑問を持つ人も多く辞退者も増えている。

★ワンポイントアドバイス★

政治分野の問題には時事的な要素が頻繁に登場するものである。日ごろから世の中の動きに注意を払い，疑問を持ったら必ず自分で調べる習慣をつけよう。

<国語解答>

一 ① ウ　② エ　③ オ　④ ア　⑤ イ　問二 ① ア　② エ
③ イ　④ エ　⑤ ア

二 問一 ⓐ 消費　ⓑ 大勢　ⓒ 発展　ⓓ 画一　ⓔ 領域　ⓕ とうらい
問二 二　問三 Y ウ　Z イ　問四 イ　問五 ウ　問六 (例) 安定的に安全でおいしく食べ物を食べられる状況になること。　問七 ア　問八 ア・オ
問九 ウ　問十 Ⅰ (例) 食べ残しを減らすこと。　Ⅱ (例) 「食べられるもの」は文化に関わらず食べること。

三 問一 ⓐ 用意　ⓑ てんじょう　ⓒ 成績　ⓓ 背景　ⓔ な(げ)　ⓕ 記録
問二 A ウ　B ア　C エ　D イ　問三 ① エ　⑧ エ
問四 (例) みんなが味わっている厳しさを純粋に抜き出したもの　問五 ウ
問六 ア　問七 ウ　問八 エ　問九 (例) 聴覚や視覚が働かず，声も出ず，方向感覚も定まらなくなってしまった状態。　問十 イ　問十一 ア　問十二 イ
問十三 エ

○推定配点○

一 各1点×10　二 問四・問七・問九・問十 各3点×5　問六 4点　他 各2点×12
三 問二・問三 各1点×6　問四 4点　問六・問八・問十一・問十三 各3点×4
問九 5点　他 各2点×10　計100点

<国語解説>

一 (ことわざ・漢字の書き)

やや難 問一 ① 「魚心あれば水心」は，相手が好意を示してくれれば，こちらも好意をもって応対する気になるということ。　② 「生き馬の目を抜く」は，抜け目なくすばやく人を出し抜くこと。すばしこくて，油断もすきもないこと。　③ 「立つ鳥あとをにごさず」は，飛び去る水鳥が水面をよごさないように，人がある所を離れるとき，そのあとを見苦しくないようにしていくこと。何事も後始末をきれいにすべきであるということ。　④ 「獅子身中の虫」は，獅子の体に住み利益を受けている虫がかえって獅子に害を与えるという意味。そこから，味方でありながら，味方のためにならない者の意味になった。　⑤ 「亀の甲より年の功」は，長年積んだ経験の価値は何よりも尊いということ。さまざまな細工物に利用される亀の甲羅よりも，年を取ることで得るてがら(価値)のほうが尊いという，同音の「甲」と「功」をかけたもの。

基本 問二 ① ア「解熱」(発熱を治めて平熱にすること)，イ「下足」(脱いだはきもの)，ウ「下品」，エ「無下」(そっけなく冷淡に扱う様子)。　② ア「簡易」(手軽で簡単なこと)，イ「安易」(たやすくできること。いいかげんなこと)，ウ「平易」(やさしく理解しやすいこと)，エ「無為」(自然のままで，作為的でないこと。有意義なことを何もしないこと)。　③ ア「実技」，イ「一日」(一つの日数。ある日)，ウ「果実」，エ「内実」(内部の事実・事情。本当のところ)。　④ ア「気圧」，イ「気象」，ウ「正気」，エ「規則」。　⑤ ア「階段」，イ「誤解」，ウ「解決」，エ「解散」。

二 (論説文－要旨・大意の読み取り，文章の細部の読み取り，接続語の問題，空欄補充の問題，慣用句，漢字の読み書き，文と文節，記述力・表現力)

問一 ⓐ 「消費」は，使ってなくすこと。「消」の訓は「き-える・け-す」。「消失」「解消」など

の熟語がある。「費」の訓は「つい - やす・つい - える」。「経費」「乱費」などの熟語がある。
ⓑ「大勢」は「多勢」と誤りやすいので注意する。「多勢」は「タゼイ」と読む。「勢」の訓は「いきお - い」。「勢力」「形勢」などの熟語がある。 ⓒ「発展」は「展」の下の部分を「衣」と誤らない。「展」の熟語には「展覧」「進展」などがある。 ⓓ「画一」は，何もかも同じような形や性質に統一すること。「画」には「ガ・カク」の二つの音がある。「カク」と読む熟語には「画策」「参画」などがある。「一」を「イツ」と読む熟語は「均一」「統一」などがある。 ⓔ「領域」は，関係や勢力の及ぶ範囲。「領」の熟語には「要領」「横領」などがある。「域」の熟語には「広域」「流域」などがある。 ⓕ「到来」は，時機がやってくること。「到」の熟語には「到達」「殺到」などがある。

基本 問二 「二の次」は，二番め，あとまわしの意味。食べ物の獲得が第一で，味覚はあとまわしということ。

やや難 問三 Y 直前の「人間は，長い……努力をしてきました」の内容を要約した言葉が，空欄Yのあとの「味覚そのものは，文化の産物なのです」である。「要するに」の意味を表す「つまり」が入る。 Z 前の部分では「私たちの周囲には『食べられる物』だらけ」と述べ，空欄のあとでは，「食べられる物」すべてが「食べ物」とは考えられないと述べている。逆接の「しかし」が入る。

問四 同じ段落の初めに「人間の歴史のある段階では，好き嫌いなどの前に，いかに食べ物を獲得するかが重要」とある。また，続く段落には「古く食物が豊かではなかった時代，人間は食べられる物なら，何でも食べてきたはずです」とある。これらは同じことを述べていて，イにあるように人間は「生きるためには食べられるものを見つけなければならない」ということである。食べ物を手に入れるのが優先されるから，「勇気があったから食べたわけではない」ので，論理が逆転しているというのである。

基本 問五 格助詞「が」がついているので，「ある文化圏の食嗜好が」は主部(主語)である。主語がかかっていく部分は「どうする・どうなる」を表す述語であるから，ウ「変えている」が述部(述語)である。

重要 問六 「余裕」は，ありあまっている部分，ゆとりである。食がある程度ありあまっている状態については，(中略)をはさんで五段落前に，「食料が安定してきた」「安全にかつおいしく食べられる」とある。この表現を使って解答例のように「安定的に安全でおいしく食べ物を食べられる状況(状態)」とまとめればよい。論理の展開の面からみると，(中略)の前の五段落で述べられている内容と，「つまり人間は，食にある程度の余裕が生じると……食に関して細かなタブーを設けます」は，「食のタブー」について同じ内容を述べていることになる。

問七 空欄の直前の「こうしてみると」は，ここまで述べてきた文章の内容を指している。この文章の話題については，第三段落に「食べ物の好き嫌いは文化の展開でもある」と述べている。人間は生きるためだけに，食事をするのではないと説明しているアが正解。

問八 直後に「よくある例は，」として，オの内容を述べている。さらに，続く段落で「そうかと思うと，」として，アの内容を述べている。

重要 問九 問七でとらえたように，文章[Ⅰ]では食べ物に対する文化の影響について述べている。文章[Ⅱ]には，「大した物ではなくても，人々の評判によって，大変貴重な「食べ物」であるかの如くに思い込まされている場合もあります」とある。

重要 問十 [Ⅰ] 第一段落に「膨大な廃棄食糧が出されています」とある。また，「人間の歴史のある段階では，好き嫌いなどの前に，いかに食べ物を獲得するかが重要」とある。食べられる食べ物を廃棄するような意味での「食料危機」の解決策としては，「食べ残しを減らすこと」である。

[Ⅱ] 問七でとらえたように，[Ⅰ]では，食べ物と文化の関係について述べている。それを受けて[Ⅱ]では，人間は異なる文化の食べ物を否定し合い「わずかな種類の『食べ物』にしがみついて生きているのです」と述べている。そこで，筆者は文化にとらわれずに「『食べられる物』のほとんどすべてを『食べ物』として認める世界になったならば，地球上に食糧危機はまだやって来ないでしょう」と述べている。

三 (小説－心情・情景の読み取り，文章の細部の読み取り，指示語の問題，空欄補充の問題，言葉の意味，漢字の読み書き，言葉の用法，記述力・表現力)

問一 ⓐ「用意」は，同音語の「容易」と区別しておく。「用」の訓は「もち‐いる」。 ⓑ「天井」の「天」の訓は「あま」。「天の川」「天下り」などの言葉がある。 ⓒ「成績」は，「績」を「積」と書く誤りが多い。「績」は仕上げた結果という意味を表し，「積」は集めて重ねるという意味を表す。「績」には「業績」「功績」などの熟語がある。 ⓓ「背景」は，背後にある景色ということ。「背」の訓は「せ・せい」。「背比べ」「上背(うわぜい)」などの言葉がある。 ⓔ「投」の音は「トウ」。「投下」「投資」などの熟語がある。 ⓕ「記録」は，「録」を形の似た「緑(リョク)」と区別する。「録」の熟語には「録音」「登録」などがある。

やや難 問二 A「かがやいている」様子を表す言葉は「きらきら」である。 B 空欄の前後に「すこしずつ」「やがて」「じきに」という時間の経過を表す言葉がある。「形がなくなっていった」も時間の経過を表している。「みるみる」は，見ているうちにどんどんの意味。 C「歯をかみなら」すためには，口をパクパクと開け閉めしなければならない。 D 笑う様子を表す言葉は「ニヤニヤ」である。

基本 問三 ①「蚊の鳴くような声」は，かすかで弱々しい声。蚊は小さくて弱々しい生き物を表している。その鳴き声だから，かすかで弱々しい。 ②「やみくもに」は，少しも見当がつかないままに，でたらめに行動する様子。

重要 問四 「それ」が直接指しているのは，「それをすこしばかり純粋にぬきだしてあるもの」である。この部分の「それ」が指しているのは，「みんなが味わっていること」で，それは「きびしさにおいては，おとなもこどもも，区別はないもの」である。これらの要素を整理すると，解答例のようになる。

問五 初めに黒のおじさんが「ここはすこしこわいところだよ」と言い，「ぼく」もタロも初めは「こわい」と言っているが，タロが「やってみる」と言い，さらに「ぼく」も「いやだなんて，かっこうがわるくていえやしない」と思って，二人とも中に入ることを決心している。

問六 「顔を見合わせる」は，お互いの顔を見るということ。直前に「どうやって帰ればいいのか，けんとうもつかなくなってしまった」とあり，どうすればいいのかわからずにお互いに不安になって，お互いの顔を見ているのである。

問七 黒のおじさんが，「おたがいに顔をよく見なさい。友だちどうし，相手のことをいっしょうけんめい考えるのだ」と言うことに従って，「ぼくは，タロの顔を見つめながら，かれのことを考えていた」とある。タロもぼくのことを考えているのである。問六でとらえた不安な気持ちのなか，ウのように「タロといっしょに困難を乗り越えようと，はげます」気持ちを伝えるために，ほほえんで，ウィンクしているのである。

問八 いっしょに困難を乗り越えようとしたタロの姿が消えてしまったのである。そのことに驚くと同時に，消えてしまったタロを心配して「思わず大声をあげた」のである。

重要 問九 直後に「つまり」とあって，――線部の状態を「ぼくのからだ以外のものをみんな失ってしまったのだ」と言いかえている。外界を知る感覚を失ってしまったのである。「失っていた」は，なくなってしまったということ。耳は聴覚，眼は視覚の働きをする。のどが失われたとは，声が出なくなったということ。重力は，地球上の物体が地球の中心に向かって引きつけられる力。重力が失われて無重力になると物体はふわふわと浮かんで，上下左右の方向感覚が定まらなくなる。

基本 問十　「ように」を使ってたとえるのは直喩。「ぼく」がくるくるまわっていた様子を，ねずみ花火にたとえている。

問十一　問九と関連させて考える。体の感覚が失われた不安定な状態で不安な心理になっていたときに，自分とは切りはなされたものである帽子をつかんだという感覚を得たのである。そして，物体の確かな存在感を覚え，自分という存在の確かさを確認して安心することができたのである。

基本 問十二　「の」は格助詞。「きみたちのも」は「きみたちのものも」と言いかえることができる。イの「あなたのだ」も「あなたのものだ」と言いかえることができる。体言のかわりをする「の」である。アは，「～の～の」と重ねて使って並立を表す。ウは，「が」と言いかえられ，主語であることを表す。エは，「買ったばかり」が「スニーカー」にかかっていて，連体修飾語であることを表す。

問十三　問七と関連させて考える。蚊の鳴くような声で「こわいの？」とたずねたタロは，次の場面では「やってみる」と言っている。その様子は，恐ろしさをこらえ，小さなこぶしをにぎりしめているのである。大事な場面だから決断しているのである。

★ワンポイントアドバイス★

論説文は，筆者の考え方をとらえて，その考え方に沿って筆者がどのように説明を進めているかを読み取っていこう。二つの文に共通する内容に注目して読むことが大切だよ。小説は，会話や表現から場面に描かれていることがらをとらえて，人物の心情や思い，考えを読み取るようにしよう。

第1期

2022年度

解答と解説

《2022年度の配点は解答欄に掲載してあります。》

＜算数解答＞

1　(1)　5　(2)　$3\frac{1}{8}$　(3)　$\frac{2}{15}$　(4)　4800

2　(1)　0.25　(2)　34分間　(3)　11cm　(4)　25枚　(5)　$\frac{73}{98}$　(6)　160g
(7)　①　180個　②　480個　(8)　①　96個　②　60個　(9)　①　280
②　28日　(10)　$21\frac{9}{11}$分　(11)　18.84m^2　(12)　①　30度　②　55度

3　(1)　24cm^2　(2)　38cm^2　(3)　12：9：7

4　(1)　5分　(2)　45分　(3)　100cm　(4)　90cm

○推定配点○

1，2(1)～(4)　各3点×8　他　各4点×19　計100点

＜算数解説＞

1　(四則計算)

(1)　90－25－3×(2＋18)＝65－60＝5

(2)　$\frac{9}{8}+\frac{1}{3}\times6=3\frac{1}{8}$

(3)　$\frac{1}{2022}\div\left(\frac{21}{4044}-\frac{1}{674}\right)=\frac{1}{2022}\div\frac{15}{4044}=\frac{2}{15}$

(4)　12×(480－48－30－10＋8)＝12×400＝4800

重要 2　(四則計算，速さの三公式と比，鶴亀算，平面図形，数の性質，割合と比，倍数算，相当算，場合の数，仕事算，和差算，時計算，図形や点の移動)

(1)　□＝$0.5-\frac{3}{4}\div4\times\frac{4}{3}$＝0.5－0.25＝0.25

(2)　(120×46－4160)÷(120－80)＝1360÷40＝34(分間)

(3)　379.94÷3.14＝121＝11×11より，半径は11cm

(4)　Cの枚数が⑤のとき，Bの枚数は⑩，Aの枚数は⑥＋15である。したがって，⑤＋⑩＋⑥＝㉑が120－15＝105(枚)に相当し，Cの枚数は105÷21×5＝25(枚)

(5)　分子　3×25－2＝73　分母　4×25－2＝98　したがって，求める分数は$\frac{73}{98}$

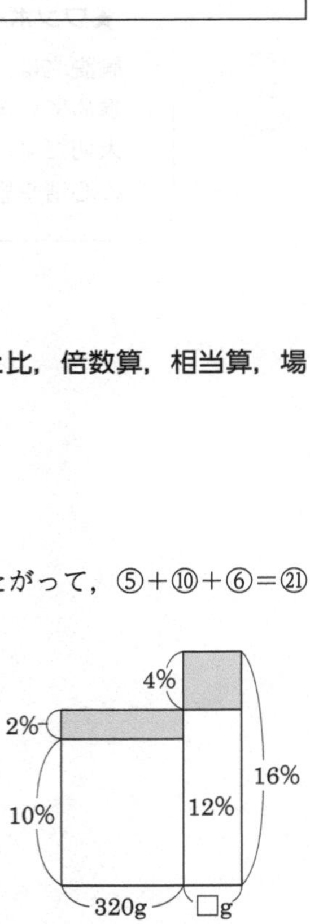

(6)　右図より，色がついた部分の面積が等しく16%の食塩水は320×(12－10)÷(16－12)＝160(g)

(7)　①　2日目の残りの個数…45×4＝180(個)　②　1日目の残りの個数…(20＋180)÷5×8＝320(個)　したがって，仕入れた個数は320÷2×3＝480(個)

(8)　①　4×4×3×2×1＝96(個)　②　奇数の個数…3×3×2×1×2＝36(個)　したがって，偶数は96－36＝60(個)

(9)　①　56＝7×8，40＝5×8，35＝5×7より，最小公倍数は7×8×5＝280　②　①より，全

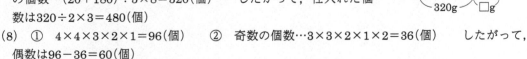

体の仕事量を280とする。

A・B2人がする1日の仕事量…280÷56＝5　B・C2人がする1日の仕事量…280÷40＝7　A・C2人がする1日の仕事量…280÷35＝8　3人がする1日の仕事量…(5＋7＋8)÷2＝10　したがって，3人がする日数は280÷10＝28(日)

図1

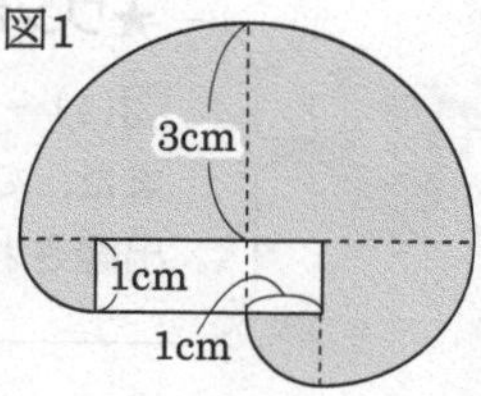

(10)　(180−30×2)÷$\frac{11}{2}$＝$\frac{240}{11}$(分)

(11)　図1より，求める面積は(3×3÷2＋2×2÷4＋1×1÷2)×3.14＝6×3.14＝18.84(cm^2)

図2

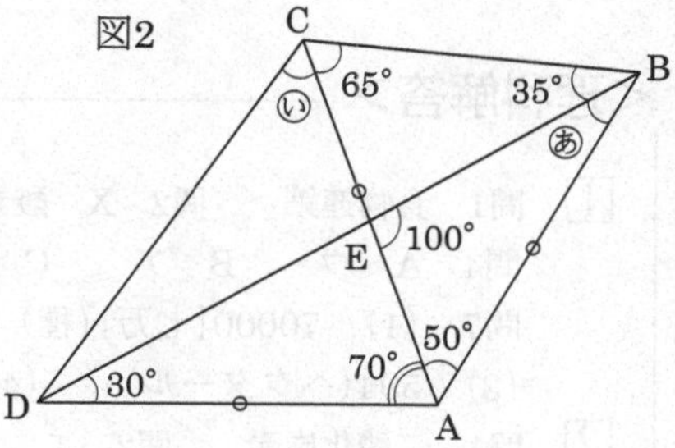

(12)　①　図2より，(あ)は180−(65＋35＋50)＝30(度)

②　①より，二等辺三角形ACDの角DACは180−30×2−50＝70(度)　したがって，(い)は(180−70)÷2＝55(度)

重要 3　**(平面図形，相似，割合と比)**

(1)　右図3より，三角形ABFとDEFの相似比は，3：1　三角形ABGとCEGの相似比は3：4　BEの長さを3＋1＝4，3＋4＝7の最小公倍数の28にすると，BFは28÷(3＋1)×3＝21　BGは28÷(3＋4)×3＝12　したがって，三角形ABGは18÷(21−12)×12＝24(cm^2)

図3

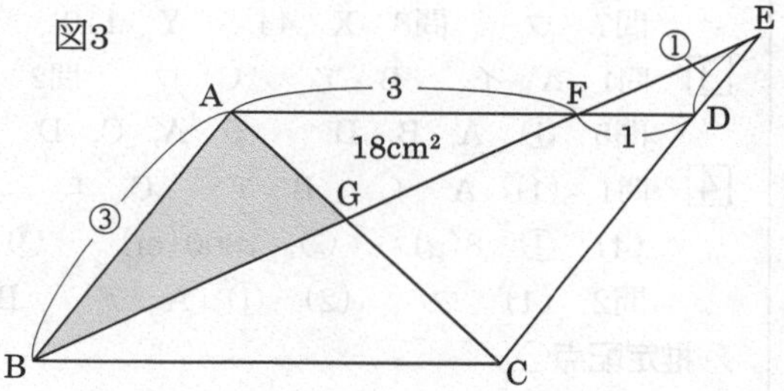

(2)　(1)より，三角形ABCは24÷3×(3＋4)＝56(cm^2)　したがって，四角形GCDFは56−18＝38(cm^2)

(3)　(1)より，BG：GF：FEは12：9：(28−21)＝12：9：7

重要 4　**(平面図形，立体図形，グラフ，割合と比)**

(1)　グラフより，アは10÷2＝5(分)

図1

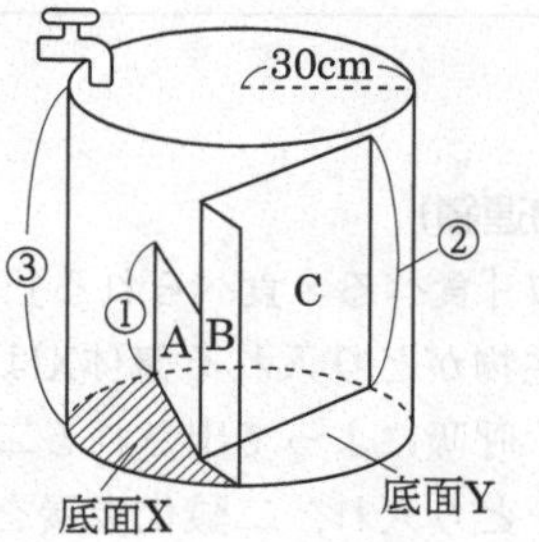

図2

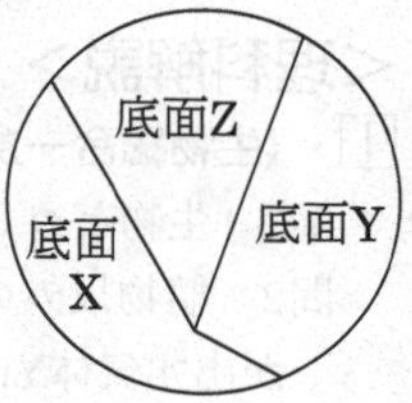

(2)　底面X＋Zの部分に高さ①まで水がたまる時間…10分　底面X＋Z＋Yの部分に高さ②まで水がたまる時間…10÷2×3×2＝30(分)　したがって，満水になる時間イは30÷2×3＝45(分)

(3)　高さ①…(1)より，9420×5÷(30×30×3.14÷3)＝50(cm)　したがって，高さ②は50×2＝100(cm)

図3

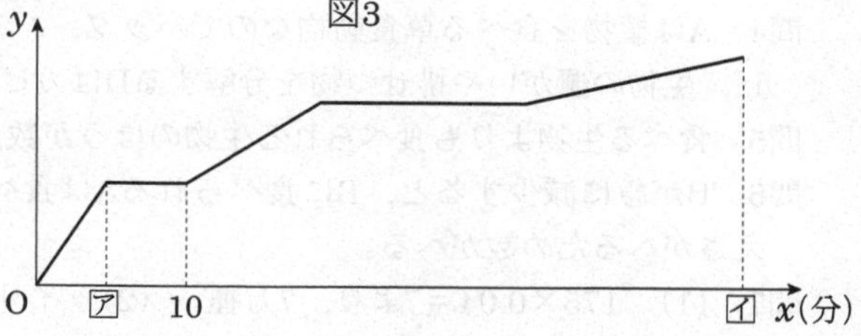

(4)　(2)・(3)より，底面Yの部分に高さ100cmまで水がたまる時間は30−10×2＝10(分)　したがって，29−20＝9(分)でたまった水深は100÷10×9＝90(cm)

★ワンポイントアドバイス★

[2](1)～(12)小問16題で種々の標準レベルの問題が出題されており，勉強になり，また，これらで差がつきやすい。[3]「平面図形，相似，割合と比」の問題も，よく出題される問題であり，確実に得点しよう。

＜理科解答＞

[1] 問1 食物連鎖　問2 X 酸素　Y 二酸化炭素　問3 Ⅰ 呼吸　Ⅱ 光合成
問4 A ウ　B ア　C イ　D エ　問5 ア　問6 A ア　C イ
問7 (1) 70000[七万](種)　(2) ウ　(3) エ　問8 (1) イ　(2) A
(3) 594(ヘクタール)　(4) (例) 図のはたらきⅡが弱まり，気体Yが増加する。

[2] 問1 二酸化炭素　問2 エ　問3 酸(性)　問4 (例) 加熱する。　問5 ウ　問6 イ
問7 ウ　問8 X 44　Y 110　問9 160(mL)

[3] 問1 A イ　B ア　C ウ　問2 A ア　B イ　問3 ア　問4 エ
問5 ① A, B, D　② A, C, D　③ A

[4] 問1 (1) A イ　B ア　C エ　D オ　(2) ア　(3) エ
(4) ① 8(g)　② 1800(m)　③ 2(g)　④ 40(%)　⑤ ア
問2 (1) ウ　(2) ① A ア　B イ　② イ　③ エ

○推定配点○

[1] 問1・問7・問8(1)，(2)　各1点×6　他　各2点×8(問2～問4各完答)
[2] 問1・問3・問8　各1点×4　他　各2点×6　[3] 各2点×8(問1完答)
[4] 問1(4)①，⑤　各1点×2　他　各2点×12(問1(1)AB・CD各完答)　計80点

＜理科解説＞

[1] (生物総合―食物連鎖)

基本 問1 生物どうしの「食べる・食べられる」関係を食物連鎖という。

問2 植物以外の生物がとり入れる気体Xは，呼吸によってとり入れられる酸素，植物以外の生物が出す気体Yは，呼吸によって出される二酸化炭素である。

重要 問3 植物が酸素をとり入れ，二酸化炭素を出すはたらきⅠは呼吸，二酸化炭素をとり入れ，酸素を出すはたらきⅡは光合成である。

問4 Aは植物を食べる草食動物なのでバッタ，バッタを食べるBはカエル，カエルを食べるCはヘビ，生物の遺がいや排せつ物を分解するDはカビ・キノコである。

問5 食べる生物よりも食べられる生物のほうが数が多い。よって，A＞B＞Cとなる。

問6 Bが急に減少すると，Bに食べられるAは食べられにくくなるため数がふえ，Bを食べるCはえさがへるため数がへる。

問7 (1) 175×0.04＝7より，7万種　(2) イリオモテヤマネコは環境省によって指定されている希少野生動植物種の1種である。　(3) ア・イ…外来種が日本に来て，生存しやすい環境であるとその外来種ははんしょくする。　ウ 外来種と在来種の間での交配で雑種が生じることもある。

問8 (1) 放牧地の確保や放牧された動物に食べられることなどは森林減少の一因となる。
(2) 森林が減少すると，草食動物であるAが最初に影響を受ける。 (3) 1年は 24×365＝8760(時間) だから，520万(ヘクタール)÷8760＝593.6…より，594ヘクタール。 (4) 森林が減少すると，植物による光合成(はたらきⅡ)が弱まり，二酸化炭素(気体Y)が吸収されにくくなるため，空気中の二酸化炭素量が増加する。

重要

2 (気体の発生・性質―二酸化炭素)

基本 問1 炭酸水は二酸化炭素の水溶液である。

基本 問2 二酸化炭素は空気より重いので上方置換で集めることはできない。

基本 問3 炭酸水は酸性の水溶液である。

問4 BTB溶液の色が黄色から緑色になったことから，水溶液の性質が酸性から中性に変化したことがわかる。酸性の炭酸水を中性にするには，酸性のもととなっている二酸化炭素が水溶液中からなくなればよい。気体の水溶液を加熱すると気体が水溶液中から出ていくので，炭酸水を加熱すると炭酸水から二酸化炭素が出ていき，蒸留水と同じ中性になる。

問5 二酸化炭素の増加は地球温暖化の原因のひとつと考えられている。

問6 食塩は塩化ナトリウム，重そう(ベーキングパウダー)は炭酸水素ナトリウムが主成分で，石灰水は水酸化カルシウムの水溶液である。

問7 加えた炭酸カルシウムの質量が0.5gのときと0.7gのときとで，発生した二酸化炭素の体積が等しいことから，うすい塩酸と反応する炭酸カルシウムの質量には限度があり，一定質量以上の炭酸カルシウムを加えても発生する二酸化炭素の体積は変化しないことがわかる。

重要 問8 炭酸カルシウムの質量が0.5gまでは炭酸カルシウムの質量と発生する二酸化炭素の体積は比例することから，$22(\mathrm{mL})\times\frac{0.2(\mathrm{g})}{0.1(\mathrm{g})}=44(\mathrm{mL})$より，X＝44
炭酸カルシウムの質量が0.5g以上では，発生する二酸化炭素の体積は一定なので，Y＝110

やや難 問9 うすい塩酸100mLと炭酸カルシウム0.5gがちょうど反応して二酸化炭素が110mL発生する。このことから，0.8gの炭酸カルシウムとちょうど反応するうすい塩酸の体積をxmLとすると，
0.5(g)：100(mL)＝0.8(g)：x(mL)　　x＝160(mL)

3 (回路と電流―回路とスイッチ)

問1 A スイッチのON，OFFに関係なくパイロットランプが点灯していることから，機器のON，OFFではなく，スイッチの位置を確認する目的で使われることがわかる。 B スイッチのONとパイロットランプの点灯状態が一致していることから，スイッチにつながれた機器のON，OFFをパイロットランプによって知ることができる。 C スイッチのONとパイロットランプの点灯状態が逆になっていることから，周りが暗いときに，動作していない機器を動作させるためにスイッチを探すのが容易になる。

やや難 問2 ア～エの回路で，スイッチのON，OFFとパイロットランプ，電灯の状態をまとめると次のようになる。

回路	ア		イ		ウ		エ	
スイッチ	ON	OFF	ON	OFF	ON	OFF	ON	OFF
PL	点灯	点灯	点灯	消灯	消灯	消灯	消灯	消灯
電灯	点灯	消灯	点灯	消灯	点灯	点灯	点灯	消灯

問3 図2の回路では，スイッチがOFFのとき，パイロットランプと電灯が直列につながることになり，どちらも点灯する。

問4 スイッチがONのときは，電球Qとスイッチが並列につながることになるが，電球Qに比べて

スイッチの部分のほうが電流が非常に流れやすいため，電球Qには電流が流れず，電球Pだけが点灯する。

やや難 問5 ①～③の回路でスイッチが閉じられたときの回路図は下の図のようになる。なお，③では，電球C，Dよりもスイッチの部分のほうが電流が非常に流れやすいため，電球C，Dの部分には電流が流れない。

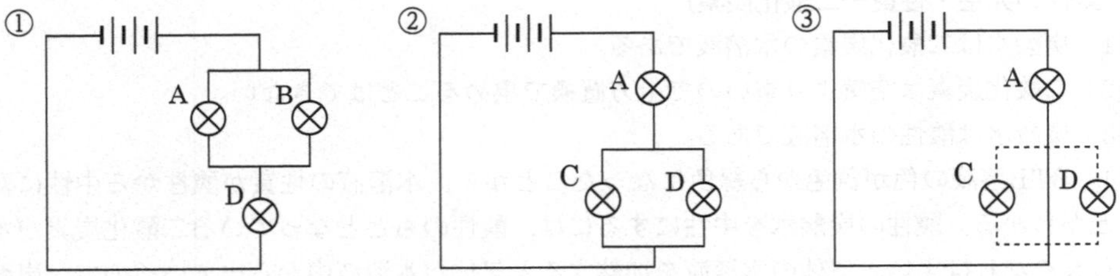

4 (気象―日本の天気)

重要 問1 (1) 空気は気圧の高いところから低いところに向かって動く。冬は，大陸に高気圧，太平洋に低気圧ができるため，日本列島付近では，北西から南東に向かう季節風がふく。 (2) 冬は，大陸からの北西の季節風が日本海で水蒸気をふくみ，日本海側で雪が降る。そのため，群馬のみなかみから日本海側の新潟の越後湯沢に向かうと，「トンネルと抜けると雪国であった」と

重要 いう体験をできる。 (3) 冬によく見られる「西高東低」の気圧配置のときの天気図は，日本

重要 の東に低気圧，西に高気圧があり，等圧線が南北にせまい間隔でならぶ。 (4) ① 11.4℃のときの飽和水蒸気量は10gだから，湿度が80%なので，この日の越後湯沢での空気$1m^3$にふくま

やや難 れる水蒸気は 10(g)×0.8＝8(g) ② 越後湯沢の気温が11.4℃，山頂の気温が3℃なので，気温低下は 11.4－3＝8.4(℃)とわかる。100mで0.6℃下がるので，8.4÷0.6＝14より，越後湯沢と山頂との標高差は 100(m)×14＝1400(m) とわかる。越後湯沢の標高は400mだから，山頂の標高は 400＋1400＝1800(m) ③ 3℃の飽和水蒸気量が6gなので，山頂の空気$1m^3$がふくむことができる水蒸気は6gとわかる。越後湯沢での空気$1m^3$にふくまれる水蒸気が8gなので，空気

やや難 $1m^3$あたり 8－6＝2(g)の水蒸気が雪になる。 ④ 空気が下降する間，空気中の水蒸気の量に変化はないので，前橋の空気$1m^3$にふくまれる空気は6gである。よって，湿度は 6÷15×100＝40(%) ⑤ イ エルニーニョ現象は，南米沿岸付近の太平洋の海水温が平年よりも高い状態が続く現象である。 ウ ヒートアイランド現象は，人間の活動などによって都会の気温が周辺地域よりも高くなる現象である。 エ モンスーンとは，地域特有の季節によって決まった方向から風がふく現象である。

重要 問2 (1) 夏の日本列島は，太平洋上に中心をもつ高気圧に広くおおわれる。 (2) ① 空気はあたためられると軽くなって上昇するため，日差しが強いほど上昇気流も強くなる。そのため，夏は，積乱雲が発達してゲリラ豪雨が発生しやすくなる。 ② 「100mmの降水」とは，一面に雨が降ったとしたときに，その深さが100mm＝10cmになる雨量ということである。 ③ 大雨のときに車で移動すると，大きな水たまりなどに車が水没するおそれもあるため，危険である。

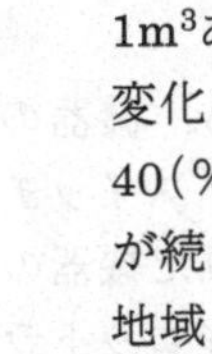

★ワンポイントアドバイス★

単純な知識を問う問題や典型的な問題ばかりではなく，思考力を要求するような問題の出題も多めなので，しっかりと考えることを要求するような問題に多く取り組んで慣れておこう。また，環境に関することがらもしっかり学習しておこう。

＜社会解答＞

1. 問1 (1) 三内丸山遺跡 (2) 土偶 (3) イ 問2 (1) ① イ ② ア ③ オ ④ カ ⑤ エ ⑥ キ (2) エ (3) ア 問3 (1) ① ク ② キ ③ ウ ④ オ ⑤ ア (2) 遣唐使の停止により中国の文化が入ってこないから。 問4 (1) 足利義満 (2) 足利義政 (3) ウ (4) 織田信長
問5 (1) ア (2) エ (3) 歌川広重 (4) ウ (5) 日米和親条約
(6) 政権を朝廷に返上する。 問6 (1) 五箇条の誓文 (2) イ (3) ウ
(4) 福沢諭吉 (5) イ 問7 (1) 田中正造 (2) 水俣病
問8 (1) 五・一五事件 (2) イ (3) ウ (4) エ

2. 問1 ① 最上(川) ② さくらんぼ 問2 ア 問3 やませ 問4 ④ 九十九里(浜) ⑤ 日本海流[黒潮] 問5 促成(栽培) 問6 東京都などの大都市が近く，居住地域が足りないため(拡大されたため)。[東京湾沿いに京葉工業地域が発展したため。]
問7 吉野(川) 問8 ため池の利用など 問9 奄美大島 問10 エ 問11 シラス(台地) 問12 竹島 問13 (領土) 尖閣諸島など (相手国) 中国など
問14 A 山形県・⑤ B 岩手県・④ C 千葉県・⑨ D 香川県・㊱
E：鹿児島県・㊻ F：島根県・㉝

3. 問1 ユダヤ教 問2 ア 問3 (1) PKO (2) 自衛隊 問4 政教分離
問5 イ 問6 グローバル化

4. 問1 ① 立法 ② 参議院 ③ 天皇 ④ 国事 ⑤ 助言 問2 慎重に審議を行うため。 問3 任期が短く，解散もあるため，より世論を反映していると言えるから。

○推定配点○
1. 問3(2)・問5(6) 各2点×2 他 各1点×36
2. 問6 3点 他 各1点×21(問14各完答)
3. 各1点×7 4. 問1 各1点×5 他 各2点×2 計80点

＜社会解説＞

1. (日本の歴史―古代～現代の政治・文化・外交など)

問1 (1) 1500年間にわたって営まれ原始的な農耕の痕跡《こんせき》もみられる遺跡。 (2) 女性像が多く収穫などを祈るものといわれる。 (3) 世界でも最も古いといわれる土器の一つ。

重要 問2 (1) ① 初の女性天皇。 ② 財政を担当していた豪族。 ③ 冠の色で階級を表した制度。 ④ 和の精神などを示したもの。 ⑤ 対等外交を目指して派遣。 ⑥ 400年ぶりに中国を統一した王朝。 (2) 7世紀末，初の本格的な都城である藤原京が完成。壬申の乱で即位したのは天武天皇 (3) 聖武天皇は仏教による国家安泰を願った。鎌倉大仏は鎌倉の高徳院。

重要 問3 (1) ① 皇后定子に仕えた女房。 ② 中宮彰子に仕えた女房。 ③ 4人の娘を天皇の后として実権を掌握。 ④ 平治の乱に勝利して初めての武家政権を確立。 ⑤ 公領や荘園に設置。 (2) 唐の影響が弱まりそれまで吸収してきた大陸の文化を背景に誕生。

問4 (1) 武家と公家の頂点を極めた将軍。 (2) 応仁の乱の要因を作った将軍。 (3) 日本家屋の原型となった書院造。アは法隆寺のエンタシス，イは寝殿造，エは高床倉庫。 (4) 足利義昭を将軍職につけたがのちに不和となり彼を追放し幕府を滅ぼした。

問5 (1) ① 石田三成率いる西軍と美濃国で激突。 ② 将軍の代替わりごとに発布。

(2) 物価高騰対策として実施されたが効果がなく失敗。 (3) 江戸後期の浮世絵師。西洋の遠近法を取り入れ風景画を完成。 (4) 三都と呼ばれたのは江戸・京都・大阪。 (5) 下田・箱館の2港を開き食料や薪水の供給を認めた。 (6) 公武の合体と有力大名の合議制による政局打開策。

基本 問6 (1) 天皇が神に誓った新政府の基本方針。 (2) ポーツマス条約は日露戦争。 (3) 自らヨーロッパにわたりドイツ憲法を研究。 (4) 慶應義塾を設立するなど自由民権運動にも大きな影響を与えた。 (5) ①(1894年)→④(1902年)→②(1910年)→③(1911年)の順。

問7 (1) 代議士を辞任して天皇に直訴した。 (2) 原因は工場から排出された有機水銀。

問8 (1) 海軍青年将校によるクーデター。 (2) 米英との対立は決定的となり日米関係は緊迫化した。 (3) 大都市は焼け野原となり疎開も行われた。 (4) 平和条約の締結で独立を達成。

2. (日本の地理―国土と自然・土地利用・農業など)

問1 ① 三大急流は最上川・富士川・球磨川。 ② 東根市など山形盆地を中心に生産。

問2 古来より暴れ川として知られ, 2020年の7月豪雨では氾濫で大きな被害が発生した。

問3 東寄りの冷たく湿った風で, かつては「飢餓風」「凶作風」などと呼ばれ恐れられた。

基本 問4 ④ 約60kmに及ぶ砂浜海岸。 ⑤ 黒っぽい色をした世界屈指の大海流。

問5 出荷時期を早め夏野菜や草花などを栽培, 施設費などがかかるが収益性も高い。

問6 遠浅の東京湾は埋め立てに向いており江戸の町も埋め立てで形成されたといえる。東京への一極集中の中, 工場用地や住宅地を求めて開発可能な千葉県側に埋め立てが進んでいった。

問7 四国三郎と称され坂東太郎(利根川), 筑紫次郎(筑後川)とともに愛されてきた川。

問8 現在でも1万4000以上のため池が活躍している。

問9「奄美大島・徳之島・沖縄島北部及び西表島」が自然遺産に登録された。

問10 初詣などで知られる成田山新勝寺は世界遺産には登録されていない。

問11 保水力がないシラス台地は稲作には向いておらず大雨が降ると土砂災害が発生しやすい。

問12 1905年に閣議で日本領と決定, 戦後は韓国が実効支配を続けている日本海に浮かぶ島。

問13 ロシアとは北方4島, 中国とは尖閣諸島をめぐって対立が続いている。

重要 問14 A 東北地方南西部の県。 B 南部とは盛岡周辺。 C 房総半島全域を占める。 D 「うどん県」で知られる。 E 畜産王国。 F 2005年には「竹島の日」を条例で制定。

3. (政治・時事問題―憲法・国際社会など)

問1 唯一の神・ヤハウェを奉じる世界でも最古級の宗教でキリスト教の母体にもなっている。

問2 2001年の同時多発テロ後, アメリカの武力攻撃で一度は崩壊した。

問3 (1) 国連平和維持活動。 (2) 1992年成立のPKO協力法で自衛隊の派遣も可能となった。

やや難 問4 戦前, 神道が天皇制や軍国主義の精神的支柱となったことへの反省から規定されたもの。

問5 全国でも技能実習生などを中心にベトナム人が増加, 中国・韓国に次ぎ3位となっている。

問6 経済の活性化がもたらされる一方, 工場の閉鎖や文化的な対立などデメリットもある。

4. (政治―憲法・政治のしくみなど)

重要 問1 ① 法律を制定できるのは国会だけ。 ② 任期6年で3年ごとに半数改選。 ③~⑤ 天皇は政治的な権能を一切持たず, 内閣の助言と承認のもとに一定の行為を行う。

問2 慎重な審議や多様な意見を取り入れる制度であるが現在は形式化しているとの批判が多い。

問3 首相の指名, 予算の議決, 条約の承認に関しては衆議院が絶対的に優越している。

★ワンポイントアドバイス★

記述問題は今後も増えていくものと予想される。日ごろから指示された内容をコンパクトにまとめるといった練習をしておこう。

＜国語解答＞

一 ① 単　② 月　③ 応　④ 聞　⑤ 石　問二 ① 加害　② 野党　③ 消極　④ 安全　⑤ 結果

二 問一 A 視野　B きんいつ　C なや　D 約束　E 敬(う)　問二 Ⅰ イ　Ⅱ エ　Ⅲ ア　Ⅳ オ　問三 何も特徴が出ない(こと)　問四 イ　問五 エ
問六 危なそうで切実なところ　問七 (最初)四本の柱に　(最後)ったのだ。
問八 (例) 何もない空間に神様が宿っていると感じることによって祈ること。
問九 んでいる。

三 問一 A 指揮　B しだい　C 姿勢　D 骨　E 付録　問二 (例) 柏木先生がそばにいないと，男子部員はまったくやる気を出さないと判明したこと。
問三 ウ　問四 やる気のあるやつ　問五 ア　問六 (例) 海中からサザエを獲ってくることが，完全な密漁であること。　問七 2 エ　3 ア　4 イ　5 エ
問八 ア　問九 ウ　問十 にらんだ　問十一 イ

○推定配点○

一 各1点×10　二 問一・問二 各2点×9　問八 5点　他 各3点×6
三 問一・問七 各2点×9　問二・問六 各5点×2　他 各3点×7　計100点

＜国語解説＞

一 (四字熟語・反対語)

やや難 問一 ①「単刀直入」は，ひとりで刀をふるって敵地に切り込む意味から，前置きや遠回しの言い方をせず，いきなり本題にはいること。「単刀」は，ひとりで刀をふるうこと。「短刀」は，短い刀。　②「花鳥風月」は，自然界の美しい景色。　③「因果応報」は，人の行いの善悪に応じて，それにふさわしい報いが必ず現れること。この「因果」は仏教用語で，すべての物事は，前の行いによって後の運命が決まること。「応報」は，善悪の行為に応じて現れる苦楽の報い。　④「前代未聞」は，今まで聞いたこともない珍しい，変わったこと。「前代」は，現代より前の時代。「未聞」は，まだ聞いたことがないという意味。　⑤「玉石混交」は，すぐれたものと劣ったものが入りまじっていること。「玉」がすぐれたもの。「石」が劣ったもの。

基本 問二 ①「被害」は，害を受けること。「被」は，受けるの意味。「加害」は，害を加えること。　②「与党」は，議会政治において，政権を担当している政党。政権を担当してない政党は「野党」という。　③「積極」は，物事に対して進んで働きかけること。「消極」は，自分から進んでは働きかけないこと。どちらも単独で使われることはあまりなく，「積極的」「消極的」などの形で使う。　④「危険」は，あぶないこと。「安全」は，危険がないこと。　⑤「原因」は，ある物事がおこるもとになること。「結果」は，ある原因によってもたらされた最終の事柄・状態。

二 (論説文－文章の細部の読み取り，接続語の問題，脱文補充，漢字の読み書き，記述力・表現力)

問一　A 「視野」は，ここでは，ものを見，考えることのできる範囲。「視野が広い・せまい」などと使う。「視」は，しめすへん。ころもへんを書かないように注意する。　B 「均一」は，すべてみな同じようにそろっているさま。「百円均一」のように使う。「均」を使った熟語には「均等」「均質」などがある。「一」を「いつ」と読む熟語には「統一」もある。　C 「納屋」は，物を収めておく小屋のこと。「納」の音は「ノウ・ナッ・トウ・ナ・ナン」。「ナ」と読むのは「納屋」くらい。「ノウ」には「格納」「収納」，「ナッ」には「納得」，「トウ」には「出納」，「ナン」には「納戸」などの熟語がある。音が複数ある漢字は，音ごとの熟語を覚えておこう。訓は「おさ-める・おさ-まる」。　D 「約束」は，つくりを「勺」と誤らないように注意する。「約」の熟語には「規約」「要約」などがある。「束」の訓は「たば」。音の熟語は「結束」「収束」，訓の熟語は「花束」などがある。　E 「敬う」は，送り仮名を「敬まう」としないように注意する。音は「ケイ」。「尊敬」「敬愛」などの熟語がある。

基本

問二　Ⅰ　空欄の前ではグローバリズムをよいものとして述べ，あとではグローバルであることを否定している。逆接の「しかし」が入る。　Ⅱ　空欄の前では，グローバリズムというのは自分たちの文化(＝ローカル)の特徴をいかすことで多様で豊かなものになると述べている。あとでは，それを理由として「ローカルが豊かでなければ，決してグローバルも豊かにならない」と述べている。前が理由になっているので，順接の「だから」が入る。　Ⅲ　空欄の前で「デザインの話をしてみたい」と前置きをして，あとでは「では」と話を始めている。　Ⅳ　空欄の前の段落で説明した神様についての説明を，あとでは「神様とは自然の力そのものだったのだ」と要約している。要約する「つまり」が入る。

やや難

問三　色は混ぜ合わせるとグレーになる。続く段落で，グレーでは「すべて均一になってしまう」と述べている。「均一」とは，すべてみな同じようにそろっているさまである。料理については，「イタリア料理とフランス料理と日本料理を混ぜあわせたらどうだろう」と問いかけて，「つまらない。何も特徴が出ない」と述べている。「特徴」は，他と比べて，とくにめだつ点であるから，色と同じように，均一になってみな同じようにそろってしまえば「何も特徴がでない」のである。

問四　「このこと」は，この段落で述べていることである。筆者は，世界で仕事をするには「自分の中で日本文化をきちんと咀嚼できていないといけない。日本文化を自分で噛みしめ，血肉としてはじめて，日本のローカリティを世界につなげることができる」と述べている。

問五　「つまり」は，前に述べた内容を言い換えたり要約したりするときに使う。問二のⅣでとらえたように，いろんな場所にいる神様を，日本人は「神様とは自然の力そのもの」と考えていたのである。そして，「自然というものと重ね合わせて神の存在を感じていた」のである。

問六　「ヤバいところ，つまり危なそうで切実なところに神様はひそんでいる」とある。

問七　「こんなもの」の指示内容はあとにある。「こんなものをつくれば」とあるので，何をつくるのかを説明した一文を抜き出すと，「四本の柱に縄を結んで地面を囲い，空っぽの空間をつくったのだ。」とある。

重要

問八　「介して」は，なかだちをしてということ。「空っぽ」については，「神様を呼び込むための空っぽの空間」と説明されていて，具体的には「神社の真ん中にある，神様を祀る場所」であり，神様が宿っていると感じる場所のことである。神社の中の何もない空間である「社」(＝神様が宿っている場所)をなかだちとして，そこに神様が宿っていると感じることによって，「自分の心や気持ち，つまり祈りを入れる」(＝祈ること)で神様と交流するというのである。

問九　抜き出した文の「そこ」が指しているのは，「自然の大いなる力が働いている」ところである。【　　】の部分は，神様がいる場所について説明している。問五でとらえたように「日本人は『神様とは自然の力そのもの』と考えていたのであるから，「自然の大いなる力が働いている」ところに，「神様はひそんでいる。」と考えたのである。

三 **(小説－心情・情景の読み取り，文章の細部の読み取り，指示語の問題，空欄補充の問題，漢字の読み書き，表現技法，記述力・表現力)**

問一　A「指揮」は，「揮」を同音で形の似た「輝」と区別する。「輝」の訓は「かがや-く」。「揮」の熟語には「発揮」「揮発」などがある。　B「次第に」は，だんだんにの意味。「次」を「シ」と読むのは「次第」くらいなので覚えてしまおう。　C「姿勢」の「姿」は「次」と「女」の組み合わせ。「勢」は，形の似た「熱」と区別する。「姿」の訓は「すがた」。「容姿」「勇姿」などの熟語がある。「勢」の訓は「いきお-い」。「形勢」「気勢」などの熟語がある。　D「骨抜き」は，肝心な部分をとって内容・価値のとぼしいものにしてしまうこと。「骨」の上の部分を「回」と誤らないように注意する。音は「コツ」。「骨格」「反骨」などの熟語がある。　E「録」と「緑(リョク)」，「縁(エン)」を区別する。へんの違い，つくりの違いに注意する。「録」の熟語には「録音」「登録」などがある。

重要　問二「亀裂」は，さけめのこと。合唱部にさけめ・分裂が生まれるようになったきっかけは，直後から説明されている。美人の柏木先生目当てに入部した男子部員が「柏木先生がそばにいないと，まったくやる気を出さないことが判明したのである」と説明されている。

問三　柏木先生目当てに入部した男子部員がまじめに練習をしない様子が描かれている。そして，直前に「発声練習の単調さに嫌気がさしているようだ」とある。「楽にちがいない」と思って入った合唱部の練習が思ったことと違って単調でつまらないので，まじめに練習をしないのである。

問四　直前の段落で紹介されている「桑原サトル」を指している。桑原サトルは「やる気のあるやつ」である。

問五　今，合唱部に起きている悪い事態とは，「男子部員が増えてもろくなことにならない」ということである。

問六　直前に描かれているのは，向井ケイスケが海中からサザエを見つけ，獲ってきては私に食べさせていたことである。それを「今にして思えば完全な密漁である」と説明している。

やや難　問七　2「電撃的」は，突然で衝撃的な様子。ピンク色の便せんを見て，突然に衝撃的な小学二年生のときの記憶がよみがえったのである。　3「胃が痙攣していた」というのだから，向井が見せたラブレターに「おどろきすぎて」いたのである。　4　ラブレターは，「私」にとってはずかしいものだったのである。はずかしさで顔が真っ赤になったのである。　5「血迷った」は，すっかりのぼせたということ。のぼせて，ラブレターを書いたのである。

基本　問八「ごとく」は「ように」の意味。たとえるものとたとえられるものがはっきりしている直喩の技法が用いられている。

問九　向井ケイスケの要求に応じて，男子反対派だったナズナは「おとなしく」なり，「男子部員反対派でもなく，男子部員賛成派でもないという，曖昧な立場に」とどまることになるのである。向井ケイスケの要求とは「合唱部内で男子のことをぐちぐち言わないこと」である。

問十「卑怯」とあるように，ナズナは向井ケイスケのやりかたをずるいと思っている。問七の3でとらえたように，昔のラブレターに驚き，そんなものを持ち出してきたケイスケのやりかたをずるくて卑怯だと思っている。その場面に「向井ケイスケをにらんだ」とあるように，この場面でも，ケイスケの「後ろ姿を私はにらんだ」のである。

重要　問十一　イについては，第五段落に「特に部長の辻エリが私の仲間になったのはおおきい」とあり，エリの会話として「ナズナ，ごめん，あんたの言う通りやったよ」とあるように，「男子部員を受け入れていたものの，男子たちの練習での様子を見て考えが変わった」のである。アは，桑原サトルについては，やる気があると描かれているが，存在感がうすく「合唱部にいることもしらない部員もいる」と紹介されていて，「周りの男子を止められずにいる」とは描かれていない。ウは，横峰カオルと福永ヨウコについては，「彼女たちは合唱という崇高な目的をわすれ，男子との交友にすっかり骨抜きにされたのである」とある。「合唱部のレベルを上げる」ことは考えていない。エは，向井ケイスケの言動と合唱部の和を関係づけて描いてはいない。

★ワンポイントアドバイス★

論説文は，話題をとらえ，話題に関して筆者がどのような例を挙げて説明を進めているかを読み取っていこう。具体例やキーワードに注目して読むことが大切だよ。小説は，場面に描かれている出来事や背景をとらえて，人物の心情や思い，考えを読み取るようにしよう。

2021年度

入　試　問　題

2021年度

2021年度

千葉日本大学第一中学校入試問題（第一志望）

【算　数】（50分）　＜満点：100点＞

【注意】 1．③，④は解答用紙に考え方や途中式を書いて下さい。
答えだけでは正解としません。
2．円周率を使用する場合は3.14とします。
3．定規，コンパスは使用してもかまいません。
4．計算器，分度器は使用してはいけません。

1　次の計算をしなさい。[※答えのみでよい]

(1)　$37\times23-678$　　(2)　$2\frac{3}{7}-\frac{3}{7}\div\frac{2}{5}$

(3)　$374\div91\times7.5\times273\div187$　　(4)　$3.14\div1\frac{1}{5}+6.28\times1\frac{1}{4}+9.42\times\frac{5}{9}$

2　次の □ に当てはまる数や言葉を答えなさい。[※答えのみでよい]

(1)　(2020－ □)÷７＝210

(2)　750÷ □ ＝13あまり９

(3)　$\left(\square\times2+0.9\right):3.75=1\frac{3}{25}:3\frac{9}{11}$

(4)　$\frac{2\times A\times B}{A+B}$のことをＡとＢの調和平均といいます。

５と$\frac{1}{3}$の調和平均は □ です。

(5)　大小２つの数があり，その和は88で，その差は50です。
２つの数のうち，小さいほうの数は □ です。

(6)　600ｍの道のりを時速48㎞のバイクで移動すると，全部で □ 秒かかります。

(7)　あめを子どもに配ります。
一人に13個ずつ配ると９個余りますが，14個ずつ配ると３個たりません。
このとき，子どもの人数は ㋐ 人，あめの個数は ㋑ 個です。

(8)　２つの歯車Ａ，Ｂがかみ合っています。
歯車Ａの歯数は36，歯車Ｂの歯数は24です。
歯車Ａが120回転するとき，
歯車Ｂは □ 回転します。

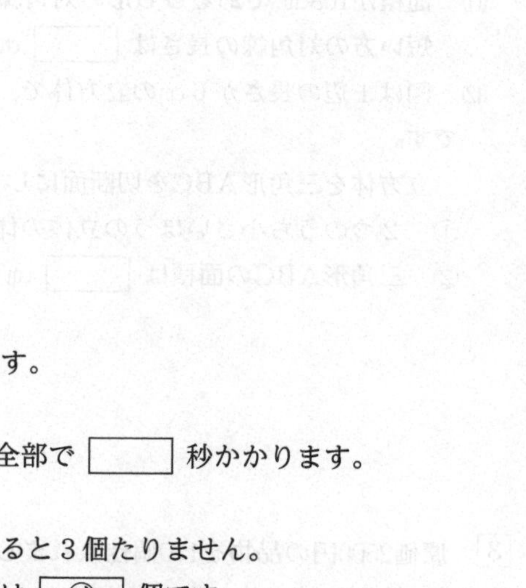

(9)　図の道順を考えます。

①　A地点からD地点まで，遠回りをせずに行く道は □ 通りです。

②　C地点とD地点とE地点が通行止めのとき，A地点からB地点まで，遠回りをせずに行く道は □ 通りです。

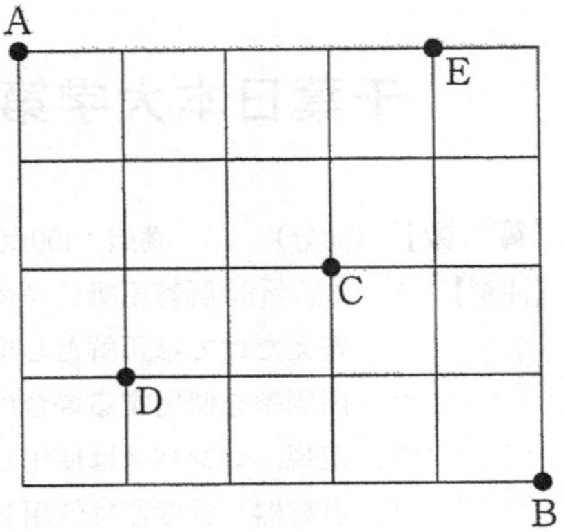

(10)　図は，長方形の紙をEFを折り目にして折り曲げたものです。
このとき，角 x の大きさは □ 度です。

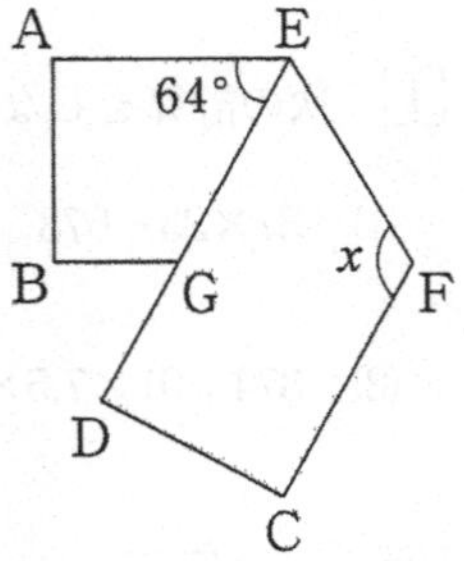

(11)　面積が108cm^2であるひし形の対角線の長さの比が2：3のとき，
短い方の対角線の長さは □ cmです。

(12)　図は1辺の長さが6cmの立方体で，AとBは辺の真ん中の点です。

立方体を三角形ABCを切断面にして2つに切り分けます。

①　2つのうち小さいほうの立体の体積は □ cm^3です。

②　三角形ABCの面積は □ cm^2です。

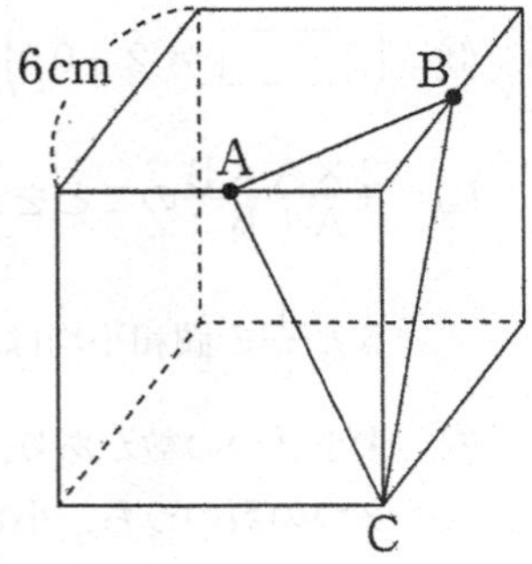

3　原価2500円の品物を170個仕入れました。1個あたり1000円の利益を見込んで定価をつけましたが，2日間の特売セールで安く売ることにしました。

1日目は定価の2割引で販売し，2日目は1日目の価格の1割引で販売しました。

2日間ですべての品物が売れ，34200円の利益が生まれました。

このとき，次の問いに答えなさい。［※途中式や考え方を書きなさい。］

(1)　1日目の品物1個あたりの販売価格を求めなさい。

(2)　1日目と2日目の2日間における販売総額を求めなさい。

(3)　2日目に売った品物の個数を求めなさい。

4 図は，半径５㎝の円形の缶を６個並べ，外側からひもでゆるみなくしばった状態を上から見たものです。このとき，次の問いに答えなさい。

［※途中式や考え方を書きなさい。］

⑴ 図のしゃ線部分の面積を求めなさい。

⑵ 図の太線で囲まれた部分の面積を求めなさい。必要であれば，一辺の長さが20㎝の正三角形の面積を173㎝^{2}として計算しなさい。

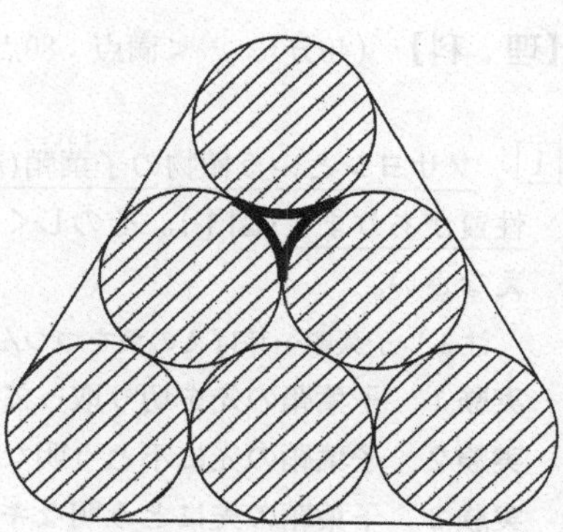

【理　科】（40分）　＜満点：80点＞

1　クサヨシという植物の子葉鞘《しようしょう》(注１)に一方向から光を当てると，子葉鞘《しようしょう》は光の方へ曲がるという性質があります(図１)。そのしくみを調べるためにいくつかの**実験**をしました。以下の各問いに答えなさい。

注１）子葉鞘《しようしょう》…芽ばえの葉をつつんでいるさや。

実験１　子葉鞘の先を切り取って左から光を当てると曲がらなかった。(**図２**)

実験２　子葉鞘の先に不とう明なキャップをかぶせて左から光を当てると曲がらなかった。(**図３**)

実験３　子葉鞘の先にとう明なキャップをかぶせて左から光を当てると左に曲がった。(**図４**)

実験４　子葉鞘の右側半分に物質を通さないガラス片を差しこみ左から光を当てると曲がらなかった。(**図５**)

実験５　子葉鞘の左側半分に物質を通さないガラス片を差しこみ左から光を当てると左に曲がった。(**図６**)

実験６　子葉鞘の先を切り取り水にとける物質を通すゼラチンをはさんで置き，左から光を当てると左に曲がった。(**図７**)

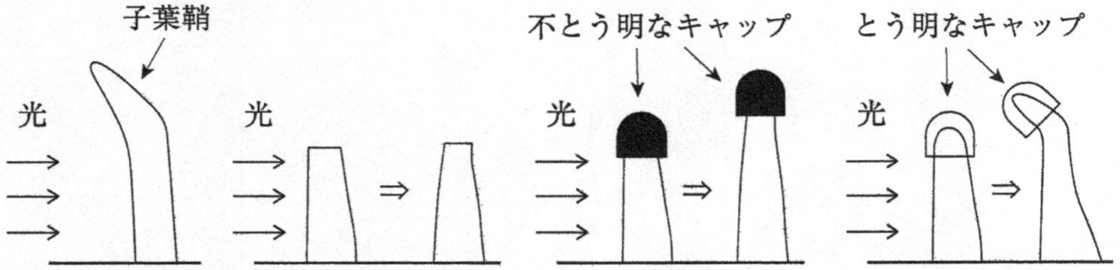

図１　**図２**　**図３**　**図４**

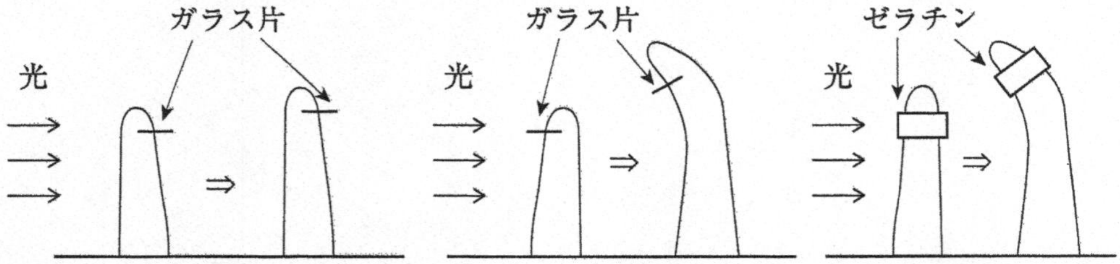

図５　**図６**　**図７**

問１　植物について以下の⑴～⑷に答えなさい。

⑴　植物の種子が発芽するために必要な条件を３つ書きなさい。

⑵　植物が成長するために必要な条件を⑴以外で２つ書きなさい。

⑶　根が吸収した物質の通り道を何といいますか。

⑷　葉でつくられた養分の通り道を何といいますか。

問２　問題文の下線部について，どのような利点があるか説明しなさい。

問３　**実験１**～**実験３**の結果を見て，次の⑴，⑵に答えなさい。

⑴　子葉鞘のからだのうち光を受け取っている部分を右の図のア～ウから選びなさい。

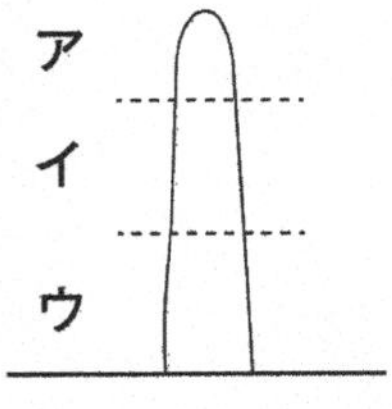

⑵ どのような作用によって子葉鞘が曲がるか次のア～エから選び記号で答えなさい。

ア 部分的に成長させること。 イ 部分的に成長をとめること。

ウ 全体的に成長させること。 エ 全体的に成長をとめること。

問４ **実験１～実験５**の結果から，光が当たる方向についての情報が伝わる部位として最も正しいものを次の**ア～エ**から選び記号で答えなさい。図は子葉鞘を上から見た図である。

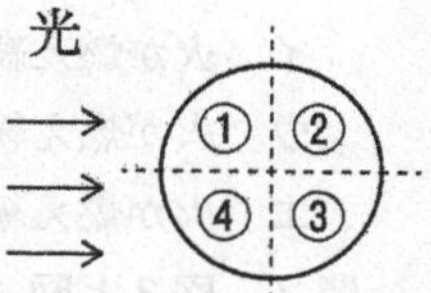

ア ①と② **イ** ②と③ **ウ** ③と④ **エ** ④と①

問５ **実験１～実験６**の結果から，光が当たる方向についての情報が伝わる方法として最も正しいものを次の**ア～エ**から選び記号で答えなさい。

ア 情報は神経のようなひも状のつくりの中を電気信号として伝わる。

イ 情報は神経のようなひも状のつくりの中を光信号として伝わる。

ウ 情報は水にとけない物質が移動することで伝わる。

エ 情報は水にとける物質が移動することで伝わる。

問６ この**実験**の**図１**では子葉鞘に光を当てましたが，この植物の根に一方向から光を当てると，根はどのような反応をすると考えられますか。次の**ア～ウ**から選び記号で答えなさい。

ア 光の方へ曲がる。 **イ** 光と反対の方へ曲がる。 **ウ** 曲がらない。

2 次の①～⑤の物質を燃やそうとしました。この時の結果を次の**ア～オ**から選び記号で答えなさい。

① 水素 ② 酸素 ③ 木炭 ④ ロウソク ⑤ 金属

ア 燃えると水蒸気と二酸化炭素を発生する。 **イ** 燃えると水蒸気のみ発生する。

ウ 燃えると二酸化炭素のみ発生する。 **エ** 燃えても二酸化炭素も水蒸気も発生しない。

オ 燃えない。

3 ロウソクを燃やす実験について，以下の各問いに答えなさい。なお，使うロウソクは全て同じ性質です。

問１ 大きなペットボトルの底を切りとった容器と小さなペットボトルの底を切りとった容器をつくり，**図１**，**図２**のようにしました。

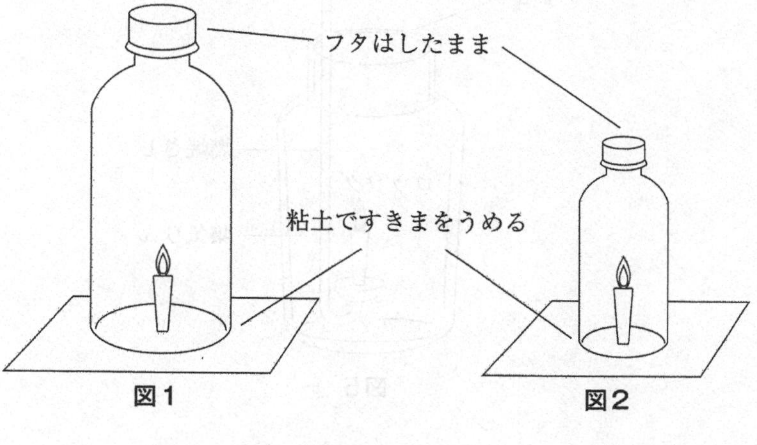

図１ **図２**

この結果，図１の方が長く燃え続けました。このことからわかることを次のア～エから選び記号で答えなさい。

ア　火が燃え続けるのは空気の量と関係がある。

イ　火が燃え続けるのは空気の成分と関係がある。

ウ　火が燃え続けるのは空気の温度と関係がある。

エ　火が燃え続けるのは空気と関係がない。

問２　図３と図４の容器はそれぞれ図１と図２で使った容器のフタをとり，下部に２つ穴をあけたものです。

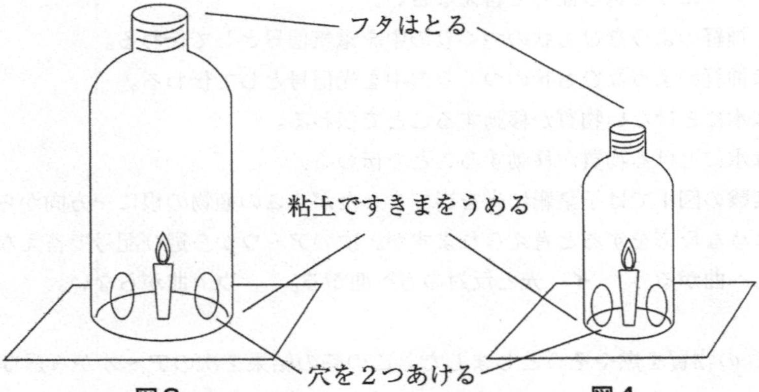

図３　図４

このようにすると両方とも火が燃え続けました。このことからわかることを次のア～エから選び記号で答えなさい。

ア　ロウソクが燃え続けるには酸素が濃《こ》い空気が必要である。

イ　ロウソクが燃え続けるには容器に穴をあけることが必要である。

ウ　ロウソクが燃え続けるには大きな容器が必要である。

エ　ロウソクが燃え続けるには新しい空気が必要である。

問３　図５のように集気びんの中に火のついたロウソクを入れるとロウソクは燃え続けました。このとき，空気の流れがどうなっているか調べる方法を答えなさい。

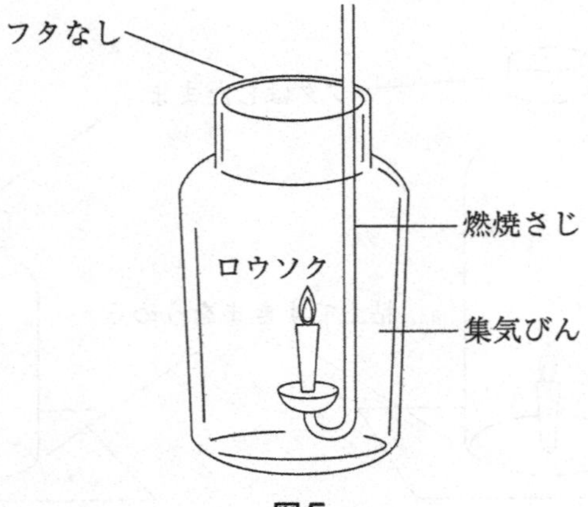

図５

4 水よう液について以下の各問いに答えなさい。

問１ 次の物質が水に溶《と》けたときの名前を**ア**～**エ**から，性質を**オ**～**キ**からそれぞれ選び記号で答えなさい。同じ記号を何回使ってもよい。

① 二酸化炭素 ② 塩化水素 ③ 水酸化カルシウム

【名前】 **ア** 塩酸 **イ** 炭酸水 **ウ** アンモニア水 **エ** 石灰水

【性質】 **オ** 酸性 **カ** 中性 **キ** アルカリ性

問２ ある水よう液が酸性ではないかと予想しました。何を使えば調べられますか。次の空らんに適する語句を解答らんに答えなさい。

・（ ① ）色の（ ② ）

・（ ③ ）色の（ ④ ）

5 少量の水を入れた丸底フラスコ，ゴムせん，ガラス管，ゴム管，ピンチコック，すずを組み合わせた**図１**のような装置があります。まさたか君は，この装置を使って音はどのようにして私たちの耳に聞こえてくるのかを調べるため，以下の**実験**をしました。以下の各問いに答えなさい。

[実験]

手順１ 図１の状態のフラスコをふって，すずの音を聞く。

手順２ ピンチコックをはずしてからガスバーナーで加熱し，十分に長い時間水をふっとうさせる。

手順３ 水がなくなる直前で，ガスバーナーの火を消し，すばやくゴム管をピンチコックでとめる。

手順４ フラスコが十分に冷えるまで待つ。

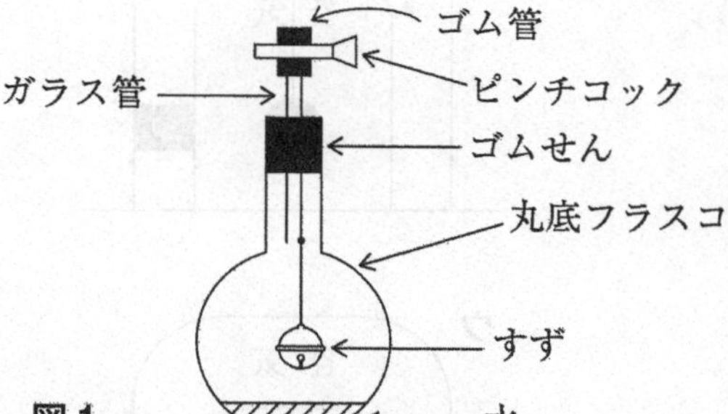

図１

問１ 熱する前に，**手順１**の実験をしたら，すずの音が聞こえました。音はどこを伝わってきましたか。以下の（ ）にあてはまる言葉を書きなさい。

すずの音 → フラスコの中の空気 → （ ） → フラスコの外の空気 → 耳

問２ 以下の**ア**～**ウ**は**手順２**～**手順４**のいずれかのフラスコのようすを表しています。**ア**～**ウ**は**手順２**～**手順４**のどの手順を示しているか。それぞれ選びなさい。

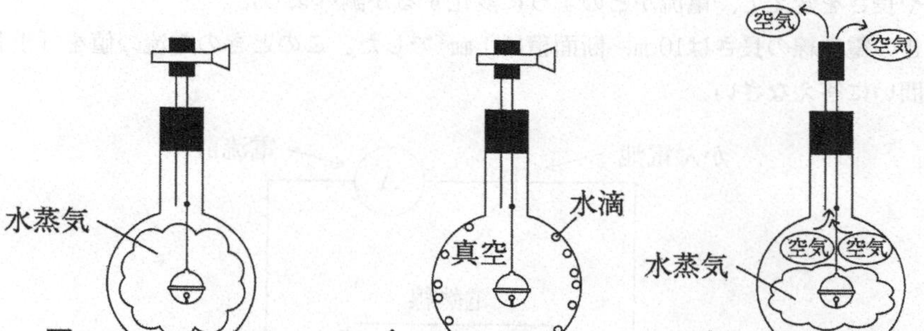

問３　手順４のあと，フラスコをふるとすずの音は聞こえるか，聞こえないか，どちらか答えなさい。

問４　手順３のあと，すぐにフラスコをふるとすずの音は聞こえるか，聞こえないか，どちらか答えなさい。

問５　まさたか君は大小２つのガラスびん，コルク，ブザーを使って図２のような装置をつくり，音の伝わるようすを調べました。

図２の装置では，ガラスびんの外ではブザーの音がよく聞こえました。次のア～エの中で音が聞こえなかったものを選び記号で答えなさい。

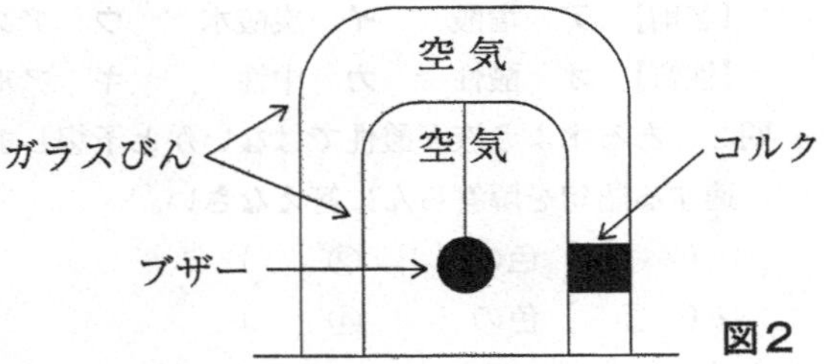

図２

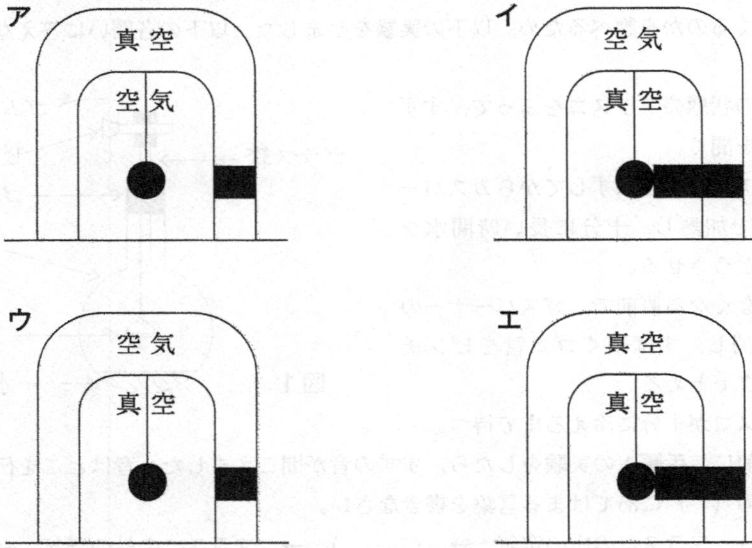

6　かん電池，電流計，金属の細い線（電熱線）を用意して図のようにつなぎ，電熱線の太さ（断面の面積）や長さを変えて，電流がどのように変化するか調べました。

図のときの電熱線の長さは10㎝，断面積は１mm^2でした。このときの電流の値を「１」とします。あとの各問いに答えなさい。

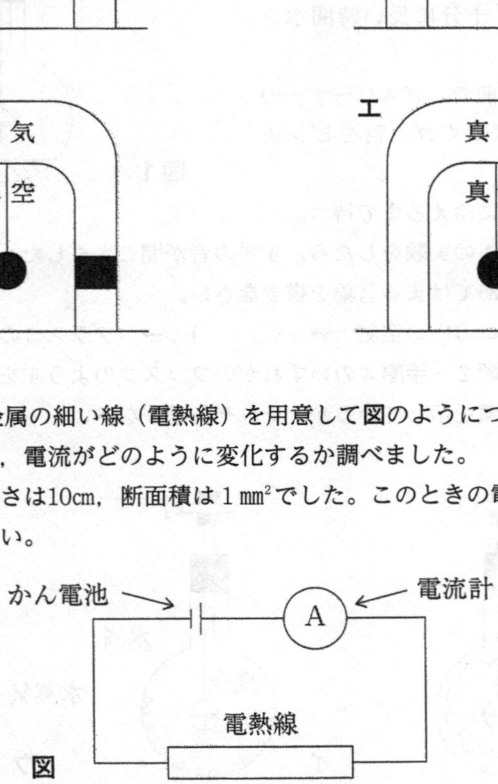

図

最初に電熱線の太さを変えず，長さを変えて電流の値を調べたところ，次のページの表１のようになりました。

表1

長さ［cm］	10	20	30	40
太さ［mm^2］	1	1	1	1
電流の値	1	$\frac{1}{2}$	$\frac{1}{3}$	$\frac{1}{4}$

次に電熱線の長さを変えず，太さを変えて電流の値を調べたところ，**表2**のようになりました。

表2

長さ［cm］	10	10	10	10
太さ［mm^2］	1	2	3	4
電流の値	1	2	3	4

表1と**表2**の値から以下の(1)～(4)の回路の電流の値を求めなさい。

（1）長さ20㎝，太さ2mm²のとき

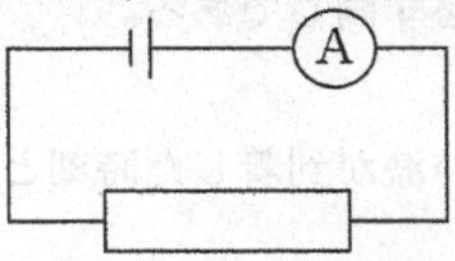

（2）長さ30㎝，太さ2mm²のとき

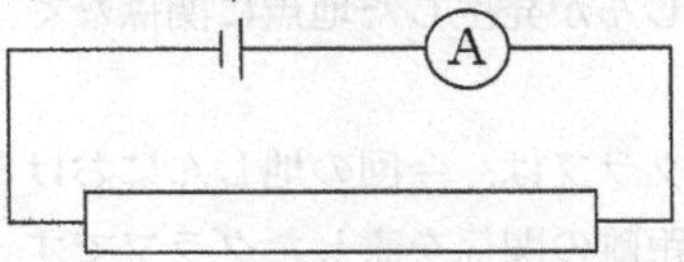

（3）長さ5㎝，太さ4mm²のとき

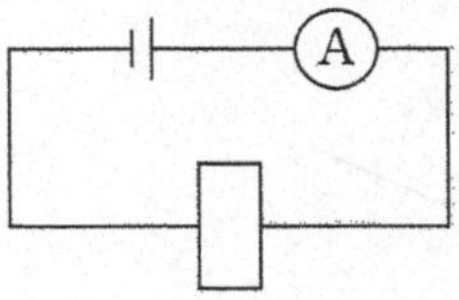

（4）長さ10㎝，太さ1mm²のものを以下のようにつなぐとき

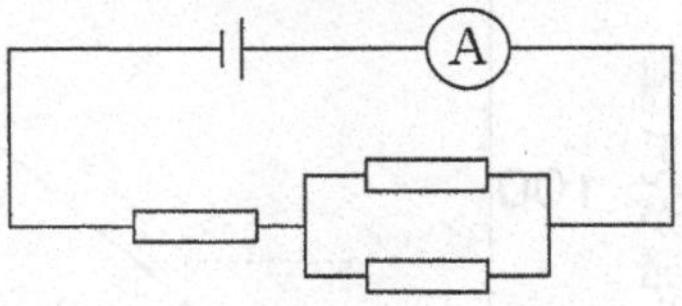

7 次の文を読み，あとの各問いに答えなさい。

ある日の夜，ぐっすり寝ていたじゅんぺい君はきん急地しん速報が鳴り，飛び起きました。じゅんぺい君はすぐに机の下にもぐりこんだところ部屋が小さくゆれ，その後大きく部屋がゆれました。

幸い地しんはおさまりましたが，遠くに住んでいるおじいちゃんが心配で電話をかけました。

じゅんぺい君：おじいちゃん大丈夫？ぼくは，きん急地しん速報のおかげで落ち着いて机の下にもぐり込めたから大丈夫だよ。

おじいちゃん：それはよかった。わたしも大丈夫。きん急地しん速報は鳴ったが，実は鳴ったと同時に大きなゆれがきて大変だったよ。

じゅんぺい君：え！そんなことがあるの！きん急地しん速報はどのような仕組みでゆれがくることを知らせているの？

おじいちゃん：地しんが発生する$_A$と速さの異なる２つの波が生じるのだが，まずＰ波と呼ばれる速い波が小さなゆれを作り，その後，Ｓ波と呼ばれるおそい波が強いゆれを作るんだ。昨日の地しんも，小さなゆれの後大きなゆれがこなかったかい？

じゅんぺい君：確かにそうだった。小さくゆれがきて少ししてから大きなゆれがきたよ。

おじいちゃん：きん急地しん速報は，速い波をとらえ，自動計算で地しんの規模やしん源地を予測し，大きな揺れをおこすおそい波が来る前にお知らせするというシステムなんだ。ただし，地しんが発生した地点の近くに住んでいる場合は，きん急地しん速報がくる前におそい波が来てしまうことがある。つまり，おじいちゃんの家の方がじゅんぺい君の家より地しんが発生した地点に近かったということだね。

じゅんぺい君：なるほど。必ずきん急地しん速報がきてからゆれがくるというわけではないのだね。常日ごろから地しん対策は必要だね。

問１　下線部Aに関して，地しんが発生した地点は何といいますか。

問２　小さなゆれと大きなゆれはそれぞれ何といいますか。

問３　しん度の説明として最も正しいものを次の**ア**～**エ**から選び記号で答えなさい。

ア　地しんが発生した地点からの距離によって決まる。

イ　地しんが発生した地点のゆれの大きさによって決まる。

ウ　地しんが発生した地点に関係なく，観測点のゆれの大きさで決まる。

エ　地しんが発生した地点に関係なく，どの地点でも必ず同じである。

以下のグラフは，今回の地しんにおける速い波とおそい波が到着した時刻と地しんが発生した地点からの距離の関係を表したグラフです。

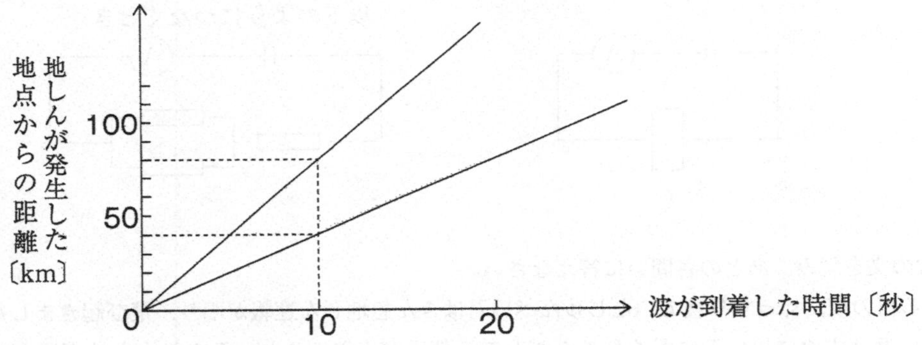

問４　速い波の伝わる速さは１秒あたり何km進むか答えなさい。

問５　この地しんにおいて，地しんが発生した地点からの距離が20km地点では，小さなゆれがきてから大きなゆれがくるまでの時間は何秒か答えなさい。

問６　おじいちゃんの家は地しんが発生した地点から126km離れていた。きん急地しん速報は地しんが発生してから何秒後に鳴ったと考えられますか。

問７　日本には様々な場所に地しん観測装置が設置されている。この観測装置では，設置されている観測地点から地しんが発生した地点までの距離が分かるが，１台では詳しい地点まではわからない。特定するには，最低でも何か所の観測地点が必要か答えなさい。

【社　会】（40分）　＜満点：80点＞

1． 次のＡ～Ｎの文章は，それぞれ歴史上の人物が自己紹介をしているものです。それぞれの文章を読み，あとの問いに答えなさい。

※漢字で表記できるものは必ず漢字で答えること。

Ａ　私は，邪馬台国の女王です。a当時の中国の歴史書に私のことが記されています。私は神のおつげを聞き，おまじないによって政治を行いました。邪馬台国の場所は未だに解明されていないようですね。

Ｂ　私は，斉明天皇の皇太子です。645年に蘇我氏を倒し，中臣鎌足とともに天皇中心の政治改革を始めました。私たちの一連の政治改革は当時の元号をとって（　ア　）の改新といいます。

Ｃ　私は，失敗を重ね盲目になりながらも６度目の航海でようやく日本にたどり着いたb当時の中国の僧です。来日し，奈良に唐招提寺を建設しました。この寺に私の像があります。

Ｄ　私は，「この世をば」から始まる歌を詠んだことで有名です。愛する我が娘４人を天皇のきさきにしました。摂政，太政大臣を歴任し一族の絶頂期を築き上げました。

Ｅ　私は，平治の乱に勝利し，1167年に武家として最初の太政大臣に任じられました。また，c当時の中国との貿易を奨励しました。しかし，私の一族は1185年に滅んでしまいました。

Ｆ　私は，鎌倉幕府の８代執権です。モンゴル人が支配したd当時の中国と２度にわたり戦いを繰り広げ，なんとか撃退することができました。

Ｇ　私は，鎌倉幕府の倒幕計画を企んでいましたが，幕府に情報がもれて隠岐に流されてしまいました。しかし隠岐を脱出し，鎌倉幕府が滅んだ後，天皇中心の政治体制をつくりあげ，院政や摂関政治を否定しました。しかし，私の政治は２年で失敗してしまいました。

Ｈ　私は，1392年に南北朝を統一した室町幕府の第３代将軍です。京都の北山に（　イ　）寺をつくったり，e当時の中国と勘合を用いた貿易を行ったりしました。

Ｉ　私は，羽柴という姓で長浜城を拠点としておりました。我が主君が亡くなった後，全国を平定しました。農民から確実に年貢を取るために太閤検地を行い，また一揆を防ぐために（　ウ　）を行いました。

Ｊ　私は，愛知県岡崎市に生まれました。「天下分け目の戦い」と称される1600年の（　エ　）の戦いで勝利し，1603年に征夷大将軍に任じられ，江戸幕府を開きました。

Ｋ　私は，江戸幕府の第８代将軍で「質素・倹約」をすすめた改革を行いました。民衆の意見を広く聞き入れるための目安箱の設置や公事方御定書という法律を定めました。米将軍と呼ばれるようになった。

Ｌ　私は，前野良沢と共に『ターヘル・アナトミア』という解剖書を翻訳し，『（　オ　）』として出版しました。

Ｍ　私は，江戸幕府の大老です。朝廷の許可を得ずに日米修好通商条約を締結してしまいました。この条約はx不平等な条約だったため，尊王攘夷運動《そんのうじょういうんどう》が起こりました。

Ｎ　私は，山口県出身の政治家で，1885年に初代内閣総理大臣となりました。４年後にy大日本帝国憲法を発布しました。晩年は初代韓国統監を務めましたが，ハルビンで暗殺されてしまいました……。

問１　Ａ～Ｎの人物は誰か，次の選択肢のうちからそれぞれ選び，記号で答えなさい。

①　徳川家康　②　徳川綱吉　③　徳川吉宗　④　北条政子　⑤　北条時宗
⑥　織田信長　⑦　豊臣秀吉　⑧　中大兄皇子　⑨　井伊直弼　⑩　坂本龍馬
⑪　藤原道長　⑫　藤原不比等　⑬　足利尊氏　⑭　足利義満　⑮　杉田玄白
⑯　平清盛　⑰　伊藤博文　⑱　大隈重信　⑲　卑弥呼　⑳　鑑真
㉑　行基　㉒　後醍醐天皇　㉓　桓武天皇　㉔　板垣退助　㉕　松尾芭蕉

問２　文章中の空欄（ア）～（オ）に当てはまる語句を漢字で答えなさい。

問３　右の写真を見てあとの問いに答えなさい。

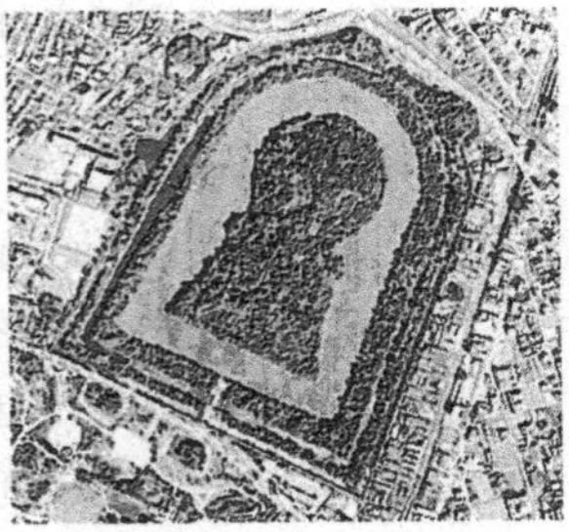

⑴　この古墳がつくられた時代はいつ頃か。正しいものを次のうちから一つ選び記号で答えなさい。
①　Ａの人物の時代より前
②　Ａの人物とＢの人物の間
③　Ｂの人物とＣの人物の間
④　Ｄの人物の時代より後

⑵　この古墳は何という形状か答えなさい。

⑶　このように巨大な古墳を造るのは大変ですが，なぜ造ったのか，簡潔に説明しなさい。

問４　Ｂの人物の頃の日本について述べた文章として正しいものを次のうちから一つ選び記号で答えなさい。
①　聖徳太子が安徳天皇の摂政となり，天皇中心の国づくりを始めた。
②　聖徳太子は603年に冠位十二階を定め，家柄による登用制度を開始した。
③　聖徳太子は604年に役人の心構えを十七条の憲法として定めた。
④　聖徳太子は仏教を政治に生かすために東大寺を建てた。

問５　Ｃの人物の頃の日本について述べた文章として正しいものを次のうちから一つ選び記号で答えなさい。
①　平安京に都を置いた約80年間で，奈良時代といわれる。
②　仏の力で国を治めようとした聖武天皇は，各地に国分寺・国分尼寺を建てるよう命じた。
③　聖武天皇は743年に大仏造立の詔を出し，法隆寺に大仏がつくられた。
④　日本最古の歌集である『風土記』がまとめられた。

問６　Ｄの人物の頃の日本について述べた文章として，誤っているものを次の選択肢から一つ選び記号で答えなさい。
①　Ｄの人物の弟が，平等院鳳凰堂を建てた。
②　清少納言は宮廷での日々の生活を書いた『枕草子』を残した。
③　貴族は寝殿造と呼ばれる豪華な邸宅に住んだ。
④　当時の文化は国風文化といわれている。

問７　Ｅの人物の一族が滅んだ〔あ〕戦いの名称と〔い〕関連する史料の組み合わせとして正しいものを次のページのうちから一つ選び記号で答えなさい。

〔あ〕　a　壇ノ浦の戦い　　b　桶狭間の戦い

〔い〕

a

b

選択肢	①	②	③	④
〔あ〕	a	a	b	b
〔い〕	a	b	a	b

問８　Ｆの人物に関して，鎌倉幕府について述べた文章として正しいものを次のうちから一つ選び記号で答えなさい。

①　源義経が鎌倉幕府を開いた。

②　将軍が御家人に対して領地の権利を保障したりすることを「御恩」という。

③　後鳥羽上皇が権力を朝廷に戻そうとし，保元の乱が起こった。

④　土地をめぐる争いが増えるようになったため，51カ条から成る武家諸法度が制定された。

問９　Ｈの人物に関連して，室町幕府の８代将軍足利義政のあとつぎを巡って国を二分する戦いが起こりました。この戦いの名称を答えなさい。

問10　Ｉの人物の頃の文化として正しいものを次のうちから一つ選び記号で答えなさい。

①

②

③

④

問11　Ｊの人物に関連して，江戸幕府の政治について述べた文章として正しいものを次のうちから一つ選び記号で答えなさい。

①　古くから徳川氏の家臣だった大名を譜代大名として，江戸から遠い位置に置いた。

②　３代将軍徳川家光が，参勤交代を制度化し，大名は１年ごとに江戸と領地に住んだ。

③　江戸幕府は貿易制限を行ったが，ポルトガルと中国のみ，長崎での貿易を許した。

④　町人は年貢米で武士の生活を支え，連帯責任のある五人組をつくらされた。

問12　Ｋの人物に関連して，江戸時代に行われた次の〔あ〕～〔え〕の改革が年代の古い順に並べられているものをあとのうちから一つ選び記号で答えなさい。

〔あ〕田沼の政治　　〔い〕天保の改革　　〔う〕享保の改革　　〔え〕寛政の改革

①　〔あ〕→〔い〕→〔う〕→〔え〕

②　〔う〕→〔い〕→〔え〕→〔あ〕

③　〔う〕→〔あ〕→〔え〕→〔い〕

④　〔い〕→〔あ〕→〔え〕→〔う〕

問13　Ｌの人物に関連して，18世紀後半に『古事記伝』を著し，国学を大成した人物は誰ですか。漢字で答えなさい。

問14　Ｍの人物の波線部ｘには「不平等な条約」とあります。次の文章は日米修好通商条約を現代語に直したものです。どのような点が不平等であったのか，２つ挙げて説明しなさい。

一、下田・函館のほか神奈川・長崎・新潟・兵庫を開くこと。
一、すべての輸出入品について別に定めるとおり，日本の役所に関税を治めること。
一、日本人に対して法をおかしたアメリカ人は，領事裁判所で取り調べ，アメリカの法律で罰すること。

問15　Ｎの人物の波線部ｙは，現在の日本国憲法とどのような違いが挙げられるか。以下の史料は大日本帝国憲法の抜粋である。この文章から読み取れる日本国憲法との違いを述べなさい。

第１条　日本は、永久に続く同じ家系の天皇が治める。
第３条　天皇は神聖なもので侵してはならない。
第４条　天皇は国の元首であって、国の統治権をもつ。
第11条　天皇が陸海空軍を統帥する。
第20条　国民は兵役の義務をもつ。
第29条　国民は、法律の範囲内で言論、集会、結社の自由をもつ。

問16　自己紹介文の下線部ａ～ｅの当時の中国は，それぞれ何という王朝があったときか。次の組合せから選び，記号で答えなさい。

	a	b	c	d	e
①	魏	唐	宋	元	清
②	秦	隋	唐	宋	明
③	魏	隋	宋	元	清
④	秦	隋	唐	宋	清
⑤	魏	唐	宋	元	明

2． 次のA～Gの文は首都圏（関東地方および周辺県）とその周辺の都府県について述べたものです。後の各問に答えなさい。

※漢字で表記できるものは必ず漢字で答えること。

A　関東地方の北東部に位置し，県の中央部から南西部にかけては関東平野が広がっている。県庁所在地である（　ア　）市は徳川家所縁の地でもあり，観光地として有名な偕楽園や特産品の納豆などが有名である。また，南東部には日本第二位の面積の湖である（　イ　）が広がり，その周辺で生産されるレンコンや梨は全国有数の生産量を誇っている。

B　戦場ヶ原や中禅寺湖などの豊かな自然を観光資源としている。また，（　ウ　）などのa日光の社寺が世界遺産にも登録されている。平野部が米や麦の産地，高原部が酪農地，畜産地となっているほか，「とちおとめ」という品種が全国でも有名な（　エ　）などの特産物も多く栽培されている。

C　太平洋沿いには（　オ　）工業地域とよばれる工業地域が広がる。この工業地域では機械工業の割合が高く，特にb浜松市ではオートバイや楽器の生産が盛んである。また，（　カ　）の生産量が和歌山県・愛媛県に次ぎ全国第３位となるなど農業も盛んに行われている。

D　富士山や八ヶ岳，南アルプスなどの標高の高い山々に囲まれるこの県は，盆地とよばれる地形をしている。その中でも県中央部のc甲府盆地では笛吹川や釜無川の恩恵を受け（　キ　）の栽培が盛んに行われている。

E　政令指定都市を有する都道府県としては唯一海に面さない県ではあるが，県内を流れる河川の数は全国１位となっている。また，県庁所在地を中心にベッドタウンとしての性質が強い県でもある。都心からも近いことから，荒川の上流地域に位置するd（　ク　）などは，関東圏内でも人気の観光地のひとつとなっている。

F　日本列島のほぼ中心に位置する，県と県の境界部に海岸線を有しない内陸県である。こんにゃくいもやe高原地域でのキャベツの生産など農業が盛んであるが，県中央部から県西地域にかけては草津や伊香保などの温泉観光地も多い。f世界遺産にも登録されている（　ケ　）があることからも観光業が盛んである。

G　県の北部は関東平野に含まれるが，南部は東と南を太平洋，西は東京湾と三方を海に囲まれた（　コ　）半島となっている。平野と丘陵地が県土の大半を占め，海抜500m以上の山地がない日本で唯一の都道府県である。半島の東側は，外海に面することから海岸線に特徴を持つことが多い。その中でも，（　サ　）は代表的な砂浜海岸として有名で，夏には多くの観光客が海水浴に訪れる。また，沖合を流れる（　シ　）の影響で比較的に温暖な気候であることやg大消費地が近いことをいかし，花やねぎ，落花生などの栽培も盛んにおこなわれている。沿岸地域に位置する（　ス　）漁港も水揚げ高が全国１位（2018）となるなど，全国屈指の農林水産県として有名である。

問１　A～Gの各文に該当する県名を答えなさい。

問２　文中の（ア）～（ス）にあてはまる最も適当な語句を下から選び番号で答えなさい。

① 房総	② 興福寺	③ 焼津	④ いちご	⑤ 八幡製鉄所
⑥ 東海	⑦ みかん	⑧ ぶどう	⑨ 京浜	⑩ かんぴょう
⑪ マンゴー	⑫ 御宿海岸	⑬ 長瀞	⑭ 親潮	⑮ 富岡製糸場
⑯ 黒潮	⑰ 東照宮	⑱ 銚子	⑲ 霞ヶ浦	⑳ 宇都宮

㉑　猪苗代湖　　㉒　京葉　　㉓　富津海岸　　㉔　新勝寺　　㉕　九十九里浜
㉖　江の島　　㉗　三浦　　㉘　対馬海流　　㉙　水戸　　㉚　川越

問３　文中下線部ａ～ｄに関して，それぞれの都市の位置を右の図中から選び，番号で答えなさい。

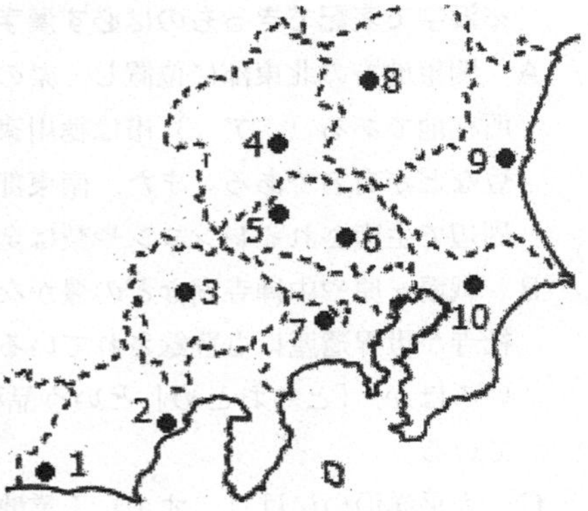

問４　文中下線部ｅに関して，この県の高原地域でのキャベツ栽培に用いられる特徴的な栽培方法の名称を答えなさい。また，その栽培方法の特徴を説明しなさい。

問５　文中下線部ｆに関して，世界遺産に登録されている日本の地域として誤っているものを下の選択肢より１つ選び，番号で答えなさい。

①　鹿島神宮　　②　姫路城　　③　屋久島　　④　白神山地

問６　文中下線部ｇに関して，大消費地に近いことが農業においてどうような利点があるのかを説明しなさい。

３．次の表は，2020年のできごとを月ごとにまとめたものです。表を見て，後に続く問題に答えなさい。

※漢字で表記できるものは必ず漢字で答えること。

月	できごと
1月	・小泉ａ環境大臣が「育児休業」を取得する。 ・新型コロナウイルスによる感染症拡大を受け、ｂ世界保健機関（ＷＨＯ）が「国際的に懸念される公衆衛生上の緊急事態」を宣言する。
2月	・（　ｃ　）首相が、全国の学校に臨時休校を要請する。
3月	・（　ｄ　）の１年程度の延期が発表される。
4月	・（　ｃ　）首相が、新型コロナウイルスの感染が拡大しているとして、一部のｅ地方公共団体を対象に緊急事態宣言を発令する。その後、この宣言の対象を全国に拡大する。
5月	・ｆ緊急事態宣言が全国で解除される。
6月	・通常ｇ国会が閉幕する。
7月	・「ＧｏＴｏトラベル」キャンペーンが始まる。
8月	・関東各地でｈ真夏日が続き、試行運用中の「熱中症警戒アラート」が初めて発令される。

問１　下線部ａについて，環境大臣は，日本の中央省庁の一つである「環境省」を取りまとめる役

割を果たしています。次の中央省庁のうち，「国民の健康や社会保障，労働者の生活に関する仕事」の中心となっているのはどこですか。次の①～④から一つ選んで記号で答えなさい。

① 厚生労働省　② 総務省　③ 経済産業省　④ 防衛省

問２　下線部ｂの世界保健機関は，ある「国際的な組織」の専門機関です。この「国際的な組織」は1945年に設立され，2020年８月現在，200近い国が参加しています。この「国際的な組織」の名称を答えなさい。

問３　（ｃ）に当てはまる人物名をフルネームで答えなさい。

問４　（ｄ）に当てはまる国際的なスポーツイベントの名称を，開催予定の都市名も含めて答えなさい。

問５　下線部ｅについて，地方公共団体の政治に関する次の記述①～④から，誤っているものを一つ選び記号で答えなさい。

① 内閣により指名された中央省庁の役人が，都道府県の首長として派遣されることがある。

② 地方議会では，その地方にのみ適用される「条例」が制定される。

③ 地方公共団体ごとの歳入の格差を是正するために，国から地方交付税などの資金が交付される。

④ 地域にとって重要な問題に関しては，地域住民による住民投票が行われることがある。

問６　下線部ｆについて，現在我が国では，大規模な災害発生や感染症の流行などの「緊急事態」に速やかに対応できるように憲法を改正するべきか否かという議論がなされています。日本の憲法に関する以下の文章を読み，空欄［A］～［E］に当てはまる語句を後に続く語群からそれぞれ選び，記号で答えなさい。

> 現在の日本の憲法は，「国民主権」，「基本的人権の尊重」，そして「［　A　］」を三大原則として制定されました。ちなみにこの憲法の第１条には，［　B　］に関することが書かれています。
>
> この憲法のうち，最も多くの条文を使って定められているのが「基本的人権」に関する内容です。自由権はもちろん，［　C　］などの社会権についてもきちんと定められています。近年，経済発展や社会生活の急速な変化によって主張されるようになってきた，［　D　］などの新しい人権については，今後の憲法改正議論の大きな軸となることが予想されます。
>
> なお，憲法改正の際は国会の議決だけでなく，国民投票で［　E　］以上の賛成を経る必要があります。

［A］	① 三権分立	② 永世中立	③ 立憲主義	④ 平和主義
［B］	① 天皇	② 内閣総理大臣	③ 基本的人権	④ 選挙
［C］	① 教育を受ける権利	② 知る権利	③ 平等権	④ 環境権
［D］	① 参政権	② 自己決定権	③ 請求権	④ 平等権
［E］	① ４分の３	② ３分の２	③ 過半数	④ ３割

問７　下線部ｇについて，国会に設置され，不適格だと考えられる裁判官を辞めさせるかどうかを判断する裁判所を何といいますか。

問８　下線部ｈについて，2020年の８月は日本各地で家庭用ビニールプールの売れ行きが好調でした。この理由として考えられることを，気候面以外で考えて書きなさい。

りしました。が、不思議《ふしぎ》にもわたしの命はどんな強敵にも奪《うば》われません。死もわたしの顔を見ると、どこかへ逃《に》げ去ってしまうのです。（中略）

お月様！　お月様！　わたしは御《ご》主人の顔を見る外《ほか》に、何も願うことはありません。そのために今夜ははるばるともう一度ここへ帰ってきました。どうか夜の明けしだい、お嬢《じょう》さんや坊《ぼっ》ちゃんに会わして下さい。

(i)「白」の身体が黒くなってしまった原因を、「白」自身はどう考えているか。□の文章中の語句を用いて、十字程度で答えなさい。

(ii) 最後には「白」はもとの身体に戻《もど》ることができたが、それはどうしてだと考えられるか。□の文章を参考にして、あなたの考えを書いてください。

ウ　黒犬が大の仲よしである、隣《となり》の飼い犬だったから。
エ　黒犬を助けようとした時、「犬殺し」に脅《おど》されたから。

問四　空欄《くうらん》［B］に当てはまる語句として最も適当なものを、次のア～エのうちから一つ選び、記号で答えなさい。

ア　意識を失った　イ　罠《わな》が飛んだ　ウ　安心した　エ　解放された

問五　――線部C「白の耳の底には未だに黒の鳴き声が虻のように唸っている」とあるが、この時の「白」の様子を説明したものとして最も適当なものを、次のア～エのうちから一つ選び、記号で答えなさい。

ア　遠く離《はな》れた場所にいても「黒」の声が聞こえてくる。
イ　虻《あぶ》の飛ぶ音が「黒」の鳴き声だと感じられてしまう。
ウ　「黒」が苦しみ、助けを求める声が忘れられない。
エ　「白」自身の息づかいが、「黒」の悲しむ声に聞こえる。

問六　――線部D「顔を見合わせている」とあるが、二人の姉弟がこのようにしたのはなぜか。この説明として最も適当なものを、次のア～エのうちから一つ選び、記号で答えなさい。

ア　「白」の報告を受けて、どうしようかうろたえているから。
イ　「白」が必死に伝えようとすることがわからなかったから。
ウ　見知らぬ犬が自分たちに吠《ほ》えてくることを不思議《ふしぎ》がったから。
エ　隣《となり》の家の「黒」の兄弟がなぜうちに来たのか不審《ふしん》に思ったから。

問七　――線部E「一生懸命に吠えたてました」とあるが、(i)姉と、(ii)弟の反応はそれぞれどのようなものだったか。その説明として最も適当なものを、次のア～エのうちからそれぞれ一つずつ選び、記号で答えなさい。

ア　犬を追《お》い払《はら》おうと勇気を出して戦おうとした。
イ　自分の飼い犬だと気づいていっしょに遊んだ。
ウ　犬の言おうとしていることをわかろうと努めた。
エ　どうしてよいかわからずに泣きそうになった。

問八　――線部F「さっきのように」とあるが、「さっき」とはどのような時のことを指すか、説明しなさい。

問九　――線部G「少時はただ電柱の下にぼんやり足をとめていました」とあるが、このときの「白」の気持ちはどのようなものだったか。その説明をした次の文の空欄①～②に当てはまるように、それぞれ十字程度で答えなさい。

飼い主である「小さい主人たち」によって（　①　）ために、今日から「宿無し犬」になるのかと（　②　）気持ち。

問十　――線部X「みんな鍋底のようにまっ黒なのです」とあるが、「白」の身体が黒くなってしまった原因や「白」の願いについて、この後の場面で「白」は次のように月に告白している。これを読んで後の問いに答えなさい。

お月様！　お月様！　わたしは黒君を見殺しにしました。わたしの体のまっ黒になったのも、大かたそのせいかと思っています。しかしわたしはお嬢《じょう》さんや坊《ぼっ》ちゃんにお別れ申してから、あらゆる危険と戦ってきました。それは一つには何かの拍子《ひょうし》に煤《すす》よりも黒い体を見ると、臆病《おくびょう》を恥《は》じる気が起こったからです。けれどもしまいには黒いのがいやさに、――この黒いわたしを殺したさに、あるいは火の中へ飛びこんだり、あるいはまた狼《おおかみ》と戦ったになっていても、やっぱりあの白なのですよ。」

白の声は何ともいわれぬ悲しさと怒りとに震《ふる》えていました。けれどもお嬢《じょう》さんや坊《ぼっ》ちゃんにはそういう白の心もちものみこめる筈《はず》はありません。現にお嬢《じょう》さんは憎《にく》らしそうに、「まだあすこに吠《ほ》えているわ。ほんとうに図々《ずうずう》しい野良犬《のらいぬ》ね」などと、地《じ》だんだを踏《ふ》んでいるのです。坊《ぼっ》ちゃんも、――坊ちゃんは小径《こみち》の砂利《じゃり》をヒロうと、力一ぱい白へ投げつけました。

「畜生《ちくしょう》！　まだ愚図愚図《ぐずぐず》しているな。これでもか？　これでもか？」

砂利《じゃり》は続けさまに飛んできました。中には白の耳のつけ根へ、血の滲《にじ》むくらい当たったのもあります。白はとうとう尻《し》っ尾《ぽ》を巻き、黒塀《くろべい》の外へぬけだしました。黒塀の外には春の日の光に銀の粉《こな》を浴《あ》びたモンシロ蝶《ちょう》が一羽、気楽そうにひらひら飛んでいます。

「ああ、きょうから宿無し犬になるのか？」

白はため息を洩《も》らしたまま、G少時《しばらく》はただ電柱の下にぼんやり足をとめていました。

（芥川龍之介『白』より）

［注］

1　「往来」……道路。通り。

2　「七、八間」……「一間《けん》」はふつう六尺《しゃく》（約一・八二メートル）の長さ。

3　「印半纏」……襟《えり》や背などに屋号・家紋《かもん》などを染《そ》め抜《ぬ》いた半纏《はんてん》。法《はっ》被《び》。

4　「けしき」……様子。

5　「往来どめ」……人や車などの通行を禁ずること。通行止め。

6　「一足飛び」……目的の地点まで一気に移動すること。

7　「狂犬」……狂犬病《きょうけんびょう》にかかった犬のこと。

8　「一町も二町も」……「一町《ちょう》」は六十間《けん》で、約一〇九メートルの距《きょ》離《り》。

9　「棕櫚の木」……高さは五メートル以上になる、ヤシ科の常緑高木。

問一　～～線部a～eの漢字は読みを答え、カタカナは漢字に直しなさい。

問二　‖線部⑴「ありありと」・⑵「臆病風が立ちだした」・⑶「呆気にとられました」の意味として最も適当なものを、各群《かくぐん》のア～エのうちからそれぞれ一つずつ選び、記号で答えなさい。

⑴「ありありと」

ア　はっきりと　　イ　たちまち

ウ　いよいよ　　エ　こっそりと

⑵「臆病風が立ちだした」

ア　恐怖心《きょうふしん》がなくなった　　イ　おじけづき始めた

ウ　恐《おそ》れから立ち上がった　　エ　勇気をふりしぼった

⑶「呆気にとられました」

ア　自分が自分ではないような感覚になった

イ　相手をかわいがりたいような思いを抱《いだ》いた

ウ　思いがけないことに出会って驚《おどろ》きあきれた

エ　やりたいことだけに夢中になってしまった

問三　――線部Ａ「突然立ち止まってしまいました」とあるが、なぜか。その説明をしたものとして適当ではないものを、次のア～エのうちから一つ選び、記号で答えなさい。

ア　「犬殺し」が黒犬の命を狙《ねら》っているのを見たから。

イ　狙《ねら》われている黒犬は命の危機に気づいていないから。

白はほとんど風のように、ウラニワの芝生《しばふ》へ駈《か》けこみました。もうここまで逃《に》げてくれれば、罠《わな》にかかる心配はありません。おまけに青あおした芝《しば》の上には、d幸いお嬢《じょう》さんや坊《ぼっ》ちゃんもボオル投げをして遊んでいます。それを見た白の嬉《うれ》しさは何といえば好《い》いのでしょう？　白は尻《し》っ尾《ぽ》を振《ふ》りながら、(注6)一足飛《いっそくと》びにそこへ飛んでいきました。

「お嬢さん！　坊ちゃん！　今日は犬殺しに遇《あ》いましたよ。」

　白は二人を見上げると、息もつかずにこういいました。（もっともお嬢《じょう》さんや坊《ぼっ》ちゃんには犬の言葉はわかりませんから、わんわんと聞こえるだけなのです。）しかし今日はどうしたのか、お嬢《じょう》さんも坊《ぼっ》ちゃんもただ呆気《あっけ》にとられたように、頭さえ撫《な》でてはくれません。白は不思議《ふしぎ》に思いながらも、もう一度二人に話しかけました。

「お嬢《じょう》さん！　あなたは犬殺しを御《ご》存知《ぞんじ》ですか？　それは恐《おそ》ろしいやつですよ。坊《ぼっ》ちゃん！　わたしは助かりましたが、お隣《となり》の黒君は摑《つか》まりましたぜ。」

　それでもお嬢《じょう》さんや坊《ぼっ》ちゃんはD顔を見合わせているばかりです。おまけに二人は少時《しばらく》すると、こんな妙《みょう》なことさえいいだすのです。

「どこの犬でしょう？　春夫《はるお》さん。」

「どこの犬だろう？　姉《ねえ》さん。」

　どこの犬？　今度は白の方が(3)呆気《あっけ》にとられました。（白にはお嬢《じょう》さんや坊《ぼっ》ちゃんの言葉もちゃんと聞きわけることができるのです。我々《われわれ》は犬の言葉がわからないものですから、犬もやはり我々の言葉はわからないように考えていますが、実際はそうではありません。犬が芸を覚《おぼ》えるのは我々の言葉がわかるからです。しかし我々は犬の言葉を聞きわけることができませんから、闇《やみ》の中を見通すことだの、かすかな匂《にお》いを嗅《か》ぎ当てることだの、犬の教えてくれる芸は一つも覚えることができません。）

「どこの犬とはどうしたのです？　わたしですよ！　白ですよ！」

　けれどもお嬢《じょう》さんはあいかわらず気味悪そうに白を眺《なが》めています。

「お隣《となり》の黒の兄弟かしら？」

「黒の兄弟かも知れないね。」坊《ぼっ》ちゃんもバットをおもちゃにしながら、考え深そうに答えました。

「こいつも体中まっ黒だから。」

　白は急に背中の毛がe逆立つように感じました。まっ黒！　そんな筈《はず》はありません。白はまだ仔犬《こいぬ》の時から、牛乳のように白かったのですから。しかし今前足を見ると、――いや、前足ばかりではありません。胸も、腹も、後足も、すらりと上品に延《の》びた尻《し》っ尾《ぽ》も、Xみんな鍋底《なべぞこ》のようにまっ黒なのです。まっ黒！　まっ黒！　白は気でも違《ちが》ったように、飛び上がったり、跳《は》ねまわったりしながら、E一生懸命《けんめい》に吠《ほ》えたてました。

「あら、どうしましょう？　春夫《はるお》さん。この犬はきっと(注7)狂犬《きょうけん》だわよ。」

　お嬢《じょう》さんはそこに立ちすくんだなり、今にも泣きそうな声を出しました。しかし坊《ぼっ》ちゃんは勇敢《ゆうかん》です。白はたちまち左の肩《かた》をぽかりとバットに打たれました。と思うと二度目のバットも頭の上へ飛んできます。白はその下をくぐるが早いか、元来た方へ逃《に》げだしました。けれども今度はFさっきのように、(注8)一町《ちょう》も二町も逃げだしはしません。芝《しば》生《ふ》のはずれには(注9)棕櫚《しゅろ》の木のかげに、クリイム色に塗《ぬ》った犬小屋があります。白は犬小屋の前へ来ると、小さい主人たちを振《ふ》り返りました。

「お嬢《じょう》さん！　坊《ぼっ》ちゃん！　わたしはあの白なのですよ。いくらまっ黒れ十字程度で抜《ぬ》き出しなさい。

〔　①　〕ときに、〔　②　〕経験。

問九　――線部G「一人前になる」とあるが、これはどういうことか。本文中の語句を用いて三十字以内で説明しなさい。

問十　本文の内容に合うものを次のア～エのうちから一つ選び、記号で答えなさい。

ア　専業主婦は仕事をしていないので、自分の氏名で呼ばれない。

イ　ホームレスの男性は、働くことで生きる意味を感じ始めている。

ウ　存在を認めてくれる他者とはどういう関係であっても構わない。

エ　働く目的には、「夢の実現」がお金と同じくらい大切である。

三　次の文章は、芥川龍之介《あくたがわりゅうのすけ》『白』の一節で、「白」という名の犬が主人公である。これを読んで後の問いに答えなさい。

ある春の午《ひる》過《す》ぎです。白という犬は土を嗅《か》ぎ嗅ぎ、静かな(注1)往来《おうらい》を歩いていました。狭《せま》い往来の両側にはずっとaメをふいた生《い》け垣《がき》が続き、そのまた生け垣の間にはちらほら桜なども咲《さ》いています。白は生け垣にb沿いながら、ふとある横町《よこちょう》へ曲がりました。が、そちらへ曲がったと思うと、さもびっくりしたように、A突然《とつぜん》立ち止まってしまいました。

それも無理はありません。その横町の(注2)七、八間《けん》先には(注3)印半《しるしばん》纏《てん》を着た犬殺しが一人、罠《わな》を後ろに隠《かく》したまま、一匹《いっぴき》の黒犬を狙《ねら》っているのです。しかも黒犬は何も知らずに、この犬殺しの投げてくれたパンか何かを食べているのです。けれども白が驚《おどろ》いたのはそのせいばかりではありません。見知らぬ犬ならばともかくも、今犬殺しに狙われているのはお隣《となり》の飼い犬の黒なのです。毎朝顔を合わせるたびにお互《たが》いの鼻の匂《にお》いを嗅《か》ぎ合う、大の仲よしの黒なのです。

白は思わず大声に、「黒君！　あぶない！」と叫《さけ》ぼうとしました。が、その拍子《ひょうし》に犬殺しはじろりと白へ目をやりました。「教えてみろ！　貴様から先へ罠にかけるぞ。」――犬殺しの目には(1)ありありとそういう嚇《おど》かしが浮《う》かんでいます。白はあまりの恐《おそ》ろしさに、思わず吠《ほ》えるのを忘れました。いや、忘れたばかりではありません。一刻もじっとしてはいられぬほど、(2)臆病《おくびょう》風が立ちだしたのです。白は犬殺しに目を配りながら、じりじり後すざりを始めました。そうしてまた生《い》け垣《がき》の蔭《かげ》に犬殺しの姿が隠《かく》れるが早いか、可哀《かあい》そうな黒を残したまま、一目散《いちもくさん》に逃《に》げだしました。

そのとたんに　B　のでしょう。続けさまにけたたましい黒の鳴き声が聞こえました。しかし白は引き返すどころか、足を止める(注4)けしきもありません。ぬかるみを飛び越《こ》え、石ころを蹴散《けち》らし、(注5)往来どめの縄《なわ》を擦《す》り抜《ぬ》け、ごみための箱を引っくり返し、振《ふ》り向きもせずに逃げ続けました。御覧《ごらん》なさい。坂を駈《か》け下りるのを！　そら、自動車に轢《ひ》かれそうになりました！　白はもう命の助かりたさに夢中になっているのかも知れません。いや、C白の耳の底には未《いま》だに黒の鳴き声が虻《あぶ》のように唸《うな》っているのです。

「きゃあん。きゃあん。助けてくれえ！　きゃあん。きゃあん。助けてくれえ！」

白はやっと喘《あえ》ぎ喘ぎ、主人の家へ帰ってきました。黒塀《くろべい》の下の犬くぐりを抜《ぬ》け、物置小屋を廻《まわ》りさえすれば、犬小屋のあるcウラニワです。

関係などとは違った面があります。［Y］、社会の中でのつながりも（注3）「相互《そうご》承認」の関係には違《ちが》いないのですが、この場合は、私は「アテンション（ねぎらいのまなざしを向けること）」というような表現がいちばん近いのではないかと思います。清掃《せいそう》をしていた彼がもらった言葉は、まさにアテンションだったのではないでしょうか。

ですから、私は「人はなぜ働かなければならないのか」という問いの答えは、「他者からのアテンション」そして「他者へのアテンション」だと言いたいと思います。それを抜《ぬ》きにして、働くことの意味はありえないと思います。その仕事が彼にとってやり甲斐《がい》のあるものなのかどうか、彼の夢を実現するものなのかといったことは次の段階の話です。

そして、もう一つ言えば、このアテンションという「承認のまなざし」は、家族ではなく、社会的な他者から与えられる必要があるのだろうと思います。

（姜尚中《かんさんじゅん》『悩む力』より）

［注］1 「ファクター」……要因。ここでは、「目的の一つ」くらいの意。
2 「コンプレックス」……自分が他より劣《おと》っているという感情。劣等感《れっとうかん》。
3 「相互承認」……互《たが》いに認め合うこと。

問一 ～～～線部a～eの漢字は読みを答え、カタカナは漢字に直しなさい。

問二 空欄《くうらん》［X］・［Y］に当てはまる語句として適当な組合せを、次のア～エのうちから一つ選び、記号で答えなさい。

ア　X　しかし　Y　かえって
イ　X　だから　Y　かえって
ウ　X　しかし　Y　もちろん
エ　X　だから　Y　もちろん

問三 ――線部A「そう」とあるが、これはどのようなことを指すのか。二十字以内で説明しなさい。

問四 空欄［B］に当てはまる語句として最も適当なものを、次のア～エのうちから一つ選び、記号で答えなさい。

ア　幸せ　イ　我慢《がまん》　ウ　希望　エ　悲しみ

問五 ――線部C「似ているかもしれません」とあるが、何と何かどのような点で似ているのか。その説明として最も適当なものを、次のア～エのうちから一つ選び、記号で答えなさい。

ア　資産家の息子と専業主婦が、「自分は一人前ではない」と感じる点。
イ　「奥さん」と「お母さん」が、氏名ではない呼び方であるという点。
ウ　専業主婦と社会で働く妻が、実際はどちらも一人前ではない点。
エ　遺産で暮らす子と専業主婦が、生活の上で不自由がないと思う点。

問六 ――線部D「人はなぜ働くのか」という問いに対して、筆者はどのような答えを用意しているか。本文中から三十字以内で探し、最初の七字を抜き出しなさい。ただし、句読点や記号も字数に含《ふく》めます。

問七 ――線部E「目頭を押さえて泣く」とあるが、ホームレスの男性は、泣くことについて、自分の変化をどのように考えているのか。それを最もよく表す部分を、本文中から二十字程度で抜《ぬ》き出しなさい。

問八 ――線部F「社会の中で、自分の存在を認められる」とあるが、ホームレスの男性は具体的にどのようなことを経験したのか。それを説明した次の文の空欄《くうらん》①～②に当てはまるように、本文中からそれぞれりました。おかげで、その方は四十歳《さい》近くまで、仕事ではない学問の研究をして暮らしてきました。うらやましい限りの境遇《きょうぐう》です。ところが、その方はずっと(注2)コンプレックスの塊《かたまり》だったというのです。

それは、「自分は一人前ではない」という意識です。資産のあるなしにかかわらず、「働いていない」ということが、想像以上にその人の心に重圧をかけたのです。

これはある意味、子供を持つ専業主婦が、「誰それさんの奥《おく》さん」「誰それちゃんのお母さん」という呼び方で呼ばれるのがいやだ、というのにC似ているかもしれません。もちろん、専業主婦は家庭内の仕事をしているので、遊んでいるわけではないのですが、外で働いている人と違《ちが》い、自分の氏名を呼ばれないため、やはり「一人前ではない」ような気分になるのでしょう。

「D人はなぜ働くのか」というのは、簡単なようでいて、意外にb深遠な問いなのです。（中略）

先日、ワーキングプアに関するNHKのテレビ番組を見ていたら、三十代半ばのホームレスの男性のことが紹介《しょうかい》されていて、いろいろ教えられるところがありました。その男性は公園に寝泊《ねと》まりし、ゴミ箱から週刊誌《し》などをcヒロって売り、命をつないできたのですが、運よく市役所から、一ヵ月のうちの幾日《いくにち》か、道路の清掃《せいそう》をする仕事をもらうことができたのです。番組は彼《かれ》の姿を追っていろいろ話を聞くのですが、その彼が最後にE目頭を押《お》さえて泣くシーンがdウツし出されました。

彼によると、一年前だったら、何があっても涙《なみだ》が出ることはなかったそうです。ところが彼は、働いているときに、人から声をかけられたのです。何という言葉をかけられたのかわかりませんが、たぶん、「ご苦労さま」に類するような言葉だったのではないでしょうか。「以前は、生まれてこなければよかったと言ってましたが？」という取材者の問いに、「今も、そう思う」と答えた彼は、ちゃんと社会復帰すれば、生まれてきてよかったとなるんじゃないか、と言って言葉をつまらせます。そして、前だったら泣かなかった、普通《ふつう》の人間としての感情が戻《もど》ったのかもしれない、と言うのです。

これはとても象徴《しょうちょう》的で、「人が働く」という行為《こうい》のいちばん底にあるものが何なのかを教えてくれる気がします。

それは、「F社会の中で、自分の存在を認められる」ということです。同じようにその場にいても、ホームレスとしてたまたま通りかかっただけだったら、声をかけられることはなかったはずです。一生懸命《けんめい》働いていたからこそ、ねぎらいの声をかけられた。人がいちばんつらいのは、「自分は見捨てられている」「誰からも顧《かえり》みられていない」という思いではないでしょうか。誰《だれ》からも顧みられなければ、社会の中に存在していないのと同じことになってしまうのです。

社会というのは、基本的には見知らぬ者e同士が集まっている集合体であり、だから、そこで生きるためには、他者から何らかの形で仲間として承認される必要があります。そのための手段が、働くということなのです。働くことによって初めて「そこにいていい」という承認が与《あた》えられる。

働くことを「社会に出る」と言い、働いている人のことを「社会人」と称《しょう》しますが、それは、そういう意味なのです。「G一人前になる」とはそういう意味なのです。

社会の中での人間同士のつながりは、深い友情関係や恋人《こいびと》関係、家族

【国語】〈五〇分〉〈満点：一〇〇点〉

一　次の各問いに答えなさい。

問一　次の――線部の漢字は読みを答え、カタカナは漢字に直しなさい。

(1) 席を窓際にウツす。　(2) 今年の冬はアタタかい。
(3) サイバン官を目指す。　(4) シュウギョウ時間内は働く。
(5) タンジュンな発想。　(6) ソシキのルールを守る。
(7) ゼッタイ絶命　(8) 自給ジソク
(9) 今日は夏至だ。　(10) 険しい表情をしている。

問二　次の語句と似た意味の語を後から選び、漢字に直して答えなさい。

(1) 消息　(2) 短所　(3) 親切

ケッテン　コウイ　オンシン　ブジ

問三　次の説明を表す慣用句として最も適当なものを、後のア～コのうちから一つずつ選び、記号で答えなさい。

(1) 自らめんどうをみて育て上げる。
(2) 待ち望んでいる。
(3) 心配や不快な思いで顔をしかめる。
(4) まちがいないように念をおす。
(5) 技能などが上達する。
(6) 味方をする。
(7) 本心を打ち明ける。

ア　くぎをさす　イ　手塩にかける　ウ　けりがつく
エ　腕《うで》を上げる　オ　舌を巻く　カ　肩《かた》をもつ
キ　首を長くする　ク　腹を割る　ケ　まゆをひそめる
コ　目を細める

二　次の文章を読んで、後の問いに答えなさい。

「食べるために働く」という言葉があります。人が生存していくには、やはりお金がかかるのであり、お金を得るためには、やはり働かなければなりません。いまはさらに「働き甲斐《がい》」や「夢の実現」などが働くことの大きな(注1)ファクターになっていますから、仕事があって、それが自分のやりたいことと一致《いっち》していれば、言うことはないわけです。

　でも、現実にはなかなかAそうもいかなくて、目の前にあるのは希望とはまったく違《ちが》うものだけれども、転職するのもたいへんだから、いやいや会社に通っているという人も多いでしょう。子供がいる人などはなおさら自分勝手もできず、毎日が［B］の連続かもしれません。ときには「お金さえあったら好きなことができるのに」「誰《だれ》かオレをaヤシナってくれないかな」という気持ちになることもあるのではないでしょうか。

　ときどき「もし宝くじで三億円が当たったら、仕事をやめて遊んで暮らす」という言葉を聞くことがあります。たしかに、お金さえあれば働かなくていいような気がします。［X］――と、そこで私は考えるのです。もしお金があったら、人は本当に働くのをやめるでしょうか。案外、そうでもないのではないでしょうか。

　こんな話を聞いたことがあります。かなりの資産家の息子さんがいて、突然《とつぜん》父親が亡くなったため、一生食べていくのに困らない遺産が入

MEMO

大切なことはメモしておこうネ！

2021年度

千葉日本大学第一中学校入試問題（第１期）

【算　数】（50分）　＜満点：100点＞

【注意】１．１，２の問題は答えのみ解答らんに記入し，３，４の問題は解答らんに途中の計算や説明も書いて下さい。

２．円周率を使用する場合は3.14とします。

３．定規，コンパスは使用してもかまいません。

４．計算器，分度器は使用してはいけません。

1　次の計算をしなさい。[※答えのみでよい]

⑴　$(23-8)\times(46+8)\div 9\times(18-8)$

⑵　$2\frac{7}{12}-\frac{2}{5}\times\left(\frac{2}{3}+1\frac{5}{12}\right)\times 2.3$

⑶　$\left(\frac{1}{4042}-\frac{1}{6063}+\frac{1}{8084}-\frac{2}{10105}\right)\div\frac{1}{2021}$

⑷　$12.5\times 0.2\times 0.3+1.25\times 0.4\times 0.5+0.125\times 0.6\times 20$

2　次の □ にあてはまる数を答えなさい。[※答えのみでよい]

⑴　$\left(2+\square\times\frac{3}{7}\right)\div\frac{5}{4}-5=11$

⑵　えんぴつ180本，ノート144冊，消しゴム84個を，余ることなくできるだけ多くの人に平等に配る。このとき，１人に配るえんぴつは □ 本です。

⑶　A，B，Cの３つの数がある。A－B＝30，B－C＝14，A÷C＝５のとき，C＝ □ です。

⑷　面積が８km^2の土地は，縮尺１：40000の地図上では □ cm^2で表されている。

⑸　太郎君は □ ページある小説を読んでいます。１日目に全体の$\frac{3}{8}$を読み，２日目に45ページを読みました。３日目には残りの$\frac{2}{3}$を読み終えると，残りは35ページでした。

⑹　太郎君は，学校に登校するため毎朝同じ時刻に家を出ます。家から徒歩で分速60mで歩くと，始業時間の５分前に学校に着きます。また，別の日にはいつもより10分遅れて家を出発したため，自転車を使って分速300mで学校に登校したところ，始業時間の３分前でした。家から学校までの道のりは □ mです。

⑺　右の割り算が成り立つように □ にア～オに当てはまる数字をそれぞれ答えなさい。ただし， □ には１桁の数字が入ります。

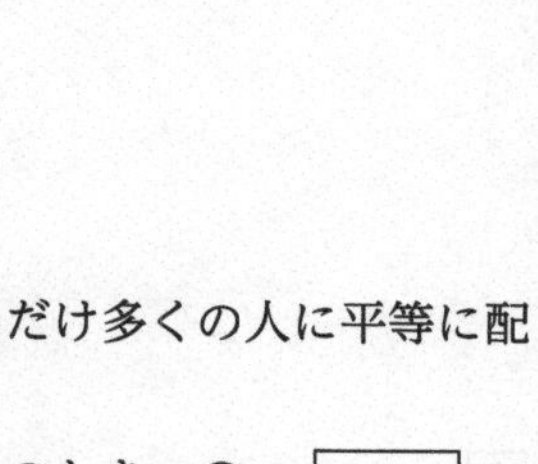

(8)　クラスでパーティーの費用を集めます。１人60円ずつ集めると240円足りず，１人80円ずつ集めると500円余ります。このクラスの人数は [①] 人で，費用は [②] 円です。

(9)　101から200までの100個の整数があります。この整数の中で２で割り切れる数は [①] 個です。また，2で割り切れて，3で割り切れない数は [②] 個です。

(10)　正五角形の角の和は [①] 度です。

また，右の図のように，一辺が12㎝の正五角形と半径２㎝の円があります。この円は正五角形の外側に接しながら，正五角形の周りを一周します。このとき，円の中心が移動する距離の合計は [②] ㎝です。

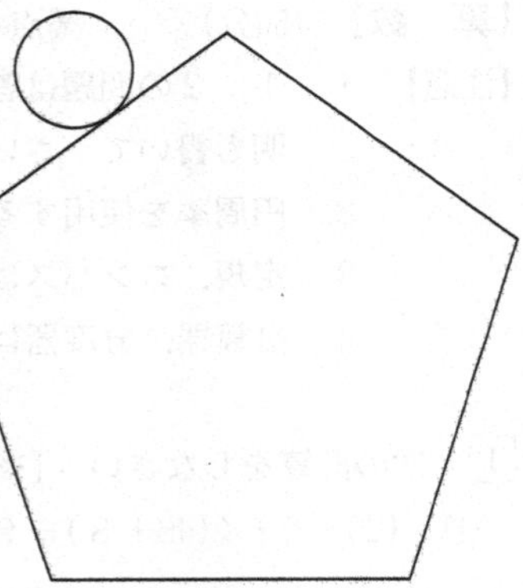

(11)　右の図のように正三角形を折り返しました。このとき，㋐の角度は [①] 度です。また，㋑の角度は [②] 度です。

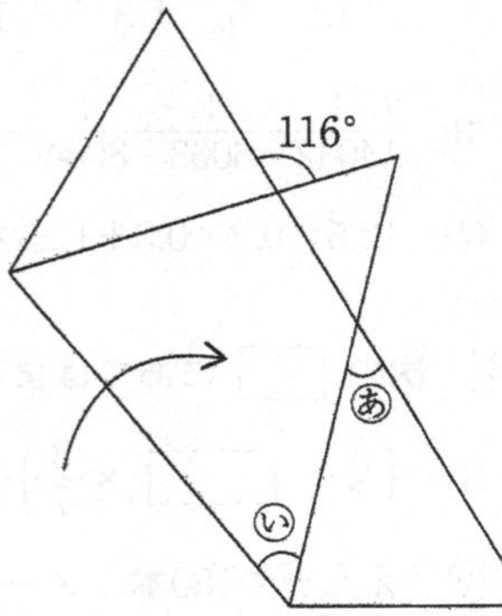

3　ある規則にしたがって整数と記号が並んでいます。このとき，以下の問いに答えなさい。［※式や考え方を書きなさい］

○1，△2，□3，○4，△5，□6，○9，△10，□11，○16，△17，□18，○25，△26，□27，○36，…

(1)　□で囲まれた数のうち，９番目の数は何ですか。

(2)　数列の122番目の数は何ですか。また，その数の記号は○△□のどれになりますか。

(3)　この数列の中で連続する３つの整数の和が1878になる数の組があります。その３つの整数の中で１番小さい数Ａの記号は○です。Ａは最初から数えて何番目ですか。

4　太郎君が自転車に乗り，家を出発して9.4km 離れたバス停Ａまで毎分200mの速さで向かいます。太郎君の家とバス停Ａの間にはバス停Ｂがあります。バス停Ａとバス停Ｂの間は１台のバスが常に一定の速さで往復しており，それぞれのバス停での停車時間は同じです。次のページのグラフは，太郎君が家を出発してからの時間と家からの道のりの関係を表したものです。このとき，あとの問いに答えなさい。［※式や考え方を書きなさい］

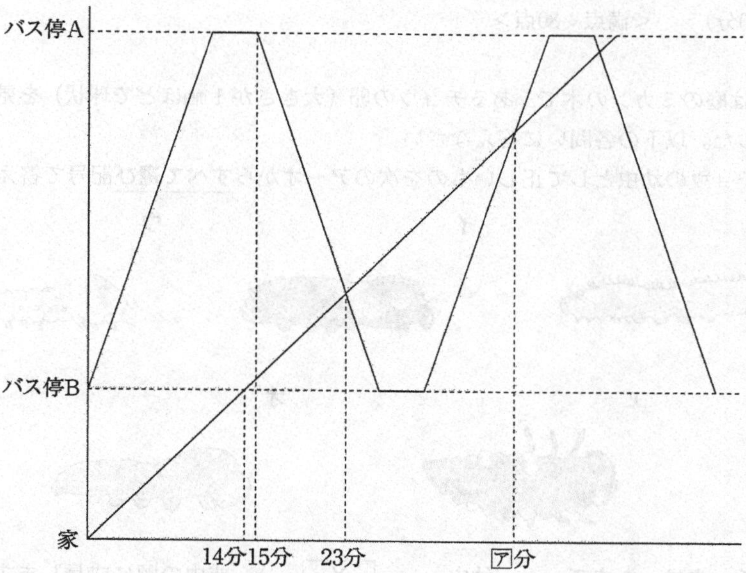

(1)　家からバス停Ｂまでの距離は何ｍですか。

(2)　バスの速さは毎分何ｍですか。

(3)　バスがバス停で停車する時間は何分ですか。

(4)　アに入る時間は何分ですか。

【理　科】（40分）　＜満点：80点＞

1　リカさんは庭のミカンの木で，あるチョウの卵（大きさが１㎜ほどで球状）を見つけ観察をすることにしました。以下の各問いに答えなさい。

問１　このチョウの幼虫として正しいものを次のア～オから**すべて選び**記号で答えなさい。

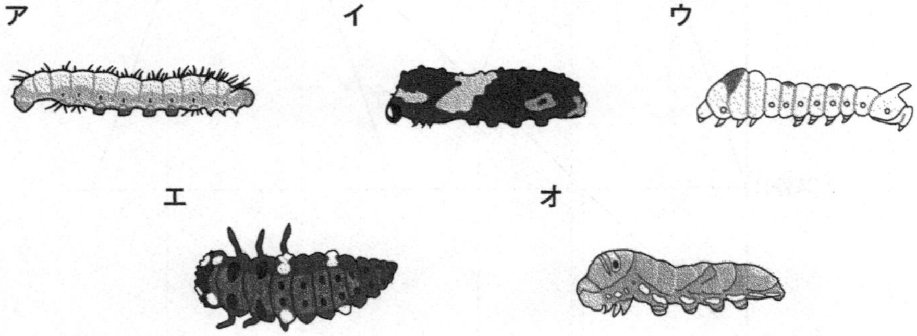

問２　このチョウは，たまご　→　幼虫　→　X　→　成虫の順に成長します。

X に当てはまる言葉を答えなさい。

問３　問２のような育ち方を何といいますか。

問４　このチョウと同じ育ち方をするものを次のア～カから**すべて選び**記号で答えなさい。

ア　ハエ　　イ　テントウムシ　　ウ　セミ　　エ　バッタ　　オ　ハチ　　カ　カブトムシ

問５　このチョウのからだのつくりとして正しいものを次のア～カから選び記号で答えなさい。○は頭，□は胸，△は腹，線はあしを表しています。

問６　このチョウと同じからだのつくりをしているものを次のア～オから**すべて選び**記号で答えなさい。

ア　コオロギ　　イ　クモ　　ウ　カマキリ　　エ　ムカデ　　オ　ダンゴムシ

問７　昆虫の冬の越《こ》し方として正しい組み合わせを次のア～エから選び記号で答えなさい。なお，Xは問２の X をあらわしています。

	たまご	幼　虫	X	成　虫
ア	スズムシ	ミノガ	チョウ	ハチ
イ	チョウ	カブトムシ	アリ	テントウムシ
ウ	カマキリ	セミ	ミノガ	アリ
エ	コオロギ	テントウムシ	チョウ	ハチ

2　リカさんはある地域の動物について調べるため，標識再ほ法という方法を用いて動物の数を調べることにしました。以下の説明文を読み，各問いに答えなさい。

標識再ほ法とは，ある地域に生息する調べたい動物の全体の数を調べるために，
①調べたい動物の一部をつかまえて，全てに印をつけて放す。
②数日後に再びつかまえて，その中で印の付いているものの数を数える。
という方法である。

例

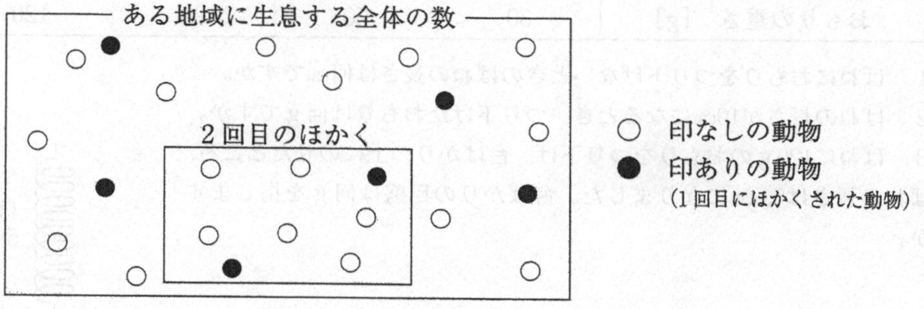

１回目のほかくで印をつけられた動物　　６ひき
２回目のほかくで印をつけられていた動物　　２ひき

この図の場合，全体の数を□ひきとすると，

□　：　（ア）＝　８　：　２

という関係性が成り立つため，ある地域に生息する全体の数を計算し，推測することができる。

問１　上の説明文中の（ア）に適する数を答えなさい。

問２　リカさんはまずある池でフナを84ひきほかくして，全てに印をつけて再び放しました。３日後に再び96ひきほかくしたところ，そのうちの６ひきに印がありました。この池に生息しているフナは全体で何ひきであると推測できますか。

問３　標識再ほ法を用いて調べることができるのはどのようなときですか。次の**ア**～**カ**から**３つ選び**記号で答えなさい。

ア　２回目のほかくまでにフナが大量に死ぬ，または大量に新しい子孫が生まれるとき
イ　２回目のほかくで印をつけたフナをねらってつかまえるとき
ウ　印をつけたフナと，つけていないフナの間に行動のちがいが生じないとき
エ　印をつけたフナと，つけていないフナが池の中で混ざって生息するとき
オ　印をつけたフナがなわばりをもつとき
カ　池内のフナがこの池だけで生活し，外部との出入りがないとき

問４　リカさんは同じ方法でもう一度全体の数を調べようとしましたが，２回目のほかくまでの間に，印がとれてしまった個体がいました。この場合，推測される全体の数は印がとれなかった時と比べてどうなりますか。次の**ア**～**ウ**から選び記号で答えなさい。

ア　多くなる　　**イ**　少なくなる　　**ウ**　変わらない

問５　リカさんは標識再ほ法で，他の生物の数も調べようとしましたが，この方法が適していない

生物もいることを知りました。標識再ほ法が適していない生物をア～エから選び記号で答えなさい。

ア　チョウ　　イ　カエル　　ウ　アサリ　　エ　フジツボ

3　軽くておもさの無視できるばねにおもりをつるしたとき下の表のようになりました。以下の各問いに答えなさい。

ばねの長さ　[cm]	5.2	6.4	7.6	8.8
おもりの重さ　[g]	30	60	90	120

問１　ばねにおもりをつり下げないときのばねの長さは何cmですか。

問２　ばねの長さが10cmになるとき，つり下げたおもりは何ｇですか。

問３　ばねに120ｇのおもりをつり下げ，台ばかりの上にのせたところ，ばねの長さは5.6cmになりました。台ばかりの目盛は何ｇを指しますか。

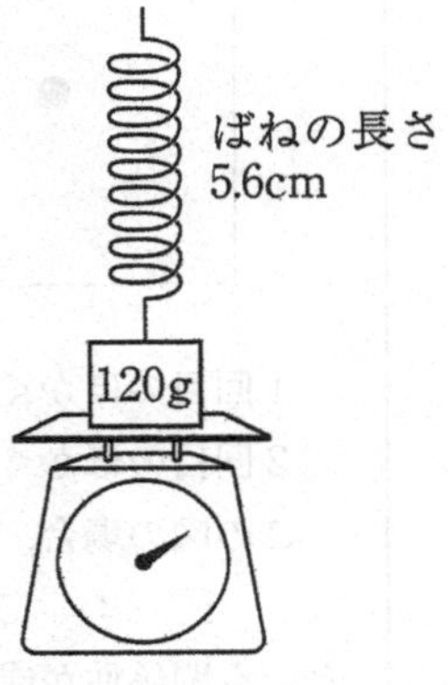

問４　軽くておもさの無視できる棒と，このばねを用いて，おもりをぶら下げたところ図のようにつり合いました。図の［　］の中に入る値①～④を求めなさい。

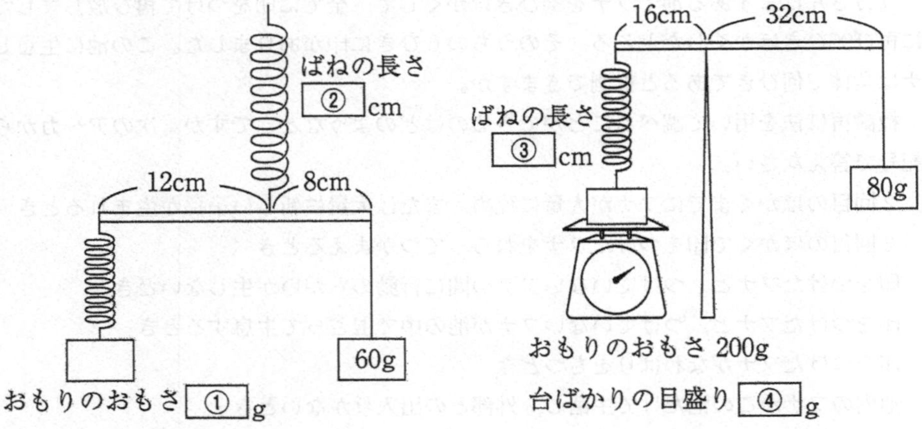

4　以下の各問いに答えなさい。

問１　スポーツ観戦などで観客が行うウェーブというものがあります。スタジアムの観客が列ごとに空中に向かって手を広げ立ち上がってから座るという動作を，となりの人から少しおくらせて真似《まね》することで，波が進んでいくように見えます。波は，その形だけ（波形といいます）が伝わっていく現象です。

今，波が毎秒12mの速さで進むとき，下図のような観客席を波が１周する時間を求めなさい。ただし，円周率を3.1とします。

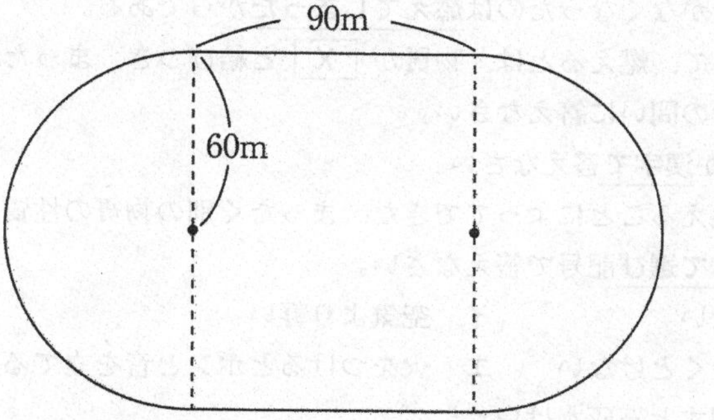

問２　池に石を投げると，輪のように波が次々と起こり，広がっていきますが，うかんでいる木の葉は波にゆられても，下の図のように元の場所で上下運動するだけで移動しません。波形のみが横に移動します。波には山と谷があります。となりの山のてっぺん同士（または谷の底同士）は，同じ間隔《かんかく》を保っています。

木の葉が山→谷→山と0.2秒で１回上下しん動すると波の形が右に15cm進みました。木の葉が１回しん動すると１個の波ができ，２回しん動すると２個の波ができます。連続的に木の葉が上下しん動するとき，次の⑴～⑷の問いに答えなさい。

⑴　木の葉は１秒間で何回しん動しますか。

⑵　１秒間で波は何cm右に移動しますか。

⑶　波の先頭が450cmまで移動したとき，木の葉は何回しん動しましたか。

⑷　75個の波ができるまでに木の葉は何秒間しん動しますか。

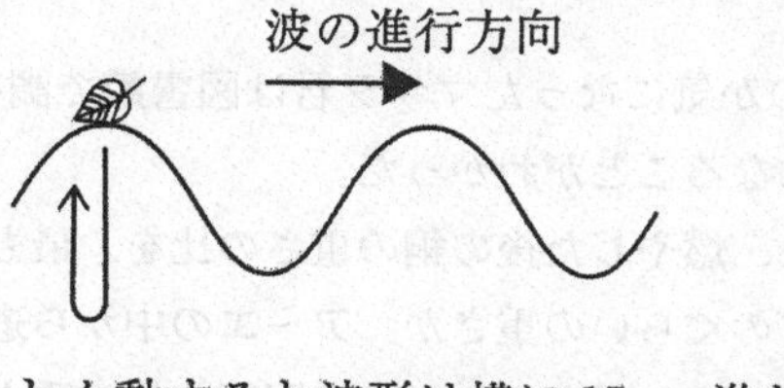

１しん動すると波形は横に15cm 進む

5　Ⅰ　マサシ君は家族で焼肉屋さんに行きました。このときの会話を読み，以下の各問いに答えなさい。

お父さん：「店員さんすみません，炭を追加してもらってもいいですか？」

店員さん：「かしこまりました。」

マサシ君：「どうして炭を追加してもらう必要があるの？」

お母さん：「見てごらん，食べているうちに，いつの間にか七輪《しちりん》の中の炭が少なくなってきているのがわかるでしょう？」

マサシ君：「本当だ！でもどうして，炭はなくなってしまうのだろう？」

気になったマサシ君は，家に帰ってなぜ炭がなくなってしまったのかを調べてみました。すると，以下のことがわかりました。

・焼肉屋さんで使われていた炭は，木炭という種類の炭である。

・木炭は炭素からできている。

・焼肉屋さんで炭がなくなったのは燃えてしまったからである。

問１　下線部について，燃えるとは，物質が［X］と結びつき，まったく別の物質ができることである。次の⑴～⑶の問いに答えなさい。

⑴　［X］とは何か漢字で答えなさい。

⑵　今回木炭が燃えることによってできた，まったく別の物質の性質として正しいものを，ア～オの中からすべて選び記号で答えなさい。

ア　においがない　　　　イ　空気より軽い

ウ　水にまったくとけない　　エ　火をつけるとポンと音を立てる

オ　石灰水に通すと石灰水は白くにごる

⑶　⑵の物質は，木炭を燃やす以外の方法でもつくることができる。その方法として正しいものを，次のア～エの中から選び記号で答えなさい。

ア　うすい過酸化水素水に二酸化マンガンを入れる

イ　うすい塩酸に鉄を入れる

ウ　うすい水酸化ナトリウム水よう液にアルミニウムを入れる

エ　うすい塩酸に石灰石を入れる

Ⅱ　マサシ君は，木炭以外の物質を燃やすとどのようになるのか気になり，鉄粉（粉状の鉄）や銅粉（粉状の銅）を燃やす実験を行いました。

問２　木炭を燃やしたときには木炭はなくなっていったが，鉄粉や銅粉ではなくなっているようすは見えなかった。これはなぜか，燃やした後にできる物質の特徴《とくちょう》に注目して説明しなさい。

続いてマサシ君は，いろいろな重さの銅粉を燃やし，燃やす前後で重さを比べる実験を行った。

問３　実験の結果が正しいのか気になったマサシ君は図書館で調べたところ，6.4ｇの銅を燃やすと，燃やした後には８ｇになることがわかった。

⑴　燃やす前の銅の重さと，燃やした後の銅の重さの比を，最も簡単な整数で表しなさい。

⑵　８ｇとは，おおよそどのぐらいの重さか。ア～エの中から選び記号で答えなさい。

ア　長さ５㎝のかみの毛４本の重さ　　イ　50円玉２枚の重さ

ウ　ニワトリのタマゴ１個の重さ　　エ　教科書１冊の重さ

表　燃やす前後での銅の重さの比かく

燃やす前の銅[g]	0.4	0.8	1.2	1.6	3.2
マサシ君が実際に燃やした後の銅（実験値《じっけんち》）[g]	0.5	1.0	1.4	1.8	3.6
問3から計算した燃やした後の銅（計算値《けいさんち》）[g]			A		B

問４　マサシ君が行った実験で0.8ｇの銅と結びついた［X］の重さは何ｇか答えなさい。

問５　表中のＡ，Ｂの値をもとめなさい。

問６　「実験値」と「計算値」を比べるとどうなっているか。次のページのア～エの中から選び記号で答えなさい。

ア　「実験値」と「計算値」はすべて同じ値になっている

イ　「実験値」と「計算値」はすべて計算値の方が大きくなっている

ウ　銅の重さを増やすと，「実験値」の方が「計算値」よりも小さくなる

エ　銅の重さを増やすと，「実験値」の方が「計算値」よりも大きくなる

問７　問６のようになるのはなぜか。以下の**図１，２**を参考にして説明しなさい。

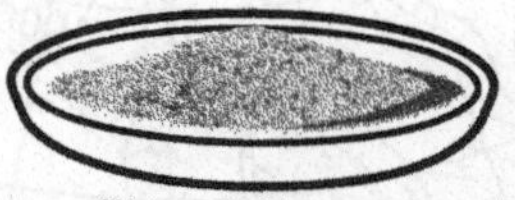

図１　燃やす前の0.4gの銅
（銅粉が平らに盛られている）

図２　燃やす前の3.2gの銅
（銅粉が山のように盛られている）

6　**図**はある日の日本付近の天気図です。これについて，以下の各問いに答えなさい。ただし，**図１**中のHは高気圧を，Lは低気圧を表しています。

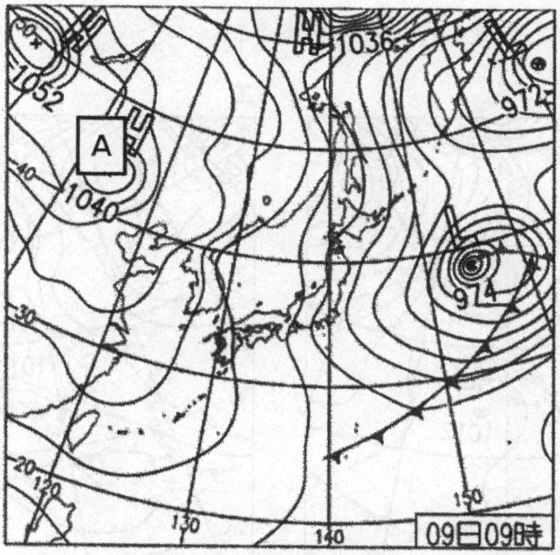

図（気象庁HPより）

問１　**図**の天気図には，特ちょうのある気圧配置が見られます。その気圧配置を何といいますか。**漢字４字で**答えなさい。

問２　問１の気圧配置がよく見られる季節はいつですか。**春・夏・秋・冬**で答えなさい。

問３　問１の気圧配置がよく見られる季節の新潟県と，千葉県の天気の特ちょうを**ふく風のしめりけと天候**に着目して，簡単に説明しなさい。

問４　**図**の**A**で発達する気流を何といいますか。

問５　**図**の**A**付近の天気はどれですか。次の**ア〜エ**から選び記号で答えなさい。

ア　晴れ　　**イ**　雨　　**ウ**　かみなり　　**エ**　雪

問６　次のア～エは，前のページの図の翌日から４日後までの天気図です。これらを日付順に並びかえなさい。

ア

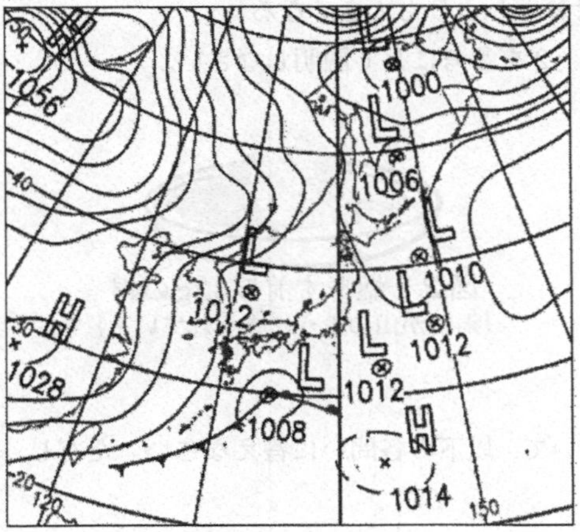

イ

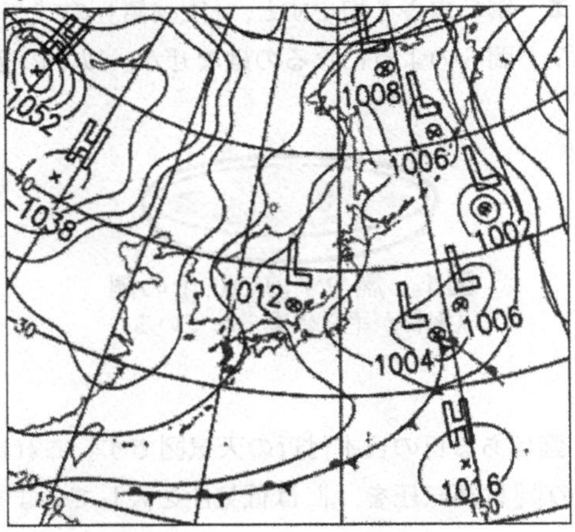

ウ

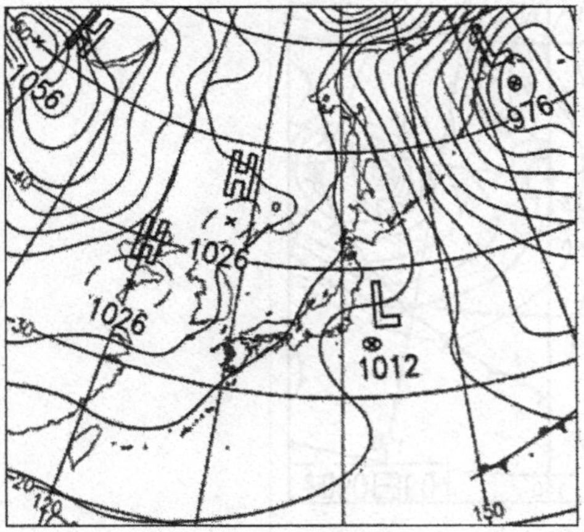

エ

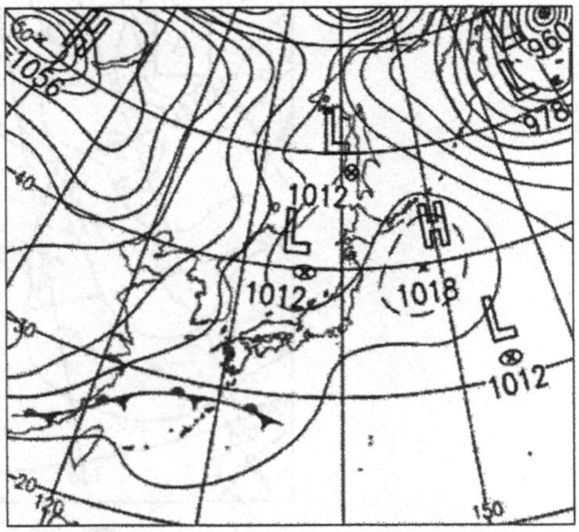

（気象庁のHPより）

【社　会】（40分）　＜満点：80点＞

1． 次の文章は，日本の元号について述べた文章である。文章を読み，あとの問いに答えなさい。漢字で書ける解答は全て漢字で記入すること。

「令和」という元号が始まって３年が経とうとしている。2019年の４月１日，当時の菅官房長官から「令和」という新元号の発表があった。そして５月１日から正式に元号が「令和」に改められ，約31年間続いた（　ア　）という元号が終わりを告げた。「令和」という言葉の由来はａ奈良時代に編纂された日本最古の歌集『（　イ　）』の一節である。

日本の元号は，しばしば歴史的な出来事の中でも登場してくる。元号が日本で初めて使用されたのは645年のことである。これは隣国のｂ唐にならって制定された。ｃそれ以前の日本では元号というものは使用されていなかった。

日本で初めて使用された元号は（　ウ　）である。ｄ飛鳥時代，蘇我蝦夷・入鹿が政治の実権を握ったことがきっかけとなり，（　エ　）と中大兄皇子が蘇我氏を滅ぼし，ｅ改革を行った時代である。

ｆ鎌倉時代の1274年，ｇ元軍が日本に襲来した元寇が起こった。元寇は二度によって行われ，一度目を（　オ　）の役，二度目を弘安の役という。鎌倉幕府が滅ぶと，後醍醐天皇が（　カ　）の新政という天皇中心の政治を行った。しかし，武士の不満が高まり，約２年で失敗に終わった。

1590年に（　キ　）が全国を統一した後，朝鮮に大軍を送った。いわゆる朝鮮侵略である。当時の元号から1592年の出兵を文禄の役，1597年の出兵を慶長の役という。

ｈ江戸時代には改革の名称に元号が用いられた。８代将軍徳川吉宗が行った（　ク　）の改革は，財政の立て直しとして新田開発に努め，税収入の増加を図った。（　ク　）の改革にならい，「質素・倹約」を進めた老中の（　ケ　）は寛政の改革を行い，囲米を実施したり，借金を帳消しにする法令である棄損令を出したりした。19世紀中期の老中水野忠邦が行った改革を（　コ　）の改革といい，厳しい倹約令を出して，ぜいたくを禁止した。

問１　文章中の空欄（ア）～（コ）に当てはまる語句を漢字で答えなさい。

問２　下線部ａの時代に建設された寺院と関連する天皇の組み合わせとして，正しいものを次のうちから一つ選び記号で答えなさい。

①　東大寺　－　聖武天皇
②　法隆寺　－　推古天皇
③　国分寺　－　桓武天皇
④　国分尼寺　－　天武天皇

問３　下線部ｂの前の王朝の名称を漢字１字で答えなさい。

問４　下線部ｃに関連して，次のページの地図は縄文時代と弥生時代の遺跡の場所とその名称を示しています。遺跡の場所が誤っているものを一つ選び記号で答えなさい。

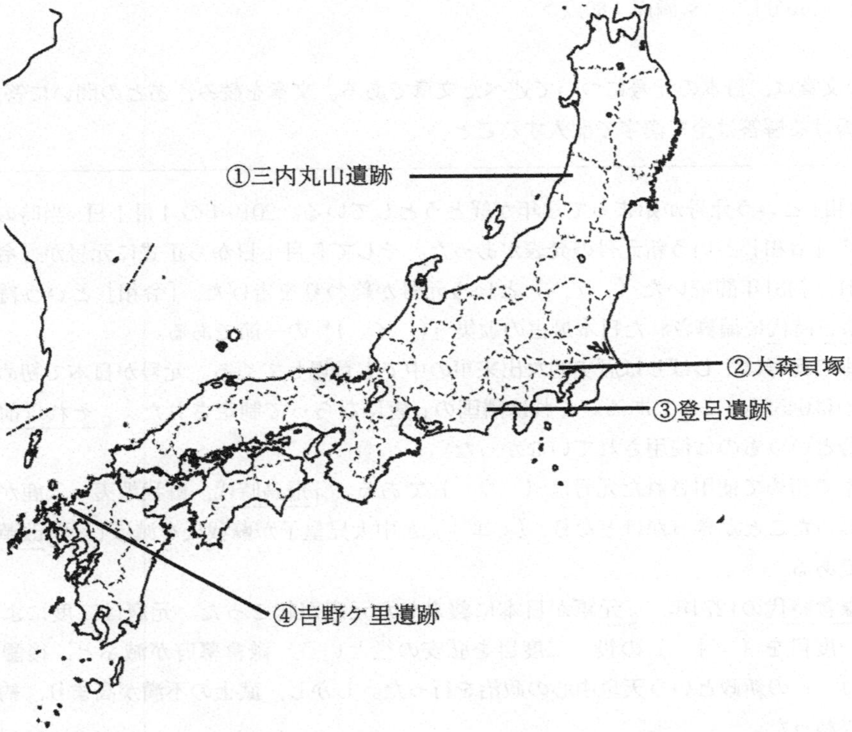

問５　下線部ｄに関連して，聖徳太子は以下のような役人の心構えを定めました。この名称を答えなさい。

第１条　和を以て貴《たっと》しとなし，忤うこと無き宗《むね》とせよ。

第２条　あつく三宝を敬え。三宝とは仏・法・僧なり。

第３条　詔《みことのり》を承《うけたまわ》りて必ず慎《つつし》め。

問６　下線部ｅの改革の後，中大兄皇子は天智天皇として即位した。彼の死後，弟の大海人皇子と息子の大友皇子が皇位をめぐって戦いを起こしました。この戦いの名称を答えなさい。

問７　下線部ｆに関連して，鎌倉時代の社会と文化について述べた文章として正しいものを次のうちから一つ選び記号で答えなさい。

①　軍記物の『源氏物語』は琵琶法師によって語り広められた。

②　大阪が発展し，「天下の台所」と呼ばれた。

③　稲の裏作に麦を栽培する二毛作が行われるようになった。

④　最澄が比叡山に延暦寺を建て，天台宗を広めた。

問８　下線部ｇに関連して，当時の元の皇帝は誰ですか。答えなさい。

問９　下線部ｈに関連して，江戸時代の社会と文化について述べた文章として正しいものを次のうちから一つ選び記号で答えなさい。

①　18世紀には工場制手工業が，19世紀には問屋制家内工業がおこった。

②　菱川師宣が「東海道五十三次」を描いた。

③　井原西鶴は人形浄瑠璃の脚本を書いた。

④　実用的な学問を教える寺子屋は農村にも開かれた。

2． 次の文章は「世界の一体化」について述べた文章である。文章を読み，あとの問いに答えなさい。漢字で書ける解答は全て漢字で記入すること。

　私たちは普段，グローバル化という言葉を耳にすることがある。グローバル化とは，多くの人や物または情報などが国境を越えて移動し，世界が一体化していくことである。果たしてこの「世界の一体化」の始まりとなったのはいつ頃なのだろうか。世界の歴史から考えると，それは15世紀末，スペインやポルトガルが香辛料や絹織物を求めて，インドや中国への a 新航路を開拓する時代に始まるだろう。ヨーロッパ諸国が新たな貿易ルートを発見し，未開であった大陸に足を踏み入れたのもこの時代である。また，地球が球体であることをヨーロッパ諸国ははじめて認識したのであった。

　「世界の一体化」は新たな発見だけに限らない。日本においてもヨーロッパ諸国の動きが影響を受けることがある。16世紀，キリスト教のカトリック教会の腐敗に対する不満から宗教改革が行われた。カトリック教会の内部でも改革が進み，イグナティウス＝ロヨラという人物によって b イエズス会が創設された。この組織はカトリック信者を増やすために，海外布教に乗り出した。c 日本にもキリスト教が広まり，当時キリシタン大名といわれる大名も現れた。また，1543年に種子島に漂着したポルトガル人によって ［X］ が日本に伝わり，d 戦術の変化が起こった。16世紀に日本にもたらされたキリスト教は各地に伝播したが，江戸幕府は e キリスト教を禁止し，厳しく取り締まった。この迫害に耐えかね，f キリスト教勢力は一揆を起こしたりもしたが，幕府軍に鎮圧されることとなる。

　日本と欧米諸国の関わりは19世紀半ば以降に顕著に現れる。1853年にアメリカ東インド艦隊司令長官の（　ア　）が神奈川県の浦賀に現れ，開国を求めた。開国の影響は大きく，尊王攘夷を唱えて倒幕の動きが盛んになった。明治になると，g 欧米諸国の制度や技術・生活様式を取り入れ，世の中が大きく変わった。ヨーロッパ諸国の対立で起こった第一次世界大戦においても，日本は（　イ　）にもとづいて連合国側で参戦した。終戦後，日本はドイツの中国権益を手に入れた。1929年，h アメリカニューヨークの株価大暴落をきっかけとして世界的な不況が起こったとき，日本では軍部が台頭し，中国への侵略を進めた。こういった世界情勢の中でヨーロッパでは第二次世界大戦が始まり，日本は真珠湾攻撃から太平洋戦争を始めることとなった。戦後の日本はGHQの指導の下，民主化を目指し動いていくことになる。

　このように，ヨーロッパをきっかけとして始まった「世界の一体化」は日本の歴史と強く結びついていることが分かる。現代の社会では，グローバル化によって企業が海外へ進出したり，音楽や食文化が日本に流入したり，他国の文化が我々の生活の周りにはありふれていることが見て取れる。もはや日常ともいえる i「世界の一体化は良い点もあるが，問題点もあることも忘れてはならない。

問１　下線部ａの時代を何といいますか。漢字５字で答えなさい。

問２　下線部ｂのメンバーであり，２年間日本で布教をした人物の名前を答えなさい。また，その人物の次のページの資料①～③から選びなさい。

①

②

③

問３　織田信長はある宗教勢力を抑え込むために，キリスト教を保護し，京都や安土に教会や学校を建設することを許可しました。織田信長が抑え込もうとしたある宗教とは何か，次のうちから一つ選び記号で答えなさい。

①　仏教　　②　儒教　　③　道教　　④　耶蘇教

問４　下線部ｄに関連して，次の史料は1575年に起こったある戦いの絵画である。この絵画を見て，あとの問いに答えなさい。

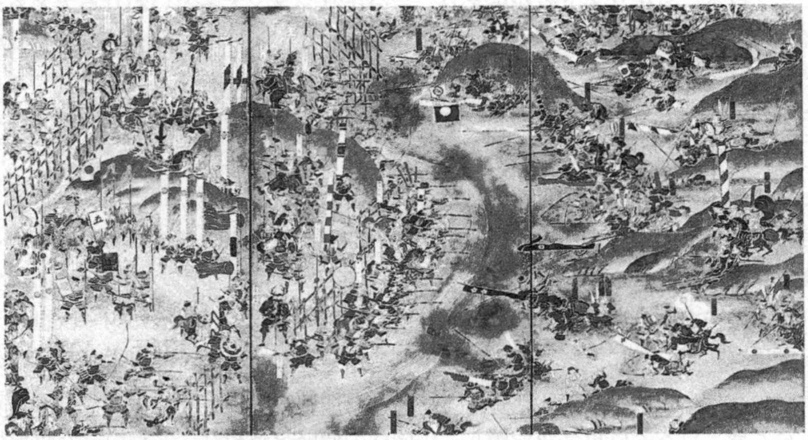

⑴　この戦いの名称を答えなさい。

⑵　この戦いは両陣営の戦術の違いが強く現れています。どのような戦術の違いがあるか，文章中の空欄 X に当てはまる言葉を明らかにした上で説明しなさい。

問５　下線部ｅに関して，次の絵画と写真は江戸幕府が行ったキリスト教対策の一つです。これらの史料について説明した次のページの文章の空欄を指定された文字数に従って答えなさい。

江戸幕府は【　15字以内　】ために，【　漢字２字　】を行った。

問６　文章中の下線部ｆを指導した人物は誰か，次のうちから一つ選び記号で答えなさい。

①　大塩平八郎　　②　内村鑑三　　③　天草四郎　　④　岩倉具視

問７　文章中の空欄（ア）に当てはまる人物を答えなさい。

問８　下線部ｇの変化を漢字４字で答えなさい。

問９　文章中の空欄（イ）に当てはまる同盟を答えなさい。

問10　下線部ｈを漢字４字で答えなさい。

問11　下線部ｉについて「世界の一体化」の問題点とはどのようなことが挙げられますか，現代の世界をふまえて，説明しなさい。

３． 下の各文は，昨年の夏休みの旅行記の一部である。これを読んで後の各問いに答えなさい。漢字で書ける解答は全て漢字で記入すること。

ゆうこさんの旅行記

単身赴任のお父さんと兵庫県で合流し，そこから家族みんなで四国旅行に行きました。まずは神戸と（　ア　）島を繋ぐ明石海峡大橋を通り，そのまま（　イ　）海峡を渡る橋を通っていきました。（　イ　）海峡はうず潮で有名と聞いていましたが，潮の流れがうずを巻く光景は本当にすごかったです。

その夜は，ちょうど宿の近くでａ日本を代表する盆踊りが行われていました。掛け声がすごくて楽しかったです。

問１　旅行記中の空欄（ア）と（イ）にあてはまる適切な語句を答えなさい。

問２　下線部ａについて，この盆踊りの名称として正しいものを次の①～④より選び，番号で答えなさい。

①　郡上踊り　　②　花笠音頭　　③　阿波踊り　　④　ソーラン節

問３　次の①～④の文章は四国地方について説明したものである。四国地方の説明として間違っているものを，①～④からひとつ選び番号で答えなさい。

①　瀬戸内海に近い地域では，１年を通じて降水量が少なく古くからため池をつくり農業用水に利用している。

②　四国地方南部の地域は，暖流の影響で沖合に好漁場が多くかつおやまぐろなどの漁獲量が全国有数である。

③　瀬戸内の気候に属している地域では，１年を通して温暖な気候を生かし，みかんなどの果物の生産が盛んである。

④　近年，四国地方では豊富な自然を保護するために，火山の熱や温泉の熱を利用した地熱発電が盛んに行われている。

たつやくんの旅行記

家族でｂ日本三景のひとつである松島に旅行に行ってきました。松島は（　ウ　）海岸とよばれる特徴的な海岸地形となっていて，2011年のｃ東日本大震災の時には津波の被害もあったようです。ここの周辺の湾では（　エ　）の養殖が盛んにおこなわれていて，収穫量は広島県に次ぎ全国２位を誇るそうです。

夜は県庁所在地のある駅の近くに泊まりました。ちょうどその日は，d東北三大祭りのひとつに数えられる有名な祭りが行われていました。お祭りの屋台で牛タンの串を食べてみたらとてもおいしかったです。

問４　旅行記中の空欄（ウ）と（エ）にあてはまる適切な語句を答えなさい。

問５　下線部ｂについて，日本三景として正しいものを次の①～④から選び番号で答えなさい。

①　天橋立　　②　華厳の滝　　③　縄文杉　　④　富士山

問６　下線部ｃについて，これから数年の間に東日本大震災のような大規模な地震が再び起きるといわれている。発生が心配されている地震の名称として正しいものを次の①～④より選び，番号で答えなさい。

①　南海トラフ地震　　②　熊本地震　　③　北海道胆振東部地震　　④　新潟県中越地震

問７　下線部ｄについて，東北三大祭りとして正しくないものを次の①～④よりひとつ選び番号で答えなさい。

①　ねぶた祭　　②　祇園祭　　③　七夕まつり　　④　竿燈まつり

まさみさんの旅行記

家族でおばあちゃんの家に遊びに行ってきました。おばあちゃんの家は九州にあるので飛行機で行くことも考えたのですが，東京駅から新幹線で行くことにしました。

おばあちゃんの家に着くと，夏休みの自由研究の宿題を終わらせるために「北九州工業地帯」について調べてみました。調べてみると，北九州工業地帯が形成された理由には官営の（　オ　）の操業やe鉄鋼業が発展したことが大きく関係していることがわかりました。おばあちゃんにこのことを話すと，現在鉄鋼業は衰えてしまい，代わりにf半導体産業や（　カ　）工業が発展していることを教えてくれました。確かに，おばあちゃんの家は苅田町にありますが，家の近くには大きな（　カ　）工場がありました。

問８　旅行記中の空欄（オ）と（カ）にあてはまる適切な語句を答えなさい。

問９　下線部ｅについて，この地域で鉄鋼業が発展した理由として正しくないものを次の①～④よりひとつ選び番号で答えなさい。

①　近くに筑豊炭田があり，豊富な石炭を燃料にすることができたから。

②　中国やアジア諸国に近く，原料の鉄鉱石を輸入するのに便利だったから。

③　北九州市は本州に近く，国内からの労働者なども多く集まったから。

④　海岸が近いことから，埋めたてにより多くの工業用地を確保できたから。

問10　下線部ｆについて，1970年代以降，半導体産業が発展した九州の呼称をカタカナ９文字で答えなさい。

あつしくんの旅行記

g2015年に開業した新しい新幹線に乗ったことがなかったので，この新幹線に乗り家族旅行に出かけました。「世界でもっとも美しい駅」のひとつともいわれる駅で降りると，観光スポットでもある鼓門《つづみもん》に圧倒されました。この駅は県庁所在地にあたる駅でしたが，駅名の通り，昔はこの地域周辺では「金」がとれたようで，金箔を使用したh伝統工芸品のお土産フェアが開催されていました。兼六園とよばれる日本で有名な庭園や前田利家が築いた（　キ　）城の見学などもしましたが，美術館のトリックアートが一番楽しかったです。

問11　旅行記中の空欄（キ）にあてはまる適切な語句を答えなさい。

問12　下線部ｇについて，2015年に開業した新しい新幹線の名称として正しいものを次の①～④より選び，番号で答えなさい。

①　上越新幹線　　②　山陽新幹線
③　山形新幹線　　④　北陸新幹線

問13　下線部ｈについて，金箔を利用した伝統工芸品以外にもこの県にはさまざまな伝統工芸品が存在する。この県の伝統工芸品として正しいものを，次の①～④よりひとつ選び番号で答えなさい。

①　結城つむぎ　　②　加賀友禅
③　小千谷つむぎ　　④　西陣織

問14　４人が旅行した都道府県はどこなのか。旅行先の都道府県を下の図から選び，番号で答えなさい。

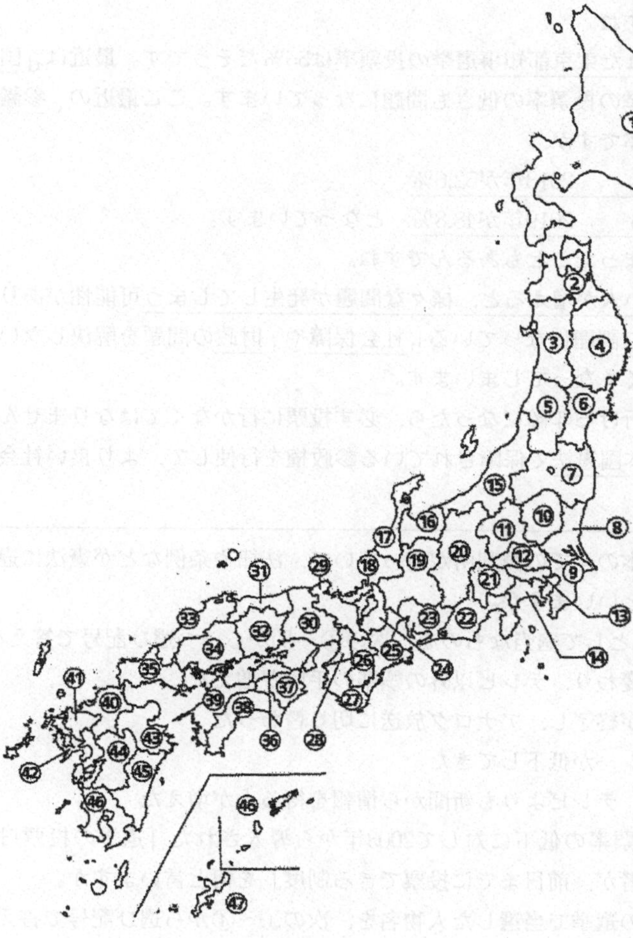

4． 次の対話文を読んで，後に続く問題に答えなさい。
漢字で書ける解答は全て漢字で記入すること。

はなさん：先日放映された a 裁判所を舞台にしたドラマの視聴率が20％を超えたということで話題になっていましたね。

半沢先生：これは，おおよそ５人に１人が同じドラマを見ていたと考えることができますね。

あきら君：インターネットのニュースサイトでも話題になっていました。これは最近の視聴率から考えると，ものすごいことだと思うのですが，1960年代に放送されたテレビ番組は，80％以上の視聴率を記録したこともあるそうです。それと比べると，今回の20％という視聴率はそこまで高いものではないように感じますが…。

はなさん：すごい，80％以上。単純計算すると，この放送を５人中４人以上が見ていたと考えることができますね。

半沢先生：この記録が出た1960年代と比べると，近年は（　ア　）ので，高視聴率が出にくくなっていると考えられています。

あきら君：少し話題は変わりますが，「割合」と言えば，最近は b 選挙の投票率が低いことが問題になっていますね。

半沢先生：c 2020年に行われた東京都知事選挙の投票率は55％だそうです。最近は d 国会議員を決める国政選挙の投票率の低さも問題になっています。ここ最近の e 参議院議員通常選挙の投票率ですが，

f 2010年が57.9％　　2013年が52.6％
　2016年が54.7％　　2019年が48.8％　となっています。

はなさん：50％を切ってしまったこともあるんですね。

半沢先生：g 投票に行かない人が増えると，様々な問題が発生してしまう可能性があります。特に，近年大きな課題になっている h 社会保障や i 財政の問題を解決しないと，この国が暮らしにくくなってしまいます。

はなさん：私たちが選挙に行ける年齢になったら，必ず投票に行かなくてはなりませんね。

あきら君：そうだね。j 日本国憲法で保障されている参政権を行使して，より良い社会を築いていきましょう。

問１　下線部ａについて，日本の全ての裁判所が持っていて，法律や条例などが憲法に違反していないかを判断する権限を何といいますか。

問２　（ア）に当てはまる説明として適当なものを，次の①～④から一つ選び記号で答えなさい。

①　人々の生活スタイルが変わり，テレビ以外の娯楽の手段が増えた
②　テレビのデジタル放送が終了し，アナログ放送に切り替わった
③　人々のメディアリテラシーが低下してきた
④　新聞の発行部数が増え，テレビよりも新聞から情報を得る人が増えた

問３　下線部ｂについて，投票率の低下に対して2003年から導入された「選挙の投票日に事情があって投票に行けない有権者が，前日までに投票できる制度」を何と言いますか。

問４　下線部ｃについて，この選挙で当選した人物名を，次の①～④から選び記号で答えなさい。

①　森田健作　　②　宇都宮健児　　③　山本太郎　　④　小池百合子

問５　下線部ｄについて，日本の国会の仕事として適当でないものを次の①～④から一つ選び記号で答えなさい。

①　内閣や国会議員がつくった法律案を審議し，法律をつくる。

②　内閣が外国と結んだ条約を審議して承認する。

③　天皇の国事行為に対して助言と承認をあたえる。

④　わが国の代表者である内閣総理大臣を指名する。

問６　下線部ｅの選挙はどのような仕組みで行われていますか。次の①～④から一つ選び記号で答えなさい。

①　都道府県単位の選挙区選挙と，全国を１選挙区とする比例代表制

②　都道府県単位の選挙区選挙と，全国を11ブロックに分けた比例代表制

③　全国を289選挙区に分けた小選挙区と，全国を１選挙区とする比例代表制

④　全国を289選挙区に分けた小選挙区と，全国を11ブロックに分けた比例代表制

問７　下線部ｆを折れ線グラフにしたものとして適当なものを次の①～④から一つ選び記号で答えなさい。

①

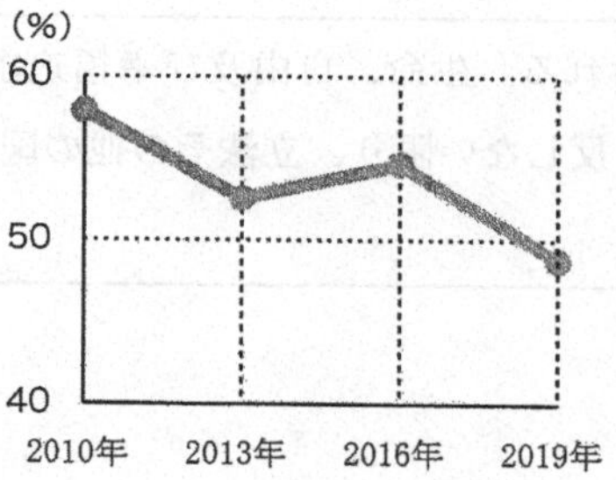

②

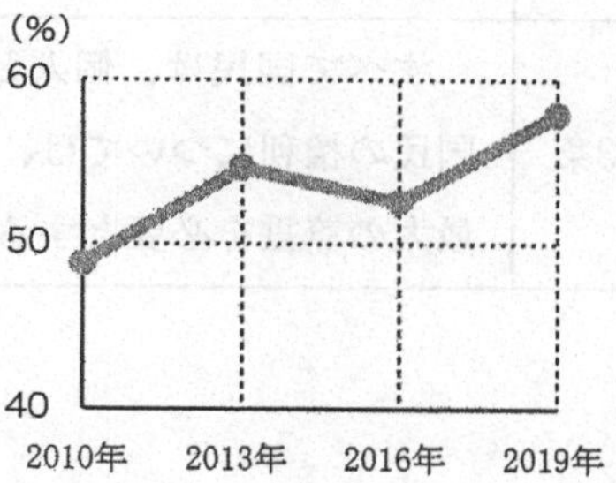

③

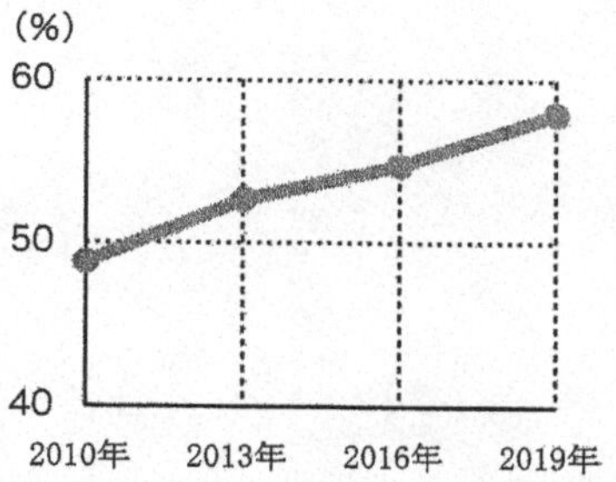

④

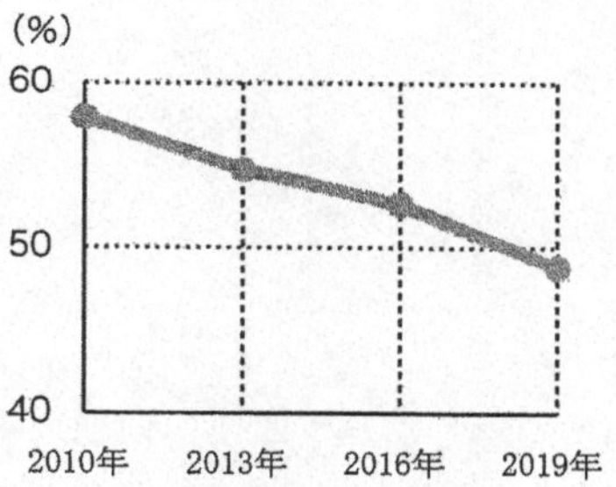

問８　下線部ｇについて，選挙の投票に行こうとしない人に対して，投票に行くように説得するとしたら，どのような声かけをしますか。投票に行かないことで発生すると思われる悪い点，または，投票に行くことで起こりうる良い点などについて触れながら説得しなさい。解答には「意見」という語句を必ず用いること。

問９　下線部ｈについて，日本の社会保障のしくみのうち，高齢者，障がい者，母子家庭など，社会的に弱い立場で自立することが困難な人たちの生活を保護するためのものを何と言いますか。次の①～④から一つ選び記号で答えなさい。

①　公衆衛生　　②　社会福祉　　③　社会保険　　④　公的扶助

問10　下線部ｉについて，日本の国税の一種で，個人が会社などに勤めて給料を得たり，商売で利益をあげたりするなどして収入を得た時に支払うものを何と言いますか。次の①～④から一つ選び記号で答えなさい。

①　消費税　　②　所得税　　③　法人税　　④　固定資産税

問11　下線部ｊに関して，以下の日本国憲法の条文の空欄［A］～［C］に当てはまる語句を答えなさい。

第１条	天皇は、日本国の［　Ａ　］であり日本国民統合の［　Ａ　］であって、この地位は、主権の存する日本国民の総意に基く。
第９条	日本国民は、正義と秩序を基調とする国際平和を誠実に希求し、国権の発動たる［　Ｂ　］と、武力による威嚇又は武力の行使は、国際紛争を解決する手段としては、永久にこれを放棄する。 ２　前項の目的を達するため、陸海空軍その他の戦力は、これを保持しない。国の交戦権は、これを認めない。
第13条	すべて国民は、個人として尊重される。生命、自由及び幸福追求に対する国民の権利については、［　Ｃ　］に反しない限り、立法その他の国政の上で、最大の尊重を必要とする。

イ「それ」が指し示すのは直接的には「本末転倒」だが、「パートナー」である彼女は「本末転倒」の意味を美紀の人間関係に当てはめている。

ウ「それ」が指し示すのは直接的には「リレーをすること」だが、「パートナー」である彼女は「リレー」をより広い意味にとらえ直している。

エ「それ」が指し示すのは直接的には「リレーをすること」だが、「パートナー」である彼女は「リレー」を命のつながりだけに限定している。

問十二 ――線部⑨「前のひとからバトンを受け取って次のひとに渡すこと」とは、具体例としてどれが合うか。最も適当なものを次から選び、記号で答えなさい。

ア　母親のみそ汁《しる》の味を娘《むすめ》が教わった。
イ　父親が息子にお水を取るよう頼《たの》んだ。
ウ　兄が持っている大切な時計を借りた。
エ　弟が作っているパズルを一緒《いっしょ》に作った。

問一 ═══線部Ａ～Ｅのカタカナを漢字に直しなさい。

問二 空欄 1 ～ 4 に入る適当な言葉を次から選び、記号で答えなさい。

ア ばらばら　イ ぽん　ウ せかせかと　エ どん

オ グイグイ　カ ふと　キ ズケズケ　ク たんたんと

問三 ──線部①「さっきからミスばかりだ」とありますが、何をミスするのですか。文中から八字で抜き出しなさい。

問四 空欄 X に入る言葉を、これより後のⅠの文中から六字で抜き出しなさい。

問五 ──線部②「ひとごとだと思って、軽く言わないでくれる」・③「美紀の横顔ははっきりとこわばった」の美紀の心情の共通点として、最も適当なものを次から選び、記号で答えなさい。

ア 期待　イ 恐怖　ウ 不安　エ 不快

問六 ──線部④「クミちゃんなんて、足をねんざしたふりして選手を辞退しようかって言ってるんだよ」とあるが、クミちゃんがそう言う理由として最も適当なものを次から一つ選び、記号で応えなさい。

ア 勝ち気で短気なイケちゃんのやる気に、クミちゃんは反発して訴えようとしているから。

イ 勝ち気で短気なイケちゃんのやる気に、クミちゃんは期待通りにしようとしているから。

ウ 勝ち気で短気なイケちゃんのやる気に、クミちゃんは嫌がっていてうんざりしているから。

エ 勝ち気で短気なイケちゃんのやる気に、クミちゃんはひらきなおって楽しもうとしているから。

問七 ──線部⑤「その子」とはどんな子ですか。文中の言葉を使って十五字以内で答えなさい。

問八 空欄 Y に入る言葉を、これ以前の段落の文中から三字で抜き出しなさい。

問九 ──線部⑥「自然と頬がゆるんでしまう」とありますが、(i)この時の僕は美紀のどのような行動でこのような仕草をしてしまったのか。それが分かる箇所を二十五字以内で抜き出しなさい。（句読点を含める。）また、(ii)それをどのように感じているのか。五字で抜き出しなさい。

問十 ──線部⑦「僕をかるくにらむ」んだのは、彼女のどういう心情からか。それが表れているもので最も適当なものを次から一つ選び、記号で答えなさい。

ア 父親としてもう少しいろいろ考えてほしいと熱望している感じ。

イ 父親として僕が何も理解していないことに対して嫌《いや》になる感じ。

ウ 父親として少し成長したのではないかと感心している感じ。

エ 父親として何か一つでも理解しているかと疑問に思う感じ。

問十一 ──線部⑧「それって人間の本能なのかもしれない」とありますが、これについての説明として最も適当なものを次から一つ選び、記号で答えなさい。

ア 「それ」が指し示すのは直接的には「本末転倒」だが、「パートナー」である彼女は「本末転倒」という言葉の使い方を間違えて覚えている。

あたりまではその寂しさを訴《うった》えることも多かったが、最近はほとんどなにも言わない。寂しさとの付き合い方のコツを覚えた、ということなのだろうか。

「なんでリレーってあんなに盛り上がるんでしょうね」

「はあ？」

「だって、そう思いません？　記録を出すだけなら個人で走ったほうが意味があるし、走る速さを競い合うのにバトンの受け渡《わた》しでタイムが落ちたりするのって、ほんとうは本末転倒《とう》のような気もするんですよ。でも、オリンピックでも子どもの運動会でも、リレーって不思議と盛り上がるでしょ。それも、なんだか、観《み》てるほうまで胸がどきどきしちゃって。ふつうの百メートル走とかとは違う種類の、胸のどきどきなんですよ」

僕はあいまいにうなずいた。いつものことだ。彼女の話はいつもほんの少し唐突《とうとつ》で、ほんの少し説明が足りない。プレゼンや会議には不向きな話し方なのだ。

「わたし、思うんですけど、⑧それって人間の本能なのかもしれない、って」

彼女はテーブルに置いた自分のDコウチャのカップを見つめ、うん、そう、本能、と確かめるように小さくうなずいた。

「つまりね、人間ってリレーをする存在なんですよ。⑨前のひとからバトンを受け取って次のひとに渡すことって、なんていうか、人間の本能で、人間っていう存在そのものなんじゃないか、って……存在っていうか、なんていうか……」

説明不足のまま理屈がもつれてしまうのも、四月に知り合って以来何度も付き合わされてきたことだ。

それでも、「わかるよ」と僕は言う。

話を切り上げるためでも、助け船を出すつもりでもなく、彼女が伝えたいことは——というより、伝えきれないことが、なんとなくわかる。はみ出したり足りなかったりする「ほんの少し」の部分が、逆に、僕にいろいろなことを考えさせてくれるヒントになる。

「だから、美紀ちゃんがバトンの受け渡しがうまくできないのって、イケちゃんのプレッシャーだけじゃなくて、なんていうか、だから、リレーの本質っていうか……重みっていうか、そういうのをわかってるから、緊張《きんちょう》しちゃってるのかもしれませんよね」

どうだろう。ちょっと考えすぎのような気もしたが、美紀ならありうるかもな、と親ばか半分で思わないでもない。

「ごめんなさい、なんか、ワケわかりませんよね」

彼女は肩をすぼめる。「ほんと、説得力のある話し方ができなくて……」と謝る。確かにシンクタンクの研究員としてはキツいだろう。僕たちのプロジェクトに出向したのも、彼女自身が冗《じょう》談交じりに言うとおり「お払《はら》い箱」という意味もEジッサイにあったのかもしれない。

だが、彼女の言葉には、数字や論理に置き換《か》えられない、不思議な説得力がある。美紀の話をするときには特に——まだ彼女は美紀に一度も会ったことがないんだというのを、［４］忘れてしまうほどだ。

「美紀ちゃんは最高のバトンを受け取ってますよね、お母さんから」

ありがとう、と僕は微笑《ほほえ》んだ。美紀というより、むしろ朋子のために、そう言ってくれることがうれしかった。

（重松　清『ステップ』より）

［注］シンクタンク……幅広いジャンルの頭脳集団

「でも、いまはそんな感じじゃないけどな」

小首をかしげながら僕が言うと、彼女は「でしょ？」と含《ふく》み笑いで応《こた》え、食べ終えたランチのＣサラをウエイターに下げてもらってから、「たくさん負けたからですよ」と言った。

たとえば、どんな――とは、僕は訊《き》かない。彼女もそれ以上のことはなにも言わなかった。

三十五歳《さい》。独身。広告代理店の（注）シンクタンクから出向の形で、四月からウチの会社の営業開発部に来た。

「美紀ちゃんって、イケちゃんのこと嫌《きら》ってるんですか？」

「そこまではないけど、まあ、好きじゃないだろうな」

「嫌わないでほしいなあ」

「そう？」

「イケちゃんみたいな子を嫌いになるのは簡単だし、放っておいても、これからどんどん嫌いなことは増えるんだから」

なるほど、とうなずいた。

だが、彼女は僕の「なるほど」はまだまだ甘いんだというように、「高校を卒業するあたりまでは、もう、『嫌い嫌い姫《ひめ》』ですよ」と笑う。

「……父親なんて、大嫌いの代表みたいなものかな」

「それ以前かもしれませんよ。目にも映ってないかも」

すぐそうやって僕を脅《おど》し、あせったり落ち込ませたりする。五歳年下の彼女は、僕の仕事のパートナーであると同時に、ランチタイムに美紀の話をするときには先生役にもなる。

「まあ、でも、美紀ちゃんはイケちゃんを嫌ったりはしないような気がします。うんざりすることはあっても、なんていうか、イケちゃんの寂《さび》しさもちゃんとわかってるんじゃないかな」

「寂しさ？」

「そう。寂しいから負けたくないんですよ」

あたりまえじゃないですか、というようなテンポの速い受け答えだった。

「イケちゃんのウチ、なにか問題あったかなあ」

「そうじゃなくて」

苦笑いを浮かべて、ここ、けっこう大きなポイントなんですよ、と⑦僕を軽くにらむ。

「生きてることぜんぶが寂しさのタネになっちゃうんですよ、ある時期の女の子っていうのは」

「……美紀にも、それがわかってる、って？」

「だって、ずっと寂しさと付き合ってきたはずだから、美紀ちゃん」

「寂しい思いをさせちゃったかな、やっぱり」

「違《ちが》う違う、武田さんが落ち込むことないですよ。よく聞いてください。わたし、寂しさと付き合ってきた、って言いました。寂しさとケンカしたり、寂しさに押しつぶされたり、なんて言ってません」

ほんとにひとの話を聞いてないんだから、とあきれ顔でため息をつく。

そんなこと言われたってさ、と僕もため息を返して、コーヒーを啜《すす》る。

「寂しさをゼロにすることなんてできませんよ、誰《だれ》だって」

「うん……」

「でも、うまく付き合うことはできるでしょ」

美紀は確かにそういうタイプかもしれない。「ママがいない」という大きな寂しさを、ものごころついた頃から背負ってきた。小学校の低学年

「うん……まあ、そうだよな」

「それって、ほんと、キツいよー」

「池内さん、張り切ってるのか」

僕の一言に、③美紀の横顔ははっきりとこわばった。「しょうがないよ、イケちゃんだもん」と応える声も、不機嫌さを通り越《こ》して、急にひらべったくなった。

五年生で初めて同じクラスになったイケちゃんは、美紀が大の苦手にしている同級生だ。勝ち気で短気。勉強もできるし、スポーツも得意だが、そのぶん言いたいことを［３］言って、遠慮容赦《えんりょようしゃ》がない。口数も多いし、理屈《くつ》も強引に通してくるし、悪口の語彙《ごい》もBホウフで、口ゲンカになると男子でも泣かされてしまう。いや、美紀に言わせると、「イケちゃんってクラスでいちばん体が大きいから、パンチのケンカになっても勝つかも」――そうだ、五年生ぐらいの頃は男子より女子のほうが体が大きいんだ、とひさしぶりに思いだした。

そんなイケちゃんが、運動会で張り切らないわけがない。クラス対抗リレーで勝ちにこだわらないはずがない。

「④クミちゃんなんて、足をねんざしたふりして選手を辞退しようかって言ってるんだよ」

リレーの選手は六人。アンカーとして待ちかまえるイケちゃんにトップでバトンを渡すことが、美紀たち五人に課せられた役目、というより使命だった。

「でも、クミちゃんがいなくなると、もっと足の遅《おそ》い子が選手になるわけじゃん。だったら、⑤その子がもっとかわいそうだと思わない？　わたしはそんなのできないよ、やっぱり」

そうだよな、と僕もうなずいた。「［Ｙ］」という言葉は、勝ち負けではなく、そういうところにこそつかうべきだと思うし、「ま、がんばるしかないんだよね……」とおとなびた口調で言って、おとなびたため息をつく美紀のことを、いじらしいとも思う。

「ちょっと、パパ、なに笑ってんの。そんなにひとの不幸が楽しいわけ？」

「違う違う、そうじゃないよ」

あわてて首を横に振《ふ》ったが、⑥自然と頬《ほお》がゆるんでしまう。人生なんだなあ、と思うのだ。

ふだんはそんなことは意識しない。目の前の今日を、あたふたしながら生きているだけだ。

だが、最近ときどき――美紀を見ていると、長い年月が流れたんだな、と思う。僕の人生の何分の一かは、美紀と二人きりの暮らしだった。数えきれないほどの今日を昨日に変えていって、いま、僕たちはここにいる。

誰かに勝つとか負けるとかではなく、それは、ただ素直にすごいことなんじゃないか、とも思うのだ。

［Ⅱ］そのひとは、美紀の気苦労よりもむしろイケちゃんのほうに興味を惹《ひ》かれたようだった。

「わかります、そういう子って、昔もいました」

懐《なつ》かしそうに笑って、「わたしも、子どもの頃《ころ》はちょっとイケちゃんだったかも」と肩をすくめる。

「そうだったのか？」

「ええ。なんか、負けちゃうのがすごく悔しいんですよね」

三　次の文章は主人公である「僕（武田）」と娘の美紀との話である。美紀が幼いころに妻（朋子）を亡くしてしまい、「僕」は美紀と二人で生活をしている。Ⅰは「僕」と娘が話している場面、Ⅱは「僕」が仕事のパートナーと話している場面である。これを読んで後の問いに答えなさい。

Ⅰ　右手を腰に回して、後ろ向きに肘《ひじ》をひねる。手のひらを上に向け、身を沈めて、腕をまっすぐ、肩《かた》の高さで後ろに伸《の》ばす。「こうだよね、こうやって……」と姿勢を確かめながら駆《か》けだす美紀に、僕は笑って両手で×印をつくった。

「だめだよ、こんなに体を沈めちゃったら、バトンをもらってもすぐに転んじゃうだろ」

「でも、低くしないと手が上がらないんだもん」

「そんなに高く上げなくても平気だよ。こうやって、［1］、って渡すんだから」

バトンの代わりにしたラッピングフィルムの筒《つつ》を、美紀の右手に載《の》せた。美紀はすぐにダッシュして、加速しながらバトンを左手に持ち替《か》えようとしたが、バトンはお手玉のように浮き上がって足元に落ちてしまった。

①さっきからミスばかりだ。もともと足は速いのに、リレーになるとどうもうまくいかない。バトンの受け渡しがだめなのだ。体ごと後ろを振り向いたり、足が止まったりする。バトンを持ち替えるときも、あせりすぎて落としたり、手と足の動きが［2］になって足踏《ぶ》みしたり……。

美紀はバトンをＡヒロい上げると、そのまましゃがみ込《こ》んでしまった。

「休憩《けい》するか」

「うん……」

「あとちょっとだよ、コツを覚えれば簡単なんだから」

先にベンチに座ってタオルを放ってやると、「そんなのわかってるよ」と口をとがらせて、おでこの汗《あせ》をぬぐう。機嫌《きげん》が悪い。クーラーボックスで冷やしておいたスポーツドリンクを差し出しても、「いらない」とそっけなく返す。まったくもって機嫌が悪い。先週、運動会のクラス対《たい》抗《こう》リレーの練習が始まってから、ずっとこの調子だ。

運動会の本番は、次の日曜日――ちょうど一週間後。マンションの狭《せま》いリビングで練習をしていてもラチが明かないだろう、と公園まで出かけたが、やっぱりだめだった。

美紀は晴れわたった秋の空を見上げて、あーあ、と［X］。本番が雨になるのを期待しているのだろうか。

「元気出せよ」

「②ひとごとだと思って、軽く言わないでくれる？」

タオルを肩にかけて、芝生《しばふ》の上に座り込む。後ろ手をついて脚《あし》を投げ出す。そういう姿勢のときにいちばん、大きくなったよなあ、と実感する。小学五年生も半分が過ぎた。

（中　略）

「責任感ありすぎるんだね、わたしは」

美紀はため息交じりに言って、「だって……」とつづける。

「ふつうの徒競走だったら転んでも自分だけの問題だけど、リレーは違うでしょ？　みんなに迷惑《めいわく》かかるから、絶対に失敗できないでしょ？」

それから「私はこれをよく知っています」。こんな言い方も日本人はしない。そう言ったら、自慢《じまん》しているように相手に取られてしまうからである。日本人は自慢するようなことは言うべきではないと思っている。

もしも相手がそんなことは教わらなくてもいい、というのなら別だが、これから先生に教わるわけだから、「私はそういうことをよく知っています」なんてけっして言わない。日本人だったら何と言うだろう。「みなさんは日本語の敬語について知っていますね」「はい、先週教わりました」。これが日本人らしい答え方である。［５］と言ったら、もっとすばらしい。日本人はそのように答えるのだよ、と教えることは、非常に難しい。

（金田一　春彦『ホンモノの日本語』より）

問一　═══線部Ａ～Ｃのカタカナを漢字に直しなさい。

問二　───線部①「雨後の竹の子」を用いた例文として適当でないものを次から一つ選び、記号で答えなさい。

ア　似たようなゲームが雨後の竹の子のように発売される。
イ　六年生になって雨後の竹の子のように身長が伸び始める。
ウ　近所にマンションが雨後の竹の子のように建ち始める。
エ　芸能界では雨後の竹の子のように新しいタレントが出てくる。

問三　空欄［１］～［３］に入る語句として最も適当なものを、次のア～オのうちからそれぞれ一つ選び、記号で答えなさい。

ア　もし　イ　要するに　ウ　しかし
エ　だから　オ　例えば

問四　───部②「日本人のような気持ちで話をする」とはどういうことか。最も適当なものを次から一つ選び、記号で答えなさい。

ア　生まれも育ちも日本であると思いこんで話をすること。
イ　日本を愛する気持ちをしっかりと持って話をすること。
ウ　日本人との人種や環境《かんきょう》などの差を意識しないで話をすること。
エ　日本人の感じ方やものの考え方に沿った形で話をすること。

問五　───線部③「私はよく知っています」について、日本人がこのような言い方をしないのは、日本人のどのような考え方が原因となっていますか。「～という考え方。」につながるように、本文中より二十字以内で抜き出して答えなさい。

問六　空欄［４］に入る語句を本文中より六字で抜き出しなさい。

問七　空欄［５］に入る発言として最も適当なものを、次のア～エのうちから一つ選び、記号で答えなさい。

ア　「先週教えていただきました」
イ　「先週教えていただきましたので、知っております」
ウ　「先週教わりなさいました」
エ　「先週教わりなさいましたので、存じております」

問八　本文の内容と一致《いっち》するもので最も適当なものを次から一つ選び、記号で答えなさい。

ア　日本語は簡単に覚えられるためブームになっているが、細かい表現まで習得するのは難しい。
イ　外国人は感情より理屈を優先する人が多いため、日本人のような話し方を教えるのは難しい。
ウ　日本人は分かりきったことや自慢になるようなことを、できるだけ口にしないようにする。
エ　日本人は正当な理由がある時にそれを主張することが苦手であり、損をすることが多い。

【国　語】（五〇分）〈満点：一〇〇点〉

一　次の各問いに答えなさい。

問一　次のことわざと最も似た意味のことわざを、次のア～カのうちからそれぞれ選び、記号で答えなさい。

①　泣き面《つら》にはち　②　ひょうたんから駒《こま》
③　猿《さる》も木から落ちる　④　ぬかにくぎ
⑤　あぶはちとらず

ア　二兎《にと》を追うものは一兎《いっと》をも得ず
イ　弘法《こうぼう》にも筆の誤《あやま》り　ウ　月とすっぽん
エ　弱り目にたたり目　オ　のれんに腕押《うでお》し
カ　棚《たな》からぼた餅《もち》

問二　次の同音異義語をカタカナから漢字に直しなさい。

「ドウコウ」
①　周囲のドウコウを探った。
②　テニスのドウコウ会に入る。
③　警察へドウコウを求める。

「ソウイ」
④　ソウイ工夫をこらす。
⑤　全員のソウイにおいて決定する。

二　次の文章を読んで、後の問いに答えなさい。

いま、日本語は世界中でブームだと言われている（あ、日本語の先生なのにブームなんていう英語を使ってしまった）。日本の国力が強くなったせいもあるかと思うが、日本語は非常にAヒョウバンが良くて、勉強したいという人がいっぱいいる。そのためにいま、①雨後の竹の子のように日本語学校というのがBランリツし、日本語の先生が増えている。この日本語というのは、子供のころ別に苦労して覚えたという記憶《きおく》はないと思う。［1］外国人に日本語を教えることはやさしいことじゃないか、と思うかもしれないが、あらためて教えてみると難しいものがある。どうして難しいのかと言うと、②日本人のような気持ちで話をするということが、外国人には難しいのである。

［2］アメリカ人の生徒がいる。その教室に行って話をするとしよう。今日は何の話をしようか。日本語の敬語の話をしてみようか。この前のCコウギでも敬語についてちょっと話をしたから、そのおさらいをしてみようと思って、こう話しかける。「みなさんは日本語の敬語について知っていますね」。アメリカ人の生徒は何と答えるか。「先生は、先週敬語について話しましたから、③私はよく知っています」とこう答える。日本人だったらこんな返事はしない。日本人は「～だから」といったような理屈《りくつ》っぽい言い方はなるべくやめるようにする。相手が知っていることは、自分からは言わないようにする気持ちがある。

みなさんが勤めているところで、誰《だれ》かが電車が故障して遅刻《ちこく》したとする。その人は勤め先に着いて何と言うだろう。「今日は電車が故障しましたから、私は遅刻しました」。けっしてそんな言い方はしない。［3］そう言ったら、その人は自分が遅刻したことに正当な理由があると主張したことになる。電車が故障したことは、もうその勤め先では知っている。日本人だったらどう言うか。「電車が故障しました。申し訳ありません」。これが［4］言い方である。

第一志望

2021年度

解 答 と 解 説

《2021年度の配点は解答欄に掲載してあります。》

＜算数解答＞《学校からの正答の発表はありません。》

1 (1) 173　(2) $1\frac{5}{14}$　(3) 45　(4) 15.7

2 (1) 550　(2) 57　(3) 0.1　(4) $\frac{5}{8}$　(5) 19　(6) 45秒
(7) ㋐ 12人　㋑ 165個　(8) 180回転　(9) ① 4通り　② 41通り
(10) 122度　(11) 12cm　(12) ① 9cm^3　② 13.5cm^2

3 (1) 2800円　(2) 459200円　(3) 60個　4 (1) 471cm^2　(2) 4cm^2

○推定配点○

3(2)・(3)，4　各5点×4　他　各4点×20　計100点

＜算数解説＞

1 （四則計算）

(1) 851−678＝173

(2) $2\frac{3}{7}-\frac{3}{7}\times\frac{5}{2}=2\frac{3}{7}-\frac{15}{14}=1\frac{5}{14}$

(3) 374×15×273÷91÷2÷187＝45

(4) $3.14\times\left(\frac{5}{6}+\frac{5}{2}+\frac{5}{3}\right)=3.14\times5=15.7$

2 （四則計算，平均算，和差算，速さの三公式，単位の換算，過不足算，2量の関係，割合と比，場合の数，平面図形，立体図形）

(1) □＝2020−210×7＝550

(2) □＝(750−9)÷13＝57

(3) □＝$\left(\frac{15}{4}\times\frac{28}{25}\times\frac{11}{42}-0.9\right)\div2=0.1$

【別解】 $\frac{28}{25}:\frac{42}{11}=22:75$，$\left(\frac{15}{4}\times22\div75-0.9\right)\div2=0.1$

(4) $2\times5\times\frac{1}{3}\div\left(5+\frac{1}{3}\right)=\frac{10}{3}\times\frac{3}{16}=\frac{5}{8}$　AとBの調和平均

…$\left(\frac{1}{A}+\frac{1}{B}\right)\div2=\frac{A+B}{A\times B\times2}$の値の逆数

図1

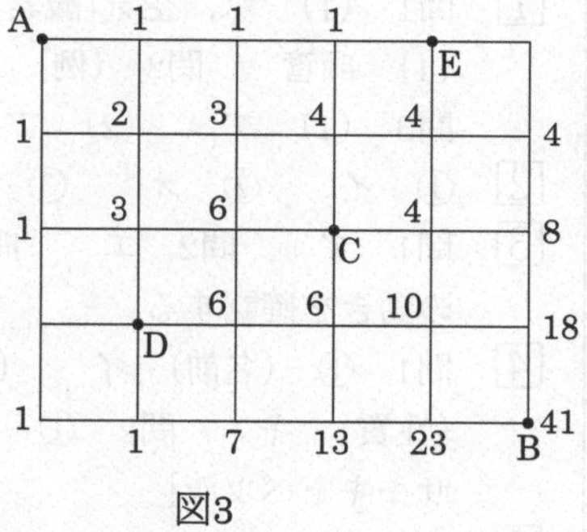

基本 (5) (88−50)÷2＝19

基本 (6) 600÷(48000÷3600)＝45(秒)

基本 (7) 人数…(9＋3)÷(14−13)＝12(人)

あめ…13×12＋9＝165(個)

基本 (8) 36×120÷24＝180(回転)

重要 (9) ① 1＋1＋1＋1＝4(通り)

② 右図1より，41通り

重要 (10) 図2より，角xは180−(180−64)÷2＝122(度)

図2

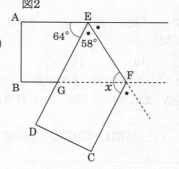

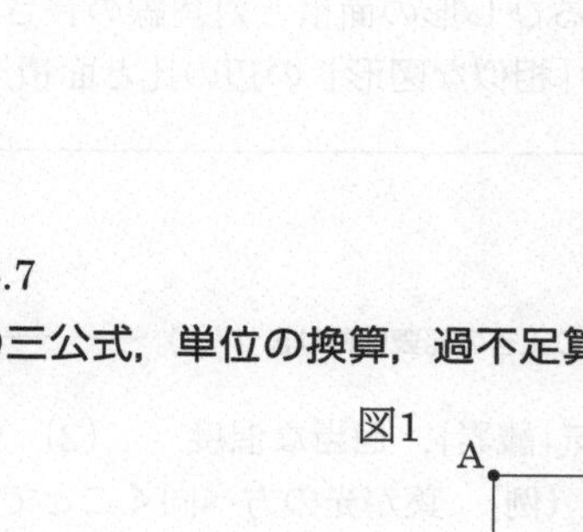

図3

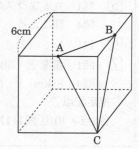

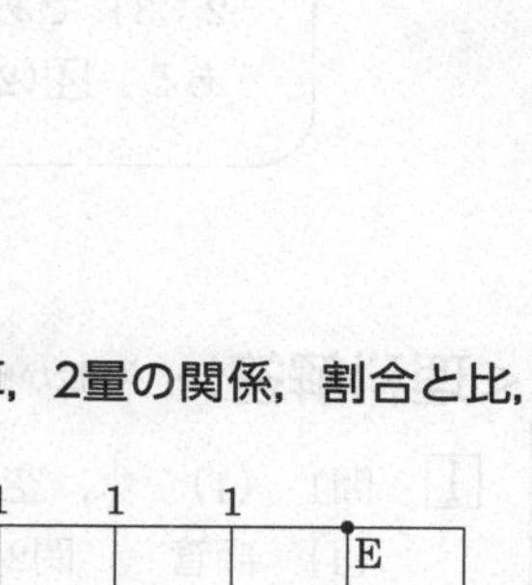

重要 (11) 2×□×3×□=108×2=216(cm^2) 216÷6=36=6×6
より，6×2=12(cm)

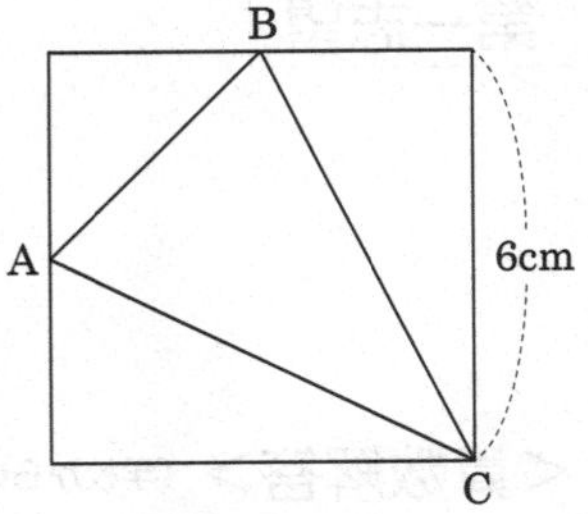

重要 (12) ① 前ページの図3より，3×3÷2×6÷3=9(cm^3)
② 右図より，三角形ABCは6×6−(3×3÷2+3×6)=13.5
(cm^2)

重要 3 **(割合と比，鶴亀算)**
(1) (2500+1000)×(1−0.2)=2800(円)
(2) 2500×170+34200=459200(円)
(3) 2日目の販売価格…(1)より，2800×(1−0.1)=2520
(円) (2)より，(2800×170−459200)÷(2800−2520)
=16800÷280=60(個)

4 **(平面図形，相似)**

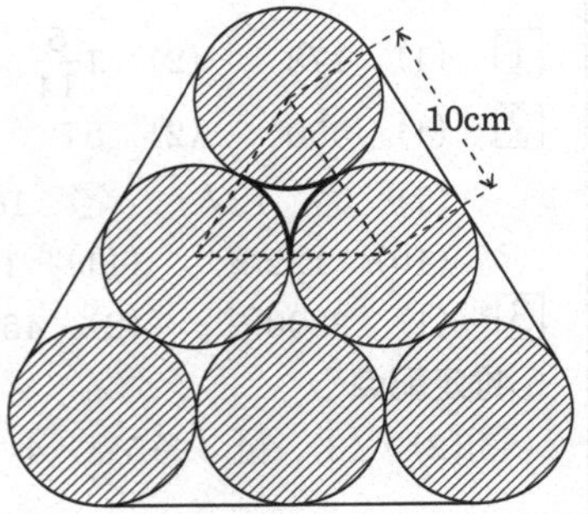

基本 (1) 5×5×3.14×6=150×3.14=471(cm^2)
重要 (2) 173÷4−5×5×3.14÷2=43.25−39.25=4(cm^2)

★ワンポイントアドバイス★

注意すべき問題としては2(9)「通行止めがある場合の道順」，(11)「対角線の長さが2：3」であるひし形の面積と対角線の長さの関係，(12)「三角錐の斜面」の面積がある。4(2)「相似な図形」の辺の比と面積比にも，注意しよう。

＜理科解答＞《学校からの正答の発表はありません。》

1 問1 (1) 水，空気[酸素]，適当な温度 (2) 光[日光]，肥料 (3) 道管
(4) 師管 問2 (例) 葉が光の方へ向くことで，効率よく光合成ができるようになる点。
問3 (1) ア (2) ア 問4 イ 問5 エ 問6 イ

2 ① イ ② オ ③ ウ ④ ア ⑤ エ

3 問1 ア 問2 エ 問3 (例) 火のついた線香を集気びんの中に入れ，線香のけむりの動きを確認する。

4 問1 ① (名前) イ (性質) オ ② (名前) ア (性質) オ ③ (名前) エ (性質) キ 問2 ① 青 ② リトマス紙 ③ 緑 ④ BTB液[紫(色の)ムラサキキャベツ液]

5 問1 丸底フラスコ 問2 手順2 ウ 手順3 ア 手順4 イ 問3 聞こえない
問4 聞こえる 問5 ウ

6 (1) 1 (2) $\frac{3}{2}$ (3) 8 (4) $\frac{2}{3}$

7 問1 震源 問2 (小さなゆれ) 初期微動 (大きなゆれ) 主要動 問3 ウ
問4 8(km) 問5 2.5(秒) 問6 31.5(秒後) 問7 3(か所)

○推定配点○
各2点×40(1問1(1)・(2)，4問1，問2①②・③④各完答) 計80点

＜理科解説＞

1 (植物―植物の成長と光)

基本 問1 (1) 種子が発芽するために必要な条件は，水，空気(酸素)，適当な温度である。 (2) 発芽した種子が成長するために必要な条件は，発芽に必要な条件である水，空気(酸素)，適当な温度に加えて，光(日光)と肥料である。 (3) 根が吸収した水や養分は，道管を通ってからだの各部に運ばれる。 (4) 葉でつくられた養分は，水にとけやすい物質に変えられて，師管を通ってからだの各部に運ばれる。

問2 植物は，葉で日光を受けて水と二酸化炭素から養分をつくるはたらきである光合成を行う。子葉鞘が光に向かうことで，その後に出てくる子葉や葉が光を受けやすくなり，効率よく光合成を行えるようになる。

問3 (1) 子葉鞘の先を切り取った実験1と子葉鞘の先に光が当たらないようにした実験2では子葉鞘は曲がらず，子葉鞘の先に光が当たるようにした実験3では子葉鞘が曲がったことから，子

やや難 葉鞘の先の部分で光を受けとっていることがわかる。 (2) 図1，図4から，子葉鞘は光が当たっていないほうのからだの一部が成長することで曲がっていることがわかる。

やや難 問4 実験1～3より，子葉鞘の先で光を受けとっていることがわかる。実験4，5より，物質を通さないガラス片を，光の当たっていない側に差しこむと子葉鞘は曲がらず，光の当たっている側に差しこむと子葉鞘が曲がったことから，光が当たる方向についての情報は，光が当たらない側を伝わることがわかる。これらのことから，光が上がる方向についての情報が伝わる部位は，図の②と③であると考えることができる。

問5 実験6で水にとける物質を通すゼラチンを用いたとき，実験3や5と同じように子葉鞘が曲がったことから，光が当たる方向についての情報は，水にとける物質が移動することで伝わることがわかる。

問6 根は，葉や茎とは逆の向きに伸びるので，光と反対の方へ曲がる。

2 (燃焼―いろいろな物質の燃焼)

① 水素が燃えると，空気中の酸素と結びついて水ができる。

重要 ② 酸素はほかの物質が燃えるのを助けるはたらきはあるが，酸素自身は燃えない。

③ 木炭を燃やすと，空気中の酸素と結びついて二酸化炭素が発生する。

重要 ④ ロウソクを燃やすと，ふくまれている水素と炭素が，それぞれ酸素と結びついて，水と二酸化炭素が発生する。

⑤ 金属は燃えるが，金属と酸素が結びつくだけで，二酸化炭素も水もできない。

3 (燃焼―ロウソクの燃焼)

問1 図1と図2での容器のちがいはその大きさである。このことから，燃え方のちがいは容器内の空気の量のちがいによることがわかる。

重要 問2 図3と図4のそれぞれの容器の上下に穴をあけたことで，空気の出入り口ができ，容器内にはつねに新しい空気が入り続ける。どちらのロウソクも火が燃え続けたことから，ロウソクが燃え続けるには新しい空気が必要であることがわかる。

問3 集気びん内の空気の流れがどうなっているかは，空気の流れを目に見えるようにするとわかりやすくなる。火のついた線香を集気びんの中に入れることで線香のけむりが空気の流れによって動くので，集気びんの中の空気の流れを調べることができる。

4 (水溶液の性質―いろいろな水溶液)

基本 問1 ① 二酸化炭素の水溶液は炭酸水で，酸性を示す。 ② 塩化水素の水溶液は塩酸で，酸性を示す。 ③ 水酸化カルシウムの水溶液は石灰水で，アルカリ性を示す。

重要 問2 酸性の水溶液には，・青色リトマス紙を赤色に変える ・緑色のBTB溶液を黄色に変える ・紫色のムラサキキャベツ液を赤色に変える という性質がある。

5 (音の性質―音の伝わり方)

問1 音は物体の振動によって伝わる。すずの音は，次のようにして耳まで伝わる。「すずの振動がまわりのフラスコの中の空気に伝わる」→「フラスコの中の空気の振動がフラスコに伝わる」→「フラスコの振動がフラスコの外の空気に伝わる」→「空気の振動が耳の鼓膜に伝わる」

問2 手順2 水がふっとうして水蒸気になると体積が大きくなり，フラスコ内にあった空気がガラス管を通って外へ出ていく。 手順3 水がなくなる直前になると，フラスコ内にあった空気は出ていき，フラスコ内は水蒸気だけになる。 手順4 手順3のときにフラスコ内に残った水蒸気が冷えると水滴になる。水蒸気から水滴になって体積が小さくなったため，水蒸気があった部分には何もなくなって真空になる。

重要 問3 すずのまわりに音を伝えるものがないため，音は聞こえない。

重要 問4 すずのまわりの水蒸気が音を伝えるため，音は聞こえる。

問5 ア すずの音は，すずのまわりの空気→内側のガラスびん→コルク→外側のガラスびん→外の空気と伝わるため，聞こえる。 イ・エ すずの音は，コルク→外側のガラスびん→外の空気と伝わるため，聞こえる。

6 (回路と電流―電熱線の太さや長さと電流)

表1から，電流の値は電熱線の長さに反比例することがわかり，表2から，電流の値は電熱線の太さに比例することがわかる。 (1) 長さ10cm，太さ1mm²の電熱線に対し，長さが2倍，太さが2倍なので，電流の値は$1\times\frac{1}{2}\times2=1$ (2) 長さ10cm，太さ1mm²の電熱線に対して，長さが2倍，太さが3倍なので，電流の値は$1\times\frac{1}{2}\times3=\frac{3}{2}$ (3) 長さ10cm，太さ1mm²の電熱線に対して，長さが$\frac{1}{2}$倍，太さが4倍なので，電流の値は$1\times2\times4=8$ (4) 電熱線2つを並列につないだ部分は，太さが2倍になると考えることができる。電熱線に流れる電流は，長さに反比例し，太さに比例することから，太さが2倍になった電熱線は，長さが$\frac{1}{2}$になったものと同じように考えられる。これらのことから，長さ10cm，太さ1mm²のもの2つを並列につないだものは，長さ5cm，太さ1mm²の電熱線と同じものと考えられる。また，同じ太さの電熱線を直接につなぐと，それぞれの電熱線の長さの和の電熱線1つと同じものと考えることができる。以上のことから，(4)の回路全体は，長さ10＋5＝15(cm)，太さ1mm²の電熱線と考えることができ，長さ10cm，太さ1mm²の電熱線に対して，長さが$1.5=\frac{3}{2}$倍なので，電流の値は$1\times\frac{2}{3}\times1=\frac{2}{3}$

やや難

7 (地震―地震のゆれの伝わり方)

基本 問1 地震が発生した地点を震源という。また，震源の真上の地表の点を震央という。

基本 問2 地震によって生じたP波によるはじめの小さなゆれを初期微動，S波によるあとの大きなゆれを主要動という。

基本 問3 震度は観測点でのゆれの大きさの程度を表したもので，震度0～7(5と6にはそれぞれ弱と強)の10段階に分かれている。

問4 速い波は10秒で80km進んでいることから，1秒あたり80(km)÷10(秒)＝8(km)進むことがわかる。

問5 グラフから，おそい波は1秒あたり40(km)÷10(秒)＝4(km)進むことがわかる。震源から20kmの地点に速い波が伝わるのは，地震発生の 20(km)÷8(km/秒)＝2.5(秒後)，おそい波が伝わるのは地震発生の 20(km)÷4(km/秒)＝5(秒後)である。よって，地震が発生した地点からの距離が20kmの地点では，小さなゆれがきてから大きなゆれがくるまでの時間は，5－2.5＝2.5(秒)である。

問6　地震が発生した地点から126km離れた地点におそい波が伝わるのは，地震発生の 126(km)÷4(km/秒)＝31.5(秒後)なので，緊急地震速報は，地震が発生してから31.5秒後に鳴ったと考えられる。

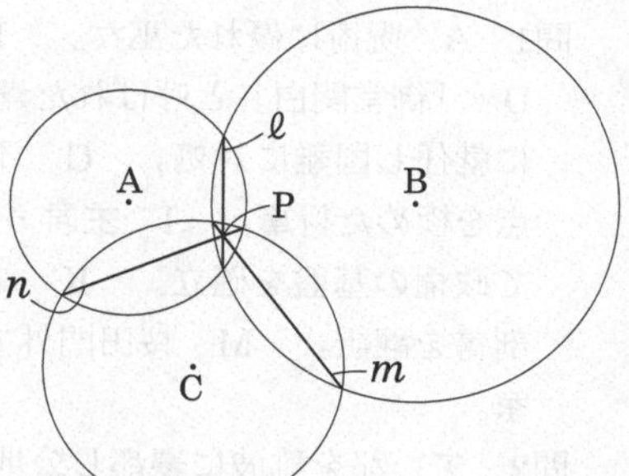

問7　右の図のように，3カ所の観測地点A，B，Cのそれぞれを中心とし，それぞれの観測地点から震源までの距離を半径とする円をかく。次に，円A，Bの交点を通る直線ℓ，円B，Cの交点を通る直線m，円A，Cの交点を通る直線nを引くと，直線ℓ，m，nの交点Pが地震が発生した地点となる。

★ワンポイントアドバイス★

基本～標準的な問題が中心だが，単に知識のみを問うものだけではなく，問題の内容の読み取りを必要とする問題も多いので，読解力や思考力が必要な問題にもとりくんで慣れておこう。

＜社会解答＞《学校からの正答の発表はありません。》

1. 問1　A ⑲　B ⑧　C ⑳　D ⑪　E ⑯　F ⑤　G ㉒　H ⑭　I ⑦　J ①　K ③　L ⑮　M ⑨　N ⑰　問2　ア　大化の改新　イ　鹿苑寺　ウ　刀狩　エ　関ケ原　オ　解体新書　問3　(1)　②　(2)　前方後円墳　(3)　(例)　大王の政治的・宗教的な力を誇示するため。　問4　③　問5　②　問6　①　問7　②　問8　②　問9　応仁の乱　問10　④　問11　②　問12　③　問13　本居宣長　問14　(例)　①　関税自主権がないこと　②　領事裁判権を認めたこと　問15　(例)　天皇が主権者で人権は法律で制限できる点。　問16　⑤

2. 問1　A　茨城県　B　栃木県　C　静岡県　D　山梨県　E　埼玉県　F　群馬県　G　千葉県　問2　ア ㉙　イ ⑲　ウ ⑰　エ ④　オ ⑥　カ ⑦　キ ⑧　ク ⑬　ケ ⑮　コ ①　サ ㉕　シ ⑯　ス ⑱　問3　a　8　b　1　c　3　d　5　問4　(栽培方法)　抑制栽培　(特徴)　(例)　時期を遅らせて出荷する方法　問5　①　問6　(例)　輸送に時間がかからないため新鮮な状態で消費者に届けることができる点。

3. 問1　①　問2　国際連合　問3　菅義偉　問4　東京オリンピック・パラリンピック　問5　①　問6　A ④　B ①　C ①　D ②　E ③　問7　弾劾裁判所　問8　(例)　新型コロナの流行で人の集まるプールなどに行けなかったから。

○推定配点○

1. 問3(3)・問15　各2点×2　他　各1点×34　2. 問4・問6　各2点×2(問4完答)　他　各1点×25　3. 問8　2点　他　各1点×11　計80点

＜社会解説＞

1.　(日本の歴史―古代～近代の政治・文化など)

問1　A　呪術に優れた巫女。　B　後の天智天皇。　C　戒律を伝えるために来日した僧。　D　「御堂関白」と呼ばれた貴族。　E　初めての武家政権を誕生させた人物。　F　十代で執権に就任し国難に対処。　G　不屈の闘志で朝廷の復権を図った天皇。　H　武家，公家双方の頂点を極めた将軍。　I　主君・信長の後を受け天下統一を完成。　J　大坂の陣で豊臣氏を滅ぼして政権の基盤を確立。　K　紀州徳川家から本家を継いだ将軍。　L　苦労の末オランダ語の解剖書を翻訳。　M　桜田門外で暗殺された大老。　N　憲法制定など新政府の中心となった政治家。

やや難　問2　ア　都を難波に遷都し公地公民など様々な政治改革を実施。　イ　義満が北山に建てた別荘を死後寺にしたもの。　ウ　方広寺大仏殿の釘などにするとして発令。　エ　東西18万の軍が激突し徳川の覇権が確立した戦い。　オ　洋学の発展に貢献した書物。

問3　(1)　5世紀前後に造られたといわれる大仙陵古墳。　(2)　遺骸は後円部に埋葬し前方部で祭祀を行った。　(3)　全長486m，三重の濠を巡らせた古墳は大王の絶大な権力を思わせる。

問4　「和を以て貴しとなす…」で始まる憲法。聖徳太子は推古天皇の摂政，冠位十二階は家柄によらない人材登用策，建立したのは法隆寺。

重要　問5　疫病など社会不安を仏教の力で克服しようとした。平安京は京都，歌集は万葉集。

問6　平等院は道長の死後子どもの頼通が宇治の別荘を寺としたもの。

問7　一の谷，屋島と追い詰められた平氏は壇ノ浦で滅亡。aは元寇の様子。

問8　御恩に対し御家人は戦闘への参加や京・鎌倉の警備などを担当する奉公が義務とされた。こうした土地を仲立ちとする関係を封建制度という。

重要　問9　義政の後継争いに有力守護の相続などが絡んで拡大，戦国時代の幕開けとなった。

問10　城の障壁画などで知られる狩野永徳の「唐獅子図屏風」。

問11　1635年，家光が改正した武家諸法度で制度化。譜代大名は関東や要地に配置，長崎での貿易はオランダと中国に許可，年貢で武士を支えたのは農民。

重要　問12　**あ**は18世紀後半，**い**は19世紀中ごろ，**う**は18世紀前半，**え**は18世紀末。

問13　儒教や仏教を排斥，日本の古い精神の中に真理を求め古事記を研究した学者。

問14　国内産業を保護するための関税自主権がなく，外国人の犯罪を日本の法で取り締まることができない領事裁判権(治外法権)を認めた不平等条約。

問15　主権者は国民ではなく天皇であり，生まれながらにして持つ人権も法律で制限可能であった。

問16　a　魏志倭人伝に記載。　b　遣唐使船で来日。　c　大輪田泊を改修して宋と交易。　d　元の皇帝・フビライの命令で日本を侵略。　e　「日本国王臣源」と称して明に朝貢。

2.　(日本の地理―関東及び周辺の自然・農業など)

重要　問1　A　徳川御三家の水戸藩が置かれた県。　B　県庁所在地は宇都宮。　C　静岡，浜松2つの政令都市がある県。　D　かつて武田氏が支配した甲斐国。　E　東京と共に武蔵の国を構成していた県。　F　県庁所在地は前橋。　G　安房・上総・下総からなる県。

問2　ア　徳川35万石の城下町。　イ　最近は水質汚濁が進んでいる。　ウ　徳川家康を祀《まつ》った神社。　エ　全国の15%以上を生産。　オ　日本の大動脈・東海道に沿って発展。　カ　かつては日本1を誇ったこともある。　キ　全国の4分の1を生産。　ク　天然記念物にも指定。　ケ　渋沢栄一らにより建設。　コ　安房・上総の2国からの命名。　サ　60kmにわたり伸びる砂浜。　シ　世界的な大海流。　ス　利根川の河口に発達した都市。

問3　a　栃木県北西部の都市。　b　静岡県西部の県下最大の都市。　c　甲府盆地のほぼ中央に位置する都市。　d　埼玉県北西部，荒川沿いに発達した町。

重要　問4　標高1000m前後の嬬恋村は高原の涼しい気候を利用した日本1のキャベツ生産を誇る。

問5　常陸の国の一宮で藤原氏の氏神として知られた神社。

問6　輸送費がかからないなどメリットも多いが農地の確保が難しいといったデメリットもある。

3.　(政治・時事問題—憲法・政治のしくみなど)

問1　2001年，省庁再編で厚生省と労働省が統合されて誕生したマンモス省庁。

重要　問2　第二次世界大戦後世界の平和と安全の維持のために設立された組織。戦勝国である米英仏中ロの5か国が常任理事国で日本は1956年に加盟を許された。

問3　長期政権となった安倍内閣で歴代最長の官房長官を記録，新元号令和の発表で知られる。

問4　1964年以来2度目となる夏季オリンピック大会。

問5　大日本帝国憲法下では知事は内務省を中心とする中央官庁から派遣された人物が就任，日本国憲法では93条で住民の直接選挙と規定されている。

重要　問6　A　前文や9条で規定。　B　象徴としての存在。　C　生存権や労働基本権など。　D　憲法に明文の規定はないが13条の幸福追求権などが根拠。　E　改正が難しい硬性憲法。

問7　衆参各7名の国会議員が裁判官となって審査，過去数名の裁判官が罷免されている。

問8　新型コロナ対策として密閉・密集・密接の三密を防ぐことが合言葉となった。

★ワンポイントアドバイス★

地理を学ぶ際にはなんといっても地図帳の活用が大切である。つねに傍らに置きわからない地名などがあったら必ず自分で確認する習慣をつけよう。

＜国語解答＞《学校からの正答の発表はありません。》

一　問一　(1)　移(す)　(2)　暖(かい)　(3)　裁判　(4)　就業　(5)　単純　(6)　組織　(7)　絶体　(8)　自足　(9)　げし　(10)　けわ(しい)

問二　(1)　音信　(2)　欠点　(3)　好意　問三　(1)　イ　(2)　キ　(3)　ケ　(4)　ア　(5)　エ　(6)　カ　(7)　ク

二　問一　a　養(って)　b　しんえん　c　拾(って)　d　映(し)　e　どうし

問二　ウ　問三　(例)　仕事が自分のやりたいことと一致すること。　問四　イ

問五　ア　問六　「他者からのア　問七　普通の人間としての感情が戻ったのかもしれない　問八　①　一生懸命働いていた　②　ねぎらいの声をかけられた

問九　(例)　社会で働くことで，初めて他者から仲間として承認されること。　問十　イ

三　問一　a　芽　b　そ(い)　c　裏庭　d　さいわ(い)　e　さかだ(つ)

問二　(1)　ア　(2)　イ　(3)　ウ　問三　エ　問四　イ　問五　ウ

問六　ウ　問七　(i)　エ　(ii)　ア　問八　(例)　黒を残したまま，犬殺しから一目散に逃げだした時。　問九　(例)　①　乱暴に追い払われた　②　呆然と途方にくれている　問十　(i)　(例)　黒君を見殺しにしたこと。　(ii)　(例)　自分が助かりたい臆病さのために黒君を見殺しにした利己主義に気づいて自分を殺そうとしたが死ねなかったこ

とで，利己主義と対照的な主人への純粋な愛に目覚めたこと。

○推定配点○

㊀ 各1点×20　㊁ 問一 各1点×5　問三 5点　問六・問七 各4点×2
問八 各2点×2　問九 6点　他 各3点×4　㊂ 問一・問二 各1点×8
問七・問九 各2点×4　問十(ii) 6点　他 各3点×6　計100点

＜国語解説＞

㊀ (漢字の読み書き，慣用句)

問一 (1) 「移す」は「写す」「映す」の同訓異字がある。例文は「移動する」の意味だから，「移す」を使う。「写す」は「書き写す・写真に写す」などと，「映す」は「スクリーンに映す・水面に映す」などと使う。 (2) 「暖かい」は「温かい」の同訓異字がある。「暖かい」は気象や気温について，「温かい」は熱くも冷たくもなく気持ちのよい状態について使う。例文は気温についてなので「暖かい」を使う。 (3) 「裁判」の「裁」は，同音で形の似た「栽」と区別する。「裁」の訓は「さば-く」で「裁断」「裁決」などの熟語がある。「栽」には「栽培」「盆栽」などの熟語がある。(4) 「就業」は，会社や商店などで業務につくこと。「就」のつくりを「犬」と書かないように注意する。訓は「つ-く・つ-ける」。「業」は横棒の数に注意する。 (5) 「単純」は「単順」と書く誤りが多いので注意する。また，「単」はかんむりの部分の形に注意し，下の横棒を忘れないようにする。 (6) 「組織」の「組」を「祖」，「織」を「識」と書く誤りが多いので注意する。「組織」は，〝組んで織りあげる組織〟と覚えておこう。 (7) 「絶体絶命」は，どうしても逃れられない困難な場合や立場にあること。「絶対」と書く誤りが多いので注意する。 (8) 「自給自足」は，自分や自国に必要な物資を自らの生産だけでまかなうこと。「自足」は，自分で足りるようにすること。 (9) 「夏至」は，昼がいちばん長い日。六月二十二日ごろ。「夏至」という熟語の形で読み方を覚えてしまおう。 (10) 「険しい」には，顔つきや態度などに怒りを含んでいて，荒々しくきついの意味がある。「険しい山道」の場合は，傾斜が急という意味。「険」の音は「ケン」。「危険」「保険」などの熟語がある。

基本 問二 (1) 「消息(しょうそく)」は，たより，音信，連絡という意味がある。 (2) 「短所」は，劣っている点，欠点。対義語は長所。 (3) 「親切」は，好意をもって人のためにあれこれと計ってやること。残っているのは「無事(ぶじ)」で，取り立てて言うほどの変わったことがないこと。

やや難 問三 (1) 「手塩」は，昔，自分でとれるように，各自の食膳に置いた塩。昔は自分で塩で味付けをした。そこから，自分でめんどうを見て育て上げることを，「手塩にかける」と言う。
(2) 「首を長くする」は，首を伸ばすようにして遠くを見て，待ち望んでいる様子。 (3) 「まゆをひそめる」は，心配や不愉快なことがあって，まゆとまゆの間にしわを寄せて顔をしかめる様子。 (4) 「くぎをさす」は，約束を忘れないように相手に念をおすということ。 (5) 「腕を上げる」の「腕」は，うでまえ，力量の意味。技能などが上達するのが「腕を上げる」。
(6) 「肩をもつ」は，対立しているものの一方の味方をする様子。 (7) 「腹を割る」の「腹」は，心の中ということ。心の中を割って，本心を打ち明けるのである。 他の慣用句の意味は，次のとおり。 ウ 「けりがつく」は，結着がつく。 オ 「舌を巻く」は，非常に感心する。
コ 「目を細める」は，うれしそうな表情をする。

㊁ (論説文-要旨・大意の読み取り，文章の細部の読み取り，指示語の問題，接続語の問題，空欄補充の問題)

問一　a 「養」の音は「ヨウ」。「栄養」「養分」などの熟語がある。 b 「深遠」は，奥深くてはかり知れない様子。　c 「拾う」と「捨てる」はまちがいやすい。「拾」の音は「シュウ」。「捨」の音は「シャ」。　d テレビの画面に「映し出された」のである。一の問一(1)で説明したように「映す」は，画面やスクリーンに映すのである。 e 「同士」は「どおし」と書かないこと。「同」の音は「どう」。

基本　問二　Xの前では，お金さえあれば働かなくていいと述べて，あとでは，その考え方について疑問を示している。前後で反対のことを述べているので逆接の「しかし」が当てはまる。Yの「もちろん」は「言うまでもなく」の意味で，前に述べたことについての説明を付け足す働きをする。社会の中での人間同士のつながりが，「友情関係や恋人関係，家族関係」とどう違うかを説明している。

基本　問三　前の部分からのつながりをとらえると，「仕事があって，それが自分のやりたいことと一致していれば，言うことはない」けれども「そうもいかなくて……いやいや会社に通っている」ということになる。「そう」が指すのは，直前で述べている「仕事が自分のやりたいことと一致すること」という内容である。

問四　「いやいや会社に通っている」「自分勝手もできず」という様子を表す語句だから，「我慢」が適当。

問五　文の初めの「これ」が「子供を持つ専業主婦が，『誰それさんの奥さん』『誰それちゃんのお母さん』という呼び方で呼ばれるのがいやだ，というのに似ている」というつながり。「これ」が指しているのは，前の部分で述べられている，「『自分は一人前ではない』という意識」を「働いていない」その人(＝資産家の息子)が持ち，重圧を感じていたという内容である。「自分は一人前ではない」という感覚については，専業主婦の感じ方について説明した段落の最後に「自分の氏名を呼ばれないため，やはり『一人前ではない』ような気分になるのでしょう」とあって，専業主婦も同じように感じるものだと説明している。

問六　最後から二つめの段落に，「私は『人はなぜ働かなければならないのか』という問いの答えは，『他者からのアテンション』そして『他者へのアテンション』だと言いたいと思います」とある。「『他者からのアテンション』そして『他者へのアテンション』だ」の部分が二十九字。

問七　続く段落からホームレスの男性の言葉を探すと，段落の最後に「そして，前だったら泣かなかった，普通の人間としての感情が戻ったのかもしれない，と言うのです」とある。

問八　ホームレスの男性の具体的な経験とは，道路の清掃の仕事をしていたときのものである。傍線部のあとに，「一生懸命働いていたからこそ，ねぎらいの声をかけられた」とある。

重要　問九　直後の「そういう意味」が指している内容は，直前の「そういう意味」が指す内容と同じである。つまり，直前の段落で述べている「働くことによって初めて『そこにいていい』という承認が与えられる」という内容である。これに言葉を補い三十字以内でまとめる。

やや難　問十　イの内容は，問七・問八でとらえた内容と合う。アは，「専業主婦は家庭内の仕事をしている」とあるので誤り。自分の氏名で呼ばれないのは，外で働いていないからである。ウは，文章の最後に「『承認のまなざし』は，家族ではなく，社会的な他者から与えられる必要があるのだろう」とあるのと合わない。エは，本文では「夢の実現」と「お金」を比べていないので合わない。

三　(小説 - 主題・表題の読み取り，心情・情景の読み取り，文章の細部の読み取り，空欄補充の問題，ことばの意味，記述力・表現力)

問一　a 「芽」は，植物の「芽」。「目」と書かないように注意する。「芽」の音は「ガ」。「麦芽」「発芽」などの熟語がある。　b 「沿」の音は「エン」。「沿線」「沿岸」などの熟語がある。
c 「裏」は，「衣」と「里」の組み合わせ。「裏」の音は「リ」。「庭」は「廷」の部分を「延」と書かないように注意する。「庭」の音は「テイ」。 d「幸い」は，運よく，都合よくの意味。「幸」には「しあわ - せ」の訓もある。音は「コウ」。「幸福」「幸運」などの熟語がある。

e「逆立つ」は，上に向かって立つの意味。「逆」の訓は「さか・さか - らう」。音は「ギャク」。「さか」と読むのは「逆立ち」「逆様」などがある。

やや難 問二 (1)「ありありと」は，「記憶がありありと思い出される」のように使う。「はっきりと」の意味。 (2)「臆病風」は，臆病な気持ちが起こること。「おじけづく」は，こわがる気持ちが起こるということ。「臆病風が立つ」は，こわがる気持ちが起こり始めるということ。

(3)「呆気にとられる」は，驚きあきれてぼんやりするということ。

問三 「白は思わず大声に，『黒君！ あぶない』と叫ぼうとしました」とあるが，犬殺しにじろりと見られて，嚇かしを感じ取って，結局何もしないで逃げだしてしまう。具体的に助けようともしていないし，「犬殺し」も実際には脅していないので，エは適当でない。

基本 問四 続く文に「続けさまにけたたましい黒の鳴き声が聞こえました」とある。「罠が飛んだ」から，黒が鳴き声をあげたのである。

問五 「虻」は，ハエを大きくしたような形の昆虫で，大きな羽音を立てる。直後にある「きゃあん。きゃあん。助けてくれえ！ きゃあん。きゃあん。助けてくれえ！」という助けを求める黒の声が，虻の羽音のように耳について離れないのである。

問六 直後の「お嬢さん」と「坊ちゃん」の会話に注目する。「どこの犬でしょう？」「どこの犬だろう？」とある。顔を見合わせているのは，知らない犬が自分たちに向かって「わんわん」と吠えている理由が分からず，不思議に思ったからである。

問七 (i)「姉」については，「お嬢さんはそこに立ちすくんだなり，今にも泣きそうな声を出しました」とある。「立ちすくんだ」のは，どうしてよいかわからないからである。 (ii)「弟」については，「しかし坊ちゃんは勇敢です。白はたちまち左の肩をぽかりとバットに打たれました。と思うと二度目のバットも頭の上へ飛んできます」とある。勇気を出して，犬を追い払うためにバットでたたいているのである。

問八 直後に「一町も二町も逃げだしはしません」とある。問三でとらえたように，白は黒を残したまま，犬殺しから一目散に逃げだしている。

問九 ①「小さい主人たち」とは，「お嬢さん」と「坊ちゃん」のこと。「宿無し犬」になるのは，二人に乱暴に追い払われたからである。 ②「ぼんやり足をとめて」いたのは，どうしたらいいかわからずに，呆然と途方にくれているからである。

重要 問十 (i) 初めに，「わたしは黒君を見殺しにしました。わたしの体の真っ黒になったのも，大かたそのせいかと思っています」とある。 (ii) ここまでの設問でとらえてきた内容もおさえて，解答をまとめる。要素としては，次のような内容をもりこむ。「自分が助かりたい臆病さのために黒君を見殺しにしたこと」。そのような「利己主義に気づいて自分を殺そうとしたが死ねなかったこと」。そして，「利己主義と対照的な主人への純粋な愛に目覚めたこと」である。

★ワンポイントアドバイス★

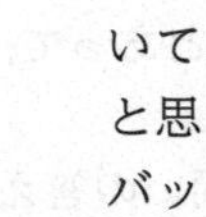

論説文は，筆者の考え方をとらえて，その考え方に沿って筆者がどのように説明を進めているかを具体例にも注目して読み取っていこう。小説は，行動や会話，出来事などに表現されていることから人物の心情や場面の様子をつかもう。心情は，そう感じた理由も読み取るようにしよう。

第1期　**2021年度**

解　答　と　解　説

《2021年度の配点は解答欄に掲載してあります。》

＜算数解答＞

1　(1)　900　(2)　$\frac{2}{3}$　(3)　$\frac{1}{60}$　(4)　2.5

2　(1)　42　(2)　15本　(3)　11　(4)　50cm²　(5)　240ページ　(6)　600m

(7)　ア　5　イ　1　ウ　0　エ　6　オ　5　(8)　①　37人　②　2460円

(9)　①　50個　②　33個　(10)　①　540度　②　72.56cm

(11)　①　56度　②　58度

3　(1)　83　(2)　(整数)　1682　(記号)　△　(3)　73番目

4　(1)　2800m　(2)　600m　(3)　4分　(4)　38分

○推定配点○

1　各3点×4　他　各4点×22(2(7)，3(2)各完答)　計100点

＜算数解説＞

1　**(四則計算)**

(1)　15×6×10＝900

(2)　$2\frac{7}{12}-\frac{2}{5}\times\frac{25}{12}\times2.3=2\frac{7}{12}-\frac{5}{6}\times\frac{23}{10}=2\frac{7}{12}-1\frac{11}{12}=\frac{2}{3}$

(3)　$\frac{2021}{4042}+\frac{2021}{8084}-\left(\frac{2021}{6063}+\frac{2021\times2}{10105}\right)=\frac{1}{2}+\frac{1}{4}-\frac{11}{15}=\frac{1}{60}$

(4)　1.25×(0.6＋0.2＋1.2)＝2.5

2　**(四則計算，数の性質，割合と比，倍数算，平面図形，相似，図形や点の移動，単位の換算，速さの三公式と比，過不足算)**

(1)　$\square=\left(16\times\frac{5}{4}-2\right)\times\frac{7}{3}=42$

基本　(2)　180，144，84の最大公約数12より，180÷12＝15(本)

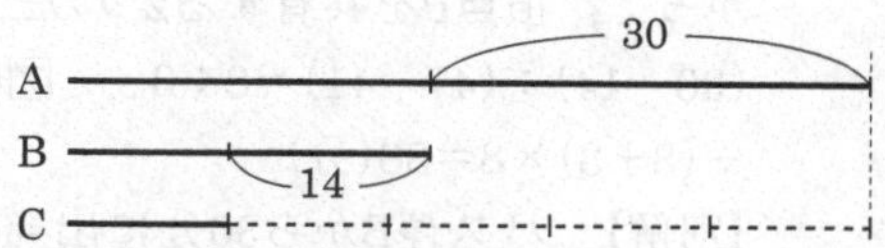

重要　(3)　右図より，Cは(30＋14)÷(5－1)＝11

重要　(4)　8km²＝8×1000×1000×100×100(cm²)より，これを40000×40000で割ると50cm²

重要　(5)　右図より，$(45+35\times3)\div\left(1-\frac{3}{8}\right)$＝240(ページ)

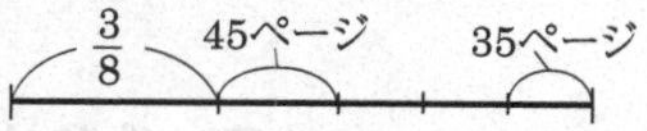

重要　(6)　分速300mで定刻に家を出る場合，分速60mで歩くときよりも学校に着くのが10＋3－5＝8(分)早くなる。300mを分速60mで歩くときと分速300mで歩くときの時間差は300÷60－300÷300＝4(分)　したがって，学校までは300÷4×8＝600(m)

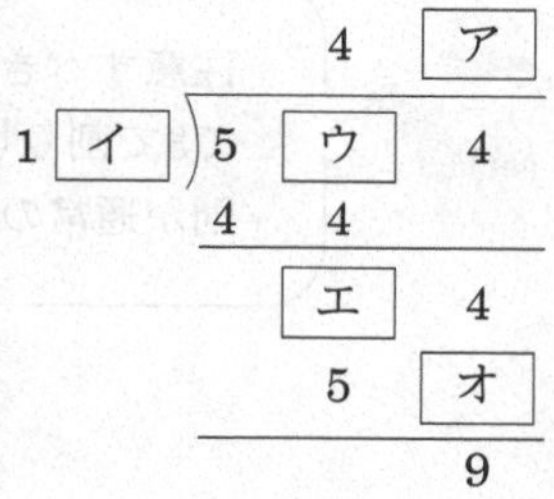

基本　(7)　1イ×4＝44より，イは1　11×ア＝5オより，ア，オは5

エ4－55＝9より，エは6　5ウ－44＝6より，ウは0

基本　(8)　人数…(240＋500)÷(80－60)＝37(人)　費用…80×37－500＝2460(円)

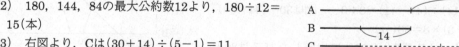

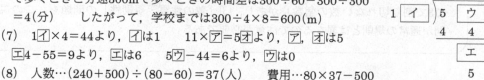

重要 (9)　①　(200－100)÷2＝50(個)　②　102，104，106と偶数を3個ずつ区切ると，1番目の偶数は3で割り切れる。したがって，50÷3＝16…2より，3で割り切れない偶数は2×16＋1＝33(個)

図1

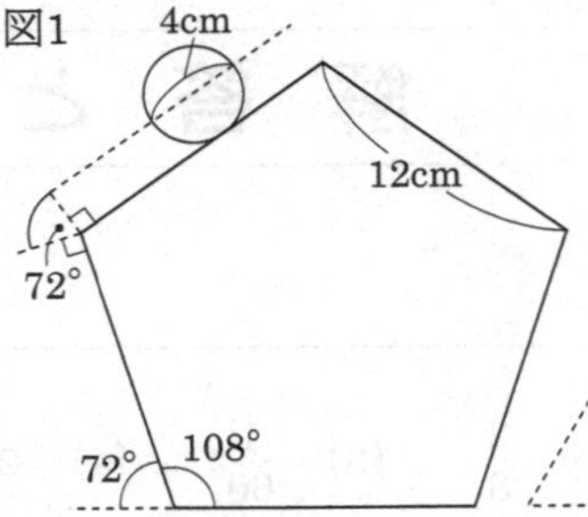

図2

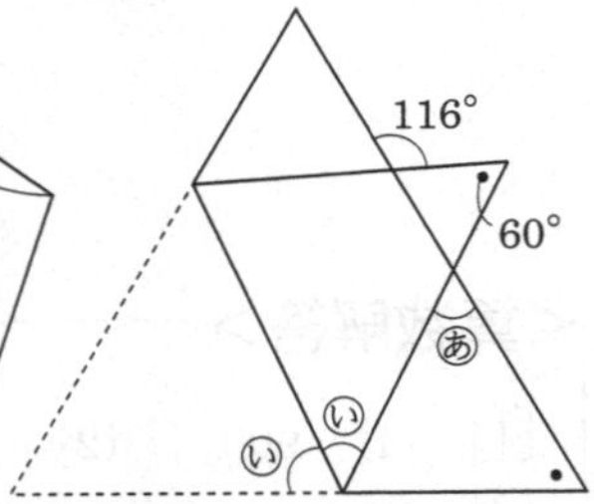

重要 (10)　①　図1より，(180－72)×5＝540(度)　②　図1より，(4×3.14÷5＋12)×5＝12.56＋60＝72.56(cm)

重要 (11)　①　図2より，角あは116－60＝56(度)　②　図2と①より，角いは(56＋60)÷2＝58(度)

重要 3　**(数の性質，規則性)**

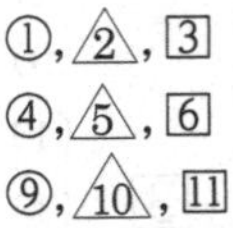

(1)　右の数列より，9番目の平方数は81，9番目の□の数は81＋2＝83

(2)　122÷3＝40…2より，40＋1＝41(番目)の平方数は41×41＝1681　したがって，122番目の数は1681＋1＝1682　この記号は3個のうちの2番目の△

(3)　連続する3個の整数のうち2番目の整数は1878÷3＝626　したがって，626－1＝625＝25×25より，625は3×25－2＝73(番目)

4　**(速さの三公式と比，グラフ，単位の換算)**

基本 (1)　グラフより，200×14＝2800(m)

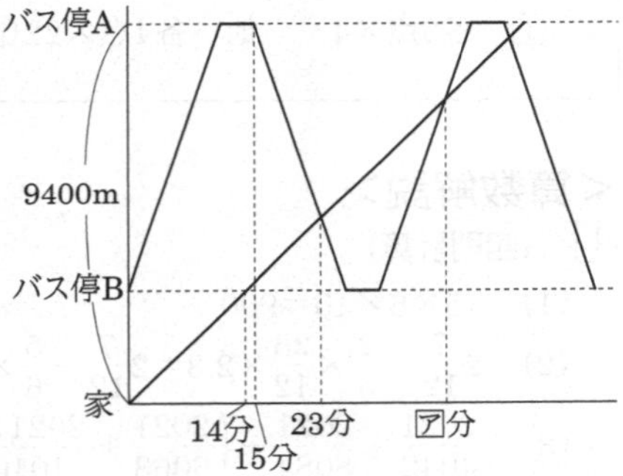

重要 (2)　バス停Aを出発したバスは23－15＝8(分)で，9400－200×23＝4800(m)進む。したがって，バスの分速は4800÷8＝600(m)

(3)　(1)・(2)より，15－(9400－2800)÷600＝15－11＝4(分)

(4)　右下のグラフにおいて，バス停Aから15分に出発したバスは15＋11＝26(分)にバス停Bに着き，バス停Bから26＋4＝30(分)に出発したバスは30＋11＝41(分)にバス停Bに着く。一方，太郎君は14分にバス停Bを通り，14＋6600÷200＝47(分)に着く。したがって，頂点Pを共有する2つの三角形の相似比は(30－14)：(47－41)＝8：3　アは30＋(41－30)÷(8＋3)×8＝38(分)

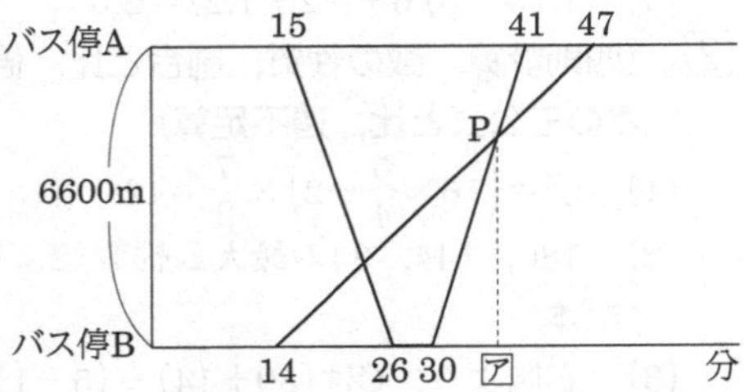

【別解】　バス停Bから30分に出発したバスは30＋200×(30－14)÷(600－200)＝38(分)に太郎君に追いつく。

★ワンポイントアドバイス★

注意すべき問題としては2(4)「地図上の面積」，(9)「101から200までの偶数のなかで3で割り切れない数の個数」があり，3「数の性質・規則性」の問題も，この規則が通常の規則とは異なるので注意が必要である。

＜理科解答＞

[1] 問1 イ，オ　問2 さなぎ[蛹]　問3 完全変態　問4 ア，イ，オ，カ　問5 イ
問6 ア，ウ　問7 ア

[2] 問1 6　問2 1344(ひき)　問3 ウ，エ，カ　問4 ア　問5 エ

[3] 問1 4(cm)　問2 150(g)　問3 80(g)　問4 ① 40　② 8　③ 10.4　④ 40

[4] 問1 46(秒)　問2 (1) 5(回)　(2) 75(cm)　(3) 30(回)　(4) 15(秒間)

[5] 問1 (1) 酸素　(2) ア，オ　(3) エ　問2 (例) 木炭を燃やすと気体ができるが，鉄粉や銅粉を燃やすと固体ができるため。　問3 (1) (燃やす前の銅の重さ：燃やした後の銅の重さ＝)4：5　(2) イ　問4 0.2(g)　問5 A 1.5　B 4　問6 ウ
問7 (例) 銅の重さを増やすと空気[酸素]と銅が触れる表面積が少なくなるから。

[6] 問1 西高東低　問2 冬　問3 (新潟) (例) 湿った風が吹き，大雪などの天気の悪い日が多くなる。　(千葉) (例) 乾燥した風が吹き，晴れの日が多くなる。　問4 下降気流
問5 ア　問6 ウ→エ→ア→イ

○推定配点○

[1]～[3]・[5]・[6] 各2点×37([1]問1・問4・問6，[2]問3，[5]問1(2)各完答)
[4] 問1 2点　他 各1点×4　計80点

＜理科解説＞

[1] (動物―昆虫)

基本 問1 ミカンの木に卵をうむチョウはアゲハで，アゲハの幼虫はイとオである。

重要 問2・問3 アゲハなどのチョウのなかまは，たまご→幼虫→さなぎ→成虫と変化する完全変態の昆虫である。

基本 問4 セミやバッタは，さなぎの時期のない不完全変態の昆虫である。

重要 問5 昆虫のあしは6本(3対)で，すべて胸についている。

問6 チョウと同じように，からだが頭・胸・腹の3つに分かれていて，胸に6本のあしがついている昆虫のなかまは，コオロギとカマキリである。クモはあしが8本，ダンゴムシはあしが14本で，ムカデのあしの数は種類によってさまざまである。

重要 問7 表の昆虫のうちで，たまごで冬を越すのはスズムシ，カマキリ，コオロギ，幼虫で冬を越すのはミノガ，カブトムシ，さなぎで冬を越すのはチョウ，成虫で冬を越すのはハチ，テントウムシ，アリである。セミは，1年目の冬はたまごで冬を越し，次の年以降の冬は幼虫で冬を越す。

[2] (生物総合―生物の生態調査)

問1 「□：(ア)＝8：2」の式の比は，「全体の数：印ありの数」を表している。よって，(ア)は，1回目のほかくで印をつけられた動物の数を表すので6があてはまる。

問2 池全体のフナの数を□ひきとすると，1回目のほかくで印をつけたフナが84ひき，2回目にほかくしたフナが96ひきで，そのうち6ひきに印があったことから，□：84＝96：6　□＝1344(ひき)

問3 ア　フナの数が大きく変化してしまうと，全体のフナの数と印をつけたフナの数の割合が変化してしまい，正確さが低下してしまう。　イ　全体の割合とほかくしたときの割合ができるだけ同じになるように，つかまえるときは特定のものをねらってはいけない。　オ　フナがなわばりをもつと，池全体ではなく，特定の範囲内に生息するフナについて推測することになってしまう。

やや難 問4 「□:(ア)=8:2」の式の比は，「全体の数:印ありの数」を表していることから，全体の数は「2回目にほかくした全体の数×$\frac{1回目に印をつけた数}{2回目に印をつけた数}$」で計算して推測することができる。よって，2回目に印をつけた数が実際より少なくなると，実際の全体の数は，計算して推測した数よりも大きくなる。

問5 フジツボは1か所にとどまって生息しているので，標識再ほ法は適さない。

③ (ばね・てこ―力とばね・てこのつり合い)

基本 問1 表より，ばねの長さは，30gのおもりで5.2cm，60gのおもりで6.4cm，90gのおもりで7.6cmになることから，30gで1.2cmのびることがわかる。よって，ばねにおもりをつり下げないときの長さは，5.2−1.2=4(cm)とわかる。

重要 問2 ばねの長さが10cmになるのは，ばねが 10−4=6(cm)のびたときである。ばねは30gで1.2cmのびるので，ばねが6cmのびるときのおもりの重さをxgとすると，30(g):1.2(cm)=x(g):6(cm)　x=150(g)

問3 ばねの長さは5.6cmなので，のびは 5.6−4=1.6(cm)である。このとき，ばねを引く力の大きさをxgとすると，30(g):1.2(cm)=x(g):1.6(cm)　x=40(g)となる。おもりのおもさは120gなので，台ばかりの示す値は 120−40=80(g)

やや難 問4 ① おもりのおもさをwgとすると，てこのつり合いの関係から，w(g)×12(cm)=60(g)×8(cm)　w=40(g)　② 上側のばねを引く力の大きさは，棒につるした2つのおもりのおもさの合計となるので，40+60=100(g)である。ばねののびを$x$cmとすると，30(g):1.2(cm)=100(g):x(cm)　x=4(cm)だから，ばねの長さは 4+4=8(cm)　③ 左側のばねが棒を引く力の大きさをygとすると，y(g)×16(cm)=80(g)×32(cm)　y=160(g)となる。このとき，ばねののびを$z$cmとすると，30(g):1.2(cm)=160(g):z(cm)　z=6.4(cm)となる。よって，ばねの長さは 4+6.4=10.4(cm)　④ ③よりばねにかかる力の大きさは160g，おもりのおもさは200gなので，台ばかりの目盛りが示す値は，200−160=40(g)となる。

④ (物理総合―波の伝わり方)

問1 1周の長さは，90(m)×2+60(m)×2×3.1=552(m)だから，毎秒12mで進む波が1周する時間は，552(m)÷12(m/秒)=46(秒)

問2 (1) 0.2秒で1回しん動するので，1(秒)÷0.2(秒)=5(回)　(2) 1回のしん動で15cm移動し，(1)より，1秒で5回振動するので，15(cm)×5=75(cm)　(3) 450(cm)÷15(cm)=30(回)　(4) 0.2(秒)×75(回)=15(回)

⑤ (燃焼―いろいろな物質の燃焼)

基本 問1 (1) ものが燃えるとは，ものが光や熱を出しながら酸素と結びつくことである。 (2) 木炭が燃えると二酸化炭素ができる。二酸化炭素は空気よりも重く，においのない気体で，水に少しとけ，石灰水に通すと石灰水は白くにごる。火をつけると音を立てて燃えるのは水素である。(3) アでは酸素，イとウでは水素が発生する。

問2 木炭を燃やすと気体の二酸化炭素が発生し，鉄粉を燃やすと酸化鉄，銅粉を燃やすと酸化銅の固体ができる。

問3 (1) 6.4(g):8(g)=4:5　(2) 長さ5cmのかみの毛4本の重さはひじょうに軽く，にわとりのタマゴ1個は約60g，教科書1冊の重さは数百gである。

重要 問4 燃やす前後での重さの差が，銅と結びついた酸素の重さなので，1.0−0.8=0.2(g)

重要 問5 4:5=1.2:A　A=1.5，4:5=3.2:B　B=4

問6 燃やす前の銅の重さ，実験値，計算値を

燃やす前の銅(g)	0.4	0.8	1.2	1.6	3.2
実験値(g)	0.5	1.0	1.4	1.8	3.6
計算値(g)	0.5	1.0	1.5	2.0	4.0

まとめると，前ページの表のようになり，銅の重さをふやすと，「実験値」のほうが「計算値」よりも小さくなっていることがわかる。

問7　銅は空気中の酸素と結びついているので，銅の表面が空気に触れにくくなるほど反応しにくくなる。

6　**(気象―日本の天気)**

重要　問1・問2　図の「H」は高気圧の中心，「L」は低気圧の中心を表している。図のように，日本の東海上に低気圧，西の大陸上に高気圧が発達し，等圧線が南北にのびるような天気図が見られるのは冬で，このような気圧配置を「西高東低」の気圧配置という。

やや難　問3　冬は大陸からの乾燥した強い季節風が日本海で水蒸気を含み，日本列島の山脈にぶつかって雲が発達する。そのため，日本海側では湿った風が吹き，大雪などの天気が悪い日が多くなる。日本海側に雪などを降らせた空気は，日本列島の山脈を越えると乾燥するため，太平洋側では乾燥した風が吹き，晴れの日が多くなる。

問4　高気圧の中心付近では，上空から地上に向かう下降気流が発達する。一方，低気圧の中心付近では，地上から上空に向かう上昇気流が発達する。

重要　問5　下降気流のできる高気圧の中心付近では雲ができにくいため，晴れることが多い。

やや難　問6　日本列島付近には強い西風(偏西風)が吹いているため，図の974hPaの低気圧は北東へと移動していく。このことから，「図→ウ→エ」となると考えることができる。また，エでは東シナ海付近に停滞前線が見られ，この停滞前線が低気圧へと変化していって東へと移動すると考えることができるので，「エ→ア→イ」となると考えることができる。これらのことから，日付順に天気図を並べると，「図→ウ→エ→ア→イ」となる。

★ワンポイントアドバイス★

それほど難易度の高い問題は出題されていないが，典型的な問題ばかりではなく，問題文をしっかりと読みとる必要がある問題の出題もあるので，いろいろなパターンの問題にとり組んで慣れておこう。

＜社会解答＞

1. 問1　ア　平成　イ　万葉集　ウ　大化　エ　中臣鎌足　オ　文永　カ　建武　キ　豊臣秀吉　ク　享保　ケ　松平定信　コ　天保　問2　①　問3　隋
問4　①　問5　憲法十七条　問6　壬申の乱　問7　③　問8　フビライ
問9　④

2. 問1　大航海時代　問2　(名前)　フランシスコ・ザビエル　(番号)　①　問3　①
問4　(1)　長篠の戦い　(2)　鉄砲を用いた集団戦になっている。　問5　(江戸幕府は，)キリスト教徒を見つける(ために)絵踏(を行った。)　問6　③　問7　ペリー
問8　文明開化　問9　日英同盟　問10　世界恐慌　問11　(例)　感染症の拡大

3. 問1　ア　淡路(島)　イ　鳴門(海峡)　問2　③　問3　④　問4　ウ　リアス　エ　かき　問5　①　問6　①　問7　②　問8　オ　八幡製鉄所　カ　自動車
問9　④　問10　シリコンアイランド　問11　金沢　問12　④　問13　②
問14　ゆうこさん　㊲　たつやくん　⑥　まさみさん　㊵　あつしくん　⑰

4. 問1　違憲立法審査権　　問2　①　　問3　期日前投票　　問4　④　　問5　③
問6　①　　問7　①　　問8　(例)　投票に行けばあなたの意見が反映されますよ。
問9　②　　問10　②　　問11　A　象徴　　B　戦争　　C　公共の福祉

○推定配点○
1. 各1点×18　　2. 問1・問2　各2点×2(問2完答)　　問4(2)・問11　各4点×2
問5　5点(完答)　　他　各1点×7　　3. 問10　2点　　他　各1点×19
4. 問1　2点　　問8　4点　　他　各1点×11　　　計80点

<社会解説>

1. (日本の歴史―古代～近世の政治・文化・外交など)

問1　ア　国の内外，天地とも平和が達成されるという意味。　イ　8世紀に大伴家持らによって編纂《へんさん》。　ウ　それまでは○○天皇○年というように表していた。　エ　死に際して藤原姓を賜った。　オ　元・高麗連合軍2万8000人が博多に上陸。　カ　天皇親政を復活させたが足利尊氏の反乱で失敗。　キ　主君・織田信長の後を受けて天下統一を実現。　ク　公事方御定書や目安箱を設置。　ケ　徳川吉宗の孫で白河藩主。　コ　アヘン戦争など危機感の高まる中で実施。

重要　問2　飢饉や疫病など社会不安が高まる中，仏教による国家鎮護を願い大仏を造立した天皇。

問3　3世紀以来分裂していた中国を統一した王朝だが2代38年で滅亡した。

問4　紀元前3500年ごろから約1500年間存在したといわれる青森の縄文最大規模の遺跡。

問5　儒教や仏教の影響を受け天皇中心の中央集権国家の形成を意図した法令。

問6　皇位継承をめぐる古代最大の内乱。勝利した大海人皇子は天武天皇として即位した。

問7　鎌倉後期になると二毛作や牛馬耕，草木灰，水車の利用など農業技術が格段に進歩した。

重要　問8　モンゴル帝国創設者・チンギスハンの孫。大都(ペキン)に遷都し国号を元に改称した。

問9　庶民の教育機関で幕末の頃には全国に広く普及していった。工場制手工業は問屋制家内工業の後，東海道五十三次は歌川広重，人形浄瑠璃は近松門左衛門。

2. (日本と世界の歴史―近世～現代の政治・経済・文化など)

問1　ヨーロッパ人がインド航路やアメリカ大陸への到達を成し遂げた「地理上の発見の時代」。

問2　イエズス会創立者の一人。マラッカで布教中日本人アンジロウに出会って日本布教を決意。

問3　旧体制の下での様々な秩序や権威を否定，1571年には敵対する比叡山・延暦寺を焼打ち，一向宗の総本山である大坂の石山本願寺とは10年にわたる戦いでこれを屈服させた。

問4　(1)　織田・徳川連合軍が史上最強の武田の騎馬隊を破った戦い。　(2)　馬防柵を設置し内側から鉄砲で対応している図。3000丁の鉄砲と三段打ちというがその真偽は疑問視されている。

問5　キリストやマリアの画像を踏ませることで切支丹を摘発する方法。

問6　「イエスの再誕」と呼ばれた少年で一揆軍の象徴的な存在とされた。

重要　問7　アメリカ大統領・フィルモアの開国を促す親書を持って来航。

問8　西洋の文物を積極的に受け入れ急速に生活様式が変化していった世の中の風潮。

問9　1902年，ロシアの南下政策に対応して締結，1921年のワシントン会議で破棄された。

重要　問10　1929年，ニューヨークで始まった株暴落を契機に世界に波及していった。

問11　人・モノ・カネ・情報などが国境を越えて移動，様々な問題を引き起こしている。

3. (日本の地理―国土と自然・産業など)

問1　ア　瀬戸内海最大の島。　イ　幅約1400mの海峡で大潮時には1.4mもの落差を生じる。

問2　「踊る阿呆に…」で知られる阿波・徳島の盆踊り。

問3　火山が多い日本は地熱大国であるが地熱発電は東北や九州など一部地域に限られている。

重要　問4　ウ　ノコギリの歯のような出入りの多い海岸。　エ　全国生産の約15%を占める。

問5　京都府北部・宮津湾にある砂州。残る一つは広島県の安芸の宮島。

問6　南海トラフは紀伊半島から四国にかけての南方沖合にある海底のくぼ地。フィリピン海プレートが日本列島が乗るユーラシアプレートに沈み込むところ。

問7　祇園祭は京都八坂神社の祭礼。疫病退散を願って9世紀から行われている京都の夏の風物詩。

問8　オ　日清戦争の賠償金を利用して建設。　カ　九州は「カーアイランド」とも呼ばれる。

問9　日本最大の筑豊炭田の隣接地に建設。埋め立ては工場の拡大とともに実施された。

問10　シリコンは半導体の材料。多くのメーカーが進出，自動車産業と並ぶ基幹産業となっている。

問11　加賀前田藩百万石の城下町として発展した北陸地方では最大の都市

問12　1997年に東京・長野間が「長野新幹線」として部分開業，2015年に金沢まで延伸した。

問13　加賀の金沢に発達した友禅染の一種。①は茨城，③は新潟，④は京都。

重要　問14　ゆうこ・徳島　たつや・宮城　まさみ・福岡　あつし・石川

4.　(政治一憲法・政治のしくみ・国民生活など)

重要　問1　下級裁判所などすべての裁判所が個々の裁判を通じて判断する。

問2　高度経済成長の下，三種の神器といわれた白黒テレビは急速に普及し1964年の東京オリンピックの頃は90%を突破，開会式の視聴率は84.7%に達したといわれる。

問3　それまでも同様の制度(不在者投票)があったが条件を大幅に緩和したもの。

問4　小池百合子が宇都宮健児，山本太郎を破って当選。森田健作は当時の千葉県知事。

問5　天皇の国事行為に助言と承認を与えるのは内閣の権能。

問6　2つの合区を除き都道府県ごとの選挙区148人と全国単位の比例代表100人から構成。

問7　都知事選の最高投票率は1971年の72.36%，最低は1987年の43.19%。

問8　民意が反映されない選挙は民主主義への脅威となる。棄権者が増えると一部の人たちの意見だけが政治に反映され結果的に自分に不利な政策が行われる可能性がある。

問9　社会的弱者の人々に対し国や地方自治体が様々な施設やサービスを提供する。

問10　消費税，法人税と並ぶ国税の柱。所得に応じて税率が異なる累進課税を採用している。

重要　問11　A　シンボルの日本語訳。　B　自衛のための戦争まで否定したものではない。　C　人権同士の矛盾や衝突を解決する考え方で，社会全体の利益の意味。

★ワンポイントアドバイス★

社会は単なる暗記と考えることは大変危険である。各種の資料あるいは歴史的な事件などは常にその背景を考える習慣をつけよう。

<国語解答>

一　①　エ　②　カ　③　イ　④　オ　⑤　ア　問二　①　動向　②　同好　③　同行　④　創意　⑤　総意

二　問一　A　評判　B　乱立　C　講義　問二　イ　問三　1　エ　2　オ　3　ア

問四　エ　問五　自慢するようなことは言うべきではない(という考え方。)
問六　日本人らしい　問七　ア　問八　ウ

三　問一　A　拾　B　豊富　C　皿　D　紅茶　E　実際　問二　1　イ　2　ア　3　キ　4　カ　問三　バトンの受け渡し　問四　ため息をつく　問五　エ
問六　ウ　問七　(例)　クミちゃんよりもっと足の遅い子　問八　責任感
問九　(i)　おとなびた口調で言って，おとなびたため息をつく　(ii)　いじらしい
問十　イ　問十一　ウ　問十二　ア

○推定配点○
一　各1点×10　二　問一・問三　各2点×6　問五・問六　各5点×2　他　各3点×4
三　問一・問二　各2点×9　問四・問七～問九　各4点×5　問十二　6点　他　各3点×4
計100点

<国語解説>

一　(慣用句・同音異義語)

やや難　問一　①「泣き面にはち」は，不幸・不運の上にまた不幸・不運が重なること。　エ「弱り目にたたり目」は，困っている時に，さらに困るようなことが起こること。　②「ひょうたんから駒」は，冗談で言ったことが真実となって実現すること。　カ「棚からぼた餅」は，思いがけない幸運にあうこと。　③「猿も木から落ちる」は，その道にすぐれた者でも，ときにはその得意の技で失敗することがあるということ。　イ「弘法にも筆の誤り」は，書道に優れた弘法大師でも書き損じることもあるということから，どんなにその道に優れた人でも時には失敗することもあるということ。　④「ぬかにくぎ」は，いくら努力しても，相手に対してまったく手ごたえやききめがないこと。　オ「のれんに腕押し」は，いくら力を入れても，手ごたえがないこと。　⑤「あぶはちとらず」は，あれもこれもとよくばって全部失敗すること。「あぶはち」は「虻」と「蜂」。　ア「二兎を追うものは一兎をも得ず」は，同時に違った二つのことをしようとする人は，結局その一方の成功さえもおぼつかないこと。「兎」は，うさぎ。　ウ「月とすっぽん」は，二つのものの違いが大きいこと。

基本　問二　①「動向」は，人の行動や物事の情勢が，どういう傾向をもって動いていくかということ。「動き」「なりゆき」とも言いかえられる。　②「同好」は，趣味や興味の対象が同じであること。　③「同行」は，一緒に連れだって行くこと。　④「創意」は，他のもののまねでなく，新しく考え出した考え。「創意工夫」の形で，よく使われる。　⑤「総意」は，全部の人の意見・考え。

二　(論説文－要旨・大意の読み取り，文章の細部の読み取り，接続語の問題，空欄補充の問題，ことばの意味，慣用句，漢字の書き)

問一　A「評判」は，世間の人の批評。「評」を「表」，「判」を「番」と書く誤りが多いので注意する。　B「乱立」は，多数がむやみやたらに立つこと。「乱」の訓は「みだ－れる・みだ－す」。「乱雑」「混乱」などの熟語がある。　C「講義」は，「講」を「構」，「義」を「議」と書く誤りが多いので注意する。「講義」は，学問を解説すること。「講」には「講演」「講師」，「義」には「意義」「定義」などの熟語がある。

基本　問二　「雨後の竹の子」は，雨が降ったあと，竹の子がつぎつぎと出るように，同じような物事が，次から次へとたくさん出てくること。イのように，身長が伸びる様子について用いるのは誤り。

やや難　問三　1　日本語を苦労して覚えたという記憶はないから，外国人に日本語を教えることはやさしい，というつながり。順接の「だから」が入る。　2「日本人のような気持ちで話をするとい

うことが，外国人には難しい」ということの例を，空欄2のあとで述べている。例であることを示す「たとえば」が入る。 3 空欄3の直後に「そう言ったら」とある。「もし……たら」という対応になっている。

問四 問三の2でとらえたように，空欄2のあとは，日本人のような気持ちで話すことは外国人には難しい，ということの例である。例で説明されているのは，日本人の感じ方やものの考え方である。例で示したような，日本人の感じ方やものの考え方に沿った形(＝日本人のような気持ち)で話をすることは，外国人には難しいというのである。

問五 最後の段落に，「『私はこれをよく知っています』。こんな言い方も日本人はしない。そう言ったら，自慢しているように相手に取られてしまうからである。日本人は自慢するようなことは言うべきではないと思っている」とある。

問六 問五でとらえたように，続く段落でも「こんな言い方も日本人はしない」と述べて，「日本人らしい言い方・答え方」の例をあげている。

問七 「はい，先週教わりました」より，もっとすばらしい答え方であるから，謙譲表現を使った「先週教えていただきました」が適当である。

重要 問八 ウの内容については，第二段落に「相手が知っていることは，自分からは言わないようにする気持ちがある」とあり，最後の段落に日本人は自慢するようなことは言うべきではないと思っている」とあるのと一致する。アは，「日本語は簡単に覚えられる」とは述べていないので誤り。イは，「外国人は感情より理屈を優先するひとが多い」とは述べていないので誤り。エは，主張することが苦手とも，損をするとも述べていないので誤り。

三 (小説 - 心情・情景の読み取り，文章の細部の読み取り，指示語の問題，空欄補充の問題，漢字の書き)

問一 A 「拾う」は，形の似た「捨てる」と区別する。「拾」の音は「シュウ」。「拾得」「収拾」などの熟語がある。 B 「豊富」は，豊かで富んでいること。たくさんあること。「豊」の訓は「ゆた - か」。「豊作」「豊満」などの熟語がある。「富」の訓は「と - む・とみ」。「富裕」「貧富」などの熟語がある。 C 「皿」は，形の似た「血(ケツ・ち)」と区別する。「さら」は訓。音はない。 D 「紅」には「ク」の音もある。訓は「べに・くれない」。「紅白」「真紅」などの熟語がある。「茶」には「サ」の音もある。「緑茶」「茶道(さどう)」などの熟語がある。 E 「実際」の「際」は，音が同じで形の似た「祭(まつ - り・まつ - る)」と区別する。「際」には「交際」「国際」などの熟語がある

やや難 問二 1 バトンを渡すときの様子を表す言葉であるから，イ「ぽん」が適当である。 2 バトンの受け渡しがうまくいかないときの，手と足の動きであるから，ア「ばらばら」が適当である。 3 遠慮なく，言いたいことを言う様子は「ズケズケ」と表現する。 4 「ふと」は，何かちょっとした拍子にの意味。美紀の話をするときには不思議な説得力があるので，彼女の話を聞いていると，何かちょっとした拍子に，彼女は美紀に一度も会ったことがないということを忘れてしまうというのである。

問三 「ミス」は，失敗。あとに「バトンの受け渡しがだめなのだ」とある。「だめ」とは「失敗」ということだから，バトンの受け渡しを失敗(＝ミス)するのである。

問四 「あーあ」は，失敗ばかりしている自分に向けて言っている。「ため息」は，心配したり失望したり感心したりしたときなどに出る，大きな息。「ため息交じり」では，収まりがよくない。さらに読み進んでいくと，「ため息をつく」が見つかる。

問五 ――線部③のあとには，「不機嫌さを通り越して」とある。「通り越して」は，不機嫌な気持ちになって，さらに～という気持ちになった，という様子を表している。不機嫌は，不快で機嫌

がよくないということ。——線部②の「ひとごとだと思って」も，不快な気持ちを表している。

問六　イケちゃんについては「美紀が大の苦手にしている同級生」とある。ここは，美紀と同様にイケちゃんを苦手にしている人物としてクミちゃんを登場させている。クミちゃんは，美紀と同様にイケちゃんのやる気にうんざりしているのである。

やや難 問七　問六と関連させて考える。クミちゃんが選手を辞退していなくなると，クミちゃんより「もっと足の遅い子が選手になる」，すると「その子」は，もっとかわいそうなことになってしまうというのである。会話文の前に「イケちゃんにトップでバトンを渡すことが，美紀たち五人に課せられた役目，というより使命だった」とある。その使命を果たそうとして，嫌な思いをしているのである。クミちゃんがいなくなると〝クミちゃんよりもっと足の遅い子〟が選手に選ばれて，もっとかわいそうなことになってしまうというのである。

問八　父親と美紀の会話は，美紀の「責任感ありすぎるんだね，わたしは」で始まっている。美紀は，リレーの選手として選ばれて，勝つために走らなければならないという「責任感」で苦しんでいる。問七でとらえたように，クミちゃんのように責任を投げ出すことはできないからである。そして，父親は美紀の話にうなずいて，「『責任感』という言葉は，勝ち負けではなく，そういうところ(＝他のリレー選手への責任)にこそつかうべきだと思う」と考えているのである。

問九「自然と頬がゆるんでしまう」のは，「僕」が美紀と過ごしてきた年月を思ったからである。それを思うきっかけが，(i)「おとなびた口調で言って，おとなびたため息をつく」美紀の行動である。美紀の成長を感じ取っているのである。(ii) そして，「僕」は「美紀のことを，いじらしいとも思う」のである。

基本 問十　にらむのは，相手に対して否定的な感情があるからである。美紀の父親としての「僕」に対する否定的な感情である。直前に「そうじゃなくて」とあるように，「僕」が何も理解していないことに対して嫌になっているのである。

問十一「彼女」は，自分の会話の内容を受けて「それって人間の本能なのかもしれない」と言っている。「それ」が指すのは「リレーをすること」である。そして，リレーをすることについて「人間の本能で，人間っていう存在そのものなんじゃないか」と考えている。ウの「『リレー』をより広い意味にとらえ直している」が適当である。エのように「命のつながりだけに限定」はしていない。

重要 問十二　直前に「人間ってリレーをする存在なんですよ」とあり，「彼女」が言う〝バトンを渡す〟という行為は，人間が世代を越えて引き継ぐという意味である。その意味に合うのは，母親が娘に教えるということを示しているアである。イは，引き継ぐ行為ではない。ウ・エは兄弟の間のことなので，世代を越えるということに合わない。

★ワンポイントアドバイス★

論説文は，筆者の考え方をとらえて，その考え方に沿って筆者がどのように説明を進めているかを読み取っていこう。具体例やキーワードに注目して読むことが大切だ。小説は，会話文などから場面に描かれていることがらをとらえて，人物の心情や思い，考えを読み取るようにしよう。

2020年度

★★★★★★★★★★★★★★★★★★★★★★★★★★

入　試　問　題

2020年度

千葉日本大学第一中学校入試問題（第一志望）

【算　数】（50分）　＜満点：100点＞

【注意】　1．3，4は解答用紙に考え方や途中式を書いて下さい。答えだけでは正解としません。
2．円周率を使用する場合は3.14とします。
3．定規，コンパスは使用してもかまいません。
4．計算器，分度器は使用してはいけません。

1　次の計算をしなさい。［※答えのみでよい］

⑴　$1+2+3+4+5+\cdots+20$

⑵　$1.25\times2019\times8$

⑶　$16\frac{1}{5}\div0.45$

⑷　$\left(7\frac{13}{16}-6\frac{1}{4}\right)\times\left(100-50\div\frac{125}{249}\right)$

2　次の［　　］に当てはまる数や言葉を答えなさい。［※答えのみでよい］

⑴　［　　］$\div3.14=3\frac{29}{157}$

⑵　258÷★＝★あまり２　［★には同じ値が入ります。］
このとき，★の値は［　　］です。

⑶　$693\times29+462\times91-231\times$［　　］$=46200$

⑷　$\mathrm{A}:\mathrm{B}=\frac{4}{7}:\frac{2}{5}$，$\mathrm{A}:\mathrm{C}=\frac{5}{2}:\frac{1}{3}$ のとき，
Ａ：Ｂ を最も簡単な整数比で表すと Ａ：Ｂ＝［㋐］：［㋑］ です。
Ｂ：Ｃ を最も簡単な整数比で表すと Ｂ：Ｃ＝［㋒］：［㋓］ です。

⑸　19や31のように，１とその数しか約数をもたない整数を素数といいます。ただし，１は素数ではありません。
最も小さい素数は［㋐］で，小さい方から６番目の素数は［㋑］です。

⑹　濃度12％の食塩水180ｇから［　　］ｇの水を蒸発させると，濃度は15％になります。

⑺　81，54，36，24，［　　］，…
これらの数字はある規則に従って並んでいます。

⑻　大小２つのサイコロを投げます。大きいサイコロの目をＡ，小さいサイコロの目をＢとします。
このとき，Ａ×Ｂ が12になる場合は［㋐］通りです。
また，Ａ×Ｂ が10以上の偶数になる場合は［㋑］通りです。

⑼　①　数を次のように表します。

1は△△△○，2は△△○△，3は△△○○，4は△○△△，5は△○△○，6は△○○△，7は△○○○，…

このとき，[　　] は○△○△と表されます。

②　数を次のように表します。

1はAAB，2はAAC，3はABA，4はABB，5はABC，6はACA，7はACB，…

このとき，[　　] はCBAと表されます。

⑽　図は，長方形とおうぎ形を組み合わせた図形です。

①　(アの面積)＋(イの面積)＝ [　　] cm^2

②　(アの面積)－(ウの面積)＝ [　　] cm^2

となります。

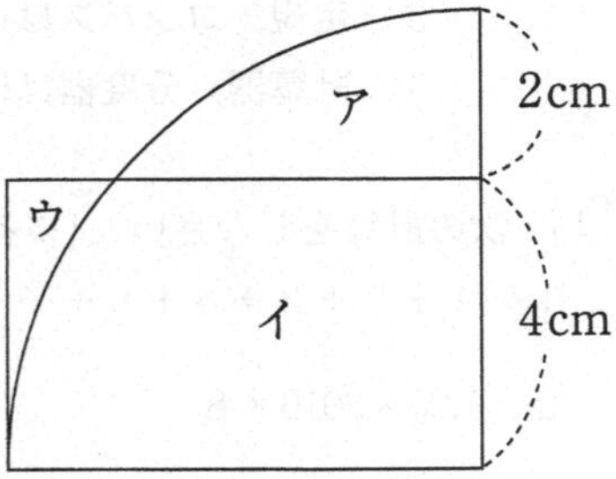

⑾　図は，直角三角形と正方形を組み合わせた図形です。

このとき，AE：ED＝ [㋐]：[㋑]

となるので，正方形の一辺の長さは

[㋒] cmになります。

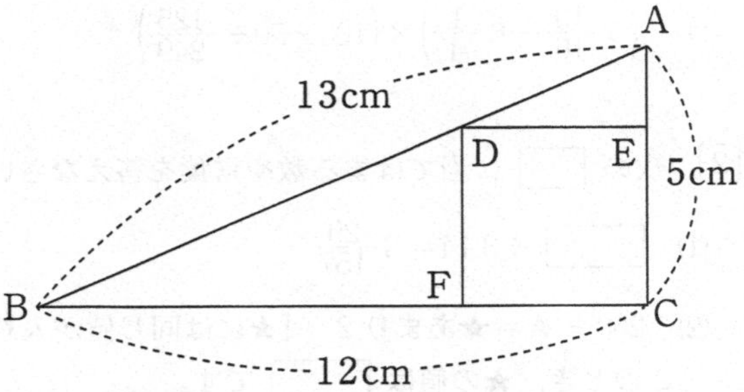

⑿　ある池では一定の割合で水がわき出ています。この池を空にするのに，毎分6 m^3で水をくみ出すポンプを5台使うと40分かかり，8台使うと24分かかります。次の問いに答えなさい。

①　次の [　　] にあてはまる数を答えなさい。

ポンプ5台を使うと40分で [㋐] m^3の水がくみ出され，ポンプ8台を使うと24分で [㋑] m^3の水がくみ出されます。よってその差を考えれば，池からわき出ている水は毎分 [㋒] m^3です。

②　くみ出す前に池にたまっていた水の量は [　　] m^3です。

3　底面の半径が○cm，母線の長さが△cmの円すいがあります。

次の問いに答えなさい。[※途中式や考え方を書きなさい。]

(1)　○＝2，△＝9　とします。

次のものを求めなさい。

①　円すいの底面積

②　円すいの側面積

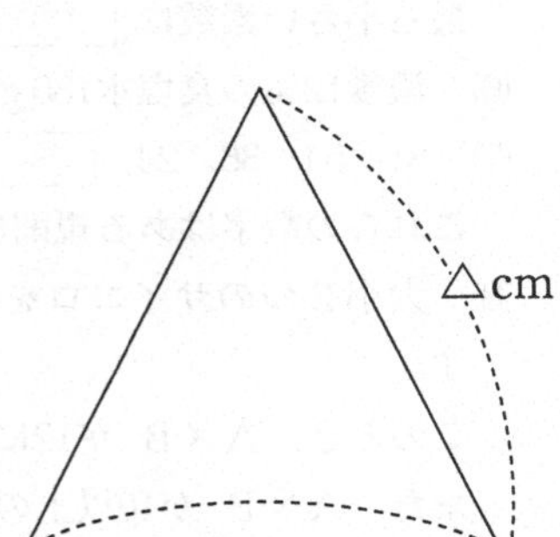

⑵　○＝2，△＝8　とします。
点Aから円すいの表面に糸を巻き付け，糸の長さが最も短くなるようにするとき，側面が糸で2つの部分に分けられます。
このうち，小さい部分の面積を求めなさい。

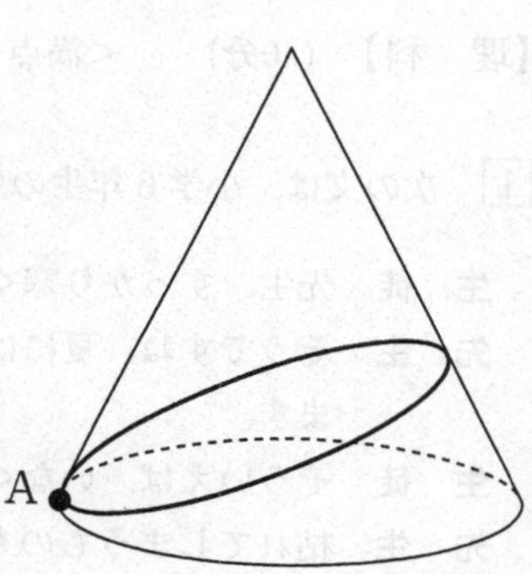

4　川の下流のA地点から船が出発し，上流のB地点についてからA地点に戻りました。
戻る途中にエンジンを止め，景色を見る時間がありました。
グラフは，船のA地点からの道のりと出発からの時間を表しています。
ただし，川の流れの速さと，船のエンジンをかけたときの静水時の速さは一定とします。
このとき，次の問いに答えなさい。[※途中式や考え方を書きなさい。]

⑴　船が上流に移動しているときの速さは毎分何mですか。
⑵　川の流れの速さは毎分何mですか。
⑶　エンジンを止めていた時間は何分間ですか。

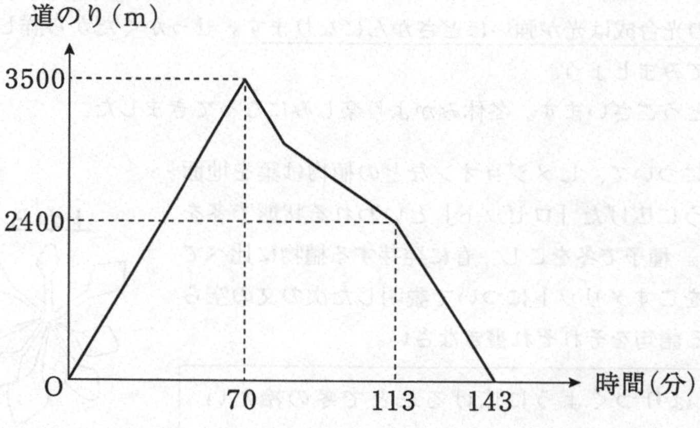

【理　科】（40分）　＜満点：80点＞

1　次の文は，小学６年生の生徒と先生の会話です。以下の問いに答えなさい。

生　徒　先生，すっかり寒くなって，観察できる草花が減ってしまって残念です。

先　生　そうですね。夏にはあれだけ生いしげっていた植物も，冬にはほとんど姿を消してしまいます。

生　徒　そういえば，いなくなった植物はすべて枯《か》れてしまったのですか。

先　生　枯《か》れてしまうものもありますが，①かたちを変えて冬をこすものもあります。②エノコログサのように枯《か》れてしまうものでもその種子は残り，翌年以降に発芽するものが多いです。

生　徒　そうだったのですね。確かにどのような方法であれ冬をこさなければ絶めつしてしまいますよね。

先　生　③植物は生き残るための工夫をしています。樹木でも冬になると葉を落とすものもあれば④葉をつけたままのものもあります。

生　徒　確かに冬には葉を落とした枝だけの樹木を見かけますが，葉がなければ光合成もできませんよね。それでも生きていけるのですか。

先　生　⑤葉を落とすことで植物にとって良いこともあります。

生　徒　そもそもなぜ植物は冬では夏のように育つことはできないのでしょうか。

先　生　⑥植物の光合成は光が強いほどさかんになります。せっかくだから詳しくは冬休みに自分で調べてみましょう。

生　徒　ありがとうございます。冬休みがより楽しみになってきました。

問１　下線部①について，ヒメジョオンなどの植物は葉を地面にはりつくように広げた「ロゼット」といわれる状態で冬をこします（図）。種子で冬をこし，春に発芽する植物に比べてロゼットで冬をこすメリットについて説明した次の文の空らんに当てはまる語句をそれぞれ書きなさい。

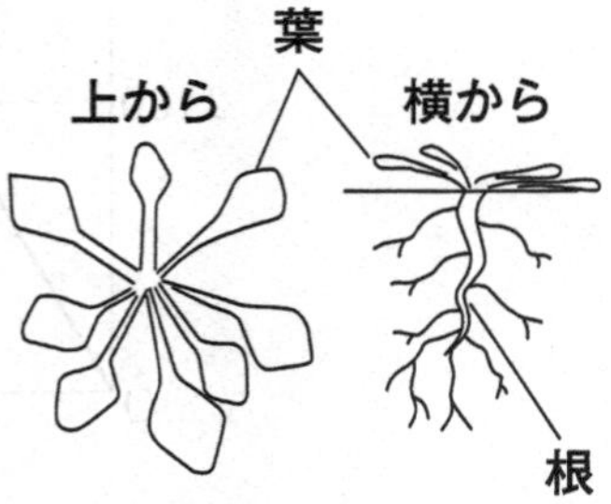

図

> 葉を地面にはりつくように広げることで冬の冷たい（　A　）を受けにくく，気温が低くても（　B　）の熱を利用できる。また，葉を残すことで春になると（　C　）する必要がないため，すぐに成長できる。

問２　下線部②について，種子はほとんど水や光，栄養を使わずに冬をこします。このような種子の状態を何といいますか。

問３　下線部②について，種子以外で植物が冬をこす方法として球根があります。種子や球根で冬をこす植物を次のア～カからそれぞれ１つずつ選び記号で答えなさい。

ア　ヒイラギ　　**イ**　アサガオ　　**ウ**　キンモクセイ

エ　チューリップ　　**オ**　ツバキ　　**カ**　ツツジ

問４　下線部②について，種子で冬をこす植物の多くが春に発芽する理由は何か，次のア～エから
すべて選び記号で答えなさい。

ア　日が当たらない時間が一定時間よりも短くなると発芽する。

イ　日が当たらない時間が一定時間よりも長くなると発芽する。

ウ　気温が一度低くなった後，一定温度よりも高くなると発芽する。

エ　気温が一度高くなった後，一定温度よりも低くなると発芽する。

問５　下線部③について，植物が種子を遠くに運ぶための生存戦略としてまちがっているものを，
次のア～エから選び記号で答えなさい。

ア　羽のようなつくりをもち，風によって運ぶ。

イ　とげのようなつくりをもち，動物につけて運ぶ。

ウ　果実をつけ，動物に食べさせることで運ぶ。

エ　花をさかせこん虫にみつを吸わせることで，こん虫につけて運ぶ。

問６　下線部④について，葉をつけたまま冬をこす植物の葉の多くは，葉を落とす植物の葉と比べて葉の厚さは厚いか，うすいか。

問７　下線部⑤について，植物にとって良いこととは何か。簡単に説明しなさい。

問８　下線部⑥について，なぜ植物は冬では夏のように育つことができないか。「光」という言葉を使って簡単に説明しなさい。

２　以下の問いに答えなさい。

器具Ａ

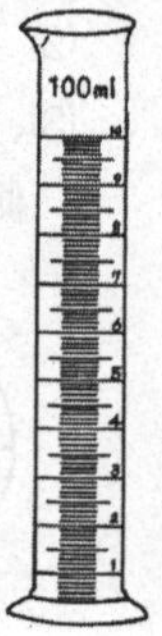

問１　右の器具Ａの名前を答えなさい。

問２　下の文は器具Ａの使い方について書かれています。次の空らんにあてはまる語句をそれぞれ書きなさい。

> 器具Ａできまった量の液体をはかりとるには，まず器具Ａを（　ア　）で平らなところにおきます。つぎに液体をはかりとろうとしている体積の目盛りより少し下の所まで入れます。最後に残りわずかの体積は，（　イ　）を使って少しずつ入れていきます。

問３　器具Ａに水を入れたとき，目盛りのどの部分を読みますか。次のア～ウから選び記号で答えなさい。

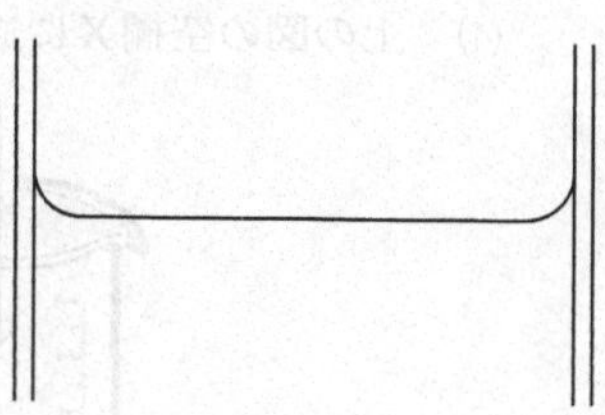

ア　真横から見たとき，一番へこんだ所

イ　真横から見たとき，一番盛り上がった所

ウ　アとイの間の所

問４　器具Ａに適さない操作を次のア～ウから２つ選び記号で答えなさい。

ア　水を温める

イ　水溶液を長期間保存する

ウ　気体の体積をはかる

3　次の文を読んで固体と液体を分ける方法について以下の問いに答えなさい。

ビーカーに水とホウ酸を入れてガラス棒でかき混ぜた。とけ残りがあったので，水よう液を温めて，ホウ酸を完全にとかした。しばらくそのままにしておくと，ビーカーの底にホウ酸のつぶが出てきた。

問１　ビーカーの底に出てきたつぶをよく見ると，きそく正しい形をしていました。このようなつぶを何といいますか。

問２　下の図のような方法で，ビーカーの底に出てきたつぶを水よう液と分けました。

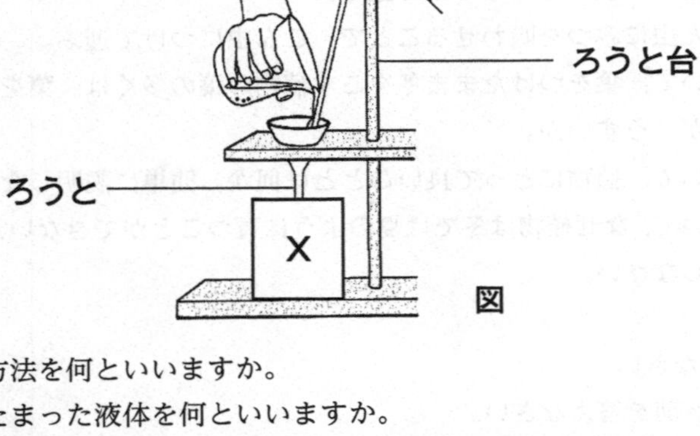

図

⑴　このような方法を何といいますか。

⑵　ビーカーにたまった液体を何といいますか。

⑶　このとき，ろ紙は下のような手順で折りたたみます。ガラス棒の先はろ紙のア，イどちらの側につけますか。ア，イどちらか選び，その理由も答えなさい。

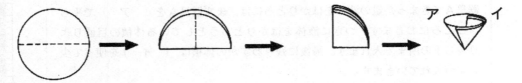

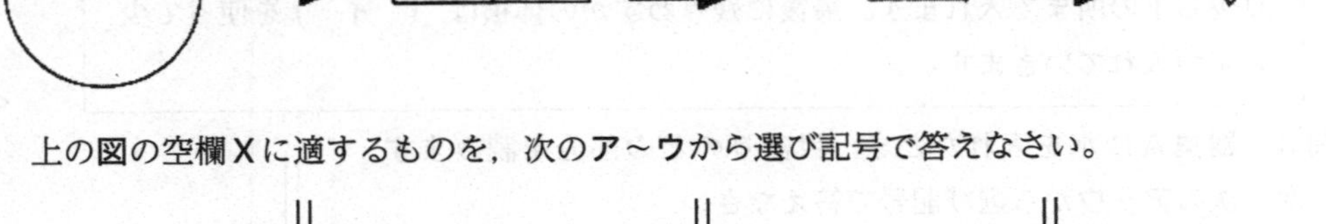

⑷　上の図の空欄Xに適するものを，次のア～ウから選び記号で答えなさい。

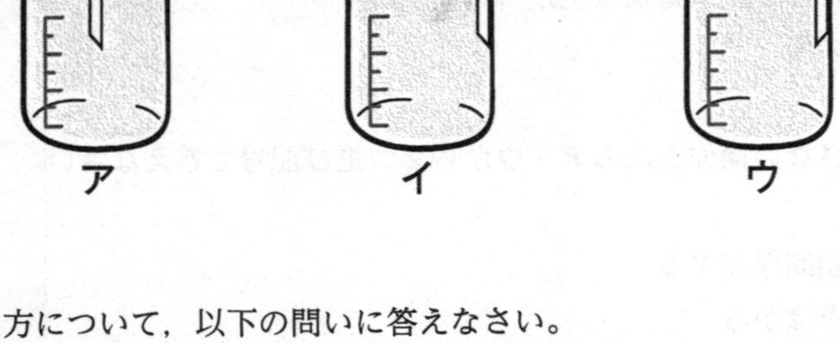

4　割りばしの燃え方について，以下の問いに答えなさい。

問１　割りばしを含めて，ものが燃えるときには３つの条件が必要です。それは「燃えるもの」があることと「新しい空気（酸素）」があることと，もう一つは何か答えなさい。

問２　割りばしをむし焼にするとき下の図のように試験管の口を下げるようにします。その理由を答えなさい。

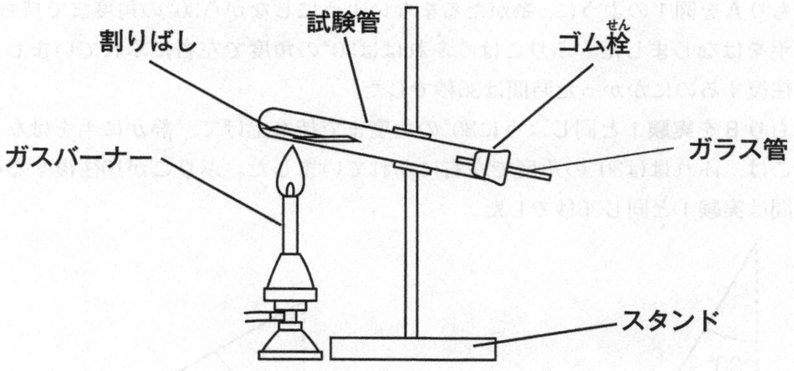

図

問３　図のようにして加熱を続けると，割りばしが黒くなると同時にガラス管から白いけむりが出てきます。このけむりにマッチやライターの火を近づけるとどうなりますか。次のア～ウから選び記号で答えなさい。

ア　何も起こらない　　イ　けむりが炎をあげて燃える　　ウ　マッチやライターの火が消える

問４　まきと木炭で燃え方がちがうのはなぜか答えなさい。

5　地点Aにあるスピーカーから出た音を，850mはなれた地点Bにいる太郎くんが観測しました。以下の問いに答えなさい。ただし，観測時の気温は15℃とし，そのときの音の速さを秒速340mとします。

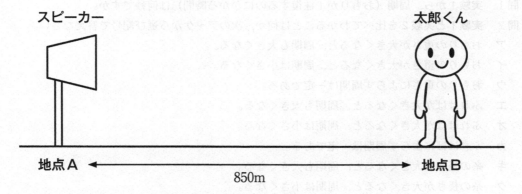

問１　スピーカーから太郎くんまで音を伝えるものは何ですか。

問２　地点Aから地点Bまで音が伝わるまでにかかった時間は何秒ですか。

問３　気温が20℃で同様の実験を行ったところ，音の速さは秒速343mとなりました。気温が１℃上昇したとき，音の速さは秒速何mずつ速くなりますか。

問４　気温が30℃で同様の実験を行うと，地点Aから地点Bまで音が伝わるまでにかかった時間は何秒ですか。ただし，答えが割り切れない場合は小数第２位を四捨五入して答えなさい。

6 同じ長さの糸を２つ用意し，50ｇのおもり**A**と，100ｇのおもり**B**をそれぞれつなげてふりこを作りました。**実験１～４**の結果をふまえて，以下の問いに答えなさい。

実験１　おもり**A**を図１のように，糸がたるまないようにしながら30°の角度まで持ち上げて，静かに手をはなしました。ふりこは，ふれはば30°の角度で左右にふれていました。ふりこが10往復するのにかかった時間は36秒でした。

実験２　おもり**B**を**実験１**と同じように30°の角度まで持ち上げて，静かに手をはなしました。ふりこは，ふれはば30°の角度で左右にふれていました。ふりこが10往復するのにかかった時間は**実験１**と同じ36秒でした。

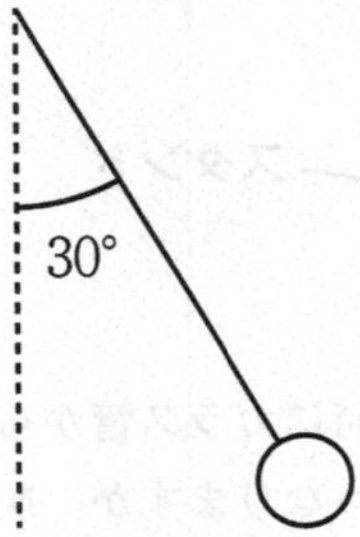

図１

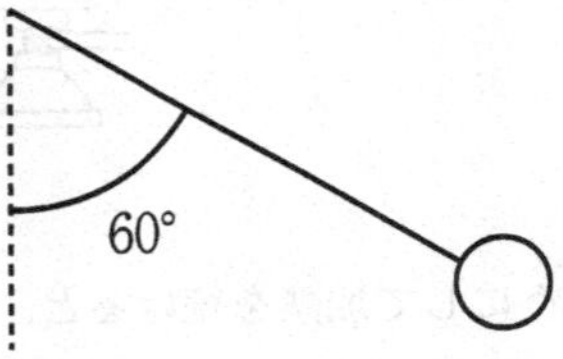

図２

実験３　おもり**B**を**図２**のように，60°の角度まで持ち上げて，静かに手をはなしました。ふりこは，ふれはば60°の角度で左右にふれていましたが，ふりこが10往復するのにかかった時間は**実験１，２**と同じ36秒でした。

実験４　最初に用意した糸より長い糸を用意し，おもり**B**を**実験３**と同じように60°の角度まで持ち上げて，静かに手をはなしました。ふりこは，ふれはば60°の角度で左右にふれていましたが，ふりこが10往復するのにかかった時間は72秒でした。

問１　**実験１**から，周期（おもりが１往復するのにかかる時間）は何秒ですか。

問２　**実験１**と**実験２**を比べてわかることは何か，次の**ア～ケ**から選び記号で答えなさい。

ア　おもりの重さが大きくなると，周期も大きくなる。
イ　おもりの重さが大きくなると，周期は小さくなる。
ウ　おもりの重さによらず周期は一定である。
エ　ふれはばが大きくなると，周期も大きくなる。
オ　ふれはばが大きくなると，周期は小さくなる。
カ　ふれはばによらず周期は一定である。
キ　糸の長さが大きくなると，周期も大きくなる。
ク　糸の長さが大きくなると，周期は小さくなる。
ケ　糸の長さによらず周期は一定である。

問３　**実験２**と**実験３**を比べてわかることは何ですか。問２の**ア～ケ**から選び記号で答えなさい。

問４　**実験３**と**実験４**を比べてわかることは何ですか。問２の**ア～ケ**から選び記号で答えなさい。

問５　物体がふれているとき，物体の速さが最も大きくなるのは**実験１**から**実験３**のうちどれですか。

7 夏や冬の日の身の回りの温度について，以下の問いに答えなさい。

問１　猛暑日が続き，公園の遊具に「やけど注意」を呼びかける張り紙がしてありました。遊具が高温になる理由としてもっとも正しいものを次のア～エから選び記号で答えなさい。

ア　空気からもらった熱が，遊具から出て行った熱より多かったから。

イ　空気からもらった熱が，遊具から出て行った熱より少なかったから。

ウ　太陽の光からもらった熱が，遊具から出て行った熱より多かったから。

エ　太陽の光からもらった熱が，遊具から出て行った熱より少なかったから。

問２　暑い夏の日に，車の中が高温になる理由としてもっとも正しいものを次のア～ウから選び記号で答えなさい。

ア　ガラスを通過した太陽の光により，まず車の中の気温が上昇し，その熱で車内の金属やプラスチックなどの温度が上がる。

イ　太陽の光が，まず車の中の金属やプラスチックなどを温め，その熱で車内の空気の温度が上昇する。

ウ　車の中の空気が外の空気から熱を受け取り，金属やプラスチックなども含め温度が上昇する。

問３　冬になると天気予報で「明日の朝は放射冷却《きゃく》が起こり寒くなるでしょう。」などの予報が増えます。寒くなる理由してもっとも正しいものを次のア～ウから選び記号で答えなさい。

ア　地面から熱が出ていき，地面の温度が下がり，それにより周りの空気の温度が下がる。

イ　地面から熱が出ていき，地面の温度が上がり，それにより周りの空気の温度が下がる。

ウ　地面近くの空気から熱が出ていき，地面とその周りの空気の温度が下がる。

問４　放射冷却《きゃく》が起こりやすい条件はどのような日か。次のア～オから２つ選び記号で答えなさい。

ア　曇の多い夜　　イ　晴れた夜　　ウ　雨が降っている夜　　エ　風が強い夜

オ　風が弱い夜

8　明け方，太陽がのぼる直前に月の位置を観察し記録しました。①～③はそのときの記録です。

①　月は太陽がのぼる方角と逆の地平線付近に見えた。

②　月は真南の方角に見えた。

③　月は太陽がのぼる方角の地平線付近に見えた。

問１　①～③を観察したときの月の形をア～オから選び記号で答えなさい。

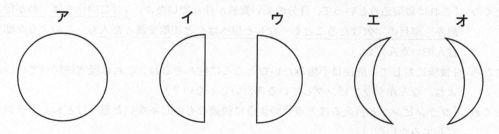

ア　　イ　　ウ　　エ　　オ

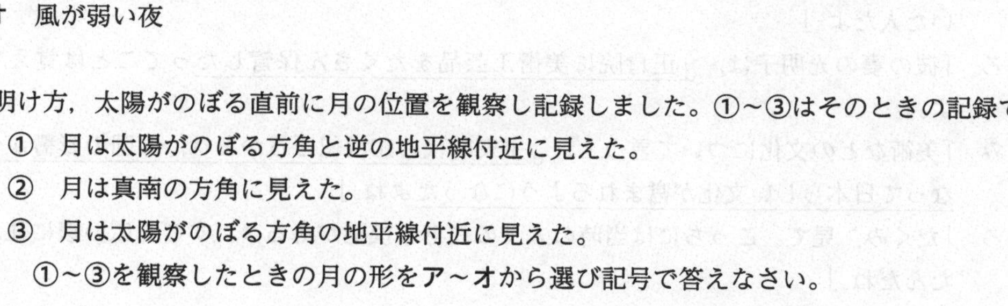

問２　①～③で，同じ日に月食が観測される場合があるのは①～③のどのときか。①～③から選び記号で答えよ。

問３　③の一週間後の月を観察しました。そのときの月の形を問１のア～オから選び記号で答えなさい。

【社　会】（40分）＜満点：80点＞

1． 次のちひろちゃん・たくみ君の会話文を読んで，続く設問に答えなさい。

ちひろ「夏休みの宿題で博物館に来たけど，何を見たらいいのだろうね。a土器とかいろいろなものがありすぎて，なんだかよくわからないな。」

たくみ「僕は博物館好きだよ。歴史の教科書に載っているものがいっぱいあってワクワクするよ。」

ちひろ「この金色の四角いものは一体何だろう。すごく小さいけど，そんなに大切なものなの？」

たくみ「これは江戸時代に現在の福岡県志賀島で発見されたb金印だね。1世紀ごろの日本は，今のように一つにまとまっていたわけではなくて，小さい国がたくさんあって争いを繰り広げていたんだ。そのうちの1つの国が，中国に使いを送った時に，この金印を中国の皇帝から与えられたと言われているよ。」

ちひろ「へぇ，そうなんだ。1世紀ごろってことは，日本は何時代なの？」

たくみ「弥生時代だね。このころに登場した卑弥呼は，（　ア　）の女王として約30もの国々を従えていたことがわかっているよ。」

ちひろ「女性が王様をしていたってすごいね。あんまり歴史の授業で女性の名前は出てこないから，印象に残っているのかもしれないね。」

たくみ「確かにそうかもね。でも，c大化の改新の時の天皇は女性だったんだよ。知ってた？」

ちひろ「知らなかったよ。女性天皇といえば，授業中に先生が奈良時代にも女性天皇が出てくると言っていた気がする。」

たくみ「そうだね。でも，奈良時代で有名な天皇は聖武天皇だよね。彼は仏教を政治の中心に置いた人だよ。」

ちひろ「彼の妻の光明子は，d正倉院に美術工芸品をたくさん保管したってことは覚えているよ。」

たくみ「美術などの文化について言うと，e平安時代の10世紀ごろからは，中国の影響が少なくなって日本らしい文化が営まれるようになったよね。」

ちひろ「たくみ，見て。こっちには当時の人々の住宅の模型があるよ。すごく広い家に住んでいたんだね。」

たくみ「これは寝殿造りといって，身分の高い貴族が住んでいたよ。f『この世をば　わが世とぞ思ふ　望月の　欠けたることも　なしと思へば』と和歌を詠んだ人も，このような邸宅に住んでいたんだね。」

ちひろ「貴族に対して，庶民は小屋みたいなところに住んでるね。これは竪穴住居っていうんだよね。なんかグランピングしているみたいじゃない？」

たくみ「グランピングと言えるほど現代のように快適なものじゃないと思うけどね。グランピングしてみたいな。」

ちひろ「一人で行ってきたらいいじゃん。わたしは行かないから。」

問1　文中の下線部aについて，縄文時代の土器として正しいものはどれですか。次のページの①～④から1つ選び番号で答えてください。

①

②

③

④
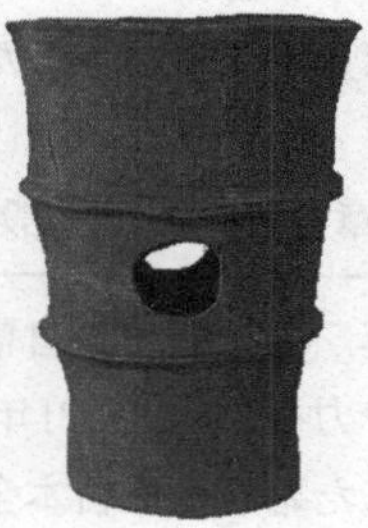

問２　文中の下線部ｂについて，この金印に刻まれている文字を，漢字５文字で答えてください。

問３　文中の空欄（ア）に入る語句を，漢字４文字で答えてください。

問４　文中の下線部ｃについて，大化の改新より前に起こった出来事はどれですか。次のア～エから１つ選び番号で答えてください。

①白村江の戦いが起こる
②壬申の乱が起こる
③十七条憲法が作られる
④平城京に都がうつる

問５　文中の下線部ｄについて，正倉院に保管されている美術工芸品はどれですか。次の①～④から１つ選び番号で答えてください。

①

②

③

④

問６　文中の下線部ｅについて，10世紀ごろから中国の影響が少なくなって日本らしい文化が営まれるようになったのはなぜですか。簡潔に説明してください。

問７　文中の下線部ｆについて，『この世をば　わが世とぞ思ふ　望月の　欠けたることも　なしと思へば』と和歌を詠んだ人はだれですか。

２． 次の文章を読み，続く設問に答えなさい。

> 1192年，源頼朝が鎌倉幕府を開きました。頼朝の死後，彼の妻の一族である（　ア　）氏が幕府内で力を強め，1221年に天皇家と戦いました。この戦いを（　イ　）と言います。（　イ　）に勝利した幕府は，日本全国に影響力を持つようになりました。
>
> しかし，ａ1274年と1281年の２回にわたって，ユーラシア大陸からモンゴルが攻め込んできました。苦戦しながらもなんとか危機を乗り越えた幕府ですが，この後の独裁的な政治によって不満が起こり，1331年に鎌倉幕府は滅亡しました。

問１　文中の空欄（ア）に入る一族はなんですか。

問２　文中の空欄（イ）に入る戦いの名前はなんですか。

問３　文中の下線部ａについて，下の図は1274年にモンゴルが攻め込んできたときの様子が描かれたものです。この時に日本の軍隊はとても苦戦したと言われています。それはなぜですか。図を参考にしながら，モンゴル兵と日本の武士に着目して簡潔に説明してください。

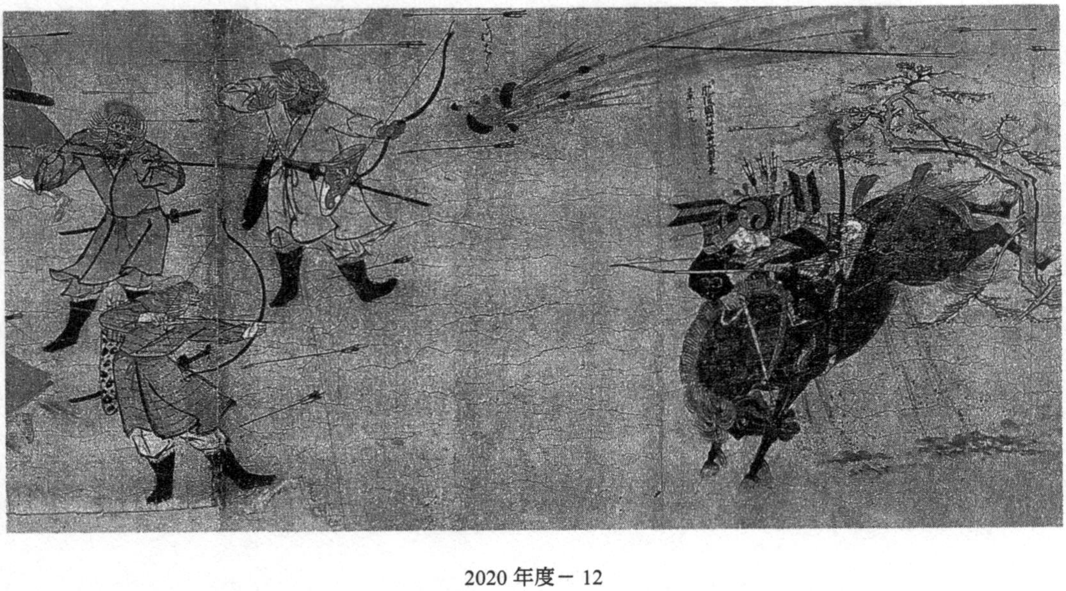

3． 次の文章を読み，続く設問に答えなさい。

1560年に今川義元を倒した織田信長は，a室町幕府を滅ぼしたことでも知られている。織田信長は，自らが支配した城下町に楽市楽座令を出したり，（　ア　）を認めたことで自分の領地を強くしようとした。しかし，1582年にb部下に追い込まれて自害し，天下統一は叶わなかった。

彼の後継者である豊臣秀吉は，信長とは逆に（　ア　）教を禁止した。彼はc全国の土地を調査し，全国の土地を把握しようとした。1590年に天下統一を達成し，その後は２度にわたり朝鮮半島に攻め込んだが，d２度目の攻撃の途中に病死した。

問１　文中の下線部ａについて，室町時代に造られた下の図の建造物はだれが作ったものですか。

問２　文中の空欄（ア）に入る宗教の名前はなんですか。

問３　文中の下線部ｂについて，織田信長を自害に追い詰めた人物はだれですか。

問４　文中の下線部ｃについて，豊臣秀吉が行った土地の調査をなんといいますか。

問５　文中の下線部ｄについて，秀吉の死後に関ケ原の戦いに勝利し，江戸幕府を開いた人はだれですか。

4． 次の文章を読み，続く設問に答えなさい。

明治時代以降，日本は外国との戦争の中で成長してきた。a1894年，近代日本として初めて中国との戦争に勝利し，多額の賠償金を手に入れ，それを使って国内を近代化させることに成功した。

中国との戦争によって領土拡大を進めた日本であったが，これに対して b ロシアなどの３か国が危機を感じて領土の返還を日本に求めた。日本はこれに対して戦う姿勢を見せ，1904年に日露戦争が始まった。その後，1914～1919年の c 第１次世界大戦に参戦して戦勝国となった日本はその後，中国やアメリカ，イギリスと対立し，1945年に d 太平洋戦争に敗れた。

問１　文中の下線部ａについて，右の図はその当時の内閣総理大臣で，初代内閣総理大臣も務めた人物です。この人物を答えてください。

問２　文中の下線部ａについて，この戦争が終わった後に結ばれた講和条約をなんといいますか。

問３　文中の下線部ｂについて，この出来事をなんといいますか。

問４　文中の下線部ｃについて，右の図の男性は，第１次世界大戦によって大金を手にした「成金」と呼ばれる人です。この人は明かりの代わりに紙幣を燃やしています。なぜ紙幣を燃やしているのでしょうか。「貿易」という言葉を使って，次のグラフを参考にしながら説明してください。

日本と外国との輸出入

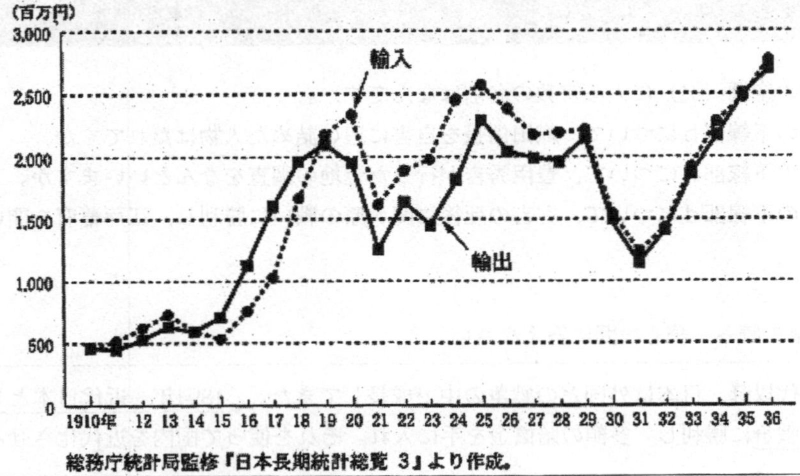

総務庁統計局監修『日本長期統計総覧 3』より作成。

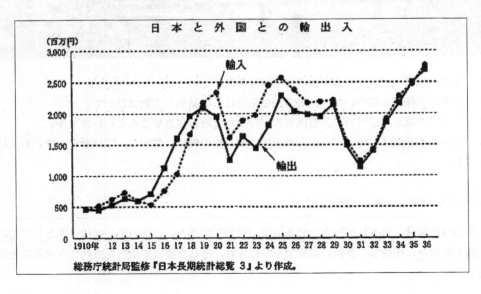

問５　文中の下線部ｄについて，この戦争が終わったのはいつですか。「○月○日」という形で答えてください。

５． 次のＡ～Ｆの文は首都圏（関東地方および周辺県）の都府県について述べたものです。後の各問に答えなさい。

Ａ　太平洋沿いの（　ア　）は，日本で初めてのａ原子力発電所がつくられた地域である。この他にも，太平洋沿いの臨海地域には工業地域が形成されている。また，工業だけでなく農業も盛んにおこなわれており，メロンやれんこんは全国有数の生産量を誇っている。

Ｂ　海抜2000ｍを超える山々に囲まれ，ｂ世界遺産にも登録された富士山には多くの観光客がおとずれている。笛吹川と釜無川の合流する県中央部には（　イ　）盆地が広がり，桃の栽培などが盛んに行われている。

Ｃ　県外への通学・通勤者が全国で最も多くなっている。ベッドタウンとして開発がすすめられてきた地域が多いが，近年は「住みたい街ランキング」上位に県内の市町村が多数ランキングするなど発展がすすんでいる。また，昔ながらの街並みが多く残り，小江戸と称される（　ウ　）市や自然豊かな長瀞などの観光地も有名である。

Ｄ　県の人口が全国第２位で，県内のｃ政令指定都市の数が全国最多となっている。東京湾沿岸の北東部は，京浜工業地帯の中心となっており県庁所在地でもある機械工業が盛んな（　エ　）市や製鉄や石油化学が盛んな（　オ　）市などがある。また，南東部の（　カ　）半島では大都市に近いという利点を生かし大根などの野菜や草花の栽培が行われている。

Ｅ　県内が７つの地域に分けられ，地域ごとに多様な特色をもち商業・工業いずれも全国トップクラスとなるバランスの取れた活動が活発に行われている。

いくつかの地域の商工業の特色をみてみると東京湾沿岸の（　キ　）工業地域では，石油化学や鉄鋼などの企業がｄコンビナートを形成し，あらゆる産業に不可欠な原材料やエネルギーなどを供給している。

県庁所在地周辺地域に位置する（　ク　）新都心は，（　ク　）メッセを中核とするオフィス，商業・アミューズメント施設など複合的な機能を備える国際業務都市となっている。2011年に発生した東日本大震災の際には，ｅ液状化の被害が多く発生した地域でもある。

日本の玄関口である成田国際空港を有するｆ成田市周辺地域には，国際物流・空港関連産業が集まり，首都圏への食料供給基地としての役割も担っている。また，沿岸地域に位置するｇ（　ケ　）漁港は水揚げ量が全国１位（2018）となっている。

Ｆ　浅間山の山麓に位置する嬬恋村では，キャベツなどの（　コ　）栽培が盛んに行われている。また，工芸作物である（　サ　）の生産量も全国１位となっている。

県中央から北西地域にかけては，温泉地に恵まれていて，なかでもｈ草津温泉は，日本有数の温泉観光地となっている。

Ｇ　県と県の境界部に海岸線を有しない内陸県である。県庁所在地であるｉ（　シ　）市は，県のほぼ中央，広大で肥沃な関東平野のほぼ北端に位置し，市域の南北には東北新幹線，東北自動車道が，東西には北関東自動車道などが市内を貫き，北関東の中枢拠点となっている。

問１　Ａ～Ｇの各文に該当する都府県名を答えなさい。

問２　文中の（ア）～（シ）にあてはまる最も適当な語句を次のページから選び番号で答えなさい。

①幕張　②日光　③日立　④銚子　⑤甲府　⑥川越
⑦沼田　⑧京葉　⑨秩父　⑩大宮　⑪浦和　⑫川崎
⑬横須賀　⑭房総　⑮宇都宮　⑯三浦　⑰中京　⑱横浜
⑲水戸　⑳船橋　㉑促成　㉒抑制　㉓東海村　㉔いちご
㉕こんにゃく　㉖かんぴょう

問３　文中下線部ａに関して，「原子力発電所」の説明文として誤っている文を，下の①～④より１つ選び，番号で答えなさい。

①日本では現在，全国で原子力発電所は稼働していない。
②大都市から離れた地域に建設されることが多い。
③使用済みの核燃料や放射性廃棄物の処理問題を抱えている。
④海水を冷却水として利用するため，海岸部に建設されることが多い。

問４　文中下線部ｂに関して，世界遺産に登録されている日本の地域として誤っているものを下の選択肢より１つ選び，番号で答えなさい。

①日光東照宮　②厳島神社　③法隆寺　④成田山新勝寺

問５　文中下線部ｃに関して，Ｄ県の政令指定都市の数を答えなさい。

問６　文中下線部ｄに関して，この地域に該当しない都市名を，下の選択肢より１つ選び，番号で答えなさい。

①館山　②君津　③千葉　④木更津

問７　文中下線部ｅに関して，この地域で液状化の被害が多く発生した理由として誤っている文を，下の①～④より１つ選び，番号で答えなさい。

①埋め立てによってつくられた土地であるため。
②海が近く，地下水位が地表の近くにあるため。
③土地が隆起することによって形成された台地であるため。
④震度５以上を観測する大規模な地震であったため。

問８　文中下線部ｆ～ｉに関して，それぞれの都市の位置を図１から選び，番号で答えなさい。

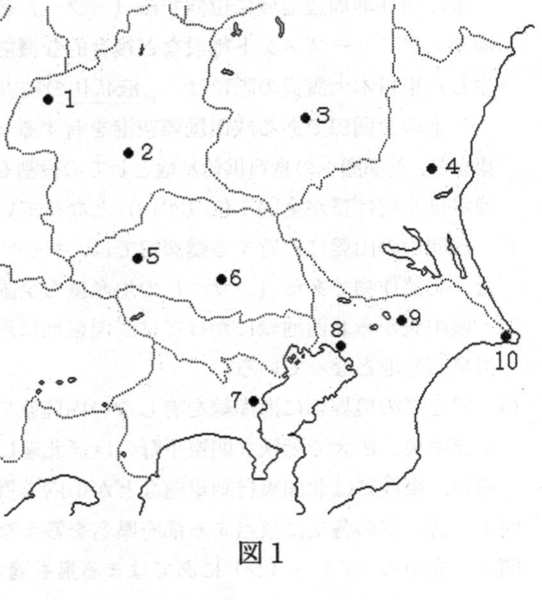

図１

6． 次の文章を読んで，以下の問いに答えなさい。

日本は a 第二次世界大戦以降，日本国憲法を作成し，「b 平和主義」を掲げてきました。しかし，朝鮮戦争をきっかけに警察予備隊が創設され，1954年には c 自衛隊に改組されました。また，1951年に結ばれた日米安全保障条約により，日本にも d 米軍が駐留することになりました。

自衛隊や在日米軍に関しては，これまで「憲法に違反するかどうか」をめぐって，さまざま議論がありました。北朝鮮のミサイル発射問題など，e アジアの安全保障体制が動揺している現在，我々自身も自衛隊や在日米軍の在り方について考えていく必要があるでしょう。

問１　下線部ａに関して，1945年８月６日，日本に原爆が投下されました。投下された都市名を答えなさい。

問２　下線部ｂに関して，日本国憲法は「平和主義」を理念として規定していますが，具体的には何条に規定されていますか。以下より選び，番号で答えなさい。

①７条　　②９条　　③14条　　④25条

問３　下線部ｃに関して，自衛隊の最高指揮権を持つのは誰ですか。以下より選び，番号で答えなさい。

①内閣総理大臣　　②天皇　　③防衛大臣　　④衆議院議長

問４　下線部ｃに関して，2012年から2017年まで自衛隊がＰＫＯとして派遣されていた国はどこですか。以下より選び，番号で答えなさい。

①ソマリア　　②南スーダン　　③パレスチナ　　④カンボジア

問５　下線部ｄに関して，日本の米軍基地の面積のおよそ７割が集中する都県はどこですか。以下より選び，番号で答えなさい。

①青森県　　②東京都　　③山口県　　④沖縄県

問６　下線部ｅに関して，以下のグラフは中国政府が公表している国防費の推移をあらわしています。このグラフから読み取れることとして，あとから正しいものを選びなさい。

図表Ⅰ-2-3-1　中国の公表国防費の推移

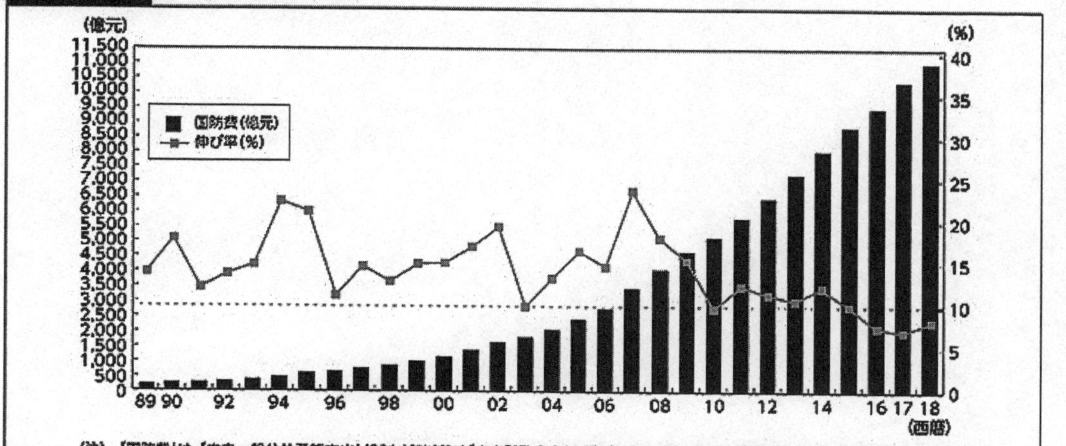

(注)「国防費」は、「中央一般公共予算支出」(2014年以前は「中央財政支出」と呼ばれたもの)における「国防予算」額。「伸び率」は、対前年度当初予算比。ただし、2002年度の国防費については対前年度増加額・伸び率のみが公表されたため、これらを前年度の執行実績からの増加分として予算額を算出。また、16年度、18年度は「中央一般公共予算支出」の一部である「中央本級支出」における国防予算のみが公表されたため、その数値を「国防費」として使用。

（「平成３０年度　防衛白書」より引用）

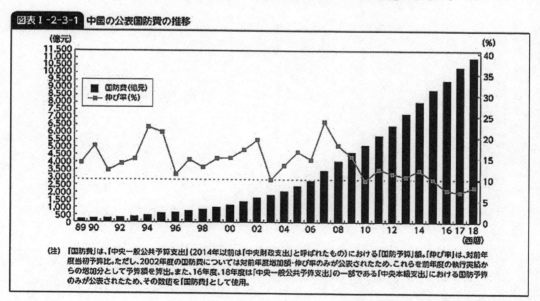

①国防費の伸び率が最も高くなっているのは，2002年度である。

②国防費の伸び率は，2010年度以降，毎年高くなっている。

③国防費が減っている年度はない。

④国防費は2014年度以降，減少している。

問７　千葉県には自衛隊の基地はありますか。「ある」または「ない」で答えなさい。

７． 日本の統治機構に関して，以下の問いに答えなさい。

問１　2019年11月時点での，日本の内閣総理大臣の氏名を答えなさい。

問２　日本でも採用されていますが，「立法・行政・司法」による，三権分立制を提唱した人物は誰ですか。以下より選び，番号で答えなさい。

①モンテスキュー　　②リンカーン　　③ザビエル　　④スミス

問３　内閣が持つ権利として，正しいものを選びなさい。

①最高裁判所長官を任命する権利　　②下級裁判所裁判官を任命する権利

③弾劾裁判を開催する権利　　④法案を拒否する権利

問４　参議院議員の任期は何年ですか。算用数字で答えなさい。

問５　日本では三審制といって，三段階で裁判を求めることができます。なぜそうなっているのか，理由を簡潔に述べなさい。

問６　地方自治体に対し，特定の事業を行うことを目的に国から支給されるお金は何ですか。

問７　地方自治体に関する記述として，正しいものを選びなさい。

①知事は国から派遣された人物が就任する。

②知事の任期は５年であり，罷免されることはない。

③住民は署名を集め，条例の制定を提案することができる。

④地方議会の議員の被選挙権は，30歳以上と規定される。

び、記号で答えなさい。

ア　好恵の評判を貶めることで自分たちの印象を良くするつもりだったのに、クラスメイトみんなを敵に回す羽目になってしまったこと。

イ　好恵に受けた理不尽な仕打ちをクラス中に広めることによって同情してもらうつもりだったのに、仲直りをするよう周りに促《うなが》されたこと。

ウ　クラスメイトを敵に回さないために親しい友達にだけ好恵の悪口を言っていたのに、四年三組全員に自分たちが悪口を言っていたと知られたこと。

エ　好恵の悪口を広めることで好恵の評判を落とすつもりだったのに、好恵への悪評より同情が強かったこと。

問六　空欄 A ・ B ・ C に入る語句として適切なものをそれぞれ選び、記号で答えなさい。

A　ア　つまり　イ　しかし　ウ　やがて　エ　そして

B　ア　だが　イ　たとえば　ウ　しかも　エ　要するに

C　ア　誕生会潰しの　イ　食い意地の張った　ウ　うわさ好きの　エ　おせっかい焼きの

問七　――線部⑦「いつもは元気な女の子の意外な側面」とはどのような点か。適切なものを選び、記号で答えなさい。

ア　意地悪なお母さんに誕生会をしてもらえない点。

イ　悪口を言いふらされて涙を浮かべていた点。

ウ　落ち込んで数日間おとなしくしていた点。

エ　友達に仲間外れにされようとしていた点。

問八　――線部⑧「彼女に欠けていた何か」とは具体的に何であるか。十字以内で答えなさい。

問九　――線部⑨「好恵に最初に手を下す」とは具体的に何をすることか。二十字以内で答えなさい。

忘れなかったのは、ごちそうを食べそこなった上、クラスの男子から〈 C 五人〉のレッテルを貼《は》られた私たちだけである。上《うわ》っ面《つら》の笑顔とは裏腹に、不満を抱えたまま和解を強《し》いられた私たちの、胸の暗部に宿った好恵への憎悪《ぞうお》は日増しに募《つの》っていった。

私たちは好恵を許さなかった。

そこで、ひそやかな復讐《ふくしゅう》を企てた。

「好恵とは一応、仲良くする。でも、もう私たちのお誕生会には呼ばない。お誕生会の恨みはお誕生会で返すべきだし、それに、休日のパーティーまではクラスメイトの目も届かないから」

最初、春子がこの復讐案を口にしたとき、私はなんという妙案《みょうあん》だろうとすっかり感心した。誕生会の恨みを誕生会で返すというのは確かに道理にかなっているし、あれだけのことをされたのだからこれくらいはして当然と、私たちは全員一致で好恵を今後の誕生会から閉め出すことを決議した。

自分のうかつさに思い至ったのは、その決議から数日が過ぎてからのことだ。

私は肝心《かんじん》なことを忘れていた。

グループで二番目に十歳を迎えた好恵に続く、三番目の十歳。

⑨好恵に最初に手を下すイヤな役まわり……。

そう、私は三週間後に誕生日を控えていたのだ。

（森絵都『永遠の出口』より）

［注］1 『りぼん』と『なかよし』……いずれも少女マンガ雑誌。

2 「激昂」……ひどく怒ること。

3 「鬱屈」……気分が晴れず、心がふさぐこと。

4 「琴線」……物事に感動し共鳴する心の奥の心情。

5 「均衡」……いくつかの物事の間に力や重さのつりあいが取れていること。バランス。

問一 ――線部a～cのカタカナを漢字に直して答えなさい。

問二 ――線部①「それ」と――線部②「それ」が指しているものを、文中よりそれぞれ四字以内で抜き出しなさい。

問三 ――線部③「私たちが激昂《げっこう》したのも無理はなかったと思う」とあるが、なぜか。次の中から選び、記号で答えなさい。

ア 好恵が貧しい暮らしを表に出していなかったことで、結果としてだまされた形になったから。

イ 好恵の家が恵まれているほうであるにもかかわらず、お返しもないまま追い返されたから。

ウ 好恵の家が裕福な家庭であることは明らかなのに、そのことを隠そうとしていたから。

エ 好恵が貧しい暮らしをしているのに誕生会を企画したことで、自分たちまで怒られたから。

問四 ――線部④「ジェラシー」、――線部⑤「釘をさした」の意味として適切なものをそれぞれ選び、記号で答えなさい。

④ ア 悲しみ　イ 親しみ　ウ ねたみ　エ 喜び

⑤ ア 強い口調で責めた　イ 横から邪魔《じゃま》をした　ウ おだてて調子づけた　エ あらかじめ念を押した

問五 ――線部⑥「一つの誤算」とはどのようなことか。次の中から選次第に方向を変えて過熱していく好恵の悪口。そこには日頃からの(注3)鬱屈《うっくつ》した④ジェラシーも潜んでいたはずだ。何かと目障《めざわ》りな好恵を攻撃するための糸口を、私たちはずっと探していたのかもしれない。

興奮冷めやらぬままみんなと別れた私は、家に帰るなり、おさまりのつかない怒りを母にぶちまけた。

「ねえねえ、きいてよ。好恵ってばさあ」

一部始終を話すと、母は難しい顔をして、「紀子の気持ちはわかるけど、好恵ちゃんの気持ちも考えてあげなさい。こういう話は人に広めちゃだめよ」と⑤釘《くぎ》をさした。私は「わかった」とうなずき、食器棚《だな》にあった菓子パンを齧《かじ》りながら階上の姉の部屋を訪ねて、再び怒りをぶちまけた。

その頃はまだコードレスフォンなんてものはなく、電話とは一家に一台、家族の集う部屋の電話台に鎮座《ちんざ》しているものだったから、こっそり友達に電話できないのが残念だったものの、姉の部屋で菓子パンを平らげた私は、裏の通りにクラスメイトの女子が住んでいることを思い出した。さほど仲は良くないが、まあこの際、誰でもいい。私はすぐさまその子の家を訪ね、心ゆくまで怒りをぶちまけた。

食べ物の恨みとは本当に恐ろしい。

この日、そうして鬱憤《うっぷん》を晴らしていたのは私だけでなく、グループの五人が全員、友達に電話をしたり会いに行ったりと似たような行為《こうい》に走っていたのだ。

結果、その翌日の四年三組に誕生会の一件を知らない者はいなかった。

ここに⑥一つの誤算がある。

私たちは好恵の悪口を言いふらすことで、彼女の評判を貶《おとし》め、クラスのみんなを味方につけようともくろんでいた。そこには、願わくば好恵を仲間外れにしてやりたいという悪意も潜《ひそ》んでいただろう。 A 、みんなは私たちの話をきいても、当然ながら私たちほど腹を立てず、それどころかむしろ好恵に同情的だったのだ。誕生会でプレゼントをあげたのに何も食べさせてもらえず追い返された五人より、意地悪なお母さんに誕生会をしてもらえない一人のほうが、第三者の目には遥《はる》かに不憫《ふびん》に映るらしい。私たちがどんなに空腹だったかを訴えても、それは彼らの(注4)琴線《きんせん》をくすぐるに及ばず、彼らの哀れみは涙を浮かべて耐《た》えていた好恵一人に集中した。

 B 、相手は普段、人一倍にぎやかな好恵である。⑦いつもは元気な女の子の意外な側面。それは男子たちの好恵熱をより一層煽《あお》りたて、好恵を嫌っていた女子たちの態度をも軟化《なんか》させた。

私たちの撒《ま》き散らした中傷は、帰《き》するところ好恵から何も奪《うば》えず、かえって⑧彼女に欠けていた何かを埋めて終わったのだ。

完敗だった。世論に敗れた私たちは、再び好恵を受け入れるしかなかった。クラス中を敵にまわさないためには、誕生会のことは水に流したふりをして、以前と変わらぬ関係を続けるほかはない。

私たちが涙をのんで何事もなかったようにふるまうと、数日間はおとなしくしていた好恵もそれに倣《なら》い、以前と変わらぬ彼女に戻った。そうして四年三組には以前の(注5)均衡《きんこう》が戻り、「好恵のお母さんは継母《ままはは》」だの「遊び好きで料理もしない鬼母」だのという学級伝説を残して、誕生会の一件は静かに忘れ去られようとしていた。

三　次の文章を読んで、後の問いに答えなさい。

同級生の好恵《よしえ》の誕生会に呼ばれた「私」たち五人。それぞれがプレゼントを用意して、そのお返しや、ふるまわれるであろうごちそうを楽しみにして好恵の家に向かった。しかし、「私」たちが通されたのは何の飾りもない好恵の部屋で、ケーキもごちそうも一向に姿を現さない。しまいには、好恵の母が現れて「うちでは誕生会はやらないことになっているから、帰ってね」と言われてしまう。好恵は泣き顔を隠すように隣の部屋に閉じこもり、「私」たちは好恵の家を後にした。次の文章は、そのあとの場面である。

二十年前の日本は今とはちがい、まだ貧富の差というものが子供の目にも露《あら》わに存在していた。①それはクラスメイトたちの身なりにも、aジュギョウ参観に訪れる母親たちの②それにも、時折ジサンするお弁当の中身にもうかがえた。けれど子供の世界には暗黙《あんもく》のルールがあり、bニクタイ的な欠点がからかいの的になることはあっても、貧しさが槍玉《やりだま》にあがることはなかったように思う。

もしも好恵が貧しさの片鱗《へんりん》でも垣間《かいま》見せていたら、だから私たちは意外と簡単にこの一件を忘れていたかもしれない。

しかし、好恵は誰がどう見ても普通の家の子だった。どちらかといえば恵まれているほうで、『(注1)りぼん』と『なかよし』は毎月二冊とも買っていたし、洋服もお姉さんのおさがりよりは新品が多く、ウエストがゴムになっているスカートが流行ったときもいち早く手に入れて、ゴムを引っ張る男子たちとじゃれあっていた。

その好恵の家に「誕生会だから」と招かれ、私たちはいそいそとプレゼントをcジサンした。しかしそこにはケーキもごちそうもお菓子もなく、もちろんプレゼントのお返しもなかった。終《しま》いには「帰れ」とおばさんに追い払われて帰ってきた。

冗談じゃない！

と、③私たちが(注2)激昂《げっこう》したのも無理はなかったと思う。子供心にもそれはあまりに道理の通らない話だったのだ。

「あたし、こんなクツジョクを受けたのって初めて。ごはんも食べないで帰ってきたなんて、ばっかみたい。お母さんに言ってやろ」

「あのクソババア、帰れ、だってさ。うちは誕生会やらないの、だって。だったら最初から呼ぶなよな」

「あーあ。プレゼント損した」

「お腹すいた」

「行くんじゃなかった」

空腹が私たちの怒りに拍車《はくしゃ》をかけた。中でも一番むきになっていたのは、普段はおとなしい須田さんで、彼女はうっすら涙さえ溜《た》めていた。

「あんなに買うんじゃなかった……。もうお小遣い、すかんぴんなのに」

子供の世界はある面、大人の世界よりも残酷《ざんこく》で手厳《てきび》しい。融通《ゆうずう》がきかないだけに他人を許せず、怒りも喜びもストレートなぶん、その矢はまっすぐ突き刺さる。

「だいたいさ、好恵は去年もプレゼントだけ持ってってたんだよね。今年も初めからそのつもりだったんだよ。あの子、結構、がめついから」

「好恵、男子からもいっぱいプレゼントもらったくせにね。もうすぐあたしの誕生日誕生日って言いまわってさ」

「男子もバカだよね。なんであんな女に引っかかるかな」

投げ返していくかということです。

（　③　）調理師学校でがんばって勉強するのは、素晴らしいコックや板前になって、美味しい料理を作る実力をつけるためです。美味しい料理は人を幸せにします。調理師学校の成績がいくら良くても、料理コンクールで一位になっても、毎日作る料理がまずければどうしようもないでしょう。B「学ぶ」ことは、成績のため、評価のためではないのです。もちろん、いい成績を取ろう、いい評価をもらおうということは、勉強する励《はげ》みになります。ですからテストのためにがんばったり、コンクールにチャレンジするのはとても大切なことです。しかし、そうやって実力をつけ、それを「活《い》かす」ことに意味があるのです。評価のためだけの「死んだ」成績ではなく、「□□□」実力こそが大切なのです。

評価をもらうことがいちばん重要なのではありません。全ての分野で百点をとることが必要なのではなくて、自分が命を懸《か》けてやるぞと決めたこと、それをやりたいと思って続けていく中で、評価をステップにして実力をつけていくことが大切なのです。

評価よりも自分が成長していくこと、評価よりも貢献することが重要なのです。

（上田紀行『かけがえのない人間』より）

問一　――線部a～cのカタカナを漢字に直して答えなさい。

問二　――線部1・2の「それ」は何をさしているか。それぞれ文中の語句を利用して答えなさい。ただし、2に関しては、「知識」・「能力」・「社会」・「生きがい」の四語を入れ、三十五字以内にまとめること。

問三　〰〰線部「踏み台」と同じ意味の語を、これより後の文中より五字以内で抜き出して答えなさい。

問四　空欄（①）～（③）にあてはまる語を、次の中から選び、記号で答えなさい。

ア　しかし
イ　そして
ウ　たとえば
エ　あるいは
オ　つまり

問五　空欄［A］に当てはまる語を、五字以内で抜き出して答えなさい。

問六　――線部B「『学ぶ』ことは、成績のため、評価のためではない」とありますが、では、何のために学ぶのか。文中の語句を利用して説明しなさい。

問七　文中の□□□にあてはまる三字の言葉を、前後の文脈から考えて答えなさい。

問八　次の中から、筆者の意見に最も近いものを選び、記号で答えなさい。

ア　実力をつけることこそが最終目標なので、評価などにこだわる必要はまったくない。
イ　評価を最終目標にするのはいいことだが、それだけでは人生の価値はわからない。
ウ　評価にこだわりすぎず、それを踏み台にして実力をつけることが大切である。
エ　社会に貢献することが何よりも大切なので、評価されることは無意味である。

【国　語】（五〇分）〈満点：一〇〇点〉

一　次の各問いに答えなさい。

問一　次の慣用句の□の中に入る、生き物の名前を答えなさい。（答えは、漢字でなくてもよい）

1　彼とは仲が良く□が合う。

2　うちのお母さんは、よく年令の□を読む。

3　ぼくのおこづかいは、□の涙《なみだ》ほどしかない。

4　仕事がいそがしくて、□の手も借《か》りたい。

5　うちの兄の入浴は、□の行水《ぎょうずい》だ。

問二　例にならって、漢字のしりとりをしなさい。

〔例〕人➡□➡糸　□に「生」を入れると、人生《じんせい》・生糸《きいと》となり、「生」が違う読み方になるようにします。

1　人➡□➡夫

2　試➡□➡点

3　順➡□➡第

4　音➡□➡角

5　図➡□➡相

二　次の文章を読んで、後の問いに答えなさい。

私たちは小さいころからあらゆる[a]キカイに評価されてきました。ですから、いい評価をされると、それだけで最終目標を達成したと思いがちです。しかし、[1]それは間違いなのです。

例えば学校での評価、テストの点数があります。算数で百点をとった、すごい！　百点だ！　バンザイ、そう言ってあたかもそれが最終目標のように思ってしまいがちではないでしょうか。

（　①　）点数を取ることが勉強することの目標なのでしょうか？　算数で百点をとったから目標達成、ということでしょうか？　それはまったく違います。点数を取った後が問題なのです。その算数の知識と能力を使ってどのような職業に就き、そこでどのようにその[b]サイノウを活かし、素晴らしい製品を作ったり、新しいシステムを作ったりして、社会に貢献《こうけん》していくか、自分も生きがいを発見し、社会をもっと幸せにしていくか、[c]ホンライは[2]それこそが最終目標なのです。点数や評価は中間地点にすぎません。

テストや評価を踏み台にして実力をつけて、実力がついたらそれをなんらかの形で使っていこう、ということなのです。点数ではなくて実力が問題です。その実力も「評価」されるためのものではなく、実際に使っていくための実力です。

ところが私たちは、勉強するのは点数をとるためで、算数のテストが終われば「もう算数のことは忘れよう」ということになりがちです。次の試験は国語だから、算数で覚えたことはもうどうでもよくて、今度は国語の勉強をしようかと考える。あるいは、勉強するのは入試のためだから、入試に通ってしまえばあとはどうでもいいと思ってしまう。（　②　）評価が最後にある、［　A　］であると思ってしまっているのです。

問題は、あなたがどう評価されるかではないのです。その力をあなたが社会の中でどのように使っていくかが大切なのです。学校で評価されたことよりも、それからあとで、社会的人間として社会のほうにいかに

2020年度

千葉日本大学第一中学校入試問題（第１期）

【算　数】（50分）　　＜満点：100点＞

【注意】　１．１，２の問題は答えのみ解答欄に記入し，３，４の問題は解答欄に途中の計算や説明も書いて下さい。

２．円周率を使用する場合は3.14とします。

３．定規，コンパスは使用してもかまいません。

４．計算器，分度器は使用してはいけません。

1　次の計算をしなさい。［※答えのみでよい］

⑴　$30\times2\div5\times\{(4-1)\times5+2\}$

⑵　$57\div2\frac{5}{7}-4\frac{2}{5}\times\left(\frac{3}{11}+\frac{1}{2}\right)$

⑶　$200\times505+170\times2020-140\times1010$

⑷　$\frac{1}{1\times2}+\frac{1}{2\times3}+\frac{1}{3\times4}+\frac{1}{4\times5}+\frac{1}{5\times6}$

2　次の □ にあてはまる数を答えなさい。［※答えのみでよい］

⑴　$\square\times12.3-37.4\div2\frac{1}{5}=1.45$

⑵　チョコレートケーキ２個とシュークリーム１個の代金は420円で，チョコレートケーキ５個とシュークリーム４個の代金は1230円です。シュークリーム１個の値段は □ 円です。

⑶　$3\frac{3}{4}$，$2\frac{1}{2}$，$3\frac{1}{3}$ にそれぞれ同じ分数をかけて，０より大きい整数にします。そのような分数の中で，最も小さいものは □ です。

⑷　２％の濃度の食塩水250ｇに，ある濃度の食塩水150ｇを加えたら，８％の食塩水ができました。加えた食塩水の濃度は □ ％です。

⑸　ある仕事をＡくんとＢくん２人で行うと，15日かかります。Ａくんが１人で行うと24日かかるので，Ｂくん１人で行うと □ 日かかります。

⑹　静水時での速さが時速20kmの船があります。この船がある川を上るのに30分，下るのに20分かかりました。この川の流れの速さは時速 □ kmです。

⑺　10人の生徒がいます。

この中から，２人の委員を選ぶ方法は ① 通りです。

また，１人の委員長と２人の委員を選ぶ方法は ② 通りです。

⑻　次の図のように，直径が10㎝，太さ１㎝のリングを間かくが２㎝になるように18個つなげました。全体の横の長さは □ ㎝です。

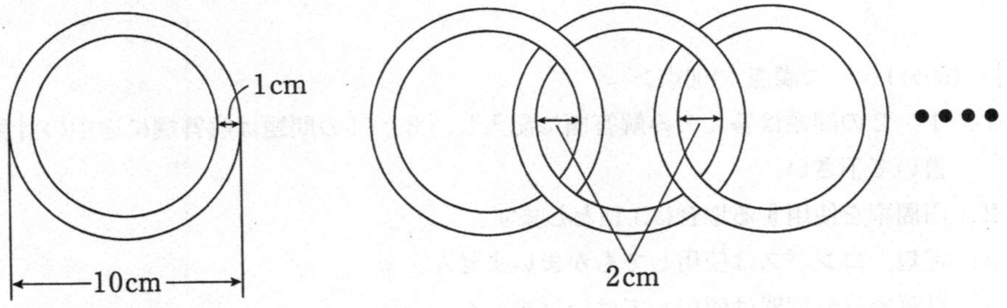

⑼　平行四辺形ABCDにおいて，Ｅは辺BCの中点，Ｆは辺AEとBDの交点です。平行四辺形ABCDの面積が24㎠であるとき，三角形BEFの面積は □ ㎠です。

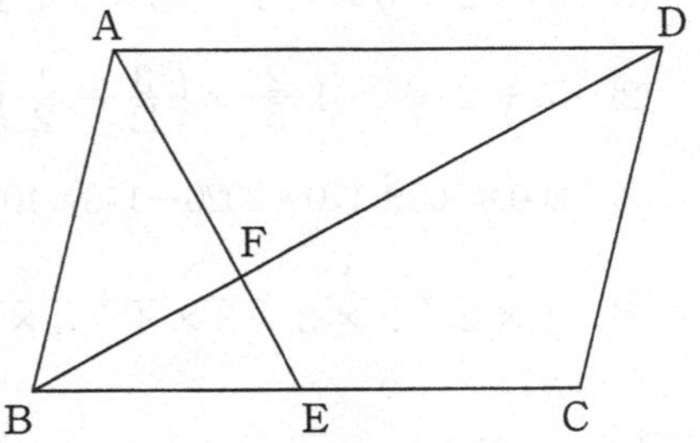

⑽　長方形を図のように折り返しました。このとき，角 x の大きさは ① 度，角 y の大きさは ② 度です。

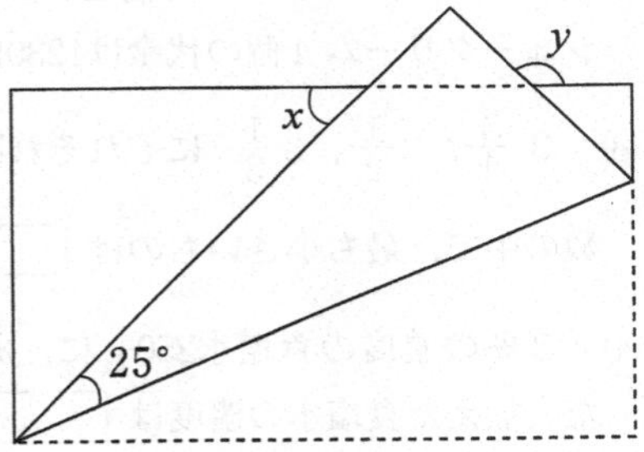

3　図１のような水そうにＡ，Ｂ２つのじゃ口から水を入れます。最初にＡから水を入れて，40分後にさらにＢを開いて水を入れると，60分で満水になりました。このときの時間と水面の高さを表わしたグラフが図２です。以下の問いに答えなさい。[※式や考え方を書きなさい]

（図１，図２は次のページにあります。）

⑴　Ａ，Ｂのじゃ口からはそれぞれ毎分何Ｌずつ水が入るかを求めなさい。

⑵　最初から，Ａ，Ｂの両方のじゃ口を開いて水を入れると何分で満水になるかを求めなさい。

⑶　はじめにＡだけを開いて水を入れ，途中からＢも開いて水を入れてちょうど40分で満水にしたいと思います。Ａを開いてから何分何秒後にＢを開けばよいかを求めなさい。

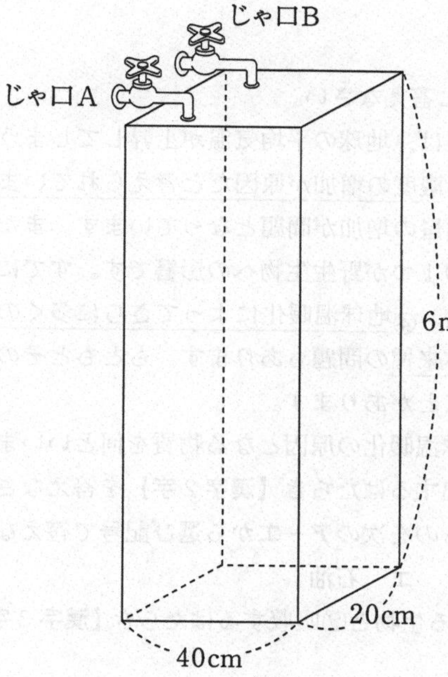

図1

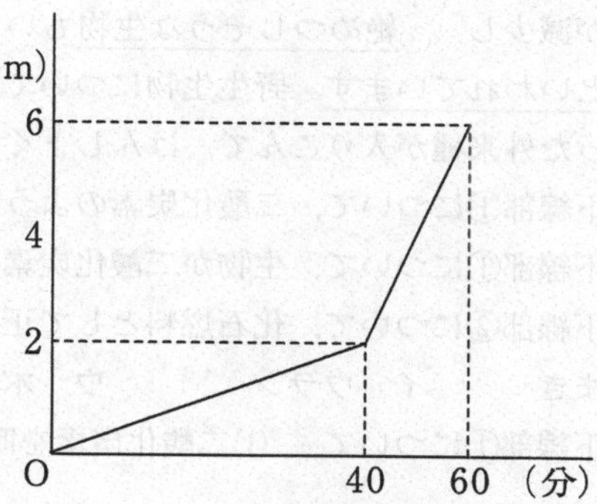

図2

4 次のように，ある規則にしたがって分数が並んでいます。[※式や考え方を書きなさい]

$$\frac{1}{2},\ \frac{2}{3},\ \frac{1}{3},\ \frac{3}{4},\ \frac{2}{4},\ \frac{1}{4},\ \frac{4}{5},\ \frac{3}{5},\ \frac{2}{5},\ \frac{1}{5},\ \cdots\cdots\cdots$$

⑴ $\frac{1}{9}$は何番目の分数ですか。

⑵ 79番目の分数はいくつですか。

⑶ 先頭から79番目までの分数の和はいくつですか。

【理　科】（40分）　　＜満点：80点＞

1　かん境問題についての次の文を読み以下の問いに答えなさい。

地球では多くのかん境問題が生じています。例えば，地球の平均気温が上昇してしまう地球温暖化があります。①地球温暖化は大気中の二酸化炭素濃度の増加が原因だと考えられています。近年では，②化石燃料の燃焼による二酸化炭素のはい出量の増加が問題となっています。また，地球温暖化によって引き起こされる問題もあります。その１つが野生生物への影響です。すでに多くの野生生物が減少し，③絶めつしそうな生物もいますが，④地球温暖化によってさらに多くの生物が減少するといわれています。野生生物については⑤外来種の問題もあります。もともとその地域にはいなかった外来種が入りこんで，はんしょくすることがあります。

問１　下線部①について，二酸化炭素のような地球温暖化の原因となる物質を何といいますか。

問２　下線部①について，生物が二酸化炭素を放出するはたらき**【漢字２字】**を答えなさい。

問３　下線部②について，化石燃料として正しいものを次の**ア～エ**から選び記号で答えなさい。

ア　まき　　**イ**　ウラン　　**ウ**　木炭　　**エ**　石油

問４　下線部①について，⑴二酸化炭素を吸収する生物と⑵吸収するはたらき**【漢字３字】**を答えなさい。

問５　下線部①について，二酸化炭素濃度の増加は二酸化炭素のはい出量の増加が主な原因と考えられていますが，二酸化炭素の吸収量が減少していることも原因です。二酸化炭素の吸収量が減少している理由を簡単に説明しなさい。

問６　下線部③を，絶めつ危ぐ種といいます。日本の絶めつ危ぐ種として正しい生物を次のア～エから選び記号で答えなさい。

ア　ラッコ　　**イ**　アジアゾウ　　**ウ**　タヌキ　　**エ**　ススキ

問７　下線部④について，地球温暖化によって生物が減少するしくみを説明した文としてまちがっているものを次の**ア～エ**から選び記号で答えなさい。

ア　生物ごとに生存に適した気温があり，温暖化により生存できなくなる。

イ　温暖化により干ばつが起こり，ほとんどの生物が生存できなくなる。

ウ　暴風雨や洪水が起こりやすくなり，多くの生物が死めつする。

エ　温暖化により海水面が下降し，多くの魚類が死めつする。

問８　下線部⑤について，外来種についての説明として正しい文を次の**ア～エ**から選び記号で答えなさい。

ア　外来種との競争によって日本の在来種が減少することがある。

イ　海外の生物が日本に来るのみで，日本の在来種が海外ではんしょくすることはない。

ウ　外来種がはんしょくしても在来種との雑種が生まれることはない。

エ　海外から入ってきたすべての生物がはんしょくする。

問９　下線部⑤について，日本の在来種を次の**ア～エ**から選び記号で答えなさい。

ア　オオサンショウウオ

イ　ウシガエル

ウ　アライグマ

エ　セアカゴケグモ

2　次の【Ａ】,【Ｂ】の文を読み以下の問いに答えなさい。

【Ａ】　ある金属Ｍのつぶ５ｇにうすい水酸化ナトリウム水よう液を十分加えて，水素を発生させる実験をしました。この実験で発生した水素の体積は20℃で６Ｌでした。ただし，気体の体積はすべて20℃のときとします。また，文中のＬはリットルを表しています。

問１　金属Ｍはどの金属と考えられますか。最も適当なものを次のア～エから選び記号で答えなさい。

ア　鉄　　イ　銅　　ウ　アルミニウム　　エ　銀

問２　発生した水素を集めるためには，どのような装置が必要ですか。下の図中の［　　　　］に適当な図を解答欄《らん》に書きなさい。また，その装置を使って気体を集める方法の名前を答えなさい。

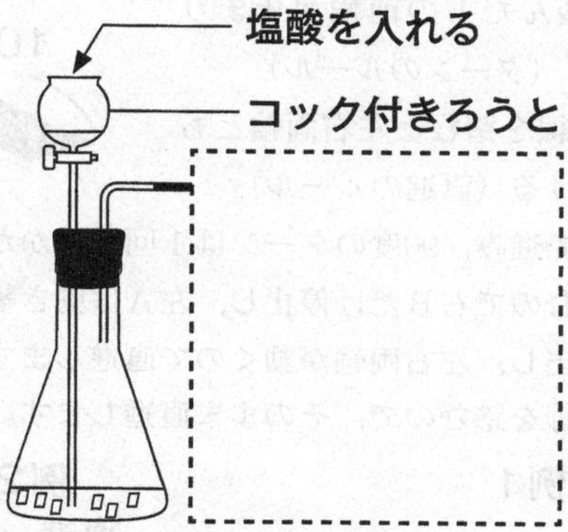

図

問３　金属Ｍのつぶ10ｇに，うすい水酸化ナトリウム水溶液を十分に加えると何Ｌの水素が発生しますか。

問４　問３でつくられた水素を完全に燃やしました。水素が完全に燃えると，何という物質ができますか。

問５　水素を完全に燃やすには，水素の体積の半分の酸素を必要とします。また，空気中には，酸素が20％ふくまれているものとします。問３でつくられた水素を完全に燃やすために必要な空気は何Ｌですか。

【Ｂ】　じゅんぺい君は，料理に使うために，３種類の水よう液をつくり，形も大きさも同じ３つのびんの中に分けて入れました。

水よう液１：甘いタピオカミルクティーをつくるための砂糖《とう》水

水よう液２：お漬《つけ》物をつくるための食塩水

水よう液３：レンコンのあく抜きをするために使う，お酢を水でうすめた水よう液

これら３つの水よう液は，どれも無色透《とう》明な同じ体積の水よう液であったため，見た目だけでは見分けることができません。さらに，これらのびんを台所に置いておいたところ，形も大きさも同じびんの中に，同じ体積の料理酒が入っているびんと混じってしまいました。

水よう液４：料理酒

４つのびんにはラベルをつけていなかったので，どのびんに何の水よう液が入っているのかわからなくなってしまいました。困ったじゅんぺい君は，あなたに相談しました。

問６　この４つの水よう液を台所で区別する方法を，どの水よう液から区別できるか，その手順がわかるように，じゅんぺい君に教えてあげてください。ただし，あなたもじゅんぺい君も小学校６年生ですので，飲まずに区別する方法を考えてください。（お酒を飲んでしまったら，大変です。）

３　右図は４輪自動車のおもちゃです。前輪の左右にはセンサーがついており，以下のようなルールで進みます。黒線の長さは１本10cmで，それをつなぎ合わせてコースを作っています。以下の問いに答えなさい。

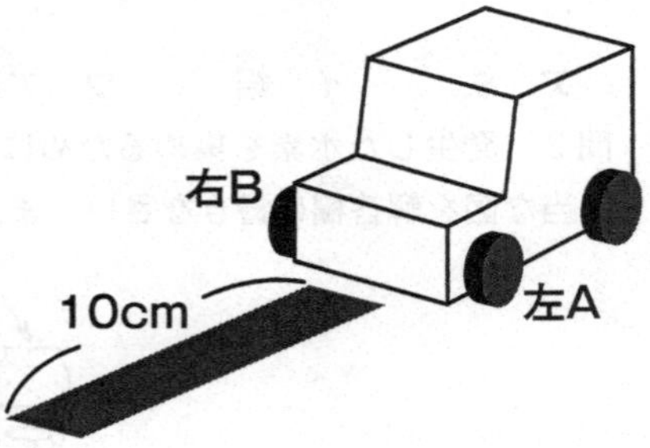

ルール１：黒線をふむと踏んだ方の前輪が止まり90°向きを変える（ターンのルール）

ルール２：両輪が同時に黒線を踏むと左右両輪とも止まらず動き続ける（直進のルール）

ルール３：直進は毎秒５cmで進み，90度のターンは１回３秒かかるものとする（速さのルール）

例１　右Ｂの車輪が黒線を踏むので右Ｂだけ停止し，左Ａは動き続けるので車は右に曲がり，曲がると同時に右Ｂも動き出し，左右両輪が動くので直進します。

例２　右Ａ，左Ｂが同時に黒線を踏むので，そのまま直進します。

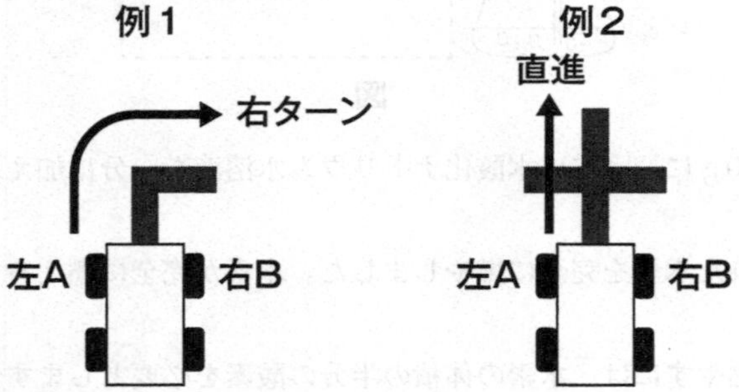

問１　図１のようなコースをつくり，おもちゃがＰからスタートしてＱまで到着するまで何秒かかりますか。

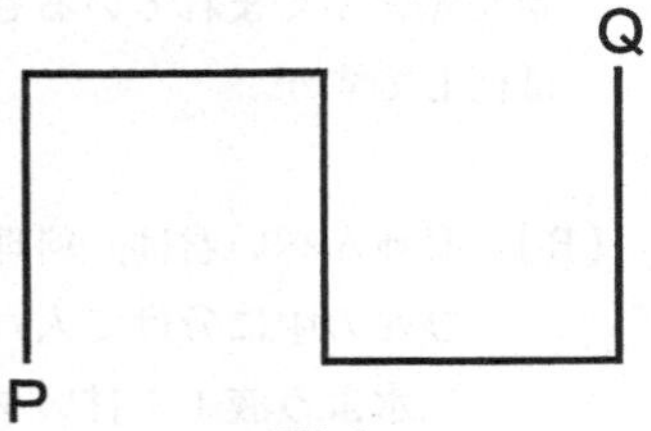

図１

問２　図２でＰからＱの向きにスタートしてＰ点に３回目に到達するのに何秒かかりますか。（スタート時点は０回とする。）

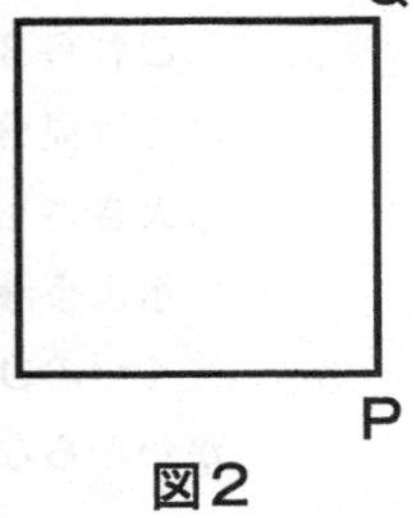

図２

問３　図３でＢからＣの向きにスタートした。ゴールはＡ～Ｊのどこになりますか。

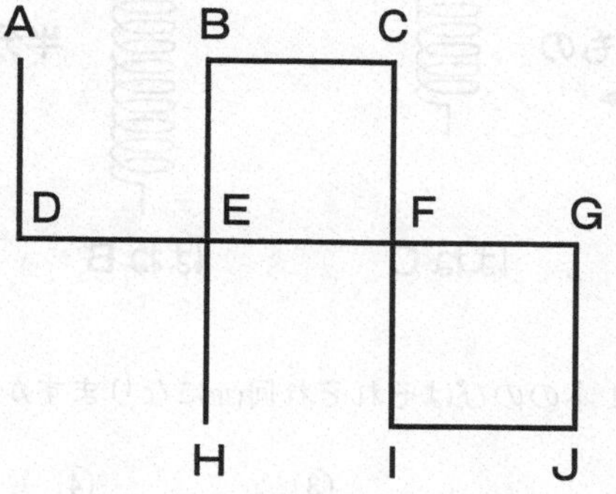

図３

問４　図３でＡからスタートした場合，同じ点を２回通過する地点はどこですか。すべて答えよ。

問５　図４でＡからスタートしてＢまで到着するまで何秒かかりますか。

問６　図４でＡからＣの向きにスタートさせてできるだけ時間をかけずにＢに到達させるために，黒線を２本加えてコースをつくりなさい。

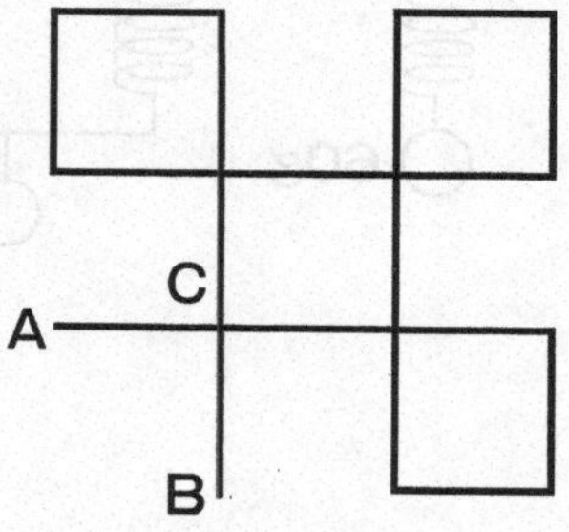

図４

[4]　２本のばねのＡ，Ｂを用いてばねの強さについて調べました。同じ力で引いたときあまり伸びないばねが強いばねで，よく伸びるばねは弱いばねです。手で引く代わりにおもりの重さを変えて実験した結果が下の表です。また，ばねＡとばねＢを半分に切ったばねをそれぞればねＣ，ばねＤとします。なお，ばねの重さは考えないものとします。以下の問いに答えなさい。

ばねののびと重さの関係

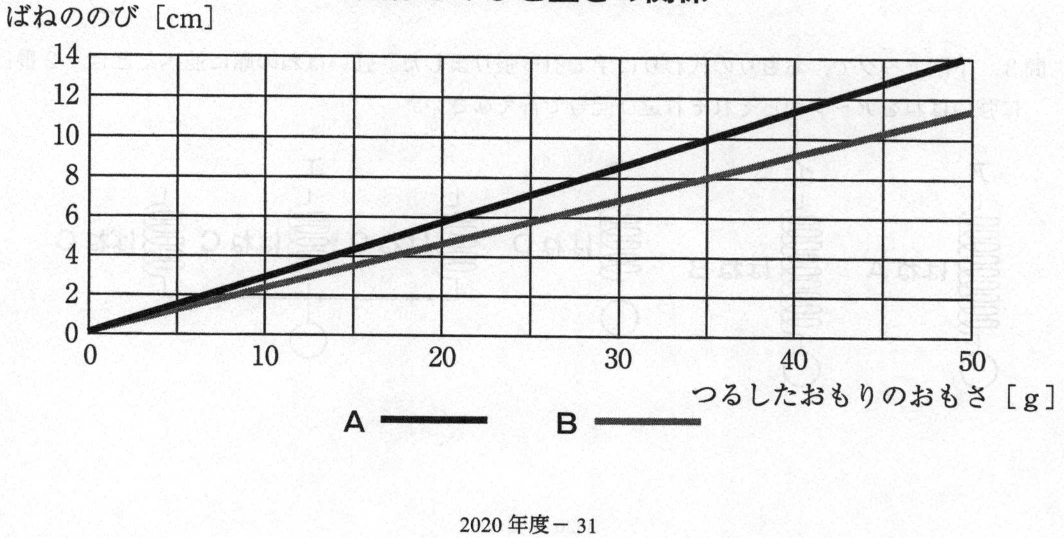

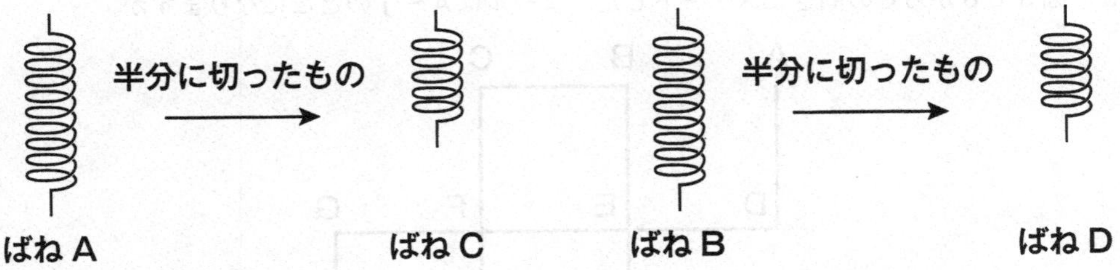

問１　下図①～⑤で，ばね１本ののびはそれぞれ何㎝になりますか。

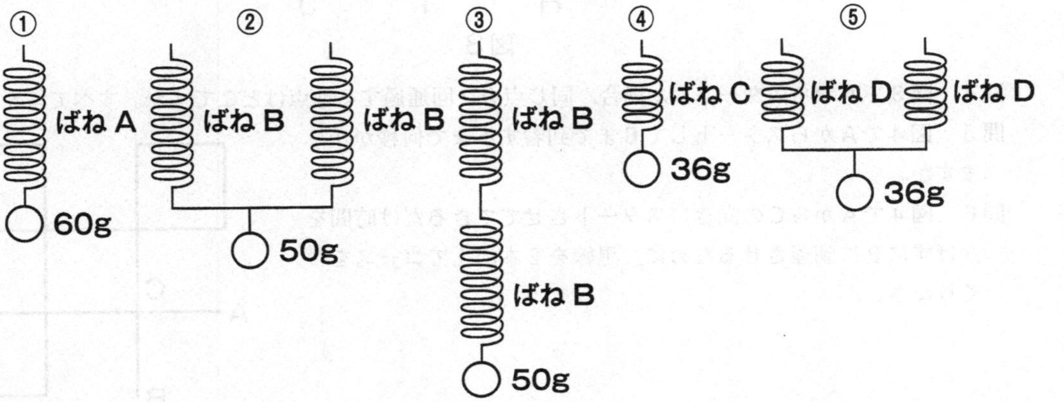

問２　右図でばね２本ののびの合計が９㎝でした。おもりのおもさと，ばねCののびを答えなさい。

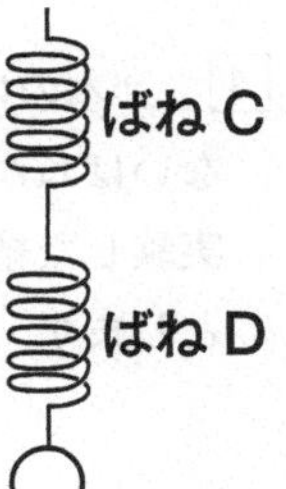

問３　下図ア～クで，おもりの代わりに手で引っ張りました。強いばねの順に並べたとき，２番目に強いばねをア～クからそれぞれ選び記号で答えなさい。

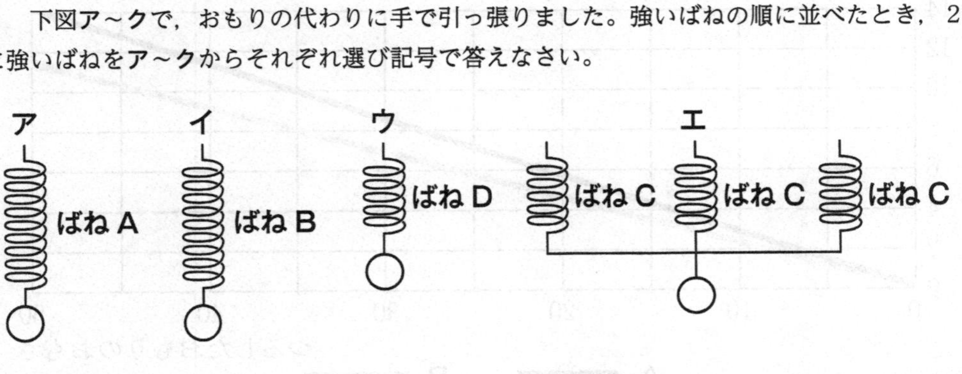

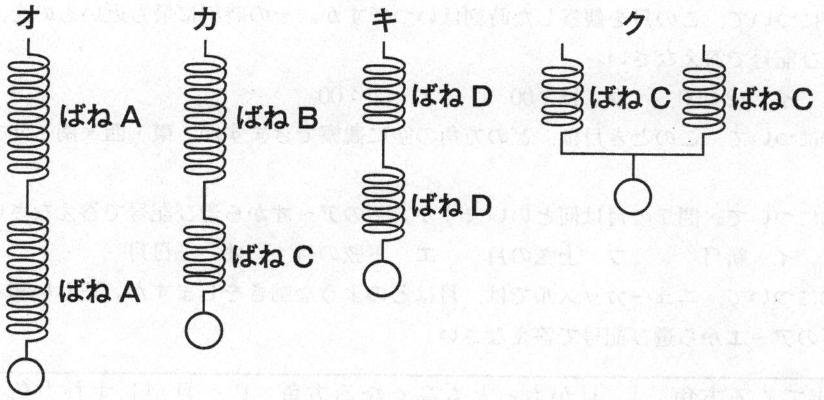

5　2019年は，人類が月面に初めて着陸して50周年を迎える記念すべき年でした。千葉日大一中に通うたかひろ君は，「月」をテーマにレポートをまとめました。下の文は，たかひろ君の作ったレポートの一部です。以下の問いに答えなさい。

＜月について＞

１．地球からの距離　約38万km

２．月の大きさ　直径約3476km【地球の約（　ア　）分の１】

３．月の質量　地球の81分の１

４．月の環境　月の重力は地球の約（　イ　）分の１。ほとんど（　ウ　）がないため，昼夜の温度差が非常に大きい。月の赤道付近の観測では，昼は110℃，夜はマイナス170℃と，その差は200℃以上もある。

５．月の①公転周期・自転周期　約28日

６．1969年７月20日に②アメリカのアポロ11号の乗組員だった，アームストロング船長が人類初の月面着陸に成功した。

７．月の満ち欠けを観測したところ，③南の空で上弦の月が観察できた。④１週間後，同じ場所で同じ時刻に月を観察したところ，月は南の空には見えなかった。また，⑤月の見え方も変わっていた。

８．この夏，学校のホームステイで訪れた，⑥南半球にあるオーストラリアのニューカッスルという街では，１日の月の動きが船橋市とは違っていた。また，⑦月の見え方も，船橋市で観察した月と違っていた。

問１　（ア）に当てはまる数字はいくつですか。１～９で答えなさい。

問２　（イ）に当てはまる数字はいくつですか。１～９で答えなさい。

問３　（ウ）に当てはまる言葉は何ですか。

問４　下線部①について，月のように，地球（惑《わく》星）のまわりを公転している天体を何といいますか。

問５　下線部②について，人類初の月への有人宇宙飛行計画はアポロ計画といいます。この計画を成功させたアメリカ航空宇宙局の通称を何といいますか。**アルファベット４文字**で答えなさい。

問６　下線部③について，この月を観察した時刻はいつですか。その時刻に最も近いものを，下の**ア**～**エ**から選び記号で答えなさい。

ア　6：00　**イ**　12：00　**ウ**　18：00　**エ**　24：00

問７　下線部④について，このとき月は，どの方角の空に観察できますか。**東**・**西**・**南**・**北**で答えなさい。

問８　下線部⑤について，問７の月は何といいますか。下の**ア**～**オ**から選び記号で答えなさい。

ア　満月　**イ**　新月　**ウ**　上弦の月　**エ**　下弦の月　**オ**　三日月

問９　下線部⑥について，ニューカッスルでは，月はどのような動きをしますか。正しい組み合わせのものを下の**ア**～**エ**から選び記号で答えなさい。

	月が出てくる方角	月がもっとも高くなる方角	月がしずむ方角
ア	東	南	西
イ	東	北	西
ウ	西	南	東
エ	西	北	東

問10　下線部⑦について，船橋市で**図**のように見えた月は，同じ時刻で，ニューカッスルではどのような形をしていますか。解答欄に書きなさい。ただし，船橋市とニューカッスルで時差はないものとします。

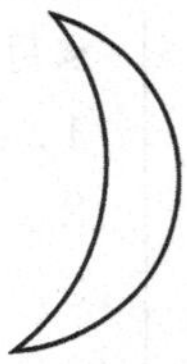

図

【社　会】（40分）　<満点：80点>

1． 次のまさこさん・のぶおくんの会話文を読んで，続く設問に答えなさい。

まさこ「今年の夏は本当に暑かったわね。」

のぶお「氷河期だった約１万年前の地球と比べたら，ずいぶん暑くなったのだろうね。」

まさこ「そのころの日本は，ユーラシア大陸と陸続きだったから様々な動物がやってきて，あ)人類はその動物を狩りして生活していたのよね。」

のぶお「よく知っているね。地球は約１万年前に氷河期が終わると，温暖な気候になっていって，い)世界各地で文明が栄えていったのだったね。日本が本格的に文明を作っていったのは弥生時代になってからかな？」

まさこ「文明と言えるほどのものじゃないかもしれないけどね。大陸からう)稲作が伝わると，それまではばらばらに移動しながら生活していた人々が定住生活をするようになったじゃない。」

のぶお「そうだったそうだった。定住生活といっても，当時の庶民は竪穴住居に住んでいたね。今でいうグランピングのような感じかな。」

まさこ「当時の庶民がそんな豪華な家に住めるわけがないでしょ。定住生活の結果，え)各地で政治的なまとまりをもったクニが生まれて，クニ同士で戦いがあったらしいわね。」

のぶお「３世紀後半ごろになると，近畿から瀬戸内海沿岸地域にお)古墳が作られるようになっていったみたいだね。」

まさこ「その古墳も，飛鳥時代以降は作られなくなっていくのよ。それはか)仏教の影響が大きいと言われているわ。」

のぶお「鎌倉時代には，それまでの仏教だけでなく，新しい仏教が日本全土に広がったんだっけ。」

まさこ「鎌倉時代は，仏教だけでなく政治的にも大きな変化があった時代ね。一番の特徴は，それまで政治的に力を持っていたのは天皇や貴族だったのに対し，き)鎌倉時代からは武士が主役になっていくわ。」

のぶお「く)1333年に鎌倉幕府は滅んだけど，そのあとも室町幕府ができて武士が政治の頂点に立っていたよね。」

まさこ「室町時代は，鎌倉時代と変わらず武士が政治の頂点に立っていたけど，文化史的には鎌倉時代とは違った様子が見られたね。京都に行ったときに見たけ)庭園は本当にキレイだったわ。」

のぶお「繁栄した文化も，将軍の跡継ぎ問題をめぐってこ)1467年に起こった戦いで京都が戦場になったことで，荒れてしまったよね。」

まさこ「そのあとにいわゆる戦国時代に突入して，平和で安定した時代が訪れたのは江戸時代になってからよね。さ)江戸幕府３代将軍の時には，大きな反乱もあったけど幕府の基本体制が出来上がっていったものね。」

のぶお「江戸時代というと，当時あまり正確な地図がなかった中で，し)とても正確な地図を完成させた人がいたね。確か今の千葉県出身だったような気がするな。」

まさこ「今よりも昔だからといって文化が劣っていたわけではないよね。す)実は江戸時代の人々の文字が読める人数の割合は，世界の中心であったヨーロッパの国々より高かったらしいの。」

のぶお　「すごいじゃないか。ぼくもしっかり勉強して正しく漢字を覚えなきゃいけないな。」
まさこ　「千葉日本大学第一中学校でしっかり勉強しましょう。」

［下線部あ）について］

問１　狩りなどに使われていた，石を打ち欠いてできる石器をなんといいますか。

［下線部い）について］

問２　下の地図中のＡ～Ｃの地域で栄えた文明に関係するものは，①～③のうちどれですか。それぞれ選び，記号で答えてください。

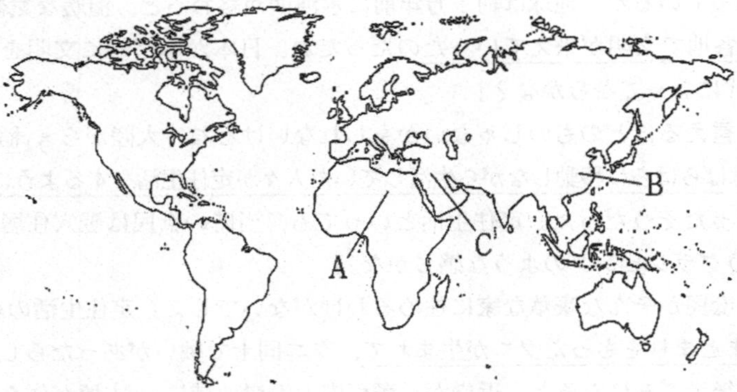

①

②

③

［下線部う）について］

問３　収穫した稲を保管した倉庫を何といいますか。

問４　弥生時代についての文章として正しいものはどれですか。次の①～④から１つ選び記号で答えてください。

①金属器も日本に伝わり，銅鐸が作られた
②縄の目が施されている弥生土器が作られた
③稲作は北海道や沖縄も含め日本全国で行われた
④稲作が伝わったため，動物の狩りは全く行われなくなった

［下線部え）について］

問５　各地に発生したクニの中で，中国の歴史書『魏志』倭人伝に記されている，卑弥呼が女王を務めたことで知られるクニをなんといいますか。

［下線部お）について］

問６　2019年７月６日にユネスコによって世界遺産に登録された大阪府にある古市・百舌鳥古墳

群のうち，仁徳天皇陵に当たる古墳をなんといいますか。

［下線部か）について］

問７　奈良時代の仏教について述べた文章として正しいものはどれですか。次の①～④から１つ選び，記号で答えてください。

①聖武天皇は薬師寺を作り，そこに大仏を納めた

②聖徳太子は法隆寺を建て，のちに阿弥陀如来像が作られた

③鑑真が日本にやってきて，唐招提寺を建てた

④藤原道長は，極楽浄土を表現した平等院鳳凰堂を建てた

［下線部き）について］

問８　鎌倉時代の将軍と御家人の結びつきについて，簡潔に説明してください。

問９　1232年に土地争いなどについての裁判の基準として定められた，武家として初の成文法を何といいますか。

［下線部く）について］

問10　1333年の鎌倉幕府滅亡に一番近い時期に起こった出来事として正しいものはどれですか。次の①～④から１つ選び記号で答えてください。

①承久の乱

②蒙古襲来

③平治の乱

④山崎の戦い

問11　鎌倉幕府を滅ぼし，建武の親政を行って天皇中心の政治の復活を狙った天皇はだれですか。

［下線部け）について］

問12　竜安寺などに取り入れられた，以下のような庭園を何といいますか。

［下線部こ）について］

問13　この戦いを何といいますか。

［下線部さ）について］

問14　九州地方で起こったキリスト教徒によるこの戦乱をなんといいますか。

［下線部し）について］

問15　右の図のように，この人物は平成７年に郵便切手に描かれた人物です。この人物はだれですか。

［下線部す）について］

問16　江戸時代に文字を読むことのできる人数の割合は，幕末のころで約80%といわれ，当時のヨーロッパの国々よりも高かったと考えられています。それはなぜですか。下の図を参考に答えてください。

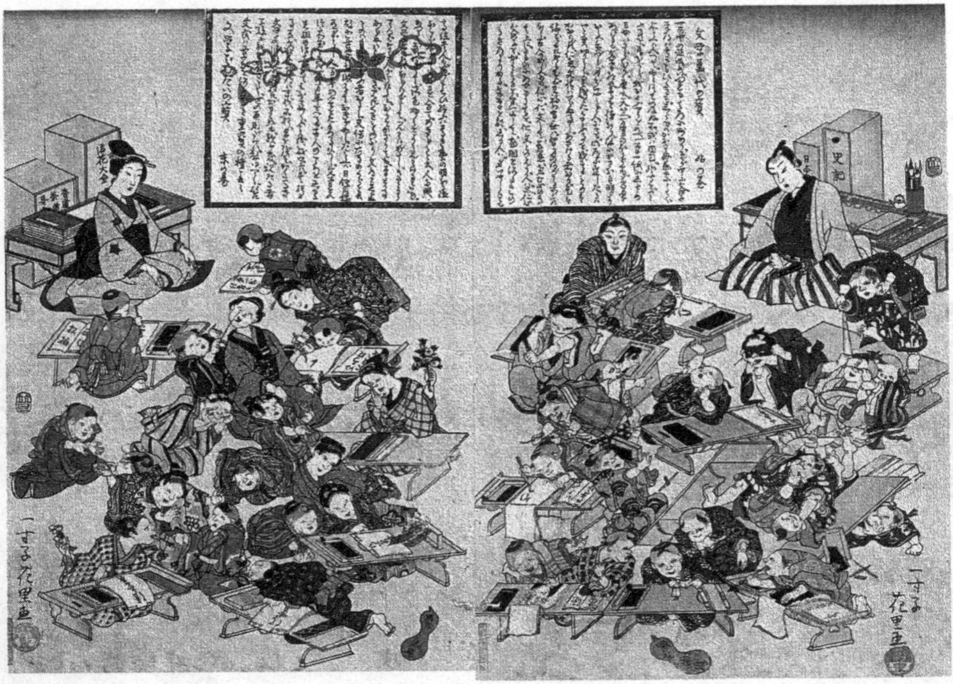

２． 本校の所在地は千葉県船橋市です。このことの関連する次の各問に答えなさい。

問１　次のページの図中，本校が立地するのは１～４のうち，どの地点ですか。

問２　成田国際空港の位置を次のページの図中１～４の中から選びなさい。

問３　千葉県北部に展開する台地の名称を漢字２文字で答えなさい。

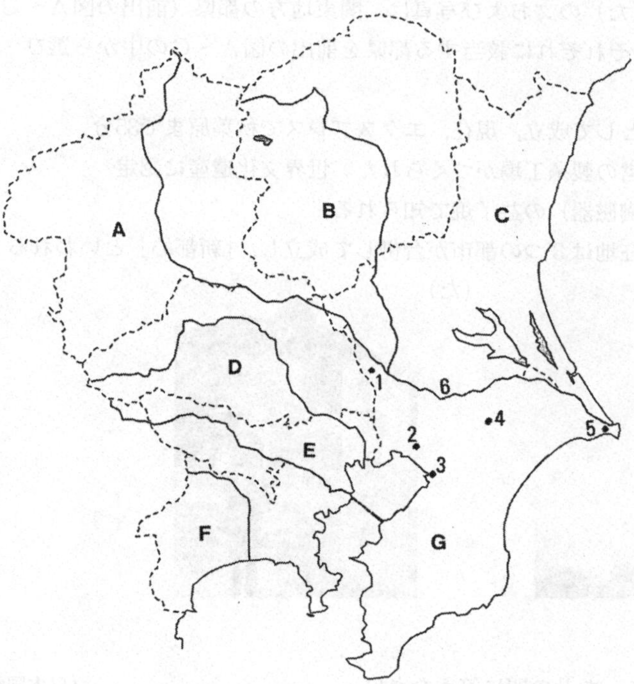

問４　「東京湾アクアライン」とは神奈川県川崎市から東京湾を横断して千葉県のある都市へつながる高速道路ですが，その都市名を答えなさい。

問５　図中，５ は日本有数の漁獲量を誇る漁港です。その港名を答えなさい。

問６　図中，県境を流れる ６ は，日本で２番目に長い河川です。この河川の名称を答えなさい。

問７　県内の都市人口について，下の数値は，上位５都市（船橋・柏・市川・千葉・松戸）のものです。船橋市の人口にあたるものを選びなさい。

①97万人　②62万人　③48万人（２都市）　④41万人

問８　次の文のうち，千葉県に関する記述として不適当な文を１つ選びなさい。

①集客施設来場者数日本一の「東京ディズニーランド」を有する

②アジア地域有数の国際見本市会場である幕張メッセがある。

③平均海抜は46mで，これは沖縄県の43mに次ぐ低い数値で，起伏の少ない県である。

④霞ヶ浦（かすみがうら）は，県南東部に広がる湖である。

問９　下の表（あ）～（え）は，千葉県の産出量が全国上位３位までに入る農産物を示したものです。その農作物を下の①～④から選びなさい。

①落花生　②日本なし　③ビワ　④ねぎ

（あ）

千葉	32 000	*13.0*
茨城	23 400	*9.5*
栃木	19 000	*7.7*
福島	18 900	*7.7*
鳥取	18 400	*7.5*
長野	15 300	*6.2*
福岡	9 000	*3.7*
新潟	8 970	*3.7*
全国×	245 400	*100.0*

（い）

千葉	13 000	*83.3*
茨城	1 530	*9.8*
全国×	15 600	*100.0*

（う）

千葉	60 000	*13.1*
埼玉	57 900	*12.6*
茨城	51 300	*11.2*
北海道	23 000	*5.0*
群馬	20 300	*4.4*
全国×	458 800	*100.0*

（え）

長崎	1 050	*28.9*
千葉	534	*14.7*
香川	287	*7.9*
全国×	3 630	*100.0*

3． 次の（さ）～（た）の文および写真は，関東地方の都県（前出の図Ａ～Ｇ）に関わるものである。（さ）～（た）それぞれに該当する都県を前出の図Ａ～Ｇの中から選び，その記号と都県名を答えなさい。

(さ)研究学園都市として成立，現在，エクスプレスで秋葉原まで35分

(し)明治時代に官営の製糸工場がつくられた。世界文化遺産に認定

(す)伝統工芸品（陶磁器）の益子焼で知られる

(せ)現在の県庁所在地は３つの都市が合併して成立し，「新都心」といわれる

(そ)

(た)

4． 日本全図を見て，あとの問に答えなさい。　〈日本国勢図会　2019/20版より〉

下のＡ～Ｄの図は，次の①～④のいずれかの項目を示したものである。図中の都市名を参考にそれぞれに該当する項目を答えなさい。

①製鉄所の所在地　②主な漁港　③石油化学コンビナート所在地　④自動車工場所在地

A

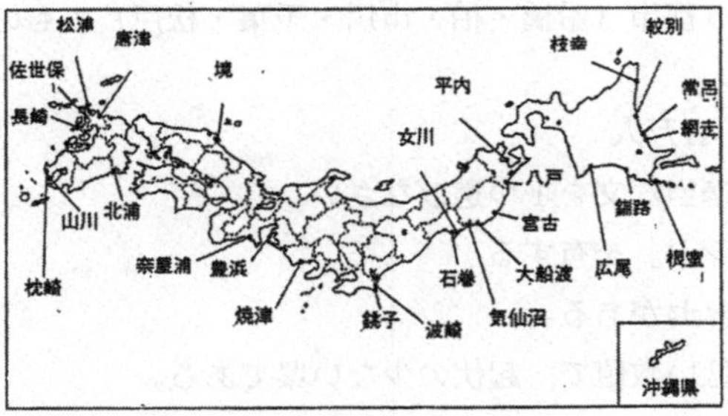

B

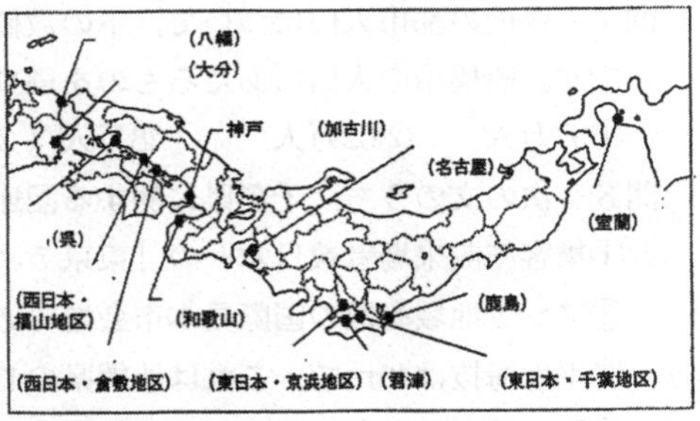

C

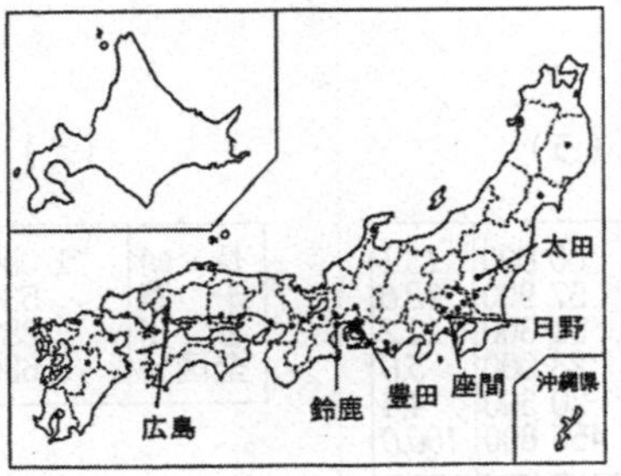

D

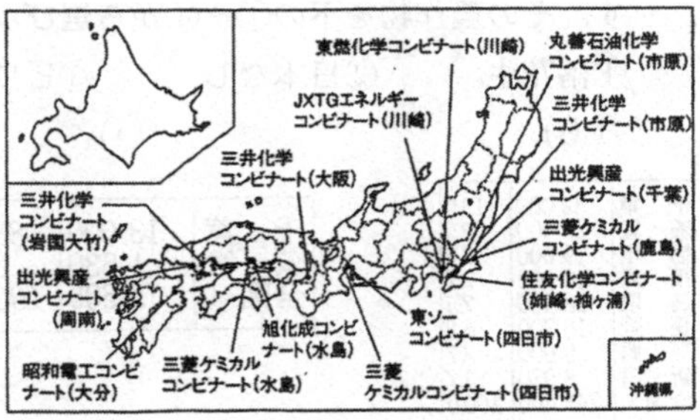

5． 国際連合に関する，後の各問に答えなさい。

問１　世界の平和を維持するうえで重要な役割を果たしている，安全保障理事会に関して，常任理事国として誤っているものを１つ選びなさい。

①アメリカ　②フランス　③ドイツ　④ロシア

問２　問１に関連して，常任理事国が持つ「拒否権」とはどのような権利ですか。簡潔に述べなさい。

問３　以下に挙げる国際連合の補助機関および専門機関の説明として，正しいものを１つ選びなさい。

あ　国連児童基金（ＵＮＩＣＥＦ）　い　国連難民高等弁務官事務所（ＵＮＨＣＲ）
う　世界保健機関（WHO）

①かつて，緒方貞子が活躍した
②子どもたちの権利を守る
③発展途上国の金融システムの安定を図る
④感染症対策などの衛生に関する政策を行う

問４　国際連合の前身である，国際連盟では意思決定の困難さが問題点として指摘されていました。国際連盟ではなぜそういった問題が生じたのか，国際連合と比較しながら簡潔に述べなさい。

6． 以下の文章を読んで，後の各問に答えなさい。

日本は1950年代から高度経済成長期にはいり，著しい経済発展を遂げました。特に，重工業の成長は目覚ましいものがありました。

しかし，工業の発展は環境問題を引き起こすことにもつながります。工場から排出される排水や排ガスなどは河川や大気を汚染しました。これは人体にも悪影響を及ぼし，全国各地で公害が発生しました。その中でも，特に甚大な被害を出した公害を「あ)四大公害」と呼んでいます。こうした公害の発生を受け，政府はさまざまな対策を講じています。また，い)我々一人一人も環境に配慮した取り組みを続けていく必要があります。

また，工業化の進展はう)農業の衰退も招いてきました。農村部では過疎化が進み，田畑が耕作されずに放置されているところもあります。また，グローバル化が進み，え)外国からも非常に多く農産物を輸入していることも農業衰退の一因といえるかもしれません。現在，日本の農業はさまざまな問題点を抱えています。

問１　下線部あ）に関して，熊本県で発生した公害病を何というか，答えなさい。また，公害の原因となった物質名を答えなさい。

問２　問１に関連して，四大公害の発生などを受けて1971年に設立された，国の機関を答えなさい。

問３　下線部い）に関して，廃棄物を減らす取り組みとして，「４Ｒ」が挙げられる。「４Ｒ」として誤っているものを１つ選びなさい。

①リサイクル　②リユース　③リフューズ　④リノベーション

問４　下線部う）に関して，近年の農業に関する記述として，誤っているものを１つ選びなさい。

①高齢化が進み，後継者不足が顕著になっている
②米の食料自給率は高く，輸入は一切していない

③農業には，環境保全や景観保全などの機能が期待されている
④農業は，第一次産業に分類される

問５　下線部え）に関して，以下は日本の主要輸入品の輸入先に関する順位表です。表中のＡ～Ｃに当てはまる国名の組み合わせとして，正しいものを１つ選びなさい。

	１位	２位	３位
小麦	Ａ	カナダ	Ｂ
肉類	Ａ	Ｂ	中国
鉄鉱石	Ｂ	ブラジル	南アフリカ
原油	Ｃ	アラブ首長国	カタール

①Ａ＝アメリカ　Ｂ＝オーストラリア　Ｃ＝サウジアラビア
②Ａ＝オーストラリア　Ｂ＝アメリカ　Ｃ＝サウジアラビア
③Ａ＝アメリカ　Ｂ＝サウジアラビア　Ｃ＝オーストラリア
④Ａ＝オーストラリア　Ｂ＝サウジアラビア　Ｃ＝アメリカ

問６　特定の国同士で結ぶ，関税の撤廃などの貿易自由化や人的交流の拡大などを目的とした，ＦＴＡより幅広い協定を何といいますか。アルファベット３文字で答えなさい。

問７　1980年代以降，製造業を中心に日本の多くの企業が海外に工場を移転させました。それはなぜですか。２点，簡潔に述べなさい。

しまい、全ての事を[Ⅱ]くれると思い込んでしまう。そうならないためにも、いかに仲が良くても必要最低限の[Ⅲ]を忘れてはいけないという事。

ア　Ⅰ　信頼して　　Ⅱ　分かって　　Ⅲ　プレゼント

イ　Ⅰ　勘違いして　Ⅱ　受け入れて　Ⅲ　マナー

ウ　Ⅰ　理解して　　Ⅱ　疑って　　　Ⅲ　プレゼント

エ　Ⅰ　だまして　　Ⅱ　信じて　　　Ⅲ　マナー

問十一　次の一文は、[7]～[11]のいずれかの段落の最後に入ります。その段落を[7]～[11]より選び、段落番号で答えなさい。

・やはり、離れた友のよさを心得ている。

[三]　※問題に使用された作品の著作権者が二次使用の許可を出していないため、問題を掲載しておりません。

※8　朋アリ遠方ヨリ来タルマタ楽シカラズヤ……論語の一説であり「友達が遠い所からもたずね来る、いかにも楽しいことだ」

※9　君子……身分の高い人または、人格が立派な人

※10　便法……便利な方法

※11　君子の交わり淡きこと水のごとし……良好な人間関係を長く続けるためには、水のようにあっさりした方が良い

問一　――線部①～⑤の漢字には読みを付け、カタカナは漢字に直しなさい。

問二　～～線部**a**・**b**の語句の意として最も適当なものを、次からそれぞれ一つ選び、記号で答えなさい。

a「戒める」

ア　ひきしめて気を入れる

イ　前もって注意を与える

ウ　大声を出しておこる

エ　だまってわかるようにする

b「慎む」

ア　行動をひかえめにする

イ　包みこむように人に接する

ウ　相手にしないようにする

エ　人に対して嫌なことをする

問三　空欄[A]に入る語句として最も適当なものを次から一つ選び、記号で答えなさい。

ア　理解　イ　成功　ウ　経験　エ　失敗

問四　――線部⑴「奥入瀬渓谷」・⑵「庭に咲いている花」に共通することの説明をした空欄［　］に当てはまる語句を文中から十一字で抜き出しなさい。

昔からその土地に住んでいる人たちには美しさが分からなかったが、［　　］ことでその美しさに気づいたという点。

問五　空欄[B]に入る語句として最も適当なものを次から一つ選び、記号で答えなさい。

ア　価値　イ　欠点　ウ　正解　エ　発見

問六　空欄[C]に入る語句として最も適当なものを次から一つ選び、記号で答えなさい。

ア　木を見て森を見ず　イ　灯台もと暗し

ウ　足をすくわれる　エ　火のない所に煙は立たぬ

問七　――線部⑶「名著を読んだら著者に会うな」とあるが、読者が著者に会ってはいけないのはなぜか。作者の考える、(Ⅰ)誤った理由を十五字で、(Ⅱ)正しい理由を十九字で、「～から」につながるようにそれぞれ抜き出しなさい。

問八　空欄[D]・[E]は同じ語句が入ります。段落[9]～[11]の中から探し出し、熟語で答えなさい。

問九　――線部⑷「ある程度の隔たりがないと長続きしない」とあるが、「長続きさせる」ための方法としてどのような例が書かれていますか。[9]～[11]から探し、十五字以内で抜き出しなさい。

問十　――線部⑸「車間距離」とはどのようなことですか。後の文章の空欄[Ⅰ]～[Ⅲ]に入る適語の組み合わせで、最も適当なものを次から一つ選び、記号で答えなさい。

・親友になればなるほど、相手のことを全てわかっていると[Ⅰ]

のなら、会いたい、と思うのが自然の情であろう。それを、いけないとa戒《いまし》めているこのことわざは、[D]の美学を心得ている。日本にはこれに当たることわざ、教訓《きょうくん》がないのはなぜだろうか。※4洞察《どうさつ》が欠けているのかもしれない。名著《めいちょ》の著者なら、多忙《たぼう》であろう。そういう人に読者が会いに行っては迷惑《めいわく》になる、ということを教えているのだと解釈《かいしゃく》する人がいるが、まるで当たっていない。

[6] 読んで※5感銘《かんめい》を受けるのは、どこにいるかわからない人の書いた本だからである。著者ははるかな存在である。実際に会って読んだ印象が深まることはまずない。目の前の著者の与える印象は読書の印象とは、ときにまったく異なる。会った時の印象は、より強烈《きょうれつ》、読んだときの感銘《かんめい》はつぶされることになり、幻滅《げんめつ》のみがあとに残る。そういう愚《おろ》かなことはしないのがよい――。それが、ことわざの心である。

[7] 家族の書いた本を読んで感銘《かんめい》を受けるのはいくらか異常である。きょうだいの書いた小説に感動するのも少し変である。山のふもとまで来て、山容《さんよう》を※6賞《め》でることは③容易ではないだろう。[E]が足りないのである。書いた本人が亡くなったりすると、こと新しくよいところが目につくようになるかもしれない。読者は著者から適当に離れている必要がある。

[8] 近さが④キケンをはらんでいることが、うっかりすると見落とされる。

[9] 友人はもっとも親密な存在であるが、やはり(4)ある程度の隔《へだ》たりがないと長続きしない。親しい友人⑤ドウシは一緒に旅行してはいけないが、それを※7弁《わきま》える人が少ない。旅行に出た親友が旅先でケンカしてひどい目にあう例は珍《めずら》しくない。友人としてもたなくてはならない(5)"車間距離"を忘れるとトラブルになるほかはない。論語《ろんご》は、「※8朋《とも》アリ遠方ヨリ来タルマタ楽シカラズヤ」という。

[10] ※9君子《くんし》は近きをb慎《つつし》まなければならない。そうは言っても、近接《きんせつ》をしなくてはならないこともある。隣《となり》近所は、近さにしばられている。いやだからと言って引っ越すことはまず不可能である。近所づき合いという※10便法《べんぽう》を用いて、うまくやって行こうとするのだが、なかなか思うにまかせない。なんでもないことが、トラブルの引き金になる。気まずいことが口もきかないきっかけになることも。人生の悩みのひとつかもしれない。

[11] 気づまりな隣家のひとつ向こうの家とはたいへんうまくいく。密接になり、いつまでも変わることがない。それがまたすぐの隣を刺激するから厄介《やっかい》である。隣とはもっと距離をもつことが望ましいのである。たとえば、礼儀正しく、改まった付き合いをするのである。イギリスの貴族は隣人とは口もきかないが、折にふれて、手紙を書いて、消息を少し伝える、といった知恵を知っている。※11君子《くんし》の交わり淡《あわ》きこと水のごとし。

語注
※1 奥入瀬渓谷……青森県十和田市の十和田湖東岸にある奥入瀬川の渓流《けいりゅう》である
※2 景勝の地……景色の良い場所
※3 大町桂月……近代日本の詩人、歌人、随筆家、評論家。
※4 洞察……物事を深く鋭く観察すること。
※5 感銘……忘れられないほど深く感じること。
※6 賞でる……物の美しさ・素晴らしさをほめ味わう。
※7 弁える……物事の区別や善悪の区別をする。

【国　語】（五〇分）〈満点：一〇〇点〉

一　次の語句の□に人間の身体の部分を表した漢字一字を入れ、後の意味を持つ慣用句を完成させなさい。

①　馬の□に念仏
［意味］　人の意見を聞き流してしまって、少しもききめのないこと。

②　鬼の□にも涙
［意味］　あわれむ心がない人でも、時には優しくなるということ。

③　背に□はかえられぬ
［意味］　せっぱつまった時には、他をかえりみる余裕がない。

④　泣き□にはち
［意味］　よくない時に限って、さらに悪いことが重なること。

⑤　□角をあらわす
［意味］　多くの中から一歩リードすること。

⑥　ぬれ□に粟
［意味］　いろいろな場面において苦労をせずに利を得ること。

⑦　□身がせまい
［意味］　世間に対して顔向けができないこと。

⑧　□を引っぱる
［意味］　他人の成功をじゃますること。

二　次の文章は外山滋比古著の『考える力』にある、「世の中について考える」にある一説です。この文章は「あまり近くではわからぬ。そして、ある程度の隔《へだ》たりがあればこそ、正しい関係が持続する。」との解説文に続く部分です。文章を読んで後の問いに答えなさい。

1　美しい山だと思ってその山に登ろうとするものは、必ず、幻滅《げんめつ》する。青く輝《かがや》いていた山と見えたものは、来てみればただの山である。そういう A をした人である。「遠くより眺《なが》むればこそ白妙《しろたえ》の富士も富士なり筑波嶺《つくばね》もまた」という歌をつくることができる。富士山の近くに住む人は、そして遠望《えんぼう》の富士を見たことのない人は、そもそも、富士が美しいなどと感ずることもない。

2　※1(1)奥入瀬渓谷《おいらせけいこく》といえば、いまは名だたる※2景勝《けいしょう》の地であるけれども、有名になったのはそんなに古いことではない。明治になってからのことである。東京から①オトズれた文人※3大町桂月《おおまちけいげつ》が〝発見〟したと言われる。昔から土地に住んでいる人たちはそれが美しいことを知らなかった。見なれたものにはただの川であり渓谷である。遠くからやって来た人は、地元の人の知らなかった B を苦もなく見つけることができる。大町桂月も、自分の家の(2)庭に咲いている花の美しさを、人に教えられて見なおすということがあったかもしれない。

3　上高地《かみこうち》は夏の暑さを避《さ》けるに適したところとされているが、それを見つけたのは日本人ではなかった。イギリス人ウエストンが日本アルプスをつくり上げた。これはただの山並みだったのに、ウエストンが見つけ、命名したもので、上高地はその徳をしのんで、いまはウエストン祭を行う。

4　〝 C 〟というのは、あまり近くのことはかえってわからぬことがあると教えている。

5　ヨーロッパに(3)〝名著《めいちょ》を読んだら著者に会うな〟ということわざがある。読者の心理としては、②カンシンして読んだ本の著者に、できるも

第一志望

2020年度

解答と解説

《2020年度の配点は解答欄に掲載してあります。》

<算数解答>

[1] (1) 210　(2) 20190　(3) 36　(4) $\frac{5}{8}$

[2] (1) 10　(2) 16　(3) 69　(4) ㋐ 10　㋑ 7　㋒ 21　㋓ 4
(5) ㋐ 2　㋑ 13　(6) 36(g)　(7) 16　(8) ㋐ 4(通り)　㋑ 16(通り)
(9) ① 10　② 21　(10) ① 28.26(cm^2)　② 4.26(cm^2)
(11) ㋐ 5　㋑ 12　㋒ $3\frac{9}{17}\left[\frac{60}{17}\right]$(cm)　(12) ① ㋐ 1200($m^3$)
㋑ 1152(m^3)　㋒ 3(m^3)　② 1080(m^3)

[3] (1) ① 12.56(cm^2)　② 56.52(cm^2)　(2) 18.24(cm^2)

[4] (1) (毎分) 50(m)　(2) (毎分) 15(m)　(3) 36(分間)

○推定配点○

[1] 各3点×4　[2] 各3点×21((4)㋐・㋑，㋒・㋓，(11)㋐・㋑は各完答)

[3] 各4点×3　[4] (1)・(2) 各4点×2　(3) 5点　計100点

<算数解説>

基本 [1] (計算問題，文章題など)

(1) $1+2+3+4+5+\cdots\cdots+16+17+18+19+20=(1+20)+(2+19)+\cdots\cdots+(9+12)+(10+11)$
$=21\times10=210$

(2) $1.25\times2019\times8=(1.25\times8)\times2019=10\times2019=20190$

(3) $16\frac{1}{5}\div0.45=16\frac{1}{5}\div\frac{9}{20}=\frac{81}{5}\times\frac{20}{9}=36$

(4) $\left(7\frac{13}{16}-6\frac{1}{4}\right)\times\left(100-50\div\frac{125}{249}\right)=\left(7\frac{13}{16}-6\frac{4}{16}\right)\times\left(100-50\times\frac{249}{125}\right)=1\frac{9}{16}\times\left(100-99\frac{3}{5}\right)=\frac{25}{16}$
$\times\frac{2}{5}=\frac{5}{8}$

重要 [2] (計算問題，数の性質，割合と比，規則性，場合の数，平面図形など)

(1) $\square\div3.14=3\frac{29}{157}$　$\square=\frac{500}{157}\times\frac{314}{100}=10$

(2) 258÷★＝★あまり2　★×★＝258－2＝256　16×16＝256より，★＝16

(3) $693\times29+462\times91-231\times\square=46200$　$231\times3\times29+231\times2\times91-231\times\square=46200$
$231\times87+231\times182-231\times\square=46200$　$231\times(87+182-\square)=46200$　$231\times(269-\square)=$
46200　$269-\square=46200\div231=200$　$\square=269-200=69$

(4) $A:B=\frac{4}{7}:\frac{2}{5}=\frac{20}{35}:\frac{14}{35}=20:14=10:7$　$A:C=\frac{5}{2}:\frac{1}{3}=\frac{15}{6}:\frac{2}{6}=15:2=30:4$
$A:B=10:7=30:21$より，$B:C=21:4$

(5) 素数を小さい方から並べると，2，3，5，7，11，13，17，19，23，29，……である。よって，最も小さい素数は2で，小さい方から6番目の素数は13である。

(6) 濃度12％の食塩水180gの中にとけている食塩の重さは，$180\times0.12=21.6$(g)である。よって，濃度15%になったときの食塩水全体の重さは，21.6÷0.15＝144(g)なので，蒸発させた水の重さは，180－144＝36(g)である。

(7)　$81\times\frac{2}{3}=54$. $54\times\frac{2}{3}=36$，$36\times\frac{2}{3}=24$，$24\times\frac{2}{3}=16$，……より，□＝16

(8)　A，Bの数字の組み合わせを，(A，B)と表すと，A×B＝12になるのは，(2，6)，(3，4)，(4，3)，(6，2)なので，全部で4通りある。また，A×Bが10以上の偶数になるのは，(2，5)，(2，6)，(3，4)，(3，6)，(4，3)，(4，4)，(4，5)，(4，6)，(5，2)，(5，4)，(5，6)，(6，2)，(6，3)，(6，4)，(6，5)，(6，6)なので，全部で16通りある。

(9)　①　○△△△＝8と考えられる。△△○△＝2なので，○△○△＝8＋2＝10である。

②　BAA＝9，CAA＝9×2＝18と考えられる。ABA＝3なので，CBA＝18＋3＝21である。

(10)　①　(アの面積)＋(イの面積)＝$(2+4)\times(2+4)\times3.14\times\frac{90}{360}=9\times3.14=28.26(\text{cm}^2)$である。

②　(ウの面積)＋(イの面積)＝$4\times(2+4)=24(\text{cm}^2)$なので，(アの面積)－(ウの面積)＝$28.26-24=4.26(\text{cm}^2)$である。

(11)　三角形ADEと三角形ABCとは相似な三角形なので，AE：ED＝AC：CB＝5：12である。ED＝ECなので，正方形の一辺の長さは，$5\times\frac{12}{5+12}=\frac{60}{17}=3\frac{9}{17}$である。

(12)　①　㋐＝$6\times5\times40=1200(\text{m}^3)$である。㋑＝$6\times8\times24=1152(\text{m}^3)$である。よって，池からわき出ている水は，㋒＝$(1200-1152)\div(40-24)=3(\text{m}^3/分)$である。

②　くみ出す前に池にたまっていた水の量は，$1200-3\times40=1080(\text{m}^3)$である。

3　(立体図形)

基本　(1)　①　円すいの底面積は，$2\times2\times3.14=12.56(\text{cm}^2)$である。

②　展開図にしたときの側面部分の中心角を□度とする。$9\times2\times3.14\times\frac{□}{360}=2\times2\times3.14$

$18\times3.14\times\frac{□}{360}=4\times3.14$　　$18\times\frac{□}{360}=4$　　$\frac{□}{360}=\frac{4}{18}=\frac{2}{9}$　　よって，円すいの側面積は，$9\times9\times3.14\times\frac{2}{9}=56.52(\text{cm}^2)$である。

重要　(2)　展開図にしたときの側面部分の中心角を□度とする。

$8\times2\times3.14\times\frac{□}{360}=2\times2\times3.14$　　$16\times3.14\times\frac{□}{360}=4\times3.14$

$16\times\frac{□}{360}=4$　　$\frac{□}{360}=\frac{4}{16}=\frac{1}{4}$　　よって，□＝90度なので，円すいの展開図は，右の図のようになる。求める面積は，右の図の斜線部分の面積なので，$8\times8\times3.14\times\frac{1}{4}-8\times8\div2=18.24(\text{cm}^2)$

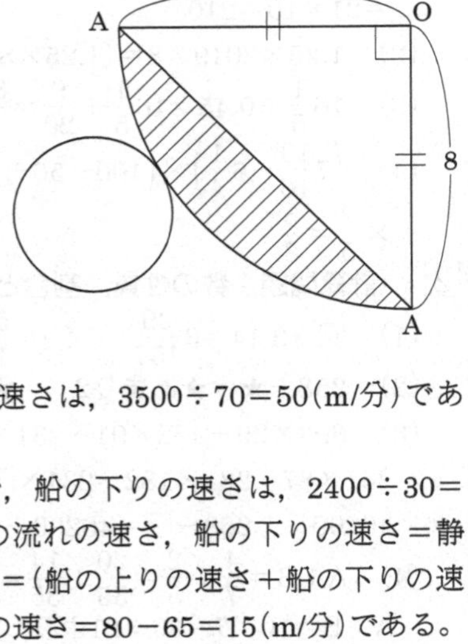

4　(流水算)

基本　(1)　3500mの道のりを，70分で上っているので，船の上りの速さは，3500÷70＝50(m/分)である。

重要　(2)　2400mの道のりを，143－113＝30(分)で下っているので，船の下りの速さは，2400÷30＝80(m/分)である。船の上りの速さ＝静水時の船の速さ－川の流れの速さ，船の下りの速さ＝静水時の船の速さ＋川の流れの速さなので，静水時の船の速さ＝(船の上りの速さ＋船の下りの速さ)÷2＝(50＋80)÷2＝65(m/分)である。よって，川の流れの速さ＝80－65＝15(m/分)である。

やや難　(3)　船が，143－70＝73(分)のすべてを下っていたとすると，80×73＝5840(m)の道のりを下ることになる。よって，船がエンジンを止めていたのは，(5840－3500)÷(80－15)＝36(分間)である。

★ワンポイントアドバイス★

[1]と[2]の計算問題をミスなく速く解くことが最大のポイントである。その上で，[2]の基本的な文章題や図形の問題を確実に解き得点することが重要である。また，グラフなどで与えられる条件を見落とすことがないように注意する必要がある。

＜理科解答＞

[1] 問1 A 風 B 地面 C 発芽 問2 休眠 問3 (種子) イ (球根) エ
問4 ア，ウ 問5 エ 問6 厚い 問7 (例) 葉で必要なエネルギーを節約できる。
問8 (例) 太陽の光が当たる時間が短いため。

[2] 問1 メスシリンダー 問2 (ア) 水平 (イ) スポイト 問3 ア 問4 ア，イ

[3] 問1 結晶 問2 (1) ろ過 (2) ろ液 (3) イ (理由) (例) 底が厚く，やぶれにくいから。 (4) イ

[4] 問1 発火点以上の温度 問2 (例) 加熱により出てきた液体を加熱部に流さないため。
問3 イ 問4 (例) まきは燃えるとガスが発生し，それに着火するから。

[5] 問1 空気 問2 2.5(秒) 問3 0.6(m/秒) 問4 2.4(秒)

[6] 問1 3.6(秒) 問2 ウ 問3 カ 問4 キ 問5 実験3

[7] 問1 ウ 問2 イ 問3 ア 問4 イ，オ

[8] 問1 ① ア ② イ ③ エ 問2 ① 問3 ウ

○推定配点○

[1] 問1 各1点×3 他 各2点×8 [2] 各1点×6
[3] 問2(3)記号 1点 他 各2点×5 [4] 各2点×4 [5] 各2点×4
[6] 各2点×5 [7] 問4 各1点×2 他 各2点×3 [8] 各2点×5 計80点

＜理科解説＞

[1] (植物―植物の冬ごし)

重要 問1 ロゼットの状態では，葉を地面にはりつくように広げるため，冷たい風を受けにくくなり，空気に比べて温度変化の小さい地面の熱を利用できる。また，葉が残ったままなので，発芽から葉ができるまでの期間が不要になり，春になると太陽の光を受けてすぐに葉で養分をつくって成長することができる。

問2 生物がほとんど活動していない状態を休眠といい，種子の状態以外にも冬芽や動物の冬眠なども休眠にあたる。

基本 問3 アサガオは種子，チューリップは球根の状態で冬をこす。ヒイラギやキンモクセイ，ツバキは常緑樹で，冬も葉を残している。また，ツツジには常緑樹と落葉樹があるが，枝や葉を残した状態で冬をこす。

問4 冬から春にかけて，しだいに昼の長さが長くなり，夜の時間が短くなっていく。また，冬は一年でもっとも気温が低く，春にかけてしだいに気温が高くなっていく。

基本 問5 花をさかせみつを出すのはこん虫をひきよせるためで，みつには種子はふくまれていないので，種子を遠くに運ぶための生存戦略ではない。アやイでは種子がそのまま運ばれ，ウでは果実

に含まれる種子が，果実を食べた動物のふんなどにふくまれる形で遠くまで運ばれる。

問6　ふつう，常緑樹は落葉樹に比べて葉は厚く，じょうぶなつくりをしている。

問7　葉では光合成によって栄養分がつくられるが，生きるためのエネルギーも消費される。日差しの弱い冬は，葉でつくられる栄養分よりも，消費されるエネルギーのほうが多くなることもあるので，葉を落とすことで消費されるエネルギーを節約することができる。

問8　冬は夏に比べて，太陽の光が弱く，太陽の光が当たる時間も短い。そのため，冬は光合成のはたらきも小さくなり，植物は夏ほど育つことができなくなる。

2　(実験器具―メスシリンダー)

基本　問1　器具Aは，液体などの体積をはかることができる器具で，メスシリンダーと呼ばれる。

問2　メスシリンダーは水平な場所で使い，液体をはかりとるときは，はかりとろうとする体積より少なめの量をまずメスシリンダーに入れ，残りはスポイトを用いて，目的の量になるまで少しずつ加えていく。

重要　問3　メスシリンダーに入れた水の体積をはかるときは，真横から見たときに一番へこんだところの目盛りを読む。

問4　メスシリンダーはふつう熱に強い材質ではつくられていないので，加熱には向かない。また，ふたがないので水溶液の長期保存にも向かない。メスシリンダーは，水上置換法で気体を集めるときに集気びんのかわりに用いることで，集めた気体の体積をはかることもできる。

3　(実験器具―ろ過のしかた)

基本　問1　きそく正しい形をした純粋な物質の固体を結晶という。

重要　問2　(1)　ろうとやろ紙，ガラス棒，ろうと台を用いて，液体と固体を分ける方法をろ過という。(2)　ろ過によって，ビーカーにたまった液をろ液という。　(3)　ガラス棒の先は，折ったろ紙の重なっているほうにつける。重なっている部分は厚くなり，ガラス棒を当て，水溶液を流し込んでもやぶれにくくなる。　(4)　ろうとは，先のとがった部分をビーカーのかべに当てる。

4　(燃焼―割りばしの燃え方)

基本　問1　ものが燃えるための条件は，「燃えるもの」，「新しい空気(酸素)」，「発火点以上の温度」の3点で，1つでも欠けているとものは燃えない。

問2　割りばしをむし焼きにすると，木タールや木さく液などの液体が発生する。発生した液体が加熱部に流れこむと試験管が割れるおそれがあるため，試験管の口を下げて加熱する。

問3　発生した白いけむりは木ガスと呼ばれる燃えやすい気体で，火を近づけると炎をあげて燃える。

問4　まきは，実験で用いた割りばしと同じように燃えると燃えやすいガスが発生し，それに火がつくことで炎をあげて燃える。

5　(音の性質―音の速さ)

基本　問1　スピーカーから出た音は空気によって伝えられる。

重要　問2　850(m)÷340(m/秒)＝2.5(秒)

問3　(343－340)(m/秒)÷(20－15)(℃)＝0.6(m/秒)

問4　問3より，30℃のときの音の速さは，340(m/秒)＋0.6(m/秒)×(30－15)(℃)＝349(m/秒)とわかる。よって，地点Aから地点Bまで音が伝わるのにかかる時間は，850(m)÷349(m/秒)＝2.43…より，2.4秒

6　(物体の運動―ふりこの運動)

問1　10往復で36秒かかるので，36(秒)÷10＝3.6(秒)

重要　問2　実験1と実験2では，おもりの重さを変えてもふりこが10往復する時間は同じなので，おもり

の重さを変えてもふりこの周期は変わらないことがわかる。また，おもりの重さ以外の条件を変えていないので，実験1と実験2の結果から，ふれはばや糸の長さとふりこの周期の関係は確認することはできない。

重要 問3　実験2と実験3では，ふれはばを変えてもふりこが10往復する時間は同じなので，ふれはばを変えてもふりこの周期は変わらないことがわかる。

重要 問4　実験3と実験4では，糸の長さを大きくすると，ふりこが10往復する時間が長くなっていることから，糸の長さが大きくなると，ふりこの周期が大きくなることがわかる。

問5　実験3は，ふれはばを2倍にしておもりが動く長さが2倍になっているが，周期が変わっていないため，物体の速さが最も速いことがわかる。

7　**(熱の伝わり方―熱の伝わり方と気温)**

問1　公園の遊具は太陽の熱によってあたためられる。太陽からもらった熱よりも，出ていった熱のほうが少ないため，遊具に熱が残って高温になる。

問2　太陽の光によって車内のものがあたためられ，その熱で車内の空気があたためられる。

問3　放射冷却は，地面から熱が宇宙に出ていくため地面の温度が下がり，それにより周りの空気の温度が下がる現象である。

重要 問4　放射冷却が起こりやすいのは，雲がなく風が弱い夜で，地表付近での熱の移動がなく，地面からの熱が宇宙空間に出ていきやすくなるために起こる。

8　**(地球と太陽・月―月の見え方)**

重要 問1　①　明け方，太陽がのぼる方角である東とは逆の西の地平線付近に見えるのは，満月(ア)である。　②　明け方，真南の方角に見えるのは，真夜中に東からのぼる下弦の月(イ)である。
③　明け方，太陽がのぼる直前に東の地平線付近に見えるのは，左側の一部が三日月のように光って見えるエのような月である。

基本 問2　月食は，太陽－地球－月が一直線にならび，月が地球の影に入ってしまう現象である。月食は，満月のときに起こることがある。

重要 問3　月の形は，新月→三日月→上弦の月→満月→下弦の月→新月と変化する。満月の1週間後に見える月は上弦の月(ウ)である。

★ワンポイントアドバイス★

全体的に基本的な問題が中心だが，幅広い分野から出題されるので，かたよりのない学習を心がけよう。また，記号選択問題だけでなく，短文記述問題も出題されるのでしっかりと練習しておこう。

＜社会解答＞

1.　問1　③　　問2　漢委奴国王　　問3　邪馬台国　　問4　③　　問5　②
問6　(例)　遣唐使が廃止されたため。[中国文化が日本に入らなくなった]
問7　藤原道長

2.　問1　北条(氏)　　問2　承久の乱　　問3　(例)　日本兵は一騎打ち戦法であるのに対して，モンゴル軍は集団戦法であった。[てつほうの使用などの新兵器の使用があった。]

3.　問1　足利義満　　問2　キリスト教　　問3　明智光秀　　問4　太閤検地　　問5　徳川家康

4. 問1 伊藤博文 問2 下関条約 問3 三国干渉 問4 (例) 第一次世界大戦中に貿易を盛んに行い大金を手にしたため。 問5 8月15日

5. 問1 A 茨城県 B 山梨県 C 埼玉県 D 神奈川県 E 千葉県 F 群馬県 G 栃木県 問2 ア ㉓ イ ⑤ ウ ⑥ エ ⑱ オ ⑫ カ ⑯ キ ⑧ ク ① ケ ④ コ ㉒ サ ㉕ シ ⑮ 問3 ① 問4 ④ 問5 3(つ) 問6 ① 問7 ③ 問8 f 9 g 10 h 1 i 3

6. 問1 広島(市) 問2 ② 問3 ① 問4 ② 問5 ④ 問6 ③ 問7 ある

7. 問1 安倍晋三 問2 ① 問3 ② 問4 6(年) 問5 (例) 慎重な審議を行うため。 問6 国庫支出金 問7 ③

○推定配点○

1. 問2・問3 各2点×2 問6 5点 他 各1点×4 2. 問3 5点 他 各1点×2 3. 各1点×5 4. 問4 5点 他 各1点×4 5. 各1点×28 6. 各1点×7 7. 問5 5点 他 各1点×6 計80点

＜社会解説＞

1. (日本の歴史ー原始・古代の政治・文化など)

問1 炎の燃えるような形をした縄文の火炎土器。①は弥生土器，②④は古墳時代の埴輪。

やや難 問2 後漢書には57年，倭の奴国王が使者を派遣し光武帝から金印を授かったと記述されている。

問3 魏志倭人伝に記載された卑弥呼を倭王とする国家連合。

問4 大化の改新は645年。日本書紀によると聖徳太子の十七条憲法は604年。

問5 インドを起源とする五弦の琵琶。撥《ばち》受け部分にはラクダに乗った人物が描かれている。

問6 かな文字の発展に基づき和歌や物語文学が発達し優雅な貴族文化が花開いた。

重要 問7 4人の娘を天皇の后とし外祖父として実権を掌握，藤原摂関政治の全盛時代を築いた。

2. (日本の歴史ー中世の政治・外交など)

問1 桓武平氏の流れをくむ一族。頼朝の妻・政子の父である北条時政が初代の執権に就任。

重要 問2 後鳥羽上皇は幕府の混乱に乗じて挙兵したが北条義時を中心とする幕府軍に大敗。

問3 火器という新兵器(鉄の球形の缶に火薬を詰めて飛ばしたもので，のちの鉄砲とは異なる)や集団戦法を展開する元軍に大苦戦，暴風雨の力で撃退に成功した。

3. (日本の歴史ー中・近世の政治・文化など)

問1 公家・武家双方の頂点に君臨した足利義満が京都の北山に建てた別荘。

問2 頑強に抵抗を続ける仏教への対抗や貿易による利益を求めてキリスト教を保護。

問3 信長に引き立てられたものの本能寺で殺害。しかし，10日余りで秀吉に敗れた。

問4 単位を統一して全国を調査し石高を基準とする政治体制を確立。これにより荘園制度は完全に解体，農民は検地帳に記載され兵農分離が確定していった。

問5 その後大坂の陣で豊臣氏を滅ぼし260年余りにわたる幕藩体制を築いた。

4. (日本の歴史ー近代以降の政治・外交など)

問1 長州藩出身の政治家。大久保利通の死後政府の中心となって近代国家の確立に尽力。

問2 朝鮮の独立を確認，リャオトン半島や台湾の割譲と巨額の賠償金を獲得。

問3 満州への進出を狙うロシアはフランス，ドイツを誘ってその返還を強硬に主張。

重要 問4 ヨーロッパ諸国からの需要や大戦による物資輸送が増加し日本は空前の好景気に突入。それまでの輸入超過から輸出超過に転じ各地でにわか成金が続出した。

問5　同盟国であったドイツは5月にベルリンが陥落しヒトラーは自殺。7月に出されたポツダム宣言を8月になってようやく受諾し無条件降伏した。

5.　(日本の地理―首都圏の自然・産業など)

基本　問1　A　南部は東京のベットタウンとして発展。　B　中部地方に属する県。　C　昼夜間人口比率は約88%と最も低い。　D　人口915万人と大阪府(880万人)をもしのぐ。　E　房総半島全域を占める県。　F　関東北西部に位置する県。　G　7都県で人口密度は最も低い。

問2　ア　1957年，日本原子力研究所が設置。　イ　多くの扇状地から構成される盆地。　ウ　蔵造の町並みで知られ多くの史跡も存在。　エ　日本最大の都市。　オ　京浜工業地帯の中核都市。　カ　東京湾と相模湾を分ける半島。　キ　京浜工業地帯の拡大に伴い湾の東側を埋め立てて誕生。　ク　千葉市花見川区から美浜区にまたがる地域。　ケ　利根川の河口に位置する漁港。　コ　夏から秋にかけ出荷される高原キャベツ。　サ　群馬県が93%以上を生産。　シ　中世は宇都宮氏の城下町，近世では日光街道の宿場町として発展。

問3　東日本大震災ですべての原発が停止したが，現在は高浜，玄海など数基が稼働している。

問4　平将門の乱平定を願って建立されたといわれる真言宗の寺院。

問5　50万人以上の人口を目安に指定。神奈川県では横浜市，川崎市，相模原市の3都市。

問6　千葉市から南へ，市原市・袖ケ浦市・木更津市・君津市と大工場が林立している。

問7　埋め立て地などでは地震による揺れが大きいと地中の砂が地上に噴出する液状化が発生。

問8　f　下総台地の北部。　g　関東の最東端。　h　群馬県北西部。　i　栃木県中央部。

6.　(政治―憲法・国際社会など)

問1　午前8時15分，上空580mで炸裂《さくれつ》，広島は一瞬で壊滅した。

重要　問2　平和主義は9条だけでなく憲法前文でもその精神が表れている。

問3　内閣総理大臣は内閣を代表して自衛隊の最高指揮監督権を有する(自衛隊法7条)。

問4　南スーダン独立後の混乱から安全保障理事会の決議を受けて派遣。

問5　沖縄県の約8%，沖縄本島に至っては約15%を占め様々な社会問題を生じている。

問6　伸び率に増減はあるが国防費そのものは拡大を続けている。

問7　習志野や木更津など複数の基地が存在している。

7.　(政治―政治のしくみ・地方自治など)

問1　昨年末には歴代最長を誇った桂太郎首相の在任記録(2886日)を更新し現在も継続中。

問2　法の精神の中で「すべて権力を持つものはそれを濫用する」と主張。

問3　最高裁判所の作成した名簿に従って内閣が任命する。

基本　問4　3年ごとに半数が改選され，衆議院のように任期途中での解散制度はない。

問5　第一審に不服であれば上級の裁判所に控訴，第二審にも不服であればさらに上告できる。

問6　一般に補助金と呼ばれ公共事業や義務教育など使途を特定して交付される。

問7　有権者の50分の1の署名で首長に請求。首長はこれを議会にかけ結果を公表する。

★ワンポイントアドバイス★

身近な地域に関する問題は毎年のように出題されている。日頃から地域のニュースに関心を持って生活していこう。

<国語解答>

一　問一　1　馬　2　鯖　3　雀　4　猫　5　烏　問二　1　工　2　合　3　次　4　頭　5　形

二　問一　a　機会　b　才能　c　本来　問二　1　(例)　いい評価をされると，それだけで最終目標を達成したと思うこと。　2　(例)　得た知識と能力を使って，社会に貢献したり生きがいを発見したりすること。　問三　ステップ　問四　①　ア　②　オ　③　ウ　問五　最終目標　問六　(例)　勉強することでつけた実力を，(社会的人間として)社会のほうに投げ返していくため。　問七　活きた[活かす・生きた]　問八　ウ

三　問一　a　授業　b　肉体　c　持参　問二　①　貧富の差　②　身なり　問三　イ　問四　④　ウ　⑤　エ　問五　エ　問六　A　イ　B　ウ　C　イ　問七　ア　問八　(例)　女子たちからの評判。　問九　(例)　好恵を自分の誕生日会に呼ばないこと。[好恵を自分の誕生日会から閉め出すこと。]

○推定配点○

一　各2点×10

二　問一・問四　各2点×6　問二・問六　各5点×3　問三　4点　他　各3点×3

三　問三・問七　各3点×2　問五　4点　問八・問九　各5点×2　他　各2点×10

計100点

<国語解説>

一　**(漢字の書き取り，慣用句)**

問一　1「馬が合う」は，気が合うの意味。馬とその乗り手の呼吸がぴったり合うことからできた言葉。　2「鯖を読む」は，自分に都合のよいように数をごまかすこと。魚市場で鯖を数えるときに，わざと早口で数えてごまかしたことからできた言葉と言われている。　3「雀の涙」は，ほんのわずかであること。雀が流す涙は，とても少量だろうということからできた言葉。
4「猫の手も借りたい」は，非常に忙しくて，誰でもいいから手伝いがほしいこと。ネズミを捕ることぐらいにしか役に立たない猫の手も借りたいくらい忙しいことを言う。　5「烏の行水」は，ろくに洗いもしないで，さっと入浴をすますこと。烏がバタバタと水浴びをする様子からできた言葉。

基本　問二　1「人工(じんこう)」と「工夫(くふう)」。「工」を「ク」と読む熟語は「細工」「工面」などがある。　2「試合(しあい)」と「合点(がてん・がってん)」。「合点」は，納得の意味。「合点がいかない」などと使う。「合」は「カッ」の音もある。「ガッ」と読むのは「合宿」「合致」など。「カッ」と読むのは「合戦」がある。　3「順次(じゅんじ)」と「次第(しだい)」。「次第」は，順序・経過などの意味。「次」を「シ」と読むのは「次第」くらいなので覚えてしまおう。
4「音頭(おんど)」と「頭角(とうかく)」。「頭角」は，頭の先。「頭角を現す」の形で，学識や才能が特にすぐれて目立つの意味を表す。「頭」を「ド」と読むのは「音頭」くらいなので覚えてしまおう。　5「図形(ずけい)」と「形相(ぎょうそう)」。「形相」は，顔つきのこと。「形」を「ギョウ」と読むのは，他に「人形」がある。

二　**(論説文－要旨・大意の読み取り，文章の細部の読み取り，指示語の問題，接続語の問題，空欄補充の問題，ことばの意味)**

問一　a「機会」は，ある事を行うのにちょうどよい時機。同音異義語の「機械」と区別する。

b「才能」は，ある物事を巧みになしとげる能力。「能」を「脳」と誤らないように注意する。

c「本来」は，もともとのありかた・しかたの意味。「本来のあるべき姿」のように使う。

やや難 問二 1「何」が間違いなのかを考える。すると，直前の文の「いい評価をされると，それだけで最終目標を達成したと思いがち」ということが間違いだということがわかる。「何」にあてはまるように，文の終わりは「～思うこと。」とまとめる。 2「何」が最終目標なのかを考える。「知識」・「能力」・「社会」・「生きがい」の四語は直前にある。その前の文には「点数を取った後が問題なのです」とある。つまり，点数を取った後の最終目標とは，「得た知識と能力を使って，社会に貢献したり生きがいを発見したりすること。」とまとめることができる。

問三 「テストや評価を踏み台にして実力をつけて」とある。読み進めていくと，文章の最後から二つ目の段落に「評価をステップにして実力をつけていく」とある。「踏み台」や「ステップ」には，物事をおしすすめる際に利用するもの，段階という意味がある。

基本 問四 ① 空欄の直前では，点数を取ることが最終目標と思いがち，と述べ，直後では「目標なのでしょうか？」と疑問を投げかけている。前後で反対のことを述べているので，逆接の「しかし」があてはまる。 ② 空欄の前で説明されているのは，勉強するのは点数をとるため，入試に通るためということ。それは，点数という評価，合格という評価のためである。「(つまり)評価が最後にある」という文のつながりになっている。「つまり」は，前に述べた事柄を言い換えたり要約したりするときに使う。 ③ 空欄の前で述べた「社会的人間として社会のほうにいかに投げ返していくか」ということの例として，調理師学校で学ぶという例を挙げている。例示の「たとえば」があてはまる。

問五 第一段落に「いい評価をされると，それだけで最終目標を達成したと思いがちです」とある。評価が最後にあり，最終目標であると思ってしまうのである。

問六 問四の③と関連させて考える。調理師学校で学ぶという例は，「社会的人間として社会のほうにいかに投げ返していくか」ということの例として挙げられている。投げ返すのは，〝調理師学校で勉強することでつけた実力〟なので，その内容を補ってまとめる。

問七 「 」が付いているのは，強調するためである。直前に「評価のためだけの『死んだ』成績ではなく」とあるので，「 」にあてはまるのは「死んだ」と対比される言葉である。すると，同じく「 」がついた「活かす」という言葉が見つかる。「活かす」を「実力」に続くように，「活きた」あるいは「生きた」の形にする。「活かす」のままでも正解とする。

重要 問八 ウの内容は，最後から二つ目の段落に述べられている。評価をもらうことが重要ではない・評価をステップ(＝踏み台)にして実力をつけていくことが大切，とある。ア，問二の②でとらえた内容が最終目標。「テストや評価を踏み台にして実力をつけて」とあり，「評価などにこだわる必要はまったくない」とは述べていない。イ，評価が最終目標なのではない。エ，「評価されることは無意味」ではない。

三 (小説－心情・情景の読み取り，文章の細部の読み取り，指示語の問題，接続語の問題，空欄補充の問題，ことばの意味)

問一 a「授業」の「授」には「さず‐ける・さず‐かる」の訓がある。「授」を「受」と誤る例が多いので注意する。 b「肉体的」は，人間の生身の体についてという意味。「肉」は，形の似た「内」と区別する。 c「持参」は，品物を持ってゆくこと。「参」の訓読みは「まい‐る」。「参る」は，訪問先を尊い所と考える場合の言い方。

やや難 問二 ①「何」がクラスメイトたちの身なりに，うかがえたのかを考える。「四字以内」も手がかりにすると，直前の文の「貧富の差」が見つかる。貧富の差が身なりに表れていたのである。 ② ①と合わせて考える。①は「貧富の差」で，貧富の差は母親たちの「何」にも，うかがえたのかを考える。文の組み立てとして，貧富の差はクラスメイトたちの身なりにも，母親たちの身なりにもうかがえた，という形になっている。

問三　直後に，「それはあまりに道理の通らない話だったのだ」とある。「道理」は，物事の理屈に合ったすじみち。「私」たちが激昂(＝ひどく怒ること)したのは，誕生会に招かれておとずれた好恵の家の対応が，物事の理屈に合っていなかったからである。具体的には，第三・四段落の「しかし，好恵は誰がどう見ても……おばさんに追い払われて帰ってきた」という内容である。この内容をまとめているのは，イ。

基本　問四　④「ジェラシー」は英語。嫉妬(しっと)，やきもち，ねたみなどの意味がある。　⑤「釘をさす」は，約束違反や失敗，まちがいをしないように相手に念を押すの意味。

問五　「誤算」は，ちがった推測・予測をたてること。見込み違いをすること。「私」たちがたてた予測は，続く段落の初めにある「好恵の悪口を言いふらすことで，彼女の評判を貶め(＝劣ったものとして扱う)，クラスのみんなを味方につけよう」ということである。つまり，好恵への悪い評価を広めようとしたのである。しかし，実際はクラスのみんなは「むしろ好恵に同情的だった」のである。エの内容が，誤算の説明にあてはまる。

問六　A　問五でとらえたように，「私」たちの予測と実際はちがっていた。空欄の前が予測で，あとが実際なので，空欄には逆接の「しかし」が入る。　B　空欄の前とあとに，好恵の様子が描かれている。前で描いた今の様子に，あとではふだんの様子を付け加えている。付け加える働きをする「しかも」が入る。　C　「誤算」についての説明のところに，「私たちがどんなに空腹だったかを訴えても」とある。空腹だったことを強調して訴えたために，「食い意地の張った五人」とレッテルを貼られてしまったのである。「レッテルを貼る」は，一方的な評価をするの意味。

問七　直後に「それは男子たちの好恵熱をより一層煽りたて」とある。どんな点が，男子たちの好恵熱を一層強めたのかを，好恵の様子を描いた前の部分から読み取る。すると，「意地悪なお母さんに誕生会をしてもらえない一人のほうが，第三者(＝男子たち)の目には遥かに不憫に映るらしい」とある。その点に，男子たちは同情したのである。

重要　問八　「私たちの撒き散らした中傷は……彼女(＝好恵)に欠けていた何かを埋めて終わった」のである。私たちが中傷を撒き散らしたのは，問五でとらえたように「彼女の評判を貶め」るためである。ところが，好恵を嫌っていた女子たちからも同情を集める結果になったのである。「彼女に欠けていた何か」とは，女子たちからの評判である。

重要　問九　「手を下す」は，自分で実際にその事を行うの意味。何を行うのかというと，「私」たち女子五人で決議したことを行うのである。決議したこととは，「好恵を今後の誕生会から閉め出すこと」である。具体的にとあるので，解答は，「私」が「好恵を自分の誕生会から閉め出すこと」とまとめる。

★ワンポイントアドバイス★

論説文は，筆者の考え方をとらえて，その考え方に沿って筆者がどのように説明を進めているかを読み取っていこう。小説は，行動や会話，出来事などに表現されていることから人物の心情や人物像をつかもう。心情は，なぜそういう気持ちになったかという理由も読み取るようにしよう。

第1期

2020年度

解答と解説

《2020年度の配点は解答欄に掲載してあります。》

<算数解答>

1 (1) 204 (2) $17\frac{3}{5}\left[\frac{88}{5}\right]$ (3) 303000 (4) $\frac{5}{6}$

2 (1) $1\frac{1}{2}\left[\frac{3}{2},\ 1.5\right]$ (2) 120(円) (3) $2\frac{2}{5}\left[\frac{12}{5}\right]$ (4) 18(%) (5) 40(日)
(6) (時速) 4(km) (7) ① 45(通り) ② 360(通り) (8) 112(cm)
(9) 2(cm^2) (10) ① 50(度) ② 140(度)

3 (1) (A) 4(L) (B) 12(L) (2) 30(分) (3) 13(分)20(秒後)

4 (1) 36(番目) (2) $\frac{13}{14}$ (3) $39\frac{13}{14}\left[\frac{559}{14}\right]$

○推定配点○

1 各4点×4 2 各4点×12 3 (1) 各4点×2 (2)・(3) 各5点×2
4 各6点×3 計100点

<算数解説>

基本 1 **(計算問題,文章題など)**

(1) $30\times2\div5\times\{(4-1)\times5+2\}=60\div5\times(3\times5+2)=12\times17=204$

(2) $57\div2\frac{5}{7}-4\frac{2}{5}\times\left(\frac{3}{11}+\frac{1}{2}\right)=57\times\frac{7}{19}-\frac{22}{5}\times\left(\frac{6}{22}+\frac{11}{22}\right)=21-\frac{22}{5}\times\frac{17}{22}=21-\frac{17}{5}=21-3\frac{2}{5}=17\frac{3}{5}$

(3) $200\times505+170\times2020-140\times1010=200\times505+170\times(505\times4)-140\times(505\times2)=200\times505+680\times505-280\times505=(200+680-280)\times505=600\times505=303000$

(4) $\frac{1}{1\times2}+\frac{1}{2\times3}+\frac{1}{3\times4}+\frac{1}{4\times5}+\frac{1}{5\times6}=\left(\frac{1}{1}-\frac{1}{2}\right)+\left(\frac{1}{2}-\frac{1}{3}\right)+\left(\frac{1}{3}-\frac{1}{4}\right)+\left(\frac{1}{4}-\frac{1}{5}\right)+\left(\frac{1}{5}-\frac{1}{6}\right)=1-\frac{1}{6}=\frac{5}{6}$

重要 2 **(数の性質,文章題,場合の数,平面図形など)**

(1) $\square\times12.3-37.4\div2\frac{1}{5}=1.45$ $\square\times12.3-37\frac{2}{5}\times\frac{5}{11}=1.45$ $\square\times12.3-\frac{187}{5}\times\frac{5}{11}=1.45$ $\square\times12.3=1.45+17=18.45$ $\square=18.45\div12.3=18\frac{9}{20}\div12\frac{3}{10}=\frac{369}{20}\times\frac{10}{123}=\frac{3}{2}=1\frac{1}{2}$

(2) チョコレート1個の値段をチ,シュークリーム1個の値段をシとする。チ×2+シ×1=420(円)なので,チ×8+シ×4=1680(円)である。また,チ×5+シ×4=1230(円)なので,チ×3=1680−1230=450(円)である。よって,チ=450÷3=150(円)なので,シュークリーム1個の値段=シ=420−150×2=120(円)である。

(3) $3\frac{3}{4}=\frac{15}{4}$,$2\frac{1}{2}=\frac{5}{2}$,$3\frac{1}{3}=\frac{10}{3}$にかけて,答えが0より大きい整数になる最小の分数は,分子が4と2と3の最小公倍数であり,分母が15と5と10の最大公約数である分数である。よって,求める分数は,$\frac{12}{5}=2\frac{2}{5}$である。

(4) 2%の食塩水250gの中にとけている食塩の重さは,250×0.02=5(g)である。また,でき上がった食塩水の中にとけている食塩の重さは，(250＋150)×0.08＝32(g)である。よって，加えた食塩水の濃度は，(32－5)÷150×100＝18(％)である。

(5)　AくんとBくん2人の1日の仕事量は，仕事全体の$\frac{1}{15}$である。また，Aくん1人の1日の仕事量は，仕事全体の$\frac{1}{24}$である。よって，Bくん1人の1日の仕事量は，仕事全体の$\frac{1}{15}-\frac{1}{24}=\frac{1}{40}$なので，Bくん1人で行うと，40日かかる。

(6)　上りに30分，下りに20分かかっているので，上りの速さ：下りの速さ＝2：3である。よって，上りの速さを$\boxed{2}$，下りの速さを$\boxed{3}$とすると，静水時の速さ＝($\boxed{3}$＋$\boxed{2}$)÷2＝$\boxed{2.5}$＝20(km/時)である。また，川の流れの速さ＝($\boxed{3}$－$\boxed{2}$)÷2＝$\boxed{0.5}$である。よって，川の流れの速さ＝$\boxed{0.5}$＝20÷2.5÷2＝4(km/時)である。

(7)　①　10人の生徒を，A，B，C，D，E，F，G，H，I，Jとする。10人から1人を選ぶ方法は10通りあり，続いて2人目を選ぶ方法は，9人から1人を選ぶ方法なので9通りある。また，A→Bの順に2人を選ぶ方法と，B→Aの順に2人を選ぶ方法は，同じ2人を選ぶことになる。よって，10人の中から2人の委員を選ぶ方法は，10×9÷2＝45(通り)ある。

②　①で2人の委員を選んだ後に，1人の委員長を選んだと考える。委員長は残りの8人から選ぶことになるので，8通りある。よって，10人の中から1人の委員長と2人の委員を選ぶ方法は，45×8＝360(通り)ある。

(8)　全体の横の長さは，リング1個のときに10cm，リング2個のときに16cm，リング3個のときに22cm，……というように，6cmずつ長くなる。よって，リング□個のときの横の長さは，10＋6×(□－1)と表されるので，リング18個のときの横の長さは，10＋6×(18－1)＝112(cm)である。

(9)　三角形AFDと三角形EFBとは相似な三角形なので，AF：EF＝DF：BF＝AD：EB＝2：1である。よって，三角形ADFと三角形ABFとの面積比は，DF：BF＝2：1である。また，三角形ABDの面積は，$24\times\frac{1}{2}=12(cm^2)$なので，三角形ABFの面積は，$12\times\frac{1}{2}+1=4(cm^2)$である。三角形ABFと三角形BEFとの面積比は，AF：EF＝2：1なので，三角形BEFの面積は，$4\times\frac{1}{2}=2(cm^2)$である。

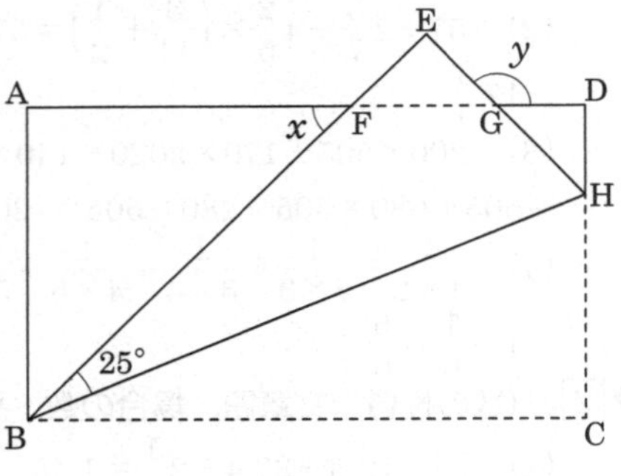

(10)　①　右の図で，角EBH＝角HBC＝25度より，角EBC＝25＋25＝50(度)である。また，ADとBCは平行なので，角x＝角EBC＝50度である。

②　三角形EFGで，角EFG＝角x＝50度，角FEG＝90度より，角y＝50＋90＝140(度)である。

3　(体積と容積)

重要　(1)　Aのじゃ口からは，40分間で，20×40×200＝160000(cm^3)＝160(L)の水が入っている。よって，Aのじゃ口から1分間に入る水の量は，160÷40＝4(L)である。また，A，Bの両方のじゃ口からは，60－40＝20(分間)で，20×40×(600－200)＝320000(cm^3)＝320(L)の水が入っている。よって，A，Bの両方のじゃ口から1分間に入る水の量は，320÷20＝16(L)なので，Bのじゃ口から1分間に入る水の量は，16－4＝12(L)である。

(2)　水そうの体積は，20×40×600＝480000(cm^3)＝480(L)である。A，Bの両方のじゃ口から1分間に入る水の量は16Lなので，満水になるまでの時間は，480÷16＝30(分)である。

やや難　(3)　Aのじゃ口から40分間に入る水の量は，4×40＝160(L)である。よって，Bのじゃ口も開いて水を入れるのは，$(480-160)\div(16-4)=320\div12=\frac{80}{3}=26\frac{2}{3}$(分間)である。以上より，じゃ口

Bを開くのは，じゃ口Aを開いてから，$40-26\frac{2}{3}=13\frac{1}{3}$(分後)＝13(分)20(分後)である。

[4] **(規則性)**

基本 (1) 分母が2の分数は1個，分母が3の分数は2個，分母が4の分数は3個，分母が5の分数は4個，……というように，分数が並んでいる。$\frac{1}{9}$は分母が9の分数の最後の分数なので，1＋2＋3＋4＋5＋6＋7＋8＝36(番目)の分数である。

重要 (2) 1＋2＋3＋……＋10＋11＋12＝78，1＋2＋3＋……＋10＋11＋12＋13＝91より，79番目は分母が14の分数の1番目の分数である。よって，求める分数は，$\frac{13}{14}$である。

やや難 (3) 分母が2の分数の和は$\frac{1}{2}$，分母が3の分数の和は$\frac{2}{3}+\frac{1}{3}=1$，分母が4の分数の和は$\frac{3}{4}+\frac{2}{4}+\frac{1}{4}=\frac{3}{2}=1\frac{1}{2}$，分母が5の分数の和は$\frac{4}{5}+\frac{3}{5}+\frac{2}{5}+\frac{1}{5}=2$，……というように，分母が1大きくなるごとに分数の和は$\frac{1}{2}$ずつ大きくなっている。79番目までの分数の和は，分母が13までの分数の和と，$\frac{13}{14}$との和なので，$\frac{1}{2}+1+1\frac{1}{2}+2+2\frac{1}{2}+3+3\frac{1}{2}+4+4\frac{1}{2}+5+5\frac{1}{2}+6+\frac{13}{14}=39\frac{13}{14}$である。

★ワンポイントアドバイス★

[1]と[2]の計算問題，基本問題をミスなく速く解き，確実に得点することが最大のポイントである。[3]・[4]の問題には，難易度が高いものもふくまれているので，時間配分に気をつけて，まず(1)をしっかり解き，(2)以降は，問題文をしっかり読んで，与えられた条件を見落とさずに，解ける問題を確実に解くことが重要である。

＜理科解答＞

[1] 問1 温室効果ガス 問2 呼吸 問3 エ 問4 (1) 植物 (2) 光合成 問5 (例) 森林が減少し，植物が少なくなっているため。 問6 ア 問7 エ 問8 ア 問9 ア

[2] 問1 ウ 問2 (図) 右図1 (方法) 水上置換(法) 問3 12(L) 問4 水[水蒸気] 問5 30(L) 問6 (例) においでお酢と料理酒を区別する。少量を蒸発させ，白い固体が残ったら食塩水，黒い固体が残ったら砂糖水である。

[3] 問1 22(秒) 問2 57(秒) 問3 A 問4 E，F 問5 63(秒) 問6 右図2

[4] 問1 ① 17(cm) ② 6(cm) ③ 11(cm) ④ 5(cm) ⑤ 2(cm) 問2 (おもりのおもさ) 35(g) (ばねCののび) 5(cm) 問3 ク

[5] 問1 4 問2 6 問3 空気[大気] 問4 衛星 問5 NASA 問6 ウ 問7 東 問8 ア 問9 イ 問10 右図3

図1

図2

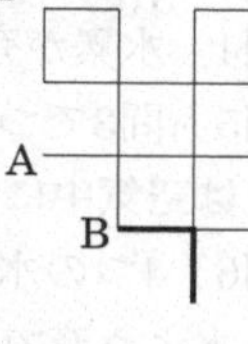

図3

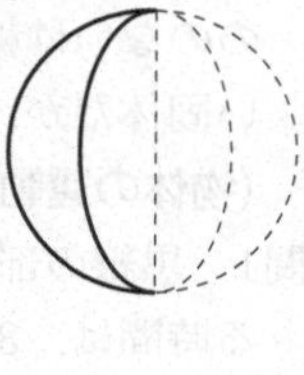

○推定配点○

[1] 各2点×9(問4完答) [2] 各2点×7 [3] 各2点×6 [4] 各2点×8 [5] 各2点×10 計80点

＜理科解説＞

1 (環境―いろいろな環境問題)

基本 問1　地球温暖化の原因と考えられている気体を温室効果ガスといい，二酸化炭素やメタンガス，フロンガスなどがある。

基本 問2　生物は酸素を吸収して二酸化炭素を放出している。このはたらきを呼吸という。

基本 問3　化石燃料は，大昔の生物の死がいがもとになってできたもので，石油や石炭，天然ガスなどがある。

基本 問4　植物は二酸化炭素を吸収して，水と二酸化炭素からでんぷんなどの養分をつくり出し，このとき同時に酸素も放出する。このような植物のはたらきを光合成という。

問5　森林が砂漠化や伐採などで減少することで，二酸化炭素を吸収するはたらきをもつ植物が少なくなり，空気中の二酸化炭素の吸収量が減少してしまう。

問6　ラッコとアジアゾウは絶めつ危ぐ種で，日本の絶めつ危ぐ種であるのはラッコである。日本の野生生物で絶めつ危ぐ種に指定されている生物数は約3700種である。

問7　地球温暖化が海面におよぼす影響は，南極大陸や氷河の氷がとけることなどによる海水面の上昇である。

問8　日本の在来種が海外において外来種としてはんしょくし，その地域の在来種に影響を与えることもある。外来種と在来種の雑種が生まれることもあり，その結果，在来種に影響を与えることもある。生息環境に適合できるかどうかなどの問題で，すべての外来種がはんしょくするとは限らない。

問9　オオサンショウウオは日本の在来種で，国の特別天然記念物に指定されている。また，絶めつ危ぐ種の一種でもある。

2 (気体，水溶液―金属と水酸化ナトリウム水溶液の反応，水溶液の区別)

重要 問1　水酸化ナトリウム水溶液とアルミニウムは反応して水素が発生する。鉄や銅，銀は水酸化ナトリウム水溶液とは反応しない。

重要 問2　水素は水にとけにくい気体なので水上置換法で集める。水上置換法は，水を満たした集気びんを水そうに入れ，水と気体を置きかえて集める。また，集めた気体が逃げないように，水そうの中で集気びんにふたをするため，集気びんのふたはあらかじめ水そうの中に入れておく。

重要 問3　うすい水酸化ナトリウム水溶液を十分に加えるとき，発生する水素の体積は金属の重さに比例する。金属Mのつぶ5gのとき，水素が6L発生するので，金属Mのつぶ10gでは，水素は，6(L)×$\frac{10(g)}{5(g)}$＝12(L)発生する。

重要 問4　水素が完全に燃えると，空気中の酸素と結びついて水ができる。

問5　問3でつくられた水素12Lを完全に燃やすのに必要な酸素は，12(L)÷2＝6(L)である。酸素は空気中に20％ふくまれているとしているので，必要な空気は，6(L)÷0.2＝30(L)

やや難 問6　4つの水よう液で，砂糖水と食塩水はにおいのない水よう液，お酢と料理酒はにおいのある水よう液である。お酢と料理酒はにおいがちがうので，においで区別することができる。においのない砂糖水と食塩水はとけているものの性質のちがいを利用して区別する。砂糖も食塩も白い固体だが，加熱すると砂糖は黒くこげるが食塩は白いままである。

3 (物体の運動―運動とプログラム)

問1　黒線の部分を移動するのにかかる時間は，(10×5)(cm)÷5(cm/秒)＝10(秒)，ターンにかかる時間は，3(秒)×4＝12(秒)である。よって，全体で10＋12＝22(秒)かかる。

問2　1周の長さは10(cm)×4＝40(cm)なので，スタートしてP点に3回目に到達するまでに黒線の部分を移動するのにかかる時間は，(40×3)(cm)÷5(cm/秒)＝24(秒)である。また，スタートしてP点に3回目に到達するまでにターンする回数は，最後にP点に到達したときはターンをしないので，4×3−1＝11(回)だから，ターンにかかる時間は，3(秒)×11(回)＝33(秒)である。よって，全体で24＋33＝57(秒)かかる。

問3　4輪自動車のおもちゃは，角では線の折れている方に曲がり，十字の交差点では直進するので，図Ⅰのように，Cで右折→Fは直進→Iで左折→Jで左折→Gで左折→Fは直進→Eは直進→Dは右折と進み，ゴールはAとなる。

問4　4輪自動車のおもちゃは，図Ⅱのように，AからBまでは問3とは逆に進み，さらにBで左折した後，Eを直進してHにゴールする。このとき，2回通過する点はEとFである。

問5　4輪自動車のおもちゃは，図Ⅲのように進む。黒線の部分を移動するのにかかる時間は，(10×18)(cm)÷5(cm/秒)＝36(秒)，ターンにかかる時間は，3(秒)×9＝27(秒)である。よって，全体で36＋27＝63(秒)かかる。

問6　図Ⅳで，●の2か所は黒線を追加することはできないので，a(○印)でターンせずに直進して⇒のように進むと最短でBに到達することができる。aでターンせずに直進するためには，aが十字の交差点になるように黒線を追加すればよい。

図Ⅰ

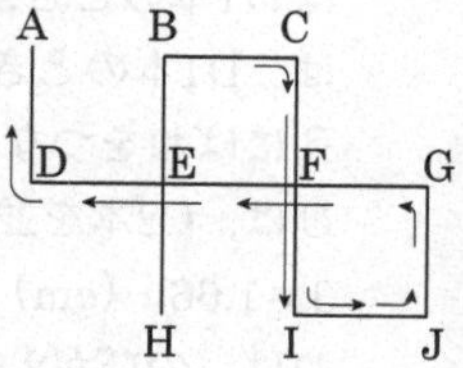

図Ⅱ

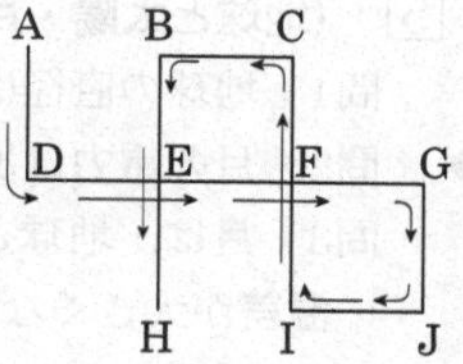

図Ⅲ

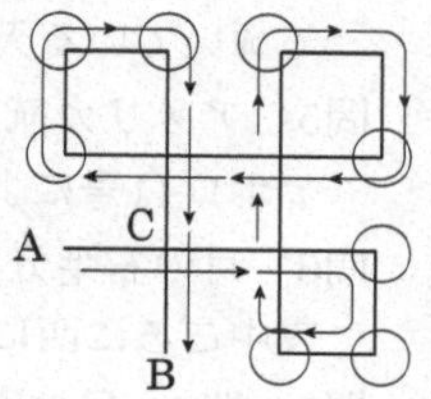

図Ⅳ

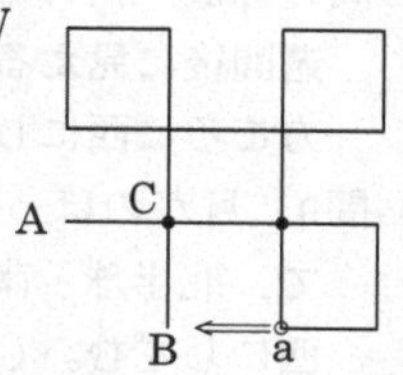

4　(ばね―ばねの長さとのび)

重要　問1　グラフから，ばねAは35gで10cm，ばねBは35gで8cmのびることがわかる。また，ばねを切って長さを半分にすると，同じ力で引いたときのばねののびは半分になる。よって，ばねCは35gで5cm，ばねDは35gで4cmのびると考えることができる。

①　ばねAにかかる力の大きさは60gなので，のびを$x$cmとすると，35(g)：10(cm)＝60(g)：x(cm)　x＝17.1…より17cm

②　ばねを並列に2本つなぐと，それぞれのばねにかかる力の大きさは半分になる。よって，ばねB1本にかかる力の大きさは50(g)÷2＝25(g)なので，のびを$x$cmとすると，35(g)：8(cm)＝25(g)：x(cm)　x＝5.7…より6cm

③　ばねを直列に2本つなぐと，それぞれのばねにかかる力の大きさはおもりの重さと等しくなる。よって，ばねB1本にかかる力の大きさは50gなので，のびを$x$cmとすると，35(g)：8(cm)＝50(g)：x(cm)　x＝11.4…より11cm

④　ばねCにかかる力の大きさは36gなので，のびを$x$cmとすると，35(g)：5(cm)＝36(g)：x(cm)　x＝5.1…より5cm

⑤　ばねを並列に2本つなぐと，それぞれのばねにかかる力の大きさは半分になる。よって，ばねD1本にかかる力の大きさは36(g)÷2＝18(g)なので，のびを$x$cmとすると，35(g)：4(cm)＝18(g)：x(cm)　x＝2.0…より2cm

問2　ばねを直列に2本つなぐと，それぞれのばねにかかる力の大きさはおもりの重さと等しくなり，おもりが35gのとき，ばねCは5cm，ばねDは4cmのび，のびの合計は5＋4＝9(cm)となることから，おもりの重さは35g，ばねCののびは5cmとわかる。

やや難　問3　ばねを直列につなぐとよくのびる弱いばねに，並列につなぐとのびにくい強いばねになる。

ばね1本のとき，ばねが強いものから順に，D＞C＞B＞Aとなり，35gの力がかかるときののびは，D1本のとき4cm，C1本のとき5cm，B1本のとき8cm，A1本のとき10cmである。また，並列にばねをつなぐと，のびは並列につないだ本数に反比例するので，35gの力がかかるときののびは，C2本を並列につないだとき，5(cm)÷2＝2.5(cm)，C3本を並列につないだとき，5(cm)÷3＝1.66…(cm)となる。よって，もっとも強いばねは，のびが1.7cmとなるエ，2番目に強いばねは，のびが2.5cmとなるクとわかる。

5 **(地球と太陽・月―月の見え方)**

問1　地球の直径は約13000kmなので，月の直径は地球の直径の約4分の1である。

重要　問2　月の重力は地球の重力の約6分の1である。

問3　月は，地球とちがって空気がないため，宇宙との間での熱の出入りが大きくなり，昼夜の気温差が大きくなる。

基本　問4　惑星のまわりを公転する天体を衛星という。また，太陽や星座の星のように，自ら光を出して輝いている天体を恒星，恒星のまわりを公転する天体を惑星という。

問5　アメリカ航空宇宙局はアルファベットの略称ではNASAと表される。人類初の月面着陸は，アポロ11号によって，1969年に成功した。

重要　問6　月の右半分だけが輝いて見える上弦の月は，正午ごろ東からのぼり，夕方ごろに南中し，真夜中ごろに西にしずむ。よって，観察した時刻は18：00ごろであると考えられる。

重要　問7・問8　月の形は，新月→三日月→上弦の月→満月→下弦の月→新月と変化する。上弦の月の1週間後に見える月は満月である。満月は，夕方ごろに東からのぼり，真夜中ごろに南中し，明け方ごろに西にしずむ。

やや難　問9　月がのぼったりしずんだりするのは，地球の自転が原因で，地球の自転は西から東の向きで，北半球・南半球は関係しない。よって，南半球のニューカッスルでも，月は東からのぼり，西にしずむ。しかし，もっとも高くなる方角は，北半球と南半球で逆になり，ニューカッスルでは北の空でもっとも高くなる。

やや難　問10 北半球で月が高くなる南の空を見ると，左手が東，右手が西になる。また，南半球で月が高くなる北の空を見ると，左手が西，右手が東となる。北半球の船橋市で図のように見える月は，右側の一部が明るく見えているので，月の西側が輝いていることがわかる。よって，南半球のニューカッスルでは，船橋市と左右が逆になった形で見える。

★ワンポイントアドバイス★

計算問題が多く出題されているが，複雑なものはなく，典型問題が中心なので，標準的な問題集で練習をしっかり重ねておこう。今年度は環境問題の出題があったので，環境・時事についても注意しておこう。

＜社会解答＞

1.　問1　打製石器　問2　A　③　B　①　C　②　問3　高床(式)倉庫　問4　①
問5　邪馬台国　問6　大仙(陵)古墳　問7　③　問8　(例)　御家人は将軍のために軍役を担うなどして「奉公」し，将軍は御家人に対して新たな土地を給与するなどの「御恩」を与えるという主従関係が成立していた。　問9　御成敗式目　問10　②

問11　後醍醐(天皇)　問12　枯山水　問13　応仁の乱　問14　(天草・)島原の乱
問15　伊能忠敬　問16　(例)　江戸時代を通じて「寺子屋」が設けられていたから。[子供たちは寺子屋で文字の「読み書き」を習っていたから。]

2. 問1　2　問2　4　問3　下総　問4　木更津　問5　銚子　問6　利根川
問7　②　問8　④　問9　あ　②　い　①　う　④　え　③

3. 問1　さ　(記号)　C　(都県名)　茨城　し　(記号)　A　(都県名)　群馬
す　(記号)　B　(都県名)　栃木　せ　(記号)　D　(都県名)　埼玉
そ　(記号)　E　(都県名)　東京　た　(記号)　F　(都県名)　神奈川

4. 問1　A　②　B　①　C　④　D　③

5. 問1　③　問2　(例)　1カ国でも行使すると，議案は否決される。
問3　あ　②　い　①　う　④　問4　(例)　国際連合では多数決制が採用されているが，国際連盟では全会一致制が採用されていたから。

6. 問1　(公害病)　水俣病　(物質名)　(有機・メチル)水銀　問2　環境庁　問3　④
問4　②　問5　①　問6　EPA　問7　(例)　・安価な労働力を求めて，発展途上国に工場を移転させたから。／・自動車産業などは貿易摩擦を避けるため，欧米に工場を移転させたから。

○推定配点○

1.　問8　6点　問16　5点　他　各1点×16　2.　問3　2点　他　各1点×11
3.　各1点×6(各完答)　4.　各1点×4　5.　問1・問3　各1点×4　他　各5点×2
6.　問6　2点　問7　各4点×2　他　各1点×6　計80点

＜社会解説＞

1. (日本と世界の歴史―原始～近世の政治・社会・文化など)

問1　旧石器時代から弥生時代まで用いられた石器。縄文時代には石を磨いた磨製石器も出現した。
問2　A　王の墓といわれるピラミッド(エジプト文明)。B　漢字の原型といわれる甲骨文字(中国文明)。　C　バビロニアのハンムラビ法典(メソポタミア文明)。
問3　湿気や洪水を防ぐための高床はネズミや害虫などからコメを守る働きもあった。
問4　近畿を中心に分布する祭器に使われたといわれる青銅器。
問5　倭王である卑弥呼の下，30余りの小国を統治していた連合国家。
問6　全長486m，三重の濠で囲まれた日本最大の前方後円墳。
問7　戒律を伝えるために請われて来日した唐の高僧。東大寺に戒壇を作り聖武上皇や光明上皇后などに戒律を授けた。薬師寺を建立したのは天武天皇と持統天皇。
問8　将軍と御家人の土地を仲立ちとした主従関係が封建制度。
重要　問9　頼朝の示した範例を重視し，武家社会独自の先例，慣習などに基づいて成立。
問10　元寇は1274年(文永の役)と81年(弘安の役)の2回。平治の乱は平安末期の平清盛が実権を掌握した戦い，山崎の戦は本能寺の変後，明智光秀を豊臣秀吉が破った戦い。
問11　2度にわたり討幕を計画するも失敗，隠岐に流されたがやがて脱出して挙兵した天皇。
問12　水を用いず砂や石で水の流れなど自然を表現した禅宗に多く見られる庭園。
重要　問13　将軍の後継争いに有力守護の相続などが絡み京都を中心に11年間に及んだ戦い。
問14　新しい領主の過酷な政治やキリシタン弾圧の強化に反発して蜂起。
問15　家業を隠居後，江戸に出て天文学を習得。その後18年にわたり全国を測量して地図を作製。

問16　僧侶，神官，浪人などが教師となった庶民の子弟の教育機関。幕末には全国に普及していた。

2. (日本の地理—関東地方の自然や産業など)

基本　問1　船橋市は東京湾に臨む東京のベットタウンとして発展した都市。

問2　1978年，長期にわたる反対運動の末にようやく千葉県の内陸部に開港された国際空港。

問3　千葉県北西部に広がる洪積台地で，表面は厚さ3～5mの関東ロームに覆われている。

問4　古来より房総半島と鎌倉や江戸を結ぶ港として発展。アクアラインの開通で都心に通う通勤者などの移住も増加，人口減少が著しい房総半島では唯一人口も増えている。

問5　江戸時代東北の物資を江戸に運ぶ中継地として発展，水産加工や醤油《しょうゆ》醸造も盛んな都市。

重要　問6　新潟県との県境を水源に関東平野を北西から南東に貫流する大河。古くは東京湾に注いでいたが江戸時代に河川の改修で現在の流路に付け替えられた。

問7　政令指定都市以外では最大の人口を擁する都市。①は千葉市，③は松戸，市川市，④は柏市。

問8　日本第2の湖である霞ケ浦は隣接する茨城県の南部に位置する。

問9　北海道を除くと千葉県は茨城県，鹿児島県に次ぎ農産物出荷額が大きい。大根は全国2位，サツマイモやキャベツが3位，豚は4位，キュウリやトマトも5位。

3. (日本の地理—関東各都県の特徴など)

さ　筑波山ろくに建設された都市で大学や国の研究機関などが集中。　し　1872年，渋沢栄一らにより富岡に官営の製糸工場が建設。　す　幕末に開かれた窯《かま》で大正末期以降民芸運動の中心地となった。　せ　2001年，浦和，大宮，与野の3市が合併して発足。　そ　2012年に開業した高さ634mの東京スカイツリー。　た　室町時代津波で建物が崩壊，以降露座の大仏となった。

4. (日本の地理—産業など)

A　水揚げ高は銚子，焼津，釧路の順。　B　一貫生産する高炉は工場の集約が進行中。　C　愛知県や神奈川県など大手メーカーの本拠地に集中。　D　すべて海に面した地に建設。

5. (政治—国際社会と平和など)

重要　問1　国連は第2次世界大戦の戦勝国が設立した機関。常任理事国は米・英・仏・ロ・中の5か国。

問2　冷戦期には米ソによりしばしば行使され国連の機能が停滞した。

問3　あ　戦災孤児の救済を目的に設立。　い　冷戦終結後も母国を追われて難民となる人が急増。　う　世界中の人々の健康推進を図る機関。

問4　大国であるアメリカやソ連の不参加，制裁措置が不十分であったことも指摘される。

6. (地理・政治—環境問題・日本経済など)

重要　問1　化学肥料工場からの排水に含まれていた水銀が水俣湾に流出して発生。

問2　高度成長期各地で発生した公害対策として発足。2001年には環境省に昇格。

問3　リノベーションとは修理，修復の意味。残る4つ目のRはリデュース(減量)。

問4　1990年代以降，ミニマムアクセスや関税化で年間80万トン前後が輸入されている。

問5　アメリカからはトウモロコシや大豆，オーストラリアからは石炭や天然ガスも輸入。

問6　サービスや投資，人の円滑な移動など幅広い分野での自由化を目的とする協定。

問7　海外への進出で国内の産業や雇用が衰退，産業の空洞化が大きな問題となっている。

★ワンポイントアドバイス★

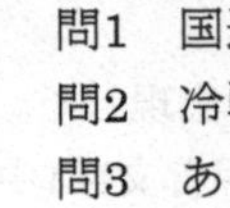

分野を問わず様々な資料・統計を用いた出題が増えている。教科書などに掲載されているものについては必ず目を通して理解を深めておこう。

＜国語解答＞

一 ① 耳 ② 目 ③ 腹 ④ 面 ⑤ 頭 ⑥ 手 ⑦ 肩 ⑧ 足

二 問一 ① 訪 ② 感心 ③ よう い ④ 危険 ⑤ 同士 問二 a イ b ア 問三 ウ 問四 人に教えられて見なおす 問五 ア 問六 イ 問七 (Ⅰ) 読者が会いに行っては迷惑になる(から) (Ⅱ) 会って読んだ印象が深まることはまずない[より強烈，読んだときの感銘はつぶされる](から) 問八 距離 問九 礼儀正しく，改まった付き合い[隣とはもっと距離をもつこと] 問十 イ 問十一 9

三 問一 ① 警報 ② 陽気 ③ 指揮 ④ 看板 ⑤ 画用紙 問二 Ⅰ キ Ⅱ エ[イ] Ⅲ ア Ⅳ イ[エ] Ⅴ カ 問三 A エ B オ C イ 問四 (最初)春川きみが～(最後)謝をとった[うのである〈。〉] 問五 イ 問六 (例) 鉄三の頭[髪]がくさいこと。 問七 まずしい家庭 問八 ウ 問九 ア 問十 エ 問十一 ウ 問十二 イ

○推定配点○

一 各1点×8 二 問一・問二 各2点×7 問七・問九 各4点×3 他 各3点×7
三 問一 各2点×5 問二・問三 各1点×8 他 各3点×9 計100点

＜国語解説＞

一 (慣用句)

①「馬の耳に念仏」は，馬にありがたい念仏を聞かせても無駄であることからできた言葉。②「鬼の目にも涙」は，鬼のように厳しいと恐れられている人も，ときには感激して涙を流すということを言っている。 ③「背に腹はかえられぬ」は，内臓の収まっている大切な腹は背と交換することはできないということからできた言葉。背を犠牲にしても大切な腹は守らなくてはならないということ。 ④「泣き面にはち」には，「踏んだり蹴ったり」「弱り目にたたり目」などの似た意味の慣用句がある。 ⑤「頭角をあらわす」の「頭角」は，頭の先の意味。 ⑥「ぬれ手に粟」は，水にぬれた手で粟をつかめば，粟粒がたくさんついてくることからできた言葉。「粟」は穀物の一種で，まるくて小さな実を結ぶ。「あわ」を「泡」とするのは誤り。 ⑦「肩身がせまい」の「肩身」は，世間から受ける評価のこと。それが，小さくなり「世間に対して顔向けができない」ということ。 ⑧「足を引っぱる」は，ある行為が成功や前進をさまたげるという意味でも使われる。「私のパスのミスがチームの足を引っぱることになった」のように使う。

二 (論説文－要旨・大意の読み取り，文章の細部の読み取り，空欄補充の問題，ことばの意味，ことわざ，漢字の読み書き)

問一 ①「訪」は「たずね-る」の訓もある。音読みは「ホウ」。「訪問」「来訪」などの熟語がある。 ②「感心」は，立派なものや行動に対して，深く心を動かされること。同音異義語の「関心(＝心をひかれること)」や「歓心(＝うれしいと思う心)」と区別する。 ③「容易」は，簡単である様子。「容」には「容量」「許容」などの熟語がある。「易」の訓は「やさ-しい」。「エキ」という音もある。「簡易」「貿易」「交易」などの熟語がある。 ④「危険」は「険」を，同音で形の似た「検」や「剣」と誤りやすいので注意する。「危」の訓読みは「あぶ-ない・あや-うい・あや-ぶむ」。「危機」「危害」などの熟語がある。「険」の訓読みは「けわ-しい」。「冒険」「保険」などの熟語がある。 ⑤「同士」は「同志」と区別する。「同士」は，たがいに同じ関

係にある，同じ種類のものである人。「男同士」「仲間同士」などと使う。「同志」は，志や主義などを同じくする人。「同志をつのる」「同志のために戦う」などと使う。

基本 問二 a 「戒める」は，あやまちのないように前もって注意するの意味。文章中では，著者に会いたいと思う読者に対して，会ってはいけないと前もって注意を与えるという意味である。

b 「慎む」は，度を越さないようにひかえめにするの意味で使われている。「近きを慎まなければならない」とは，近づきすぎないようにひかえめにしなければならないということ。

やや難 問三 「そういう『何』をした人」なのかを考える。「そういう」は，直前で説明されている，青く輝いていた山と見えたものが，来てみればただの山だったということを指している。そういう幻滅する「経験」をした人について述べている。エは紛らわしいが，来てみればただの山だったというのは失敗ではない。

問四 「奥入瀬渓谷」は，昔から土地に住んでいる人たちには見なれたもので，美しいことを知らなかった。その美しさを大町桂月という「人に教えられて見なおす」ことになったのである。同じように，大町桂月の家の「庭に咲いている花」は，大町桂月にとっては見なれたものであるから，その美しさを「人に教えられて見なおす」ということがあったかもしれない，と作者は推測している。

問五 大町桂月は，地元の人の知らなかった奥入瀬渓谷の美しさを苦もなく見つけたのである。「美しさ」を言い換えると，ア「価値」が適当である。「価値」は，値打ちの意味。美しさは，値打ちがあるということ。

基本 問六 「あまり近くのことはかえってわからぬこと」という意味の語句は「灯台もと暗し」である。「灯台」は，昔の照明器具の一つで，油を入れた皿に火をともす台のこと。周囲は明るいが，灯台のすぐ下は暗いことから，「あまり近くのことはかえってわからぬこと」という意味を表す。

問七 [5]・[6]段落に，「名著を読んだら著者に会うな」ということわざについての作者の解釈が述べられている。（Ⅰ） [5]段落の最後に，「ということを教えているのだと解釈する人がいるが，まるで当たっていない」とある。「ということ」の直前に「読者が会いに行っては迷惑になる」とある。これが，誤った解釈。（Ⅱ） [6]段落では，最後に「それが，ことわざの心である」とある。[6]段落で示されている作者の正しい解釈は，「会って読んだ印象が深まることはまずない」，「(印象は)より強烈，読んだときの感銘はつぶされる」というものである。だから，「名著を読んだら著書に会うな」ということわざがあるのだということ。

重要 問八 空欄Dの前後で説明されているのは，著者に会ってはいけないということ。著者に会わないという考え方に表れているのは，どういう美学かを考える。空欄Dの前後は，手がかりがつかみにくいので，先に空欄Eを見てみる。空欄Eの前では，「山のふもとまで来て，山容を賞でることは容易ではないだろう」と述べている。これは，問三でとらえたように，山の美しさは遠くから見て味わうもので，近くまで来ると幻滅するということを述べている。D・Eの前後で説明されているのは，本の筆者にも山にも近づかないのがよい，ということだと見当がつく。そこで，[9]～[11]段落を読んでみると，[9]段落に「〝車間距離〟を忘れるとトラブルになるほかはない」，[11]段落に「隣とはもっと距離をもつことが望ましい」とある。つまり，近づかないのがよい＝距離をとる，ということである。Dの「距離の美学」は，距離を保つことに価値があるということを表現している。「美学」は，考えかたや行動などの仕方について，美しく価値があるとされること。

重要 問九 [二]の初めの設問文にあるように，友人関係を長続きさせるためには，「ある程度の隔たり」が必要なのである。[9]～[11]段落から，隔たりについて述べている部分を探すと，[9]段落に「〝車間距離〟を忘れるとトラブルになるほかはない」，[11]段落に「隣とはもっと距離をもつことが望ましい」とあるのが見つかる。「〝車間距離〟を忘れるとトラブルになるほかはない」は，方法にはあてはまらない。「隣とはもっと距離をもつことが望ましい」の「隣とはもっと距離をもつこと」で13字。さらにその例として「礼儀正しく，改まった付き合いをする」の「礼儀正しく，改まった付き合い」で13字。この二つが解答としてあてはまる。設問は「方法としての例」を問うているので，「たとえば」とあるあとの「礼儀正しく，改まった付き合いをする」を正答として，「隣とはもっと距離をもつこと」を別解とする。

問十　〝車間距離〟は，友人としてもたなくてはならない隔たりをたとえて表現したもの。つまり，友人としてうまくやっていくための心構えを言い表したものである。その観点から文章を見てゆくと，Ⅰは「全てわかっていると勘違いしてしまい」となる。ア「信頼」が入る場合は，「相手が自分を全てわかっていると信頼してしまい」となるべき。Ⅱは「受け入れて」が入るかどうかを確認する。相手のことが全てわかっていると思えば，「全ての事を受け入れてくれると思い込む」のは，つながりとしておかしくない。Ⅲは，友人としてのつきあいの「必要最低限のマナーを忘れてはいけない」というつながりでおかしくない。

問十一　⑨～⑪段落で，「離れた友」を話題にしているのは⑨段落。「朋アリ遠方ヨリ来タルマタ楽シカラズヤ」は「同じ学問をする友が，はるばる遠方から訪ねてくる，なんと楽しいことではないか」という意味。論語は，「やはり，離れた友のよさを心得ている」というのである。

三 (小説－心情・情景の読み取り，文章の細部の読み取り，指示語の問題，接続語の問題，空欄補充の問題，漢字の読み書き)

問一　①「警報」は，大きな危険や災害が迫ったとき，人々に警戒や用心をうながすための報知。「警告」「警護」などの熟語がある。「報」の訓読みは「むく‐いる」。「報道」「報復」などの熟語がある。　②「陽気」は，朗らかで明るい様子。「気」には「ケ」の音もある。「ケ」と読むのは，「湿気」や「得意気」などの「～気」という言い方である。対義語は「陰気」。　③「指揮」の「揮」は，同音で形の似た「輝」を書かないように注意する。「発揮」「揮発」などの熟語がある。④「看板」は，「板」を形の似た「阪」を書かないようにする。「阪」は「大阪」「阪神」などに使う。「看」には「看護」「看守」などの熟語がある。　⑤「画用紙」は，図画をかくための用紙ということ。「紙」のつくりは「氏」。「低」のつくりと区別する。

やや難　問二　Ⅰ　笑う様子を表す表現は「くすっと」である。「くすりと」とも表現して，声を出さずに笑う様子を表す。　Ⅱ「ふいに」は，突然にの意味。足立先生は通りを歩いていて，突然に「いっぱい飲んでいくか」と言ったのである。イ「ふと」も同じような様子を表す。　Ⅲ　あとに「いっそうふきげんになっていくようだ」とある。ふきげんな様子を表す言葉は「ぶすっと」である。Ⅳ「ふと」は，何かちょっとした拍子にの意味。それまでの様子とは関係なく，何かをしたり言ったりするときに使う。エ「ふいに」を入れることもできる。　Ⅴ「ぐいと」は，水や酒などをひといきに飲む様子を表す言葉。「コップの酒を……飲みほして」とあるので「ぐいと」が入る。

基本　問三　A　空欄の前の「デカルコマニィーは二つ折りにした画用紙に二，三色のえのぐを入れておしつけてからひらく」という，デカルコマニィーについての説明を「合わせ絵の一種である」と言い換えて補足説明をしている。説明の働きの「つまり」が入る。　B　小谷先生がとまどってしまった理由について，「これから鉄三の家へまわるつもり」ということがらに，「校区内で男の先生とふたりで酒を飲むということにうしろめたい気がした」ということがらを付け加えている。付け加える働きの「それに」が入る。　C　とまどう気持ちがあったけれども，このまま別れてしまうのは気がかりで，店へ入ったのである。逆接の働きの「しかし」が入る。

問四　「顔がくもる」は，暗い表情になるということ。小谷先生は，足立先生から何かよくないことを聞いたのである。読み進めていくと，学校に電話があって「春川きみが近所の子どもに勉強を教えて，十円二十円の月謝をとったというのである。」という部分が見つかる。その前の部分に「春川きみは足立先生の受持ちで二年生，弟の論は一年生で，小谷先生の担当である」とある。小谷先生は，自分にも関係のある子どもが，問題のある行動をしたと聞いて「顔がちょっとくもった」のである。最後の五字は「のである。」としてもよい。

問五　前の部分に，足立先生について「たいへん人気があるんだなと小谷先生は思った」とある。足立先生は，アカンベェーをしたり，いたずらな子どもたちが小谷先生のマネをしたように，小谷先生のマネをしたりしている。このようなふざけたところのある「お調子者の足立先生が，自分よりも生徒たちに人気があったから」，小谷先生はちょっとくやしい思いになったのである。

やや難　問六「両親のいない鉄三に，『何』はいってはいけないこと」なのかを考える。小谷先生が，あわてて飲み込んだ言葉とは「鉄三ちゃん，頭くさいよ」である。これを「～こと。」の形でまとめる。「頭」は「髪」でもよい。

問七　直後に「この校区はまずしい家庭が多い」とある。まずしいことを理由に，お金を得る方法としてみにくい話がおこってくるのはとうぜんだし，子どもがそれをまねすることだってありうるというのである。

問八　問七と関連させて考える。きみが近所の子どもに勉強を教えてお金をもらっているのは，家がまずしいからである。それに加えて，母親が家を出ていってしまったという事情もある。まだ，小学一年生の弟に，家の複雑な事情を聞かれて，かわいそうな思いをさせたくないのである。

問九　きみは，近所の子どもに勉強を教えていることは話しているが，お金をもらっていることは話していない。世の中や足立先生は良くないことだと思っているだろう，と推測してだまっていたのである。そこに，お金をもらっていることを，足立先生から質問されて動揺しているのである。

やや難　問十　(7)「胸が痛くなる」は，あれこれ悩み，つらく思うという意味。小谷先生は，きみが置かれた立場に同情してつらい気持ちになっている。　(8)「胸がいっぱいになる」は，悲しさ・くやしさ・うれしさなどで強く心を動かされて，胸がつまるように感じるという意味。足立先生ときみのやり取りを聞いていて，小谷先生は「(きみは)まだ母親にあまえているとしごろなのに」つらい思いをしているきみを思って，悲しくなっている。

問十一　小谷先生が，足立先生にたずねている内容から考える。「きみちゃんは，はじめから，あんなに明るいすなおな子だった」のか，先生ときみちゃんが「そんなに話もしないのに気持が通じている」のはどうしてか，ということである。これらは，ウの「きみちゃんが足立先生のところにいると素直に何でも話してくれるのはなぜか」という内容にあてはまる。

重要　問十二　イの内容は，最後の場面の足立先生の会話文にあらわれている。「悪いことかな」「あんた，かえすことばがあるか」「きみは悪いことをしたと思ってあやまってるわけやあらへん」などから，足立先生は「貧困の格差や家庭の事情を考えるとお金をもらってしまったきみちゃんを責めることはできない」と考えているのである。ア，お金をもらったことを，良くないこととは考えていない。ウ，「今後自分で働かなくてはならない」とは述べていない。エ，「先生たちは何とかしてお金を渡していきたい」とは述べていない。

★ワンポイントアドバイス★

論説文は，筆者の考え方をとらえて，その考え方に沿って筆者がどのように説明を進めているかを読み取っていこう。具体例やキーワードに注目して読むことが大切だ。小説は，会話文などから場面に描かれていることがらをとらえて，人物の心情や思い，考えを読み取るようにしよう。

データ対応

収録から外れてしまった年度の
問題・解答解説・解答用紙を弊社ホームページで公開しております。
巻頭ページ＜収録内容＞下方のQRコードからアクセス可。

※都合によりホームページでの公開ができない内容については，
次ページ以降に収録しております。

ようと思ったから。

イ　和彦が水谷先生の味方をするような言い方をしていることに驚いたから。

ウ　和彦が母親の計画を知って、それに反発しようとしている様子に共感したから。

エ　和彦が水谷先生をやめさせようとしている中心的人物だと考え、それを確認したかったから。

問四　——線部③「いちばん肝心なこと」の説明としてふさわしいものを次から選び、記号で答えなさい。

ア　大好きな水谷先生をやめさせようとしているリーダーが自分の母親だということ。

イ　水谷先生を好んでいるのは子どもだけで、親たちは不満しかないということ。

ウ　和彦が水谷先生のことを好きすぎて、わざと授業中にさわいでいるということ。

エ　親たちのなかで、アヤだけが水谷先生をやめさせたくないと思っていること。

問五　——線部④「そのぎこちなさ」がさしているものとして**ふさわしくないもの**を、〰〰線部ⓐ～ⓔから選び、記号で答えなさい。

問六　——線部⑤「頭がクラクラした」とあるが、それはなぜか、次から選び、記号で答えなさい。

ア　和彦が周囲から仲間外れにされるきっかけが、息子のブンちゃんの屈託《くったく》のなさだと気づいたから。

イ　和彦が仕返しを受ける原因が、彼の母親にあることを知らないことに気づいたから。

ウ　和彦が実は裏で糸を引いていて、ブンちゃんたちがだまされていたことに気づいたから。

エ　和彦が彼自身の首をしめることになるとも知らず、残こくな提案をしたことに気づいたから。

問七　空欄 1 ～ 4 に当てはまる適切な語を、次の中から選びなさい。

ア　キリッと　イ　ひやっと　ウ　けろっと
エ　きょとんと　オ　あたふたと　カ　ひそひそと

問八　——線部⑥「このままだとブンちゃんまでマズい立場になりかねない」とは、「誰が」「どうすること」でそうなってしまうというのか。二十字以内で説明しなさい。

問九　——線部⑦「水谷先生の授業の進み方が遅い」ことへの対策として正しいものを、次の中から**すべて**選びなさい。

ア　放課後など生徒で勉強会をすること。

イ　先生が努力すること。

ウ　主犯への復讐《ふくしゅう》をすること。

エ　家で予習復習をすること。

オ　授業中の私語はしないこと。

カ　和彦をリーダーにもどすこと。

問十　——線部⑧「そっちのほう」とは、どうすることを言うのか、過不足なく文中からさがして、「～こと」に続く形に末尾を直して最初と最後の五字を書き抜きなさい。

「かーちゃんが悪いってことは、カズも悪いんだよ、責任あるんだよ」とマズい方向に流れかけた話を、「だめだよ」と食い止めたのも、ブンちゃんだった。「カズはなにも知らなかったんだし、そんなことしたら水谷先生が悲しがるじゃん」――そんなことを言うようにもなったのだ、あの甘《あま》えん坊《ぼう》のブンちゃんが。

（中　略）

子どもたちの話し合いは少しずつまとまってきたようだ。

⑦水谷先生の授業の進み方が遅《おそ》いのは、先生の要領が悪いだけではなく、教室がいつも騒《さわ》がしくて、みんな授業に集中していないからだ――と、子供たちも気づいた。

授業中の私語は禁止。満場一致《いっち》で決まった。予習復習をしっかりやってから学校に来ること。これも、みんな「さんせーい！」と声をそろえた。

昼休みや放課後に、みんなで勉強会をする。そのときの先生役は、ブンちゃんの提案で和彦くんになった。さすがに「ええーっ？　カズかぁ」「あの子、いばるし」「性格チョー悪いし」と反対意見はないわけではなかったが、ブンちゃんは「算数はカズが一番得意なんだから」と譲《ゆず》らなかった。

べつに和彦くんに気をつかったわけでも、留美子さんの無言のプレッシャーを感じたわけでもない。素直に、屈託《くったく》なく、「カズは意地悪だけど、いいところもあるんだよ」とまで言う。確かにブンちゃんは成長した。アヤもそれは認める。なんとなく、これからは留美子さんともうまくやっていけるんじゃないかな、とも思う。

「張り切ってるなあ、あいつら」

健はうれしそうに言う。

「でも、勉強会なんて、ほんとにできると思う？」

アヤが苦笑交じりに訊《き》くと、「無理だよ」と、うれしそうな顔のままつづける。「せいぜい一週間ってところじゃないかな。子どもってのは盛り上がるのも早いけど、飽《あ》きるのも早いから」

「でも、それじゃあ……」

「いいんだよ、それでいいんだ。自分たちで話し合って、自分たちで決めて、自分たちでなにかをやろうとすれば、もう、それだけで立派なことなんだよ。親や先生から言われたことをきちんとこなすより、⑧そっちのほうがずうっと大切なんだと思うぜ、俺は」

（重松清「なきむし姫」より）

注1　「屈託なく」……気がかりなことがなく、心が晴れ晴れとしているさま。

注2　「ケン隊長」……アヤの幼なじみの健《けん》。文太たち小学生から「隊長」と呼ばれて親しまれている。後出の「ケンちゃん」も同じ。

注3　「サムアップ」……親指を立てて上に向ける動作。

問一　＝＝線部A～Fについて、漢字はひらがなで読みを書き、カタカナは漢字に直して答えなさい。

問二　――線部①「ママも悪の軍団の一味なの」とありますが、ここでいう「悪の軍団」とはどんな人たちをさしているのか、二十字以内で簡潔に説明しなさい。

問三　――線部②「みんなって、和彦くんも？」とアヤが聞いたのはなぜか、次から選び、記号で答えなさい。

ア　和彦がイヤミで言っていることを、それとなくブンちゃんに伝え

＊

公園は、自然と和彦くんの欠席裁判の場になってしまった。健《ケン》のことなどほったらかしで、みんな口々に「信じらんねーっ」「あいつのかーちゃんってサイテー」と和彦くんを責め立てる。そして、明日からは和彦くんをみんなでシカトしよう、と話はまとまりつつあった。

止めなければ……と、アヤは何度も話に割って入ろうとしたが、大好きな水谷先生を救うために一致団結しているみんなは、聞く耳を持たない。中には「ブンのママ、カズのママの味方になるってこと？」と食ってかかる子もいる始末《しまつ》で、⑥このままだとブンちゃんまでマズい立場になりかねない。

Dコマりはてたアヤに、健は「なにがあったか知らないけど、いまは親が口を出さないほうがいいと思うぜ」と言った。

そして――。

「俺《おれ》にまかせろ」

頼りがいのあるガキ大将の顔になって、言った。

＊

「隊員諸君！」

健は子どもたちを整列させて、力強く言った。子どもたちも、いつ練習していたのか、「オーッス！」と声をそろえて応《こた》える。

「諸君も知ってのとおり、緊急《きんきゅう》事態が発生した。一年二組の大ピンチであるっ」

芝居《しばい》がかった、しかつめらしいEクチョウで言う。ベンチに座るアヤは苦笑したが、健も子どもたちも真剣そのものだった。

「わが旭ヶ丘ウルトラスーパーチャレンジ警備隊に、出動の指令が下ったっ」

何人かはガクッとずっこけそうになったが、それも一瞬《いっしゅん》のことで、みんなすぐに頬《ほお》を[2]引き締《し》める。

「みんな、水谷先生のことが好きか？」

「はいっ！」

「来年も、水谷先生にクラス担任になってほしいか？」

「はいっ！」

「よーしっ」

健は満足そうに大きくうなずき、「じゃあ、あとはみんなで考えろ」とだけ言って、子供たちに背中を向けて、アヤのもとに戻ってきた。

「それだけ？」[3]して、アヤは訊《き》く。「なにかいいアイデアがあるんじゃなかったの？」

健は「ないよ」とあっさり答えてアヤの隣に座る。「俺にはなにもないけど……子どもたちが見つけるよ」

「だって、さっきは『俺にまかせろ』って言ったじゃない」

「子どもたちにまかせろ、ってことを俺にまかせろ、っていう意味だよ」

[4]した顔で言った健は、だいじょうぶ、と(注3)サムアップした。

「あいつらも、もうすぐ二年生なんだから。ブンだって四月の頃に比べると、ほんと、しっかりしてきたぞ」

確かに、話し合いのFワの中にいるブンちゃんは、みんなの話にちゃんとついていって……いや、むしろ、話し合いをリードしているようにも見える。「やっぱり悪の軍団をやっつけるしかねーよ」と誰かが言ったのをきっかけに、「そーだよ、カズのかーちゃんが一番悪いんだから」

「……和彦くんは、じゃあ、水谷先生のことが好きなわけ？」

「うん、あいつ、大、大、大好きだよ。だから授業中とか、先生にかまってほしくて、チョーうっさいんだもん」

なるほど、とアヤはうなずいて、思わず漏《も》れそうになった(あ)ため息を呑《の》み込んだ。和彦くんはなにも知らない。留美子さんは、③いちばん肝《かん》心《じん》なことを伝えていない。

　なんだか厄介《やっかい》なことになりそうな……と不吉な予感が頭の片隅《かたすみ》をよぎった。じっとこっちを見つめるブンちゃんの視線に気づいて、(い)あわてて目をそらすと、ブンちゃんはそれを追いかけるように「だいじょうぶだよね？」と訊《き》いてきた。「ママ、絶対に悪の軍団になんか入ってないよね？」(う)返事のテンポが少し遅れた。「あったりまえじゃない」と(え)笑う顔もひきつってしまった。

　だが、ブンちゃんは④そのぎこちなさには気づかず、ホッとした笑顔を浮《う》かべて、「よかったあ！」とアヤに抱《だ》きついた。

　クラスのみんなで決めたのだという。

　今日、家に帰ったら悪の軍団のBショウタイを暴《あば》いて、復讐《ふくしゅう》してやる――。

「復讐って……どんなことをするの？」

「親が悪の軍団に入ってるヤツがわかったら、そいつをみんなでいじめるの」

「バカなこと言うの、やめなさい」

「だって、それ、カズが決めたんだもん」

⑤頭がクラクラした。C底意地の悪い秀才《しゅうさい》ならではの和彦の悪知恵は、いわば自殺行為《こうい》だった。

「でも、ママが悪の軍団に入ってなくてよかったあ」

ブンちゃんは(注1)屈託《くったく》なく言って、玄関に駆《か》けだした。

「遊びに行ってきまーす」

「誰と遊ぶの？」

「ひさしぶりに、(注2)ケン隊長と公園で集まるの！」

（中　略）

「みんな集まるの？」

「そう、男子はほとんど、あとは女子も四、五人来るって。ツクシを摘《つ》もうぜ、って隊長が言ってたから」

「……和彦くんも？」

「カズ？　あいつは休み。塾があるって言ってたから」

「ちょっと待って、ブン。ママも一緒に行くから」

「はあ？」

「ママも、ひさしぶりにケンちゃんに会いたいし」

こういうときに相談できる相手は、やはり、健しかいない。

急いで出かける支度《したく》をしていたら、電話が鳴った。

「いいよいいよ、ぼくが出るから」と受話器を取ったブンちゃんは、短いやり取りのあと、「マジ？」と声を上げた。

電話を切るとすぐ、「ママ、大変！」と駆けてくる。

「悪の軍団のリーダー、わかった！　ヨシノリのママが教えてくれたの！」

背筋が［ 1 ］したアヤに、つづけて――。

「カズのママなんだって！　カズんちのおばちゃんが、水谷先生をクビにしようって、みんなを誘ってるんだって！」

【国語】（五〇分）〈満点：一〇〇点〉

一　次の□に当てはまる、体の一部をあらわす語句を漢字一字で書きなさい。

1　□が痛い　聞くのがつらいこと。
2　□があく　ひまになること。
3　□にどろをぬる　恥をかかせること。
4　□であしらう　冷たんにあつかうこと。
5　□車に乗る　だまされること。
6　□を長くする　待ちこがれること。
7　奥《おく》□に衣を着せる　事実をはっきり言わないこと。
8　□がない　心をうばわれること。
9　□を割る　心中を打ち明けること。
10　□が回る　よく話すこと。

二　※問題に使用された作品の著作権者が二次使用の許可を出していないため、問題を掲載しておりません。

三　次の文章を読んで、後の問いに答えなさい。

文太（ブンちゃん）の担任水谷先生は新任で、授業がなかなか進まず、今年度中に小学一年生の教科書が終わらない。同級生　和彦《かずひこ》（カズ）の母　留美子はそのことに腹を立て、校長に提出するための署名《しょめい》活動をしており、文太の母　アヤの元にも署名を求めてやってきた。アヤは「やめよう」と言って留美子を敵に回すことも、署名して彼女の子分になることも出来ずに、困り果てている。

水谷先生をめぐる不穏《ふおん》な動きは、ブンちゃんには決して知られないようにしてきた。だが、こういう話は、オトナ以上に子どものネットワークのほうが敏感《びんかん》にA察知するものだ。

「ママ、水谷先生がクビになっちゃうってマジ？」

留美子さんから署名用紙を受け取った翌日、学校から帰ってくるなり、ブンちゃんは言った。

和彦くんが話していたのだという。しかも、あのイヤミなガリ勉くんは、首謀者《しゅぼうしゃ》が自分の母親だと知っているのかいないのか、「お父さんやお母さんがみんなで話し合って、先生をクビにすることになったんだぜ」と言っていたらしい。

「ねえ、①ママも悪の軍団の一味なの？」

口をとがらせ、上目づかいでアヤをにらんだブンちゃんは、「ぼく、ぜーったいにイヤだからね、そんなの！」と細い声をせいいっぱい張り上げる。

「わかってるわよ、ママだって水谷先生のこと大好きなんだから、そんなことするわけないでしょ」

「じゃあ、ママは悪の軍団に入ってないの？」

「……悪の軍団とかって言い方、やめなさい」

「だって悪の軍団なんだもん、みんなで決めたんだもん」

「②みんなって、和彦くんも？」

「そーだよ、だってあいつが名前を付けたんだもん、悪の軍団って」

問八 ――線部⑦「嶋君、あまり梶をいじめるなよ」とあるが、これには「先生」のどのような気持ちが込められているか。次から選び、記号で答えなさい。

ア 「梶」にとっては「由香」よりもイルカの方が大切な存在なので、それ以外のことで悩ませないでやってほしいということ。

イ 「梶」は長い飼育経験からこうなることがあらかじめわかっていたので、どんな指示にも「由香」が従うべきだという気持ち。

ウ 「梶」も「由香」が早くイルカを世話できるようになってほしいと思っているので、そこを理解してやってほしいという気持ち。

エ 「梶」が「由香」のマニキュアを見抜けなかったことは仕方がないのだから、あまり責めないでやってほしいということ。

問九 本文の特徴を説明したものとしてふさわしいものを次から選び、記号で答えなさい。

ア 獣医の「先生」との会話を通して、イルカの「C１」や先輩の「梶」らの行動に対して、主人公の「由香」が抱いていた誤解を解いていく過程を描いている。

イ 主人公の「由香」の独白を中心に、水族館で暮らすさまざまな動物たちとの触れ合いを通して、専門知識の不足がもたらす独善的な飼育の問題点を描いている。

ウ 視点を主人公の「由香」と獣医の「先生」、そしてイルカの「C１」へと順番に移していくことで、一つの出来事にも別の側面があることを描き出している。

エ イルカの「C１」を擬人化し、しぐさを人間と同じように表現することで、主人公の「由香」と「C１」が対等な存在であるということを描いている。

手の絵が付け加えてある。その絵には大きなバッテンがついていた。

『女の人へ。調餌、給餌の時は、マニキュア等は⑥自重のこと』

女の人へって、もっと他の書き方はないの。

でも、なんだか、おかしくなってきた。

「⑦嶋君、あまり梶をいじめるなよ」

先生はいたずらっ子のような顔をして笑った。

（木宮条太郎『水族館ガール』より）

〔注〕１　「ライブ」……イルカショーの「アクアパーク」での呼び名。

２　「摂餌」……餌を食べること。「調餌」は餌を調理すること、「給餌」は餌を与えること。

３　「チーフ／親父さん」……イルカ課の責任者で、主任トレーナー。

４　「丁稚奉公」……商店などで雑用や下働きをすること。

問一　――線部①「こんなこと」とはどのようなことか。「～こと。」に続く形で文中から二十二字で抜き出して答えなさい。

問二　文中の A ・ B にあてはまる語句を次から選び、それぞれ記号で答えなさい。

A　ア　いるはずだ　イ　いるわけがない　ウ　他にもいるに決まっている　エ　いたらいいだろう

B　ア　目を光らせた　イ　肩をすくめた　ウ　口をとがらせた　エ　腕をふるった

問三　――線部②「職場でこんな状態になったことなんて、今までになかった」とあるが、これはなぜか。「今まで」と「今回」とを比べる形で答えなさい。

問四　――線部③「そのせい」とあるが、なぜ「先生」はこのように言ったのか。次から選び、記号で答えなさい。

ア　自分には見せたことのない姿をイルカが由香に見せたことで、由香に対して嫉妬《しっと》しているから。

イ　自分よりも上手にイルカの世話ができるようになっている由香を見て、梶があせりを感じているから。

ウ　自分にはなつかないイルカが由香にはなついたことで、イルカの世話係としての自信を失ったから。

エ　自分の時よりも早く由香にイルカが心を許したことで、梶がショックを受けているから。

問五　――線部④「C１」にとって「由香」はどのような存在か。文中から四字で抜き出して答えなさい。

問六　――線部⑤「それ、先輩が頼るなって」とあるが、「先輩」はなぜ「頼るな」と言ったのか。次から選び、記号で答えなさい。

ア　自分がはじめたノートではあるが、由香がその内容を自分のものにしてしまったので、追い抜かれるのが嫌だったから。

イ　自分がはじめたノートではあるが、由香がそれに頼りすぎるので、書いた当人として責任の重さに耐えられなかったから。

ウ　水族館のものになっているノートではあるが、まだ由香を水族館の一員として認めていないので、渡したくなかったから。

エ　水族館のものになっているノートではあるが、内容に不足している部分があったので、文章を書き加えたかったから。

問七　――線部⑥「自重」とあるが、これと同じ読み方で「重」が使われている熟語を次から選び、記号で答えなさい。

ア　丁重　イ　体重　ウ　重視　エ　重要

「C１は好奇《こうき》心旺盛《おうせい》な個体だけど、同時に警戒心《けいかいしん》も強くて、人見知りも強い。初見のトレーナーに慣れるのは、いつも最後なんだよ。トレーニングは子イルカの頃から始めることが多いんだけど、C１は事情があって成体になってからのトレーニングなんだ。そんなことも影響してるのかもしれない」

　C１の姿が浮かんだ。あいつ、私に向かって挑発《ちょうはつ》するかのように鳴いていた。

「今日やった胃液採取だって、僕や(注３)親父さんには、やらせてくれるんだけど、梶にはなかなか気を許さなくて、やらせてくれなかった。梶ができるようになったのは、最近なんだよ。彼は何度もC１で痛い目にあってる」

　先生は「イルカの立場で考えてごらん」と言った。

「好きな遊びだとはいえ、初めての人間が口の中に手を入れてくるんだ。警戒して当然だろう。だけど、C１のやつ、怪我《けが》もさせず身動きもさせずの微妙《びみょう》な力加減で、君の腕をくわえていた。君はC１を観察するどころではなかったと思うけど、C１は、明らかに君の様子を見て楽しんでた。C１は初対面の君を遊び相手として選んだんだ」

「遊び相手、ですか」

「トレーナーの仕事は、うまくイルカに遊んでもらうこと。そう言ったのを覚えてるかい。さっき、C１のやつ、回転しながら高いジャンプをしたろう。ハイスピン・ジャンプと呼んでるんだけど、C１は演技ではやっても、自分からやることは、めったにないんだ。魚のキャッチボールも、水しぶきをトレーナーにわざとかけることも、このところは、ほとんどやらなかった。だから僕も梶も油断してて、水しぶきをかぶっちゃった。もうC１のやつ、遊び気分全開になってる。分かるかい。へこむのは、君ではなくて、梶なんだよ」

　先生は楽しげに身を揺《ゆ》する。そして、先生は着替えの下から何か取り出し「それと、これを君に」と言った。

「返しとくよ。無いと困るだろうから。今朝、梶から取り上げた」

　例の新人用ノートだった。

「⑤それ、先輩が頼るなって。随分《ずいぶん》、怒ってて」

「まあ、仕方ない。このノート、もともと梶のものだから」

　思いがけない言葉に、何と返せばいいのか分からない。先生は笑った。

「この仕事は、どうしても職人的になる。性格も職人タイプの人が多い。親父さんを見れば分かるだろう。梶も新人の頃、苦労したんだ。でも、苦労しつつ、大切だと思われる内容を自分なりの言葉で書き留めた。それを、たまたま僕が目にすることがあってね。良くまとまってるし、新人だからこそ気づく事柄も書いてある。梶は嫌がったけど、親父さんと相談して、新人向けの教育ノートにしたんだ。それを代々の新人が使って、気づいたことを書き加えていった。ノウハウって、こうやって蓄積《ちくせき》していくもんさ。でも、最初に梶がやり出さなければ、今でも(注４)丁稚奉公《でっちぼうこう》の状態は変わってなかっただろうな」

「でも、どうして。あんなに怒って、頼りすぎだって」

「戸惑ってるんだよ。いや、あいつなりに責任を感じてるのかもな。あまりにも君がこれに頼るもんだから。まあ、ともかく、この付箋《ふせん》のついたページを見てごらん」

　ノートを受け取って開いてみた。細かな調餌《ちょうじ》手順の下に、へたくそな違っていた。無知識の新人を採用して、一から仕込む役所や会社のやり方とは、根本的に違うのだ。先輩が怒るのも当たり前で、自分がここにいること自体、間違っているのだ。

控室のドアが開いた。

上半身ずぶ濡《ぬ》れの先生が入ってきた。

「僕《ぼく》も水しぶきで、やられたよ。C1に影響されたのか、他の三頭まで興奮《こうふん》してね、やたらとジャンプして水を飛ばすんだ。まいったよ」

先生は着替えを取りに、ロッカーの列の中に入っていく。

「今さっき、梶がここに来ただろう」

「はい」

「何か言ってたかい」

「いえ。口もきいてもらえませんでした」

ロッカーの列の向こうから「そうか」とだけ返ってきた。

沈黙《ちんもく》が流れる。

由香はロッカーの向こう側に問いかけた。

「先生、どうすればいいんでしょうか。私、観光事業課にいたと言っても、デスクワーク中心で、結局、何も……ここに来たこと自体、間違ってるんです。役所の人事って、いつもそうなんです」

情けない。涙声《なみだごえ》になっている。

役所にいた時は、他部局の人に何を言われても、何ともなかった。たいていは半日もすれば忘れたし、その場で言い返せる時は倍くらい言い返して、すっきりしてから場を離《はな》れた。②職場でこんな状態になったことなんて、今までに無かったのだ。

「かなり、まいってるみたいだな」

先生が着替えを持って、ロッカーの列から出てきた。

「でも、珍《めずら》しいことじゃない。動物にもある。環境が変わると、慣れるまで元気が無くなるんだ。場合によっては、ストレスで病気になる動物だっている。僕は獣医《じゅうい》で人間は診察《しんさつ》できないけど、人間だって同じことさ。でも、まあ、君は心配ないだろ」

先生は［B］。

「勘《かん》違いしてないかい。僕が梶の様子を尋《たず》ねたのは、梶のことが気になったからだよ。君のおかげで、梶のやつ、相当落ち込んでる。口をきかないのは、③そのせいさ」

「先輩《せんぱい》が、どうしてですか。餌《えさ》の拒否《きょひ》みたいな情けない光景を見て、嫌気が差したんですか」

「拒否じゃない。以前、イルカの性格を説明しただろう。何て言えばいいのかな、まあ、あれはキャッチボールみたいなもんだ」

「キャッチボール？」

「この二週間程、君はプールから少し離れた所で、うろうろしていた。④C1も気になっていたんだろう。で、今日ようやく間近に君を見た。そんな君にC1は『ほれ』とボールを投げてきたんだ。イルカが魚を遊び道具にすることは、珍しいことではないからね」

「でも、腕《うで》を噛《か》みつかれました」

「イルカの口には九十本くらい尖《とが》った歯が並んでる。まともに噛めば、無事ではすまない。だから最初、僕はそれが怖くて、とめようとした。でも、結局、腕はどうだった。かすり傷《きず》一つ無いだろう」

黙って、うなずいた。そう言えば、恐さばかり感じていたけれど、くすぐったいくらいで、痛みは少しも無かった。

ウ　暗くても明るくても夜は夜だと、はじめから知っているから。

エ　自分がひとりぼっちだということに気づいているから。

問九　——線部⑧「夜の奇妙な力」の説明として適切なものを、次の中から選びなさい。

ア　明るい夜だからこそ、昔の暗い夜と異なり、自分はひとりだと気づかせるのだということ。

イ　夜の明暗の差に関わらず、自分はひとりなのだと気づかせる力が夜にはあるということ。

ウ　都会の夜の力で、どんどん明るく照らすような建物が増えていっているということ。

エ　真っ暗い夜の存在があるからこそ、未来は明るいのだと自分をはげますことができるということ。

三　次の文章を読んで、後の問いに答えなさい。

主人公の嶋由香《しまゆか》は、市役所から派遣《はけん》され、市立水族館「アクアパーク」でイルカ担当として働くことになった。同じイルカ担当の梶《かじ》（「先輩《せんぱい》」）からは、マニキュアをつけたまま餌《えさ》の調理をしていたことをとがめられるなど、厳《きび》しい指導を受けている。

そんなある日、「先輩」と獣医《じゅうい》の磯川《いそかわ》（「先生」）に見守られ、イルカの世話をすることになった。そこで由香は、イルカの「C1《シーワン》」から餌《えさ》の魚を投げ返された上、腕《うで》をくわえられてしまい、さらに全身に水をかけられてしまう。次の文章は、その後の場面である。

イルカ館三階にある控室《ひかえしつ》からは、屋外プールが一望できる。午後の**（注1）**ライブは三十分後、先生と先輩は準備に走り回っているようだった。

由香は窓際を離《はな》れ、控室の古いソファに身を投げ出した。破れかけの背もたれから、バネが軋《きし》む音が聞こえてくる。ため息をついて、自分の手を見つめた。

「①こんなことって、ある?」

自分の手から餌《えさ》を食べてもらう——それが信頼関係の第一歩と聞いたことがある。しかし、C1は魚を投げ返した。**（注2）**摂餌拒否《せつじきょひ》。自分は第一歩すら踏《ふ》み出せなかった。ライブは、トレーナーが付き添《そ》うとはいえ、お客さんが魚を与えることだってあるのに。

飼育する側なのに、飼育される側から拒否された。

先輩にいくら酷《ひど》く言われても、我慢《がまん》できる。相手は人間だ。それを耐《た》えるのも仕事のうちと割り切ればいい。だけど相手がイルカでは、どうしようもない。

へこむ。

（注3）チーフは「プールには戻って来んでいい」と言った。餌《えさ》を与えるという基本的な仕事を免除《めんじょ》される水族館員がいるだろうか。［ A ］。ここに来て二週間ちょっと、もう見切られてしまったということだ。

先程、先輩がロッカーにある着替えを取りに、控室に来た。けれど、怒ることも笑うこともなく、ただ黙《だま》って着替えを持って出て行った。それも、視線が合わないように顔をそらしたままで。これは、怒鳴られたり馬鹿《ばか》にされるよりも、きつい。もう相手にする価値すら無いと見られたのだ。

思えば、知識も経験も無い自分がやっていけるなんて考える方が間インで夜をどこかへ追いやろうとする。暗い夜空を不自然な紫色《むらさき》にケソめ続ける。明るい夜を見て育つ子どもは、たぶんかつてのわたしのように、⑦夜をこわがったりはしないんじゃないか。夜というものが存在すると、あるコテイド成長してから気づくなんてことはないのではないか。けれど、と私は思うのだ。どんなに明るい夜でも、夜は夜だ。暗いことがイコール夜なのではない。明るい夜のなかでも、いつか人はきっと気づく。自分がひとりであると唐突《とうとつ》に気づく。そう気づかせる⑧夜の奇妙な力を知る。

（角田光代「幾千の夜、昨日の月」より）

問一　――線部**ア**～**コ**のカタカナを漢字に、漢字を平仮名に直しなさい。

問二　――線部①「子どものころには夜がなかった」とあるが、言いかえているところを探し、十五字以内で抜き出しなさい。また、その理由として適切なものを、次の中から選びなさい。

ア　昼の間、元気に自然の中で遊んでいるため、夜は早い時間帯からぐっすりと眠っていたから。

イ　夜は子どもが自由に楽しむものではないうえ、眠ってしまっては、自分がその中にいると認識できないから。

ウ　平等に与えられた夜も、大人と子どもではその感じ取り方に差があり、昼は子どもの時間だと思っていたから。

エ　夜はこわいものだという感覚がめばえていたため、遅くまで起きているということが出来なかったから。

問三　――線部②「心許なさ」とあるが、ここでの意味として適切なものを、次の中から選びなさい。

ア　はっきりせずとまどうこと。

イ　心がひきつけられること。

ウ　暗い気持ちに落ち込むこと。

エ　たよりなく不安に感じること。

問四　――線部③「私は本当には、夜を知らなかったと思う」とあるが、それを筆者はどうしてだと考えていたか。文中の言葉を用いて三十字以内で説明しなさい。

問五　――線部④「薄白い夜」と筆者が言っているのはなぜか、適切なものを次の中から選びなさい。

ア　子どものころの真っ暗い印象ではなく、明るく受け入れてくれる印象があるから。

イ　友だちや恋人といった大好きな人たちと過ごすため、明るくわくわくする気持ちを反映させているから。

ウ　少しずつ夜というものを知っていき、都内の大学に上がったとたん夜が自分のものになったと思ったから。

エ　空が白んでいく明け方の空の様子を表現したかったから。

問六　――線部⑤「ひとりであると気づいたときに味わう気分」として、不適切なものを次の中から選びなさい。

ア　自信　イ　愛しさ　ウ　不満　エ　おそれ

問七　――線部⑥「都会の夜がどんどん明るくなっていく」理由を筆者はどのように考えているのか、二十五字以内で説明しなさい。

問八　――線部⑦「夜をこわがったりはしないんじゃないか」とあるが、なぜか。適切なものを、次の中から選びなさい。

ア　夜が真っ暗闇であること自体を知らないから。

イ　本当の夜の姿に、おさない頃から気づいているから。

ここで私ははじめて夜を見た。

夕ご飯を食べ終えて、家族で出かける用意をする。おもてに出ると真っ暗。夜である。夜のなか、昼に乗っているのとおんなじバスがやってくる。ベージュに青の車体、ブルーの座席、ビニールとニスが混じり合ったようなにおい、白い吊革《つりかわ》、帽子《ぼうし》をかぶった運転手。けれど、暗闇のなか走ってくる、車内を白熱灯《とう》で光らせたバスは、昼のそれとは大きく異なる異界の乗りものみたいに感じられた。**エ**コウシャボタンのピンク色もやけにどぎつく見えた。

本来ならば家にいてテレビを見ている時間、昼間とは様相の異なるバスに乗り、しかもいえから遠ざかっていくということに私はおそれおののいていた。父も母もいっしょなのに、ひとりぼっちで知らない町に向かわされている気がした。

帰りの夜はもっと濃《こ》かった。体から**オ**湯気をあげながらバス停を目指す。銭湯のある町は、私たちの住むところよりは多少にぎやかなので、飲み屋の赤提灯《ちょうちん》や営業している商店の**カ**カンバンが光っている。しかしそのぶんよけい、夜は濃くなったように感じられた。バス停に立っていると、永遠にバスなんてこないような気がした。

銭湯に通っていたのはほんの数日だと思うが、記憶《おく》のなかでは、まるまる一冬銭湯に通い詰《つ》めだったように思える。そのくらい、はじめて見た夜の印象が強いのだろう。

それからじょじょに、夜は私の生活に姿をあらわしはじめる。さほどこわいものではなくなる。

それでも、夜というものを本当に知るのは、もっとずっとあとのことだ。

中学生になり、友だちとコンサートや芝居《しばい》を見た帰り道、子どものように夜をこわいとは思わなくなり、高校生になり、学校帰りに都内まで出て遊ぶようになると、夜がもっともっと自由になればいいのにと思った。それだって③私は本当には、夜を知らなかったと思う。終バスがすなわち私の夜の限界だった。あの、行き先表示が赤くぺかりと光った最後のバス。でも本当の夜は、終バスが去ったあとにあるのではないか。

夜と親しくなりはじめたのは大学に上がってからだ。このころにはもう、二十四時間営業のコンビニエンスストアもファミリーレストランも至るところにふつうにあって、私が子どものころのように夜は闇ではなかった。その④薄《うす》白い夜のなかを、友だちと、恋人と、私はずんずん分け入っていった。夜をそのまま自分のものにするかのように。

（中　略）

夜はときとして、私たちがひとりであることを思い出させる。銭湯からの帰り道、父も母もいるのにひとりぼっちだと感じた、あの**キ**オサナい日の気持ちは、夜というものの持つ本質だったような気がする。夜は否応《いやおう》なく、私たちがひとりであると気づかせる。⑤ひとりであると気づいたときに味わう気分は、そのときどきによって違う。あるときは、不安になり心細くなり、未来には悪いことしか待ち受けていないような気分になる。あるときは、たったひとりでどこまでも歩いていけるような、妙《みょう》に力強い気分になる。そうしてあるときは、一瞬《いっしゅん》前までともにいた人が、心から大切だと**ク**イタいほど思ったりする。

とくに⑥都会の夜がどんどん明るくなっていくのは、たぶん、そのことを気づきたくない人が大勢いるからだと思う。ひとりだと気づくことがないよう、町は、二十四時間営業のコンビニエンスストアやネオンサ

【国　語】〈五〇分〉〈満点：一〇〇点〉

一　次の各問いに答えなさい。

問一　次のそれぞれの語句の（　）に当てはまる文字を漢字一字で書いて答えなさい。

①　朝（　）暮四

②　明鏡止（　）

③　（　）心伝心

④　一挙（　）得

⑤　五（　）霧中

問二　次の文章のうち、漢字が間違っているところを探し、それぞれ正しく書き直しなさい。

〔例〕きのうは、サッカーの連習があった。（　連　⬇　練　）

①　午後の最後の競技はクラス対抗リレーだ。一致団決してがんばろう。

②　風が強く、黒い雲が流れている。きっと雷が成って雨が降るだろう。

③　教室の熱さで頭がぼーっとして、問題を解くのに時間がかかった。

④　弟は、今年から英語の勉強を初めたが、ぼくよりずっと上手だ。

⑤　新しいカメラだね。いい景色だから、この機会にあの建物を移してよ。

二　次の文章を読んで、後の問いに答えなさい。

①子どものころには夜がなかった。

実際には夜はいつだってある。子どもにも大人にも平等にある。でも、夜は子どもの所有物ではなかった。好き勝手にできるものではなかった。少なくとも、私の場合は。

私の生まれ育った家は繁華《はんか》街から遠く離れており、まわりにあるのは畑や田んぼや山や川で、数少ない商店は八時前後には閉店してしまっていたから、夜はただ、真っ暗なだけだった。用がないから出歩くこともない。テレビを見て眠る。それだけ。眠ってしまえば、自分が夜のなかにいるとは気づかない。

だから子どものころの私にとって、夜はこわかった。本来あるはずではないものが、そこにあり、自分をとりまいているということがおそろしかった。

私の通っていた小学校は遠くにあり、バス通学をしていたのだが、冬は、ちょっと寄り道をしたり校内で遊んでいたりすると、バスに乗っているうちに外が暗くなった。今考えればまだ五時、六時だったろうと思うが、そのくらいの時間の暗闇《やみ》でさえ、ひとりでバスに乗っているとこわく見えた。ひとりきりで知らない場所にア放り出されたような②心許《こころもと》なさがあった。

小学校低学年の頃、自宅の風呂《ふろ》がイコショウして、修理のあいだウ銭湯に通わなければならなくなった。とはいえ、畑や田んぼや山や川ばかりの周囲に突然銭湯があるはずもなく、私たち家族は、風呂にはいるためだけに三十分もバスに乗って町なかの銭湯を目指さねばならなかった。おりしも季節は冬。

イ　どのような場合でもそうだということはできない

ウ　細かい違いを無視して話を進めることができる

エ　どちらでもそうするということはできない

問八　――線部⑦「この話の持つ教訓」について、次の問いに答えなさい。

(1)「米粒」は何に置きかえられるか。文中から一語で抜き出して答えなさい。

(2)「サル」は何に置きかえられるか。文中から四字で抜き出して答えなさい。

(3) どのような教訓か。次から選び、記号で答えなさい。

ア　もうけることを第一に考えていると、いつの間にか自分を追い詰めることになる。

イ　もうけることを第一に考えるなら、少しの犠牲《ぎせい》はがまんしなければならない。

ウ　危険なことにも勇気を出して飛び込まなければ、利益を得ることはできない。

エ　危険なことにも勇気を出して飛び込むことができれば、意外な利益を生むことがある。

問九　――線部⑧「富は、行動を刺激するよりむしろ行動を妨げる」とあるが、これはなぜか。理由を説明している部分を二つ、文中から十五字前後で抜き出して答えなさい。

問十　この文章の内容と一致するものを次から選び、記号で答えなさい。

ア　年をとるとお金が自分の生活のじゃまになるから、若いうちからお金を欲しがるべきではない。

イ　若いうちはお金に接していても大丈夫だが、年をとると節約の気持ちがなくなってしまう。

ウ　お金を十分に得るためには、サルを捕まえる時の米粒のようにエサとなるものが必要である。

エ　お金は成功のあかしに見えるが、よりよい生き方をする上ではそれほど重要なものではない。

ちぶさたの毎日を持て余すようになる。彼の※モラルや精神力は、いつまでも眠《ねむ》りからさめることがない。それは、まるで波にもてあそばれるイソギンチャクそのものの生活だ。

X 、金持ちにも正しい精神を持った人間はいる。そのような人は、※怠惰《たいだ》をめめしいものとして※一蹴《いっしゅう》するだろう。富や財産につきまとうそれなりの責任を自覚すれば、もっと立派な仕事をめざすようになるかもしれない。 Y 、いかんせんこうした例はほとんどないのが世の常だ。

（スマイルズ著、竹内均訳「自助論」より）

※　萎縮……おとろえ、しなびて、ちぢむこと。元気がなくなること。
高潔……けだかく、りっぱで、けがれのないこと。
ウォルター・スコット……スコットランドの詩人、小説家（1771～1832）。
ペニー銅貨……英国のお金。　道理……物事のすじ道。
ツチボタル……ヒカリキノコバエの別名。幼虫は青白い光を発する。
アルジェリア……北アフリカの国。カビールはその一地方。
戯画……ここでは、人物や社会を遠回しに批判した絵のこと。
モラル……道徳。　怠惰……なまけていて、だらしないこと。
一蹴……問題にもせず、はねつけること。

問一　空欄 X ・ Y に入る語句の組み合わせとしてふさわしいものを次から選び、記号で答えなさい。

ア　X ところが　Y そして
イ　X そのため　Y つまり
ウ　X もちろん　Y だが
エ　X 要するに　Y また

問二　――線部①「心の狭いシミったれた連中」について、反対の意味で用いられている語句を文中から五字で抜き出して答えなさい。

問三　――線部②「一つ型」と同じ意味で用いられている八字の語句を文中から抜き出して答えなさい。

問四　――線部③「ある」と同じ用法のものを次から選び、記号で答えなさい。

ア　たくさん食べ物があるし、なんとかやっていけるだろう。
イ　彼は年下ではあるが、リーダーとしてふさわしい人物だ。
ウ　この問題を解決するには、ある昆虫の助けが必要だった。
エ　来年度の大会は、千葉あるいは埼玉で開催《かいさい》されるはずだ。

問五　――線部④「紙っぺら一枚ほどの値打ちすらない」とあるが、これはなぜか。次から選び、記号で答えなさい。

ア　心が貧しく、目先のことしか考えられない人物だから。
イ　他人ばかりをあてにして、目的を達成できないから。
ウ　お金を大切にしすぎて、使うことができないから。
エ　お金をかせぐわりには、それ以外の才能がないから。

問六　――線部⑤「それ」がさすものを次から選び、記号で答えなさい。

ア　世俗で成功すること
イ　金をたくさん貯めること
ウ　成功のために目をくらませること
エ　ほめたたえること

問七　――線部⑥「いちがいにそうとはいえない」と同じ意味になる文を次から選び、記号で答えなさい。

ア　全部まとめて一般的にそうだというのは間違いだ

悪いのは金そのものではない。金に対するまちがった「愛情」こそが諸悪の根元なのだ。このまちがった愛情は、心を狭《せば》め※萎縮《いしゅく》させる。そして、寛大《かんだい》な生活や※高潔《こうけつ》な行ないに対して精神を閉ざす原因となる。

※ウォルター・スコットは、自分の小説の登場人物の一人に、こう断言させている。

「※ペニー銅貨は、抜《ぬ》き身《み》の剣が人を殺すよりもっと多くの魂《たましい》を殺すのだ」

ビジネスにつきものの欠点は、それが人間の性格を機械のように②一つ型にはめてしまいがちなことで③ある。ビジネスマンの多くは、お決まりのやり方にへばりつき、その先を見通そうとはしない。このように自分だけのために生きているビジネスマンは、他人をも自分の目的に奉《ほう》仕《し》するだけの存在だと思いこむようになるだろう。こんな人間の人生は、彼が記入している帳簿《ちょうぼ》の④紙っぺら一枚ほどの値打ちすらないにちがいない。

世俗《せぞく》の成功は、金をいくら貯めたかではかられる。この成功は、確かに目もくらむほどすばらしいものに映る。誰もがそれを多少なりともほめたたえるが、⑤それは無理もない話だ。

利口《りこう》で、根気強くチャンスを抜け目なく狙《ねら》っている人間なら、上手に世渡りをして成功を収めることも十分に可能だろう。しかし、そのような人間が常に立派な人格と善良な資質を持っているかといえば、⑥いちがいにそうとはいえない。ものごとの※道理は金より大切であるが、その点を少しも理解していない人間でさえ金持ちにはなれるのだ。

しかも、そんな金持ちは実際はとてつもなくみじめで貧しい人間だ。富は、何ら人間の道徳的価値の証明にはならない。※ツチボタルがその光で自分の薄汚《うすぎた》ない姿を照らし出すように、きらびやかに輝《かがや》く富も往々《おうおう》にしてその所有者の下劣《げれつ》さを浮《う》き立たせるのである。

金の亡者《もうじゃ》となりはてた人間を見ていると、欲張りなサルの話が思い出される。

※アルジェリアのカビール地方の農民は、ひょうたんを木にしっかりとくくりつけ、中に米粒《こめつぶ》を入れておく。ひょうたんには、サルの手がちょうど入るくらいの穴が開いている。夜になると、サルは木のところに来てひょうたんの穴に手を突っこみ、米粒をわしづかみにする。そして握《にぎ》った手をそのまま引きぬこうとするのだが、きつくて抜けない。手をゆるめればいいのに、そこまで知恵が回らないのだ。夜が明けると農民に生け捕《ど》りにされるわけだが、その時のサルは、米粒をしっかり握りしめたまま実に間《ま》の抜《ぬ》けた顔をしているという。

これは、まさしく人間の※戯画《ぎが》に他ならない。⑦この話の持つ教訓は、われわれの生活にも広く当てはめて考えることができるだろう。

だいたいにおいて、金の力は過大評価されている。世に役立つ偉大《いだい》な業績の多くは、金持ちや寄付金番付《ばんづけ》に名を連ねた人間ではなく、財政的には恵《めぐ》まれない人間によって成し遂《と》げられてきた。偉大な思想家や探検家、発明家、そして芸術家に大金持ちはいないし、むしろその多くは、世間的な境遇《きょうぐう》の面からいえば貧しい生活を強《し》いられてきた。

⑧富は、行動を刺激《しげき》するよりむしろ行動を妨《さまた》げる。多くの場合、富は幸運を呼ぶと同時に不幸の種ともなる。大きな財産を相続《そうぞく》した若者は、安易な生活に流されがちだ。望むものが何でも手に入るため、かえって生活にあきあきしはじめる。戦い取るような特別の目標もないから、手も

さい。

ア　キキに宅急便の仕事をしてもらわないと、パン屋の仕事がはかどらず困るから。

イ　キキがコリコの町に帰ってくるのを、心待ちにしているから。

ウ　キキが世間の常識とはかけはなれた発言をしたことを、遠回しに教えたかったから。

エ　キキが里帰りをするのは、まだまだ先のことだと思っていたから。

問九　――線部⑦「なにかものたりなくて、しばらく電話をにらんでいました」とありますが、それはなぜか、三十字以内で説明しなさい。

問十　――線部⑧「ジジはもうことばもなく、またぐるぐるまわりをしだしました」とありますが、この時のジジの気持ちを次から選び、記号で答えなさい。

ア　せつなさ　　イ　さびしさ　　ウ　腹立たしさ　　エ　うれしさ

問十一　――線部⑨「なんだか怒っているみたいな赤い顔」とあるが、ただ息を切らせてきただけではないとんぼの気持ちを、次から選び、記号で答えなさい。

ア　キキがしばらく里帰りをすることを、よく思わない気持ち。

イ　キキに紙づつみを渡すことへの、てれかくしの気持ち。

ウ　里帰りをすることを電話ごしで伝えたキキに対する不満な気持ち。

エ　初めて女の子におくり物をするため、きんちょうする気持ち。

問十二　――線部⑩「ぶっきらぼう」・⑪「とりなす」の意味を次から選び、記号で答えなさい。

⑩「ぶっきらぼう」
ア　いじわるな様子
イ　きびしい様子
ウ　そっけない様子
エ　乱暴な様子

⑪「とりなす」
ア　相手の気持ちを代わりに話す。
イ　気まずい空気をうまくまとめる。
ウ　その場に合わない発言をする。
エ　相手が話し終えないうちに伝える。

問十三　――線部⑫「上からそっと手でおさえました」とありますが、この時のキキの気持ちを説明した文を次から選び、記号で答えなさい。

ア　とんぼが自分のことを思って贈《おく》り物を選び、旅立ちを見送ると言ったので、上きげんになっている。

イ　ふだんから他人へのおくり物には気をつかっているとんぼらしさに対して、あたたかな気持ちになっている。

ウ　せっかくだから、とんぼが見送りに立つ場所を忘れないようにと、用心深く気をつけようと思っている。

エ　とんぼが自分の望み通りの行動をとってくれたことに対して、感心している。

三

次の文章を読んで、後の問いに答えなさい。

富《とみ》だけを目当てに金を貯めこむのは、①心の狭いシミったれた連中のやることだ。賢明《けんめい》な人間は、こんな悪習に深入りしないよう十分注意すべきだろう。さもないと、節約という若き日の美徳《びとく》は、年をとるにつれて貪欲《どんよく》という悪徳に変わってしまう。

度に一年間の思い出となって、どっとキキの胸を打ちました。

「行きましょ」

キキは大きく息をして、かすれてしまった声でいいました。

キキが入口の戸に「お知らせ」の紙をはりつけていると、大きなパンの袋をかかえたおソノさんと、赤ちゃんを抱いたパン屋のご主人が店から出てきました。

「仕事ですよ、キキ」

おソノさんはおどけて声をかけました。

「このパン、あなたのおかあさんまでとどけてちょうだい。コリコの町一番のパン屋だっていうのわすれないでよ」

おソノさんは、キキのちょっぴりしずんだ表情に気がついて、それをふきとばすように笑い声をあげました。

「キキ、かならず帰ってくるのよ。あたしたち、おとなりさんが魔女でほんとにまんぞくしてるんだから。だれかもいってたわよ、キキがこの町の空を三日も飛ばないと、なんだかものたりない、って」

キキは泣きだしそうになる顔をゆがめて、おソノさんにとびつきました。

「もちろん、もちろん、帰ってくるわ」（角野栄子「魔女の宅急便」より）

問一 ――線部**ア**～**コ**のカタカナを漢字に、漢字をひらがなに直しなさい。

問二 ――線部①「もうすっかり春でした」とありますが、春の景色を具体的にどのように表現しているか、文中から四十字以内で抜き出し、最初と最後の五字を書き抜きなさい。（句読点も字数に含みます。）

問三 ――線部②「この日」とはどんな日か、文中の言葉を六字で抜き出し、「～日」に続くように答えなさい。

問四 空欄 A ～ D に当てはまる語句を次から選び、記号で答えなさい。

ア ちろりと　イ にやっと　ウ ぴんと

エ じろじろと　オ ちらっと　カ せかせかと

問五 ――線部③「むっと口をつぐみました」とありますが、どうしてですか。その理由を「～から。」に続くように文中の言葉を用いて答えなさい。

問六 ――線部④「もやもや」は里帰りを前にした気持ちを表現しています。別の言葉で言い換えているところを、ここより前から二十字以内で抜き出しなさい。

問七 ――線部⑤「あまったれ顔」とは、どのような顔のことか、次から選び、記号で答えなさい。

ア 久しぶりに両親に会えると思い、ついうれしくて顔がゆるんでしまっている顔。

イ 宅急便の仕事からしばらくはなれられ、少しは楽ができるとほっとしている顔。

ウ 里帰りのことを話しても、おソノさんがあまりおどろかなかったので安心している顔。

エ この後、里帰りの話をきっかけにして、とんぼさんと電話で話せるとはしゃぐ顔。

問八 ――線部⑥「『みじかいしばらく』にして、はやく帰ってらっしゃいよ」とおソノさんが言ったのはなぜか、次から選び、記号で答えなさい。

「ジジにかくれて編むのにケクロウしちゃったわよ」

「ずるいよ。ないしょなんて」

「でもね、いいないしょは三倍うれしいっていうわ」

「いいないしょね。なるほどね、うん、わかった」

「なにがわかった？」

キキがいうと、ジジは「べつに」といいながら、またまた元気にぐるぐるまわりをはじめました。

つぎの日、キキとジジがそうじをしていると、息をはあはあいわせてとんぼさんがとびこんできました。そしてキキに、⑨なんだか怒っているみたいな赤い顔で、手に持った紙づつみを「これ」といってさしだしました。

キキは、男の子ってどうもわかんない……と思いながらあけてみると、それは肩《かた》からさげる小さな袋でした。ピンクの地に黒猫《ねこ》のもようがししゅうしてあります。

「まあ、すてき」

きのうのジジみたいに、キキもあまりうれしくってこれしかいえません。

「気に入った？」

キキがこっくりとうなずくと、

「じゃ、よかった。もってってよ」

⑩ぶっきらぼうにいったとんぼさんは、キキがさっそく肩《かた》にかけたのを、めがねの奥《おく》の目ではずかしそうに見ると、

「出発はあしたの朝だったね、じゃ、元気でね」

と早口でいいながら、ジジの頭をちょっとなでて、きたときと同じように走っていってしまいました。

「どうしちゃったの、とんぼさん」

キキはあっけにとられて、そのうしろ姿を見ていました。

「黒猫《ねこ》のもようなんて、とんぼさん、気がきいてるね」

ジジが⑪とりなすようにいいました。

「ほんと」

キキもそれにうなずきかえしながら、うれしさでいっぱいでした。

「こんなかわいいものえらんで……すこしはあたしのこと、女の子って思ってくれてたんだわ」

赤いボタンでとまった袋のふたをあけてみたキキは、「あら」とさけんで小さな紙切れをとりだしました。それには、「あした大川のコハシの上で手をふります。とんぼ」と書いてありました。

「なあに？」

ジジがききました。

「ううん、なんでもない、ただちょっと」

キキは首をふると、紙切れを中にしまい、⑫上からそっと手でおさえました。

「さあ、出発よ」

キキはジジに声をかけ、ほうきと荷物をかかえて外に出ようとして、思わずふりかえり、自分の店の中を見まわしました。

赤い電話、レンガと板の机。地図、せまい階段、すみにつまれた粉の袋、必要になってこの街にきてから買ったこまごましたもの。みんな一

キキが答えると、おソノさんは［C］笑って、キキのほっぺたをつっつきました。
「あんた、もう⑤あまったれ顔になっちゃってるわよ。それもけっこうだけどね、あたしにいわせていただければ、しばらくっていったら、ふつう十日ぐらいよ。『⑥みじかいしばらく』にして、はやく帰ってらっしゃいよ」
キキはてれて、舌を［D］出しました。
そのあと、キキはとんぼさんに電話をしました。
「いいなあ、長い旅になるんでしょ、どのくらいスピード出すんですか。どのくらいの高さで飛ぶんですか。オ追い風ですか。むかい風ですか。空の上の温度は？　雲の中を飛ぶときはどんな感じですか。雲には味ってあるのかなあ」
とんぼさんは話しているあいだじゅう、質問ばかりしていました。
（男の子の頭の中には、質問しかないのかしら。いっつもこの調子、お勉強ばっかり）
キキは受話器をおいたあと、⑦なにかものたりなくて、しばらく電話をにらんでいました。
それからキキは、よく仕事をたのんでくるお客さん数人と、友だちのミミさんに電話しおわると、カアツい紙で「お知らせ」をつくりました。
「しばらくおやすみさせていただきます。申し訳ございません。キキ」
として、すみに、「しばらくは十日ぐらいです」と書きそえました。
その夜、キキはジジにいいわたしました。
「あしたお店をおそうじして、あさっては朝はやく出発。ね、いいわね」
ジジはもうにやにやがとまりません。しっぽを口にくわえようと、ぐるぐるぐるぐる同じところをまわっています。そのうち、ふと動くのをやめて、思い出したようにいいました。
「コキリさんとオキノさんへのおみやげ、どうするの。キキが用意しないなんて、まずいよ」
「いっぱいあるじゃないの。おみやげ話が……」
「それだけ？　あの腹まきはどうしたのさ。キ編んでたでしょ。青い毛糸で……」
キキはなにもいわずに鼻の上にしわをよせました。
「できあがらなかったの？　ちぇっ、あいかわらずだね。薬づくりもだめだったけど、こつこつやるのは、またしてもだめですか」
ジジは、キキの足もとにぶーっとい音をたてて息をふきかけました。
「まあ、なんてしつれいな」
キキはがまんしていた表情をくずすと、にやっと笑って戸棚《とだな》からふくらんだ紙袋《ぶくろ》を出してきました。
「こつこつちゃんとやりましたよ。ほら」
と中からぱっととりだして手をひろげると、ゆかに落ちたのは、小さな腹まきでした。明るい青に銀色のもようがちらばっています。
「ジジのよ。帰るときのおしゃれにつくってあげたのよ。おばあちゃんにもらったの、大みそかの夜に飛ばしちゃったから」
キキがジジに腹まきを着せてやると、⑧ジジはもうことばもなく、またぐるぐるまわりをしだしました。
「それにかあさんたちのだって、ちゃんとあるんだから」
キキはみかん色のと、こいクミドリ色のと、たっぷりとした腹まきを二つとりだしました。

キキのことばに、ジジは［A］歩きまわり、しっぽでゆかを打ちました。

「どうかしたの？ キキ、帰るのあんなに楽しみにしてたのに。いよいよとなったら急におちついちゃってさ」

キキは、じっとひざを見つめながら、スカートをつまんで、つまさきをそろえてならんでいる二つの足を、体をななめにしてながめました。

「ねえ、あたし、変わったかな。すこしおとなになったかしら」

「背がのびたよ」

「それだけ？」

「まあね」

ジジはいらいらとひげをふるわせました。

「ひとり立ちできたと思う？」

キキはまたききました。

「なにいってるのさ。今ごろ」

ジジはあきれて、キキを見、ふと首をかしげてなぐさめのことばにかえました。

「まあまあ、ア上等じゃないの」

「ありがとう」

といったものの、キキはまた③むっと口をつぐみました。

おかあさんのあとつぎという、どの女の子も考えそうな道を、キキはえらんだのでしたが、そのあとは自分のイハンダンでこのコリコの町をえらび、考えたあげく、魔女の宅急便という仕事をはじめたのです。思いかえすと、たいへんなこともたくさんありました。でも一年間、せいいっぱいやってきたと自分でも思えるのです。それなのに、今ごろになって、「あたし、ほんとにできたのかしら」という、ウヨソウもしなかった不安にキキはおそわれていたのでした。ひとり立ち前のキキだったら、「あたし、やったわ、えらいでしょ」とすすんでいいふらすことぐらいしたかもしれません。ところが今は、ジジが「上等だよ」といってくれても、もう一つ自信がもてないのです。ほんとうはどうなのか、だれかにきいてみたいという気がしきりにするのでした。

「里帰り、のばすっていうんじゃないでしょう？」

ジジが横目でいいました。

「まさか」

キキは④もやもやに区切りをつけるように、急に元気よく立ち上がると、背中を［B］のばしました。

「さ、仕事よ。そうなのよ、里帰りってさ、つまり宅急便なの。かあさんにあたしたちを運ばなくちゃ。用意、は、じ、めっ」

「やったね」

ジジはおどけた声をあげて、うしろエ宙がえりをしてみせました。キキもやっと心がはずんできて、ばたばたと動きはじめました。

「……となればまず、おソノさんに知らせてこなくちゃ」

「おや、まあ、あさってなの、まだまだ先のことかと思ってたけど……しばらくるすをするって、どのくらいなの」

おソノさんは前から里帰りのことはきいていたので、あまりおどろきはしませんでした。

「そうね、十五日ぐらいかしら。一年ぶりでしょ。すこしはゆっくりしてこようと思って」

【国語】〈五〇分〉〈満点：一〇〇点〉

一 次の問題にそれぞれ答えなさい。

問一 次の文のカタカナの部分を、漢字とひらがなに直した時、送りがなはどうなるか。送りがなの部分だけをひらがなで書いて答えなさい。ひらがながない場合は「×」を書いて答えること。

① 時間をツイヤス。
② 階段をアガル。
③ とびらをシメル。
④ ミジカイ間ですがお世話になりました。
⑤ 家のトナリには本屋がある。

問二 次の①～⑤の語句の意味を後から選び、それぞれ記号で答えなさい。

① 火中のくりを拾う
② あとは野となれ山となれ
③ 案ずるより産むがやすし
④ やぶをつついてへびを出す
⑤ ほとけ作ってたましい入れず

ア 何事も仕上げが大切であり、それを忘れるとせっかくの苦労がむだになるということ。
イ 始める時はあれこれと心配するものだが、実際にやってみると簡単にできるものだということ。
ウ 何度失敗しても、あきらめずに立ち上がるということ。
エ 自分の利益にならないのに、あまい言葉にさそわれて、他人のためにあぶないことに手を出すこと。
オ 目先のことさえどうにかなれば、それ以外のことはどうなってもかまわないということ。
カ 余計なことをして、かえって悪い結果になるということ。

二 次の文章を読んで、後の問いに答えなさい。

> 十三歳になった魔女《まじょ》のキキは、修行のため親元をはなれ、相棒の黒猫《ねこ》ジジとコリコの町へやってきました。パン屋のおソノのおかげで、空飛ぶ魔女の宅急便の仕事もはじめ、ひとり立ちをするキキ。うまくいかないこともありましたが、おソノや友だちのとんぼ、周囲のやさしい人たちの中で少しずつ成長してゆき、ついに「ある日」をむかえることになりました。

コリコの町は①もうすっかり春でした。

キキは、お日さまのさしこむ窓べに椅子《いす》をひきずっていくと、その上にひざをかかえてすわりこみました。見あげると空はどことなくけぶって、赤ちゃんのほっぺみたいなやわらかい光にみちていました。

「あさってで、とうとう一年。里帰りできるのよ」

さっきからキキは、このことばを何度つぶやいたことでしょうか。じつはだんだん②この日が近づくにつれ、キキは、うれしいのにこわいという、へんな気持がしているのです。

「そうだよ。きょうとあしたと、二日しかないよ。用意しなくていいの？」

「なにも、きっかり一年目じゃなくてもいいのよ」

う。四十代、五十代ともなれば、知識だけではダメです。知性をはたらかせなくてはなりません。

さらに、六十代以降の第二の人生を実現させたいなら、置き去りにしてきた[F]を少しでも取り戻す必要があります。それには、⑧自分が受けてきた知識教育の足かせをはずして、自らの頭を自由にすることです。

年をとってからの頭の使い方は若いころの思考力ともまた異なるもので、後半生で獲得《かくとく》する新たな独創力です。⑨これこそが、後半生を実り多いものにする力です。（外山滋比古「50代から始める知的生活術」より）

問一 空欄[A]～[D]にあてはまる言葉を次からそれぞれ選び、記号で答えなさい。

ア たとえば　イ むしろ　ウ それにも　エ ところが

問二 ――線部①「まことにおかしな話」とはどういうことを言っているのですか。次の中から適当なものを選び、記号で答えなさい。

ア コンピューターの方が人間より賢いこと。
イ コンピューターの知識の集積がすごいこと。
ウ 知識の集積が人間の進歩だと考えていること。
エ 知識の集積だけでは機械の方が上だということ。

問三 ――線部②「反比例」とありますが、何と何が反比例するのですか。それぞれ文中より三字以内で抜き出して答えなさい。

問四 ――線部③の「それ」と「新しいもの」とはそれぞれ何を指していますか。文中より抜き出して答えなさい。

問五 ――線部④「絶対的」の反対語を次から選び、記号で答えなさい。

ア 相対的　イ 形式的　ウ 安全的　エ 根本的

問六 ――線部⑤「九十点人間」とはどういう人間のことですか。文中から抜き出して「〜人間」（句読点を入れず、「人間」を入れて二十五字以内）の形で答えなさい。

問七 ――線部⑥「それ」が指している内容を文中の言葉を使い答えなさい。

問八 ――線部⑦「試□錯誤」（しこうさくご）の四字熟語の空欄□に合う漢字一字を次から選び、記号で答えなさい。

ア 行　イ 考　ウ 功　エ 校

問九 空欄[E]・[F]に合う言葉を次から選び、それぞれ記号で答えなさい。

ア 思考力　イ 建設的　ウ 独創的　エ 絶対的

問十 ――線部⑧「自分が受けてきた知識教育の足かせ」の意味として適当なものを次から選び、記号で答えなさい。

ア 人間の力は知識の量によって決まること。
イ 生きる上で必要なことがらのこと。
ウ 記憶によって得られる知識のこと。
エ 知性をはたらかせることが大事なこと。

問十一 ――線部⑨「これ」の指している内容を、文中の言葉を抜き出して答えなさい。

問十二 本文の内容にあわないものを次から選び、記号で答えなさい。

ア 日本の教育は、これまでは知識の習得を最優先するものであった。
イ 知識の集積ではコンピューターのほうが人間より上である。
ウ 人間五十代になると、多くの人がかつてあった独創性がなくなっている。
エ 知的な活動の根本は記憶によって得られる知識である。

イ　「東北一のバカ犬」の通り、勝ち気で家人のことは何もきかない犬の話

ウ　「東北一のバカ犬」と言いながら、とても頭がよく、自分で犬と思っていない犬の話

エ　「東北一のバカ犬」と言いながら、とてもかわいく愛情深く思っている作者の話

三　次の文章を読んで、後の問いに答えなさい。

これまで日本でおこなわれてきた教育は、知識の習得を最優先するものでした。知識を頭に入れるだけです。それは、本来の学問とは言えないものです。学問とは、進歩するものです。たんなる知識をいくら積み上げても、進歩はありません。

過去五十年くらいをふり返れば、知識の集積ではコンピューターのほうが人間よりうまいことがはっきりしてきました。知識が多いだけでは、人間は機械にかなわないのです。

［A］かかわらず、知識を増やすことをもって人間の進歩があるように考えるのは、①まことにおかしな話です。

［B］、知識が増えれば増えるほど、それに②反比例するように、思考力が低下することに、はっきり気づくべきです。

思考能力が問われる学術の世界でさえ例外ではありません。

［C］、自然科学分野の研究者なども、知識などが不充分な若いころは、自分の頭で考えて、驚くべき成果をあげることがあります。

［D］、早い人では三十代後半にもなると、考える力が衰《おとろ》え始めます。知識は増えるのですが、③それが新しいものが生まれるのを邪魔《じゃま》するのです。多くの人は五十代にもなると、かつてあった独創性も枯《か》れてなくなっていることが往々にしてあるのです。

わたしの経験から言えば、知識偏重《へんじゅう》の教育のなかで学んできた秀才タイプの人は、テストの成績を④絶対的に信じています。知識の足りないのや少ないのは無知だと決めていますが、それはたいへんな間違いです。人間の力は知識の量によって決まるのではありません。

テストの点が七十点の学生は、その足りない分、自分なりに頭で考えていこうとしているのです。対して、九十点をよしとする人のほうは、自分の知識で勝負します。だから、独自の思考力が求められるときになると、途方《とほう》にくれるのです。

いま、学校で育てているのは、この「⑤九十点人間」です。

学校で受けた知識教育は、生きる上で必要なことがらとは質を異にします。ことに商売などの世界では、⑥それがはっきりします。

世界に知られた企業をつくりあげた松下幸之助にしても本多宗一郎にしても、高等教育を受けていませんでした。

彼らは、学校で授かった知識は少なくても、自分で考える頭がありました。現場で⑦試□錯誤をくり返しながら考え、［E］なアイデアを生んで、つぎつぎと商品にしたのです。本来の知性を持っていたと言うべきでしょう。

知的な活動の根本は、記憶によって得られる知識ではありません。生活から離別した知識は、むしろ考える力を低下させるおそれさえあります。こういうことを、しっかり頭に入れておかなくてはなりません。

習得した知識を生かす上で役に立つのは、せいぜい三十代までのしょ

「あの子、今、⑦不良をしてるの」

「何のことだ？」

「朝食を、喰ってたまるかって顔をして食べないのよ。あなたが出て行ったことにまだ腹を立ててるの」

「本当か、大丈夫なのか」

「大丈夫、そのうちペロリと食べはじめるに決ってるから」

「そうか……」

バカ犬が言葉を理解できるなら、電話にかわってもらい、

「オイ、皆に心配をかけるな。すぐ戻るし」

と話してやるのだが、⑧そうもいかない。

四日目にペロリと食べたらしい。

何が食べるにいたる原因かは、当人でしかわからぬが、不良をするのもたまにはよかろう。

（伊集院静「さよならの力」より）

※　東北一のバカ犬……作者の飼っている二匹目の犬。名前はノボ。

※　お兄ちゃん……作者の飼っている一匹目の犬。特に奥さんがかわいがっている。

問一　――線部①「上京する」の意味として適当なものを次から選び、記号で答えなさい。

ア　京都へ行くこと　　イ　田舎へ行くこと

ウ　東京へ行くこと　　エ　外国へ行くこと

問二　空欄 A と B にあてはまる言葉を次から選び、記号で答えなさい。

ア　ギョロギョロ　　イ　じわじわ　　ウ　そわそわ

エ　おっとりと　　オ　がらりと　　カ　すがすがしく

問三　――線部②「察知する」の意味として適当なものを次から選び、記号で答えなさい。

ア　事情、状況を思い出すこと　　イ　考えて結論を出すこと

ウ　状況から事情を知ること　　エ　事情を想像し理解すること

問四　空欄 C にあてはまる言葉を文中から抜き出して答えなさい。

問五　――線部③「あさっての方」とはどの方向ですか。あてはまらないものを次から選び、記号で答えなさい。

ア　空の上の方　　イ　真横の方　　ウ　後ろの方　　エ　正面の方

問六　――線部④「ガンとして」の「ガン」を漢字に直すとすると次のどの漢字があてはまりますか。記号で選びなさい。

ア　眼　　イ　頑　　ウ　願　　エ　岩

問七　――線部⑤「精一杯の抵抗」とは作者に対する犬のどんな態度の表れですか。それが表現されている言葉を文中から漢字二字で抜き出して答えなさい。

問八　――線部⑥「彼なりの主張」とは、具体的にはどうすることですか。文中より二十字（句読点を入れず）で抜き出して答えなさい。

問九　――線部⑦「不良をしてるの」とは具体的にどうすることを指していますか。文中より五字（句読点を入れず）で抜き出して答えなさい。

問十　――線部⑧「そうもいかない」のはなぜですか。その理由として挙げられることを、文中の言葉を使い説明しなさい。

問十一　本文の内容と合うものを次から選び、記号で答えなさい。

ア　「東北一のバカ犬」の通り、作者のことをバカにしている犬を飼っている作者の話

【国　語】（五〇分）〈満点：一〇〇点〉

一　次の――線部のカタカナは漢字に、漢字は読みをひらがなで書きなさい

①　ユウビン局で切手を買う
②　ドウメイ国のアメリカの主張
③　映画をみてコウフンした
④　行動力をハッキする
⑤　運動選手のハイキン力
⑥　ゲンカクな父の教え
⑦　迷子　⑧　看護　⑨　磁気　⑩　裁断

二　次の文章を読んで、後の問いに答えなさい。

私の日々の暮らしには、そう切ないことは起きないのだが、仙台に居て、①上京する際に、※東北一のバカ犬が、私が出かけることに気付き、

［Ａ］しはじめるのは少々辛い。

――もしかして、今日、出かけるのか？

と②察知すると私からいっときも離れない。

私の方は素知らぬ顔を敢《あ》えてしているのだが、犬の方は居ても立ってもいられぬというふうで、落着きがなくなる。

鞄に文房具やらを詰めはじめると、もうイケナイ。

「ノボ、そういちいち騒ぐな。すぐ戻って来るから」

と言ってきかせても、納得などしない。

迎えのタクシーが到着し、私が着換え、玄関を出る段になると、そこでノボは［Ｂ］態度を変える。

家人にかかえられ、タクシーのドアまで来るのだが、まったく私を無視し、じゃあな、と頬を撫《な》でようが、まったく無反応になり、あれほど注視していた私の顔を［Ｃ］見なくなる。

※お兄ちゃんも、家人もお手伝いさんも、私を見て手を振るなり、尾を振るのだが、バカ犬だけが、③あさっての方を見つめ、④ガンとして目をむけない。

それしか彼にはやりようがないのだろうが、その⑤精一杯の抵抗は何度見ても胸のどこかが痛くなる。

タクシーが走り出すと、今しがたのバカ犬の表情がよみがえり、

――なぜ上京せにゃならんのか！

と腹立たしくなることがある。

バカ犬は家に入ると、私が不在になった家の隅《すみ》で、庭の方を見やって遠吠えをはじめるらしい。

夕刻まで、何度か遠吠えをくり返し、最後に家人に新聞紙をテープで巻き棒状にしたもので後頭部をバーンと音が出るほどどぶたれて、

「いい加減にしなさい」

と怒鳴られて終るらしい。

⑥彼なりの主張なのだろう。

今回は、私が居なくなった翌朝から、朝食を拒否したらしい。

「いいわよ。食べたくないなら。お腹が空くのはあなたなんだから」

と家人に言われても、

フン、喰《く》ってたまるか、と言う態度をしたと言う。

そのことを二日目に家人が報せて来た。

ウ　優しいじいさんは狐が化けたものではないのに、かん違いをした「僕」が勝手にそう思い込み、逃げ出したことでがっかりさせてしまったから。

エ　のんのんばあの言うことを信じたばかりに、親切なじいさんを傷つけてしまったと思い返しても腹立たしさがあったから。

三　次の1～6の組の――線部の漢字の中から、読み方が異なるものを、ア～エから一つずつ選び、記号で答えなさい。

1　ア　児童　イ　男児　ウ　小児　エ　育児

2　ア　就職　イ　去就　ウ　就任　エ　成就

3　ア　無言　イ　言行　ウ　発言　エ　格言

4　ア　外国　イ　外科　ウ　除外　エ　外聞

5　ア　強情　イ　勉強　ウ　強制　エ　強行

6　ア　嫌悪　イ　険悪　ウ　悪質　エ　罪悪

四　次の1～4のことわざの実例として最も適当なものを、後のア～カからそれぞれ一つずつ選び、記号で答えなさい。

1　灯台下暗し

2　情けは人のためならず

3　転ばぬ先の杖

4　急がば回れ

ア　今年はインフルエンザが流行りそうなので予防注射を打っておきましょう。

イ　困っている人を助けると、相手も甘えてしまって、その人のためにはならない。

ウ　必死に探していたメガネは、頭の上に掛けてあった。

エ　少し遠回りになるけど、歩道橋を渡って行こう。

オ　あそこの歯科医の医師は虫歯がかなり多いのですが。

カ　この宝くじが当たったら、宇宙旅行でもしたいよね。

キ　困っていた人を助けたら、いつかめぐりめぐって私自身に返ってくるかもしれないね。

場所だったから。

イ　のんのんばあがお化けの教師として、昔語りをするのがとても上手だったから。

ウ　のんのんばあが実際に見た妖怪の話を、おもしろおかしく話して聞かせるから。

エ　病院小屋の近くの松風の音には、確かに妖怪の声が混じっている気がしたから。

問五　――線部④「こうなると」とあるが、どうなったことを指しているのか、説明しなさい。

問六　――線部⑤「□問□答」の空欄部には同じ漢字一字が入ります。漢字を書きなさい。

問七　――線部⑥「知らんふりして海に浮かんでいる」とあるが、ここで用いられている表現技法として適切なものを、次の中から選び、記号で答えなさい。

ア　直喩《ちょくゆ》（明喩）法　　イ　隠喩《いんゆ》（暗喩）法

ウ　擬人《ぎじん》法　　エ　倒置《とうち》法

問八　二つの空欄 A に共通して当てはまる言葉として適切なものを、次の中から選び、記号で答えなさい。

ア　でれでれ　　イ　ちらちら　　ウ　いそいそ　　エ　にこにこ

問九　――線部⑦「まだ僕が見破ったことに気づいていないのか、気づいていなかった」とあるが、どんなことに気づいていないのか、簡潔に説明しなさい。

問十　――線部⑧「いよいよおいでなすった、と直感した」とあるが、何を直感したのか説明しなさい。

問十一　――線部⑨「気の抜けたようなさびしいような表情で僕たちを見送っていた」とあるが、なぜそのように思ったのか、**不適切なもの**を、次の中から選び、記号で答えなさい。

ア　子供たちが自分のことを狐が化けたものだと間違えてしまったから。

イ　雪どけ後の日、楽しい気持ちで子供たちと接したが、急に逃げ出されたから。

ウ　子供たちが、なぜ走り出したのか理由がわからなかったから。

エ　自分に対しておびえた態度の子供たちに、どうしてよいか戸惑ったから。

問十二　空欄 B に当てはまる、体の一部を表す漢字一字を書き慣用句を完成させなさい。また、「驚く」と似た意味の慣用句やことわざを完成させるために、次の空欄に当てはまる漢字一字を書きなさい。

(1) を抜かす

ハトが (2) 鉄砲を食ったよう

寝耳に (3)

問十三　――線部⑩「少しこっけいで少し悲しい思い出」とあるが、僕がそのように思うのはなぜか、適切なものを、次の中から選び、記号で答えなさい。

ア　山の中で一人暮らしをしているさびしいじいさんを、弟たちと一緒になって妖怪と間違えて傷つけるような態度をとってしまったから。

イ　大人になってから少年時代のあやまちを謝るため、じいさんに会いにいこうとしたが、その小屋には既に誰も住んでおらず切ない気持ちになったから。

とか、話しかけてくる。

しかし、僕は、のんのんばあの注意を思い出した。これはキツネである。いずれ、このじいさんは、僕らをだまし、悪さをするか、果ては食べてしまうにちがいない。僕は(注3)警戒《けいかい》した。

だが、じいさんは、⑦まだ僕が見破ったことに気づいていなかった。このあたりには、あけびの林があるが、あれは、秋にならぬと実をつけないなどと言いながら、思い出したように、包みからぼたもちを取り出して、[A]しながらすすめる。

食べないのも怪《あや》しまれるし、といって、馬糞だったらいやだし、僕は迷いながら、弟とキータンが食べるのをiカンサツしつつ、恐《おそ》る恐るぼたもちを食べた。

やがて、法田に着いた。

じいさんは、

「そこが、おらが家じゃ。お茶でも飲んでけや」

と、前にもましてやさしそうに言った。

僕は、⑧いよいよおいでなすった、と直感した。弟やキータンにくわしい事情もj告げず、「逃げろ」と一言、二人をひっぱるように駆《か》け出した。

⑨少し逃げてからふりかえって見ると、じいさんは、気の抜けたようなさびしいような表情で僕たちを見送っていた。

今になれば、僕は、じいさんの(注4)落胆《らくたん》がよくわかる。

早春の山の中を、元気な子供たちと歩くのは楽しいことだ。それは、昔からくりかえされてきた老人と子供の結びつきのようなものだ。じいさんは、山の中を歩いていく僕たちを見て、思わず声をかけ、ぼたもちもくれたのである。おびえるように逃げていった僕たちに、事情を知らないだけに、悲しく思ったにちがいない。もっとも、事情を知ったら、[B]を丸くして驚《おどろ》いたことだろう。

数年前、僕は、NHKの仕事で法田に行った。じいさんの家を探してみると、たしかに見おぼえのある家があった。しかし、それは戸が閉まり、人が住まなくなってから長い時間がたっている様子が屋根や壁《かべ》に見られた。もちろん、じいさんがまだ生きているはずもなかった。僕は、⑩少しこっけいで少し悲しい思い出にふけった。

(水木しげる「ねぼけ人生」より)

(注1)「女中」……家事の雑用をして働く女性のこと。
(注2)「瞑想」……目を閉じて静かに考えること。
(注3)「警戒」……好ましくないことが起こらないよう、注意し用心すること。
(注4)「落胆」……気力を落として、がっかりすること。

問一 ――線部a～jの漢字をひらがなに、カタカナを漢字に直しなさい。

問二 ――線部①「子供の時から、なんとなくそう思っていた」とあるが、どのようなことを思っていたのか、文中の言葉を用いて、「～こと」に続くように十五字以内で書きなさい。

問三 ――線部②「不思議な存在感みたいなもの」とあるが、同じ内容を具体的に表している箇所を探し、十五字以内で抜き出して答えなさい。

問四 ――線部③「きわめてリアルなのだ」とあるが、その理由として適切なものを、次の中から選び、記号で答えなさい。

ア 下の川や病院小屋などの具体的で、実際に妖怪が隠れていそうなという。僕は、狐が鳴くのを聞いたことがないから、夜中に起こしてくれと、何回もたのんでおいた。すると、ある夜、本当に起こされた。耳をすますと、静かなむこうの山から確かに「コンコーン」という狐の鳴き声が聞こえるのだ。④こうなると、狐の嫁入りだって信じないわけにはいかない。外で遊んでいる時、晴れているのに雨が降りかかると、遊ぶのをしばらくやめ、むこうの山を眺めながら、しばし狐の嫁入りの〔注2〕瞑想《めいそう》にふけるようになった。この雨の下、むこうの山のどこかで狐の嫁入りが行われているのだ。山のむこう、そのまたむこうには、どんなｃシンピなことがあるのかわからない。そんな気持ちになったものである。稲荷《いなり》神社の巻物を口にくわえた石の狐も、見るたびに、これも夜になると動きだして、むこうの山へ行って何かするのだろうと想像した。

そういえば、五歳か六歳の時、船がけむりを出しながら山の上へ登っていくのを見た。たぶん夢の中のことだったろうが、僕にとっては、現実のものとして記憶《きおく》されてしまったのだ。

船が山を行く！

これは重大な問題だった。人に聞いても一笑に付されそうだ。だけど、海に浮かんでいる船は山も走る。船の山登りを目撃してしまったのだから、一ヶ月ばかり⑤□問□答をくりかえしていた。結局、誰も見ていない所で、船は山に登っているにちがいないという結論に達した。即《すなわ》ち、船は人の見ていない時には山を走り、人の見ている時には、⑥知らんふりして海に浮かんでいるというわけである。つまり、僕の見ていない時にｄ本性を現わすのだ。僕は、小学校に入るまでは、家の前の高尾山に船が登ってやしないかと思って、時おり見てみたものだった。

こんなことを考えたのは、のんのんばあが狸《たぬき》や狐の話をよくしたためだろう。狸も狐もよく化ける。「カチカチ山」でも、おばあさんを殺して、その姿に化けているし、「九尾《きゅうび》の狐」はさまざまな美女に化ける。妖怪変化《へんげ》の類《たぐい》は、本性を隠《かく》して人を欺《あざむ》くことなんか朝めし前なのだ。その上、街角などでは、何かに食べさせるかのように、油揚げとめしがわらの上にのせてあるのを見かける。一体誰に食べさせるのかと、のんのんばあに聞くと、「人に憑《つ》いた狐をおびき出すためだ」という。「狐が人に憑く」と聞いて、おどろきはさらに大きくなる。山陰《さんいん》地方では、昔から、狐憑きなどの憑き物のｅメイシンがあったから、それと入りまじって、人間の目に見えない所には別の世界があるように、子供心に感じていたのだ。

（中　略）

山陰《さんいん》の冬は長く、曇《くも》りの日が続く。しかし、三月の春休みの頃になると、雪も溶《と》け、空も青く晴れるようになる。子供たちは、待ってましたとばかり、山へ遊びに行く。早春の山は、若芽《わかめ》が萌《も》え、鳥がｆナき、子供たちは、思いきりｇカイホウ感にひたるのだ。

小学校三年生の春だった。

僕の同級生のキータン、それに僕の弟の三人で、山の中の法田《ほうだ》という所へ遊びに行った。出がけに、のんのんばあは、

「法田には、狐が多いから、化かされんように」

と注意を与えた。

さて、三人で元気よく山道を登っていくと、後からキンカ頭（ハゲ頭）の老人が［　Ａ　］しながらついてくる。そして、ｈシンセツに、坊《ぼう》やたちはどこから来たかとか、このあたりでは間もなくうぐいすが鳴く

し、[A]・[C]・[D]は文中から抜き出すことができ、[B]は前後の内容から考えてあてはめなさい。

問四 ――線部1「同じものを同じようにして使う」と同じ意味内容を表す部分を、十五字以内で抜き出して答えなさい。

問五 ――線部2「セミはまったく驚かなかった」とあるが、なぜか。それを説明した次の文の空欄に当てはまるように答えなさい。

セミにとって大砲の音は（　　　　）だから。

問六 ――線部3「道具の中身」とほぼ同じ意味を表す語句を、文中より十字で抜き出して答えなさい。ただし、句読点も一字とする。

[二] 次の文章を読んで、後の問いに答えなさい。

肉体と霊魂《れいこん》ということについて、僕《ぼく》が考えていたのは、肉体があって、そこに霊魂とか心とかが発生するというものではなく、霊魂が肉体という衣を着る、というものだった。

これは、誰に教えられたというわけではなく、①子供の時から、なんとなくそう思っていた。

だから、霊魂が虫という衣を着た場合は虫になり、木という衣を着た場合は木になる。木になった霊魂は、一生じっと立ち続けていなければならないから、大変だろうと思っていた。

また、衣をまといたくても衣がない霊魂というものも、目に見えないだけで空間に満ち満ちており、それで、目の見えない闇夜《やみよ》などは、かえって、②不思議な存在感みたいなものがせまってくるのだ、と思っていた。

だから、お化けというものを教えられる前に、既《すで》に不思議な存在を感じていたから、お化けの教師が現われると、スラスラと理解できた。

三つ四つの頃《ころ》、近所にいた「のんのんばあ」というおばあさんに、いろんな不思議な話を聴いた。こののんのんばあが、僕のお化けの教師である。

「のんのん」というのは、神様や仏様の意味だから、巫女《ふじょ》のようなおばあさんということだったのだろう。若い頃には、僕の家の〔注1〕女中《じょちゅう》をしていたという話で、それ以後もよく出入りしていたのだ。

のんのんばあは、胴《どう》まわりがたらいほどもある大蛇《だいじゃ》の話だとか、狐《きつね》に化かされる話だとかを、さも本当らしく聞かせてくれた。

とぼけた若者が、夕方、野道を歩いていると、ぼたもちが落ちている、これはうまそうだ、とaヒロって食べると、馬糞《ばふん》だったとか、旅の人が夜道を歩いていると、美しい女が現われて、風呂に入らないか、とすすめるので、喜んで入ると肥《こえ》だめだったとか、こういう話だった。

また、近くの「下の川」には、河童《かっぱ》やb小豆とぎがいるとか、川岸の「病院小屋」と呼ばれた廃屋《はいおく》には、子取坊主《ことりぼうず》がいるとかいったような話も、聞かせてくれた。なにものかが隠《かく》れているようなフンイキのする下の川の浮草《うきくさ》の間に河童がいるといわれると、いないとはとても考えられない。また、松林の中の病院小屋の近くで松風の音を聞けば、妖怪《ようかい》がいないという方が不思議に思われるほどだった。場所が具体的な話だったため、③きわめてリアルなのだ。

また、むこうの山（狭《せま》い海峡《かいきょう》を隔《へだ》てた島根半島を、僕らは、こう呼んでいた）には狐《きつね》がおり、陽がさしているのに雨がぱらつく時は、むこうの山では、必ず狐の嫁入りがあるという話も聞いた。狐の嫁入りの話はウソじゃないかと、僕が問い返すと、「夜中にむこうの山で狐が鳴く」

【国　語】〈五〇分〉　〈満点：一〇〇点〉

一　次の文章を読んで、後の問いに答えなさい。

ヒトには五感というものがあり、視覚、聴覚《ちょうかく》、触覚《しょっかく》、味覚、嗅覚《きゅうかく》がそれである。しかしこれは、ヒト独特の分類であり、昆虫《こんちゅう》の場合、これらの感覚は、互いに重なり合う部分が大きい。

（①）多くの昆虫では、音は振動《しんどう》に置き換えられ、a□□に重なる部分がある。暗闇《くらやみ》で活動する昆虫は、体に生える感覚毛で感じる空気の振動や触覚が、ヒトのb□□に相当するものだろう。また、c□□と嗅覚はほとんど同じようなものであるし、行動的に触覚と同時に使われることも多い。

とにかくヒトが［A］を分けてとらえるのとは異なり、昆虫は常にいろいろな感覚を総動員して生活している。

（②）セミやキリギリス、スズムシなど、ヒトの耳に聞こえるような声で鳴く昆虫には、耳に当たる構造があり、d□□が独立して発達していることが多い。

セミの場合、腹部のつけねにある膜状の部分はヒトでいう鼓膜《こまく》にあたり、コオロギやキリギリスでは、前脚《まえあし》の脛節《けいせつ》の部分（すねの部分）に鼓膜に相当する聴覚器官がある。

これら大きな声で鳴く昆虫の多くは、雄が雌を呼ぶための道具として音を用いている。また、場合によっては雄同士で縄張《なわば》りを注1誇示《こじ》するためにも使う。つまり音は［B］である。食べ物以外で、ヒトと昆虫が1同じものを同じようにして使うという珍しい例である。

（③）なかなかヒトの耳に届かないだけで、多くの昆虫が音を出している。子供を育てるモンシデムシ属というシデムシ科の注2甲虫《こうちゅう》の一群は子育ての際に音に出して親子で交信を行うし、ほかの多くの昆虫にもヒトの耳には聞こえない音や振動でなかま同士の［C］を行っているようである。

（④）ファーブルは、セミの近くで大砲《たいほう》を鳴らす実験を行った。その結果、2セミはまったく驚かなかったという。それはセミの耳が聞こえないということではなく、セミが不必要な音を感知しない（セミが感知し、反応する音域にない）ということである。

われわれはセミの声にうるさいと思ったり、注3哀愁《あいしゅう》を感じたりするが、セミはヒトの会話を聞くことさえできないのかもしれない。それはヒトの耳が小さな虫の会話を［D］できないのと同じである。ヒトと昆虫が音という同じ道具を使っていると言ったが、3道具の中身はずいぶん異なるようだ。

（『昆虫はすごい』丸山宗利）

注1……誇《ほこ》らしげに見せびらかすこと。
注2……カブトムシやコガネムシなど、かたい前羽を持つ虫。
注3……もの悲しい感じ。

問一　□□a～dに当てはまる語を、次の中から選び、記号で答えなさい。

ア　視覚　イ　聴覚　ウ　触覚　エ　味覚　オ　嗅覚

問二　空欄（①）～（④）に当てはまる語を、次の中から選び、記号で答えなさい。

ア　実は　イ　ただし　ウ　つまり　エ　たとえば
オ　ちなみに

問三　空欄［A］～［D］に当てはまる二字の漢字を答えなさい。ただ

いたのに、嫌味を言われてしまったから。

イ　鉢植えを病室に持ってくる意味を初めて知らされ、どう言っていいかわからなかったから。

ウ　娘である羊子の前で無知であることを実の母にののしられ、恥ずかしくなってしまったから。

エ　病気で弱々しくなった母の前でも、昔自分が小さな娘だった時のように感じられ悔しかったから。

問十　――線部⑨「なんにもわからなかった」とあるが、この時の不安な気持ちを比ゆ表現を用いて表している部分が本文にあります。その一文を本文より探し、始めの五字を抜き出して答えなさい（句読点を含む）。

問十一　――線部⑩「それで」とあるが、「それで」が表している部分を含む一文の始めの五字を答えなさい（句読点を含む）。

問十二　――線部⑪「気にくわない」について、次の1～2に答えなさい。

1　何が気にくわなかったのか、本文からわかる部分を抜き出して答えなさい（句読点を含む）。

2　どうして気にくわなかったのか、本文の言葉を用いて答えなさい。

三　次のことわざや慣用句について、□に共通する身体の一部を表す漢字を一字答えなさい。

1　赤子の□をひねる　（たやすく楽々できること）
　□に汗をにぎる　（はらはらして見ている様子）

2　□もふたもない　（あまりにも率直すぎること）
　悪銭□につかず　（何もせず得たものは何にもならず出ていくこと）

3　二階から□薬　（思うように目的が達成されないこと）
　□から鼻にぬける　（物わかりが良いさま）

4　寝□に水　（おもわぬできごとにあわてること）
　□をそろえる　（お金を不足なく用意すること）

5　泣きっ□にはち　（不幸に不幸が重なること）
　かえるの□に水　（ふてぶてしいこと）

おばあちゃんは窓の外を見て、小さな声で言った。

「あたし、もうそろそろいくんだよ。それはそれでいいんだ。これだけ生きられればもう充分。けど⑪気にくわないのは、みんな、美穂子も菜穂子も沙知穂も、人が変わったようにやさしくするってこと。ねえ、いがみあってたら最後の日まで人はいがみあってたほうがいいんだ。許せないところがあったら最後まで許すべきじゃないんだ、だってそれがその人とその人の関係だろう。相手が死のうが何しようが、むかつくことはむかつくっていったほうがいいんだ」

おばあちゃんはそう言って、酸素マスクを口にあてた。くまのぬいぐるみを、自分の隣に寝かせて目を閉じた。くまと並んで眠るおばあちゃんは、おさない子どもみたいに見えた。（『さがしもの』角田光代 著）

問一 ～～～線部㋐～㋔のカタカナは漢字に、漢字の読みはひらがなに直して答えなさい。

問二 ――線部①「こういうもの言い」とあるが、これはどのようなことを表しますか。次より一つ選び、記号で答えなさい。

ア 知らないという孫を馬鹿にし、張り合うような性格であること。

イ 知らないという孫に皮肉をいうような性格であること。

ウ 知らないという孫が恥ずかしくないようにかばう言い方をするような性格であること。

エ 知らないと言われたことが悲しかったが、強がる性格であること。

問三 ――線部②「後者」の表す語を文中から抜き出して答えなさい。

問四 ――線部③「さがしかたが、甘いんだよ」と言っているが、おばあちゃんは羊子にどうして欲しいと思っていますか。三十五字以内で文中の言葉を使って答えなさい（句読点を含む）。

問五 ――線部④「それ」とあるが、この指示語が表している内容を二十字以上、三十字以内で説明している部分を文中より探し、始めと終わりの三字を抜き出して答えなさい（句読点を含む）。

問六 ――線部⑤「何か意地悪をしているような気持ちになってくる」とあるが、それはなぜですか。次より一つ選び、記号で答えなさい。

ア おばあちゃんに頼まれた本を探せずにいるから。

イ 何も持たないで行くと、おばあちゃんが必ずがっかりするから。

ウ 本当は面倒だと思いながら探しているから。

エ おばあちゃんに本気で探していないことがばれたから。

問七 ――線部⑥「私の考え」とはどのような考えですか。次の中から適当な答えを**全て**選び、記号で答えなさい。

ア おばあちゃんに意地悪をしているわけではないということ。

イ おばあちゃんは縁起でもないことを言うと困っていること。

ウ 本が見つからなければ、おばあちゃんは死なないということ。

エ 本が見つからなければ、おばあちゃんの寿命が必ず延びるということ。

オ 本は見つからない方が良いかもしれないということ。

カ 本当は本をさがすのが大変で面倒であること。

問八 空欄 ⑦ には共通の漢字が一字入ります。その漢字を答えなさい。

問九 ――線部⑧「母はうつむいて」とあるが、母がうつむいたのはなぜですか。次より一つ選び、記号で答えなさい。

ア 少しでもクリスマスの楽しい雰囲気を感じてもらいたいと思って

何をしたってあの人にお礼を言われたことなんかないの」

タクシーの中で泣く母は、クラスメイトの女の子みたいだった。母の泣き声を聞いていると、心がスポンジ状になって濁《にご》った水を吸い上げていくような気分になる。

ああ、と私は思った。これからどうなるんだろう？　本は見つかるのか？　おばあちゃんは死んじゃうのか？　おかあさんとおばあちゃんは仲良くなるのか？　⑨なんにもわからなかった。だって私は十四歳だったのだ。

クリスマスを待たずして、おばあちゃんは個室に移された。点滴の数が増え、酸素マスクをはめられた。それでも私はまだ、おばあちゃんが死んでしまうなんて信じられないでいた。病室では笑っている母は、家に帰ると毎日のように泣いた。おばあちゃんが個室に移されたのは、私が鉢植えを持っていったからだと言って泣いた。

その年のクリスマスは冷え冷えとしていた。私が夏から楽しみにしていた母のローストチキンは黒こげで食べられたものではなかったし、ケーキに至っては砂糖の量を間違えたのかまったく甘くなかった。クリスマスプレゼントのことはみんな忘れているようで、私は何ももらえなかった。

そうして例の本も、私は見つけられずにいた。

クリスマスプレゼントにできたらいいと思って、私はさらに遠出をして本屋めぐりをしていたのだが、そのなかの一軒で、年老いた店主が、たぶん㋔絶版になっていると教えてくれた。昭和のはじめに活躍した画家の書いた、エッセイだということも教えてくれた。⑩それで、それまで入ったこともなかった古本屋にも、足を踏み入れていたというのに。

黒こげチキンの次の日、冬休みに入っていた私は朝早くから病院にいった。見つけられなかった本のかわりに、黒いくまのぬいぐるみを持っていった。

「おばあちゃん、ごめん、今古本屋さがしてる。かわりに、これ」

おばあちゃんはずいぶん痩《や》せてしまった腕でプレゼントの包装をとき、酸素マスクを片手で外してずけずけと言う。

「まったくあんたは子どもだね。ぬいぐるみなんかもらったってしょうがないよ」

これにはさすがにかちんときて、個室なのをいいことに、私は怒鳴り散らした。

「おばあちゃん、わがままずぎるっ。ありがとうくらい言えないのっ。私だって毎日毎日本屋歩いてるんだから。古本屋だって、入りづらいのにがんばって入ってるんだから。古本屋に私みたいな若い子なんかいないのに、それでも入ってって、愛想の悪いおやじにメモ見せて、がんばってさがしてるんだからっ。それにっ、おかあさんにポインセチアのお礼だって言いなよっ」

おばあちゃんは目玉をぱちくりさせて私を見ていたが、突然笑い出した。私の覚えているよりは数倍弱々しい笑いではあったけれど、それでもすごくおかしそうに笑った。

「あんたも言うときは言うんだねぇ。なんだかみんな、やけにやさしいんだもん、調子くるってたの。美穂子なんかあたしが何か言うと目くじらたてて言い返してきたくせに、やけに素直になっちゃって」

美穂子というのは私の母である。外した酸素マスクをあごにあてて、まう人のようにはどうしても見えない。また、もうすぐ死んでしまうのだと思っても、不思議とわたしはこわくなかった。きっと、④それがどんなことなのか、まだ知らなかったからだろう。今そこにいるだれかが、永遠にいなくなってしまうということが、いったいどんなことなのか。

その日から私は病院にいく前に、書店めぐりをして歩いた。繁華街《はんかがい》や、隣町や、電車を乗り継《つ》いで都心にまで出向いた。いろんな本屋があった。㋑ザツゼンとした本屋、歴史小説の多い本屋、店員の親切な本屋、人のまったく入っていない本屋。しかしそのどこにも、おばあちゃんのさがす本はなかった。

手ぶらで病院にいくと、おばあちゃんはきまって落胆した顔をする。⑤何か意地悪をしているような気持ちになってくる。

「あんたがその本を見つけてくれなけりゃ、死ぬに死ねないよ」

あるときおばあちゃんはそんなことを言った。

「死ぬなんて、そんなこと言わないでよ、縁起でもない」

言いながら、はっとした。私がもしこの本を見つけださなければ、おばあちゃんは本当にもう少し生きるのではないか。ということは、見つからないほうがいいのではないか。

「もしあんたが見つけだすより先にあたしが死んだら、化けて出てやるからね」

⑥私の考えを読んだように、おばあちゃんは真顔で言った。

「だって本当にないんだよ。新宿にまでいったんだよ。いったいいつの本なのよ」

本が見つかることと、このまま見つけられないことと、どっちがいいんだろう。

そう思いながら私は ⑦ を尖《とが》らせた。

「最近の本屋ってのは本当に困ったもんだよね。少し古くなるといい本だろうがなんだろうがすぐひっこめちまうんだから」

おばあちゃんがそこまで言いかけたとき、母親が病室に入ってきた。おばあちゃんは ⑦ をつぐむ。母はポインセチアの鉢《はち》を抱えていた。手にしていたそれを、テレビの上に飾り、おばあちゃんに笑いかける。母はあの日から泣いていない。

「もうすぐクリスマスだから、気分だけでもと思って」母はおばあちゃんをのぞきこんで言う。

「あんた、知らないのかい、病人に鉢なんか持ってくるもんじゃないんだよ。鉢に根付くように、病人がベッドに寝付いちまう、だから縁起《えんぎ》が悪いんだ。まったく、いい年してなんにも知らないんだから」

⑧母はうつむいて、ちらりと私を見た。

「クリスマスっぽくていいじゃん。クリスマスが終わったら私が持って帰るよ」

母をかばうように私は言った。おばあちゃんの㋒ランボウなもの言いに私は慣れているのに、もっと長く娘をやっている母はなぜか慣れていないのだ。

㋓アンのジョウ、その日の帰り、タクシーのなかで母は泣いた。またもや私は、ひ、と思う。

「あの人は昔からそうなのよ。私のやることなすことすべてにけちをつける。よかれと思ってやっていることがいつも気にくわないの。私、

二　次の文章を読んで、後の問いに答えなさい。

中学二年生の羊子が入院しているおばあちゃんのお見舞いに行き、おばあちゃんから本を探すよう頼まれた場面である。

「えー、聞いたことないよ、こんな本」私は言った。

「あんたなんかなんにも知らないんだから、聞いたことのある本の方が少ないだろうよ」

おばあちゃんは言った。①こういうもの言いをする人なのだ。

「出版社はどこなの」

「さあ。お店の人に言えばわかるよ」

「わかった。さがしてみるけど」

メモをスカートのポケットに入れると、おばあちゃんは私を手招きした。ベッドに身を乗り出して耳を近づける。

「そのこと、だれにも言うんじゃないよ。あんたのおかあさんにも、おばさんたちにも。あんたがひとりでさがしておくれ」

おばあちゃんの息は不思議なにおいがした。いいにおいか、くさいにおいかと言われれば②後者なんだけれど、嗅いだことのない種類のものだった。そのにおいを嗅ぐと、なぜか、泣いている母を思い出すのだった。

おばあちゃんの言葉通り、次の日、私はメモを持って大型店にいった。そのころはコンピュータなんてしろものはなくて、店員は、㋐ブアツい本をぱらぱらめくって調べてくれた。

「これ、書名正しいですか?」店員は困ったように私に訊《き》いた。

「と、思いますけど」

「著者名も?　該当《がいとう》する作品が、見あたらないんですよね」

「はあ」

私と店員はしばらくのあいだ見つめ合った。見つめ合っていてもしかたない、ひとつお辞儀をして私は大型書店を去った。

「おばあちゃん、なかったよ」

そのまま病院に直行して言うと、おばあちゃんはあからさまに落胆《たくたん》した顔をした。こちらが落ちこんでしまうくらいの落胆ぶりだった。

「本のタイトルとか、書いた人の名前が、違ってるんじゃないかって」

「違わないよ」ぴしゃりとおばあちゃんは言った。「あたしが間違えるはずがないだろ」

「だったら、ないよ」

おばあちゃんは私の胸のあたりを見つめていたが、

「③さがしかたが、甘いんだよ」すねたように言った。「どうせ、一軒いってないって言われてすごすご帰ってきたんだろ。店員も、あんたとおんなじような若い娘なんだろ。もっと知恵のある店員だったらね、あちこち問い合わせて、根気よく調べてくれるはずなんだ」

そうしてふいと横を向き、そのままいびきをかいて眠ってしまった。

私はメモ書きを手にしたまま、パイプ椅子《いす》に座って空を見た。季節は冬になろうとしていた。空から目線を引き下げると、バス通りと、バス通りを縁《ふち》取る街路樹が見えた。木々の葉はみな落ちて、寒々しい枝が四方に広がっている。

すねて眠るおばあちゃんに視線を移す。私の知っているおばあちゃんより、ずいぶんちいさくなってしまった。それでも、もうすぐ死んでしで答えなさい。

1　いわば　2　一方　3　しかし　4　そして

問二　空欄 B に入る語句を次より一つ選び、記号で答えなさい。

1　ベストセラー　2　出版文化
3　芸術性　4　真ん中

問三　空欄 C に入る語句を次より一つ選び、記号で答えなさい。

1　なかなか　2　さまざま
3　そこそこ　4　そもそも

問四　――線部①「二極化現象」が生じている原因を説明したものを次より一つ選び、記号で答えなさい。

1　ラーメン屋の行列のように、好悪が明確に分かれるから。
2　日本の文化は、あらゆるものを比較して価値づけるから。
3　かつての中間層にみられるように自分で判断しなくなったから。
4　テレビなどで話題となったものに飛びつく傾向があるから。

問五　――線部②「『ラーメン屋さんの行列』」にみられる私たちの考えを説明しなさい。

問六　――線部㋑、㋒、㋓、㋖のカタカナを漢字に直して答えなさい。

問七　――線部㋕、㋗、㋘、㋙の漢字の読みをひらがなで答えなさい。

問八　――線部㋐、㋔の語の意味を次より一つ選び、記号で答えなさい。

㋐　1　定番　2　表明
　　3　状況　4　成行き

㋔　1　確実にわかること　2　限定的に知られること
　　3　広く知れ渡ること　4　意味不明であること

問九　――線部③「世論は正反対に変わった」ことの理由を説明する一文を抜き出し、初めの五字を答えなさい（句読点を含む）。

問十　――線部④「異論」を作者は本文全体の中でどのようなものと説明していますか。説明している部分を十字以内で抜き出して答えなさい。

問十一　――線部⑤「『俺たち（外国人）は、空気を読むなんてことはしないよ』」について。「外国人」から見た日本人の「ＫＹ」感覚を持った人はどのような存在と見られていますか。説明している部分を二十五字以内で抜き出して答えなさい。

問十二　空欄 G に入る語句を次より一つ選び、記号で答えなさい。

1　自分と社会は分離した存在であり、自分と他者の積極的考えが相よって社会がつくられていく。
2　自分と社会は分離した存在であり、自分の考えの特異性が広がって社会をつくっていく。
3　自分は社会の当事者であり、自分の積極的能動的な関わりが社会をつくっていく。
4　自分は社会の当事者であり、自分の消極的間接的な関わりが社会をつくっていく。

問十三　――線部⑥「社会の健全性」を主張する前提として日本の社会における日本人の特徴をどのように説明していますか。その一文を抜き出し、初めの五字を答えなさい（句読点を含む）。

例になっている感があります。

あの福島第一原発事故も、もし東京電力の誰かが大津波のリスクについて声を上げていれば㋖ジタイは違った可能性があります。あるいは、当時の原子力安全委員会や原子力安全・保安院の誰かが「対策が十分ではない」と指摘していれば事故は防げたかもしれません。そのように、つきつめていえば、原発事故も一人ひとりの主体性が十分ではなかったからこそ起こったのであり、④異論を発する人がいれば避けられたことだったのかもしれません。

日本人は組織や集団のなかで一人だけ違った行動をとったり、意見をいったりするのが憚《はばか》られるところがあるように思います。「KY」という言葉があります。「空気を読めない」ということで、周りのフンイキに合わせた発言やふるまいができない人はアホだというのです。ところが、この「空気を読む」ということについて、タレントのパックンことパトリック・ハーランさんは驚くべきことを述べています。⑤「俺たち（外国人）は、空気を読むなんてことはしないよ」というのです。周りに合わせた発言ではなく、自分の考えたことをいう。当たり前といえば当たり前のことです。しかし、「KY」などといっている日本人にはなかなかできないことなのでしょう。

アート鑑賞は、私たちの主体性を㋗育んでくれます。ほかからの借り物ではない、自分自身のものの見方や考え方を㋘培ってくれる（注3）ポテンシャルを秘めています。もし、知り合いや友人と展覧会に行ったら、感想を交換してください。周りの人の声に合わせるのではなく、ぜひ「異論」をいってみてください。たとえ、どんな意見であろうとも、あなたがほんとうにそう感じたり考えたりしたのなら、それがあなたの意見です。人とは違う「異論」であったとしても、そんなことはかまわないのです。

ふだんから「異論」をいうことに一人ひとりが㋙慣れていれば、社会は違ったものになっていく可能性があります。ドイツの思想家にゲオルク・ジンメル（一八五八〜一九一八）という人物がいます。この人は、それまでとはまったく違った社会の捉《とら》え方をし、その後の社会学や思想史の発展に大きな影響を及ぼしました。ジンメルの社会の捉え方の特徴は、社会を確立された一つのものとして見るのではなく、一人ひとりの人間が互いに影響を及ぼし合いながらかたちづくる動的なものとして見た点にあります。ジンメルの考えでは、社会の本質は人と人のあいだにあり、個々の人がどうふるまうかによって社会のあり方は変わってくるとしました。ジンメルの見方に立つと、［G］という視界が開けます。

個々人が「異論」をいうことのできる社会は多様性が保障された社会です。あえて人と違うことをいおうとまでする必要はないでしょうが、自分の考えを持ち、自分の考えにもとづいて、自分の意見を表明するということが、人を成長させ、ひいては⑥社会の健全性を保つということを私たちは知っておかなくてはなりません。欧米では自分自身の考えや意見のない人は、むしろ「人生の基盤」を持たない人として奇異に見られるくらいです。

（「アートを見るということ」『アート鑑賞、超入門』藤田令伊　著）

（注1）リソース……手段・方策
（注2）リスク……危険
（注3）ポテンシャル……潜在する力

問一 空欄［A］、［D］、［E］、［F］に入る語を次より選び、記号

【国　語】〈五〇分〉　〈満点：一〇〇点〉

一　次の文章を読んで、後の問いに答えなさい。

第二章で、怒濤《どとう》の如《ごと》く人々が押し寄せる展覧会がある［A］、閑古《かん こ》鳥《どり》が鳴いている展覧会もあり、その差が極端で私たちはどうも他者に「煽《あお》られる」傾向があるのではないかとふれました。怒濤の如く人々が押し寄せる展覧会は、ものすごく売れるベストセラー本を思わせるものがあります。出版界では、いま「［B］」の消滅が問題になっています。売れる本は何十万部あるいは何百万部と売れるのに、売れない本はまったく売れないという①二極化現象が際立っているのです。かつてはベストセラーとまではいかなくても、「［C］売れる本」が数多くあり、そういう中間層が出版文化を支えていました。［D］、いまや本の売れ具合は「ホームランか、三振か」の趣《おもむき》だといいます。「ホームラン」をよく出している出版社の人にその「秘密」を聞いたところ、一つの鍵はテレビで取り上げてもらうことだそうです。テレビで「この本は面白いですよ」と紹介してもらうと一気に売れ始め、［E］、いったんベストセラー情報に乗っかれば、あとは放っておいても売れてくれるのだといいます。

この現象を「②ラーメン屋さんの行列」になぞらえた人がいます。ラーメン屋さんの行列は、とにかく行列ができてさえいれば、あとは「みんなが並んでいるのだから、おいしそうだ」とどんどん客が集まるというのです。ラーメン屋さんの行列も、ホームランの本も、怒濤のように観客が押し寄せる展覧会も、メカニズムは共通したものがありそうです。

そのメカニズムとは「みんなが並んでいるのだから、おいしそうだ」ということでしょう。「みんなが並んでいる」という他者のふるまいによって自分の行動を決定しているわけで、必ずしもその人自身の主体性によるのではありません。［F］「つられて」他人本位に動いているのです。私たちにはそういう面があるのではないでしょうか。

二〇二〇年の東京オリンピックをめぐる動きでこんなことがあったのにお気づきでしょうか。二回目となる東京でのオリンピック開催について、東日本大震災直後の二〇一一年七月の時点では世論の㋐趨勢《すうせい》は「反対」が占めていました。「反対」の理由は「オリンピックを開くお金と（注1）リソースがあれば東北地方の㋑フッコウに回してほしい」「首都直下地震の（注2）リスクが高まっているから」「福島の原発事故がまだ㋒シュウソクしていないから」といったことが挙《あ》げられていました。しかし、一年後の二〇一二年七月には「㋓サンセイ」が「反対」を上回り、ついにはオリンピック招致《しょうち》に成功したのは㋔周知の通りです。一年を㋕経たからといって、当初「反対」の理由とされた状況に大した違いは生じていません。いまもって東北のふっこうはまだまだだし、首都直下地震のリスクも変わらないし、福島第一原発事故もしゅうそくにはほど遠いありさまです。にもかかわらず、③世論は正反対に変わったのです。

事実に変わりがないのに、わずか一年で世論がコロッと変わったのはなぜだったのでしょうか。おそらく、多くの人々は自分の主体性でというより、周りの「空気」に合わせて判断しているため、このような変化が起こったのでしょう。いまやオリンピックに「反対」を唱えるのは変わり者といった雰囲気さえあり、異論がいいづらい日本人の典型的な事また、それはどんな涙であったか、正しいものを次の中から記号で選びなさい。

【記号】

ア　全く相手にされなかったフミ自身のための涙。

イ　名誉を間接的に傷つけられたお母さんのための涙。

ウ　名誉を傷つけられたマキのための涙。

エ　何を言っても話を聞かないおばさんたちに同情する涙。

問八　空欄［A］と［B］に入る言葉を、Aは文中から抜き出して四字で、Bは本文にある言葉から推測して五字で書きなさい。

問九　――線部⑦「その確信」とはどのような確信か。文中の言葉を用いて、十五字程度で「〜という確信。」につながるように書きなさい。

問十　――線部⑧「我に返る」とはどのような意味か。正しいものを次の中から記号で選びなさい。

ア　思わず　　イ　正気に返る　　ウ　自分には関係ない

エ　怒りを感じる　　オ　負けるまい

問十一　――線部⑨「『おねえちゃん』のベスト記録が大幅に更新された」とはどのような意味だと考えられるか。正しいものを次の中から記号で選びなさい。

ア　そっけなくて感情のわかりにくいマキが初めて身近に感じられ、ようやく血のつながった姉だと思えたこと。

イ　「おねえちゃん」と呼ばれることの苦手なマキに怒られなかった喜びを表すフミの気持ち。

ウ　義理の姉であるマキのことを自然に「おねえちゃん」と呼んで、早く仲よくなりたいというフミの気持ち。

エ　イジワルなことを言うマキを姉として認められなかったが、優しくて強い一面を見て、素直に「おねえちゃん」と呼べたこと。

三

次の語句の□に人間の体の部分を表した漢字一字を入れ、下の意味を持つ慣用句を完成させなさい。

①　□の皮が厚い　［意味］恥ずかしいといった感情を表情に出さないようにし、厚かましいこと。

②　□に腹はかえられぬ　［意味］大切なことのためには、小さな犠牲はやむを得ない。

③　木で□をくくる　［意味］冷淡に愛想なくあしらうこと。

④　□を長くする　［意味］待ちこがれること。

⑤　□を出す　［意味］支払いの足りないとき。

四

次のことわざと最も関係の深い熟語を後から選び、記号で答えなさい。

①　犬が西向きゃ尾は東

②　石の上にも三年

③　寝耳に水

④　石橋を叩いて渡る

⑤　歯に衣着せぬ

ア　忍耐　　イ　幸運　　ウ　偶然　　エ　必然　　オ　率直

カ　大胆　　キ　慎重　　ク　不意　　ケ　予測

言った。

「あ……出てきた」

指差した先に、ゴエモン二世がいた。茂みから、とことこ姿をあらわした。いったん立ち止まり、きょとんとしたあどけない顔でみんなを見て、みゃあ、と小さく鳴いて、また歩き出して——マキの足元に近づいて、しっぽをすりつけた。

マキはお母さんに目でうながされ、おずおずとかがんで、でもフミに負けないぐらい慣れた手つきで、ゴエモン二世を抱き上げた。

「おねえちゃんと一緒に帰りたかったんだよ！　だからこの子、空き地から出て行かなかったんだよ！」

フミは胸を張って、おばさんたちに言った。⑨「おねえちゃん」のベスト記録が大幅に更新された。

（重松清「ポニーテール」より）

問一　——線部**ア**～**オ**のカタカナは漢字に直し、漢字は読みをひらがなで書きなさい。

問二　——線部①「なるほどね」と言っているが、この時どのような気持ちから使われていると考えられますか。正しいものを次の中から記号で選びなさい。

ア　フミの怒る気持ちに同調する気持ち。
イ　フミが泣かされたことに対して同情する気持ち。
ウ　どちらの立場もきちんと理解しようとする気持ち。
エ　フミの言っていることを疑う気持ち。

問三　——線部②「顔をしかめて」とはどのような意味か。正しいものを次の中から記号で選びなさい。

ア　不思議な気持ち　　イ　悲しい気持ち
ウ　アピールしようとする気持ち　　エ　不快な気持ち

問四　——線部③「お母さんの考え」とあるが、「責任」に関するお母さんの考えにあたる箇所を、本文から四十字で抜き出し、始めと終わりの三字を書きなさい。（句読点も字数に含む）

問五　——線部④「また不満たっぷりの言い方」に「また」とあるが、最初と今回の不満について正しいものを次の中から記号で選びなさい。

ア　最初はフミのミカタをしてくれなかったことについてで、今回は自分が良いと思っていたことを否定されたことについて。
イ　最初は自分が正しいと思っていたことに疑問を投げられたことについてで、今回は自分の言ったことを否定されたことについて。
ウ　最初はマキの肩ばかり持つことについてで、今回は自分の言ったことを否定したことについて。
エ　最初はマキを罵《ののし》って欲しかったのにそうしなかったことについてで、今回はお母さんの発言を理解できなかった自分について。

問六　——線部⑤「もうわかっていた」とあるが、フミはどんなことをわかっていたのですか。正しいものを次の中から記号で選びなさい。

ア　おばさんたちがマキを理不尽にいじめていたこと。
イ　マキが猫に人間に慣れないようにわざと石を投げていたこと。
ウ　親のしつけが悪いからではなく、マキは猫が嫌いだということ。
エ　おばさんたちはマキが猫に石を投げていたから怒ったということ。

問七　——線部⑥「フミは泣き出してしまった」とあるがそれはなぜですか。理由を四十五字以内で書きなさい。

いた。ゴエモン二世のために、マキはわざと、本気でぶつけずに石を投げていた。絶対に。信じる。

それがおばさんたちには通じない。かわいい猫に石を投げるなんて信じられない、親のしつけが悪いんだ、心を病んでいるんじゃないか、とまで言って、さんざん罵《のの》りつづける。マキもちゃんと言い返せばいいのに、黙ってそっぽを向いたまま、まるで説明しないのがルールなんだと決めているかのように、口をきゅっと結んでいる。

それが悔しくて、悲しくて、⑥フミは泣き出してしまった。お母さんがびっくりするのを見ると涙がどんどんあふれ、マキがあいかわらず知らん顔をしているのを見ると、大きな泣き声まであげてしまった。

今日はほんとうに泣きどおしの一日になった。でも、いままでは自分が悲しかったから流す涙だった。マキのために流す涙は初めてだった。

おばさんたちは、あんたが泣いても関係ないわよ、という顔をしていたが、お母さんはフミの顔をおなかに抱き寄せて、初めて、自分からおばさんたちに訊《き》いた。

「ほんとうに、石を投げながら『 A 』って言ってましたか?」

「……言ってたわよ、そんなふうに。ちゃんと聞いたんだから」

「『 B 』じゃありませんでした? 猫にお願いしながら、石を投げてませんでしたか?」

フミはお母さんのおなかから顔を離して、見上げた。口調は質問でも、お母さんの表情には、絶対にそうだ、という確信が宿っていた。おばさんたちも⑦その確信に気《け》おされたように、急に口ごもってしまった。

お母さんはマキに目をやった。

「この子、猫が大好きなんです」

静かに言って、「大好きな猫と、この夏にお別れしたばかりなんです」とつづけた。

いつもごはんをあげていた近所の野良猫がいた。家の中に入ってくるぐらい、猫のほうもなついていた。でも、夏に引っ越しをして――フミやフミのお父さんと一緒に暮らすようになったから、お別れしなければいけなくなった。

「ウチの庭に来ても、もうごはんはないよ、今度からは自分で探さなきゃいけないんだよ、って……引っ越しの少し前から、わざと、もうウチに来ないように、猫に水鉄砲の水をかけたり、猫の嫌がるにおいのスプレーをしたりして……」

フミは涙で濡《ぬ》れた目でマキをみた。でも、マキはそっぽを向いたまま、どんなにしても目を合わせてくれない。代わりに、ランドセルの星のシールが、オ夕陽を浴びて光っていた。

「だからって、石を投げることはないでしょ」

ガラスを割られたおばさんは、ひるみながらも言い返した。「だいいちねえ、注意されて言い返すなんて、なに? ほんと、かわいげがないっていうか」――ねえ、と三人でうなずき合ったところに、お母さんの声がぴしゃりと響いた。

「マキはいい子です!」

迷いもためらいもなく、言い切った。

あまりの勢いに一瞬ぽかんとして黙り込んだおばさん三人は、すぐに⑧我に返ると文句を言い返そうとした。

でも、その前に、空き地の茂みを見ていたフミが、つぶやくように明日の夕方、誰か怖いひとに、おいでおいで、と手招かれたら――。
「野良猫は、ふつうはすごく用心深いでしょ。そうしないと身を守れないのよ」
「うん……」
「でも、抱っこで楽しい思い出ができちゃうと、人間に対して警戒しなくなるでしょ」
「じゃあ、楽しい思い出、つくっちゃいけないわけ？」
④また不満たっぷりの言い方になった。
すると、お母さんはフミの髪にまた手をやって、癖っ毛の場所を確かめるように指をすべらせながら、言った。
「その楽しさって、猫にとって楽しいのかな。それとも、人間にとって楽しいのかな」
胸がドキンとして、思わずうつむいてしまった。逃げるように「でも……」と返しても、つづけてなにをどう言えばいいのかわからない。
お母さんは自分から話を先につづけた。
「甘えて寄ってくる猫を抱っこしてあげるのも優しさだけど、わざと追い払って、人間の怖さを教えてあげるのも優しさなの。だから、六年生の子は、めちゃくちゃな文句だけ言ったわけじゃないと思うわよ、お母さん」
「……じゃあ、どっちが正しいの？」
お母さんは「どっちも」と答え、はねた癖っ毛を軽く伸ばしてくれた。
「そんなのって……」
「正しいことって、一つきりじゃないのよ。世の中って、ほんと」
だから面倒くさいよねー、とお母さんはおとな同士で愚痴をこぼし合うように笑った。

（中略）

マキは空き地の前の通りで、おばさん三人に取り囲まれていた。三人は空き地の両隣とお向かいに住むひとたちだった。
空き地で野良猫《のらねこ》に向かって石を何度も投げていたんだ、とおばさんの一人が言った。出て行け、出て行け、と猫をいじめていたんだ、と別のおばさんが言った。これって動物虐待《ぎゃくたい》でしょ、と三人目のおばさんが言って、最初のおばさんがまくしたてるように話を締めくくった。
「猫ちゃんが捨てられてて、かわいそうだから、ごはんあげようと思って外に出たら、石を投げてる子がいるじゃない。もう、びっくりしちゃって、注意したら……」
逆にマキは「野良猫にごはんやるのって、やめてください」と言い返した。それだけでもおばさんはアタマに来ていたのに、知らん顔をしてマキが投げた石が、ウテモトがくるっておばさんの家に飛び込んで、ガラスを割ってしまったのだ。
おばさんはカンカンに怒って、ご近所まで巻き込んだ大騒ぎになった。
お母さんはひたすら謝った。とにかくガラスを割ったことはこっちが悪い。
でも、「エケイサツに電話してもよかったんですけどね」と恩着せがましくいう三人は、ガラスのことより猫を虐待していたのがゆるせないんだ、と何度もしつこく蒸し返した。ふてくされたままのマキの態度がよほど腹に据えかねていたのだろう。
でも、石を茂みに投げたのは虐待ではない。フミには⑤もうわかって

エ　自分自身が傷つくことなく、正義を行なうことは出来ないということ。

オ　戦争賛美の考えをくつがえし、暴力の一切ない平和な社会を築くということ。

カ　どんなに悲しい時でも、笑顔を絶やさず力強く生きていくということ。

二　次の文章は野良猫であるゴエモン二世の扱い方について、姉であるマキと喧嘩をしたフミが、そのことをお母さんに話をしている場面から始まる。この文章を読んで後の問いに答えなさい。

「アイジワルな六年生に会ったの」

マキのことを「知らない六年生の女子」に置き換え、ゴエモン二世のことも「子猫」とだけ呼んで、あとはそのまま、あったことを伝えた。話しているうちにまた泣いてしまうだろうかと思っていたが、そんなことはなかった。逆に、怒りのほうが増してきた。

いまのお母さんの前では一度も泣いたことがない。べつに無理して我慢しているわけではなくても、不思議と涙が出るほどの悲しさが湧《わ》かない。そこが、前のお母さんといまのお母さんとのいちばん大きな違いだった。

話を最後まで聞いてくれたお母さんは「①なるほどね」と相槌《あいづち》を打って、なるほど、うん、なるほどね、と余韻を噛《か》みしめるように繰り返した。

お母さんはイミカタだ、と期待して「その子の言ってること、ワケわかんないでしょ?」と大げさに②顔をしかめてみた。「ひどいよねー……」

でも、お母さんは、ちょっと困ったように笑って、首を横に振った。

「言い方は確かによくないけど、言ってることは、合ってるかもね」

「なんで?」

「まあ、野良猫をどこまで世話するかっていうのは、いろんな考え方があるんだろうけど、その六年生の子が言ってたことは、③お母さんの考えと似てるみたい」

「……なんで?」

今度の「なんで?」は、不満たっぷりになってしまった。

お母さんはフミの髪を軽く撫でて、「責任取れるの、って訊いたんだよね、その六年生の子」と言った。

「そう……」

「その責任って、自分が最後まで面倒を見られないものには、中途半端《はんぱ》なことをしちゃダメだっていうことなのよ」

もしもゴエモン二世が、明日からもごはんがもらえるんだ、と思い込んだら――。

明日の夕方、フミとツルちゃんが来るのを楽しみに待っていたら――。

「わたし、明日も行くよ」

「わかってる。でも、毎日ずっと、一日も休まずに、できる?」

言葉に詰まった。

お母さんは「難しいよね」と笑って、「抱っこもそうよ」とつづけた。

もしもゴエモン二世が、人間はみーんな優しいんだ、と思い込んだら――。

いるということ。

問六　――線部④「それ」が指すものを、文中から十字で抜き出しなさい。

問七　――線部⑤「たちまち大人たちから反発を買い、散々悪評を頂戴する」ことになったのはなぜか、正しくないものを次の中から記号で選びなさい。

ア　自分の顔を食べさせる行為が、残酷すぎると判断されたから。
イ　顔をちぎって与える行動自体が、あまりにも衝撃《しょうげき》的だったから。
ウ　自分の顔を食べさせる行為が、幼児向けでないと思われたから。
エ　貧困にあえぐ人に、一瞬だけ夢を与えるような内容だったから。

問八　――線部⑥「□唐無稽」は、「でたらめ」という意味である。空欄に当てはまる漢字一字を書きなさい。

問九　――線部⑦「□の覚悟」の空欄に当てはまる語句を、文中から四字で書き抜きなさい。

問十　――線部⑧「小さな子どもたちが選んでくれました」とあるが、それはなぜか、正しいものを次の中から記号で選びなさい。

ア　大人が酷評した「顔を食べさせる」場面が、子どもたちの目にはただの残酷な場面に映らなかったから。
イ　大人が残酷だと判断した「顔を食べさせる」場面を、子どもたちは悲しくも感動的なものととらえたから。
ウ　大人たちが読んではいけないと言う作品ほど、子どもたちが反発して興味を持って読んでしまうから。
エ　子どもたちには、アンパンが身近な食べ物だったため、食べることに抵抗がなかったから。

問十一　――線部⑨「これはえらいことになったなあ」と思った理由について、次の文の空欄に当てはまる言葉を、文中からそれぞれ書き抜きなさい。

小さな子どもたちは、［a（四字）］な目で何の先入観もなく絵本を読む。だからこそ彼らは、少しでも気に入らない本ならば放り投げ、まったく見向きもしない厳しい［b（二字）］家でもあるから。

問十二　――線部⑩「大人からすると決して容易なテーマではないでしょう」とあるが、それはなぜか。「大人は～から。」という形になるように、文中から十字で抜き出しなさい。

問十三　――線部⑪「難しい、哲学的な歌詞」とあるが、具体的にはどの部分を指しているのか。過不足なく、文中から抜き出しなさい。

問十四　――線部⑫「子どもに合わせてやさしい言葉にする必要なんかない」のはなぜか。「～から」に続くよう、文中から四十字で探し、その最初と最後の三字を書き抜きなさい（句読点を字数に含む）。

問十五　――線部⑬「やがて大きくなったときにわかるときが必ず来ると信じたいのです」とあるが、筆者が『アンパンマン』という作品を通して伝えたいこととして正しいものを、次の中からすべて選びなさい。

ア　自分の正義をつらぬくためには、どのような犠牲が払われても仕方がないということ。
イ　アンパンマンのように人から好かれる格好の良いヒーローに出会い、それを心の支えにするということ。
ウ　生きているからこそ、自分自身の限りある命をどのように使うかが大切だということ。

子どもというのは、絶えず背伸びをしているので、自分が子どもっぽいといわれるのが嫌なのです。

♪なんのために　生まれて
なにをして　生きるのか
こたえられないなんて
そんなのは　いやだ！

『アンパンマン』のテーマソングに、僕はこう書きました。これは、僕自身が自分に問いかけてきた、生きてゆくうえでの命題といえるものです。生きているからこそ、自分の命をどう使うかが大切だ、ってことなのですが、ときどき、こんな質問を受けます。「幼児向けの歌なのに、何でこんな⑪難しい、哲学的な歌詞なのですか」と。

確かに子どもには、難しいフレーズです。けれど、僕はそれでいいと思うのです。つまり、大人が自分の思っていることをきちんと伝えれば、子どもにはその精神的な部分は通じるのです。[C]、⑫子どもに合わせてやさしい言葉にする必要なんかない。スペイン語だろうがスワヒリ語だろうが、子どもたちは耳から聞いて覚えてしまう。言葉がわからなくても、悲しい場面で泣き出したりするのは、彼らが本質を捉《とら》えているからなのです。

幼稚園に行けば、みんな楽しそうに歌っています。それでいいのだと、僕は確信したのです。歌っているうちに、その子どもの心に自然と浸透して、⑬やがて大きくなったときにわかるときが必ず来ると信じたいのです。

（やなせたかし「絶望の隣は希望です」より）

問一　——線部**ア**〜**エ**のカタカナは漢字に直し、漢字は読みをひらがなで書きなさい。

問二　空欄[A]〜[C]に当てはまる語句を、次の中から記号で選びなさい。

ア　さて　イ　いわば　ウ　そして　エ　また
オ　だから　カ　しかし

問三　——線部①「戦争はカッコいいものとして潜在意識に残ってしまう」とあるが、それはなぜか。正しいものを次の中から記号で選びなさい。

ア　ものを壊して悪者を倒すのがヒーローで、戦争だと思うから。
イ　戦争では立派な兵器を用いると、ヒーロー番組で知っているから。
ウ　飢えで苦しむ難民を救うため、戦争が行なわれていると思うから。
エ　怪獣を倒すために、絶えず新しい兵器が番組に登場するから。

問四　——線部②「どうにも胡散臭くてしようがなかったわけです」とあるが、なぜそのように思ったのか。四十字以内で説明しなさい。

問五　——線部③「A国の正義とB国の正義は違う」とはどういうことか、正しいものを次の中から記号で選びなさい。

ア　A国もB国も異なる立場から、戦争を終わらせるための戦いをしているということ。
イ　A国が終戦させたいと願っているのに対し、B国は続行させる意志を示していること。
ウ　A国もB国も、共に自国が正しいことをしているという大義があるということ。
エ　B国の理想に対して、A国があえて対抗し反対の理想をかかげて

幼稚園の先生から、すぐ文句が来ました。出版社からも、

「顔を食べさせるなんて、⑥□唐無稽だ。もう、二度とあんな本を描かないでください」

と、ダメ押しをされ、児童書のウセンモン家からは、

「ああいう絵本は、図書館に置くべきではない」

とまでいわれました。

でも正義を行ない、人を助けようと思ったなら、本人も傷つくことを覚悟しないといけないのです。⑦□の覚悟がないと、正義というのは行なえないのです。

アンパンマンはカッコよくないし、パンだから、ちょっと雨に濡れても簡単に弱ってしまいます。□B 世界最弱のヒーローです。だけども、彼は空を飛んでいって、ひもじい子どもに自分の顔をちぎって食べさせる。自分を犠牲にして、正義のために戦うわけです。

幼稚園の先生から「残酷だ」といわれたときは、これはアンパンマン、彼にとって食べてもらうのはうれしいこと。だってまずいパンだったら食べてもらえないから、と説明したのです。

『アンパンマン』を発表した70年代は、自分さえ助かればいい、自分さえ得をすればいいという時代でしたから、自己犠牲をテーマにした話がウケるはずがないと、僕もそう思いました。でも、「真の正義は、自分を犠牲にしないと成し遂げることはできない」、このメッセージだけは、アンパンマンを介して届けたいと思ったのです。

そんなわけで、世界で最弱のヒーロー、アンパンマンは、世間から黙殺され誰も知らない存在でした。けれど、不評だろうとなんだろうと、僕は少しもメゲませんでした。作者の僕自身がアンパンマンを深く愛していれば、いつか日が当るときが来るだろう、そう信じていました。

（中　略）

作品の価値は偉い批評家が決めるものではなく、出版社が決めるものでもない。読む人が決めるのです。『あんぱんまん』は、大人には見向きもされなかったけれど、⑧小さな子どもたちが選んでくれました。

まだ、この世に生まれて3年ぐらいという、文字も読めない、言葉もエ覚束ない子どもたちが、何の先入観もなく、純真無垢《むく》の魂で、アンパンマンに拍手を送ってくれた。アンパンマンをヒーローにしてくれた原動力は、小さな小さな批評家たちでした。僕は、偉い評論家や絵本のセンモン家から一度も褒められたことはありませんが、これだけ子どもたちが喜んでくれたことで、もう十分だと思いました。そして、代表作がないとコンプレックスに苛《さいな》まれていた僕は、60歳を目前に、ようやくそれを見つけたような気がしたのです。

でも、そのうれしさの半面で、「すごい読者を持つことになった。⑨これはえらいことになったなあ」と、身が引き締まる思いにもなりました。

（中　略）

アンパンマンには、「正義とは何か。傷つくことなしには正義は行なえない」というメッセージを込めています。これは、⑩大人からすると決して容易なテーマではないでしょう。でも、大丈夫。子どもには、自分が考えていることをはっきりと伝えれば、その本質はテレパシーで通じます。人間は成長するにつれて、物事を知識で判断するようになりますが、幼児はまだ真っ白な状態ですから、ストレートに通じるのです。

ただし、少し知恵がついてくると、多少は合わせなくちゃなりません。それも、その子どもよりは、やや上の年齢に焦点を合わせたほうがいい。

【国語】（五〇分）〈満点：一〇〇点〉

一 次の文章を読んで、後の問いに答えなさい。

1960年代後半から70年代にかけて、ウルトラマンや仮面ライダーといったヒーローものが流行《はや》り、それは大いにウケて、子どもたちのスーパースターとなりました。

これらのヒーローは悪いやつをやっつけるのが仕事。だから、やたらいろんなものが壊れる。それから、絶えず怪獣を叩きつぶしてしまう。いろんな兵器が出てきてドンパチをやる。それは一種の戦争なんですね。そうすると、子どもの心のなかに〝戦争賛美〟というものが、どうしても出てきてしまう。社会の事情がよくわからない時代に、そういうものばかり見ていると、①戦争はカッコいいものとして潜在意識に残ってしまうのです。

僕には、かなり前から、新しいスーパーマンものを描きたいという気持ちがありました。でも、いろいろ登場したスーパーマンものは、僕には、②どうにも胡散《うさん》臭くてしようがなかったわけです。相手をとことん叩きのめして、森や町を破壊して、それで正義が勝ったということで、ハイ、おしまい。それが本当に正義なのだろうかという疑問がありました。

僕らの世代には〝これは正義の戦いだ〟といって戦争に突き進みました。アメリカは、この戦争を終わらせるという大義で、原爆を落とした。

[A]、戦争には直接ア加担しない人々が、一瞬のうちに閃光《せんこう》に焼かれて、虫けらのように殺されました。

戦争の場合、戦っている人間は、どちらも相手が悪い、自分が正義だという。しかし、③A国の正義とB国の正義は違う。どちらが正義かよくわからないということになります。

一方、いつの時代にも飢えて死んでいく人がたくさんいます。いまも、アフリカなどでは内戦が続き、大勢の人たちが難民となって苦しんでいます。本当の正義の味方なら、まず飢えている人を助けるべきでしょう。その後で正しいとか正しくないとか、主義が違うとかいうならまだしも、イツミもなく死んでいく人を見捨てて戦っているのはおかしい。

では、引っくり返らない正義とは何か、って考えたのです。それは、地震で下敷きになった人を助けたり、飢え死にしそうな人に、ひと切れのパンをあげるということ。自分の身を犠牲にしても、ひもじい思いをしている人に、食べ物をあげることじゃないか。④それが、僕が行きついた答えでした。

それで僕は、飢えている人を助けるヒーローをつくろうと思ったのです。初期の『アンパンマン』の絵本には、砂漠で飢えた旅人や、道に迷った子どもに少しずつ顔を食べさせて、ついには顔が全くなくなってしまうアンパンマンの姿を描きました。

――さあ、僕の顔をかじりなさい。アンパンだから、甘くてとびきりおいしいよ。さあ、はやく！

ところが、この〝顔を食べさせる〟シーンが、⑤たちまち大人たちから反発を買い、散々悪評を頂戴《ちょうだい》することになりました。

「顔をちぎって食べさせるなんて、あまりにもひどすぎる。絵本というのは、子どもたちに夢を与えるものでしょ。この作者は、いったい何を考えているのかしら」

MEMO

大切なことはメモしておこうネ！

解答用紙集

○月×日 △曜日　天気(合格日和)

◆ご利用のみなさまへ

＊解答用紙の公表を行っていない学校につきましては、弊社の責任において、解答用紙を制作いたしました。

＊編集上の理由により一部縮小掲載した解答用紙がございます。

＊編集上の理由により一部実物と異なる形式の解答用紙がございます。

人間の最も偉大な力とは、その一番の弱点を克服したところから生まれてくるものである。――カール・ヒルティ――

東京学参株式会社

千葉日本大学第一中学校（自己推薦）　2024年度

◇算数◇

※ 143％に拡大していただくと，解答欄は実物大になります。

※１，２は答えのみ解答らんに記入し，３，４の問題は解答らんに途中の計算や説明も書いて下さい。

1

(1) 商　余り	(2)
(3)	(4)

2

(1)	(2) 毎分　m
(3) ①　枚	②　人
(4) ①　人	②　人
(5) ①　回目	②　点
(6) ①　％	②　g
(7) ①　人	②　分
(8) ①　個	②　個
(9) ①　度	②　度
(10) ①　cm	②　個
(11) ①　cm	②　cm^2
(12) ①　円	②　円

3

(1)

（答）　cm^2

(2)

（答）　cm

(3)

（答）　cm^2

4

(1)

（答）　分

(2)

（答）　分後

千葉日本大学第一中学校(自己推薦)　2024年度　◇理科◇

※ 130%に拡大していただくと，解答欄は実物大になります。

1

問1		問2					
問3				問4		問5	
問6		問7		問8		問9	

2

問1		問2		問3	
問4	色	問5		問6	

3

問1		問2		問3	

	①	②	③
問4	g	%	g

4

問1		問2		問3		問4		問5	

5

	図1		図2			
	切る糸	はかりの目盛り	切る糸	はかりの目盛り		
問1		g		g	問2	

6

問1		問2		問3		問4		問5		問6		問7	

問8		問9	秒	問10	

千葉日本大学第一中学校（自己推薦）　2024年度

◇社会◇

※ 139%に拡大していただくと，解答欄は実物大になります。

1.

問１（１）	（２）		（３）	問２			
問３			問４	問５（１）①	②	③	（２）
問６	問７（１）①	②	③	④	⑤	⑥	⑦
（２）		問８（１）					
（２）①	②	③	④	（３）①	②	③	④
⑤	⑥	⑦	問９（１）				（２）

2.

問１　丸田くん　（県）	位置	藤本くん　（県）	位置
小宅くん　（県）	位置	大輔くん　（県）	位置
まさみさん　（県）	位置	黒木くん　（県）	位置

問２　①	②	③	④	⑤	⑥	⑦	⑧
⑨	⑩	問３					
問４	問５	問６	問７　m	問８			

3.

問１	問２　②	③	問３
問４　④		⑤	⑥
問５		問６　税金	制度
問７　⑦	⑧	問８	

◇国語◇

千葉日本大学第一中学校（自己推薦）　２０２４年度

※１４５％に拡大していただくと、解答欄は実物大になります。

一

問一　①　②　③　④　⑤

問二　①　②　③

問三　① ➡　② ➡　③ ➡　④ ➡　⑤ ➡

問四　①　②

二

問一　(a)　(b)　(c)　(d)　(e)（える）　(f)

問二　A　B

問三　①　②　③　④

問四　10　べき

問五　20　40

問六

問七

問八

問九

問十

問十一　最初 〜 最後

三

問一　(a)　(b)　(c)　(d)　(e)（り）

問二

問三

問四　X　Y

問五

問六　i 15　ii 15

問七

問八　20　40　50

問九

問十

問十一

問十二

千葉日本大学第一中学校（第1期）　2024年度

◇算数◇

※ 143％に拡大していただくと，解答欄は実物大になります。

※ 1，2，4(1)の問題は答えのみ解答らんに記入し，3，4(2)(3)の問題は解答らんに途中の計算や説明も書いてください。

1

(1)		(2)	
(3)		(4)	

2

(1)		(2)	度
(3)	秒	(4)	間
(5)	①	②	
(6)	① 通り	②	通り
(7)	①		
	② → → →		
(8)	A　B　C　D　E		
(9)	x 度	y	度
(10)	① cm²	②	③
(11)	cm²		
(12)	① 番目	② ア	イ

3

(1)

（答）　日

(2)

（答）　日間

(3)

（答）　日

4

(1)

cm²

(2)

（答）　cm²

(3)

（答）　cm³

千葉日本大学第一中学校（第1期）　2024年度　◇理科◇

※ 133％に拡大していただくと，解答欄は実物大になります。

1

問1 (1)	問1 (2)	問1 (3) 数	問1 (3) 部分	問2

問3 ②	問3 ④	問4	問5	問6 (1)	問6 (2)
				倍	枚

問7	問8	問9

問10

問11

2

問1	問2	問3	問4	問5
				g

問6
g

問7 (1)	問7 (2)	問7 (3) ①	問7 (3) ②	問7 (3) ③
		g	%	

3

問1 あ	問1 い	問2	問3 う	問3 え

4

問1 ①	問1 ②	問2 ③	問2 ④	問2 ⑤	問3 ⑥	問3 ⑦	問3 ⑧

5

問1	問2	問3	問4	問5	問6	問7

問8	問9	問10

千葉日本大学第一中学校（第1期）　2024年度　◇社会◇

※ 141％に拡大していただくと，解答欄は実物大になります。

1.

問1　A	B	C	D	E	F	G	H
I	J	K	L	M	N	O	問2
問3	問4	問5	問6				
問7							
問8（1）	（2）						
問9	問10　X	Y	問11				
問12	問13						
問14							
問15	問16	問17　あ	い	う			
え	お	か					

2.

問1　1	2	問2		
問3	問4	問5		
問6	問7　5	6		
問8	問9	問10　7	8	
問11	問12	問13　9	10	
問14	問15			
問16　だいすけ	あすか	あきひろ	あやの	たかひろ

3.

問1	問2	問3	問4	問5	問6　④		
⑤	⑥	⑦	⑧	⑨	⑩	⑪	問7

2024年度
千葉日本大学第一中学校（第1期）

※147%に拡大していただくと、解答欄は実物大になります。

◇国語◇

一

問一 A B C D E

問二 A B C D E

二

問一 a め b c d

問二 X Y

問三

問四 20

問五

問六

問七

問八 (i) (ii)

問九

問十

三

問一 a てて b c d って e

問二 (1) (2) (3)

問三 X Y

問四 20 40 60

問五 ① ②

問六

問七 ① ②

問八

問九

問十

千葉日本大学第一中学校（自己推薦）　2023年度

◇算数◇

※ 141％に拡大していただくと，解答欄は実物大になります。

※ 1，2，3(1)は答えのみ解答らんに記入し，3(2)，4の問題は解答らんに途中の計算や説明も書いて下さい。

1

(1) 商　余り	(2)
(3)	(4)

2

(1)	
(2) ①	②
(3) ①	②
(4) 度	
(5) ① g	② g
(6) ① 分速 m	② 分速 m
(7) ① 個　② 個　③ 個	
(8) ① 通り	② 通り
(9) 度	
(10) ①	②
(11) ① m^2	② m^2

3

(1) ア　人，イ　人，ウ　人，C　人

(2)

(答)　人

4

(1)

(答)　cm^3

(2)

(答)　cm^3

(3)

(答)　cm^2

千葉日本大学第一中学校（自己推薦）　2023年度　◇理科◇

※ 143％に拡大していただくと，解答欄は実物大になります。

1

	(1)	(2)	(3)	(4)	(5)
問1					

	(1) X	(1) Y	(2)	(3)	(4) ①	(4) ②	(4) ③
問2							

	(1)	(2)	(3) ①	(3) ②	(3) ③	(4)
問3			回	mL	L	

2

	①	②	③	④	⑤
問1					

	(1)	(2)	(3)	(4)	(5)
問2					

問3

(1)

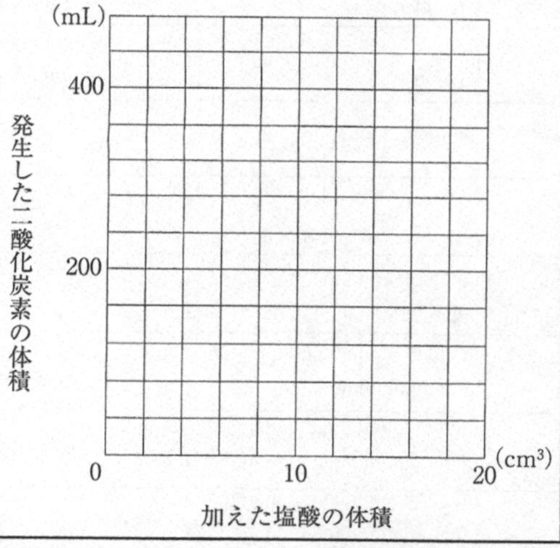

(2)	(3)	(4) B	(4) C	(5)
		cm^3	cm^3	

3

	つなぎ方	豆電球		明るさ	豆電球		明るさ	豆電球		明るさ	豆電球		
問1	つなぎ		問2			問3			問4			問5	

4

			④	⑤	⑥	⑦
問1		問2				

	①	② 気温	② 湿度				
問3		℃	%	問4		問5	

			①	②		
問6	℃	問7	℃	%	問8	高気圧

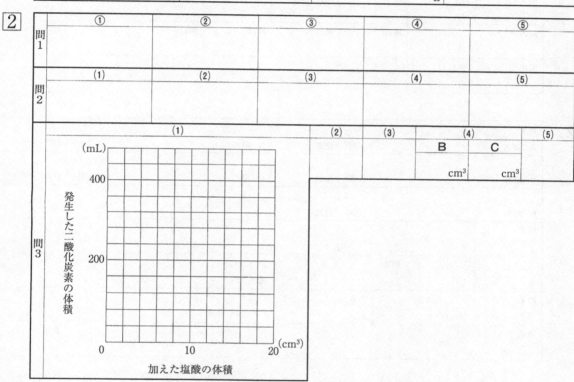

千葉日本大学第一中学校(自己推薦)　2023年度　◇社会◇

※ 139%に拡大していただくと，解答欄は実物大になります。

1.

問１ A	B	C	D	E	F	G	H
I	J	K	L	M	N		

問２ ①	②	③	④
⑤	⑥	⑦	⑧

問３	問４	問５	問６	問７	問８	問９

問10	問11	問12	問13	問14	問15

問16

2.

問１ A　県名　　（県）	位置	B　県名　　（県）	位置
C　県名　　（県）	位置	D　県名　　（県）	位置
E　県名　　（県）	位置		

問２ 1	2	3	4	5	6	7	8
9	10	問３ X	Y				

問４　　（m）	問５	問６ Z	W

問７	問８

3.

問１

問２	問３	問４	問５

問６ A	B	C	D	問７

問８ A	B	C	D

2023年度 千葉日本大学第一中学校（自己推薦）

※147%に拡大していただくと、解答欄は実物大になります。

◇国語◇

一

問一 (1) (2) (3) (4) (5)

問二 (1) (2) (3) (4) (5)

問三 (1) (2) (3) (4) (5)

二

問一 a b c d e

問二 A B C D

問三

問四 20 40 50

問五

問六 その考え 補強する情報

問七

問八

問九 (1) (2) 最初 ～ 最後 とすること

問十

問十一

三

問一 a b c d e

問二

問三

問四 20 40 50

問五

問六

問七

問八

問九 (1) (2)

問十

問十一

問十二

問十三

問十四

千葉日本大学第一中学校（第1期）　2023年度

◇算数◇

※ 143％に拡大していただくと，解答欄は実物大になります。

※１，２，３(1)，４(2)アの問題は答えのみ解答らんに記入し，３(2)(3)，４(1)(2)イ(3)の問題は解答らんに途中の計算や説明も書いてください。

1

(1)		(2)	
(3)		(4)	

2

(1)			(2)		円
(3)		g	(4)		枚
(5)	①	円	②		%
(6)	①	毎秒　m	②		m
(7)	①	m^2	②		ha
(8)	①		②		
(9)	①	人	②		個
(10)	①	度	②		度
(11)	①	cm	②		cm^2

3

(1)

毎秒　　度

(2)

(答)　　秒後

(3)

(答)　　秒後

4

(1)

(答) 毎時　　km

(2) ア

時　　分

(2) イ

(答)　　時　　分

(3)

(答)　　km

千葉日本大学第一中学校（第1期）　2023年度　◇理科◇

※ 137％に拡大していただくと，解答欄は実物大になります。

1

問1	問2 物質B	問2 消化液	問3

問4	問5	問6

2

	トマト	トウモロコシ
特徴		
花		
葉		

	イネ	カボチャ
特徴		
花		
葉		

3

問1	問2 X	問2 Y	問3	問4

問5	問6	問7
	およそ　　倍	mL

問8	問9 ③	問9 ④	問10
			g

4

問1	支点		力点		作用点		問2	問3		
	図1	図2	図1	図2	図1	図2		㋐	㋑	㋒

問4	問5 ア	問5 イ	問5 ウ
g	側		

5

問1	A	B	C	D	E	問2	(1)	(2)	(3)

問3	問4 (1)	問4 (2) ①	②	③	④
		秒	秒	km	

問5	(1)	(2)

千葉日本大学第一中学校（第1期）　2023年度　◇社会◇

※ 139%に拡大していただくと，解答欄は実物大になります。

1.

問1 1	2	問2 A	B		
問3 1	2				
問4 1					
	2				
問5 1	2	誤りのレポート番号 3	誤っている言葉 →		
問6	問7 1				
2	問8 1	2	問9 1	2	
問10 1	2	問11 A	B	C	
D	問12 1	2	問13 1	問14 1	
2	問15 1	2	問16 1	2	

2.

問1 1	2	問2	問3	問4 3
4	問5	問6	問7 5	6
問8	問9	問10	問11	問12
問13	問14	問15	問16	問17
問18 だいすけ	あすか	あさひ	あきこ	ひろなり

3.

問1			
問2	問3	問4	問5
問6	問7	問8	問9
問10 A	B	C	

２０２３年度 千葉日本大学第一中学校（第１期）

※１４７％に拡大していただくと、解答欄は実物大になります。

◇国語◇

一

問一 (1) (2) (3) (4) (5) (6) (7)

問二 (1) (2) (3) (4)

問三 (1) (2) (3) (4)

二

問一 a b c

問二

問三

問四

問五 (i) (ii)

問六

問七 20 人

問八 ① ② ③

三

問一 a b c

問二 (1) (2)

問三

問四 (i) (ii)

問五

問六

問七

問八 20 40 50 と思ったから。

問九

問十

千葉日本大学第一中学校(自己推薦)　2022年度

◇算数◇

※ 143％に拡大していただくと，解答欄は実物大になります。

※1，2は答えのみ解答らんに記入し，3，4の問題は解答らんに途中の計算や説明も書いて下さい。

1

(1)	(2)
(3)	(4)

2

(1)	(2)
(3)	(4) ％
(5) ① 本	② m
(6) 秒	(7) 分
(8) ① 通り	② 通り
(9) 度	(10) cm
(11) ① cm^2	② 秒後

3

(1)

(答)　cm

(2)

(答)　cm

(3)

(答)　cm^2

4

(1)

(答)　点

(2)

(答)B組男子の人数は　人，B組女子の平均点は　点

千葉日本大学第一中学校(自己推薦)　2022年度　◇理科◇

※ 145％に拡大していただくと，解答欄は実物大になります。

1

	ジャガイモ	サツマイモ		ジャガイモ	サツマイモ
問1			問2		

	ジャガイモ	サツマイモ		
問3			問4	

2

問1		問2	
問3			
問4			
問5			

3

	A				B				C			
問1	Ⅰ群		Ⅱ群		Ⅰ群		Ⅱ群		Ⅰ群		Ⅱ群	

	気体	捕集方法		気体	色
問2			問3		

問4	

4

問1		問2		問3		
問4		問5				

5

問1　マグネシウムの重さ　：　結びついた酸素の重さ　＝　　　　：

問2	g	問3	g

6

問1		問2		問3		問4	
問5							

7

問1		問2		問3	m
問4	m	問5			

8

	1	3		2	4
問1			問2		

					A	B	C
問3		問4		問5			

問6		問7	

千葉日本大学第一中学校(自己推薦)　2022年度　◇社会◇

※ 145%に拡大していただくと，解答欄は実物大になります。

1.

問1 1	2	3	4	問2 ア	イ	
問2 ウ	エ	オ	カ	問3 1 ア	イ	ウ
問3 エ	オ	カ	キ	問3 2	問4 1	
問4 2	問5					
問6 1						
問6 2	3	4	問7 1	2		
問7 3	4	問8	問9 ア			
問9 イ	問10 1	2	3			

2.

問1	だいすけくん		まさみさん		架純さん	
	県名 (県)	番号	県名 (県)	番号	県名 (県)	番号
問1	昭くん		里帆さん		勇人くん	
	県名 (県)	番号	県名 (県)	番号	県名 (県)	番号
問2 ア	イ	ウ	エ	オ	カ	キ
問2 ク	ケ	コ	問3 (m)			
問4						
問5	問6 (工業地域)	(都市名) (市)	問7			
問8						

3.

問1	問2	問3	問4	問5
問6	問7			

4.

問1 ア	イ	ウ	エ
問1 オ	問2		
問3			

◇国語◇

千葉日本大学第一中学校(自己推薦)　２０２２年度

※１５２％に拡大していただくと、解答欄は実物大になります。

一

問一　①　②　③　④　⑤

問二　①　②　③　④　⑤

二

問一　ⓐ　ⓑ　ⓒ　ⓓ　ⓔ　ⓕ

問二

問三　Y　Z

問四

問五

問六　20　30

問七

問八

問九

問十　Ⅰ　Ⅱ

三

問一　ⓐ　ⓑ　ⓒ　ⓓ　ⓔ　ⓕ

問二　A　B　C　D

問三　①　⑧

問四　20　25

問五

問六

問七

問八

問九

問十

問十一

問十二

問十三

千葉日本大学第一中学校(第1期)　2022年度

◇算数◇

※ 145%に拡大していただくと，解答欄は実物大になります。

※１，２，４(1)(2)の問題は答えのみ解答らんに記入し，３，４(3)(4)の問題は解答らんに途中の計算や説明も書いてください。

1

(1)		(2)	
(3)		(4)	

2

(1)			(2)		分間
(3)		cm	(4)		枚
(5)			(6)		g
(7)	①	個	②		個
(8)	①	個	②		個
(9)	①		②		日
(10)		分	(11)		m^2
(12)	①	度	②		度

3

(1)

(答)　　cm^2

(2)

(答)　　cm^2

(3)

(答)　　:　　:

4

(1)	分	(2)	分

(3)

(答)　　cm

(4)

(答)　　cm

千葉日本大学第一中学校（第1期）　2022年度　◇理科◇

※ 145％に拡大していただくと，解答欄は実物大になります。

1

問1		問2	X	Y

問3	Ⅰ	Ⅱ

問4	A	B	C	D

問5		問6	A	C

問7	(1) 種	(2)	(3)

問8	(1)	(2)	(3) ヘクタール
	(4)		

2

問1		問2		問3	性

問4										

問5		問6		問7		問8	X	Y

問9	mL

3

問1	A	B	C	問2	A	B	問3	

問4		問5	①	②	③

4

問1	(1) A	B	C	D	(2)
	(3)	(4) ① g	② m	③ g	④ %	⑤

問2	(1)	(2) ① A	B	②	③

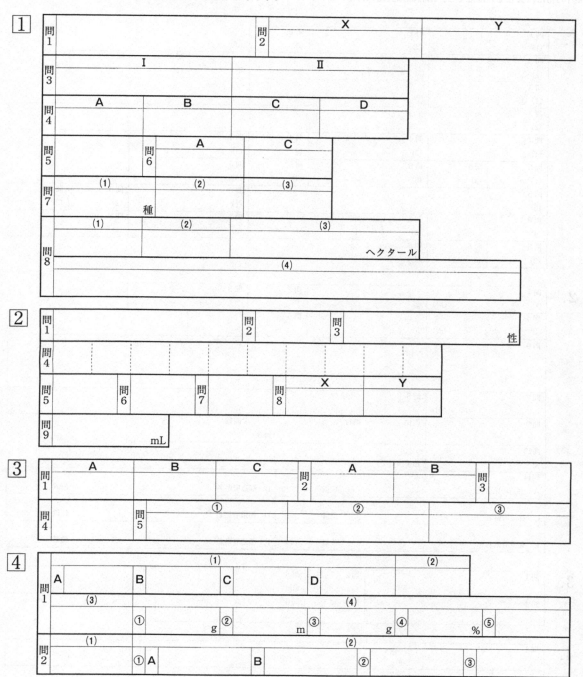

千葉日本大学第一中学校（第1期）　2022年度

◇社会◇

※ 145%に拡大していただくと，解答欄は実物大になります。

1.

問1 (1)	問1 (2)	問1 (3)				
問2 (1) ①	②	③	④	⑤	⑥	問2 (2)	問2 (3)
問3 (1) ①	②	③	④	⑤		
問3 (2)						
問4 (1)	問4 (2)	問4 (3)	問4 (4)			
問5 (1)	問5 (2)	問5 (3)	問5 (4)	問5 (5)		
問5 (6)	問6 (1)	問6 (2)	問6 (3)			
問6 (4)	問6 (5)	問7 (1)	問7 (2)	問8 (1)		
問8 (2)	問8 (3)	問8 (4)				

2.

問1 ①　（川）	②	問2	問3
問4 ④　（浜）	⑤	問5	
問6			
問7　（川）	問8		
問9	問10	問11　（台地）	問12
問13 領土	相手国		
問14 A　都道府県名	位置	B　都道府県名	位置
C　都道府県名	位置	D　都道府県名	位置
E　都道府県名	位置	F　都道府県名	位置

3.

問1	問2	問3 (1)	問3 (2)
問4	問5	問6	

4.

問1 ①	②	③	④
⑤	問2		
問3			

◇国語◇

千葉日本大学第一中学校(第1期)　2022年度

※152%に拡大していただくと、解答欄は実物大になります。

一

問一 ① ② ③ ④ ⑤

問二 ① ② ③ ④ ⑤

二

問一 A B C D E う

問二 Ⅰ Ⅱ Ⅲ Ⅳ

問三 こと

問四

問五

問六

問七 最初 〜 最後

問八

問九

三

問一 A B C D E

問二 20 40

問三

問四

問五

問六 20 30

問七 2 3 4 5

問八

問九

問十

問十一

千葉日本大学第一中学校（第一志望）　2021年度

◇算数◇

※ 152％に拡大していただくと，解答欄は実物大になります。

※１，２は答えのみ解答らんに記入し，３，４の問題は解答らんに途中の計算や説明も書いて下さい。

1

(1)

(2)

(3)

(4)

2

(1)

(2)

(3)

(4)

(5)

(6) 秒

(7) ㋐ 人　㋑ 個

(8) 回転

(9) ① 通り　② 通り

(10) 度

(11) cm

(12) ① cm^3　② cm^2

3

(1) （答）円

(2) （答）円

(3) （答）個

4

(1) （答）cm^2

(2) （答）cm^2

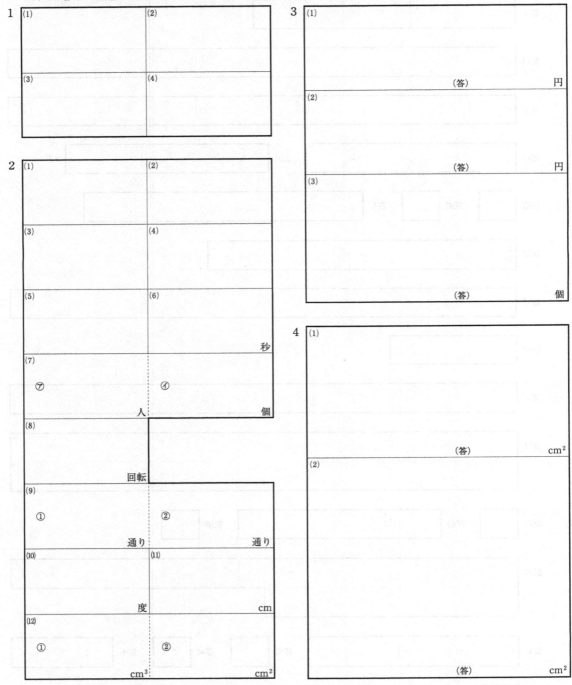

千葉日本大学第一中学校(第一志望)　2021年度　◇理科◇

※ 145%に拡大していただくと，解答欄は実物大になります。

1

問1	(1)		
	(2)		(3)
	(4)		
問2			
問3	(1)	(2)	
問4		問5	問6

2

①	②	③	④	⑤

3

問1	問2
問3	

4

問1	①		②		③	
	名前	性質	名前	性質	名前	性質
問2	①	②	③	④		

5

問1	問2	手順2	手順3	手順4
問3	問4	問5		

6

(1)	(2)	(3)	(4)

7

問1	問2	小さなゆれ	大きなゆれ
問3	問4　km	問5　秒	問6　秒後
問7　か所			

千葉日本大学第一中学校（第一志望）　2021年度

◇社会◇

※ 154%に拡大していただくと，解答欄は実物大になります。

1.

問1 A	B	C	D	E	F
問1 G	H	I	J	K	L
問1 M	N	問2 ア		イ	
問2 ウ		エ		オ	
問3 (1)	(2)				
問3 (3)					
問4	問5	問6	問7	問8	
問9		問10	問11	問12	
問13		問14 ①		②	
問15					
問16					

2.

問1 A	B	C	D		
問1 E	F	G			
問2 ア	イ	ウ	エ	オ	カ
問2 キ	ク	ケ	コ	サ	シ
問2 ス	問3 a	b	c	d	
問4 栽培方法	特徴				問5
問6					

3.

問1	問2		問3		
問4		問5	問6 A	B	C
問6 D	E	問7			
問8					

2021年度
千葉日本大学第一中学校（第一志望）

※154％に拡大していただくと、解答欄は実物大になります。

◇国語◇

一

問一 (1) す (2) かい (3) (4) (5) (6) (7) (8) (9) (10) しい

問二 (1) (2) (3)

問三 (1) (2) (3) (4) (5) (6) (7)

二

問一 a って b c って d し e

問二

問三 20

問四

問五

問六

問七 20

問八 ① 10 ② 10

問九 20 30

問十

三

問一 a b い c d い e つ

問二 (1) (2) (3)

問三

問四

問五

問六

問七 (i) (ii)

問八

問九 ① 10 ② 10

問十 (i) 10 (ii)

千葉日本大学第一中学校（第1期）　2021年度

◇算数◇

※ 145%に拡大していただくと，解答欄は実物大になります。

※１，２の問題は答えのみ解答らんに記入し，３，４の問題は解答らんに途中の計算や説明も書いてください。

1

(1)		(2)	
(3)		(4)	

2

(1)			(2)		本
(3)			(4)		cm^2
(5)		ページ	(6)		m
(7) ア		イ		ウ	
エ		オ			
(8) ①		人	②		円
(9) ①		個	②		個
(10) ①		度	②		cm
(11) ①		度	②		度

3

(1)

（答）

(2)

（答）整数　　　　記号

(3)

（答）　　　　番目

4

(1)

（答）　　　　m

(2)

（答）　毎分　　　　m

(3)

（答）　　　　分

(4)

（答）　　　　分

千葉日本大学第一中学校(第1期)　2021年度　◇理科◇

※ 147%に拡大していただくと，解答欄は実物大になります。

1

問1		問2			
問3		問4		問5	
問6		問7			

2

問1		問2	ひき	問3	
問4		問5			

3

問1	cm	問2	g	問3	g

	①	②	③	④
問4				

4

			(1)	(2)	(3)	(4)
問1	秒	問2	回	cm	回	秒間

5

	(1)	(2)	(3)
問1			

問2

	(1)	(2)
問3	燃やす前の銅の重さ：燃やした後の銅の重さ＝　　：	

			A	B		
問4	g	問5			問6	

問7

6

問1					問2	

問3	新潟	
	千葉	

問4		問5		問6	→ → →

◇社会◇

※ 147%に拡大していただくと，解答欄は実物大になります。

1.

問1 ア	イ	ウ	
エ	オ	カ	
キ	ク	ケ	
コ	問2	問3	問4
問5	問6	問7	
問8	問9		

2.

問1	問2 名前	番号	問3
問4 (1)	(2)		
問5 江戸幕府は、	ために	を行った。	
問6	問7	問8	問9
問10	問11		

3.

問1 ア (島)	イ (海峡)	問2	問3	
問4 ウ	エ	問5	問6	問7
問8 オ	カ	問9	問10	
問11 キ	問12	問13	問14 ゆうこさん	
問14 たつやくん	まさみさん	あつしくん		

4.

問1	問2	問3	問4	
問5	問6	問7		
問8				
問9	問10	問11 A	B	C

2021年度

千葉日本大学第一中学校（第1期）

※152%に拡大していただくと、解答欄は実物大になります。

◇国語◇

一

問一 ① ② ③ ④ ⑤

問二 ① ② ③ ④ ⑤

二

問一 A B C

問二

問三 1 2 3

問四

問五 という考え方。

問六

問七

問八

三

問一 A B C D E

問二 1 2 3 4

問三

問四

問五

問六

問七

問八

問九 (i) (ii)

問十

問十一

問十二

千葉日本大学第一中学校（第一志望）　2020年度

◇算数◇

※ 150％に拡大していただくと，解答欄は実物大になります。

※１，２は答えのみを記入し，３，４は途中式や考え方を書いて下さい。

1

(1)		(2)	
(3)		(4)	

2

(1)　(2)

(3)

(4) ㋐　㋑　㋒　㋓

(5) ㋐　㋑

(6)　g　(7)

(8) ㋐　通り　㋑　通り

(9) ①　②

(10) ①　cm²　②　cm²

(11) ㋐　㋑　㋒　cm

(12) ① ㋐　m³　㋑　m³　㋒　m³

② m³

3

(1)①

（答）　cm²

(1)②

（答）　cm²

(2)

（答）　cm²

4

(1)

（答）毎分　m

(2)

（答）毎分　m

(3)

（答）　分間

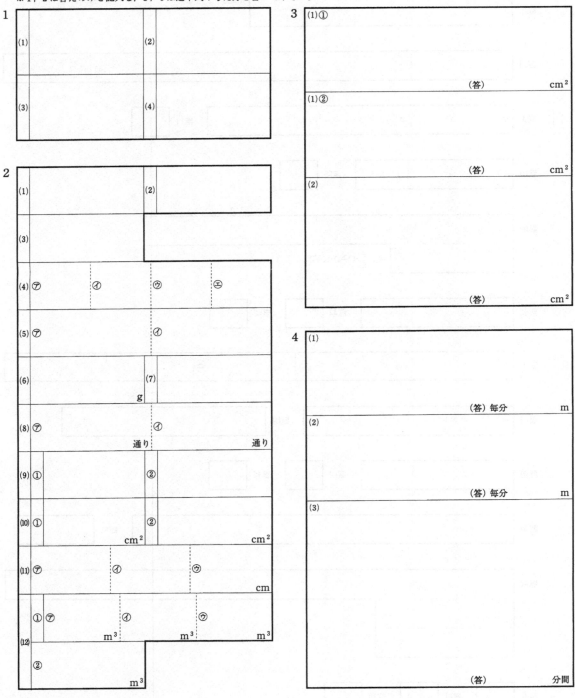

千葉日本大学第一中学校（第一志望）　2020年度　　◇理科◇

※ 144％に拡大していただくと，解答欄は実物大になります。

1

問1	A	B	C

問2		問3	種子	球根	問4	

問5		問6	

問7

問8

2

問1		問2	ア	イ

問3		問4	

3

問1		問2	（1）	（2）

問2	(3)		理　由

問2	(4)	

4

問1		問2	

問3		問4	

5

問1		問2	秒	問3	m／秒

問4	秒

6

問1	秒	問2		問3		問4	

問5	

7

問1		問2		問3		問4		

8

問1	①	②	③	問2		問3	

千葉日本大学第一中学校（第一志望）　2020年度

◇社会◇

※ 152％に拡大していただくと，解答欄は実物大になります。

1.

問1	問2	問3	問4	問5

問6	問7

2.

問1	問2
氏	

問3

3.

問1	問2	問3

問4	問5

4.

問1	問2	問3

問4	問5
	月　日

5.

問1				
A	B	C	D	E

問1		問2				
F	G	ア	イ	ウ	エ	オ

問2							問3
カ	キ	ク	ケ	コ	サ	シ	

問4	問5	問6	問7	問8			
				f	g	h	i

6.

問1	問2	問3	問4	問5	問6	問7

7.

問1	問2	問3	問4

問5	問6	問7

2020年度
千葉日本大学第一中学校（第一志望）
※150％に拡大していただくと、解答欄は実物大になります。

◇国語◇

一
問一 1 2 3 4 5
問二 1 2 3 4 5

二
問一 a b c
問二 1
2 20 35
問三
問四 ① ② ③
問五
問六
問七
問八

三
問一 a b c
問二 ① ②
問三
問四 ④ ⑤
問五
問六 A B C
問七
問八
問九 20

千葉日本大学第一中学校（第1期）　2020年度

◇算数◇

※ 152％に拡大していただくと，解答欄は実物大になります。

※１，２の問題は答えのみ解答欄に記入し，３，４の問題は解答欄に途中の計算や説明も書いてください。

1

(1)		(2)	
(3)		(4)	

2

(1)		(2)	円
(3)		(4)	％
(5)	日	(6)	時速　km
(7)	①　通り	②	通り
(8)	cm	(9)	cm^2
(10)	①　度	②	度

3

(1)

（答）A：　L，B：　L

(2)

（答）　分

(3)

（答）　分　秒後

4

(1)

（答）　番目

(2)

（答）

(3)

（答）

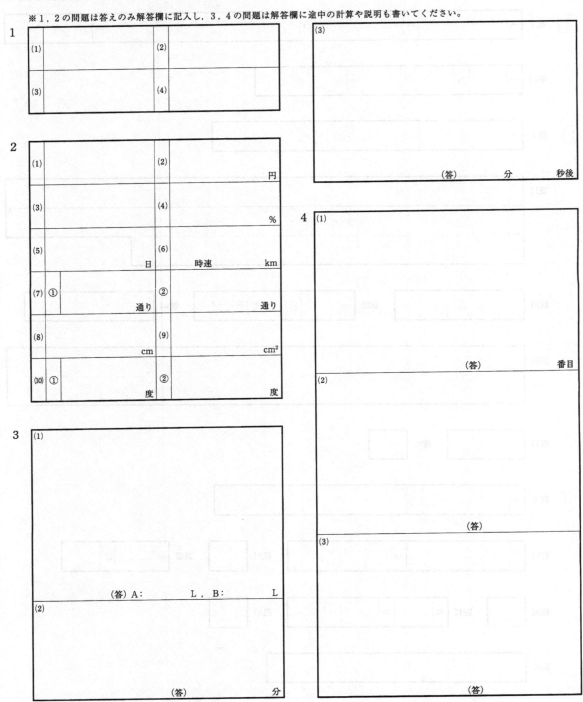

千葉日本大学第一中学校（第1期）　2020年度　◇理科◇

※ 144％に拡大していただくと，解答欄は実物大になります。

1

問1　問2　問3

問4　(1)　(2)

問5

問6　問7　問8　問9

2

問1

問2　図　方法

問3　L

問4

問5　L

問6

3

問1　秒

問2　秒

問3

問4

問5　秒

問6

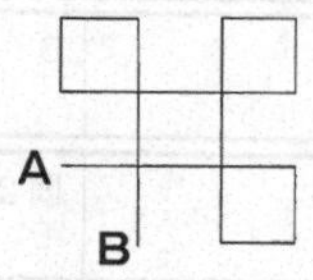

4

問1

①	②	③	④	⑤
cm	cm	cm	cm	cm

問2

おもりのおもさ	ばねＣののび
g	cm

問3

5

問1　問2　問3　問4

問5　問6　問7　問8

問9

問10

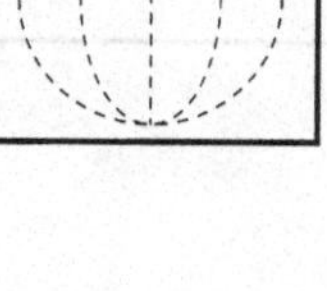

千葉日本大学第一中学校（第1期）　2020年度

◇社会◇

※ 151％に拡大していただくと，解答欄は実物大になります。

1.

問１	問２ A	B	C	問３

問４	問５	問６	問７

問８

問９	問 10	問 11　天皇	問 12

問 13	問 14	問 15

問 16

2.

問１	問２	問３	問４

問５	問６	問７	問８

問９ あ	い	う	え

3.

さ 記号	都県名	し 記号	都県名	す 記号	都県名	せ 記号	都県名	そ 記号	都県名	た 記号	都県名

4.

A	B	C	D

5.

問１	問２

問３ あ	い	う

問４

6.

問１ 公害病	問１ 物質名	問２	問３

問４	問５	問６

問７ ・
・

◇国語◇

千葉日本大学第一中学校（第1期） 2020年度

※150%に拡大していただくと、解答欄は実物大になります。

一

① ② ③ ④ ⑤ ⑥ ⑦ ⑧

二

問一 ① ② ③ ④ ⑤

問二 a b

問三

問四

問五

問六

問七 (I) 15 から

(II) 19 から

問八

問九 15

問十

問十一

三

問一 ① ② ③ ④ ⑤

問二 I II III IV V

問三 A B C

問四 最初 ～ 最後

問五

問六

問七

問八

問九

問十

問十一

問十二

〈ダウンロードコンテンツについて〉

本問題集のダウンロードコンテンツ、弊社ホームページで配信しております。現在ご利用いただけるのは「2025年度受験用」に対応したもので、**2025年3月末日**までダウンロード可能です。弊社ホームページにアクセスの上、ご利用ください。

※配信期間が終了いたしますと、ご利用いただけませんのでご了承ください。

中学別入試過去問題シリーズ

千葉日本大学第一中学校　2025年度

ISBN978-4-8141-3215-7

[発行所] 東京学参株式会社

〒153-0043　東京都目黒区東山2-6-4

書籍の内容についてのお問い合わせは右のQRコードから　⇒

※書籍の内容についてのお電話でのお問い合わせ、本書の内容を超えたご質問には対応できませんのでご了承ください。

2024年6月28日　初版